Lehrbuch

des

Preussischen Bergrechtes

mit Berücksichtigung

der übrigen deutschen Bergrechte.

Von

D^r. R. Klostermann,
Oberbergrath.

Berlin,
Verlag von J. Guttentag.
1871.

Vorwort.

Seit dem Erlasse des preussischen Berggesetzes ist das Studium des Bergrechtes in einem stetigen und erfreulichen Aufschwunge begriffen. Der Zustand unserer Gesetzgebung erschwert nicht mehr wie früher durch eine Ueberzahl provinzieller Ausnahmen und durch zerstückelte Novellen das Eindringen in ein Rechtsgebiet, welches dem nicht fachkundigen Juristen und Laien ohnehin grosse Schwierigkeiten bietet. Der Codification unseres Bergrechtes ist auch bald eine grössere Zahl von Bearbeitungen in der Form von Commentaren gefolgt und ausserdem sind zahlreiche Arbeiten über einzelne Fragen namentlich durch die von Brassert und Achenbach herausgegebene Zeitschrift für Bergrecht veröffentlicht worden, so dass die bergrechtliche Literatur gegenwärtig ebenso reichhaltig ist, als sie noch vor zwei Jahrzehnten vernachlässigt und an neuen Schöpfungen arm zu nennen war. Eine systematische Darstellung des preussischen Bergrechtes ist jedoch bisher noch vermisst worden, obgleich das Bedürfniss nach einem solchen Lehrbuche gewiss von allen denen empfunden wurde, welche nicht mit einer bereits erworbenen Kenntniss des bergrechtlichen Systems an das Studium des neuen Gesetzes und seiner Bearbeitungen gehen konnten.

Die älteren Lehrbucher des deutschen Bergrechts. welche die Aufgabe. den nicht fachkundigen Leser mit den Eigenthümlichkeiten des Bergbaues und des Bergrechtes vertraut zu machen, zum Theil in vorzuglicher Weise lösten -- ich nenne nur Hertwig's Bergbuch. Hake's Commentar über das Bergrecht und Karsten's Bergrechtslehre — sind im Buchhandel vergriffen und zum grossen Theil veraltet.

Das vorliegende Lehrbuch soll in ahnlicher Weise dazu dienen, das Studium des Bergrechtes von den Schwierigkeiten zu befreien, welche in der Natur und in dem Gegenstande dieses Spezialrechtes begründet sind. und dasselbe so auch dem nicht fachkundigen Juristen und Laien zugänglich machen. Der Verfasser hat jedoch darauf verzichtet, ausführliche Erläuterungen über die technischen Begriffe und die Kunstausdrücke des Bergbaues einzuflechten, da er glaubte, den Zweck der Verständlichkeit auch ohne solche Abhandlungen über technische Gegenstände zu erreichen. Für diejenigen Leser, welche eine eingehendere Belehrung über dieselben zu erhalten wünschen, darf auf Veith's Bergmännisches Wörterbuch und auf Lottner's Bergbau- und Hüttenkunde (in Baedekers gesammten Naturwissenschaften) verwiesen werden.

Der Verfasser hat ferner nicht das gemeine deutsche Bergrecht, sondern das preussische Bergrecht zum Gegenstande seiner Darstellung gewählt, weil ein gemeines deutsches Bergrecht in Folge der Codification des preussischen. sächsischen und österreichischen Bergrechtes nicht mehr besteht. Ein Lehrbuch, welches die wesentlich verschiedenen Systeme dieser drei Gesetzgebungen gleichmässig zur Darstellung bringen wollte, würde den systematischen Zusammenhang einbüssen. Das preussische Bergrecht, welches bereits von der Mehrzahl der übrigen bergbautreibenden Staaten Deutschlands mit geringen Abänderungen angenommen ist, wird aber ohne Zweifel die Geltung als gemeines Bergrecht erlangen, die es innerhalb seines Kreises schon in weit grösserem Masse als das frühere gemeine Bergrecht besitzt.

Die Aenderungen, mit welchen das preussische Berggesetz in Baiern, Braunschweig, Sachsen-Gotha und Meiningen angenommen ist, sind bei der Darstellung vollständig berücksichtigt. Ebenso sind die Abweichungen des sächsischen und des österreichischen Berggesetzes überall da angegeben, wo diese Gesetze mit dem preusischen Bergrechte auf gleichen Grundlagen beruhen, während für die nach ganz verschiedenen Grundanschauungen geregelten Materien des Schürfrechtes und der Erwerbung des Bergwerkseigenthums auf jene Gesetze selbst und auf die österreichischen Lehrbücher verwiesen werden muss.

Der Verfasser war bemüht, dasjenige Recht zur Darstellung zu bringen, welches in der bisherigen Rechtsanwendung übereinstimmend angenommen ist, und das Mass der unvermeidlichen Controversen soviel thunlich zu beschränken. Er hat deshalb in manchen Fragen die von ihm früher vertretene Ansicht gegen die durch Entscheidungen der höchsten Instanzen fixirte Auslegung des Gesetzes zurücktreten lassen. Ebenso entschieden musste er aber auch dem neuerdings unter einem in der Literatur des preussischen Rechtes altberühmten Namen gemachten Versuche, die feststehenden und allgemein angenommenen Grundsätze des preussischen Bergrechtes durch unhaltbare Zweifel zu erschüttern, entgegen treten.

Auch ein flüchtiger Ueberblick über das vorliegende Buch wird zeigen, dass ohnehin das Bergrecht noch immer an schwierigen Fragen reich ist, dass neben dem in dem allgemeinen Berggesetze in mustergültiger Form codificirten Rechtsstoffe noch weite Gebiete bestehen, auf welchen das ältere Bergrecht in ausgedehnter praktischer Geltung verbleibt, dass endlich die neuere Gesetzgebung, so namentlich die neue Gewerbeordnung bereits vielfach umgestaltend in den Zusammenhang des allgemeinen Berggesetzes eingegriffen hat. Es bedarf daher, wie auf jedem Rechtsgebiete, so namentlich auf demjenigen des Bergrechtes, der unausgesetzten Arbeit, um die einheitliche und zusammenhängende Kenntniss des geltenden Rechtes lebendig zu erhalten, und zu dieser Arbeit beizutragen, ist der Zweck des vorliegenden Buches.

Inhaltsverzeichniss.

I. Buch. Rechtsgeschichte.

II. Buch. Das Bergwerkseigenthum.

V. Buch. Die Rechte des Grundeigenthümers.

VI. Buch. Die Knappschaft.

VII. Buch. Nebenanlagen.

VIII. Buch. Das Bergregal im Privatbesitz.

IX. Provinzialrecht.

Seite

X. Buch. Verwaltung und Polizei.

XI. Buch. Die Besteuerung.

XII. Buch. Gemeinnützige Institute.

Erstes Buch.

Rechtsgeschichte.

---

§. 1. Der Ursprung der Bergbaufreiheit.
(920—1250.)

Der Bergbau hat sich in Deutschland seit vielen Jahrhunderten als ein selbständiger Zweig von den übrigen Bodennutzungen abgesondert. Er wird weder in denselben Grenzen noch von denselben Personen betrieben, wie der Landbau. Diese Trennung ist mit den Anfängen eines kunstgerechten Bergbaues entstanden und beruht nicht auf einer willkürlichen Satzung, sondern auf innerer Nothwendigkeit. Der Bergbau ist das einzige Gewerbe, welches nicht an der Oberfläche der Erde haftet, sondern seine Thätigkeit in das Innere der Erdrinde erstreckt. Die zufälligen Grenzen, welche die Configuration der Oberfläche und der Verkehr dem Grundeigenthume gegeben haben, können nicht wohl die Grenzen für die Ausdehnung des unterirdischen Bergbaues abgeben. An einem Punkte in das Innere eingedrungen findet er seine Schranken nur in der Erstreckung der unterirdischen Lagerstätten. Die Lagerstätten der bergmännisch nutzbaren Mineralien sind daher aus dem Rechte des Grundeigenthümers ausgeschieden und zum Gegenstande eines Bergwerkseigenthumes von selbständigem Inhalte und mit selbständiger Begrenzung geworden. Auf dieser Unabhängigkeit des Bergbaurechtes von dem Grundeigenthum beruht die Existenz eines von dem allgemeinen bürgerlichen Rechte unterschiedenen Bergrechtes. Wo diese Trennung nicht besteht, wo der Grundeigenthümer das ausschliessliche Recht zur Gewinnung der in seinem Grund und Boden enthaltenen Mineralien besitzt, da kann von eigenthümlichen auf den Bergbau bezüglichen Rechtsnormen nicht die Rede sein. Der Bergbau auf solche Mineralien, welche wie das Eisenerz in Schlesien der

Benutzung des Grundeigenthümers überlassen sind — auch wenn er vom technischen Standpunkte aus dem übrigen Bergbau völlig gleichartig ist — ist doch in rechtlicher Beziehung völlig davon verschieden, weil er eine blosse Nutzung des Grundeigenthums bildet und als solche nach den Regeln des bürgerlichen Rechts zu beurtheilen ist. Ein solcher Bergbau kann zwar mit Rücksicht auf seine technische Gleichartigkeit Gegenstand bergpolizeilicher Vorschriften, nicht aber Gegenstand des Bergrechtes sein.

Die Grundlage des Bergrechtes besteht also in einer Einschränkung des Grundeigenthums vermöge deren die Lagerstätten gewisser Mineralien der Disposition des Grundeigenthümers entzogen und als herrenlose Sachen der Occupation preisgegeben sind (Bergbaufreiheit).

Das Rechtsinstitut der Bergbaufreiheit ist deutschen Ursprungs. Im griechischen und römischen Alterthume war das Recht zum Bergbau mit dem Grundeigenthume, da wo dieses zu vollen Rechten besessen wurde, verbunden. In den eroberten Ländern, wo der Staat kraft des Rechtes der Eroberung als der alleinige Grundeigenthümer galt, und den Privaten nur Besitzrechte am Grund und Boden zugeschrieben wurden, war die Nutzung des Bergbaus häufig dem Staate vorbehalten. Die Silbergruben von Laurion und die thracischen Goldbergwerke, welche eine reiche Finanzquelle des atheniensischen Staates bildeten, waren an Private gegen einen Antheil am Rohertrage ($^1/_{24}$) in Erbpacht gegeben[1]). Eine flüchtige Aehnlichkeit zwischen diesem Pachtverhältnisse und der mit dem Zehnten belasteten Bergwerksverleihung des deutschen Rechtes und die Erwähnung besonderer Gesetze und Behörden über Bergwerksangelegenheiten bei Demosthenes in der Rede wider Pantänetus hat zu der ganz unbegründeten Vermuthung Veranlassung gegeben, dass das deutsche Bergrecht aus einer wie immer vermittelten Aneignung des griechischen oder des thracischen Bergrechtes hervorgegangen sei[2]).

---

1) Bockh, Staatshaushalt der Athener I 332. 420 ff. Abhandlungen der Akademie der Wissenschaften 1815. Histor.-philolog. Klasse p. 85.

2) Klotzsch, Ursprung der Bergwerke in Sachsen Art. VII u. VIII. — Hingenau, Bergrechtslehre S. 69.

Im römischen Recht galt bis zum vierten Jahrhundert unsrer Zeitrechnung das unbeschränkte Recht des Grundeigenthümers in Bezug auf jede Art des Bergbaues, wie dies in den Pandekten an verschiedenen Stellen anerkannt wird [1]). Aus dem vierten Jahrhundert sind uns dagegen einige Kaisergesetze erhalten, welche eine gesetzliche Einschränkung des Grundeigenthums in Bezug auf den Bergbau und gewissermassen den Keim der Bergbaufreiheit enthalten. Diese Gesetze finden sich im Codex Theodosianus oder in der vom Kaiser Theodosius dem Jüngeren im Jahre 438 veranstalteten Sammlung kaiserlicher Edicte und zwar im neunzehnten Titel des zehnten Buches, welcher von den Bergwerken und Bergleuten (de metallis et metallariis) handelt. Sie beziehen sich zumeist auf die Marmorgewinnung, die ja in der Römischen Kaiserzeit eine ungemeine Bedeutung hatte, wie uns noch jüngst die Entdeckung der verschütteten Marmorniederlagen an dem alten Tiber-Emporium bewiesen hat. Doch lassen sich die gebrauchten Ausdrücke auch auf andere Bergwerke (*metalla*) und auf den Abbau von Erzgängen (*cautes, venae saxorum*) beziehen. Die erste dieser Verordnungen, ein Rescript Constantins an den Rentmeister der Provinz Afrika (320) gestattete allen Bergbaulustigen aus irgend welchen Bergwerken Marmor zu gewinnen, zu verarbeiten und zu verkaufen. Julian dehnte im Jahre 363 diese Verordnung auf den ganzen Orient aus.

Wenn diese Verordnungen in ihrer unbestimmten Fassung Zweifel darüber bestehen lassen, ob der Gesetzgeber eine gesetzliche Einschränkung des Privateigenthums zu Gunsten der freien Marmorgewinnung beabsichtigte oder ob es sich etwa nur um die Aufhebung eines unbekannten Verbotes des Privatbergbaues handelte, so entscheiden zwei weitere Verordnungen aus den Jahren 382 und 393 auf das Bestimmteste für die erste Annahme. Im Jahre 382 verordnen nämlich die Kaiser Gratian, Valentinian und Theodosius, dass jeder, der auf fremdem Grund und Boden Marmorlager mit kunstgerechtem Bergbau verfolgt, den Zehnten an den Fiscus und an den Grundeigenthümer zahlen soll, während der übrige Ertrag seiner Verfügung an-

---

1) L. 7 §. 14 D. soluto matrimonio (24. 3). — L. 13 §§. 5. 6 de usufr. et quemadmodum (7. 1).

heimfällt. Im Jahre 393 endlich erliessen die Kaiser Theodosius, Arcadius und Honorius ein Verbot gegen den Missbrauch des Rechtes zum Schürfen auf fremdem Grund und Boden, welches beweist, dass ein solches Recht in fast unbeschränktem Umfange geübt wurde.

Die angeführte Verordnung, welche den Schürfern untersagte, die Fundamente der Gebäude zu unterfahren, findet sich noch in das westgothische Gesetzbuch Alarich II. vom Jahre 506, das sogenannte Breviarium Alaricianum aufgenommen, so dass durch zwei Jahrhunderte in den beiden Hälften des römischen Reiches von Macedonien und Afrika bis nach Frankreich eine gesetzliche Einschränkung des Grundeigenthums zu Gunsten des freien Schürfens bestanden hat.

Allein diese Rechtsentwickelung ist nicht bis zur ausgebildeten Bergbaufreiheit fortgeschritten. Sie hat sich nicht zu der Gestaltung eines selbständigen und eigenthümlich begrenzten Bergwerkseigenthums erhoben. Die Schürffreiheit, welche die angeführten Kaisergesetze gewährten, bestand in einer blossen gesetzlichen Einschränkung des Grundeigenthums, die jeder sich zu Nutzen machen konnte, ohne vorher ein Recht auf die Mineralgewinnung zu erwerben. Sie wurde an den einzelnen Grundstücken als Legalservitut ausgeübt, ohne dass ein Grubenfeld mit eigener Begrenzung als selbständiges Rechtsobject bestanden hätte. In den Justinianischen Codex vom Jahre 530 wurden von den oben angeführten Gesetzen des Theodosianischen Codex nur die beiden Verordnungen aus den Jahren 382 und 393 übernommen, welche die Abgaben vom Bergbau auf fremdem Grund und Boden und das polizeiliche Verbot der Unterfahrung fremder Gebäude betreffen [1]). Mit welcher Bedeutung beide Verordnungen in das Justinianische Gesetzbuch übernommen sind, erscheint zweifelhaft, da in zahlreichen Pandectenstellen das ausschliessliche Recht des Grundeigenthümers zur Benutzung der in seinem Grundstücke befindlichen Bergwerke und Steinbrüche anerkannt wird. Es liegt daher die Vermuthung nahe, dass die im Ausgange der römischen Kaiserzeit begründete Schürffreiheit schon wieder untergegangen war, ehe das römische Recht durch Justinian in derjenigen Gestalt codificirt wurde, in welcher das-

1) l. 4. l. 6 Cod. de metallar. et metall. (11. 6).

selbe später in Deutschland Aufnahme gefunden hat und dass die angeführten Gesetze in demjenigen Zusammenhange, in welchem sie in die Justinianische Sammlung aufgenommen sind, nur eine transitorische Bedeutung für die unter der früheren Gesetzgebung auf fremdem Grund und Boden eröffneten Bergwerke behalten haben [1]).

Jedenfalls hat eine Reception der Vorschriften des Justinianischen Gesetzbuches über den Bergbau in Deutschland nicht stattgefunden. Die Bergbaufreiheit hat sich vielmehr in Deutschland lange vor der Reception des Römischen Rechtes als ein allgemeines Gewohnheitsrecht entwickelt und die Anfänge der Bergbaufreiheit, denen wir in dem letzten Jahrhundert der römischen Kaiserzeit begegnen, sind spurlos und ohne Einwirkung auf die Entwickelung des deutschen Bergrechtes vorübergegangen.

Auch in Deutschland finden sich die Anfänge der Bergbaufreiheit erst im 12. Jahrhundert. Es ist eine anerkannte Thatsache, dass bis zum 12. Jahrhundert die Bergwerke in Deutschland als Zubehörungen des Grundeigenthums angesehen und für Rechnung der Grundeigenthümer bebaut wurden. Und diese Zugehörigkeit des Bergbaues zum Grundbesitze wird noch im 13. Jahrhundert und sogar in Bezug auf den Silbererzbergbau in einer der wichtigsten Aufzeichnungen des ältern deutschen Rechtes erwähnt, nämlich in dem Sachsenspiegel des Magdeburger Schöffen Eike von Repgow (Buch II Art. 35), nach welchem niemand ohne den Willen des Grundbesitzers auf fremdem Gute Silber gewinnen darf [2]).

Schon im 12. und 13. Jahrhundert begegnen wir jedoch

---

1) Gleichwohl nehmen einige Romanisten wie z. B. Vangerow und Arndts auf Grund der l. 4 u. l. 6 Cod. Justin. de metallar. et metall. (11. 6.) eine noch bestehende gesetzliche Servitut zu Gunsten des Bergbaues auf fremdem Grund und Boden an.

2) Die angeführte Stelle des Sachsenspiegels ist häufig missverstanden worden, indem man die unmittelbar vorhergehenden Worte: »Al schat under der erde begraven deper den ein pfluch ga, die hort to der Konigliken gewalt« auf den Bergbau und die unterirdischen Mineralschätze deutete, statt sie ihrem Wortlaute nach auf den vergrabenen Schatz zu beziehen. Diese Auslegung kann indess gegenwärtig als beseitigt angesehen werden.

an den verschiedensten Puncten und zwar an den wichtigsten Puncten des deutschen Bergbaues localen Gewohnheiten von ganz entgegengesetztem Inhalte. Wir finden in der Mitte des 13. Jahrhunderts die Bergbaufreiheit bereits als ein weit verbreitetes Recht in Meissen, Mähren und Niederungarn und es ist nicht zu bezweifeln, dass schon zu Ende desselben Jahrhunderts dieses ursprünglich locale Gewohnheitsrecht sich zum gemeinen Rechte in Deutschland ausgebildet hatte.

Die Grundsätze der Bergbaufreiheit entwickelten sich zuerst an den ältesten Pflanzstätten des deutschen Bergbaues, der seit dem 10. Jahrhundert in Sachsen und Thüringen aufzublühen begann, vielleicht schon mit den Anfängen dieses Bergbaues, denn sie treten uns in den ersten Aufzeichnungen des 13. Jahrhunderts bereits in einer sehr entwickelten Form entgegen, die auf ein hohes Alter schliessen lässt. Nach diesen Normen, wie sie uns in der ältesten vollständigen Aufzeichnung des deutschen Bergrechts in dem Iglauer Bergrechte vorliegen, war jeder Bürger der Gemeinde zum Bergbau berechtigt. Der erste Finder war berechtigt die Zumessung eines bestimmten Districts zum Bergwerksbetriebe zu verlangen. Das Recht auf diesen District blieb erhalten, so lange die Grube im Betriebe erhalten wurde. Die Zumessung und die Schlichtung der Streitigkeiten erfolgte durch geschworene Bürger. Der Bergwerksbesitzer musste einen Theil des Ertrages zum Unterhalt der Geschworenen, einen andern Theil für das gemeine Wesen abgeben.

Es ist nicht zu verkennen, dass diese ältesten Normen des deutschen Bergrechtes eine nahe Verwandtschaft mit der ältesten Form des deutschen Grundbesitzes, der Markgenossenschaft zeigen. Auch nach den Regeln dieses Rechtsinstituts war die Mark allen Mitgliedern der Gemeinde gemeinsam; es existirte daran kein gesondertes Privateigenthum, sondern dem einzelnen Bürger wurde jährlich von der Genossenschaft ein Stück zur Cultur überwiesen, von welchem er einen Theil des Ertrages an die Gemeinde abgeben musste. Beim Bergbau musste natürlich der jährliche Wechsel der Cultur und die gleiche Vertheilung an alle Genossen wegfallen. Es musste der freien Entschliessung des Einzelnen oder vielmehr der freien Vereinigung Mehrerer überlassen werden — da Bergwerk nicht eines einzelnen Mannes Thun ist — sich geeignete Felder zum Grubenbau auszuwählen.

Dieses Gewohnheitsrecht wanderte mit den deutschen Bergleuten aus Sachsen und Meissen nach Böhmen, Mähren und Ungarn, nach Tyrol und Italien. Die deutschen Bergleute nahmen ihre Gemeindeverfassung und ihr Bergrecht mit in die Colonien, welche sie mitten in einer romanischen und slavischen Bevölkerung gründeten. Sie zeichneten ihre Gewohnheiten dort, wo die Berührung mit fremdem Rechte, mit fremder Sitte und Sprache dies nothwendig erscheinen liess, in deutscher oder lateinischer Sprache auf und zwar in der Regel die Stadtrechte mit dem Bergrechte in einer und derselben Urkunde. Sie liessen diese Rechte von den Landesherren bestätigen und nahmen von denselben Bergrichter oder Urburer an, welche in Gemeinschaft mit den geschwornen Bürgern das Theilen und Richten in Bergwerkssachen übernahmen. Sie bewilligten den Landesherren dieselbe Abgabe, welche früher der Gemeinde bedungen war, sie setzten deshalb die Königslane als einen Antheil am Ertrage des Bergwerks neben die Bürgerlane.

So verbreitete sich das ursprünglich locale Bergrecht mit dem Bergbau allmälig über das ganze deutsche Land und die Grenzländer, ebenso wie fast um dieselbe Zeit das lübische Recht, entstanden aus den ursprünglich ganz localen Willküren der Kaufleute, sich aus den Städten der Hanse über ganz Norddeutschland und die Ostseeländer verbreitete und das alte deutsche Recht der Gewere durch das moderne Recht der Mobilien und des Erwerbes verdrängte.

Die älteste Aufzeichnung bergrechtlicher Gewohnheiten ist der Bergwerksvertrag zwischen Bischof Albrecht von Trient und den Gewerken daselbst vom 24. März 1185. In Trient wurde im 12. Jahrhundert ein lebhafter Silberbergbau meist von eingewanderten Deutschen betrieben, deren Namen in den Bergwerksverträgen von 1185 und 1208 neben denjenigen der einheimischen lombardischen Adelsgeschlechter figuriren und deren bergmännische Kunstausdrücke in den lateinischen Text der Urkunden verwebt sind. Mit diesen Bergbautreibenden, welche argentarii oder silbrarii oder auch werchi d. h. Gewerken genannt werden, schloss Bischof Albrecht von Trient am 24. März 1185 einen Vertrag, durch welchen jeder Gewerke (werche), jeder Erzwäscher (wassar) und jeder Schmelzer (smelzer) sich zu einer Abgabe von zwei Talenten verpflichtete, wogegen ihnen der freie Bergbau gestattet wurde, mit der Massgabe, dass, sobald eine Grube in Ausbeute komme, eine Abgabe von derselben nach besonderer Vereinigung mit dem Bischof entrichtet werden solle. Den Bergleuten wurde Schutz und Freiheit von allen Auflagen zugesichert, wogegen sie versprachen, den Bischof in dringenden Verlegenheiten durch Vorschüsse zu unterstützen.

Unter Bischof Friedrich von Trient kam dann im Jahre 1208 die erste Aufzeichnung der Bergwerksgebräuche zu Stande, welche von den Gewerken und andern verständigen Männern nach gemeinem Rathschlage entworfen und von dem Bischofe bestätigt und als Gesetz verkündet wurden. In dieser Aufzeichnung und in einem gleichzeitigen Weisthume der Tridentiner Geschwornen vom Jahre 1213 finden sich bereits mehrere der im späteren deutschen Bergrechte anerkannten Grundsätze und Einrichtungen vollständig entwickelt vor, nämlich ausser der Bergbaufreiheit selbst die Freifahrung wegen Nichtbetriebes, die Caducirung wegen nicht erlegter Zubusse und das Erbstollenrecht [1]).

Bei weitem vollständiger und wichtiger ist die Aufzeichnung des Bergrechtes der mährischen Bergstadt Iglau aus dem Jahre 1250, welche als ein Anhang zu dem Stadtrechte in lateinischer Sprache abgefasst ist. Das Iglauer Bergrecht hat durch sechs Jahrhunderte als Rechtsnorm für den böhmischen und mährischen Bergbau gegolten und ist erst durch das Oesterreichische Berggesetz vom 23. Mai 1854 ausser Kraft gesetzt worden [2]).

Das Schemnitzer Bergrecht ist ebenfalls als ein Anhang zu dem Stadtrechte der deutschen Bergstadt Schemnitz in Niederungarn in deutscher Sprache aufgezeichnet und zwar unter der Regierung König Bela's IV. (1235—1275). Es stimmt mit dem Iglauer Bergrechte von Satz zu Satz überein und ist unzweifelhaft eine Nachbildung des letzteren [3]).

---

1) Vergl. die ausführlichere Mittheilung in der Einleitung zu m. Commentar über das Allg. Berggesetz 2 Aufl S. 26 f.

2) Wenzel, Handbuch d. österreich. Bergrechts S. 153 ff.

3) Vergl. Tomaschek, Deutsches Recht in Oesterreich (Wien 1859) S. 97. 98. S. 343—50.

Das Freiberger Bergrecht ist nach einer alten Aufzeichung aus dem dortigen Rathsarchive von Klotzsch (Ursprung der Bergwerke in Sachsen. Chemnitz 1764. S. 250) mitgetheilt worden. Die Zeit der Abfassung ist nicht bekannt, doch wurde schon im Jahre 1255 der Bergschöppenstuhl in Freiberg und das hergebrachte Bergrecht durch Markgraf Heinrich von Meissen bestätigt und es ist möglich, dass dieser Bestätigung schon eine Aufzeichnung des Freiberger Bergrechtes zu Grunde gelegen hat. Schon die Kulmische Handfeste vom Jahre 1232 verweist übrigens auf das ius fribergense, wodurch sowohl das hohe Alter als auch die weite Verbreitung dieses Bergrechtes bezeugt wird.

Die Freiberger Bergwerke sollen in der Mitte des 12. Jahrhunderts durch einwandernde Bergleute aus Goslar aufgenommen sein und der Silbererzbergbau am Rammelsberge bei Goslar blühte nach urkundlichen Nachrichten schon zur Zeit Otto's I. um das Jahr 968. Allein die Aufzeichnung der Harzischen Berggewohnheiten fällt in eine weit spätere Zeit, wahrscheinlich in das 14. Jahrhundert. Wenn also, wie manche vermuthen, eine Uebertragung des Bergrechtes aus dem Harze nach dem Erzgebirge stattgefunden hat, so ist diese Uebertragung wahrscheinlich nicht in der Gestalt einer schriftlichen Aufzeichnung, sondern in den im Gedächtnisse der einwandernden Bergleute lebenden Regeln, in der Form von Rechtssprichwörtern und Weisthümern erfolgt. Die Annahme einer solchen mündlichen Ueberlieferung, älter als jede Aufzeichnung der Bergrechte, ist am meisten geeignet die überraschende Uebereinstimmung zwischen den ältesten Aufzeichnungen der deutschen Bergrechte in den entlegensten Gebieten, zuweilen fast wörtliche zu erklären. Auch in Schlesien finden sich schon im 13. Jahrhundert an verschiedenen Orten, namentlich in Goldberg und Löwenberg (um 1278) bergrechtliche Gewohnheiten für den dort betriebenen Goldbergbau ausgebildet, welche ebenfalls das Recht zum freien Schürfen (ausser wo der Pflug, die Egge und die Sense geht), die Freifahrung wegen unterlassenen Betriebes und die sonstigen Regeln der Bergbaufreiheit enthalten [1]).

---

1) Steinbeck, Geschichte d. schlesisch. Bergbaues. Breslau 1857.

Es würde sicher vergeblich sein nach einer ältesten deutschen Aufzeichnung des Bergrechtes zu forschen, in welcher die gemeinsame Quelle der Bergrechte des 13. Jahrhunderts nachgewiesen werden könnte, da gerade die Aufzeichnung dieser Gewohnheitsrechte höchst wahrscheinlich erst durch die Auswanderung der deutschen Bergleute, durch die Berührung mit fremdem Recht und Volksleben und durch die Trennung von der gemeinsamen Heimath veranlasst worden ist, in welcher jene Rechte ungeschrieben im Gedächtnisse Aller lebten. In den Anfängen des staatlichen Lebens ist die gemeinsame Volksüberzeugung, auf welcher alles Recht beruht, noch eine unmittelbare. Die Rechtsregel ist jedem Mitgliede der Volksgemeinde bekannt und der Beweis ihrer Gültigkeit besteht nicht darin, dass sie in einem bestimmten Gesetzbuche geschrieben steht, sondern lediglich darin, dass sie in dem Gedächtnisse und in der Gewohnheit des Volkes lebt. Die Rechtssätze nehmen schon in diesem Stadium der Rechtsbildung häufig eine scharf ausgeprägte und bleibende Form des Ausdrucks an, indem sie dem Gedächtnisse in der Form von Sprichwörtern oder in der Gestalt von Weisthümern d. h. Aussprüchen der Schöffengerichte über einzelne streitig gewordene Fragen überliefert werden. Später, wenn die wachsende Mannigfaltigkeit der Verkehrsverhältnisse diese allgemeine Bekanntschaft mit dem geltenden Rechte nicht mehr gestattet, oder wenn die Continuität der Ueberlieferung durch andere Ereignisse wie die Auswanderung in ein fremdes Land gefährdet wird, werden die Rechtsvorschriften in dieser überlieferten Form aufgezeichnet und daraus erklärt sich, dass in weit entlegenen Districten und in verschiedenen Zeiträumen Aufzeichnungen gleichen Inhaltes und zum Theil von gleichem Wortlaute über das deutsche Bergrecht verfasst werden konnten.

Alle historischen Ueberlieferungen weisen aber mit Sicherheit auf das Sachsenland als die Wiege der Bergbaufreiheit und des deutschen Bergrechtes hin. Sowohl Iglau als Schemnitz waren Kolonieen von deutschen Bergbautreibenden und Bergleuten. Schemnitz hat wie Kemnitz seinen Namen von zwei gleichnamigen Orten an der Pleisse im sächsischen Erzgebirge erhalten. Das Iglauer Bergrecht enthält in seinem lateinischen Texte ebenso wie die Tridentiner Bergwerksgebräuche eine grosse Zahl deutscher Kunstausdrücke, so dass nicht daran gezweifelt werden kann, dass der Inhalt dieser Aufzeichnungen ebenso wie der in deutscher Sprache verfassten Schemnitzer Bergrechte deutsches Recht ist, welches von deutschen Kolonisten in die slavischen und romanischen Grenzlande übertragen wurde [1]).

§. 2. Die Entstehung des Bergregals.

(1158—1356.)

Beinahe gleichzeitig mit der allgemeinen Anerkennung der Bergbaufreiheit tritt der Anspruch der deutschen Kaiser auf das Bergregal auf. Während aber die Bergbaufreiheit aus deutschem Gewohnheitsrechte erwachsen war, und sich durch die Kraft der unmittelbaren Rechtsüberzeugung im Laufe der Jahrhunderte über das ganze Land verbreitet hatte, ging das Bergregal aus den Octroyirungen der Kaiser und aus den Bestrebungen der in Italien neu erwachten gelehrten Jurisprudenz hervor, welche die Stärkung der kaiserlichen Macht nach dem Vorbilde der im Corpus iuris überlieferten kaiserlichen Allgewalt begünstigte und die hohenstaufischen Kaiser in ihrem Kampfe sowohl mit der päpstlichen Hierarchie als mit der italienischen Städtefreiheit nachdrücklich unterstützte.

Als Friedrich Barbarossa nach der Unterwerfung von Mailand im Jahre 1158 einen Reichstag des longobardischen Königreichs nach den roncalischen Feldern berief, beauftragte er, wie sein Biograph Radevicus (nach Andern Ragewin genannt) meldet [2]), die bologneser Juristen Bulgarus und Martinus mit der Abfassung eines Gesetzes über die Regalien, welches demnächst in die Sammlung des longobardischen Lehnrechts (liber Feudorum II 56) aufgenommen und mit diesem in das Corpus iuris übergegangen ist.

In diesem Reichstagsbeschlusse werden die Silberbergwerke (argentariae) neben den Einkünften von den Salinen als Ge-

---

1) Eine Uebertragung des deutschen Bergrechtes auf italienischen Boden findet sich in dem Bergrechte von Massa maritima in Toscana (vor 1273). Vergl. m. Commentar Einleitung S. 31 f.

2) De gestis Friderici I lib. II c. 5

genstände des Regals aufgeführt. Man pflegte denselben bis in die neuere Zeit als das erste Reichsgesetz über das Bergregal zu bezeichnen, wobei indess übersehen wurde, dass der roncalische Reichstagsbeschluss kein deutsches Reichsgesetz ist, sondern ein Gesetz des longobardischen Königreiches, welches nichts anderes bezweckte, als die Rechte des Kaisers gegenüber den lombardischen Freistädten festzusetzen. Dieser Beschluss ist zwar in den liber Feudorum aufgenommen und mit letzterem als Bestandtheil des Corpus iuris civilis in Deutschland recipirt worden. Allein die Reception der in dem Corpus iuris vereinigten Rechtsbücher hat sich nur auf diejenigen Materien erstreckt, in welchen nicht die einheimische deutsche Rechtsbildung das Uebergewicht behauptet hat, wie dies unter andern bei dem Bergrechte unzweifelhaft der Fall ist. So wenig die Pandektenstellen, die dem Grundeigenthümer das Recht zum Gold- und Silbererzbergbau beilegen, bei uns recipirt sind und das deutsche Bergrecht verdrängt haben, ebensowenig ist dies mit der fraglichen Stelle des liber Feudorum über das Bergregal der Fall. Es fehlt also soviel wie alles zu der behaupteten Gültigkeit des roncalischen Reichstagsbeschlusses als deutsches Reichsgesetz über das Bergregal. Es muss vielmehr behauptet werden, dass vor der goldenen Bulle kein solches Reichsgesetz zu finden ist.

Gleichwohl ist es eine geschichtlich beglaubigte Thatsache, dass Friedrich I. im Anschlusse an den roncalischen Reichstagsbeschluss auch in Deutschland das Bergregal in Anspruch nahm. Dies wird zunächst bestätigt durch die Verleihung des Rechtes zum Bergbau an Bischof Conrad von Trient vom Jahre 1189. In Trient wurde nach dem oben (S. 7) angeführten Bergwerksvertrage von 1185 ein freier Bergbau auf Silber geführt, von welchem der Bischof gewisse Abgaben erhob. Friedrich I. nahm diesen Bergbau als kaiserliches Regal in Anspruch und zwang den Bischof eine Verleihung darüber von ihm anzunehmen. In den Rechten der Tridentiner Bergwerksunternehmer und in ihrem Verhältnisse zu dem Bischofe ist durch diese Verleihung offenbar nichts geändert worden, wie die oben angeführte Aufzeichnung der Bergwerksgebräuche von 1208 ergibt. Dieser ersen octroyirten Verleihung folgten bald andere kaiserliche Verleihungen des Bergbaues an Reichsstände, namentlich an geistliche Fürsten, so an den Bischof von Brixen vom Jahre 1189 von Friedrich I. und ähnliche von seinen Nachfolgern Heinrich VI., Philipp und Friedrich II.[1]).

Allerdings ist auch in älteren kaiserlichen Verleihungsbriefen von Bergwerken die Rede; allein die nähere Kritik jener Urkunden, welche früher als Beweis für das Bestehen des Bergregals schon unter den Karolingern angeführt zu werden pflegten, ergibt, dass dieselben entweder, wie das capitulare de villis Karl des Grossen Cap. 28 sich auf Einkünfte von Bergwerken beziehen, die auf kaiserlichen Gütern betrieben wurden, oder dass sie den Bergbau als eine der verschiedenen Bodennutzungen an den verliehenen Gütern neben den Wäldern, Wiesen und Feldern, der Jagd und der Fischerei namhaft machen[2]).

Der Anspruch auf das Bergregal ist dagegen zuerst von den hohenstaufischen Kaisern, und zwar im offenbaren Anschluss an den roncalischen Reichstagsbeschluss erhoben. Friedrich I. berief sich in der ersten dem Bischof von Trient ertheilten Verleihung ausdrücklich auf die in andern Theilen des Reiches bestehende Gewohnheit, was ohne Zweifel von der angrenzenden Lombardei verstanden werden muss.

Aus welcher Quelle die Bestimmung des roncalischen Reichstagsbeschlusses über die Regalität der Silbererzbergwerke geflossen ist, lässt sich nicht mit Sicherheit entscheiden. Es ist indess nicht unwahrscheinlich, dass örtliche Gewohnheiten in der Lombardei bestanden, durch welche der Bergbau den Territorialherren vorbehalten war und dies wird auch durch den oben angeführten Tridentiner Bergwerksvertrag vom 24. März 1185 bestätigt, durch welchen den Gewerken das Recht zum freien Bergbau gegen eine Abgabe an den Bischof und gegen eine Betheiligung desselben an dem Ertrage eingeräumt wurde. Die hohenstaufischen Kaiser versuchten bei der vorübergehenden Niederwerfung der lombardischen Städtefreiheit dieses Recht an sich zu ziehen und demnächst dasselbe nach Deutschland zu übertragen.

Allein dieser Anspruch ist in Deutschland weder durch

---

1) Vergl. die Regesten v. Kommer in d. Zeitschr. f. Bergrecht Bd. X S. 387 f.

2) Vergl. Kommer a. a. O. S. 377 f.

einen Act der Reichsgesetzgebung bestätigt, noch zur allgemeinen thatsächlichen Geltung gelangt. Aus dem Iglauer und den gleichzeitigen Bergrechten ergibt sich, dass die böhmischen und die sächsischen Bergleute zwar dem Landesherrn Steuern zahlten (die Urbure) und ihm die Königslane bei jeder Grube zumassen. Ihr Bergwerkseigenthum aber nahmen sie von niemandem zu Lehen. Es wurde dem Finder kraft der Occupation zu Theil und von dem Urburer als Verwahrer der richterlichen Gewalt nur zugemessen. Dem Landesherrn wurden ausser den Befugnissen, welche aus der Steuerhoheit, der richterlichen und polizeilichen Gewalt fliessen, keine Rechte auf den Bergbau, namentlich kein Eigenthumsrecht an den noch im Freien liegenden Lagerstätten eingeräumt. Diese gehörten vielmehr »den Bürgern, so Armen als Reichen insgemein«, d. h. sie waren herrenlos und der Occupation unterworfen.

Auch das bürgerliche Recht jener Tage, obgleich in ihm die Bergbaufreiheit nicht zur Anerkennung gelangt ist, ist doch weit entfernt, ein kaiserliches Regal auf den Bergbau zu statuiren. Die oben (S. 5) angeführte Stelle des Sachsenspiegels gedenkt im Eingange des kaiserlichen Regales an den vergrabenen Schätzen und diese Erwähnung ist anscheinend gerade aus dem oben angeführten roncalischen Reichstagsbeschlusse entnommen, da wir eine andere Quelle dieses sowohl dem römischen als dem heutigen gemeinen Rechte ganz unbekannten Regales nicht kennen. Im unmittelbaren Gegensatze dazu wird dann aber das Recht, Silber zu brechen, von dem Willen des Grundbesitzers abhängig gemacht, ein kaiserliches Regal in Bezug auf den Silberbergbau also gewissermassen ausdrücklich verneint. Auch Graf Caspar von Sternberg, der ausgezeichnete Geschichtsschreiber des böhmischen Bergbaues, bestätigt, dass sich vor dem 13. Jahrhundert in Böhmen von einem Kronrechte auf Metalle fremder Besitzungen nicht die geringste Spur findet, dass namentlich in keiner der zahlreichen Stiftungsurkunden von Klöstern, deren doch im 12. Jahrhundert so viele gestiftet und von den Königen, Herzogen und Dynasten reich mit Gütern beschenkt worden, von irgend einem Bergwerke, selbst nicht von unedlen Metallen Meldung geschehe.

Auch die Territorialherren endlich wussten sich mit oder ohne kaiserliche Verleihung im Besitze der Einkünfte aus der

Besteuerung der Bergwerke zu erhalten und sie waren einsichtig genug die von den Kaisern gegen sie zur Anwendung gebrachte Theorie von der Regalität des Bergbaues zu ihrem eigenen Vortheil in Anwendung zu bringen. Die Könige von Böhmen waren die Ersten, welche nach dem Vorgange der Hohenstaufen sich das Recht der Verfügung über den Bergbau auf fremdem Grund und Boden beilegten. Ottokar I. schenkte bereits durch die Urkunde von 1227 dem Kastellan von Vöttau, Erbauer der Stadt Jamnitz, den Nutzen und die Urbure von den Goldbergwerken in der Umgegend von Jamnitz und das Einkommen aller Bergwerke daselbst, die noch in Zukunft entdeckt werden würden, es sei Gold, Silber, Blei, Eisen oder was immer für Metalle. Zugleich wird dem Bergmeister in Iglau und allen Bergmeistern, Urburern und Geschwornen im Königreiche Böhmen und im Markgrafenthum Mähren aufgetragen, den Begabten gegen Jedermann in seinen Rechten zu schützen.

Während so die Landesherren in Böhmen und anderwärts bald durch Bestätigung der alten Bergrechte die Bergbaufreiheit anerkannten, bald ein ihnen von den Kaisern verliehenes oder bestrittenes Bergregal ausübten, scheint gleichzeitig auch das Recht des Grundeigenthümers zum Bergbau noch in einem gewissen Grade, nämlich in Bezug auf die unedlen Metalle Anerkennung gefunden zu haben, wie dies aus verschiedenen Urkunden des 13. Jahrhunderts hervorgeht, in welchen Güter, Dörfer und Höfe mit Eisenerz- und andern Bergwerken verschenkt werden, die wie die Mühlsteinbrüche als Zubehör zum Grund und Boden behandelt werden[1]).

Das Bergrecht befand sich also im 13. Jahrhundert in einer Fermentation, indem die Bergbaufreiheit, das Regal und das Recht des Grundeigenthümers um die Herrschaft kämpften und nur so wird es erklärlich, wie gleichzeitig in dem Iglauer Bergrechte, im Sachsenspiegel und in den kaiserlichen Verleihungsbriefen geradezu entgegengesetzte Grundsätze als geltendes Recht für den Bergbau proclamirt werden.

Dieser Kampf entgegengesetzter Principien erhielt einen vorläufigen Abschluss durch das unter dem Namen der Gol-

1) Sternberg, Urkundenbuch zur Geschichte des Bergbaues in Böhmen. Prag 1838. Nr. 2. 3. 6. 7. 17.

denen Bulle bekannte Reichsgesetz Karls IV. vom 9. Januar 1356, welches auf dem Reichstage zu Regensburg beschlossen wurde und die gegenseitigen Rechte des Kaisers und der Kurfürsten zu regeln bestimmt war. Im Cap. IX dieses Gesetzes heisst es nämlich: Declaramus, quod successores nostri Boemiae Reges nec non universi et singuli Principes Electores, Ecclesiastici et Seculares, qui perpetuo fuerint, universas auris et argenti fodinas atque mineras stanni, cupri, plumbi, ferri et alterius cujusque generis metalli ac etiam salis tam inventas quam inveniendas imposterum quibuscumque temporibus in regno praedicto aut terris et pertinenciis eidem Regno subjectis nec non supradicti Principes in Principatibus, terris, dominiis et pertinentiis suis tenere juste possint et legitime possidere, cum omnibus juribus, nullo prorsus excepto, prout possunt seu consueverunt talia possidere.

Durch dieses Gesetz leistete Kaiser Karl IV., der mehr die Stärkung seiner böhmischen Hausmacht, als die kaiserliche Machtvollkommenkeit im Auge hatte, auf das Bergregal zu Gunsten der Kurfürsten Verzicht, und diese Verzichtleistung hatte zur thatsächlichen Folge, dass auch die übrigen Territorialherren zur Ausübung des Bergregales gelangten. Von den verschiedenen Prätendenten, welche im 13. Jahrhundert um das Recht zum Bergbau kämpften, schied also durch die goldene Bulle der eine, nämlich der Kaiser, aus. Aber noch ein zweiter Prätendent wurde durch dieses Gesetz ausgeschlossen, nämlich der Grundeigenthümer, denn die angeführte Stelle der goldenen Bulle stellt alle Metalle, auch die niederen dem Golde und Silber gleich und unterwirft dieselben nebst dem Salze derselben gesetzlichen Regel, nämlich dem Rechte der Kurfürsten als Landesherrn in denjenigen Grenzen, in welchen dieses Recht bisher bestanden hatte.

Es blieben also von den bisherigen streitenden Ansprüchen nur zwei bestehen, das jetzt zuerst reichsgesetzlich anerkannte Bergregal der Landesherren und die Bergbaufreiheit, welche auf einem von diesen Landesherren selbst bestätigten allgemeinen Gewohnheitsrechte beruhte. Ueber das Verhältniss dieser beiden Principien bestimmt die goldene Bulle nichts weiter, als dass die Kurfürsten das Bergregal in dem Umfange besitzen sollen, als sie es ausüben können und bisher auszuüben pflegten. Es ward also auf der einen Seite der bisherige Rechtszustand aufrecht erhalten, andrerseits den Landesherren erlaubt, ihr Regal auszudehnen soweit sie könnten. Die Ausgleichung der streitenden Principien wurde also der Zukunft überlassen und diese Ausgleichung vollzog sich in der Art, dass im Allgemeinen die Bergbaufreiheit überwog. Die Landesherren erkannten das Recht des freien Schürfens, das Recht des ersten Finders auf das Bergwerkseigenthum an und behielten sich nur die hergebrachten Abgaben (die Urbure, an deren Stelle später der Zehnte trat) und die Rechte der Polizeihoheit und Gerichtsbarkeit über den Bergbau vor.

Allein ungeachtet die Bergbaufreiheit von dem Bergregale nicht verdrängt wurde, sondern als gesetzliche Regel bestehen blieb, so blieben doch auch neben dieser Regel die Ausnahmefälle einer willkürlichen Vergabung von Bergwerken ohne Finderrecht und auf ganze Districte, wie solche bereits im dreizehnten Jahrhundert stattgefunden hatten. Und solche ausnahmsweise Vergabungen bekamen jetzt auf der Grundlage des Bergregals ihren anerkannten Platz im Bergrechte unter dem Namen der Spezialverleihungen.

Auch die Formen der Erwerbung des Bergwerkseigenthums veränderten sich unter dem Einflusse des Bergregales. Das Bergwerkseigenthum wurde nicht mehr durch die blosse Occupation von dem Finder erworben, sondern es musste bei dem Regalinhaber oder der von ihm bestellten Bergbehörde gemuthet und von demselben verliehen werden. Dabei blieb die Regel bestehen: Der erste Finder ist der erste Muther. Aber der Schwerpunkt der Erwerbung des Bergwerkseigenthums wurde in die Muthung verlegt, so dass man muthen und Verleihung erhalten konnte, ohne selbst gefunden und vorher Besitz ergriffen zu haben. Die Landesherren machten auch von dem Rechte der Gesetzgebung zur Verbesserung des Bergrechtes einen ausgedehnten Gebrauch, so dass an die Stelle der alten Gewohnheitsrechte, namentlich vom sechszehnten Jahrhundert ab, zahlreiche von den Landesherren erlassene Bergordnungen traten.

War hiernach der Einfluss, welchen das Aufkommen des Bergregales auf das praktische Bergrecht äusserte, ein sehr bedeutender, so gewann der Begriff des Bergregals eine noch weit umfassendere Geltung in der älteren Theorie des deutschen Bergrechtes. Die Schriftsteller der beiden vorigen Jahrhunderte stellten, gestützt auf die Ansprüche der hohenstaufischen Kaiser, den Satz auf, dass die Erze ursprünglich ein Eigenthum des Landesherrn seien und dass nur durch die von diesem ausgegangene sogenannte Freierklärung ein Recht für den Finder und den Muther auf die Erwerbung des Bergwerkseigenthums begrundet werde [1]). Die Theorie von dem ursprünglichen Bergregale und der folgenden Freierklärung ist zwar gegenwärtig durch den Nachweis des geschichtlichen Herganges widerlegt. Sie hat jedoch während ihrer durch Jahrhunderte dauernden Geltung auf die materielle Gestalt des deutschen Bergrechts einen erheblichen Einfluss geübt, indem dem Staate als Regalinhaber neben dem Rechte der Bergwerksverleihung und der Besteuerung verschiedene andere rein privatrechtliche Befugnisse beigelegt wurden.

Die Mehrzahl der Juristen unterscheidet daher in dem Begriffe des Bergregals nach gemeinem deutschen Bergrechte mit Eichhorn (Einleitung 4. Aufl. §. 274) zwei verschiedene Bestandtheile, nämlich einen Complex von Befugnissen, welche dem Privatrechte angehören, wie das Recht des Staates, selbst ohne Verleihung Bergbau zu treiben, das Vorkaufsrecht an den edlen Metallen; und die naturlichen Hoheitsrechte der Besteuerung, der Polizei und der Gerichtsbarkeit. Als Ausfluss dieser natürlichen Hoheitsrechte wird auch das Recht der Verleihung bezeichnet, weil durch diesen Act der Staat nicht einen Bestandtheil seines Vermögens veräussert, sondern den kraft der rechtsgültigen Muthung erworbenen Anspruch auf das Bergwerkseigenthum nach den Regeln des Gesetzes verwirklicht.

Eine weitere Consequenz jener fruheren Regalitätstheorie war die Folgerung, dass das Bergregal als ein niederes Regal mit Inbegriff aller dem Staate in Bezug auf den Bergbau zu-

1) Diese Theorie, welche zuerst von Karsten: Ueber den Ursprung des Bergregales in Deutschland, 1844. mit Erfolg angegriffen wurde, wird noch in der neuesten Zeit vertheidigt von Achenbach: Die Rechtsgültigkeit der Districtsverleihungen in Preussen, 1859, und von Wachler: Ueber die Rechtsgültigkeit der Feldesreservation fur den fiskalischen Bergbau, insbesondere in Oberschlesien, 1865.

stehenden Rechte auch von Privatpersonen besessen werden könne. Es entstand das dem älteren Rechte fremde Institut des Privatregalbesitzes. Der erste Ursprung dieses Rechtsverhältnisses steht im Zusammenhange mit der Erscheinung, dass nach deutschem Staatsrechte eine beschränkte Territolialherrschaft stattfand, deren Inhaber gewisse Hoheitsrechte verwalteten, ohne die volle Landeshoheit zu besitzen, wie z. B. die Schlesischen Pasten, die Stolbergischen Grafen [1]).

Allmälig bildete sich indess der auch in das Allg. Preuss. Landrecht Th. II. Tit. 16 §. 106 f. übergegangene Grundsatz aus, dass das Bergregal wie die übrigen sogenannten niederen Regalien beliebig vom Staate auf Privatpersonen übertragen werden könne, wobei dann dem Staate das Recht der Berghoheit vorbehalten blieb. Die Rechtsverhältnisse des Privatregalbesitzes, welche in Folge dieses Grundsatzes unter der früheren Gesetzgebung durch Mediatisirung früherer Reichsstände, durch Verleihung und durch Provinzialgesetzgebung begründet sind, bilden das einzige Ueberbleibsel des früheren Regalitätsbegriffes im heutigen Preussischen Rechte [2]).

Das Allgemeine Preussische Berggesetz hat den Begriff der Regalität ganz ausgeschlossen und die Bergbaufreiheit in ihrer ursprünglichen Uneingeschränktheit wieder hergestellt [3]).

§. 3. Das Gemeine Deutsche Bergrecht. (1356—1806).

Das gemeine deutsche Bergrecht enthält das allen deutschen Stämmen gemeinsame Recht. Sein Begriff beruht auf dem früheren Reichsverbande, unter welchem sich die deutschen Lande in einer Rechtsgemeinschaft befanden. Diese Rechtsgemeinschaft war indess weniger eine formale, denn Deutschland hat auch vor der Auflösung des Reichsverbandes niemals eine allgemeine, für das ganze Reich gültige Bergordnung besessen. Es ist seit der goldenen Bulle überhaupt kein

1) Klüber, Oeffentliches Recht des Deutschen Bundes. 4. Aufl. 1841. S. 14.

2) Allgemeines Berggesetz §. 250.

3) Vergl. m. Commentar zum Allgem. Berggesetze. Einleitung. S. 45 f.

Reichsgesetz über den Bergbau zu Stande gekommen. Die deutsche Berggesetzgebung besteht vielmehr in lauter particularen Bergordnungen, deren Gültigkeit auf die einzelnen Reichslande beschränkt war, für welche sie erlassen waren. Allein in diesen Bergordnungen begegnet man überall denselben Rechtsgrundsätzen und Regeln. Sie enthalten gemeines, nicht particulares Recht (Brassert), welches in den verschiedenen Bergordnungen nur einen verschiedenen bald vollständigeren bald unvollständigeren Ausdruck gefunden hat und hier und dort mit provinziellen Eigenthümlichkeiten versetzt worden ist. Diejenigen Rechtsgrundsätze und Regeln, welche nicht einen solchen eigenthümlichen Charakter tragen, sondern in allen deutschen Bergordnungen oder doch in der Mehrzahl derselben angenommen sind, werden als gemeinrechtliche bezeichnet. Das deutsche Bergrecht ist also ein Product der Wissenschaft und seine Aufgabe war die Vorschriften der Landes- und Provinzialgesetze, da wo sie lückenhaft oder unbestimmt waren, zu ergänzen.

Die äussere Rechtsgeschichte des deutschen Bergrechtes hat daher die particularrechtlichen Aufzeichnungen zum Gegenstande, welche seit der Anerkennung des Bergregales der Landesherren durch die goldene Bulle und der Bergbaufreiheit durch ein allgemeines deutsches Gewohnheitsrecht in den verschiedenen deutschen Landen zu Stande gekommen sind.

Den ersten im §. 1 erwähnten Aufzeichnungen bergrechtlicher Gewohnheiten in Mähren, Niederungarn, Tyrol und Schlesien folgten im Laufe des 14. und 15. Jahrhunderts in verschiedenen andern deutschen Ländern sowohl Aufzeichnungen von Gewohnheitsrecht als landesherrliche Bergordnungen.

In die erste Kategorie gehören: Der Schladminger Bergbrief von 1307 (Steyermark), die Huttenberger Bergordnung von 1494 (Kärnthen), die Schwatzer Bergordnung von 1490 (Tyrol) und die Rammelsberger Bergordnungen von 1467 und 1494 (Harz).

Die Reihe der landesherrlichen Bergordnungen wird eröffnet durch die sogenannte Kuttenberger Bergordnung. Um das Jahr 1300 liess König Wenzel II. von Böhmen von dem italienischen Juristen Getius von Orvieto ein Rechtsbuch nach dem Muster der Institutionen unter dem Titel

Constitutiones juris metallici [1]) verfassen und als Gesetz für den Kuttenberger Bergbau publiciren [2]).

Diese Constitutionen enthalten eine gelehrte Bearbeitung des Iglauer Bergrechtes, welche in vielen Kapiteln verräth, dass der Verfasser in die Kenntniss des deutschen Bergrechtes nur oberflächlich eingedrungen ist. Sie haben auch weder eine ausgedehntere practische Geltung, noch einen nennenswerthen Einfluss auf die weitere Entwickelung des deutschen Bergrechtes ausgeübt. Dasselbe gilt von der für Steyermark erlassenen Zeiringer Bergordnung von 1326, von der Rattenberger Bergordnung von 1463 (Tyrol) und den sächsischen Bergordnungen für Schneeberg 1479 und Schenkenberg 1498, die sämmtlich nur für einzelne Bergorte Geltung erlangt haben und für die Fortbildung des gemeinen Bergrechtes von keiner Bedeutung sind. Vielmehr blieb in Böhmen wie in Mähren das Iglauer Bergrecht in allgemeiner Geltung, ebenso wie sich in Meissen und Thüringen das Freiberger Recht durch drei Jahrhunderte behauptete, bis im 16. Jahrhundert sich mit dem Erlasse der sächsischen und der Joachimsthaler Bergordnungen die zweite Periode der Geschichte unsres Bergrechtes eröffnete und an die Stelle der von den Schöppenstühlen bewahrten Gewohnheitsrechte die kunstmässige Gesetzgebung der Landesherren trat, welche nicht bloss das Gewohnheitsrecht verdrängte, sondern auch eine Epoche in der materiellen Entwickelung des deutschen Bergrechts bezeichnet.

Die Annaberger Bergordnung Herzog Georgs von Sachsen (1509) war zwar ursprünglich nur für den Bergort St. Annaberg bestimmt. Sie wurde jedoch schon im Jahre 1511 dem Bergschöffenstuhle zu Freiberg mit der Weisung zugesandt, nach derselben ohne Unterschied der Reviere Recht zu sprechen [3]). Auch ausserhalb Sachsen erlangte die Bergordnung bald grosses Ansehen. Sie ging fast wörtlich in die

---

1) Sternberg, Urkundenbuch S. 149.

2) Die Wenzeslavischen Constitutionen sind zwar bestimmt gewesen, für alle bohmischen Bergwerke (montanis suis per regnum Bohemiae universis) als Gesetz zu gelten, aber nur in Kuttenberg publicirt. Sternberg, Geschichte der Berggesetzgebung in Böhmen S. 71.

3) Brassert, Bergordnungen S. 340.

Bergordnung Herzog Wilhelms zu Jülich-Cleve-Berg von 1542 und von da in die Homburgische Bergordnung von 1570 und in die Jülich-Bergische von 1719 über, und bildete zugleich die Grundlage für die Joachimsthaler Bergordnungen, welche in noch weiterem Umfange fur die Abfassung späterer Bergordnungen massgebend geworden sind.

Stephan von Schlick, Graf von Passau, vom König von Böhmen mit dem Bergregal belehnt, erliess im Jahre 1518 eine Bergordnung für den in Joachimsthal eröffneten Silbererzbergbau, welche eine fast wörtliche Reproduction der Annaberger Bergordnung ist. Im Jahre 1525 wurde diese erste Joachimsthaler Bergordnung in Folge von Zwistigkeiten zwischen der Joachimsthaler Knappschaft und den dortigen Beamten und Vorstehern durch 35 Zusatzartikel vermehrt und im Jahre 1541 von den Grafen Schlick, den Söhnen des Grafen Stephan, einer Umarbeitung unterworfen, welche als die zweite Joachimsthaler Bergordnung bezeichnet wird.

Nachdem hierauf im Jahre 1545 das Bergwerk zu Joachimsthal an den König von Böhmen, — den nachmaligen Kaiser Ferdinand I. — übergegangen war, erliess derselbe am 1. Januar 1548 die dritte Joachimsthaler Bergordnung, welche wesentlich mit derjenigen von 1541 übereinstimmt[1]).

Die Joachimsthaler Bergordnung von 1548 wurde im Laufe der Zeit theils durch Gesetzgebung, theils durch Gewohnheit in Böhmen, Mähren und Schlesien recipirt und bei der Abfassung von Bergordnungen anderer Lander vielfach als Vorbild benutzt. Aus der Annaberger Bergordnung von 1509 und der Joachimsthaler Bergordnung von 1548 ging die Kursächsische Bergordnung hervor, welche im Anschluss an verschiedene ältere Recensionen (von 1554, 1571 und 1573) von Kurfürst Christian am 12. Juni 1589 promulgirt wurde. In der Kursachsischen Bergordnung von 1589 findet sich bereits das deutsche Bergrecht in derjenigen Gestalt entwickelt, welche dasselbe bis in die Mitte des gegenwärtigen Jahr-

1) Brassert, Bergordnungen S. 223 f. — Sternberg, Geschichte der Berggesetzgebung in Bohmen S. 199. S. 245 f. — Fr. A. Schmidt, Sammlung der Berggesetze der osterreichischen Monarchie Abth. I, Bd. I, S. 138. S. 145. S. 195. Bd. II, S. 1 f.

hunderts behauptet hat. Sie erhielt in Bezug auf das Erbstollenrecht eine wichtige Ergänzung durch die Kursächsische Stollenordnung vom 12. Juni 1749. Die angeführten Gesetze und die auf Grund derselben verfassten Schriften der sächsischen Bergrechtslehrer Span, Hertwig, Beyer, Klotzsch und Wagner bildeten eine der wichtigsten Erkenntnissquellen für das gemeine deutsche Bergrecht, und zugleich die Grundlage für die preussische Berggesetzgebnng des vorigen Jahrhunderts, in welcher der Inhalt des überlieferten deutschen Bergrechtes zum letzten Male und am vollständigsten codifizirt wurde.

Die übrigen Bergordnungen des 16. und 17. Jahrhunderts, welche sich in einem und demselben Lande oft in Zwischenräumen von wenigen Jahren folgen, sind bei ihrer übergrossen Zahl dennoch von geringem Belange für die materielle Entwickelung des deutschen Bergrechtes. Das ermüdende und unfruchtbare Detail, von welchem die äussere Rechtsgeschichte dieses Zeitraumes erfüllt ist, darf daher nur in den allgemeinsten Umrissen angedeutet werden.

Im 16. Jahrhundert wurden meist als Nachbildungen der Annaberger und der Joachimsthaler Bergordnung erlassen: 1521 (revidirt 1548) die Kurpfälzische, 1528 die Tarnowitzer, 1532 die Gottesberger, 1533 die Schwarzburgische, 1536 die Silberberger, 1539 die Kupferberger und die Baireuther, 1542 die Kleve-Bergische, 1544 die Gosslarische, 1554 die Zellerfelder, 1559 die Nassauische, Kurkölnische und neue Tarnowitzer, 1563 die Thüringische. 1564 die Kurtrierische, 1565 die Pfalz-Zweibrückische, 1560 die Hennebergische, 1568 die Altenberger Zinnordnung, 1570 die Homburgische, 1589 die Kursächsische, 1593 die Braunschweigische, 1597 die Würtemberger Bergordnung.

Von diesen Bergordnungen des 16. Jahrhunderts sind die Nassauische, die Kurtrierische, die Hennebergische, die Homburgische und die Kursächsische im Preussischen Staate bis zum Erlasse des Berggesetzes vom 24. Juni 1865 als Provinzialgesetze in Geltung geblieben.

Im 17. Jahrhundert lässt die Thätigkeit der Gesetzgebung nach und nicht bloss die Zahl der Bergordnungen, sondern auch ihr Gehalt steht gegen das vorige Jahrhundert zurück. Neben den Oberpfälzischen Bergordnungen von 1604 und 1694, der Hessen-Kasseler von 1617, der Brandenburgischen (Baireuth) von 1619, ist vor allem die Kurkölnische Bergordnung von 1669 zu erwähnen, welche sich dadurch auszeichnet, dass sie nicht wie die meisten andern die Bestimmungen der Joachimsthaler oder der Kursächsischen Bergordnung wörtlich wiedergibt, sondern auf einer selbstständigen Redaction beruht[1]).

Im 18. Jahrhundert sind endlich neben den revidirten Bergordnungen Friedrich des Grossen, von denen bei der Preussischen Gesetzgebung die Rede sein wird, die Anhalt-Bernburgische von 1706, die Julich-Bergische von 1719, die Vorder-Oesterreichische von 1731, die oben erwähnte Kursächsische Stollenordnung von 1749 und die Baierische Bergordnung von 1784 zu nennen.

Die Geschichte des gemeinen deutschen Bergrechtes schliesst mit der Auflösung des deutschen Reiches ab, nicht bloss weil mit demselben das formale Band der Rechtseinheit aufgelöst wurde, das bis dahin die deutschen Stämme verknupfte, sondern noch mehr deshalb, weil die neuere Berggesetzgebung in den deutschen Staaten sich zum Theil sehr weit von den Grundlagen des deutschen Bergrechtes entfernt hat. Das Oesterreichische Berggesetz von 1854, das Königl.-Sächsische Berggesetz von 1868, das Grossherzogl.-Sächsische Berggesetz von 1856 und die Anhaltische Bergordnung vom 20. Juli 1856 enthalten nicht wie die älteren Bergordnungen gemeines Recht, sondern jedes dieser Gesetze hat ein neues eigenthumliches Landesrecht geschaffen, und es ist nicht mehr möglich aus diesen Gesetzen ein den verschiedenen Staaten gemeinsames Recht abzuleiten. Dies gilt auch von dem Allgemeinen Berggesetze für die Preussischen Staaten vom 24. Juni 1865, obgleich dasselbe strenger an den überlieferten Grundsätzen und Formen des deutschen Bergrechtes festhält, als seine oben genannten Vorganger. Die Menge des neuen Rechtsstoffes, welche durch die materiellen Reformen geschaffen ist, die das Bergrecht im Laufe dieses Jahrhunderts erfahren hat und durch den Umschwung der Verhältnisse erfahren musste, ist so gross, dass auch das Allgemeine Berggesetz nicht mehr in den seit dem vorigen Jahrhundert abgeschlossenen Rahmen des gemeinen

---

1) Brassert Bergordnungen S. 522.

deutschen Bergrechtes gebracht werden kann. Gleichwohl hält es in allen Stücken, in welchen eine Aenderung nicht nothwendig geworden ist, an dem überlieferten deutschen Bergrechte mit Vermeidung aller willkürlichen Neuerung fest und bildet deshalb den geeigneten Ausgangspunkt für die Wiederherstellung der deutschen Rechtseinheit auf dem Gebiete des Bergrechtes, möge dieselbe nun in der Gestalt eines allgemeinen deutschen Berggesetzes oder auch nur dadurch erreicht werden, dass die einzelnen deutschen Staaten bei der Erneuerung ihrer Berggesetze auf die thunlichste Uebereinstimmung mit den in dem Preussischen Berggesetze angenommenen Grundsätzen Bedacht nehmen.

Dies ist bereits in verschiedenen deutschen Staaten geschehen, so in Baiern durch das Berggesetz vom 20. März 1869, in Braunschweig durch das Berggesetz vom 15. April 1867, in Sachsen-Meiningen und Sachsen-Coburg-Gotha durch die Berggesetze vom 17. April und vom 16. August 1868, welche sämmtlich das Preussische Berggesetz in dem grössten Theile seines Inhaltes unverändert wiedergeben und nur in denjenigen Abschnitten von demselben abweichen, welche wie die Grundabtretung, die Verfassung der Bergbehörden und die Bergpolizei in naher Beziehung zu der in den verschiedenen Staaten abweichend gestalteten Gesetzgebung des öffentlichen Rechtes stehen.

Aehnliche Gesetzentwürfe befinden sich in Würtemberg und Hessen in der Vorberathung. Für den grössten Theil von Deutschland ist daher bereits ein gemeines Bergrecht wiedergeschaffen, welches in seinen Grundlagen an das gemeine Recht der früheren Periode anlehnt und dasselbe dem Bedürfnisse der Gegenwart entsprechend in gleichmässigen Normen fortentwickelt hat.

§. 4. Die Preussischen Bergordnungen und das Allgemeine Landrecht. (1737—1814.)

Die Geschichte des Preussischen Bergrechts wird eröffnet durch die »Renovirte Bergordnung für die Klevischen und angehörigen Lande, besonders die Grafschaft Mark« vom 18. Juli 1737, welche Friedrich Wilhelm II an Stelle der von Herzog Wilhelm IV. für die vereinigten Länder Jülich, Cleve, Berg und Mark erlassenen Bergordnung von 1542 für die aus der

Jülich-Cleve'schen Erbschaft erworbenen Landestheile einführte. In der Grafschaft Mark war besonders seit dem 16. und 17. Jahrhundert der Steinkohlenbergbau in Aufnahme gekommen, und während derselbe in Sachsen nach dem Mandate vom 19. August 1743 dem Grundeigenthümer überlassen blieb, wurde derselbe hier als ein Gegenstand der Bergbaufreiheit und des Bergregales behandelt und den Vorschriften der Bergordnung von 1542 unterworfen. Letztere ursprünglich auf den Erzbergbau berechnet, zeigten sich vielfach unpassend; sie wurden überdies durch alte beim Steinkohlenbergbau herrschende Gewohnheiten mehrfach durchkreuzt [1]).

Die Renovirte Bergordnung von 1737 hatte daher vorzugsweise den Zweck, angemessene Vorschriften fur den Steinkohlenbergbau herzustellen und sie brach in dieser Beziehung für die Entwickelung des deutschen Bergrechts eine neue Bahn. Gleichwohl ist dieselbe keinesweges eine blosse Kohlenordnung, sie berücksichtigt vielmehr gleichmässig die Verhältnisse des Erzbergbaues, wie denn bei ihrer Abfassung die Joachimsthaler Bergordnung, die Sächsischen und die Braunschweig-Lüneburgischen Berggesetze eingehend benutzt sind [2]).

Die Renovirte Bergordnung wurde unter Friedrich dem Grossen einer abermaligen Umarbeitung unterzogen, aus welcher die Revidirte Bergordnung für das Herzogthum Cleve, Fürstenthum Mörs und die Grafschaft Mark hervorging, bei deren Redaction ausser der Renovirten Bergordnung vorzüglich die inzwischen ergangene Kursächsische Stollenordnung von 1749 benutzt ist. Die Revidirte Bergordnung von 1766 enthält in 88 Kapiteln ausfuhrliche Festsetzungen über alle bergrechtlichen Verhältnisse, welche auf dem Gebiete des Privatrechtes — abgesehen von wenigen provinziellen Besonderheiten — sich den Grundsätzen des gemeinen deutschen Bergrechtes auf das Engste anschliessen. Auf dem Gebiete des öffentlichen Rechtes dagegen schlägt die Revidirte

---

1) Achenbach, Geschichte der Cleve-Märkischen Berggesetzgebung und Verwaltung bis zum Jahre 1815. Zeitschrift fur das Berg-, Hütten- und Salinenwesen Bd. XVII B. S. 178 f.

2) Brassert, Bergordnungen S. 818. — Achenbach a. a. O. S. 181.

Bergordnung eine ganz neue den ältern Bergordnungen fremde Richtung ein, indem sie die Gewerkschaften der Verwaltung ihres Bergwerkseigenthums fast vollständig entsetzt und den Betrieb und den Haushalt der Gruben unter specieller Leitung des Bergamtes den von Letzterem angestellten und ihm allein verantwortlichen Schichtmeistern und Steigern überträgt, welche weder aus der Zahl der Gewerken, noch aus deren Söhnen, Knechten und Verwandten gewählt werden dürfen. (Cap. 43—47.) Die Revidirte Cleve-Märkische Bergordnung bildet den Ausgangspunkt für die Erneuerung des Bergrechts in dem ganzen Umfange des Preussischen Staates, welche in der Bergordnung des Allgemeinen Preussischen Landrechts (Th. II, Tit. 16, Abschnitt 4. Vom Bergwerksregal) ihren Abschluss fand.

Zunächst wurde nach ihrem Muster die Revidirte Bergordnung für das souveräne Herzogthum Schlesien und für die Grafschaft Glatz vom 5. Juni 1769 ausgearbeitet, welche sich von der Kleve-Märkischen hauptsächlich nur in den Bestimmungen über die Gegenstände des Bergregals (Cap. 1, §. 1), das Mitbaurecht (Cap. 1, §. 3, und Declaration v. 1. Febr. 1790), die Kuxeintheilung (Cap. 31), über die Quatember- und Rezessgelder (Cap. 36, 37) und in der Benennung der Behörden unterscheidet, indem dem Bergamte das Oberbergamt substituirt wurde.

Die Revidirte Bergordnung für das Herzogthum Magdeburg, Fürstenthum Halberstadt, die Grafschaften Mansfeld, Hohenstein und Reinstein, auch incorporirte Herrschaften vom 7. December 1772 endlich stimmt mit der schlesischen fast durchgehends wörtlich überein. Die einzig bemerkenswerthen Abweichungen betreffen die Gegenstände des Bergregales (Cap. 1, §. 1) und die Feldesgrösse (Cap. 3, §. 1).

Als durch die Kabinetsordre v. 14. April 1780 die Wiederaufnahme der seit dreissig Jahren ruhenden Arbeiten für die Codification des Preussischen Rechtes angeordnet wurde, konnte man für die Bearbeitung des Bergrechtes die Revidirten Bergordnungen für Schlesien und Magdeburg unmittelbar zu Grunde legen. Man beschränkte sich in dem ersten Entwurfe darauf, »die Materien in eine dem Plane des Ganzen angemessenere Ordnung zu rangiren, sowie die dem gemeinen

Leser nicht verständlichen Stellen und Ausdrücke gemeinfasslicher einzurichten,« ohne in den Dispositionen der Bergordnungen etwas Wesentliches zu ändern. Die Mittheilung dieses Entwurfes an die Bergbehörden und demnächst die Veröffentlichung desselben in dem Entwurfe eines allgemeinen Gesetzbuches für die preussischen Staaten (1784—1788), in welchem das Bergrecht in zwei Abschnitten: Th. I, Abtheilung 3, Tit. 4, Abschn. 4: Vom Bergwerksregal, und Th. II, Abth. 3, Tit. 14, Abschn. 4: Von den Rechten und Pflichten der Bergwerksgesellschaften, abgehandelt wurde, rief jedoch eine grosse Anzahl von gutachtlichen Bemerkungen und Abänderungsvorschlägen hervor, aus deren eingehender Erörterung dann das Bergrecht des Allgemeinen Landrechts in derjenigen Gestalt hervorging, wie dasselbe in dem Th. II, Tit. 16, Abschnitt 4 dieses Gesetzbuchs vorliegt[1]).

Das Bergrecht des Allgemeinen Landrechts trat mit dem übrigen Inhalte dieses Gesetzbuches am 1. Juni 1794 fur das ganze damalige Staatsgebiet in Kraft und zwar erlangte dasselbe nach Art. I, III und IV des Publicationspatentes vom 5. Februar 1794 nur subsidiarische Geltung an Stelle der bisher aufgenommen gewesenen gemeinen Rechte. Die Provinzialgesetze und Statuten sollten ihre Gültigkeit behalten, bis die angeordnete aber nicht zur Ausführung gekommene Codification des Provinzialrechtes erfolgt sei.

Die drei Revidirten Bergordnungen blieben daher neben dem Allgemeinen Landrechte als Provinzialgesetze in Kraft, und das hatte bei der wesentlichen Gleichartigkeit ihrer Normen kein practisches Bedenken. Als dann in Folge des Reichsdeputations-Hauptschlusses von 1803 das Staatsgebiet erweitert wurde, blieb die Uebereinstimmung in der Berggesetzgebung dadurch erhalten, dass in die neu erworbenen Besitzungen neben dem Allgemeinen Landrechte auch die Provinzialbergordnung der Provinz, in welche die Einverleibung erfolgte, eingeführt wurde, so die Kleve-Märkische Bergordnung in die Stifter Essen, Werden und Paderborn durch die Patente vom

---

1) Ueber die Geschichte der Redaction, vgl. Brassert, das Bergrecht des Allg. Landrechts in seinen Materialien dargestellt. Bonn 1861.

12. April und vom 16. Mai 1803, die Magdeburg-Halberstädter Bergordnung in das Fürstenthum Eichsfeld und die Stadtgebiete Erfurt, Mülhausen und Nordhausen durch das Patent vom 9. April 1803 [1]).

Die Schlesische Bergordnung endlich war bereits durch Patent vom 7. April 1793 [2]) in das neu erworbene Südpreussen (die jetzige Provinz Posen) eingeführt worden und behielt daselbst neben dem Allgemeinen Landrecht Geltung.

Weit verwickelter gestaltete sich der Zustand der Preussischen Berggesetzgebung nach der Wiederherstellung und Erweiterung des Staatsgebietes im Jahre 1814.

Unter der französischen Zwischenherrschaft waren auf der linken Rheinseite die französischen Berggesetze vom 28. Juli 1791 und vom 21. April 1810 eingeführt worden. Das letztere blieb auch nach der Vereinigung der Rheinprovinz mit dem Preussischen Staate in Kraft, so dass die linksrheinischen Lande ein eigenes Rechtsgebiet des französischen Bergrechtes bildeten.

In den rechtsrheinischen Landestheilen dagegen, welche vorübergehend dem Kaiserthum Frankreich, dem Königreich Westfalen, dem Grossherzogthum Berg und dem Grossherzogthum Warschau angehört hatten, war zwar der Code Napoléon, jedoch nicht das französische Berggesetz eingeführt, so dass für das Bergrecht die früheren Gesetze unverändert in Kraft geblieben waren [3]). Für die im Tilsiter Frieden abgetretenen Provinzen blieb daher, nachdem durch das Patent vom 9. September 1814 (G.-S. S. 89) das Allgemeine Landrecht in seinem ganzen Umfange wieder eingeführt war, der Rechtszustand derselbe, wie er vor der Abtretung gewesen war. Während in den andern Zweigen des Rechtes die Provinzialrechte durch die Einführung des Code Napoléon beseitigt waren und bei der Wiedereinführung des Landrechts beseitigt blieben, behauptete in dem Bergrechte das Provinzialrecht seine Geltung neben dem Allgemeinen Landrechte und letzteres behielt nur eine

---

1) Rabe, Sammlung Preussischer Gesetze. Bd. 7. S. 432. 439 und 464.

2) Rabe. Bd. 2. S. 422.

3) Brassert, Materialien. S. 60 f.

subsidiarische Geltung. Dasselbe war der Fall in den neuerworbenen Landestheilen, in welche das Allgemeine Landrecht durch die Patente vom 15. November 1816 (G.-S. S. 233) und vom 21. Juni 1825 (G.-S. S. 153) neu eingeführt wurde, nämlich in den früher zum Königreich Sachsen gehörigen Provinzen und im Herzogthum Westfalen, im Fürstenthum Siegen, in den Aemtern Burbach und Neunkirchen und den Grafschaften Wittgenstein-Wittgenstein und Wittgenstein-Berleburg.

Während aber in den wieder vereinigten Landestheilen die Revidirten Bergordnungen in Kraft blieben, welche der Preussischen Gesetzgebung angehörten und mit dem Allgemeinen Landrechte in allen wesentlichen Punkten übereinstimmten, waren die Provinzialbergordnungen der neu erworbenen Landestheile (die Kursächsische, Kurkölnische, Nassau-Katzenelnbogische und Jülich-Bergische Bergordnung) in früheren Jahrhunderten entstanden und von dem Bergrechte des Allgemeinen Landrechts nicht blos in einzelnen provinzialrechtlichen Abweichungen, sondern ihrem ganzen Inhalte nach verschieden.

Endlich wurde in dem rechtsrheinischen Theile der Rheinprovinz (mit Ausnahme der Kreise Rees, Duisburg und Essen) das Allgemeine Landrecht nicht eingeführt, sondern die bisherige Gesetzgebung beibehalten, d. h. für den rechtsrheinischen Bezirk des Appellationsgerichtshofes zu Cöln der Code Napoléon und das gemeine deutsche Bergrecht, für den Bezirk des Justizsenats zu Ehrenbreitstein das gemeine deutsche Civil- und Bergrecht, letzteres in beiden Bezirken als subsidiarisches Recht neben verschiedenen Provinzialbergordnungen.

Bis zum Erlasse des Allgemeinen Berggesetzes vom 24. Juni 1865 bestanden also in Preussen in Bezug auf die Berggesetzgebung drei Rechtsgebiete, das Gebiet des preussischen, des gemeinen deutschen und des französischen Bergrechtes. Das preussische Bergrecht galt in dem Rechtsgebiete des Allgemeinen Landrechts, also in den östlichen Provinzen mit Ausnahme von Neu-Vorpommern und Rügen, in der Provinz Westfalen und in den Kreisen Rees, Essen und Duisburg der Rheinprovinz. Das gemeine deutsche Bergrecht galt in Neu-Vorpommern und Rügen, in dem rechtsrheinischen Theile der Rheinprovinz mit Ausnahme der Kreise Rees, Essen und Duisburg und in den hohenzollernschen Landen. Das französische

Bergrecht endlich galt in dem linksrheinischen Theile der Rheinprovinz. Sowohl im Gebiete des preussischen als des gemeinen deutschen Bergrechtes galten zahlreiche Provinzial-Bergordnungen neben dem Landrechte und dem gemeinen Rechte.

In dem Gebiete des Allg. Landrechts und des Gemeinen Rechtes, welchen nur eine subsidiarische Geltung zukam, galten als Prinzipalrechte folgende zwölf Provinzialbergordnungen:

1. die Nassau-Katzenelnbogische vom 1. Mai 1559,
2. die Kurtrierische vom 22. Juli 1564,
3. die Hennebergische vom 18. Dezember 1566,
4. die Homburgische vom 25. Januar 1570,
5. die Kursächsische vom 12. Juni 1589 nebst der Stollenordnung vom 12. Juni 1749 und dem Steinkohlenmandate vom 19. August 1743,
6. die Wildenburgische vom Jahre 1607,
7. die Kurkölnische vom 4. Januar 1669,
8. die Eisleben-Mansfeldische vom 28. October 1673,
9. die Jülich-Bergische vom 21. März 1719,
10. die Kleve-Märkische vom 29. April 1766,
11. die Schlesische vom 5. Juni 1769,
12. die Magdeburg-Halberstädtische vom 7. Dezember 1772.

Allein die Anzahl der örtlichen Verschiedenheiten in der preussischen Gesetzgebung wurde durch die mannigfaltigsten Combinationen der verschiedenen Landesgesetzgebungen mit den einzelnen Particularrechten noch erheblich vervielfacht. So fiel z. B. die Grenze des gemeinen und des französischen Civilrechtes nicht mit der Grenze des deutschen und des französischen Bergrechtes zusammen. Es galt daher in einem Theile der Rheinprovinz das gemeine deutsche, in einem andern das französische Berg- und Civilrecht, in einem dritten Theile aber das deutsche Bergrecht neben dem französischen Civilrechte. Ebenso galten manche Provinzialbergordnungen sowohl im Gebiete des gemeinen als des preussischen Rechtes, so die Kurkölnische, die Kursächsische und die Jülichbergische Bergordnung, von denen also jede ein doppeltes Rechtsgebiet repräsentirte. So wie die Grenzen dieser Particularrechte die längst vergangenen politischen Eintheilungen verewigten, die zur Zeit ihrer Einführung bestanden, so haben auch die späteren oft ganz ephemeren Staatenbildungen für das Gebiet des

Bergrechtes dadurch Bedeutung behalten, dass durch Spezialgesetze wichtige Neuerungen in den Bereich der älteren Bergordnungen, oder vielmehr in einzelne Theile ihres Rechtsgebietes eingeführt wurden. So hat das Westfälische Decret vom 27. Januar 1809 die Magdeburg-Halberstädtische Bergordnung durch die Aufhebung des Mitbaurechtes, die Kursächsische Bergordnung durch die Einfuhrung des Steinkohlenregals modificirt, jedoch nur in den zu dem Königreich Westfalen abgetretenen Landestheilen, während in den übrigen Theilen ihres Rechtsgebietes die beiden Bergordnungen in unveränderter Geltung verblieben sind. So galt ferner die Kursächsische Bergordnung in einigen Landestheilen mit dem sogenannten Steinkohlenmandate vom 19. August 1743, in anderen ohne dieses Spezialgesetz, welches seinerseits wieder ohne die Kursächsische Bergordnung in denjenigen Landestheilen Geltung erhalten hatte, welche wie die Ober- und Nieder-Lausitz erst nach dem sechszehnten Jahrhundert vorübergehend mit dem sächsischen Kurstaate verbunden wurden [1]).

Eine kartographische Darstellung der verschiedenen vor dem Allgemeinen Berggesetze vom 24. Juni 1865 bestehenden partikularen Rechtsgebiete wurde also alle die Veränderungen anschaulich machen müssen, welche das gegenwärtige Staatsgebiet im Laufe der drei letzten Jahrhunderte in seiner politischen Eintheilung erfahren hat, da fast jede dieser Eintheilungen für das Bergrecht durch eine Provinzial-Bergordnung, oder durch ein Spezialgesetz Bedeutung behalten hat [2]). Es kann daher keinesweges befremden, wenn in manchen Landestheilen erhebliche Zweifel darüber bestanden, ob daselbst bei dem mannigfaltigen Wechsel der Gesetzgebung eine bestimmte Bergordnung Geltung erhalten hatte oder in Geltung verblieben war, so in Posen wegen der schlesischen Bergordnung [3]), in der Lausitz wegen der böhmischen Bergwerksvergleiche von 1534 und 1575, im Grunde Seel- und Burbach wegen der nassauischen Bergordnung [4]).

---

1) Brassert, Bergordnungen der preussischen Lande. Einleitung S. XXXVI.

2) Die handschriftliche Bergrechtskarte von Dr. v. Dechen unterscheidet fünfzig verschiedene Rechtsgebiete.

3) Brassert a. a. O. S. XLII.

4) Zeitschrift für Bergrecht Bd. II, S. 77.

Alle diese particularen Verschiedenheiten des früheren Rechtes haben auch für den heutigen Rechtszustand Bedeutung behalten, insofern es auf die Beurtheilung der Entstehung früher begründeter Rechtsverhältnisse, insbesondere auf die Feldesgrösse der nach dem früheren Rechte ertheilten Bergwerksverleihungen ankommt. Für einzelne Rechtsinstitute z. B. die Erbstollengerechtigkeit, die Freikuxe, die Kuxeintheilung bei den Gewerkschaften des älteren Rechtes und zum Theil für die Bergwerksbesteuerung kommen die Vorschriften des älteren provinziellen und subsidiaren Rechtes nach den Uebergangsbestimmungen des Allgemeinen Berggesetzes §§. 223—245 dauernd in Anwendung.

§. 5. Die Novellengesetzgebung.

(1816—1863.)

Das Bergrecht des Allgemeinen Preussischen Landrechts war nichts Anderes als eine Codification des gemeinen deutschen Bergrechtes für die preussischen Staaten. Es war zwar bestimmt, die Geltung des letzteren auszuschliessen und an seine Stelle als letztes Subsidiarrecht zu treten. Allein es erreichte diesen Zweck, indem es das deutsche Bergrecht in sich aufnahm, ohne etwas Anderes und Neues an dessen Stelle zu setzen. Das landrechtliche Bergrecht steht also vom Standpunkte der Theorie des gemeinen deutschen Bergrechts betrachtet auf einer Linie mit den älteren deutschen Bergordnungen. Es ist selbst eine Quelle des deutschen Bergrechts und zwar eine der vorzüglichsten und wird auch als solche von den neueren Schriftstellern des gemeinen Bergrechts vorzugsweise benutzt [1]).

Die Vorzüge des in dem Allgemeinen Landrechte enthaltenen Berggesetzes sind durch eine siebzigjährige Geltung glänzend bewährt worden, und es dürfen demselben nur wenige Bergordnungen der vorhergehenden oder der nachfolgenden Zeit an die Seite gestellt werden, soweit die formalen Vorzüge einer correcten Fassung und einer zweckmässigen Anordnung der Vorschriften in Betracht kommen. Auch in materieller

---

1) Vergl. Hake Commentar über das deutsche Bergrecht. Sulzbach 1839.

Hinsicht steht die Berggesetzgebung des Allgemeinen Landrechts ganz auf der Höhe der damaligen Rechtswissenschaft und der damals geltenden volkswirthschaftlichen Politik. Aber der Standpunkt dieser Volkswirthschaft war noch derselbe und ihr Horizont eben so eng begrenzt wie zur Zeit der Abfassung der Revidirten Bergordnungen. Man fand auch in dem Allgemeinen Landrecht fur gut, den Bergbau der Direction des Bergamtes zu unterwerfen (§. 82). Dem Bergamte war die Festsetzung der Preise der Bergwerksproducte (§. 315), die Bestimmung der zu zahlenden Zubusse oder der zu vertheilenden Ausbeute (§§. 274, 300), die Annahme der Arbeiter, der Schichtmeister und der Steiger (§§. 307 ff.) vorbehalten.

Dieses sogenannte Directionsprinzip wurde schon bei der Redaction des Allgemeinen Landrechts von Grolmann und Eggers bekämpft[1]) jedoch vergebens. Die Praxis der Bergbehörden war sogar viele Jahrzehnte hindurch auf die möglichste Ausdehnung des sogenannten Directionsprincipes und auf die vollständige Unterwerfung des Privatbergbaues unter die Leitung der Behörden gerichtet.

Die Instruction fur das Kleve-Märkische Bergamt zu Wetter vom 24. Mai 1783 enthielt im §. 5, Nr. 2 die Bestimmung:

»Es sollen keine neuen Steinkohlenwerke in Betrieb gesetzt werden, bis daran sich ein Kohlenmangel ereignet.«

Nach dieser Vorschrift wurde der Betrieb eines verliehenen Steinkohlenbergwerks von einer besonderen Erlaubniss des Bergamtes abhängig gemacht, dessen Beurtheilung anheim gegeben war, ob ein Bedürfniss zur Eröffnung einer neuen Grube vorhanden sei oder nicht. Auf Grund dieser Vorschrift wurde unter andern der Gewerkschaft der Grube Schölerpad bei Essen zehn Jahre lang von 1816 bis 1826 die nachgesuchte Erlaubniss zur Eröffnung eines Tiefbaues verweigert, weil der Tiefbau der Grube Sälzer und Neuack zur Versorgung des dortigen Kohlenmarktes genüge und ein Bedürfniss zur Anlage eines zweiten Tiefbaues im Essener Reviere nicht vorhanden sei[2]).

---

1) Brassert Materialien S. 75. 147.

2) Vergl. meinen Commentar zum Allg. Berggesetze, Einleitung S. 62.

Die Steinkohlengruben wurden durch die Declaration vom 18. Mai 1786 revierweise unter die gemeinschaftliche Verwaltung von Oberschichtmeistern und Obersteigern gestellt und die Preise der Steinkohlen amtlich so regulirt, dass die günstiger gelegenen Gruben höhere Preise halten mussten, um den Absatz ihrer ungünstig gelegenen Nachbarn nicht zu erdrücken. Sogar die Ruhrschifffahrtsgefälle wurden von diesem Gesichtspunkte aus so bemessen, dass die der Mündung zunächst gelegenen Gruben höhere Abgaben für die Benutzung der kürzeren Stromstrecke zahlten, als die oberhalb gelegenen für die längere Fahrt, damit der Vortheil, welchen erstere durch ihre natürliche Lage für den Absatz der Kohlen behaupteten, zu Gunsten der letzteren einigermassen ausgeglichen werde.

Dieses System der vormundschaftlichen Verwaltung war berechnet auf den unentwickelten und hülflosen Zustand, in welchem die Gesetzgebung Friedrich des Grossen den Bergbau vorfand. Die Zersplitterung der Production unter eine grosse Zahl unbedeutender Gruben, unter einer ganz unzureichenden technischen und kaufmännischen Leitung, die Beschränkung des Absatzgebietes durch zahlreiche Binnenzölle, durch den Mangel fahrbarer und schiffbarer Strassen, die Belastung des Bergbaues mit Abgaben, die nach dem damaligen Stande der Preise auf 22 % des Bruttowerthes der Production berechnet wurden [1]), bildeten vereinigt eine Schranke für die Entwickelung des Bergbaues, zu deren Uebersteigung dem Einzelnen die Mittel, dem Zeitalter der Unternehmungsgeist und der Gemeinsinn fehlten. Alle Anregung zu gemeinnützigen Unternehmungen wurde damals von der Regierung erwartet und ihr unbedenklich das Recht eingeräumt, zu diesen Zwecken die Einzelnen nach ihrem Ermessen polizeilich zu beschränken und zu besteuern.

Die Ursache, dass an diesen Einrichtungen auch dann noch festgehalten wurde, als die Bevormundung des Bergbaues seiner Entwickelung nicht mehr förderlich, sondern in hohem Grade schädlich geworden war, lag aber in der Finanzpolitik der Verwaltung. Die Abgaben, welche auf dem preussischen

---

1) Nach einer Schätzung des Freiherrn von Stein, damals Bergamtsdirector in Wetter

Bergbau lasteten, betrugen noch in den Jahren 1843—1847 zwölf Prozent des rohen Ertrages. Ste erhoben sich in einzelnen Landestheilen bis auf 14,8 % und 16,7 % des Productionswerthes [1]). Eine solche Besteuerung konnte nicht aufrecht erhalten werden ohne solche Einrichtungen, die eine künstliche Steigerung des Preises der Bergwerksproducte durch Beschränkung der Concurrenz zum Zweck hatten.

Der Kampf um die Reform der Berggesetzgebung hatte also ein doppeltes, jedoch eng verbundenes Ziel, die Freigebnng des Bergbaues und die Erleichterung der Steuern. Anträge auf eine Revision der Berggesetze nach diesen beiden Gesichtspunkten wurden im Jahre 1828 von den Rheinischen und den Schlesischen Provinzialständen gestellt. Schon im Jahre 1826 war indess gleichzeitig mit der angeordneten allgemeinen Gesetzrevision auch eine neue Bearbeitung des Bergrechtes unternommen, welche zunächst eine Verbesserung des formellen Zustandes der Berggesetzgebung bezweckte [2]).

Das Ziel dieser Bearbeitung war die Beseitigung der verschiedenen im Staate in principaler und in subsidiarischer Geltung befindlichen Bergrechte und die Herstellung eines allgemeinen Berggesetzes für den ganzen Staat, in welches die beizubehaltenden provinziellen Besonderheiten als solche aufgenommen werden sollten. Da diese Codification auch die linksrheinischen Landestheile umfassen sollte, so musste man sich die Frage vorlegen, ob dieselben ebenfalls dem Directionsprincipe unterworfen, oder ob die freisinnigen Grundsätze des französischen Berggesetzes angenommen werden sollten, welche dem Bergwerkseigenthumer die freie Verwaltung seines Eigenthumes überlassen und ihn nur der polizeilichen Aufsicht der Behörden unterwerfen. Die Verfasser der beiden ersten Entwürfe von 1833 und von 1835 Karsten, Skalley und von Viebahn folgten der freisinnigen Auffassung des französischen Berggesetzes. Nach ihren Vorschlägen sollte die Bergbehörde statt das Bergwerkseigenthum für die Gewerken zu verwalten, lediglich eine

---

1) v. Carnall, die Bergwerke in Preussen und ihre Besteuerung. Berlin 1850. Tabelle XX.

2) Vergl. Brassert, die Bergrechtsreform in Preussen. Zeitschrift für Bergrecht Bd. III, S. 234 f.

Oberaufsicht über den Bergbau führen und denselben nach den Regeln der Bergbaukunde und nach den Vorschriften der Bergpolizei überwachen, während Betrieb und Haushalt, Annahme und Entlassung der Grubenbeamten und Arbeiter, Einziehung der Zubusse und Vertheilung der Ausbeute, lediglich den Bergwerksbetreibern zu überlassen sei.

Diese Vorschläge stiessen indess auf lebhaften Widerspruch in den Verwaltungskreisen und nachdem ein Wechsel in den leitenden Persönlichkeiten eingetreten war, wurde im Jahre 1841 nach den Anträgen des Oberberghauptmanns Grafen von Beust beschlossen, das Directionsprincip aufrecht zu erhalten und von der Einführung des neuen Berggesetzes in den linksrheinischen Landestheilen Abstand zu nehmen. Der dritte Entwurf vom Jahre 1841 kehrte in Folge dessen vollständig zu den Grundsätzen des Allgemeinen Landrechts zurück, indem er den Bergbehörden nicht bloss die Aufsicht, sondern die unmittelbare Leitung des Privatbergbaues übertrug. Trotz der Bedenken welche die Provinzialstände von Rheinland, Westfalen und Schlesien gegen diese Tendenz des Gesetzentwurfes erhoben, wurde dieselbe auch bei der vierten Berathung festgehalten, welche in den Jahren 1845 und 1846 von einer Commission unter dem Vorsitze des Ministers der Gesetzgebung von Savigny bewirkt wurde. Der vierte Entwurf von 1846 behielt nicht blos das Directionsprincip bei, trotz des in der Commission selbst von dem gründlichsten Kenner des Bergrechts und der Verhältnisse des Bergbaues, dem Geheimen Oberbergrath Dr. Karsten erhobenen Widerspruchs; er kehrte auch zu der Casuistik des Allgemeinen Landrechts zurück und hielt, wie schon der Entwurf von 1841, mit Vorliebe an der Erhaltung provinzieller Besonderheiten (z. B. des Mitbaurechtes des Grundkuxes und der Tradde) fest.

Die Ereignisse des Jahres 1848 unterbrachen die bereits begonnene legislative Berathung des Entwurfes von 1846 im Staatsrathe und gaben den Anstoss zur Bearbeitung eines neuen Entwurfes durch eine Commission von Bergbeamten und Bergwerksbesitzern. Der fünfte Entwurf von 1848 und der aus der Umarbeitung desselben durch eine Ministerialcommission hervorgegangene sechste Entwurf von 1850 verfolgte das Ziel, das französische Bergrecht in seinen freisinnigen Verwaltungsgrundsätzen, zugleich aber auch in seinen Singularitäten mit der Eintheilung der Mineralgewinnungen in Bergwerke, Gräbereien und Steinbrüche und mit der Verleihung ohne Anerkennung des gesetzlichen Rechtsanspruchs des Finders und Muthers auf eine bestimmte Feldesgrösse, auf rechtsrheinischen Boden zu verpflanzen.

Auch dieser sechste Entwurf. welcher im Januar 1850 den Kammern zur Beschlussfassung vorgelegt wurde, gelangte nicht zur Annahme und die Regierung verliess nun den lange ohne Erfolg betretenen Weg der Codificationsversuche, um sich der materiellen Verbesserung des Bergrechtes durch einzelne Gesetze über die am meisten der Reform bedürftigen Materien zuzuwenden. Schon im Jahre 1821 war durch das Gesetz vom 1. Juli über die Verleihung des Bergeigenthums auf Flötzen dem wichtigen Steinkohlenbergbau eine wesentliche Förderung zu Theil geworden, indem statt der bisherigen kleinen und unzweckmässig begrenzten Geviertfelder, Felder von angemessener Ausdehnung mit der unbegrenzten Erstreckung in die ewige Teufe gewährt wurden.

Im Jahre 1851 endlich wurde nach den Vorschlägen von Carnalls eine durchgreifende Reform der bisherigen Gesetzgebung in Angriff genommen und durch die beiden Gesetze vom 12. Mai 1851 über die Besteuerung der Bergwerke und über die Verhältnisse der Miteigenthümer die Axt an die Wurzel des bisherigen Verwaltungssystems gelegt und der Bergbau von der vormundschaftlichen Direction der Behörden, sowie durch die Herabsetzung des Zehnten auf den Zwanzigsten von einem Theile des übermässigen Steuerdruckes befreit.

Das Gesetz über die Verhältnisse der Miteigenthümer hob das Directionsprincip nicht formell auf; allein es gab den Gewerkschaften in den Gewerkenversammlungen und in den Repräsentanten und Grubenvorständen Organe für die eigene Verwaltung ihrer Angelegenheiten und legte den gewerkschaftlichen Repräsentanten im §. 18 einen grossen Theil derjenigen Befugnisse bei, welche bisher den Bergbehörden vorbehalten gewesen waren, wie die Wahl der Grubenbeamten, die Annahme und Entlassung der Bergarbeiter, den Verkauf der Bergwerksproducte, und die Ausschreibung der Betriebsgelder.

Wenn in manchen Punkten (z. B. bei der Annahme der

Bergarbeiter, bei der Regulirung ihres Lohnes u. s. w.), den Bergbehörden eine weitgehende Einwirkung vorbehalten blieb, oft in unbestimmten Ausdrücken, so entsprach dies zwar nicht den formellen Anforderungen einer correcten Gesetzredaction, wohl aber dem praktischen Bedürfnisse eines immerhin schwierigen Uebergangszustandes. Auch wurde die Ausführung dieses Uebergangsgesetzes so geleitet, dass schon auf Grund desselben allmählich den Gewerkschaften die volle Selbstverwaltung übertragen wurde und dabei bildeten die Verwaltungsbehörden nicht die hemmende, sondern in vielen Fällen die treibende Kraft. Die Gewerken, welche bei dem zersplitterten Bergwerksbesitze bisher nur die Früchte eines von der Behörde vormundschaftlich verwalteten Geschäftsbetriebes geniessen durften, mussten erst die geeigneten Organe für die eigene Verwaltung ihres gemeinschaftlichen Besitzes gewinnen. Vor allem bot aber das Verhältniss der Bergarbeiter grosse Schwierigkeiten, welche bisher nach §. 307, Tit. 16, Th. II des Allg. Landrechts nur von der Bergbehörde angenommen und von dieser auf die einzelnen Gruben verlegt wurden. Es galt für dieselben Einrichtungen zu schaffen, durch welche ihnen die Sicherheit der ökonomischen Existenz auch bei ganz freier Vertragschliessung mit dem Arbeitgeber gewährleistet wurde. Dieser Zweck wurde erreicht durch das Gesetz über die Vereinigung der Berg-, Hütten- und Salinenarbeiter in Knappschaften vom 10. April 1854, welches die örtlich von Alters her begründeten Knappschaftsverbände zu einer allgemeinen Einrichtung erhob und in den Knappschaftsvereinen eine corporative Vereinigung der Werksbesitzer und der Arbeiter zum Zwecke der gemeinsamen Unterstützung der arbeitsunfähigen Arbeiter und ihrer Hinterbliebenen schaffte.

Nachdem durch diese Einrichtung ein von der Behörde unabhängiges Organ der Vermittelung zwischen Arbeitgebern und Arbeitern und zur Fürsorge für die letzteren geschaffen war, durfte die Vertragschliessung zwischen den Arbeitern und den Arbeitgebern der freien Vereinigung überlassen werden. Dies geschah durch das Gesetz über die Beaufsichtigung des Bergbaues durch die Bergbehörden und das Verhältniss der Berg- und Hüttenarbeiter vom 21. Mai 1860, welches zugleich im §. 1 das factisch bereits beseitigte Directionsprincip auch gesetzlich vollständig aufhob und den Bergbehörden nur noch die polizeiliche Aufsicht über den Bergbau zuwies.

Es folgte eine weitere Ermässigung der Bergwerksabgaben bis auf 2 % des Brutto-Ertrages durch die Gesetze vom 22. März 1861 und vom 20. October 1862, sodann eine Vereinfachung des Verwaltungsapparates durch das Gesetz über die Competenz der Oberbergämter vom 10. Juni 1861, welches die bisherigen Bergämter aufhob. Endlich wurden durch das Gesetz über die Verwaltung der Bergbauhülfskassen vom 5. Juni 1863 auch diese bisher von den Bergbehörden verwalteten gemeinnützigen Institute in die Hände der aus den betheiligten Bergwerksbesitzern gebildeten corporativen Verbände übergeben.

Der Gesetzentwurf wegen der Verleihung der Grubenfelder und der Gesetzentwurf wegen Mobilisirung der Kuxe, welche in den Jahren 1860 und 1861 den beiden Häusern des Landtags vorgelegt wurden, gelangten nicht zur Erledigung, weil sich bei den legislatorischen Berathungen eine Meinungsverschiedenheit nicht sowohl in Bezug auf das Princip der angestrebten Reformen, als vielmehr in Bezug auf die Art ihrer Durchführung zeigte, welche ein Einverständniss nicht zu Stande kommen liess.

Nachdem durch diese Thätigkeit der Novellengesetzgebung die wichtigsten materiellen Fragen, welche auf dem Gebiete der Berggesetzgebung einer Lösung bedurften, theils gelöst, theils für die endgültige Lösung vorbereitet waren, blieb noch die formale Aufgabe der angestrebten Reform, nämlich die Codification des Bergrechtes übrig, welche durch das allgemeine Berggesetz vom 24. Juni 1865 gelöst ist.

§. 6. Das Allgemeine Berggesetz vom 24. Juni 1865 und die spätere Gesetzgebung. (1865—1869.)

Die materiellen Reformen, welche durch die Novellengesetzgebung von 1851, 1854 und 1860—62 eingeführt waren, hatten den dringenden Beschwerden der Bergwerksbesitzer endlich Abhülfe verschafft. Der Bergbau, dessen Entwickelung unter dem Drucke der übermässigen Besteuerung zurückgeblieben war, wuchs nach der Entlastung und nach der Freigebung des Betriebes in gewaltigen Dimensionen. Das Ziel, welches Karsten seit dreissig Jahren vergeblich angestrebt hatte, war endlich erreicht und die Bergverwaltung, welche lange Zeit hindurch das starrste Festhalten an dem Ueberlieferten und das schädlichste Uebermass bureaukratischer Bevormundung repräsentirt hatte, war endlich vorzugsweise durch die treibende Iniative ihres jetzigen Chefs des Oberberghauptmanns Krug von Nidda in die Bahn der entschiedenen Gewerbefreiheit und der ungehemmten Bewegung eingelenkt. In demselben Masse, wie sich der Bergbau in Preussen ausdehnte, wurde der Apparat der Verwaltung eingeschränkt und durch eine zweckmässige Erneuerung des Personals und der Verwaltungsvorschriften umgebildet. Der letzte Kampf galt dem Principe der Nachhaltigkeit des Bergbaues, welches noch bei der Aufhebung des Directionsprincips in dem Gesetze vom 21. Mai 1860 als massgebend für die Beaufsichtigung des Bergbaues durch die Behörden anerkannt war. Aus diesem Grundsatze ging aber wie aus ihrer Wurzel die ganze vormundschaftliche Tendenz der früheren Bergverwaltung hervor. Die Nachhaltigkeit des Bergbaues war das Motiv für die Vorschrift der Instruction vom 24. Mai 1783 gewesen, nach welcher keine Steinkohlenwerke in Betrieb gesetzt werden durften, bis dazu nach der Ansicht der Behörde ein Bedürfniss vorhanden sei[1]). Die Forderung der Nachhal-

1) Die Verweigerung der Erlaubniss zum Betriebe der Grube Schölerpad (oben S. 34) wurde wie folgt motivirt:

»Die in den neuen Gewerbegesetzen ausgesprochene Gewerbefreiheit sei auf den Bergbau ausdrücklich nicht erstreckt worden. Die Schätze, welche die Natur in ihrem Schoosse verberge, erzeugen sich, einmal verschwendet, nicht wieder und aller Betriebsvorschriften letzter Zweck müsse also eine nachhaltige, mithin eine ökonomische Benutzung jener Reichthümer sein. Die Benutzung dürfe nicht über das Mass des Bedürfnisses hinaus gestattet werden, da der Bergbau nur alsdann solide Unternehmer finden werde, wenn dieselben des consequenten Schutzes von Seiten des Staates gewiss seien und von einer auf blosser Speculation beruhenden Concurrenz nichts zu fürchten haben. Die Bewilligung des für die Grube Schölerpad beabsichtigten Tiefbaues würde aber den Untergang dieses Betriebes auf der Grube Sälzer & Neuack zur Folge haben, weil diese Grube eine halbe Stunde entfernter für Debit ins Klevische liege, als Schölerpad. Die Gewerkschaft von Sälzer & Neuack würde also den grossten Theil ihres Kohlenabsatzes und damit die Aussicht auf Verzinsung und Erstattung des auf ihren tigkeit des Bergbaues gab auch jetzt noch fortwährend Grund zu einer Einmischung der Behörden in die Oekonomie des Bergbaues, die ihrer eigentlichen polizeilichen Aufgabe fern lag. Ausserdem fehlte es an festen Formen, innerhalb deren die Bergbehörden diese polizeiliche Aufsicht über den Bergbau ausüben konnten, insbesondere an Vorschriften über die Einreichung und Prüfung des Betriebspläne, über sicherheitspolizeiliche Anordnungen u. s. w. Solche Formen wurden sowohl in der älteren Gesetzgebung vermisst, die gar keine bergpolizeiliche Aufsicht kannte, als auch in der neueren, welche sich begnügt hatte die materiellen Aufgaben der Bergpolizei festzustellen. Dazu kam dass der formelle Zustand unsrer Berggesetzgebung durch die umfangreiche Novellengesetzgebung noch weit schlechter, ja fast unerträglich geworden war. Eine sichere Kenntniss des geltenden Bergrechtes war nur durch ein sehr umfangreiches Gesetzesstudium zu erlangen und trotz der vielfachen literarischen Arbeiten, welche die Reformen auf dem Gebiete der Berggesetzgebung begleiteten, in ihrem ganzen Umfange nur den Fachleuten zugänglich. Endlich blieben noch wichtige Reformen auf verschiedenen Gebieten durch die Gesetzgebung zu lösen übrig, so die zweckmässigere Begrenzung der Grubenfelder und die Verbesserung des gewerkschaftlichen Rechtsverhältnisses.

Da überdies alles zu einer endlichen Codification des Bergrechts vorbereitet war, so beauftragte der Handelsminister von der Heydt, dessen persönliche Initiative auf die bisher durchgeführten Reformen, namentlich aber auf die Ermässigung der Bergwerkssteuern von bedeutendem Einflusse gewesen war, den Berghauptmann Dr. Brassert in Bonn mit der Abfassung eines Berggesetzentwurfes, welcher nach vorheriger Berathung in dem Handelsministerium unter dem Titel: Vorläufiger Entwurf eines Allgemeinen Berggesetzes für die Preussischen Staaten. Berlin 1863 veröffentlicht wurde. Nachdem uber diesen Ent-

---

Tiefbau verwendeten bedeutenden Anlagekapitals verlieren. Das Publikum aber würde aus der Concurrenz zweier Tiefbau-Anlagen keinen Nutzen ziehen, namentlich auf keine Ermässigung der Kohlenpreise rechnen dürfen. Vielmehr würde zu befürchten sein, dass die Preise nach und nach hoher gestellt würden, um die Kosten der doppelten Tiefbauanlage zu decken.« Vgl. m. Commentar, Einleitung S. 63.

wurf zahlreiche Gutachten von den Behörden, Handelskammern, bergmännischen Vereinen, sowie von einzelnen Juristen abgegeben worden, erfolgte die Zusammenstellung der sämmtlichen Monita durch Dr. Brassert und unter Berücksichtigung derselben die nochmalige Berathung des Entwurfs durch eine aus Kommissarien des Handelsministeriums und des Justizministeriums gebildete Kommission unter dem Vorsitze des Handelsministers Grafen von Itzenplitz und des Oberberghauptmanns Krug von Nidda. Die aus diesen Berathungen hervorgegangene Gesetzesvorlage wurde in der Sitzungsperiode von 1865 den beiden Häusern des Landtages und zwar zunächst dem Herrenhause vorgelegt. Die Kommission des Herrenhauses gestaltete die Regierungsvorlage durch zahlreiche Abänderungsvorschläge um, welche jedoch meist redactioneller Art waren und nur in wenigen Punkten eine materielle Aenderung des Entwurfes involvirten. Auf Grund des Kommissionsberichtes vom 16. März 1865 nahm dann das Herrenhaus in seiner Sitzung vom 30. März den Gesetzentwurf mit den von der Kommission vorgeschlagenen Abänderungen an und das Haus der Abgeordneten trat diesem Beschlusse auf den von seiner Kommission am 8. Mai erstatteten Bericht in der Sitzung vom 31. Mai ebenfalls bei. Das Gesetz, welches den Zeitpunkt, mit welchem es in Kraft tritt, in §. 243 auf den 1. October 1865 bestimmt, ist unter dem 24. Juni 1865 vom Könige vollzogen und durch das 30. Stück der Gesetzsammlung publicirt.

Die Vorzüge dieses Gesetzes, welche schon in den Stadien der Vorberathung allseitig anerkannt wurden, haben sich während der fünfjährigen Dauer seiner Geltung durchaus bewährt. Die klaren und zweckmässigen Bestimmungen des Berggesetzes haben in dieser Zeit weder zu irgend einer wesentlichen Controverse noch zu begründeten Abänderungsvorschlägen Anlass gegeben. Sie wurden in rascher Folge in Bayern, Braunschweig, Sachsen-Meiningen, Sachsen-Coburg-Gotha, Würtemberg und Hessen als Muster für die Codification des dortigen Bergrechtes angenommen und sind in den vier ersten Staaten bereits mit geringen Veränderungen adoptirt worden (oben S. 25). Auch die juristische Literatur hat sich sehr eingehend und in verschiedenen Formen der Bearbeitung mit dem Preussischen Berggesetze beschäftigt. Wenn daher zu erwarten ist, dass das geschaffene Gesetzgebungswerk auf lange Zeit dem Bedürfnisse des Bergbaues genügen wird, so hat das Gesetz doch durch äussere Schicksale nämlich durch seine Einführung in neuerworbene Landestheile und durch gesetzliche Reformen auf nahe liegenden Gebieten, z. B. durch die neue Gewerbeordnung schon mancherlei Ergänzungen erhalten.

Der denkwürdige Krieg des Jahres 1866, welcher gerade ein Jahr nach dem Erlasse des Allgemeinen Berggesetzes ausbrach, hatte die Vereinigung ausgedehnter norddeutscher Ländergebiete mit der Preussischen Monarchie zur Folge. Hannover, Schleswig-Holstein, Kurhessen, Nassau, Hessen-Homburg, Frankfurt, sowie die von Bayern und dem Grossherzogthum Hessen (von der Provinz Oberhessen) abgetretenen Landestheile traten in den Verband des Preussischen Staates ein. Die Einführung des Allgemeinen Berggesetzes erfolgte in sämmtlichen neuen Provinzen mit Ausnahme von Schleswig-Holstein im Laufe des Jahres 1867 durch verschiedene Königliche Verordnungen auf Grund der dem Könige für diese Landestheile durch die Gesetze vom 20. September und 24. December 1866 vorübergehend eingeräumten gesetzgebenden Gewalt. Der Eintritt der Gesetzeskraft wurde für Nassau, Hessen, Homburg und die abgetretenen Theile von Oberhessen durch die Verordnungen vom 24. Februar 1867 auf den 1. April, für Hannover durch die Verordnung vom 8. Mai 1867 auf den 1. Juli und für Kurhessen, Frankfurt und die Bayerischen Gebietstheile durch die Verordnung vom 1. Juni 1867 auf den 1. Juli des Jahres 1867 bestimmt. In Schleswig-Holstein erfolgte die Einführung durch das Gesetz vom 12. März 1869 mit dem 1. April 1869.

Um das System des Allgemeinen Berggesetzes an den früheren Rechtszustand der neuen Provinzen anzuschliessen, war eine Reihe transitorischer Bestimmungen erforderlich.

Jedes der neu erworbenen Länder besass nicht bloss (mit Ausnahme von Schleswig-Holstein und der freien Stadt Frankfurt) seine eigene Berggesetzgebung, sondern es galten in jedem derselben verschiedene Bergrechte für die verschiedenen Territorien, aus welchen im Wiener Frieden die jetzt einverleibten Staaten zusammengestückt worden waren.

In Nassau galt für das ehemalige Nassau Oranien die Nassau Katzenelnbogische Bergordnung vom 1. September 1559, in den übrigen Landestheilen dagegen gemeines deutsches Bergrecht. Für das ganze Herzogthum erging am 4. October 1826 ein Edict über die Organisation der Bergverwaltung, welchem eine Anzahl von Spezialgesetzen und Verordnungen folgten. Demnächst wurde am 18. Februar 1857 eine vollständige Bergordnung, jedoch ohne den erforderlichen ständischen Beirath erlassen, deren Vorschriften trotz dieses Mangels und obgleich die früheren Berggesetze keinesweges ausdrücklich aufgehoben wurden, seitdem fast ausschliesslich practische Geltung erlangt hatten. Die Bergordnung von 1857 entfernte sich von den freisinnigen Grundsätzen des Edicts von 1826 und führte die Aufsicht der Staatsbehörden über den wirthschaftlichen Betrieb der Bergwerke in derselben Zeit wieder ein, als in Preussen mit den letzten Resten des sogenannten Directionsprincips aufgeräumt wurde.

In Hannover bestanden sehr verschiedenartige particulare Rechtsbildungen und in einem grossen Theile des Landes fehlte es an festen Normen des Bergrechtes, an deren Stelle das subjective und schwankende Ermessen der Verwaltungsbehörden massgebend wurde.

In Kurhessen galten für die althessischen Landestheile die Bergfreiheit und die Bergordnung von 1616, welche durch ein Gesetz vom 6. April 1843 hinsichtlich der Stein- und Braunkohlen auf den ganzen Kurstaat ausgedehnt wurden. In den übrigen Territorien, sowie in den früher bayerischen Landestheilen galten verschiedene andere Bergordnungen.

In Schleswig-Holstein, im Amte Homburg, in Oberhessen und in der freien Stadt Frankfurt galt das gemeine Bergrecht.

Alle diese verschiedenen Gesetzgebungen wurden durch das Allgemeine Berggesetz beseitigt und die beizubehaltenden provinzialrechtlichen Ausnahmen durch die Einführungsgesetze fixirt[1]).

Von nicht minderer Wichtigkeit als die Einführung des Allgemeinen Berggesetzes in die neu erworbenen Provinzen war die Aufhebung des Salzmonopoles, welche in Folge der Uebereinkunft zwischen den Zollvereinsstaaten vom 8. Mai 1867 und kraft des Gesetzes vom 9. August 1867 sowie der beiden Königl. Verordnungen von demselben Tage mit dem 1. Januar 1868 eingetreten ist.

1) Vgl. Buch IX. Provinzialrecht.

Das Allgemeine Berggesetz erhielt das bei seinem Erlasse noch bestehende Salzmonopol im §. 2 mit den Worten aufrecht:

„An den Rechten des Staates bezüglich des Salzhandels wird durch dieses Gesetz nichts geändert.“

Schon damals war jedoch die Aufhebung dieses für den Zwischenverkehr der Zollvereinsstaaten so überaus lästigen Monopols durch einen Antrag der sächsischen Regierung angeregt, welcher von der preussischen Regierung unterstützt nur in dem Widerstande der süddeutschen Regierungen ein unübersteigliches Hinderniss fand. Und dieser Widerstand war keinesweges durch ökonomische Interessen geboten, sondern lediglich durch die Eifersucht auf das Uebergewicht Preussens bedingt, welches vorzugsweise auf der Einrichtung des Zollvereins beruhte und durch die Ausdehnung dieser Gemeinschaft auf die Salzsteuer einen mächtigen Zuwachs erhalten musste [1]).

Das Uebergewicht des preussischen Staates als des Repräsentanten der nationalen Einigung Deutschlands sollte indess nur zu bald Anerkennung finden und in dem Friedensvertrage zwischen Preussen und den süddeutschen Staaten vom 22. August 1866 wurde nicht bloss die diesem Uebergewichte entsprechende neue Organisation des Zollbundes, sondern auch die so entschieden bestrittene Einführung der gemeinschaftlichen Salzabgabe an Stelle des Salzmonopoles zugestanden.

Eine nicht unwichtige Ergänzung des Allgemeinen Berggesetzes erfolgte durch das Gesetz vom 22. Februar 1869 über die Rechtsverhältnisse des Stein- und Braunkohlenbergbaues in den vormals sächsischen Landestheilen. Das Allgemeine Berggesetz, welches im Uebrigen die beibehaltenen provinziellen Rechtsnormen im Tit. 10 in sich aufgenommen hatte, verwies in den §. 212 und 213 bezüglich des sächsischen Kohlenberg-

---

1) Der bayerische Minister von der Pfordten erklärte bei der Berathung des Gegenstandes in der Kammer des Abgeordneten ausdrücklich, dass die ungünstigen Resultate der Salzproduction in Bayern den Bezug des billigeren norddeutschen Salzes für einen grossen Theil des Landes als wünschenswerth erscheinen liessen und dass die finanziellen Ergebnisse der Salzsteuer bessere sein würden als der bisherigen Salzregie; allein dem Preussischen Uebergewichte auch mit ökonomischen Opfern zu widerstreben, sei Aufgabe der bayerischen Politik.

baues, welcher nicht Gegenstand der Bergwerksverleihung ist, sondern dem Verfügungsrechte des Grundeigenthümers unterliegt, auf die bisherigen Provinzialrechte, namentlich das, Kursächsische Mandat von 1743 und das Regulativ von 1843, deren Revision aus äusseren Gründen nicht rechtzeitig hatte bewirkt werden können, obgleich die Nothwendigkeit einer Abänderung dieser veralteten Gesetze ausser Frage stand. Auch diese Aufgabe ist nunmehr durch das angeführte Gesetz gelöst, welches die Stein- und Braunkohlen in den erwähnten Landestheilen in dem Verfügungsrechte der Grundeigenthümer belässt, die Aufsicht der Bergbehörden auf die durch das Allgemeine Berggesetz begründeten Normen zurückführt und für die vertragsmässige Trennung des Rechtes zum Kohlenbergbau von dem Grundeigenthume in den §§. 2 bis 8 Bestimmungen trifft.

Die Gewerbeordnung für den Norddeutschen Bund vom 21. Juni 1869 erstreckte ihre Bestimmungen auf verschiedene mit dem Bergbau in Verbindung vorkommende Gewerbsanlagen (Coaksöfen, Dampfkessel, Wassertriebwerke) auf das Gewerbe der Markscheider und auf die Verhältnisse der Bergarbeiter und modificirte dadurch zum Theil die Vorschriften des Allgemeinen Berggesetzes. Das Bundesgesetz über die Beschlagnahme des Arbeits- oder Dienstlohnes vom 21. Juni 1869 regelte eine bestrittene und für den Bergbau höchst wichtige Frage in dem von den bergrechtlichen Schriftstellern schon bisher vertretenen Sinne [1]).

Die Mass- und Gewichtsordnung für den Norddeutschen Bund vom 17. August 1868 endlich verfügt die Abschaffung des den Bestimmungen des Allgemeinen Berggesetzes über die Feldesgrösse zu Grunde liegenden Lachtermasses, an dessen Stelle vom 1. Januar 1872 ab das Metermass tritt.

§. 7. Literatur.

So lange das Deutsche Bergrecht blosses Gewohnheitsrecht war, lässt sich nicht unterscheiden zwischen denjenigen Aufzeichnungen, welche als Quellen des Bergrechtes und solchen welche als literarische Hülfsmittel anzusehen sind. Doch finden sich schon in diesem Zeitraume deutsche Uebersetzungen der

1) Vergl. m. Commentar, 2. Aufl., Anm. 184.

lateinisch abgefassten Rechtsbücher, besonders des Iglauer Bergrechtes und der Kuttenberger Bergordnung, welche zuerst auf Befehl Kaiser Karl IV durch dessen Schreiber Johann Geylenhausen verdeutscht wurden [1]).

Erst mit dem Beginn der landesherrlichen Gesetzgebung entstand eine bergrechtliche Literatur, als deren erster Repräsentant Georg Agricola (1490—1555), Arzt und Mineralog in Chemnitz zu nennen ist. Seine Schriften über die Bergbaukunde unter welchen:

De re metallica libri XII, Basil. 1556,

Bermannus sive de re metallica dialogus, Basil. 1530, hervorzuheben sind, enthalten werthvolle Daten für die Geschichte des Bergrechtes.

Im 17. Jahrhundert wurden zuerst Sammlungen der verschiedenen Bergordnungen, welche nur zum Theil durch den Druck veröffentlicht waren, veranstaltet. Die ersten Sammlungen dieser Art sind:

Ursprung und Ordnungen der Bergwerke. Im Königreich Böhmen, Churfürstenthum Sachsen, Ertzherzogthum Oesterreich. Fürstenthum Braunschweig und Lüneburgk, Grafschaft Hohenstein. Deren eines theils biss anhero noch nie in Druck ausgangen. Alles mit vleis zusammengetragen etc. Leipzig 1616.

Ein new sehr nutzlich Königlich Bergkbuch [2]), darinnen begriffen allerlei wichtige Bergksachen, wie auch hochnothwendige Bergwerksgebräuche und Gerichtsprozess. Erstlich durch den Grossmechtigsten Durchlauchtigsten Fürsten und Herrn, Herrn Wenzeslaum König in Böheimb anno Christi 1280 Lateinisch. Jetzund aber allererst in teutscher Sprache in Druck verfertigt durch M. Johannem Deucerum, Leipzig 1616.

Aus der Verschmelzung dieser beiden Werke mit einigen bergmännischen Tractaten von Encelius und Abraham von Schoenberg ging hervor das:

---

1) Fr. Aug. Schmidt, Archiv für Bergwerksgeschichte. Altenburg 1829. S. 201 f.

2) Später unter dem Titel: Metallicorum corpus iuris durch M. Johannem Deucerum, Leipzig 1624 wieder herausgegeben.

Corpus iuris et systema rerum metallicarum oder Neu verfasstes Bergbuch, bestehend aus allerhand so alten als neueren Collectaneis von Bergwerks-Sachen. Samt denen bei Berg- und Hüttenwerk gebräuchlichen Redensarten. Frankfurt a. M. 1698,

als dessen Fortsetzung die:

Continuatio corporis iuris metallici et systematis rerum metallicarum oder Vermehrung des neuverfassten Bergbuchs. Wien 1763,

erschien. Eine beinahe vollständige Sammlung der Deutschen Bergordnungen enthält das:

Corpus iuris metallici recentissimi et antiquioris. Sammlung der neuesten und älteren Berggesetze. Herausgegeben von Thomas Wagnern. Leipzig 1791,

welches mit ausführlichen Registern und kurzen geschichtlichen Nachweisungen versehen ist. Es lässt an Reichhaltigkeit des Inhaltes wenig, in Bezug auf die Textkritik aber Manches zu wünschen übrig und ist neben der unten angeführten ausgezeichneten Sammlung von Brassert noch jetzt das vorzüglichste Hülfsmittel für die Kenntniss der Deutschen Berggesetze.

Eine neuere Sammlung von grossem Umfange, gleichwohl unvollendet, ist:

Franz Anton Schmidts Chronologisch-Systematische Sammlung der Berggesetze der Oesterreichischen Monarchie: 1. Böhmen, Mähren und Schlesien, 13 Bde. — 2. Ungarn, Croatien, Dalmatien, Slavonien und Siebenbürgen, 25 Bde. — 3. Oesterreich, Steyermark, Kärnthen und Krain, 1. Band (bis 1553). Wien 1832—1839.

Die sämmtlichen bisher in Preussen gültigen Bergordnungen sind gesammelt von

Hermann Brassert: Bergordnungen der Preussischen Lande. Sammlung der in Preussen gültigen Bergordnungen nebst Ergänzungen und Erläuterungen. Köln 1858.

Die letztere Sammlung, welche sich durch sorgfältige Textkritik und durch eingehende historische Untersuchungen vor ihren Vorgängern auszeichnet, hat nicht bloss der Kenntniss des Preussischen Provinzialrechtes, sondern der Kenntniss des gesammten deutschen Bergrechtes grossen Nutzen gebracht.

Die Entscheidungen der Schöppenstühle und der Gerichte über bergrechtliche Fragen wurden schon in alter Zeit gesammelt. So findet sich im Stadtarchive von Iglau ein handschriftliches Protocoll des dortigen Bergschöppenstuhls, welches auf 183 Seiten kurze Auszüge aus den daselbst gefällten Urtheilen enthält[1]). Diese Aufzeichnungen wurden indess mit Rücksicht auf die Berufungen, welche an den Iglauer Schöppenstuhl aus allen Theilen von Deutschland gelangten, streng geheim gehalten, so dass Wenzel II in seinen Constitutiones iuris metallici l. III, Cap. 5. die Geheimnisskrämerei und den Geiz der Iglauer Schöffen ausdrucklich rügt.

Von grosser Bedeutung für die Fortbildung des deutschen Bergrechtes waren die folgenden Sammlungen der sächsischen Bergurtheile:

Sebastian Span: Sechshundert Berg-Urthel-Schied- und Weisunge, bey vorgefallenen Bergwerks-Differentien unterschiedener Orten. Zwickau 1636, 2. Aufl. Wolfenbüttel 1673.

Christoph Herttwig: Neues und vollkommenes Bergbuch bestehend in sehr vielen und raren Berghändeln und Bergwerksgebräuchen. Absonderlich aber über 200 vorhin noch nicht edirten und ans Licht gegebenen Berg-Urtheln und Abschieden. Dresden und Leipzig 1710. 2. Aufl. 1734.

Fur das frühere Preussische Bergrecht ist von dem Verfasser dieses Buches eine systematische Zusammenstellung und Erläuterung gerichtlicher Entscheidungen veröffentlicht unter dem Titel:

Uebersicht der bergrechtlichen Entscheidungen des Königlichen Obertribunals. Berlin 1861. Fortsetzung (1860—1863). Berlin 1864.

Unter den selbststandigen Bearbeitungen des deutschen Bergrechtes ist als die älteste zu erwähnen:

Sebastian Span: Speculum iuris metallici oder Bergrechtsspiegel, darin zu finden, was jedweder dem Bergwesen zugethaner hohen mittleren oder niederen Personen, als Grundherrn, Obermünzmeister, Bergvorstehern,

---

1) Sternberg, Geschichte der böhmischen Bergwerke Bd. I, S. 33. Urkundenbuch S. 122.

Bergamtsleuten, Dienern und Arbeitern Befehl, Verrichtung und Befugniss ist etc. Dresden 1678.

In Verbindung mit der Bergbaukunde wurde das Bergrecht abgehandelt von

G. E. Löhneyss, Bericht vom Bergwerk, wie man dieselben bauen und in gutem wolstande bringen soll samt allen dazu nöthigen Arbeiten, Ordnung und Rechtlichen Prozessen, Zillerfeld 1617. 2. Aufl. Stockholm und Hamburg 1690.

Abraham von Schoenberg, Ausführliche Berginformation zur dienlichen Nachricht vor Alle die bei dem Berg- und Schmelzwesen zu schaffen, darinnen deutlich gewiesen wird, was einem jeden zu verrichten obliegt und wie er bey allen Vorfallenheiten — auch bey Prozesssachen Bergrechtlich verfahren soll etc. Leipzig 1693.

Unter den Schriften der sächsischen Praktiker des vorigen Jahrhunderts sind hervorzuheben:

Beyer, Otia metallica. 3 Thle. Schneeberg 1748. 1751. 1758.

Thomas Wagner, Ueber die Chursächsische Bergwerksverfassung. Ein Beitrag zur Statistik von Sachsen. Leipzig 1787.

A. W. Köhler, Anleitung zu den Rechten und der Verfassung bei dem Bergbau im Königreich Sachsen. Freyberg 1786. 2. Aufl. 1824.

Endlich erschienen auch Lehrbücher des Gemeinen Deutschen Bergrechtes, von denen die folgenden zu erwähnen sind:

Joh. Georg Bausse, Institutiones iuris metallici Germanici oder Einleitung zu denen in Teutschland üblichen Bergrechten und Bergprocessen. 3 Thle. Leipzig 1740—42.

C. L. v. Cancrin, Grundsätze des deutschen Berg- und Salzrechtes. Giessen 1790.

C. H. G. Hake, Commentar über das Bergrecht. Sulzbach 1824.

C. J. B. Karsten, Grundriss der Deutschen Bergrechtslehre mit Rücksicht auf die französische Berggesetzgebung. Berlin 1828.

Die Werke von Hake und Karsten galten bis in die letzten

Decennien als die besten und zuverlässigsten Hülfsmittel für die Kenntniss des Bergrechtes, insbesondre in den Kreisen des Praktiker. Sie sind in vielen Stücken durch die neuere Forschung und durch die neuere Rechtsentwickelung überholt, allein bis jetzt noch nicht durch ein gleich brauchbares Compendium des gemeinen Bergrechtes ersetzt worden. Das neueste Werk dieser Art:

P. M. Kressner. Systematischer Abriss der Bergrechte in Deutschland. Freiberg 1858

ist auf das Bedürfniss des akademischen Unterrichtes für Bergleute berechnet und von encyclopädischem Inhalte.

Die neuere Literatur des gemeinen deutschen Bergrechtes ist dagegen fruchtbar an historischen Untersuchungen und zwar theils an Darstellungen der Bergrechtsgeschichte einzelner Länder, theils an Monographien über die oben in den §§. 1 und 2 entwickelten historischen Grundlagen des Deutschen Bergrechtes: die Bergbaufreiheit und das Bergregal.

In die erste Kategorie gehören folgende Werke:

Joseph v. Sperges, Landmanns in Tyrol, tyrolische Bergwerksgeschichte. Wien 1765.

J. F. Klotzsch, Ursprung der Bergwerke in Sachsen aus der Geschichte mittlerer Zeiten untersucht. Chemnitz 1764.

Fr. J. Fr. Meyer, Versuch einer Geschichte der Bergwerksverfassung und des Bergrechtes des Harzes im Mittelalter. Eisenach 1817.

J. J. A. Peithner Edler v. Lichtenfels, Versuch über die natürliche und politische Geschichte der böhmischen und mährischen Bergwerke. Wien 1780.

Caspar Graf von Sternberg, Umrisse der Geschichte des Bergbaues und der Berggesetzgebung in Böhmen. 2 Thle. nebst Urkundenbuch. Prag 1837—38.

Friedr. Aug. Schmidt, Archiv für Bergwerksgeschichte, Bergrecht, Statistik und Verfassung bei dem Bergbau im Königreich Sachsen. Altenburg 1828.

ferner zahlreiche Aufsätze in den Jahrgängen der unten erwähnten Zeitschrift für Bergrecht.

Unter den Schriften, welche die Streitfrage über die Priorität der Bergbaufreiheit und des Bergregales behandeln, sind folgende namhaft zu machen.

C. Fr. G. Freiesleben, der Staat und der Bergbau mit vorzüglicher Rücksicht auf Sachsen. Leipzig 1839.

C. J. B. Karsten, über den Ursprung des Bergregals in Deutschland. Berlin 1844.

Dr. Weiske, der Bergbau und das Bergregal. Eisleben 1848.

Bauer, das Eigenthumsrecht an den unterirdischen Mineralschätzen. Freiberg 1849.

Martins, Bemerkungen über die neuesten Berggesetzentwürfe. Halle 1851.

Otto, Studien auf dem Gebiete des Bergrechtes. Freiberg 1856.

J. A. Schomburg, Betrachtungen über die neuere deutsche Berggesetzgebung. Leipzig 1857.

H. Achenbach, die Rechtsgültigkeit der Districtsverleihungen. Köln 1859.

Derselbe, Bergregalität und Berghoheit. In der Zeitschrift für Berg-, Hütten- und Salinenwesen Bd. VIII S. 1. Berlin 1859.

Für das Salinenrecht sind ausser den oben angeführten Lehrbüchern von Bansse, Institutiones iuris metallici Th. III S. 60—158 und von Cancrin, Grundsätze des deutschen Berg- und Salzrechtes Abth. 5 noch folgende Monographien zu erwähnen.

G. Engelbrecht, De iure salinarum. Helmstädt 1707. 2. Aufl. 1751.

J. H. Iungius, De iure salinarum. Göttingen 1743.

H. Boehlau, De regalium notione et de salinarum iure regali. Halle 1856.

Eine Darstellung des früheren Preussischen Bergrechtes in der Form eines Commentars zum Th. II, Tit. 16, Abschn. 4 des Allgemeinen Landrechts enthalten folgende Werke:

H. Gräff, Handbuch des Preussischen Bergrechts. 2. Aufl. Breslau 1856.

H. Brassert, das Bergrecht des Allgemeinen Landrechts in seinen Materialien, nach amtlichen Quellen bearbeitet. Bonn 1861.

von denen das erste vorzugsweise die Resultate der Praxis, das zweite ausschliesslich die Entstehungsgeschichte des Gesetzes berücksichtigt.

Für die Kenntniss des früheren linksrheinischen (französischen) Bergrechtes sind folgende Schriften zu empfehlen:

Locré, Législation sur les mines, et sur les expropriations pour cause d'utilité publique. 1 vol. Paris 1828.

A. Richard, Législation française sur les mines. Paris 1838. 2 voll.

A. Delebecque, Traité sur la législation des mines. Bruxelles et Liège 1836. 1838. 2 voll.

E. A. Dupont, Traité pratique de la jurisprudence des mines. 2 voll. Bruxelles 1850.

Chicora, Jurisprudence du conseil des mines en Belgique. Bruxelles 1850. 1 vol.

J. H. N. de Fooz, Points fondamentaux de la législation des mines. Paris et Tournay 1858. 1 vol.

G. Dufour, Lois des mines. Paris 1857. 1 vol.

A. Bury, Traité de la législation des mines. Bruxelles 1859. 2 voll.

H. Achenbach, das französische Bergrecht und die Fortbildung desselben durch das Preussische Allgemeine Berggesetz. Bonn 1869[1]),

von denen das zuletzt genannte Werk eine Vergleichung des französischen mit dem heutigen preussischen Bergrechte enthält.

Das Allgemeine Preussische Berggesetz vom 24. Juni 1865 hat seit seinem Erscheinen bereits eine ziemlich umfangreiche Literatur hervorgerufen. Aus derselben sind zunächst der von H. Brassert verfasste vorläufige Entwurf des Allgemeinen Berggesetzes nebst Motiven, Berlin 1863 und die während der Berathung des Berggesetzes erschienenen Bemerkungen über den vorläufigen Entwurf von E. Strohn, Berlin 1863, von Beughem, Neuwied 1863 und von Klostermann, Berlin 1863 zu erwähnen. Von den zu dem Gesetze selbst veröffentlichten Commentaren sind die folgenden namhaft zu machen:

Allgemeines Berggesetz für die Preussischen Staaten vom 24. Juni 1865. Nebst den vollständigen Materialien zur Erläuterung desselben. Herausgegeben von C. Hahn, königl. Tribunals-Rath. Berlin 1865.

---

1) Von demselben Verfasser erschien: Die Bergpolizeivorschriften des Rheinischen Hauptbergdistrictes. Koln 1859.

Das Allgem. Berggesetz für die Preussischen Staaten vom 24. Juni 1865, mit dem wesentlichen Inhalte der Materialien zusammengestellt und erläutert von dem Kreisgerichts-Director und Mitgliede des Hauses der Abgeordneten von Beughem zu Neuwied. — Neuwied 1865.

Das Allgem. Berggesetz für die Preussischen Staaten, erläutert aus den Materialien, der Rechtswissenschaft und der bisherigen Praxis etc. etc. Von Paul Wachler, königl. Gerichts-Assessor. — Breslau 1865.

Commentar zum Preussischen Allgem. Berggesetz nebst Ergänzungen und Verwaltungsvorschriften von Dr. A. Huyssen, Berghauptmann. Zweite Ausgabe. Essen 1867.

Das Allgem. Berggesetz für die Preussischen Staaten vom 24. Juni 1865 nebst Einleitung und Commentar von Dr. R. Klostermann, Oberbergrath. Zweite Ausgabe. Berlin 1868.

Allg. Berggesetz für die Preussischen Staaten nebst den dazu erlassenen ergänzenden Bestimmungen mit Commentar herausgegeben von Dr. C. F. Koch. Berlin 1870.

Als eines der wichtigsten Hülfsmittel endlich sowohl für das Studium des deutschen als des preussischen Bergrechtes ist zu erwähnen die:

Zeitschrift für Bergrecht von H. Brassert und H. Achenbach. Jahrgang I—X. Bonn 1860—1869.

Auch die Literatur des österreichischen Bergrechtes, welche durch den Erlass des Berggesetzes vom 23. Mai 1854 eine fruchtbare Anregung erhalten hat, ist für die Kenntniss des deutschen Bergrechtes mit Vortheil zu benutzen. Dies gilt namentlich von den beiden folgenden Werken:

G. Wenzel, Handbuch des Oesterreichischen Bergrechtes. Wien 1855.

O. Freiherr v. Hingenau, Handbuch der Bergrechtskunde. Wien 1855.

von denen das erstere werthvolle rechtshistorische Untersuchungen, das zweite eine allgemeine verständliche Erläuterung der technischen Vorbegriffe des Bergrechtes bietet.

Zweites Buch.

Das Bergwerkseigenthum.

§. 8. Gegenstände.

Durch die Bergbaufreiheit sind gewisse Mineralien von dem Verfügungsrechte des Grundeigenthümers ausgenommen und zu Gegenständen des Bergwerkseigenthumes erhoben. Als diese Mineralien werden in der goldenen Bulle von 1356 die Metalle und das Salz namhaft gemacht (vgl. oben S. 16). Auf diese Gegenstände blieb auch nach gemeinem deutschen Bergrechte das Bergwerkseigenthum und das frühere Bergregal beschränkt. Particularrechtlich wurden beide jedoch noch auf andere Mineralien ausgedehnt und es wurden mit der weiteren Entwickelung des Bergbaues allmälig in dem grössten Theile von Deutschland auch Schwefel, Alaun und Vitriolerze, Salpeter, Graphit und vor allem Stein- und Braunkohlen dem Bergregal unterworfen. Auch das Preussische Berggesetz hat das Institut der Bergbaufreiheit in dem erweiterten Umfange angenommen wie derselbe bereits durch das Allgemeine Preussische Landrecht Th. II, Tit. 16, §. 69—79 festgestellt war, und von den früher dazu gerechneten Mineralien nur Edelsteine, Erdpech und Salpeter ausgeschlossen[1]). Es weicht aber von der früheren Gesetzgebung auch darin ab, dass es die Gegenstände des Bergwerkseigenthums nach dem Vorgange des französischen Berggesetzes sämmtlich nach den einzelnen Mineralspecies namhaft macht und die Gattungsbegriffe des früheren Rechtes: Metalle, Inflammabilien und Salzarten ganz ausscheidet.

Es gehören nach §. 1 zu den Gegenständen des Bergwerkseigenthums:

Gold, Silber, Quecksilber, Eisen mit Ausnahme der Raseneisenerze, Blei, Kupfer, Antimon und Schwefel gediegen

---

1) Ausserdem sind solche Metalle ausgeschieden, welche in Preussen nicht Gegenstand der bergmännischen Gewinnung sind (Platin, Wolfram, Wismuth, Kadmium, Selen und Molybdän). Motive S. 24.

und als Erze, Alaun- und Vitriolerze, Steinkohle, Braunkohle und Graphit, Steinsalz nebst den auf der nämlichen Lagerstätte vorkommenden Salzen und die Soolquellen.

Bevor die einzelnen in dieser Bestimmung aufgeführten Mineralien erörtert werden, ist der Kreis der Gegenstände des Bergwerkseigenthumes in einem andern Sinne und zwar nach zwei Richtungen zu begrenzen.

Die im §. 1 namhaft gemachten Mineralien kommen als Bestandtheile der Erdrinde im Zusammenhange mit den übrigen Bestandtheilen des Grundes und Bodens vor. Sie treten in der Masse der Gesteine in besonderen Ablagerungen auf, welche den Gegenstand der bergmännischen Gewinnung bilden. Daher verlangt das Allgemeine Berggesetz im §. 15 zur Erwerbung des Bergwerkseigenthums, in specie zur Gültigkeit einer Muthung, dass das gemuthete Mineral auf seiner natürlichen Ablagerung entdeckt ist. Die im §. 1 bezeichneten Mineralien bilden deshalb nur insofern sie auf ihrer natürlichen Ablagerung vorkommen einen Gegenstand des Bergwerkseigenthums. Durch diese Definition werden die losen Findlinge ausgenommen, welche auch §. 74 des Allgem. Landrechts Th. II, 16 ausdrücklich dem Grundeigenthümer überwies. Das Vorhandensein einer natürlichen Ablagerung kann da nicht geleugnet werden, wo in jüngeren Erdschichten die Trümmer einer durch Erdrevolutionen zerstörten Formation auf secundären Lagerstätten in Geschieben oder Seifen abgelagert sind[1]). Waren dagegen die Mineralien wenn auch in vorhistorischer Zeit durch Menschenhand gewonnen und in oder über der Erde zurückgelassen, wie dies vielfach beim Galmei und bei der Blende der Fall ist, so fehlt das zur Erwerbung des Bergwerkseigenthumes nothwendige Erforderniss der natürlichen Ablagerung[2]).

Die bereits gewonnenen Erze, mögen sie über Tage oder auf der Halde vorkommen, sind daher nicht Gegenstand der

---

1) Das Waschgold in den Flüssen ist nicht auf Seifen abgelagert, sondern wird in dem Triebsande der Flüsse fortgeführt. Es ist daher nicht Gegenstand des Bergwerkseigenthumes und wird in dem Bayerischen Berggesetze vom 20. März 1869 Art. 1 ausdrücklich ausgenommen.

2) Recursbescheid des Handelsministers vom 30. April 1869. I. 2532.

Muthung. Nach §. 59 des Berggesetzes erstreckt die Befugniss des Bergwerkseigenthümers, das verliehene Mineral in seinem Felde zu gewinnen, sich jedoch auch auf die innerhalb des Feldes befindlichen Halden eines früheren Bergbaues. Solche Halden sind daher eine Accession des verliehenen Bergwerkseigenthumes, nicht aber ein selbständiger Gegenstand desselben, da das Bergwerkseigenthum nach §. 15 nur durch die auf eine natürliche Mineralablagerung gerichtete Muthung erworben werden kann [1]).

Die zweite Bestimmung, welche im §. 1 selbst enthalten ist, erweitert den Kreis der daselbst namhaft gemachten Gegenstände des Bergwerkseigenthumes durch den Begriff der Erze.

Die im §. 1 aufgeführten Mineralien kommen in der Natur selten rein, sondern in Verbindungen mit andern Stoffen vor. Diese Verbindungen führen den Namen: Erze. Die Erze sind daher im §. 1 neben den gediegenen Metallen und dem Schwefel ausdrücklich als Gegenstände des Bergwerkseigenthumes namhaft gemacht. Ausserdem sind bei den unmittelbar folgenden Mineralien (Alaun und Vitriol), welche nicht fertig gebildet in der Natur vorkommen, nur deren Erze aufgeführt. Die übrigen im §. 1 genannten Mineralien: Steinkohle, Braunkohle, Graphit und Steinsalz kommen nicht in chemischer Verbindung mit andern Stoffen, also nicht als Erze, sondern nur vermischt mit solchen oder verunreinigt durch solche Stoffe vor und es hängt von dem Grade dieser Verunreinigung ab, ob diese Mineralien noch als Kohle, Graphit oder Steinsalz anzusprechen sind [2]).

Allein auch zu den Erzen werden nicht alle natürlich vorkommenden Verbindungen der Metalle mit andern Stoffen verstanden, sondern das Mineral muss, um als ein Erz im Sinne

---

1) Auch die Muthung auf ein verlassenes Bergwerk setzt nach §. 16 voraus, dass das Mineral noch nicht gänzlich abgebaut ist, dass es also noch ansteht.

2) Diese Grenze ist beim Steinsalz eine ziemlich weite, da auch Salzthon und Salzgyps mit verhältnissmassig geringem Steinsalzgehalte noch zur Salzerzeugung benutzt wird. Bei der Stein- und Braunkohle wird schon durch eine erheblichere Verunreinigung der mineralogische Charakter der Kohle ausgeschlossen. Entscheidend ist in allen Fällen nach dem oben für die Erze Ausgeführten, das Requisit der technischen Verwendbarkeit.

des Berggesetzes und als ein Object der Bergbaufreiheit zu gelten, nicht bloss eines der im §. 1 benannten Metalle als Bestandtheil enthalten, sondern es muss auch zur Darstellung dieses Metalles technisch verwendet werden können. Das Vorkommen einzelner Metalle, z. B. des Eisens, ist so verbreitet, dass es sich in der Mehrzahl der Mineralien, welche Gegenstand der ökonomischen Nutzung sind, als Bestandtheil vorfindet, ohne dass jedoch diese Mineralien zur Eisenproduction verwendet werden können. Solche Mineralien werden nicht zu den Erzen im technischen Sinne und im Sinne des Gesetzes gerechnet und bilden keinen Gegenstand des Bergwerkseigenthumes, sondern einen Bestandtheil des Grundeigenthumes.

Das Allg. Landrecht sprach diese Beschränkung im §. 69 cit. ausdrücklich aus, indem es alle Fossilien, woraus Metalle oder Halbmetalle gewonnen werden können, dem Bergwerksregale unterwarf. Dieselbe Einschränkung findet sich in dem Oesterreichischen Berggesetze (§. 3) und dem Sächsischen Berggesetze (§. 1) ausgesprochen, welche übereinstimmend die Mineralien, nur insofern sie wegen ihres Gehaltes an Metallen nutzbar sind, dem Berggesetze unterwerfen. Es bedarf indess einer solchen Einschränkung nicht, da dieselbe schon in dem Begriffe der Erze, d. h. der zur Metallproduction geeigneten Mineralien, nach dem gemeinen sowohl als dem gesetzlichen Sprachgebrauche gegeben ist. Eisenhaltige Mineralien, welche an sich zur Metallproduction ungeeignet sind, bilden auch dann keinen Gegenstand der Erwerbung des Bergwerkseigenthumes, wenn sie zufällig wegen ihres anderweitigen Gehaltes, z. B. an Kalk, als Zuschlag zur Beschickung des Hohofens verwendet werden sollen[1]). Ebenso sind Schwefelkiese kein Eisenerz, sondern ein Schwefelerz, weil sie nicht zur Eisenerzeugung, sondern zur Darstellung von Schwefel und Schwefelsäure verwendet werden. Bleiglanz, Fahlerz, Kupferkies und Zinkblende gehören dagegen aus dem umgekehrten Grunde zu den Metallerzen und nicht zu den Schwefelerzen.

Die Farbenerden (Ocker und Umbra) sind Eisenerze, welche wegen ihrer feinen Zertheilung und wegen gewisser

---

1) Recursbescheid vom 13. Januar 1852 (Zeitschrift für Bergrecht. Bd. III, S. 264).

organischer Beimischungen sich als Farben zu einer höheren Verwerthung als zur Eisenerzeugung eignen. Dieselben Mineralien werden dagegen, wo sie in grösseren und derberen Massen vorkommen, als Gelbeisenstein und als Brauneisenstein zur Hohofenbeschickung verwendet. Frühere Berggesetze, namentlich das Allg. Landrecht Th. II, Tit. 16, §. 73 nahmen diese Farbenerden ausdrücklich von den Gegenständen des Bergwerkseigenthumes aus; das Allg. Landrecht jedoch nur „insofern aus denselben keine Metalle gewonnen werden können.“ Mit dieser Einschränkung ist nach dem Vorigen die frühere Ausnahme auch jetzt noch für fortbestehend zu erachten [1]).

Zu einzelnen der im §. 1 bezeichneten Mineralien findet sich Folgendes zu bemerken [2]):

Raseneisenerze sind nach dem Vorgange des französischen Berggesetzes der Verfügung des Grundeigenthümers überlassen. Es liegt kein hinreichender Grund vor, diesen Begriff mit Huyssen (Commentar S. 6) einschränkend zu interpretiren und Sumpf- und Seeerze von demselben auszuschliessen.

Die Manganerze finden nur wegen ihres Sauerstoffgehaltes technische Verwendung. Zu den technisch nutzbaren und deshalb verleihungsfähigen Manganerzen gehören daher nur bestimmte durch ihren bedeutenden Sauerstoffgehalt und durch leicht erkennbare äussere Merkmale charakterisirte Mineralien [3]). Wenn das Gesetz statt des eigentlich nutzbaren Bestandtheiles dieser Erze das Metall, an welches der Sauerstoff gebunden ist, aufführt, so erklärt sich dies dadurch, dass der Sauerstoff als solcher oder in anderer Verbindung nicht zu den Gegenständen der Verleihung gehört. Die in der vorstehenden Erörterung gefundene Definition der Erze muss indess für die Manganerze dahin modifizirt werden, dass ihre Verleihungsfähigkeit von der technischen Verwendung zur Sauerstoffentwickelung abhängt.

Zu den Steinkohlen wird auch der Anthrazit als eine Species derselben gerechnet. (Motive S. 25.)

---

1) Huyssen. Commentar. S. 6. Note f.

2) Die provinzialrechtlichen Ausnahmen und die Erweiterungen des im §. 1 gegebenen Begriffs werden im Buch VII dargestellt werden.

3) Zeitschrift für Bergrecht Bd. VII, S. 309 f.

Braunkohlen gehören ohne Unterschied hinsichtlich der geologischen Formation, in welcher sich dieselben vorfinden, zu den Gegenständen der Verleihung. (Recursbescheid vom 14. November 1867) [1]).

Ausser dem Steinsalze sind die mit dem Steinsalze auf der nämlichen Lagerstätte vorkommenden Salze für Gegenstände des Bergwerkseigenthums erklärt. Die Veranlassung zu dieser Bestimmung liegt in dem fiscalischen Steinsalzbergbau bei Stassfurth, mit welchem ausser dem Steinsalze die über demselben abgelagerten Kali-, Magnesia-, und Borsalze (Kieserit, Carnallit, Stassfurthit u. s. w.) gewonnen werden. Aehnliche Ueberlagerungen des Kochsalzes durch andere leichter lösliche Salze finden sich auch anderwärts [2]). Es entspricht lediglich der Natur der Sache, dass diese Begleiter des Kochsalzes, weil sie nur mit demselben gemeinschaftlich gewonnen werden können, derselben gesetzlichen Regel unterworfen werden. Zu selbständigen Objecten des Bergwerkseigenthumes sind sie dagegen nicht erhoben. Es war deshalb auch zulässig, diese begleitenden Salze, deren Auftreten ein wechselndes ist, ohne Benennung der einzelnen Species, bloss mit dem Gattungsnamen zu bezeichnen, da durch das Vorkommen mit dem Steinsalze auf derselben Lagerstätte die hieher gehörenden Mineralien genügend bestimmt sind [3]).

---

1) Zeitschrift für Bergrecht Bd. VIII, S. 545.

2) Die Kalisalze kommen auch im Herzogthum Anhalt auf dem fiscalischen Steinsalzbergwerke Leopoldshall vor. Da die Anhaltische Bergordnung vom 20. Juli 1856 im §. 2 nur das Steinsalz zu den Gegenständen des Bergwerkseigenthums rechnet, so ist durch das neuerdings ergangene Gesetz vom 17. Februar 1870 im Wege der authentischen Interpretation bestimmt, dass unter dieser Bezeichnung auch die das Steinsalz begleitenden unreinen Salze (Kieserit, Carnallit, Kainit und Boracit) verstanden werden sollen.

3) Die Kalisalze, welche das Steinsalz in der Ablagerung von Stassfurth begleiten, wurden zuerst bei der Abteufung der Schächte des Stassfurther Steinsalzbergwerks im Jahre 1856 entdeckt und erst 1860 in den Acten der Leopoldinischen Akademie von Reichardt beschrieben und benannt. Chlorkalium, welches den wesentlich nutzbaren Bestandtheil jener Salze ausmacht, war bis dahin nur als Sylvin in den Steinsalzlagern von Berchtesgaden und Hallein sowie in den vulkanischen Sublimationen des Vesuv gefunden worden, jedoch nur in ganz kleinen

Unter den Soolquellen werden die kochsalzhaltigen Quellen verstanden, aus denen durch Gradirung und Siedung das Siedesalz dargestellt wird. Die übrigen Mineralquellen fallen nicht unter die Bestimmungen des Berggesetzes. Dagegen wird der rechtliche Charakter der Soolquellen durch die Art ihrer Benutzung nicht verändert, so lange sie überhaupt wegen ihres Salzgehaltes nutzbar gemacht werden können. Der Beliehene ist daher eben so befugt, die Quelle zu Bädern oder zur Darstellung von Mutterlauge zu benutzen, als zur Production von Siedesalz.

Unter den Gegenständen des Bergwerkseigenthums ist nach § 1 der Bernstein nicht begriffen. Dies entspricht dem früheren Rechtszustande. Das Allgemeine Landrecht erwähnt zwar den Bernstein nicht namentlich. Es ergiebt sich indess aus den von v. Duisberg in Simon und v. Strampf's Zeitschrift Bd. II. S. 74 ff. mitgetheilten Materialien, dass man in den Vorarbeiten zum Allgemeinen Landrecht zwar beabsichtigte, die Bernsteingewinnung dem Fiscus vorzubehalten, jedoch nicht auf Grund des Bergwerksregals, sondern als einen Ausfluss der Rechte des Staates an den Meeresufern. Auch die Provinzialgesetze, welche den Bernstein als einen Vorbehalt des Staates bezeichnen, gehen von derselben Auffassung aus. Denn das Ostpreussische Provinzialrecht enthielt die bezügliche Bestimmung im Zusatz 228 zu §. 80. A. L. R. Th. II. Tit. 15 und das Westpreussische Provinzialrecht erwähnt den Bernstein in den §§. 73 ff. in dem Abschnitte: „Von den Rechten des Staates in Ansehung der Landstrassen, Ströme, Häfen und Meeresufer," ebenfalls unter Bezugnahme auf §. 80 A. L. R. Th. II. Tit. 15.

Mengen, so dass es nicht Gegenstand bergmännischer Gewinnung, sondern nur in den mineralogischen Sammlungen zu finden war (B. Keil, Salinenkunde S. 35). Die neu entdeckten Salze fielen nach dem damals geltenden Bergrechte des Allgem. Landrechts unter die Herrschaft des Bergregales, unter welches nach §. 71 A. L. R. II. 16 „alle Salzarten mit den Salzquellen vorzüglich Steinsalz, Salpeter, Vitriol und Alaun" gerechnet wurden. Als der Gattungsbegriff der Salzarten durch das Allgem. Berggesetz beseitigt war, wurde eine besondere Bestimmung für die neu entdeckten Salze nothwendig, weil der bergmännische Sprachgebrauch dieselben unter der Bezeichnung Steinsalz unter welcher nur Kochsalz (Chlornatrium) verstanden wird, nicht mit begreift.

In Pommern mit Ausnahme der vormals Westpreussischen Landestheile ist die Bernsteingewinnung dem Grundeigenthümer überlassen. In Westpreussen ist nach §. 73 des Provinzialrechtes vom 19. April 1844 der Bernstein soweit er in der Ostsee gefischt oder am Strande derselben gefunden wird, ein Vorbehalt des Staates; ebenso nach dem Gesetze vom 4. August 1865 (G. S. S. 873) in den zu Pommern gehörigen vormals Westpreussischen Landestheilen.

In Ostpreussen ist er dagegen nach Art. IV des Gesetzes über die Bestrafung der unbefugten Aneignung von Bernstein vom 22. Februar 1867 (G. S. S. 272), welches an die Stelle des Zusatzes 228 des Ostpreussischen Provinzialrechtes getreten ist, gänzlich dem Rechte des Grundeigenthümers entzogen, jedoch nicht als ein Gegenstand des Bergwerkseigenthumes, sondern als ein dem Staate vorbehaltenes Produkt des Meeres. Auf den Bernstein findet daher auch die oben S. 57. erörterte Regel nicht Anwendung, dass die Mineralien nur auf ihrer natürlichen Ablagerung der Disposition des Grundeigenthümers entzogen sind. Vielmehr dürfen auch lose Findlinge von Bernstein nur von dem Staate gewonnen werden [1]).

§. 9. Erwerbung: 1. Vom Schürfen und Finden.
(§§. 3—10 und §. 24 des Berggesetzes.)

Das Bergwerkseigenthum wird nach §. 34 und §. 54 des Berggesetzes durch die von dem Oberbergamte ertheilte Verleihung innerhalb eines bestimmten Feldes und an bestimmten Mineralien erworben. Die Verleihung hat nach §. 22 und §. 27 zur Voraussetzung, dass das zu verleihende Mineral innerhalb eines bestimmten Feldes gemuthet wird und die Gültigkeit der Muthung ist nach §. 15 und §. 27 dadurch bedingt,

---

1) Dies ist von dem Obertribunal in dem Erkenntnisse vom 10. October 1859 durch das folgende Präjudiz ausgesprochen:

Die Bestimmung des §. 74 A. L. R. Th. II. Tit. 16 ist in Ostpreussen in Beziehung auf Bernstein neben dem §. 2 des Zusatzes 228 des Ostpreussischen Provinzialrechts nicht zur Anwendung zu bringen.

Präjudiz des Senats für Strafsachen No. 261, Entscheidungen Bd. 42. S. 59*.

welches auch für die heutige Gesetzgebung unveränderte Geltung behalten hat.

dass das bezeichnete Mineral vor Einlegung der Muthung auf seiner natürlichen Ablagerung innerhalb des begehrten Feldes entdeckt worden ist.

Die Erwerbung des Bergwerkseigenthumes setzt also die Entdeckung des zu verleihenden Minerales voraus und diese kann entweder zufällig oder durch Schürfarbeiten erfolgen.

Schürfen heisst nach §. 3 des Berggesetzes das Aufsuchen der verleihbaren Mineralien auf ihren natürlichen Ablagerungen. Die Schürfarbeiten bestehen entweder in der Entblössung der Lagerstätten am Ausgehenden durch einzelne Schürfe oder Schürfgräben oder in der Aufschliessung derselben in der Tiefe durch Schürfschächte und Schürfstollen [1]).

Die Schürfarbeiten bilden überall da, wo sich das Mineral nicht über Tage anstehend oder zufällig entblösst vorfindet, die factische Voraussetzung der Erwerbung des Bergwerkseigenthumes. In rechtlicher Beziehung ist das Schürfen nach zwei Richtungen hin Gegenstand bergrechtlicher Normen, welche einerseits das Schürfen auf fremdem Grund und Boden, andererseits das Recht des Finders betreffen.

Das Schürfen auf fremdem Grund und Boden würde nach den Regeln des Civilrechts lediglich von der Bewilligung des Grundeigenthümers abhängig sein. Die unbeschränkte Befugniss des Grundeigenthümers, das Schürfen nach den verleihbaren Mineralien zu untersagen, würde aber eine mittelbare Beschränkung der Bergbaufreiheit enthalten, da der Grundeigenthümer in der Lage wäre, die Verleihung der nicht unmittelbar zu Tage ausgehenden Lagerstätten ganz zu verhindern. Das gemeine deutsche Bergrecht hebt diese Beschränkung dadurch auf, dass es kraft der allgemeinen Bergbaufreiheit Jedermann gestattet, auf fremdem Grund und Boden zu schürfen, ohne dass es der Einwilligung des Grundeigenthümers oder der Erwerbung eines besondern Schürfrechtes bedarf [2]). Das frühere preussische Bergrecht macht dagegen das Recht zum Schürfen überhaupt von der Einholung eines Schürfscheines und das Recht zum Schürfen auf fremden Grundstücken ausserdem von der Einwilligung des Grundeigenthümers ab-

1) F. H. Lottner, Bergbau und Huttenkunde S. 338.

2) Vgl. Brassert in der Zeitschrift für das Berg-, Hütten- u. Salinenwesen. Bd. III, B. S. 209.

hängig, welche letztere im Fall der Weigerung durch die Entscheidung des Bergamtes ersetzt wurde [1]). Das linksrheinische Bergrecht endlich verlangt eine Schürfermächtigung nur für den Fall der Weigerung des Grundeigenthümers, das Schürfen zu gestatten [2]).

Das Allgem. Berggesetz schliesst sich in den §§. 4—11 eng an die Vorschriften des linksrheinischen Bergrechtes an. Es macht das Recht zum Schürfen nicht von dem Besitze eines Schurfscheines abhängig, sondern gestattet in §. 3 dasselbe einem Jeden als einen Ausfluss der allgemeinen Bergbaufreiheit. Die Benutzung fremden Grund und Bodens zu Schürfarbeiten ist jedoch nicht wie im gemeinen deutschen Bergrechte ohne Weiteres gestattet; sie hängt vielmehr nach §. 5 von der Bewilligung des Grundeigenthümers ab, welche nur aus gesetzlichen Gründen versagt werden darf und im Falle der unbegründeten Weigerung nach §. 8 durch einen Beschluss des Oberbergamtes ersetzt wird.

Es besteht also eine gesetzliche Einschränkung des Grundeigenthumes zu Gunsten des freien Schürfens. Von dieser Legalservitut sind indess nach §. 4 ausgenommen:

1. öffentliche Plätze und Strassen, Eisenbahnen und Friedhöfe, auf welchen das Schürfen unbedingt untersagt ist,
2. Gebäude mit einem Umkreise von 200 Fuss [3]), Gärten und

---

1) Allg. Landrecht Th. II, Tit. 16. §§. 141 145 f.

2) Berggesetz vom 21. April 1810 Art. 10.

3) Das Gesetz erfordert nur die Einwilligung des Grundbesitzers, nicht auch des Besitzers der Gebäude. Daher kann der Besitzer der Gebäude seinen Widerspruch gegen die in dem Umkreise von 200 Fuss unternommenen Schürfarbeiten nur soweit geltend machen, als sie auf seinem Grund und Boden vorgenommen werden sollen. Er ist nicht befugt, dem Nachbar das Schürfen innerhalb dieses Rayons zu untersagen, oder gegen die amtliche Schürfermächtigung auf einem Nachbargrundstücke innerhalb dieses Umkreises zu opponiren. Ebensowenig kann der Grundbesitzer der amtlichen Schürfermächtigung deshalb widersprechen, weil Gebäude des Nachbars in einem Umkreise von 200 Fuss belegen sind. Das Gesetz gibt ihm den Einspruch nur zum Schutze der eigenen Gebäude. Diese Sätze ergeben sich nicht bloss aus dem Wortlaute des §. 4, sondern sie entsprechen auch der Anwendung, welche Art. 11 des Französischen Bergwerksgesetzes vom 21. April 1810, aus welchem die fragliche Bestimmung entnommen ist, bisher bei der Mehrzahl der Französischen Gerichtshöfe gefunden hat. (Richard vol. I no. 121, Bury vol. I no. 583 ss.)

eingefriedigte Hofräume, innerhalb deren nur mit der freien Einwilligung des Grundbesitzers geschürft werden darf.

In Bezug auf andere Grundstücke findet die Weigerung des Grundbesitzers nur dann Berücksichtigung, wenn nach der Entscheidung des Oberbergamtes dem Schürfen überwiegende Gründe des öffentlichen Interesses entgegen stehen. Es ergibt sich aus dem Zusammenhange der §§. 4, 5 und 8 des Berggesetzes, dass es sich bei der Entscheidung des Oberbergamtes über die Unstatthaftigkeit der Schürfarbeiten nicht um eine polizeiliche Untersagung gemeinschädlicher Schürfarbeiten handelt, welche von Amtswegen auch trotz der Bewilligung des Grundbesitzers eintreten kann, sondern um die Untersuchung der Weigerungsgründe des Grundbesitzers, welche zwar nur den Schutz seiner Privatrechte bezwecken, aber bei der Entscheidung der Behörde über die nachgesuchte Schürfermächtigung nur insofern Berücksichtigung finden, als sie mit dem öffentlichen Interesse zusammenfallen. Es sind dies die Fälle, in welchen der Nachtheil, den der Grundbesitz durch die Schürfarbeit erleidet, nicht durch die Geldentschädigung für Minderwerth und entzogene Nutzung (§. 6) aufgewogen werden kann, wo vielmehr im öffentlichen Interesse daran gelegen ist, dass die Beschädigung des Grundeigenthumes durch die Schürfarbeit vermieden werde. Dies ist z. B. der Fall, wenn ein für die Landwirthschaft unentbehrlicher Brunnen oder Teich abgegraben werden soll, oder wenn eine Forstkultur, deren Erhaltung im öffentlichen Interesse liegt, zerstört werden soll. In solchen Fällen geben die §§. 4 und 5 dem Grundeigenthümer einen Einspruch gegen die beantragte amtliche Schürfermächtigung, über welchen die Bergbehörde nach §. 8 zu entscheiden hat. Andere Einwendungen stehen dem Grundbesitzer nicht zu, insbesondre nicht der aus der Analogie des Nothweges etwa herzuleitende Einwand, dass das aufgesuchte Mineral auf einem benachbarten Grundstücke leichter und mit geringerem Nachtheile aufgesucht werden könne.

Das Recht zum Schürfen auf fremdem Grund und Boden kann nach §. 5 nicht blos vom Eigenthümer, sondern auch von dem Nutzungsberechtigten bestellt und gegen den Letzteren erworben werden. Der Nutzungsberechtigte kann indess nur solche Schürfarbeiten gestatten, die er selbst kraft seines dinglichen oder contractlichen Rechtes vorzunehmen berechtigt ist. Zu solchen Arbeiten bedarf es einer Genehmigung des Eigenthümers alsdann nicht. Die Genehmigung des Nutzungsberechtigten ist ferner stets neben derjenigen des Eigenthümers erforderlich, sofern der Nutzungsberechtigte den juristischen Besitz des Grundstückes hat, oder ein dingliches Recht ausübt, welches mit der beabsichtigten Schürfarbeit collidirt[1]).

Das Recht zum Schürfen auf fremdem Grund und Boden, mag es von dem Grundeigenthümer gestattet (§. 5), oder durch amtliche Schürfermächtigung eingeräumt sein (§. 8), gehört zu der Klasse der Personalservituten. Es kann als ein dingliches Recht auch dem Besitznachfolger des bestellenden Eigenthümers gegenüber geltend gemacht und im Wege der Cession veräussert werden. Das Schürfrecht ist nur insoweit ausschliesslich, als dem Schürfer eine bestimmte Grundfläche zur Benutzung eingeräumt ist. Der Grundeigenthümer bleibt übrigens befugt, auf seinem Grund und Boden beliebig nach denselben Mineralien sowohl selbst zu schurfen, als durch Andere schürfen zu lassen.

Die Gegenleistung, welche dem Grundbesitzer für die Einräumung des Schürfrechtes nach §. 6 zu gewähren ist, besteht in der Entschädigung für die entzogene Nutzung und in dem Ersatze der eingetretenen Werthsverminderung bei der Rückgewähr des benutzten Grundstücks. Für die letztere Verpflichtung ist bei der Abtretung des Grundstücks Caution zu bestellen. Auf diese Gegenleistungen finden nach §. 7 dieselben Regeln Anwendung, welche für die Grundabtretung zum Bergwerksbetriebe gelten. Auch für die zufälligen Beschädigungen, welche dem Grundeigenthume oder dessen Zubehörungen durch

---

1) Die Anwendung dieser Regeln auf die einzelnen Fälle gestaltet sich verschieden, je nachdem das preussische, das franzosische oder das gemeine Civilrecht zur Anwendung kommt. So kann nach gemeinem Civilrechte der Niessbraucher jede Schürfarbeit gestatten, weil er selbst befugt ist, sowohl vorhandene unterirdische Mineralgewinnungen zu betreiben, als neue zu eröffnen. (L 13 §§. 5, 6 Dig. de usufr. et quemadmod. [7. 1]). Nach franzosischem Civilrechte dagegen (Code Nap. Art. 598) ist dem Niessbraucher die Eroffnung neuer unterirdischer Mineralgewinnungen untersagt, folglich auch die Ertheilung der Schürferlaubniss. Nach preussischem Rechte endlich (A. L. R. I, 21 §§. 30 ff.) ist der Niessbraucher zu beidem ermächtigt, falls die Schürfarbeit ohne eine bleibende Verringerung des Bodenwerthes ausgeführt werden kann.

Schürfarbeiten zugefügt werden, finden nach §. 152 die Vorschriften wegen der Grundentschädigung beim Bergbau Anwendung. In beiden Beziehungen wird auf den Inhalt des dritten Buches verwiesen.

Das Verfahren, in welchem über die Grundabtretung zu Schürfarbeiten und über die Gegenleistungen des Schürfers entschieden wird, weicht jedoch nach §. 8 von dem Verfahren bei der Grundabtretung zum Bergwerksbetriebe (§. 142—145) insofern ab, als das Oberbergamt allein ohne Mitwirkung der Regierung entscheidet. Der Rechtsweg findet in demselben Umfange statt, wie bei der Grundabtretung zu Bergwerksanlagen, nämlich über die Entschädigung und die Caution; über die Verpflichtung zur Gestattung der Schürfarbeiten nach analoger Anwendung des §. 145 nur insofern die Weigerung nicht auf überwiegende Gründe des öffentlichen Interesses, sondern auf die positiven Ausnahmen des §. 4 oder auf einen speciellen Rechtstitel gestützt wird. Der Recurs, welcher über die Entschädigung und die Cautionsleistung nicht stattfindet, richtet sich nach §. 191 an den Handelsminister.

In Feldern fremder Bergwerke darf nach unverliehenen Mineralien geschürft werden. Der Bergwerksbesitzer kann jedoch die Untersagung der Schürfarbeiten bei der Bergbehörde [1]) beantragen, wenn dieselben die Sicherheit der Baue oder den ungestörten Betrieb des Bergwerks gefährden. Er kann statt dessen auch Cautionsbestellung für die Beschädigung seines Bergwerks durch die unternommenen Schürfarbeiten verlangen (§. 10). Die Caution wird auf Antrag des Bergwerksbesitzers durch das Oberbergamt bestimmt, gegen dessen Festsetzung der Rechtsweg gemäss §. 9 stattfindet.

Das Recht des Finders wird nach §. 24 durch die Entdeckung des Minerals mittelst der auf seine Aufsuchung gerichteten Schürfarbeiten erworben [2]).

---

1) Die Bezugnahme auf §. 8 ergibt, dass im §. 10 unter der Bergbehörde nicht, wie nach §. 189 zu vermuthen wäre, der Revierbeamte, sondern das Oberbergamt verstanden ist, welchem auch nach §. 198 ausser dem Falle der Dringlichkeit die Anordnungen zur Sicherheit der Baue vorbehalten sind.

2) Dasselbe Recht wird im §. 24 dem Grundbesitzer, welcher auf eigenem Grund und Boden, und dem Bergwerksbesitzer, welcher im

Der Schürfer erlangt ein Vorrecht vor andern, nach dem Zeitpunkte seiner Muthung eingelegten Muthungen unter der Voraussetzung, dass er selbst binnen einer Woche nach der Entdeckung Muthung einlegt.

Das Allgemeine Berggesetz ist in diesen Vorschriften im Wesentlichen zu den Grundsätzen des gemeinen deutschen Bergrechtes zurückgekehrt, von welchen das Allgem. Landrecht und die moderne Gesetzgebung anderer deutscher Staaten vielfach abgewichen waren. Auch in der gemeinrechtlichen Praxis sind diese Grundsätze vielfach verkannt worden und erst neuerdings wieder zur ungetrübten Anerkennung gebracht worden [1].

Zum richtigen Verständnisse dieser Grundsätze ist es daher nothwendig, auf die historische Entwickelung des Finderrechtes einzugehen.

Nach den ältesten deutschen Gewohnheitsrechten genügte das Finden allein, um das Eigenthum an der gefundenen Lagerstätte innerhalb der gesetzlichen Grenzen der Fundgrube zu erwerben. Das Iglauer Bergrecht bestimmt [2]):

Wo immer ein Bergwerk entdeckt, oder ein Stollen ausgebaut worden, soll ihm rechtlich gebühren im Hangenden drei und eine halbe Lane [3]) und im Liegenden eine Lane, Höhe und Tiefe in

---

eigenen Grubengebäude gefunden hat, beigelegt, ohne Rücksicht darauf, ob der Fund durch eigene Schürfarbeiten oder zufällig gemacht ist. Dabei ist indess nach den Motiven der Regierungsvorlage S. 27 nur der Grund massgebend gewesen, dass die Absicht, in welcher der Grundbesitzer Arbeiten auf seinem Grundstücke vorgenommen hat, als eine innere Thatsache in der Regel nicht nachzuweisen ist. Das Finderrecht des Bergwerksbesitzers an den überfahrenen Lagerstätten ist altes deutsches Recht und in den meisten Bergordnungen anerkannt. Nassau-Katzenelnbog. B. O. Art. 22. — Kurtrier. B. O. Art. III. 14. — Joachimsthaler B. O. Th. II, Art. 22. — Kursächs. B. O. Art. 26. — Revidirte Cleve-Märk. B. O. Art. X.

1) Vgl. die oben S. 64 Note 2 angeführte Abhandlung von Brassert, sowie: Achenbach: Worin besteht das Recht des ersten Finders? Zeitschrift für das Berg-, Hütten und Salinenwesen Bd. VI, B. S. 135.

2) Nach der Uebersetzung von C von Sternberg, Geschichte der böhmischen Berggesetzgebung Bd. II, S. 17 f

3) Laneus = 7 Lachter. „Quivis autem laneus septem mensuras quae vulgo dicuntur Lachter in se continet." Const. jur. metall. de montium mensuratione (II. 2).

gleichem Masse. Wenn aber jemand ein neues Bergwerk entdeckt, so sollen ihm 7 Lanen zu beiden Seiten zugemessen werden, dem König eine Lane zu beiden Seiten, den Bürgern eine; die Finder des Bergwerks haben dem Vermesser 7 kleine Solidi zu bezahlen.

Wer an einem Gang an einem Stollen arbeitet und das Metall gefunden hat, dem sollen 7 Lanen von der Stelle, wo er das Metall entblösst, mit dem Rechte der anderen Bergwerke zugemessen werden. Wenn aber mit Vorwissen des Richters und desjenigen, der die Bergwerke verleiht, jemand in einem Stollen zu arbeiten anfängt und das Metall findet, so soll ihm niemand $3^1/_2$ Lanen vor und $3^1/_2$ Lanen nach jener Stelle, wo er das Metall entblosst hat, in der Arbeit stören.

Die späteren Berggesetze lassen das Recht des Finders auf die Fundgrube zwar bestehen, allein sie verlangen zur Erwerbung des Bergwerkseigenthumes die Muthung. Unterlässt der Finder, Muthung einzulegen, so soll zwar die Muthung jedes Andern auf die entdeckte Lagerstätte angenommen werden; dem Finder soll aber das Recht auf die Fundgrube, so lange er sein Finderrecht nicht verloren hat, verbleiben und nur die nächsten Maassen dem ersten Muther verliehen werden. Am vollständigsten findet sich das Recht des ersten Finders definirt in der Kurkölnischen Bergordnung Th. III, Art. 1, wo es heisst:

Welcher alsdan einen newen Gang entblosen und aussrichten wird, der solle für den ersten Finder gehalten seyen auch damit dess ersten Finders Recht als nemblich eine Fundgrube und nechste beyde Maassen, die ihm ober- und unterwerts der Fundgruben zu legen frey stehen sollen, erlangt haben, die folgende nechste Maassen aber mögen den ersten darauff sich ergebenden Mutheren verliehen werden; begebe es sich aber, dass ein Gang entblöset, der erste Finder aber muthete sofort die Fundgrube nicht, es fünde sich aber ein anderer der die Maassen zu muthen begehrete, so soll zwar dem ersten Finder die Fundgrube, soviel Feld solche in beyden Stössen betrifft, wofern solche aus sonderen Ursachen nach Bergrecht nicht frey erkannt, verbleiben die nechste Maassen aber ohne dessen Eintragt verliehen werden.

Es ergibt sich aus dieser Stelle [1], dass dem Finder als solchem nur die Fundgrube, als erstem Muther aber zugleich

---

1) Vergl. Brassert: Bergordnungen der Preuss. Lande. S. 556.

die nächsten beiden Maassen zu Theil wurden. Kam ein anderer Muther dem Finder zuvor, so blieb dieser auf die Fundgrube beschränkt[1]).

Das Vorrecht auf die Fundgrube behielt der Finder aber auch ohne Einlegung der Muthung, so lange er das Finderrecht nicht verloren hatte und die Dauer dieses Rechtes war wie die Erwerbung desselben lediglich nach den Regeln der Besitzergreifung und der Fortsetzung des Besitzes zu beurtheilen[2]).

Das Allgemeine Preussische Landrecht wich von den Grundsätzen des Gemeinen Bergrechtes insofern ab, als es das Recht des ersten Finders im §. 155, Th. II, Tit. 16 davon abhängig machte, dass dieser innerhalb vier Wochen Muthung einlegte, also den Verlust des Finderrechtes nicht von der Erledigung des Besitzes, sondern von dem Ablaufe einer bestimmten Frist abhängig machte. Ausserdem erstreckte es in den §§. 156 und 157 das Recht des Finders nicht bloss auf die Fundgrube, sondern auch auf die Maassen, so dass das Vorrecht des Finders die Muthung eines Dritten vollständig aus-

---

1) Es besteht daher kein Widerspruch zwischen denjenigen Bergordnungen, welche dem Finder nur die Fundgrube zusprechen, die nächsten Maassen aber dem Muther (wie die Nassau-Katzenelnbog. B.-O. Art 9; die Joachimsthaler B.-O. Th. II. Art. 1) und denjenigen Bergordnungen, welche dem ersten Finder gestatten, ausser der Fundgrube auch die nächsten Maassen vorweg zu muthen (wie die Kurtrier. B.-O. Art. III. 3 u. 5; die Revidirte Cleve - Märkische Bergordnung Cap. II. §. 1), da in den letztern Bestimmungen vorausgesetzt wird, dass der erste Finder auch der erste Muther ist. — Vergl. Brassert a. a. O. S. 825 Note 1.

2) Auch der Verlust des Finderrechtes wurde nach gemeinem deutschen Bergrechte lediglich nach den Regeln vom Verluste des Besitzes beurtheilt, da die Bergordnungen keine Frist für die Ausübung des Finderrechtes durch Einlegung der Muthungen bestimmten. Das Finderrecht dauerte also so lange fort, als die Möglichkeit der physischen Einwirkung und die Absicht der Aneignung. Es ging verloren, wenn der Schürf verbrach, ohne dass der Finder nach erhaltener Kenntniss Anstalt machte, ihn wieder aufzuwältigen, wenn er oder seine Arbeiter von fremden Schürfern verdrängt wurden oder wenn der Finder den Schürf verliess, in der Absicht, sein Recht nicht weiter zu verfolgen. Vergl. m. Uebersicht der bergrechtlichen Entscheidungen. 1860—63. S. 26 f.

schloss, wenn der Finder innerhalb vier Wochen Muthung einlegte.

Beide Abweichungen sind in das heutige Recht übergegangen. Auch das Allgemeine Berggesetz beschränkt das Finderrecht im §. 24 auf eine bestimmte Frist und zwar von einer Woche nach Ablauf des Tages der Entdeckung und es erstreckt das Vorrecht des Finders auf das ganze nach §. 27 zu verleihende Feld, in welchem nicht mehr zwischen Fundgrube und Maassen unterschieden wird.

Das Allgem. Landrecht wich noch in einem dritten Punkte von dem gemeinen Bergrechte ab, indem es das Recht des ersten Finders im §. 154 Th. II, Tit. 16 von dem Besitze eines Schürfscheines abhängig machte. Dieses Institut ist dem gemeinen deutschen Bergrechte ganz fremd. Die älteren Bergordnungen gestatten Jedem ohne vorgängige Ermächtigung sei es der Obrigkeit oder des Grundbesitzers überall einzuschlagen und zu schürfen. Es ereignete sich zwar häufig, dass den Bergordnungen zuwider dem Schürfer, welcher noch keinen Fund gemacht hatte, verstattet wurde, innerhalb eines gewissen Feldes mit Ausschluss Anderer zu schürfen [1]. Allein dieses sogenannte Freischürfen wird in einigen Bergordnungen ausdrücklich untersagt [2].

Der Schürfschein, welcher zuerst durch die Revidirten Bergordnungen [3] und demnächst durch das Allgem. Landrecht als Bedingung der Erwerbung des Finderrechtes vorgeschrieben wurde, gibt keine ausschliessliche Schürfberechtigung. Er erscheint nur als eine obrigkeitliche Erlaubniss zur Aufsuchung der verleihbaren Mineralien. Die Erwerbung des Finderrechtes war demnach nicht an die blosse Besitzergreifung, sondern an den titulirten Besitz, die Entdeckung auf Grund eines Schürfscheines geknüpft [4].

---

1) Hertwig, Bergbuch s. v. Freyschürfen.

2) Baier. Bergordnung Art. 6. Pfalz-Zweibrück. Bergordnung. Art. 20.

3) Cleve-Märk. B.-O. Cap. I. §. 1 f. — Schlesische und Magdeb. B.-O. Cap. II. §. 1 f. Ebenso die Kurpfalz-Baier. B.-O. Art. 34.

4) Einige Bergrechtslehrer, namentlich Hake Commentar S. 98 erklärten auch nach gemeinem Bergrechte die Erwerbung des Finder-

Die Praxis des Obertribunals gab indessen den Vorschriften des Allgemeinen Landrechts die Auslegung, dass der Schürfschein eine ausschliessliche Berechtigung zum Muthen begründe und zwar für den ganzen Umfang des Schürfdistricts. Es nahm durch den Plenarbeschluss vom 12. Juni 1843[1]) den Satz an:

»Der Schürfschein deckt für die Dauer seiner Gültigkeit das Feld dergestalt, dass dadurch die Muthung eines zufällig Findenden ausgeschlossen wird.«

Dieser Grundsatz ist für das frühere Preussische Recht mit Unrecht aufgestellt worden. Er hat jedoch in verschiedene neuere Berggesetze Aufnahme gefunden, welche wie das Oesterreichische, das Sächsische und das Anhaltische die Ausschliesslichkeit der ertheilten Schürfberechtigung theils in der Gestalt des Freischürfs[2]), theils in der Gestalt des blossen Schürfscheines[3]) zur Grundlage für die Erwerbung des Bergwerkseigenthumes nehmen.

Das Allgem. Berggesetz kennt weder eine ausschliessliche Schürfberechtigung, noch überhaupt einen Schürfschein. Es macht im §. 24 die Erwerbung des Finderrechtes von folgenden Bedingungen abhängig:

1. von der Entdeckung des Minerals auf seiner natürlichen Ablagerung, also von der Besitzergreifung,
2. von der Entdeckung durch Schürfarbeiten d. h. nach §. 3 durch Arbeiten, welche die Aufsuchung der Mineralien bezwecken,
3. von der Beobachtung der in den §§. 3—10 gegebenen Vorschriften über das Schürfen auf fremdem Grund und Boden und über das Verbot von Schürfarbeiten in ge-

---

rechtes für abhängig von dem Besitze eines Schürfscheines. Auch das Preussische Obertribunal schloss sich in dem Erkenntnisse vom 20. Juni 1854 (Striethorst's Archiv Bd. 13. S. 202) dieser unrichtigen Ansicht an, welche durch die oben S. 64 angeführte Abhandlung von Brassert eingehend widerlegt ist.

1) Entscheidungen, Bd. 9. S. 90. — Vergl. über diesen Plenarbeschluss m. Uebersicht der bergrechtlichen Entscheidungen S. 54.

2) Oesterreich. Berggesetz von 1854 §. 22 f.

3) Sächs. Bergges. von 1868 §. 18 f. — Anhalt. Berggesetz von 1856 §. 20.

wissen besonders befriedeten Räumen (§. 4) oder in fremden Grubenfeldern bei vorhandener Gefahr für die Sicherheit der Baue (§. 10).

Die nähere Erörterung dieser Bedingungen ergiebt das Folgende:

1. Die Handlung des Findens wird in dem Gesetze als die Entdeckung des Minerals auf seiner natürlichen Ablagerung definirt. Sowie also im Civilrechte unter dem Finden die Besitznehmung herrenloser Sachen verstanden wird, so bedeutet im Sinne des Bergrechtes das Finden die Besitznahme einer noch unverliehenen Mineralablagerung und die körperliche Seite dieses Begriffes ist in den Worten des Gesetzes ausdrücklich definirt. Die Entdeckung des Minerals setzt eine physische Einwirkung auf die Lagerstätte voraus und das Requisit der körperlichen Besitzergreifung ist noch bestimmter dadurch ausgedrückt, dass die Entdeckung durch Schürfarbeiten erfolgen muss. Diese Voraussetzung entspricht auch den Grundsätzen des gemeinen Bergrechtes und der älteren Berggesetze, welche übereinstimmend eine Besitzergreifung durch Erschürfen, Entblössen und Ausrichten der Lagerstätte als Bedingung der Erwerbung des Finderrechtes vorschreiben [1]).

Die Erwerbung des Finderrechts wird daher erst vollendet durch die körperliche Apprehension der Lagerstätte und letztere kann nicht durch die historische Gewissheit, oder durch geognostische Schlussfolgerungen ersetzt werden. Es genügt nicht, dass die Lagerstätte früher einmal entblösst gewesen ist, sondern dieselbe muss im Momente des Findens zugänglich sein. Ihr Dasein muss nicht aus den Karten oder aus dem Zusammenhange benachbarter Aufschlüsse, sondern aus dem offenen Schürfe ersichtlich sein. Daher kann auch die Entdeckung blosser Vorläufer des Ganges nicht genügen, wenn dieselben auch nach bergmännischen Erfahrungen mit grösster Gewiss-

---

1) A. L. R. II. 16. §. 154., Cleve-Mark. B.-O. Cap. II. §. 1., Schlesische B.-O. Cap. III. §. 1., Chur-Cöln. B.-O Th. III. Art. 1., Homburg. B.-O. Art. 7., Chur.-Trier. B.-O. Th. 1. Art. 3. §. 3., Nassau-Katzenelnbog. B.-O. Art. 9., Joachimsthal. B. O. Th. II. Art. 1.

heit darauf schliessen lassen, dass die Mineralablagerung selbst in unmittelbarster Nähe sei [1]).

Ebenso wesentlich für die Erwerbung des Finderrechtes ist aber das subjective Moment, dass der Finder das Bewusstsein von dem Vorhandensein der entdeckten Mineralablagerung hatte. Das Obertribunal bemerkt hierüber in dem Revisionsurtheile vom 29. Januar 1861 (Zeitschrift für Bergrecht Bd. II, S. 255):

»In Betreff der Frage, welcher von den streitenden Theilen der erste Finder des fraglichen Eisensteinganges sei, sind die beiden Vorderrichter darüber einverstanden, dass zu dem Finden im rechtlichen Sinne das mechanische Antreffen eines Mineralganges nicht ausreiche, sondern derjenige, welcher darauf stösst, es sich auch zum Bewusstsein gebracht haben müsse, dass er einen muthungsfähigen Fund gethan habe, bevor er ein Finderrecht daraus herleiten könne.

In der That ist die Verbindung des Willens (*animus*) mit dem körperlichen Ergreifen so sehr Grundbedingung eines jeden Erwerbes eines Rechtes oder Besitzes, an welchen irgend rechtliche Folgerungen sich knüpfen sollen, dass es gar keiner ausdrücklichen speciellen Bestimmung darüber in den Berggesetzen bedurfte, um das subjective Bewusstsein eines objectiv muthungsfähigen Fundes zur Entstehung des Finderrechtes zu erfordern.

Die besondere Betrachtung des Grundes und Zweckes des bergmännischen Schürf- und Finderrechtes, weit entfernt, eine Abweichung von jenem allgemeinen Grundsatze (l. 3. §. 1. *Dig. de acq. amitt. poss.*) zu motiviren, kann es nur noch anschaulicher machen, dass der Erwerb des Finderrechtes dem Bewusstsein, einen gemachten Fund muthen zu können, und dem davon bedingten Willen, die Muthung einzulegen, niemals vorhergehen kann.

Diese aus dem früheren Rechte geschöpfte Entscheidung muss auch nach dem heutigen Rechte für zutreffend gelten. Auch der Handelsminister hat deshalb in dem Recursbescheide vom 4. März 1868 (I 1737) dem Grundeigenthümer, auf dessen

---

1) Vergl. das Erkenntniss des Justizsenats zu Ehrenbreitstein vom 26. Januar 1860, Zeitschr. f. Bergrecht Bd. I. S. 235 f.

Grundstück ein Braunkohlenlager, durch frühere Arbeiten seines Besitzvorgängers entblösst, anstand, das Finderrecht gegenüber der von einem Dritten eingelegten Muthung versagt, weil er weder nachweisen konnte, dass er von der Existenz vor Einlegung der Muthung Kenntniss hatte, noch eine körperliche Handlung vorgenommen hatte, welche als Entdeckung des Minerals angesehen werden konnte. Auch die Regeln des Civilrechts über die Besitzerwerbung durch Stellvertreter müssen unverändert auf den bergmännischen Fund Anwendung finden. Daher wird bei einer durch gedungene Arbeiter ausgeführten Schürfarbeit das Finderrecht für den Arbeitgeber erworben und zwar in dem Momente der Entdeckung, da es nicht erforderlich ist, dass der Erwerber Kenntniss von der erlangten Ausführung der aufgetragenen Besitzergreifung durch den Vertreter erlangt haben muss [1]).

2. Das Finderrecht wird in der Regel nur durch Schürfarbeiten erworben, welche nach Vorschrift der §. 3 f. unternommen sind, also gemäss der Definition des §. 3 die Aufsuchung des gefundenen Minerals zum Zweck hatten. Der zufällige Fund d. h. die Entdeckung des Minerals durch andere Arbeiten oder die Entdeckung einer bereits entblössten Ablagerung begründet daher kein Finderrecht und gibt keinen Vorzug vor andern auf dasselbe Mineral gerichteten Muthungen. Diese Regel erleidet nach §. 24 eine doppelte Ausnahme zu Gunsten des findenden Grundeigenthümers und Bergwerksbesitzers, welche auch ohne Schürfarbeiten das Recht des Finders an dem auf eigenem Grund und Boden oder im eigenen Grubengebäude zufällig entdeckten Minerale erlangen. Dass indess auch in diesen beiden Fällen die Handlung des Finders mit den körperlichen und geistigen Voraussetzungen der Besitzergreifung erfordert wird, ergibt sich daraus, dass auch der Grundeigenthümer und der Bergwerksbesitzer nach §. 24 das Finderrecht nur innerhalb einer Woche nach Ablauf des Tages der Entdeckung ausüben kann. Es muss also auch hier eine äussere Handlung des Findenden vorliegen, welche den Zeitpunkt der Entdeckung bestimmt und das Oberbergamt zu Bonn

1) Entscheidungen des Obertribunals Bd. 22. S. 329 f.

hat in der oben angeführten Entscheidung dem Grundbesitzer, welcher keine solche Handlung nachzuweisen vermochte, mit Recht das Vorzugsrecht des Finders versagt.

3. Die Vorschrift des §. 24, dass auf fremdem Grund und Boden nur unter Beachtung des §. 3—10 des Berggesetzes durch Schürfarbeiten Finderrechte erworben werden können, folgt ebenfalls aus den Regeln der Erwerbung des Besitzes welcher durch fehlerhafte Erwerbung, namentlich durch gewaltsame und heimliche Handlungen, sowie durch Missbrauch der Gefälligkeit *(vi, clam, precario)* nicht erlangt werden kann. Schürfarbeiten die ohne Einwilligung des Grundbesitzers und ohne amtliche Schürfermächtigung oder mit Ueberschreitung der ertheilten Erlaubniss oder im Falle des §. 10 gegen das Verbot der Bergbehörde im fremden Grubenfelde unternommen werden, geben daher kein Finderrecht. Dasselbe gilt von sonstigen widerrechtlichen Handlungen. Daher erwirbt der Bergwerksbesitzer, welcher gegen das polizeiliche Verbot den Sicherheitspfeiler an der Markscheide seines Grubenfeldes[1]) durchbricht, an den im freien Felde gefundenen Mineralablagerungen kein Finderrecht.

Die unverliehenen Mineralien, welche bei den Schürfarbeiten gefördert werden, sind nach §. 11 Eigenthum des Schürfers, welcher dieselben durch die Perception erwirbt. Die zum Rechte des Grundeigenthümers gehörigen, sowie die bereits verliehenen Mineralien werden durch die blosse Lostrennung vom Grund und Boden Eigenthum des Grundbesitzers und des Bergwerksbesitzers. Ein Anspruch auf Erstattung der Gewinnungskosten steht dem Schürfer nicht zu.

§. 10. Erwerbung: 2. Die Muthung.

(§§. 12—27 des Berggesetzes.)

Nach dem ältesten deutschen Bergrechte erfolgte die Erwerbung des Bergwerkseigenthums durch das blosse Finden nach den Regeln der Occupation. Die Grenzen desselben waren theils durch das Verhalten der Lagerstätte, theils durch das

---

1) Vergl. Achenbach, Bergpolizeivorschriften S. 82. Huyssen, Commentar S. 230.

Gesetz unmittelbar gegeben. Sie wurden nur zugemessen, ohne dass der Wille des Finders oder die Entscheidung der Behörde irgend welche Veränderung in der Lage oder in der Ausdehnung des Feldes hätte hervorbringen können[1]).

Nach den Bergordnungen des 16. Jahrhunderts blieb dem Finder das Recht auf die Fundgrube, deren Lage durch den Fundpunkt und deren Ausdehnung durch das Gesetz gegeben war, zu deren Erwerbung es also ausser der Besitzergreifung keiner Willenserklärung des Finders und keines Verfahrens bedurfte. Es wurde aber gestattet, neben der Fundgrube noch eine oder mehrere Maassen zu erwerben, welche besonders begehrt oder gemuthet werden mussten. Es wurde ferner gestattet, auch ohne körperliche Besitzergreifung durch Muthung Bergwerkseigenthum zu erwerben, wenn der Finder sein Recht nicht gebraucht, oder wenn eine Lagerstätte zufällig entdeckt wurde, an der niemand Finderrechte erworben hatte.

Nach gemeinem deutschen Bergrechte wurde daher zur Erwerbung des Bergwerkseigenthums die Muthung erfordert, da auch der Finder wenn er statt seines blossen Finderrechtes wirkliches Bergwerkseigenthum erwerben wollte, die Fundgrube muthen musste.

Auf die Muthung wurde von der Bergbehörde die Verleihung ertheilt. Die Verleihung war indess eine blosse Bestätigung der Muthung und wird auch als solche vielfach in den Bergordnungen bezeichnet. Sie konnte kein anderes Feld geben, als dasjenige, welches gemuthet war und musste auf die gesetzlich begründete Muthung ertheilt werden, soweit nicht bessere Rechte dritter Personen entgegen standen.

Diese Grundsätze des deutschen Bergrechtes sind in das Allgemeine Berggesetz unverändert übernommen. Nach §. 22 begründet die den gesetzlichen Erfordernissen entsprechende Muthung einen Anspruch auf Verleihung des Bergwerkseigenthumes. Nach §§. 30—33 wird die Verleihungsurkunde nach den Anträgen des Muthers ausgefertigt, soweit gegen dieselben gesetzlich nichts zu erinnern ist und soweit die Einsprüche dritter Personen durch die Entscheidung im Verleihungsverfahren

---

1) Vergl. oben S. 69.

beseitigt worden sind. Es besteht jedoch ein Gegensatz zu dem älteren Rechte in Bezug auf die Feldesstreckung. Es ist selbstverständlich, dass nur innerhalb bestimmter Grenzen Bergwerkseigenthum erworben werden kann. Im gemeinen deutschen Bergrechte war diese Begrenzung zum Theil durch das natürliche Verhalten der Lagerstätte, zum Theil durch das Gesetz gegeben. Die Fundgrube und die Maassen wurden in dem Streichen der Lagerstätte abgemessen, welche durch die Vierung und durch die ewige Teufe ihre weitere Begrenzung erhielt. Es genügte, dass die Fundgrube und die Maassen gemuthet wurden, um Bergwerkseigenthum an einem bestimmten Felde zu erwerben, welches erst nach der Verleihung durch die Vermessung auf der Oberfläche abgegrenzt wurde.

Nach dem Allgemeinen Berggesetze ist dagegen die Erstreckung des zu verleihenden Feldes nicht mehr durch das Verhalten der Lagerstätte bedingt, sondern durch willkürliche Grenzen an der Oberfläche, welche innerhalb der durch §. 27 bestimmten Ausdehnung von der Bestimmung des Muthers abhängen [1]).

Zu der Muthung muss daher noch eine weitere Erklärung des Muthers: die Feldesstreckung hinzukommen. Diese kann zwar in der Muthung enthalten sein. Es ist jedoch nach §. 18 dem Muther gestattet, die Angabe der Lage und Grösse des begehrten Feldes binnen sechs Wochen nachzubringen. Die Muthung und die Feldesstreckung verhalten sich wie die Anmeldung und die Einführung der Rechtsmittel im Prozesse. Es sind getrennte Handlungen, welche nur in ihrer Vereinigung wirksam sind, da die Muthung ohne rechtzeitige Feldesstreckung nach §. 18 von Anfang an ungültig ist, die rechtzeitige Feldesstreckung aber nach §. 19 auf den Tag der Muthung zurückbezogen wird.

---

1) Auch der Finder erwirbt nach §. 24 nicht mehr ein sofort wirksames Recht an einem bestimmten Felde, sondern nur ein Vorrecht zum Muthen, welches erst durch die Einlegung der Muthung in ein dingliches Recht an einem bestimmten Grubenfelde umgewandelt werden kann. Der ausschliessliche Besitz, welcher dem Finder als solchem zusteht, erstreckt sich nicht mehr auf die Fundgrube, sondern nur auf die räumlichen Grenzen der Schürfarbeit.

Für die erste dieser Handlungen ergeben sich folgende Regeln:

Die Muthung ist die förmliche Handlung, durch welche das Bergwerkseigenthum an einer gefundenen Lagerstätte in Anspruch genommen wird. Sie muss bei der competenten Behörde in Form einer schriftlichen oder protocollarischen Erklärung angebracht werden (§. 12. 13). Zu dem wesentlichen Inhalte dieser Erklärung gehört die Bezeichnung des Fundortes und des gemutheten Minerales. Die Gültigkeit der Muthung ist durch die Voraussetzung bedingt, dass vor Einlegung der Muthung das gemuthete Mineral an dem angegebenen Fundpunkte entdeckt war (§. 15).

1. Die Muthung muss bei der competenten Bergbehörde eingelegt werden: Die Annahme der Muthungen erfolgt nach §. 12 bei dem Oberbergamte, welches befugt ist, dieselbe für bestimmte Reviere den Revierbeamten zu überweisen [1]).

2. Die Muthung bedarf der schriftlichen Form. Sie muss nach §. 13 in zwei gleichlautenden Exemplaren eingelegt werden; sie kann jedoch auch bei der annehmenden Behörde zu Protokoll erklärt werden. Die Einreichung des zweiten Exemplars ist nicht bei Strafe der Nichtigkeit vorgeschrieben. Wenn das Duplum fehlt oder die Muthung zu Protokoll erklärt wird, so wird die Abschrift auf Kosten des Muthers bei der Behörde angefertigt. Das Hauptexemplar der Muthung unterliegt dem Gesuchsstempel von 5 Sgr. [2]).

Die Einbringung der Muthung kann auch telegraphisch erfolgen [3]), da die schriftliche Form der Muthung durch die

---

1) Dies ist bis jetzt in den Oberbergamtsbezirken Dortmund und Clausthal für sämmtliche Reviere, im Bezirk Bonn für die rechtsrheinischen Reviere ausser Hohenzollern geschehen. Vergl. m. Commentar. 2. Aufl. Anm. 30.

2) Das Nebenexemplar pflegt auf Stempelbogen von 15 Sgr. geschrieben zu werden. — Vgl unten § 11. I. 1.

3) Dies ist durch den Recursbescheid des Handelsministers vom 20. April 1866 (Zeitschrift für Bergrecht. Bd. 7. S. 256) aus folgenden Gründen angenommen worden:

»Dass die Vorschrift des Allg. Berggesetzes im §. 13:

„Die Muthung ist schriftlich in zwei gleichlautenden Exemplaren einzulegen", an das Oberbergamt gelangende Copie des Telegramms erfüllt ist, die eigenhändige Unterschrift des Muthers aber nicht zur Gültigkeit der Muthung erfordert wird.

Die Muthung durch einen Bevollmächtigten erfordert zu ihrer Gültigkeit die Vollmacht oder die nachträgliche schriftliche Genehmigung des Auftraggebers [1]).

3. Zum Inhalte der Muthung gehört nach §. 14:

1. der Name und Wohnort des Muthers,
2. die Bezeichnung des Minerals, auf welches die Verleihung des Bergwerkseigenthumes verlangt wird,
3. die Bezeichnung des Fundpunktes,
4. der dem Bergwerke beizulegende Name.

Fehlt der Muthung eine dieser Angaben, so muss der

---

keineswegs dahin verstanden werden kann, dass die eingelegte Muthung die Original-Unterschrift des Muthers oder seines Bevollmächtigten oder überhaupt eine Unterschrift des Muthers enthalten müsse;

dass allerdings das Allg. Landrecht Th. I Tit. 5 §§. 116 ff. die Gültigkeit schriftlicher Verträge von der Unterschrift der Contrahenten abhängig macht, dass indess diese Vorschrift nicht ohne Weiteres auf juristische Handlungen und Rechtsgeschäfte überhaupt übertragen werden kann, bei letzteren vielmehr in jedem einzelnen Falle zu untersuchen sein wird, ob das Gesetz die Bedeutung und Wirksamkeit der Schrift von der Unterschrift der handelnden Personen abhängig macht, (§§. 94, 95 Tit. 4, §§. 40 ff. Tit. 5 Th. I A. L. R.);

I. E. dass eine Muthung zwar als Rechtsgeschäft, nicht aber als Vertrag zu charakterisiren ist, und es daher lediglich darauf ankommt, welche speciellen Erfordernisse das Berggesetz bei der schriftlich einzulegenden Muthung aufstellt;

dass §. 14 des Berggesetzes in der schriftlich abzugebenden Muthung nur den „Namen und Wohnort des Muthers," nicht aber, wie z. B. die deutsche Wechselordnung im Art. 4 Nro. 5 bei dem Wechsel die Unterschrift des Trassanten, so die Unterschrift des Muthers verlangt;

dass demgemäss die an das K. Oberbergamt zu B. gelangte Copie des Telegramms, obwohl dieselbe von dem Muther persönlich nicht unterschrieben ist, den gesetzlichen Anforderungen genügt, indem in desselben Namen und Wohnort des Muthers sich angegeben finden.« Vergl. m. Commentar 2. Aufl. Anm. 32 und die dort angeführten analogen Entscheidungen des Obertribunals.

1) Vergl. den Recursbescheid vom 1. Mai 1866 (Zeitschrift für Bergrecht Bd. 7. S. 258) und m. Commentar 2. Aufl. Anm. 34.

Mangel auf die Aufforderung der Bergbehörde innerhalb einer Woche ergänzt werden.

Diese Bestimmung hat den Zweck, den Muther bei seinem Rechte möglichst zu schützen [1]). Da indess Zweifel darüber entstehen können, ob in einem vorliegenden Falle überhaupt eine Muthung eingelegt ist, so müssen auch die wesentlichen Erfordernisse einer Muthung bestimmt werden und als solche sind in Uebereinstimmung mit dem gemeinen Bergrechte die Bezeichnung des Fundes nach der Mineralgattung und nach der Oertlichkeit, der Name des Muthers und der Antrag auf Verleihung zu bezeichnen, welcher übrigens in der Bezeichnung: muthen oder Muthung hinlänglich ausgedrückt ist. Fehlt eine dieser drei Angaben (§. 14, Nr. 1, 2, 3) gänzlich, so liegt offenbar keine rechtsgültige Muthung vor, welche geeignet wäre ein Recht auf Verleihung zu begründen, während blosse Ungenauigkeiten in der Bezeichnung des Fundes nach Ort und Gattung (2, 3), die Angabe des Wohnortes (1) oder der Name des Bergwerks (4) unbeschadet des Alters der Muthung nachträglich ergänzt werden können. Eine Muthung, in welcher eins der wesentlichen Erfordernisse, entweder der Name des Muthers oder das gemuthete Mineral oder die Angabe des Fundortes gänzlich fehlt, kann auch bei nachträglicher Ergänzung kein Vorrecht vor einer den gesetzlichen Erfordernissen entsprechenden Muthung begründen, die in der Zwischenzeit zwischen der unvollständigen Muthung und deren Ergänzung eingelegt ist, weil die unvollständige Muthung entweder das Object oder das Subject des Anspruches ganz unbestimmt lässt.

4. Die Gultigkeit der Muthung ist nach §. 15 durch die Voraussetzung bedingt, dass das gemuthete Mineral an dem angegebenen Fundpunkte vor Einlegung der Muthung auf seiner natürlichen Ablagerung entdeckt worden ist. Das Erforderniss der Fündigkeit ist dem gemeinen Bergrechte entnommen. Der Grund desselben liegt darin, dass die förmliche Handlung der Muthung bei der Erwerbung des Bergwerkseigenthumes die Stelle der körperlichen Besitzergreifung vertritt, durch welche sich die Occupation herrenloser Sachen nach dem Civilrechte vollzieht. Die Lagerstätte muss also in dem Augen-

---

1) Vergl. die Motive zur Regierungsvorlage S. 34.

blicke der Muthung der Besitznahme zugänglich sein und die Fündigkeit besteht eben in der gegenwärtigen Möglichkeit der Besitznahme.

Die Möglichkeit des Besitzes ist bedingt durch die Entblössung der Lagerstätte, ohne die eine physische Einwirkung auf dieselbe nicht stattfindet. Es genügt nicht, dass die Lagerstätte einmal entblösst gewesen ist, sondern sie muss gegenwärtig zugänglich sein. Dies fordert §. 15 indem er bestimmt, dass das gemuthete Mineral an dem angegebenen Fundpunkte bei der amtlichen Untersuchung nachgewiesen werden muss. Der Fund muss also nicht aus den Acten, sondern aus dem offenen Schürfe ersichtlich sein. Die Muthung welche als eine förmliche Handlung die Stelle der natürlichen Besitzergreifung vertritt, hat dieselben Voraussetzungen wie das Finden (oben S. 74 f.). Man kann zwar muthen, ohne selbst gefunden, d. h. körperlich Besitz ergriffen zn haben; jedoch nicht ohne dass die gegenwärtige Möglichkeit der körperlichen Besitzergreifung vorhanden ist [1]).

Die blosse Gewissheit, dass an einem Punkte vor Jahren ein Steinkohlenflötz erbohrt worden ist, gewährt nicht die Möglichkeit der Apprehension. Ein Besitz kann an einem solchen nicht mehr aufgeschlossenen Lager nicht bestehen. Eine solche historische Nachricht begründet daher auch nicht die Fündigkeit. Sollte nach der Absicht des Gesetzes die blosse Gewissheit der Existenz der Lagerstätte zur Gültigkeit der Muthung ausreichen, so ist nicht ersichtlich, weshalb der Nachweis dieser Existenz nicht nachträglich geführt werden sollte. Es müsste dann auch zulässig sein, die zwischen zwei bekannten Aufschlusspunkten mit Sicherheit projectirte Fortsetzung eines Flötzes zu muthen, ohne dass es dazu eines Fundes bedürfte, weil die auf wissenschaftlichen Folgerungen beruhende Gewissheit oft mindestens denselben Werth hat als die historische. Das Bergrecht verlangt aber nicht die blosse Gewissheit der Existenz, sondern die der Muthung unmittelbar vorhergehende Entdeckung.

Das Mineral muss ferner auf seiner natürlichen Ablage-

1) Unter welchen Voraussetzungen der Nachweis des Fundes auch durch andere Beweismittel als durch unmittelbaren Augenschein geführt werden kann, wird unten erörtert werden.

rung entdeckt sein. Daher können blosse Spuren des gemutheten Minerals nicht Gegenstand einer Muthung sein [1]).

Ebensowenig können Ablagerungen von Erzen die durch Menschenhände, wenn auch in vorhistorischer Zeit gewonnen sind, als ein muthungsfähiger Fund gelten, weil die Halden eines früheren Bergbaues nach §. 54 des Berggesetzes zwar dem Rechte des Bergwerkseigenthümers unterworfen sind, nicht aber selbst einen Gegenstand der Muthung und Verleihung bilden [2]).

Eine abweichende Regel gilt in Bezug auf die Erfordernisse und den Inhalt der Muthung für die Muthung eines verlassenen Bergwerks. Zur Gültigkeit derselben bedarf es nach §. 16 keiner vorherigen neuen Aufschlusse. Es ist dagegen nothwendig, dass das Vorhandensein eines verlassenen Bergwerks in dem gemutheten Felde durch glaubwürdige historische Nachrichten, oder durch den Augenschein nachgewiesen wird. War das Mineral beim Verlassen des Bergwerks erwiesenermassen bereits ganz abgebaut, so ist die Muthung ganz ungültig. Der Inhalt der Muthung eines verlassenen Bergwerks modifizirt sich dem Erfordernisse entsprechend nach §. 14 dahin, dass statt der Bezeichnung des Fundpunktes die Lage des verlassenen Bergwerkes angegeben werden muss. Ausser dem im §. 16 bezeichneten Falle, sind Muthungen ohne einen eigenen gegenwärtig vorhandenen Fund nach dem Allgemeinen Berggesetze nicht zulässig. Die Maassenmuthung des gemeinen Bergrechtes, die Muthung auf das Tiefste [3]) und die

1) Vergl. die Recursentscheidungen des Handels-Ministers in der Zeitschrift für Bergrecht Bd. 9. S 193 ff. (einzelne haselnussgrosse Bleiglanzstücke auf einem in grosser Ausdehnung überfahrenen Quarzgange; einzelne Punkte von Schwefelkies zur Grosse eines Nadelknopfes).

2) Vergl. oben S. 57. — Die Verleihung einer angeschwemmten Ablagerung von bleierzhaltigem Gebirge, welche von den Halden eines früheren Bergbaues herrührte, wurde durch den Recursbescheid vom 30. April 1869 I. 2532 aus folgenden Gründen zurückgewiesen:

„dass die gemutheten Bleierze von dem Betriebe eines früheren Bergwerks herrühren und demgemäss durch Menschenhand gewonnen und erst nach ihrer künstlichen Gewinnung in die Thäler abgeschwemmt worden sind; dass die natürliche Ablagerung im Sinne des Berggesetzes aber die Abwesenheit jeder vorausgegangenen künstlichen Gewinnung voraussetzt."

3) Vergl. m. Uebersicht der bergrechtlichen Entscheidungen S. 63.

Muthung eines noch zu machenden Fundes (Muthung auf Freischürfen) finden nach dem geltenden Bergrechte nicht statt.

Die **Feldesstreckung** kann bereits in der Muthung enthalten sein. Da jedoch die zweckmässige Bestimmung des Feldes in der Regel eine genauere Untersuchung des Verhaltens der gemutheten Lagerstätte voraussetzt, während die Muthung zur Erhaltung des Vorzugsrechtes unverzüglich oder im Falle des §. 24 doch binnen 8 Tagen eingelegt werden muss, so ist dem Muther nach §§. 17, 18 gestattet, die Feldesstreckung in einer besonderen Erklärung nachzuholen, welche innerhalb 6 Wochen nach der Präsentation der Muthung eingereicht werden muss. Geschieht dies nicht, so ist die Muthung von Anfang an ungültig.

Der Muther hat nach §. 17 die Lage und Grösse des begehrten Feldes, letztere nach Quadratlachtern, anzugeben und einen von einem concessionirten Markscheider oder Feldmesser angefertigten Situationsriss in zwei Exemplaren einzureichen, auf welchem der Fundpunkt, die Feldesgrenzen, die zur Orientirung erforderlichen Tagesgegenstände und der Meridian angegeben sein müssen. Der bei der Anfertigung des Situationsrisses anzuwendende Massstab wird durch das Oberbergamt festgesetzt [1]).

Eine besondere schriftliche Erklärung über die Feldesstreckung wird sofern nur der Flächeninhalt angegeben ist, neben der Einreichung des Situationsrisses nach der Praxis dss Oberbergamtes zu Bonn nicht erfordert. Wie diese Behörde in einem Erlasse vom 16. April 1866 an die standesherrliche Berg- und Hüttenverwaltung zu Friesenhagen ausführt, genügt die rissliche Darstellung der Lage und der Grenzen des Feldes auf dem Situationsrisse den Anforderungen des §. 17 cit., ohne dass es einer schriftlichen Erläuterung bedarf. Nur der Flächeninhalt des begehrten Feldes muss in Quadratlachtern und in Zahlen entweder in der Muthung oder auf dem Situationsrisse oder endlich in einer besondern Erklärung angegeben werden. Es genügt nicht, dass der Zeichnung ein Massstab beigegeben

---

1) Vergl. die bezüglichen Bekanntmachungen in m. Commentar 2. Aufl. Anm. 45.

ist, mittelst dessen der Flächeninhalt der Figur berechnet werden kann.

Der Fundpunkt muss auf dem Situationsrisse so bezeichnet sein, dass die Lage desselben gegen einen benachbarten Festpunkt, oder gegen eine durch zwei Festpunkte gelegte Abscissenaxe auf Grund einer markscheiderischen oder geometrischen Messung auf dem Risse angegeben ist. Dies folgt aus der Vorschrift des §. 17, welche ausser der Angabe des Fundpunktes auch die Angabe der zur Orientirung erforderlichen Tagesgegenstände verlangt. Ueber die Art und Weise der Festlegung des Fundpunktes enthalten die von den Oberbergämtern erlassenen Instruktionen für die concessionirten Markscheider nähere Bestimmungen.

Entspricht die Angabe des Fundpunktes diesen Anforderungen nicht, so wird dadurch allein nicht die Ungültigkeit der Muthung bedingt. Für die nothwendige Ergänzung dieses Mangels ist daher auch nicht die im §. 18 für die Einreichung des Situationsrisses vorgeschriebene sechswöchentliche Frist, vom Tage der Präsentation der Muthung berechnet, massgebend. Das Oberbergamt hat vielmehr hierzu dem Muther eine besondere Frist zu stellen und eventuell die Ergänzung auf seine Kosten gemäss §. 33 anzuordnen [1]).

Die Feldesstreckung und der Situationsriss muss nach §. 18 wie die Muthung bei dem Oberbergamte und in den S. 80 aufgeführten Landestheilen bei dem Revierbeamten eingereicht werden. Eine Aufforderung dazu findet nicht statt, vielmehr läuft die im §. 18 bestimmte Präclusivfrist unmittelbar von dem Tage der Präsentation der Muthung. Sie wird auch nicht unterbrochen, wenn das Oberbergamt, ohne die Feldesstreckung zu erwarten, die Muthung wegen mangelnder Fündigkeit oder Feldesfreiheit (§. 15) zurückweist. Auch der zurückgewiesene Muther, wenn er seine Rechte im Wege des Recurses an den Handelsminister (§. 191) verfolgen will, muss den Situationsriss innerhalb der im §. 18 bezeichneten Frist einreichen.

Situationsrisse, die nicht in dem vorgeschriebenen Massstabe oder nicht von einem concessionirten Markscheider oder

1) Recursbescheid des Handels-Ministers vom 17. December 1865.

Feldmesser angefertigt sind, werden zurückgegeben, ohne dass zur Einreichung des vorschriftsmässig angefertigten Risses eine neue Frist gesetzt wird. Die Nachbringung kann vielmehr nur innerhalb der 6 Wochen vom Tage der Muthung erfolgen.

Unterlässt der Muther die Einreichung des zweiten Exemplares, so wird die Muthung dadurch nicht ungültig, vielmehr kann dem Muther die Nachbringung auch nach Ablauf der sechswöchentlichen Frist verstattet werden. Die Bergbehörde kann nach §. 18 das Duplicat auf Kosten des Muthers anfertigen lassen.

Nach der Einreichung des Situationsrisses kann die Lage und Grösse des begehrten Feldes nur innerhalb der angegebenen Grenzen abgeändert werden. Es ist daher keine Verlegung, sondern nur eine Einschränkung der Feldesgrenzen gestattet. (§. 19.) Dies gilt auch dann, wenn der Situationsriss vor Ablauf der sechswöchentlichen Frist eingelegt ist. Eine Verlegung des begehrten Feldes ist nur auf Grund einer neuen Muthung, also nur mit Aufgebung der durch die frühere Muthung erworbenen Altersrechte (§. 25) zulässig.

Die Wirkung der Muthung und der Feldesstreckung besteht nach §. 22 in der Erwerbung eines dinglichen Rechtes auf das gesetzlich begehrte Feld, sofern dasselbe nicht bereits durch eine ältere Muthung begehrt war (§. 15. §. 19). Diese Wirkung tritt mit dem Zeitpunkte der Einlegung der Muthung ein und wird auf denselben auch dann zurückbezogen, wenn der Situationsriss erst später innerhalb der sechswöchentlichen Frist beigebracht ist. Dieses dingliche Recht, der Anspruch auf Verleihung, kann auf dem Rechtswege gegen diejenigen Personen verfolgt werden, welche dem Muther die Behauptung eines besseren Rechtes entgegen setzen (§. 23).

Für die Collision der Muthungen ergeben sich aus den §§. 15. 19. 31. 35 und 221 des Berggesetzes folgende Regeln:

1. Die auf ein bereits verliehenes Feld gerichtete Muthung ist absolut ungültig. Die ertheilte Verleihung kann nach §§. 31. 35 und 221 nur auf Grund einer älteren Muthung und innerhalb der gesetzlichen Fristen als ungültig angefochten werden. Es ist nicht mehr zulässig, wie dies nach dem früheren Rechte gestattet war, auf Grund eines wirklichen oder vermeinten Man-

gels in dem Rechtstitel des Beliehenen auf ein bereits verliehenes Feld Muthung einzulegen[1]).

2. Die Muthung auf das gesetzlich durch eine ältere Muthung begehrte Feld ist nach §§. 15 und 19 ungültig. Das Alter der collidirenden Muthung wird nach §. 25 durch den Zeitpunkt der Einlegung bei der zuständigen Bergbehörde bedingt. Die Muthung des Finders, welche innerhalb einer Woche nach Ablauf des Tages der Entdeckung eingelegt wird, geht jedoch den in diesem Zeitraume eingelegten Muthungen, die sich nicht auf ein Finderrecht gründen, nach §. 24 vor und gilt als die ältere. Die Ungültigkeit der jüngeren Muthung tritt nach §. 19 auch dann ein, wenn bei ihrer Einlegung das Feld der älteren Muthung noch nicht gestreckt war, wenn also eine nachträgliche Ueberdeckung durch das binnen der sechswöchentlichen Frist gestreckte Feld der älteren Muthung eintritt. Die jüngere Muthung, deren Fund mit dem gesetzlich begehrten Felde einer älteren Muthung collidirt, ist nach §. 15 von Anfang an ungültig und bleibt deshalb ungültig, auch wenn die ältere Muthung demnächst nicht zur Verleihung gelangt. Die Ungültigkeit wird auch dann nicht gehoben, wenn die collidirende ältere Muthung selbst wegen einer später eingetretenen Versäumniss des Muthers von Anfang an ungültig wird. Dies ist z. B. der Fall, wenn zwei Muthungen auf denselben Fundpunkt eingelegt sind und die ältere demnächst wegen versäumter Einreichung des Situationsrisses gemäss §. 18 von Anfang an ungültig wird; ferner wenn die collidirende ältere Muthung durch Versäumniss des Termines zur amtlichen Untersuchung des Fundes nach §. 15 für ungültig erklärt wird.

Dagegen steht dem jüngeren Muther nach §. 19 der Einwand zu, dass das Feld der collidirenden Muthung schon zur Zeit der Einlegung seiner Muthung nicht gesetzlich begehrt war, dass also die ältere Muthung entweder wegen eines ursprünglichen Mangels oder wegen einer zur Zeit des Eintrittes der

---

1) „Ergibt sich, dass der Fundpunkt im verliehenen Felde liegt, so ist die Muthung zurückzuweisen und dem Antrage des Muthers, dessungeachtet die Fundesconstatirung zu bewirken, keine Folge zu geben." (Recursbescheid vom 15. Februar 1866. Zeitschrift für Bergrecht Bd. VII. S. 391.)

Collision bereits eingetretenen Versäumniss ungültig ist. Der jüngere Muther kann also insbesondere die Fündigkeit der älteren Muthung oder die Einlegung derselben bei der zuständigen Bergbehörde bestreiten[1]).

3. Die Ungültigkeit der überdeckten jüngeren Muthung ist entweder eine vollständige oder eine theilweise, je nachdem der Fall einer ausschliessenden oder einer beschränkenden Concurrenz vorliegt.

Eine ausschliessende Concurrenz ist vorhanden, wenn der Fundpunkt der jüngeren Muthung in dem Felde der älteren Muthung liegt. Eine bloss beschränkende Concurrenz liegt dagegen vor, wenn der Fundpunkt der jüngeren Muthung im Freien liegt, dagegen ein anderer Theil ihres Feldes mit dem Felde der älteren Muthung zusammenfällt. Im ersten Falle ist die jüngere Muthung ganz ungültig, weil eine Muthung nach §. 15 nur auf einen im Freien liegenden Fund eingelegt werden kann und weil nach §. 27 das zu verleihende Feld den Fundpunkt einschliessen muss. Im zweiten Falle dagegen fällt nur der mit dem Felde der älteren Muthung collidirende Theil des begehrten Feldes aus und die jüngere Muthung besteht für das übrig bleibende Feld zu Recht.

Die Bestimmungen des Allgemeinen Berggesetzes führen also die Collision der Muthungen auf einfache Regeln zurück und beseitigen die Verwickelungen und Controversen, welche nach der früheren rechtsrheinischen Gesetzgebung bestanden[2]), durch die zweckmässigen Vorschriften, dass:

1. der Umfang des Rechtes aus der Muthung durch die Grenzen der ersten Feldesstreckung (§. 19) unabänderlich bestimmt ist;

2. der Zeitpunkt der Erwerbung dieses Rechtes auf die Präsentation der Muthung zurückbezogen wird, auch wenn die Feldesstreckung erst später innerhalb der im §. 18 bestimmten sechswöchentlichen Frist erfolgt ist;

3. die Wirkung der Muthung eine unbedingt aus-

---

1) Vergl. den Rechtsfall Bd. 1. S. 234 f. der Zeitschrift für Bergrecht.

2) Vergl. m. Uebersicht der bergrechtlichen Entscheidungen. S. 84—125.

schliessende ist, welche die Muthung auf den überdeckten Fund nach §. 15 für immer ungültig macht.

Nur zwei Fälle der Collision von Muthungen bedürfen einer besondern Erörterung, nämlich:

1. wenn die Ungültigkeit der älteren Muthung aus dem Zusammentreffen derselben mit der noch älteren Muthung eines Dritten oder aus einem andern Grunde gefolgert wird;
2. wenn bei einer bloss beschränkenden Concurrenz die collidirende ältere Muthung nachträglich ganz oder theilweise wegfällt, so dass der überdeckte Feldestheil nicht zur Verleihung kommt.

1. Die Muthung im bestrittenen Felde bedarf keiner besonderen Bestimmung fur den Fall, dass der Fundpunkt in dem Felde beider collidirenden Muthungen belegen ist, denn in diesem Falle ist die dritte Muthung von Anfang an ungültig, gleichviel welcher der beiden älteren Muther das Feld gesetzlich begehrt hat. Es wird vielmehr hier voraus gesetzt, dass die Muthung A in dem Felde einer Muthung B eingelegt wird, deren Fundpunkt mit dem Felde einer dritten Muthung C collidirt, ohne dass jedoch das Feld C auch den Fundpunkt der Muthung A einschliesst. Wird eine solche Muthung im bestrittenen Felde eingelegt, ehe über die Gültigkeit und den Vorzug der beiden collidirenden älteren Muthungen definitiv entschieden ist, so hängt nun die Gültigkeit der jüngeren dritten Muthung ebenfalls von dieser Entscheidung ab. Fällt diese dahin aus, dass das Feld der überdeckenden Muthung B gesetzlich begehrt ist, so ist die Muthung A von Anfang an ungültig. Wird dagegen die Muthung B wegen der Collision mit der Muthung C als von Anfang an ungültig zurückgewiesen, so ist die Muthung A im freien Felde eingelegt, also gültig. Es ist selbstverständlich dass dem Inhaber der letzteren Muthung frei steht, die Gültigkeit der Muthung B. auch unabhängig von dem entgegenstehenden Rechte der Muthung C anzugreifen. Wenn aber der Gültigkeit der Muthung B. keine andern Einwendungen entgegen stehen, als das Altersrecht der Muthung C, so wird die Gültigkeit der Muthung A abhängig von der Entscheidung über die Muthung C. Wird die letztere Muthung von der verleihenden Behörde für ungültig erklärt, so fällt damit auch die Muthung A. Die ver-

leihende Behörde kann auch in Bezug auf die doppelte Collision der Muthung B mit den Muthungen A und C nur eine und dieselbe Entscheidung treffen, indem die Muthung B entweder für gültig oder beiden collidirenden Muthungen gegenüber als von Anfang ungültig erklärt wird. Es entsteht also eine materielle Connexität zwischen beiden Streitfällen, in Folge deren die Entscheidung des jüngeren Collisionsfalles von der über den älteren Fall abhängig wird.

Anders gestaltet sich die Sache im gerichtlichen Prozesse. Während im Verleihungsverfahren nicht blos über die streitigen Ansprüche der Parteien, sondern auch über die Gültigkeit der Muthung selbst entschieden wird, hat der Prozess und das richterliche Urtheil nur die rechtlichen Beziehungen der Parteien zum Gegenstande. Wenn also in dem oben dargestellten Falle die Muthung B von der verleihenden Behörde für gültig erklärt ist, so kann diese Entscheidung gemäss §. 31 des Berggesetzes von A und C mit der gerichtlichen Klage und zwar in besonderen Prozessen angefochten werden. Es ist dann möglich, dass in dem einen Prozesse gegenüber C die Muthung B für ungültig erklärt wird, während in dem andern gegenüber A die Entscheidung der verleihenden Behörde bestätigt wird. Beide Urtheile bilden dann Recht unter den Parteien, und die verleihende Behörde muss dann die Muthung B, soweit sie mit der älteren Muthung A collidirt als gültig, soweit sie mit der jüngeren Muthung C collidirt, als ungültig behandeln.

In keinem Falle findet dagegen ein Wiederaufleben der endgültig zurückgewiesenen jüngeren Muthung statt, wenn die überdeckende ältere Muthung später wegen der Collision mit einer andern Muthung für ungültig erklärt wird. Hat in dem oben dargestellten Falle der Muther A sich bei dem zurückweisenden Bescheide der Bergbehörde beruhigt, während C seinen Anspruch gegenüber dem Muther B im Rechtswege weiter verfolgt und durch richterliches Urtheil die Anerkennung seines Vorzugsrechtes erlangt, so hat diese Entscheidung für die endgültig zurückgewiesene Muthung A keine Wirkung. Der Muther A ist vielmehr dadurch, dass er seinen Anspruch nicht innerhalb der durch §. 31 bestimmten dreimonatlichen Frist im Rechtswege verfolgt hat, seines Rechtes verlustig gegangen.

Dieselben Regeln treten ein, wenn die Gültigkeit der überdeckenden Muthung aus einem andern Grunde angefochten wird und der jüngere Muther als Opponent in dem Vergleichungsverfahren über die collidirende Muthung auftritt. (Vergl. unten S. 98.)

So ergibt sich aus der Verbindung der Regeln über die ausschliessende Wirkung der Muthung (§§. 15 und 19) mit den Vorschriften über das Verfahren (§§. 29—32), welche im folgenden Paragraphen ihre nähere Darstellung finden werden, dass die Gültigkeit der Muthung im bestrittenen Felde von dem Zeitpunkte der ergehenden Endentscheidung abhängt. Sie ist gültig, wenn vor der gemäss §. 32 durch die Bergbehörde oder durch Richterspruch erfolgenden letzten Entscheidung die bestrittene Muthung für ungültig erklärt wird. Sie bleibt dagegen ungültig, wenn sie wegen der Ueberdeckung durch die bestrittene Muthung endgültig zurückgewiesen wird, auch wenn demnächst die überdeckende Muthung in der höheren Instanz oder im Rechtswege für ungültig erklärt wird[1]).

---

1) Es ist auch in andern Fällen denkbar, dass die Gültigkeit einer Muthung von dem Zeitpunkte der Entscheidung über die collidirende Muthung abhängt; nämlich in dem Falle einer Collision mit dem gesetzlich begehrten Felde einer an sich gultigen Muthung, welche nachträglich in Folge einer blossen Versäumniss des Muthers von Anfang an ungültig wird, auf die jüngere Muthung eines Dritten ausübt. Dies ist z. B. der Fall bei der Versäumniss des Termines zum Nachweise der Fündigkeit (§. 15) oder bei der versaumten Einreichung des Situationsrisses (§. 18). In diesen Fallen unterliegt es keinem Zweifel, dass das Feld gesetzlich begehrt war und dass die Muthung, obgleich sie nachträglich für von Anfang an ungültig erklärt wird, dennoch bis zu dieser Entscheidung hin gültig war. Das begehrte Feld war also vor jener Entscheidung ohne Zweifel gegen die Muthungen Dritter geschlossen, während nach erfolgter Vernichtung der älteren Muthung die jüngere nicht mehr wegen der Collision mit einer von Anfang an ungültigen Muthung für ungültig erklart werden kann, auch wenn zur Zeit der Einlegung der jungeren Muthung die Fristversäumniss noch nicht eingetreten war. Der Erfolg der Collision hängt also lediglich von dem Zeitpunkte der Entscheidung ab. Sie wirkt vernichtend, wenn über die Collision früher entschieden wird, als über die Ungültigkeit der älteren Muthung entschieden war. Sie bleibt wirkungslos, wenn die Vernichtung vor der Entscheidung über die Collision aus-

2. Die bloss beschränkende Collision hat nicht die Wirkung eine der collidirenden Muthungen ungültig zu machen; beide bleiben vielmehr gültig und die jüngere wird nur auf dasjenige Feld beschränkt, welches ausserhalb des überdeckenden älteren Feldes liegt.

Es entsteht dabei die Frage, ob diese Beschränkung fortdauert, wenn die collidirende ältere Muthung später wegfällt, oder so eingeschränkt wird, dass der überdeckte Feldestheil der jüngeren Muthung wieder frei wird. Für das ältere Recht wurde diese Frage in der Theorie bejaht [1]), indem ausgeführt wurde, dass das ausschliessende Anrecht, welches die rechtsgültige Muthung auf das begehrte Feld begründet, ebensowohl für jeden einzelnen Theil als für das ganze Feld gelten müsse und folglich die collidirende Muthung für das gemeinsam begehrte Feldesstück dauernd unwirksam machen müsse, auch wenn die jüngere Muthung nicht aufgehoben, sondern nur beschränkt werde. Die Praxis entsprach dieser Auffassung nicht und das Allgemeine Berggesetz hat sich derselben ebenfalls nicht angeschlossen. Die Collision des begehrten Feldes äussert nämlich nach §§. 15 und 19 eine doppelte Wirkung. Sie macht die Muthung nach §. 15 von Anfang an ungültig, wenn bessere

---

gesprochen war, einerlei, ob bei Einlegung der jüngeren Muthung die Versäumniss, welche die Vernichtung der älteren Muthung bedingt, bereits eingetreten war oder nicht. Daher lebt die auf einen bereits gemutheten Fund eingelegte Muthung, wenn sie vor Ablauf der im §. 18 bestimmten Frist zurückgewiesen war, nicht dadurch wieder auf, dass der ältere Muther nachträglich die Einreichung des Situationsrisses versäumt. Erfolgt dagegen die Entscheidung über die Gültigkeit der jüngeren Muthung erst nachdem bereits die ältere Muthung auf Grund des §. 18 als von Anfang an ungültig erklärt worden ist, so kann nun die Zurückweisung nicht mehr wegen der bereits weggefallenen Collision ausgesprochen werden. Dies ist jedoch nicht eine Ausnahme von der Regel des §. 15 oder ein Wiederaufleben der zuvor ungültig gewordenen Muthung. Vielmehr folgt die Gültigkeit derselben daraus, dass die collidirende Muthung zur Zeit der Entscheidung als gar nicht vorhanden gewesen angesehen wird, dass es also an einem entgegen stehenden besseren Rechte fehlt, wegen dessen die Muthung für ungültig erklärt werden musste.

1) Vergl. Gräff in der Zeitschrift für Bergrecht Bd. I. S. 127. — Meine Uebersicht der bergrechtlichen Entscheidungen S. 108.

Rechte Dritter auf den Fund entgegen stehen. Sie schliesst ferner auch ausser diesem Falle die jüngere Muthung nach §. 19 für die Dauer der Gültigkeit der älteren Muthung aus.

Die erste Wirkung, welche nur im Falle der ausschliessenden Collision eintritt, ist eine bleibende Ungultigkeit, die auch dann nicht wegfällt, wenn die collidirende ältere Muthung erlischt. Die zweite Wirkung dagegen ist ausdrücklich auf die Dauer der älteren Muthung beschränkt.

In dem Falle der bloss beschränkenden Collision kann also die jüngere Muthung deren Gültigkeit keineswegs aufgehoben ist. mit dem ganzen begehrten Felde zur Verleihung kommen, wenn die Ueberdeckung durch die ältere Muthung beseitigt ist.

Es unterliegt keinem Zweifel, dass diese Auffassung der beschränkten Collision dem praktischen Bedürfnisse entspricht. Nach der entgegengesetzten Auffassung würde beispielsweise jeder Vergleich zwischen den Muthern über collidirende Feldestheile wirkungslos sein, da die verleihende Behörde die Muthung des Jüngeren immer nur in den Grenzen für gültig erachten dürfte, innerhalb deren sie ursprünglich nicht mit der Muthung des Aelteren collidirte. Es würde ferner die ältere Muthung, wenn sie durch eine Versäumniss des Muthers erlischt, sofort wieder erneuert werden können, und diese neue Muthung würde gegenüber der nur älteren Muthung des Andern den Vorzug in Bezug auf den streitigen Feldestheil haben, so dass das Vorrecht des Alters geradezu umgekehrt würde. Wenn also die Bestimmung des §. 19 eine Abweichung von der Theorie enthält, dass die Muthung ein sofort gegen jeden Dritten wirksames ausschliessendes Recht in Bezug auf das ganze begehrte Feld erzeugt, so ist diese Abweichung jedenfalls durch das Bedürfniss der Praxis begründet.

§. 11. Erwerbung: 3. Das Verleihungsverfahren.

An die materiellen Vorschriften über die Erfordernisse, die Voraussetzungen und die Wirkungen der Muthung schliesst das Allgemeine Berggesetz die Regeln über das Verleihungsverfahren. Es handelt daher im Titel 2 im zweiten Abschnitte vom Muthen (§§. 12—21) und im dritten Abschnitte vom Verleihen (§§. 22—38). Doch sind sowohl im zweiten Abschnitte mehrfach Vorschriften über das formelle Verfahren als auch im dritten Abschnitte materielle Bestimmungen getroffen. Die Anordnung ist dem Zwecke des Gesetzbuches angemessen so getroffen, dass im zweiten Abschnitte vorzugsweise die auf die Thätigkeit des Muthers bezüglichen Vorschriften gegeben sind, während im dritten Abschnitte die materiellen und die formellen Regeln für die von der verleihenden Behörde zu treffende Entscheidung über die Anträge des Muthers enthalten sind. Das Verleihungsverfahren begreift die Reihe der Partei- und Amtshandlungen durch welche die Verleihung des Bergwerkseigenthumes vorbereitet und vollendet wird. Es beginnt mit der Annahme der Muthung durch die competente Bergbehörde (§. 13) und endigt mit der Bekanntmachung der ausgefertigten Verleihungsurkunde (§. 35) und der Auslegung des Situationsrisses (§. 47). In demselben können drei Abschnitte unterschieden werden: I. das Vorverfahren, in welchem die Muthung und die Feldesstreckung, sowie die Fündigkeit amtlich constatirt werden; II. das Hauptverfahren, in welchem die der Muthung etwa entgegenstehenden Einsprüche ermittelt werden und über die Ansprüche des Muthers sowie über die erhobenen Einsprüche verhandelt und entschieden wird; III. das Schlussverfahren, welches in der Ausfertigung der Verleihungsurkunde und in der Bekanntmachung derselben zum Zwecke der Präclusion der nicht angemeldeten Einsprüche besteht.

I. Für das Vorverfahren ist die zur Annahme der Muthungen competente Bergbehörde, also entweder das Oberbergamt, oder der delegirte Revierbeamte (oben S. 80) zuständig. Es zerfällt in die Annahme (Präsentation) der Muthung (§. 13), die Prüfung und Ergänzung ihres Inhaltes (§. 14), die amtliche Untersuchung des Fundes (§. 15) und die Annahme und Prüfung des Situationsrisses (§§. 17. 18).

1. Die Annahme der Muthung darf nur im Amtsgebäude der zuständigen Bergbehörde und nur in den Dienststunden erfolgen[1]). Wenn daher eine Muthung dem Director

1) Allgem. Verfügung des Handelsministers vom 30. Juli 1866. Zeitschrift für Bergrecht Bd. 7. S. 536. — Vergl. die Bekanntmachungen der Oberbergämter über die täglichen Dienststunden bei Huyssen Commentar S. 16.

des Oberbergamtes oder dem delegirten Revierbeamten ausserhalb des Amtsgebäudes (z. B. auf einer Reise im Revier) behändigt wird, so kann dieselbe erst bei der Einbringung in das Dienstlokal angenommen (präsentirt) werden. Sie erhält nicht das Alter vor der inzwischen im Amtsgebäude eingelegten Muthung eines Dritten.

Die Annahme wird durch einen amtlichen Vermerk über Tag und Stunde der Präsentation beurkundet, welcher auf beide Exemplare der Muthung gesetzt wird (§. 13). Das Präsentatum ist nach §. 25 für das Alter der Muthung entscheidend. Es stellt eine aussergerichtliche öffentliche Urkunde dar, gegen welche nur der directe Gegenbeweis zulässig ist[1]).

Für die Präsentation der Muthungen ertheilt die allgemeine Verfügung des Handelsministers vom 20. Juli 1866 folgende Vorschriften:

Die Präsentation erfolgt durch den Direktor des Oberbergamtes oder dessen Stellvertreter. Fur den Fall, dass keiner von beiden im Amtslokale anwesend ist, ist ein Bureaubeamter mit der Präsentation der offen eingehenden Muthungen zu beauftragen. Der Letztere hat in der Abwesenheit des Direktors und seines Stellvertreters auch solche verschlossen eingehende Muthungen zu eröffnen und zu präsentiren, welche auf der Adresse als Muthungen bezeichnet sind. In denjenigen Revieren, für welche die Annahme der Muthungen dem Revierbeamten übertragen ist, darf die Präsentation sowie die protokollarische Aufnahme von Muthungen nur durch den Revierbeamten persönlich geschehen.

An Sonn- und Feiertagen sind keine Muthungen protokollarisch aufzunehmen. Dagegen sind auch an diesen Tagen die schriftlich eingehenden Muthungen während bestimmter Dienststunden zu präsentiren.

Die während der Dienststunden eingehenden Muthungen sind nach der Zeit ihres Einganges gesondert zu halten. Es sind daher keineswegs die in einer Stunde eingehenden Muthungen als von gleichem Alter zu behandeln, indem der in §. 13 des Allgem. Berggesetzes gebrauchte Ausdruck „Stunde der Präsentation“ nicht als eine untheilbare Zeiteinheit zu verstehen ist. Hiernach sind

1) Allg. Gerichtsordnung Th. I. Tit. 10. §§. 128—131, Code Napoleon Art. 1317.

diejenigen Muthungen, welche in derselben Stunde aber innerhalb derselben zu verschiedener Zeit angebracht werden, so zu präsentiren, dass die Reihenfolge des Einganges ersichtlich wird, wobei es unbedenklich ist, die Zeit der Präsentation nach Minuten zu bestimmen.

Die mit derselben Post eingehenden Muthungen müssen als gleichzeitig eingegangen präsentirt werden. Es ist unzulässig, dieselben mit einem verschiedenen Präsentatum zu versehen, je nachdem die eine oder die andere Muthung früher oder später von dem präsentirenden Beamten erbrochen oder gelesen werden.

Die ausserhalb der Dienststunden schriftlich eingegangenen Muthungen werden beim Beginne der Dienststunden präsentirt. Sind dieselben mit verschiedenen Posten eingegangen, so müssen dieselben nach Massgabe der Zeit des Einganges gesondert gehalten werden. In zweifelhaften Fällen ist der Postausgabestempel zu beachten.

Von den beiden mit dem Präsentatum versehenen Exemplaren der Muthung wird das eine nach §. 13 dem Muther zurückgegeben. Dieses Exemplar gilt als die Ausfertigung des amtlichen Präsentationsvermerks und wird daher nach dem Stempeltarif vom 7. März 1822 mit einem Stempel von 15 Sgr. umlegt, wenn derselbe nicht bereits von dem Muther zu dem Nebenexemplare verwendet ist[1]). Wenn das Nebenexemplar fehlt, sowie bei protokollarischen Muthungen wird eine beglaubigte Abschrift der Muthung und des Präsentationsvermerks für den Muther angefertigt.

2. Die Prüfung des Inhaltes der Muthung erstreckt sich auf die im §. 14 enthaltenen Requisite (oben S. 81). Fehlt entweder der Name und Wohnort des Muthers oder die Angabe des gemutheten Minerals oder die gehörige Bezeichnung des Fundpunktes, oder der dem Bergwerke beizulegende Name, so wird der Muther aufgefordert, dem Mangel innerhalb einer Woche abzuhelfen. In Bezug auf die einzelnen Requisite ist Folgendes zu bemerken: Die Legitimation des Muthers kommt in Betracht, sofern für einen Andern gemuthet wird, was nur auf Grund einer schriftlichen Vollmacht geschehen kann. Der

1) Erlass vom 12. Juli 1857. — Zeitschrift f. d. Berg-, Hütten- und Salinenwesen Bd. V. S. 149.

Mangel einer solchen Vollmacht muss innerhalb der im §. 14 bestimmten Frist von einer Woche ergänzt werden[1]). Dies leidet jedoch eine Ausnahme, wenn auf Grund einer vermutheten Vollmacht gemuthet wird, da in diesem Falle die Vorschriften des Civilrechts über die nachträgliche Einholung der Genehmigung anzuwenden sind[2]).

In Bezug auf die Bezeichnung des Fundpunktes ist eine absolut genaue Angabe, wie sie bei den übrigen drei Requisiten des §. 14 vorausgesetzt wird, nicht nothwendig. Die genaue Ortsangabe, welche eine vorherige Messung voraussetzt, soll nach §. 17 auf dem binnen 6 Wochen nachzubringenden Situationsrisse erfolgen. Was zu der gehörigen Bezeichnung des Fundpunktes in der Muthung gehört, ist, wie das Obertribunal in zwei Erkenntnissen vom 19. September 1855 und vom 6. Juni 1856[3]) auf Grund des früheren Rechtes angenommen hat, dem Ermessen der Behörden und der Beurtheilung des einzelnen Falles anheim gegeben. Für diese Beurtheilung ist die rechtliche Bedeutung des Fundpunktes massgebend und diese Bedeutung ist eine doppelte, da von der Freiheit des Fundpunktes nach §. 15 die Gültigkeit der ganzen Muthung abhängt; und da am Fundpunkte das gemuthete Mineral vor der Einlegung der Muthung entdeckt sein und bei der amtlichen Untersuchung nachgewiesen werden muss. Die Bezeichnung muss also hinreichend genau sein, um sowohl die Freiheit des Fundpunktes, als auch die Thatsache der Fündigkeit, folglich die Identität der gemutheten Mineralablagerung im gegebenen Falle beurtheilen zu können[4]). In einer Muthung können zwei oder mehrere Fundpunkte angegeben werden. Es genügt dann der Nachweis der Fündigkeit an einem im Freien belegenen Fundpunkte zur Gültigkeit der Muthung.

1) Recursbescheid vom 1. Mai 1866 Zeitschrift für Bergrecht Bd. VII. S. 258.

2) Dies ist z. B. der Fall, wenn der Verwalter eines abwesenden Grundbesitzers oder der Betriebsführer eines abwesenden Bergwerksbesitzers für denselben zur Erhaltung des Finderrechtes muthet (Vergl. m. Commentar. 2. Auflage Anm. 34).

3) Striethorst's Archiv Bd. 18. S. 149. Bd. 22. S. 24.

4) Vergl. m. Uebersicht der bergrechtlichen Entscheidungen S. 61 f.

3. Auf die Prüfung und die etwaige Ergänzung des Inhaltes der Muthung folgt nach §. 15 die **amtliche Untersuchung der Fündigkeit**. Hierzu wird ein Termin an Ort und Stelle anberaumt, zu welchem der Muther unter der Verwarnung vorgeladen wird, dass bei seinem Ausbleiben die Muthung wegen nicht nachgewiesener Fündigkeit als von Anfang an ungültig zurückgewiesen wird.

Die Untersuchung erfolgt durch den mit der Annahme der Muthungen beauftragten Revierbeamten, oder durch einen Commissar des Oberbergamtes, wenn die Annahme bei letzterem erfolgt [1]). Sie erstreckt sich sowohl auf die Existenz des Fundes, als auch auf Zeit und Ort der Entdeckung, da zur Gültigkeit der Muthung nach §. 15 erfordert wird, dass das Mineral vor Einlegung der Muthung an dem in derselben angegebenen Fundpunkte entdeckt ist.

Ist der vorgezeigte Fund mit dem in der Muthung angegebenen nicht identisch, so ist die Muthung ungültig [2]), ebenso wenn die Muthung vor der vollständigen Entdeckung des gemutheten Minerals eingelegt ist [3]).

In Bezug auf die Existenz des Fundes sieht das Gesetz von den Beweisregeln ab, welche die früheren Bergrechte für den Nachweis der Fündigkeit aufstellten. (Vorzeigen in vollem frischen Anbruche — Entblössen zwischen rechtem Hangenden und Liegenden u. s. w.). Massgebend ist die Ueberzeugung der untersuchenden Behörde, von deren Ermessen abhängig ist, durch welche Beweismittel der Nachweis geführt werden soll. Unter diesen Beweismitteln nimmt wie bisher der Augenschein die erste Stelle ein und nur in denjenigen Fällen, wo der Fund nicht unmittelbar ersichtlich gemacht werden kann, wie bei

---

1) Nach den Dienstinstructionen für die Revierbeamten der Oberbergamtsbezirke Bonn, Breslau und Halle sind dieselben zu ständigen Commissarien der Oberbergämter sowohl für die Untersuchung der Fündigkeit (§. 15), als auch für das Hauptverfahren (§. 28. 29) bestellt.

2) Vergl. das Erkenntniss des Obertribunals vom 12. December 1864 (Zeitschrift für Bergrecht Bd. VI. S. 464), das Erkenntniss vom 28. April 1857 (Zeitschrift f. d. Berg-, Hütten- und Salinenwesen Bd. VI. B. S. 128) und das Erkenntniss vom 22. Februar 1864 (Strieth. Archiv Bd. 55 S. 38).

3) Vergl. den Rechtsfall Bd. II. S. 383 der Zeitschrift für Bergrecht.

Bohrfunden, ist eine indirecte Beweisführung durch Zeugen, Bohrtabellen, Bohrpropfen u. dgl. zugelassen [1]).

Auch das Protokoll über die in Folge einer früheren Muthung stattgehabte amtliche Untersuchung kann als Beweismittel dienen. Ob die frühere Besichtigung eines von Neuem gemutheten Fundes ausreichend sei, um den Nachweis der Fündigkeit zu führen, hängt von der Beurtheilung der verleihenden Behörde ab. Das Oberbergamt ist nicht an das Votum des Beamten gebunden, welcher den Fund aus Anlass einer früheren Muthung besichtigt hat, sondern befugt, nach freiem Ermessen die nochmalige örtliche Untersuchung anzuordnen [2]).

Jede Muthung muss nach §. 15 auf einen selbstständigen Fund gegründet sein, welcher nach §. 27 in das zu verleihende Feld eingeschlossen werden muss. Es ist daher nicht zulässig auf Grund eines Fundes mehrere Muthungen einzulegen. Das gemeine deutsche Bergrecht betrachtete die ganze Lagerstätte als Gegenstand des Fundes, so dass an einem Gange nur ein Fund gemacht und nur ein Finderrecht erworben werden konnte. Was von dem Gange ausserhalb des dem Finder verliehenen Feldes im Freien liegen blieb, konnte ohne besonderen Fund durch sogenannte Maassenmuthung erworben werden (vergl. oben S. 70). Das Allgemeine Berggesetz hat den Begriff der Lagerstätte als einer individuell begrenzten Ablagerung aufgegeben. Es ist deshalb zulässig, auf demselben Gange oder Flötze in unmittelbarer Nähe verschiedene Aufschlüsse zu machen und jeder derselben als einen selbstständigen Fund zu muthen.

Dagegen ist es nicht zulässig, an den verschiedenen Stössen eines Fundschachtes, eines Stollens oder einer Strecke, oder gar an der Peripherie eines Fundbohrloches verschiedene Fundpunkte anzunehmen und so auf einen einzelnen Fund mehrere Muthungen einzulegen und mehrere an dem gemeinschaftlichen Fundpunkte zusammenstossenden Felder nach verschiedenen Richtungen zu strecken. Vielmehr muss, wie in dem

1) Recursbescheid v. 12. März 1866. Zeitschrift für Bergrecht Bd. VII. S. 392.

2) Recursbescheide vom 31. December 1866 und vom 4. März 1867. (Zeitschr. f. Bergr. Bd. VIII. S. 115).

Recursbescheide des Handelsministers vom 2. März 1868 [1]) ausgeführt wird, die Aufschlussanlage, mit welcher das gemuthete Mineralvorkommen entdeckt worden ist, in ihrem ganzen querschnittlichen Umfange als Fundpunkt angesehen werden.

Bei der Muthung eines verlassenen Bergwerkes fällt der Nachweis der Fündigkeit nach §. 16 weg. Der Muther muss jedoch die Existenz eines früher verliehenen Bergwerks beweisen. Hierzu genügt nicht, dass in dem gemutheten Felde Pingen und Halden vorhanden sind, die von einem früheren Bergbau herrühren. Es muss vielmehr nachgewiesen werden, dass der frühere Betrieb auf Grund einer Verleihung geführt ist [2]).

4. Die Annahme des Situationsrisses erfolgt nach §. 18 bei der zur Annahme der Muthungen competenten Bergbehörde. Der Situationsriss wird gemäss §. 20 auf die Muthungs-Uebersichtskarte aufgetragen. Diese Auftragung hat einerseits den Zweck, für jeden Dritten erkennbar zu machen, dass das begehrte Feld nach §. 19 für neue Muthungen geschlossen ist; andrerseits verbindet sich damit die Prüfung des Situationsrisses, der Feldesgrösse und der Feldesfreiheit.

Der Situationsriss wird auf die im §. 17 vorgeschriebenen Angaben (oben S. 85) geprüft und falls sich dabei Mängel oder Unrichtigkeiten herausstellen, zur Berichtigung zurückgegeben. Fehlt eine der im §. 17 als wesentlich bezeichneten Angaben ganz [3]), so kann die Ergänzung nur noch bis zum Ablauf der für die Einreichung des Risses ursprünglich laufenden sechswöchentlichen Frist erfolgen. Sind andere Mängel oder Unrichtigkeiten zu beseitigen, so wird eine besondere Frist zur Ergänzung bestimmt oder ohne solche vorherige Auffor-

---

1) Zeitschrift für Bergrecht Bd. IX. S. 191.

2) Recursbescheid vom 9. April 1866. — Zeitschrift für Bergrecht Bd. IX. S. 195.

3) Das Oberbergamt zu Bonn hat in einer Nassauischen Muthungssache angenommen, dass ein Riss, auf welchem nur der magnetische, nicht der wirkliche Meridian angegeben ist, nach §. 17 zugelassen werden kann, wenn die Abweichung der Magnetnadel am Tage und am Orte der Aufnahme bekannt ist, so dass die Angabe des wirklichen Meridians ergänzt werden kann.

derung die Berichtigung sofort nach §. 33 durch die Bergbehörde auf Kosten des Muthers bewirkt.

Die Prüfung der Feldesstreckung richtet sich auf die Beachtung der §§. 26 und 27, welche für die Feldesgrösse ein Maximum von 500,000 Quadratlachtern — für einzelne Landestheile von 25,000 Quadratlachtern — vorschreiben und bestimmen, dass die Begrenzung, soweit die Oertlichkeit es gestattet, durch gerade Linien an der Oberfläche erfolgen soll, welche den Fundpunkt einschliessen müssen. Je zwei Punkte der Begrenzung dürfen bei 25,000 Quadratlachtern Inhalt nicht über 500 Lachter und bei 500,000 Quadratlachtern nicht über 2000 Lachter von einander entfernt liegen [1]).

Ueberschreitet das gestreckte Feld die gesetzlich zulässige Flächen- oder Längenausdehnung, so ist kein Theil des begehrten Feldes für gesetzlich begehrt, also im Sinne des §. 19 für geschlossen zu erachten. Die Muthung ist jedoch nicht ungültig. Der Muther wird daher zur Abänderung der Feldesstreckung aufgefordert. Diese Abänderung kann nach §. 19 nur innerhalb der auf dem Situationsrisse angegebenen Grenzen erfolgen.

Die Prufung der Feldesfreiheit hat den doppelten Zweck zu ermitteln, ob der Muthung bessere Rechte Dritter auf den Fund entgegenstehen (§. 15) und ob mit dem begehrten Felde die Felder anderer Muthungen oder Bergwerke zusammentreffen (§. 28).

Ergibt sich, dass der Fund im Felde eines auf dasselbe Mineral verliehenen Bergwerks oder im gesetzlich begehrten Felde einer alteren Muthung liegt, so ist die Muthung nach §. 15 von Anfang an ungültig. Sie wird zuruckgewiesen ohne dass es einer amtlichen Untersuchung des Fundes bedarf. Liegt der Fund im verliehenen Felde, so darf dem Antrage des Muthers, die Fundesconstatirung dennoch vorzunehmen, nicht stattgegeben werden, weil die ertheilte Verleihung auf Grund einer späteren Muthung überhaupt nicht angefochten werden kann, selbst wenn dieselbe übrigens anfechtbar sein sollte [2]).

---

1) Vergl. das Nahere uber die Feldesbegrenzung im §. 12.

2) Recursbescheid vom 15. Februar 1866 (Zeitschrift für Bergrecht Bd. VII. S. 391). - Vergl. m. Commentar 2. Aufl. Anm. 38.

Ist der Fund von dem Felde einer älteren Muthung überdeckt, so ist der Muther befugt auszuführen, dass das Feld der älteren Muthung nicht gesetzlich begehrt sei. Er muss dann als Opponent in dem Hauptverfahren über die überdeckende Muthung mit seinem Einspruche gehört werden (§. 29). Es ist dem Ermessen der Bergbehörde überlassen, ob sie bei einer solchen Muthung im bestrittenen Felde die Fundesconstatirung vornehmen und über beide collidirende Muthungen das Hauptverfahren einleiten, oder ob sie den jüngeren Muther bloss als Opponenten behandeln will.

Ist die jüngere Muthung wegen der vorhandenen Ueberdeckung ohne Weiteres zurückgewiesen, so kann der Muther im Wege der Recursbeschwerde die Ungültigkeit der überdeckenden Muthung ausführen und dadurch die Connexität des Verfahrens für beide collidirende Muthungen (oben S. 91) nachträglich herbeiführen.

Ist zwar der Fund im Freien belegen, aber ein Theil des begehrten Feldes von den Feldern anderer Bergwerke oder Muthungen überdeckt, so findet eine Entscheidung im Vorverfahren nicht statt, die bestehende Collision wird vielmehr gemäss §. 28 f. im Hauptverfahren erörtert.

Die Zurückweisung der Muthung im Vorverfahren wegen des mangelnden Nachweises der Fündigkeit, oder wegen der Unfreiheit des Fundes (§. 15) erfolgt durch das Oberbergamt in der Form eines Beschlusses über die Versagung der Verleihung, welcher dem Muther in Ausfertigung zugestellt wird (§. 31).

Dagegen bedarf es nicht eines förmlichen Beschlusses, wenn der Muther unterlässt, auf die ihm zugestellte Aufforderung der Bergbehörde die unvollständige Muthung binnen einer Woche zu ergänzen (§. 14), oder wenn er die sechswöchentliche Frist nach Einlegung der Muthung verstreichen lässt, ohne den Situationsriss einzureichen (§. 18) [1]. In beiden Fällen ist die Ungültigkeit der Muthung die unmittelbare gesetzliche Folge des Ablaufes der Frist, zu deren Feststellung es nicht eines Beschlusses bedarf. Der Muther wird vielmehr

---

1) Vergl. die Instructionen für die Revierbeamten der Oberbergamtsbezirke Bonn §. 7. §. 12. Dortmund §. 10. Halle §. 12.

nur von der erfolgten Löschung [1]) der Muthung benachrichtigt. Wenn indess der Muther auf die Aufforderung der Bergbehörde die Unvollständigkeit der Muthung bestreitet und die verlangte Ergänzung verweigert [2]), oder wenn der Situationsriss zwar rechtzeitig eingereicht, jedoch wegen des Mangels einer der wesentlichen Angaben (§. 17) für ungenügend befunden wird, so bedarf es eines Beschlusses über die Zurückweisung der Muthung, da eine stillschweigende Verzichtleistung nicht angenommen werden kann.

II. Das Hauptverfahren besteht in der Schlusserklärung des Muthers über die Grösse und Begrenzung des Feldes und in der contradictorischen Erörterung der Einsprüche, welche von andern Muthern oder von Bergwerksbesitzern gegen die beantragte Verleihung erhoben werden und in der Entscheidung über die Anträge des Muthers und der Opponenten.

1. Die Schlusserklärung des Muthers ist kein nothwendiger Bestandtheil des Verfahrens, da die Erklärung über die Grösse und Begrenzung des Feldes bereits im Vorverfahren erfolgen muss. Sie wird nur erfordert, um dem Muther Gelegenheit zu geben, sich über etwaige Erinnerungen zu äussern, welche gegen die Feldesstreckung auf Grund des §. 27 oder auf Grund einer vorliegenden Collision erhoben werden. Die Vorladung des Muthers erfolgt daher nicht unter einem Contumacialpräjudize, sondern mit dem Eröffnen, dass bei seinem Ausbleiben die Bergbehörde lediglich nach Lage der Verhandlungen entscheiden werde.

Erscheint der Muther im Termine nicht, so wird angenommen, derselbe beharre bei seinem Anspruche auf Verleihung des Bergwerkseigenthums in dem auf dem Situationsrisse (§. 17) angegebenen Felde und erwarte die Entscheidung der Bergbehörde über seinen Anspruch, sowie über die etwaigen Einsprüche und Ansprüche Dritter (§§. 28. 29).

2. Die Erörterung der Einsprüche und Ansprüche Dritter, welche dem Antrage des Muthers entgegenstehen, erfolgt nicht

---

1) Die Löschung der Muthung erfolgt in dem Muthungsregister welches nach §. 63 (§. 69) der angeführten Instructionen bei der annehmenden Behörde über die eingelegten Muthungen geführt wird.

2) Vergl. den Rechtsfall Bd. III. S. 265 der Zeitschr. für Bergrecht.

auf Grund eines Aufgebotverfahrens, wie dies in dem französischen Bergwerksgesetze vom 21. April 1810 für die Concessionsgesuche vorgesehen ist. Die Ermittelung der bestehenden Collisionen erfolgt vielmehr von Amtswegen auf Grund der Acten und Karten der Bergbehörde. Die Auftragung des begehrten Feldes auf die Muthungs-Uebersichtskarte (§. 20) ergibt, ob und in welchem Umfange dasselbe mit andern begehrten oder bereits verliehenen Feldern zusammentrifft. Bei diesem räumlichen Zusammentreffen können verschiedene Fälle unterschieden werden, je nachdem die Felder sich decken oder sich bloss berühren und je nachdem die zusammentreffenden Felder auf ein und dasselbe Mineral oder auf verschiedene Mineralien begehrt oder verliehen sind. Eine eigentliche Collision der Ansprüche findet nur in dem Falle statt, dass die Felder sich decken und auf dasselbe Mineral begehrt sind. Wenn das begehrte Feld mit einem Bergwerke zusammenfällt, welches auf ein anderes Mineral verliehen ist, so erleidet das Recht des beliehenen Bergwerkseigenthümers durch den Anspruch des Muthers keine Beeinträchtigung. Es findet daher ausser dem unten zu erörternden Falle des §. 55 keine eigentliche Collision statt. Dennoch werden die Interessen des bereits beliehenen Bergwerkseigenthümers durch die Erwerbung eines neuen auf ein anderes Mineral gerichteten Bergwerkseigenthumes in demselben Raume unzweifelhaft berührt. Dasselbe ist der Fall, wenn die Felder einander überhaupt nicht überdecken, sondern mit einander grenzen, da auch hier die Möglichkeit einer künftigen Collision beim Betriebe gegeben ist. Das Berggesetz verfügt daher im §. 29 die Zuziehung:

1) derjenigen Muther, deren Rechte vermöge der Lage ihrer Fundpunkte oder Felder mit dem begehrten Felde bereits collidiren oder doch in Collision gerathen können,
2) der Vertreter der durch das begehrte Feld ganz oder theilweise überdeckten und der benachbarten Bergwerke

zu dem Schlusstermine. Auch diese Personen werden bloss monitorisch zur Wahrnehmung ihrer Rechte mit dem Eröffnen geladen, dass bei ihrem Ausbleiben die Bergbehörde lediglich nach Lage der Verhandlungen entscheiden werden (§. 29). Eine Präclusion der zum Schlusstermine geladenen aber nicht erschienenen Interessenten erfolgt nicht, vielmehr wird gegen solche Muther, über deren collidirenden Anspruch im Verleihungsverfahren nicht verhandelt und entschieden ist, ein besonderes Aufgebotverfahren nach erfolgter Ausfertigung der Verleihungsurkunde eröffnet (§. 35). Die bereits beliehenen Bergwerksbesitzer, welche der Ladung zum Schlusstermine nicht Folge leisten, werden dagegen von der ergehenden Verleihung, falls dieselbe mit ihren Rechten collidiren sollte, überhaupt nicht betroffen.

3. Der Schlusstermin wird von der zur Annahme der Muthungen competenten Bergbehörde angesetzt, also in den oben S. 80 Anm. 1 bezeichneten Landestheilen durch den Revierbeamten. Auch in den übrigen Landestheilen sind die Revierbeamten durch die Dienstinstructionen als ständige Commissarien des Oberbergamtes bezeichnet, welche das in den §§. 28 und 29 geregelte Verfahren bis zu der nach §§. 30. 31 von dem Oberbergamte zu treffenden Schlussentscheidung selbstständig leiten.

Der Schlusstermin muss dem Muther mindestens 14 Tage vorher bekannt gemacht werden (§. 28). Für die Vorladung der im §. 29 bezeichneten Muther und Bergwerksbesitzer gilt diese Fristbestimmung nicht. Die Bekanntmachung der Vorladungen kann nicht blos durch Postinsinuationsschein, sondern auch durch blosse Rückscheine gültig erfolgen [1].

Auf den Antrag des Muthers kann der Termin verlegt, auch kann zur Fortsetzung des Verfahrens ein fernerer Termin angesetzt werden.

Die Verhandlung im Schlusstermine erstreckt sich:

1) auf die von Amtswegen vorzunehmende Prüfung des Verleihungsantrages, also auf die Erörterung der gegen den Nachweis der Fundigkeit (§. 15) gegen die Richtigkeit und Vollständigkeit des Situationsrisses (§. 17) endlich gegen die Construction und die Grösse des begehrten Feldes (§. 27) etwa zu erhebenden Erinnerungen.
2) auf die Prüfung der Feldesfreiheit, also auf die contradictorische Erörterung der vorliegenden Collisionen.

---

1) Erlass des Handelsministers vom 22. November 1867. V. 7665. Erkenntniss des Landgerichts zu Coblenz vom 21. Juni 1867 in Sachen Adams wider Fuss und v. Rossler.

Dabei ist zu bemerken, dass auch den Opponenten freisteht Erinnerungen gegen den Nachweis der Fündigkeit, gegen die Richtigkeit des Risses und gegen die Construction des Feldes zu erheben, soweit ihr rechtliches Interesse davon berührt wird. Ebenso sind die vorliegenden Collisionen auch ohne ausdrücklichen Einspruch, also beim Ausbleiben des betreffenden Muthers oder Bergwerksbesitzers auch von Amtswegen zu prüfen. Dennoch unterscheidet sich die Erörterung über das Fundament des Verleihungsantrages von der Erörterung über die aus dem selbstständigen Rechte eines Dritten entspringenden Einreden, da die eine Verhandlung nur zufällig, die andere wesentlich contradictorisch ist.

Streitige Behauptungen der Parteien werden durch die gewöhnlichen Beweismittel erwiesen. Die Oberbergämter sind bei der Erhebung des Beweises jedoch nicht durchaus an die Anträge der Parteien gebunden. Es steht ihnen die freie Beurtheilung des erhobenen Beweises ohne künstliche Beweisregeln zu. Sie sind berechtigt, die Gerichte um die eidliche Vernehmung der vorgeschlagenen Zeugen zu ersuchen.

Der Erlass des Handelsministers an das Oberbergamt in Bonn vom 15. Juni 1864 [1]), welcher diese Fragen im Anschluss an das frühere ganz conforme Verleihungsverfahren nach dem Gesetze vom 10. Juni 1861 erörtert, gibt folgende Regeln über die Beweisaufnahme:

„Nach §. 179, Titel 10 der Prozessordnung ist in der Regel Jeder schuldig, in einer Sache, worin sein Zeugniss gefordert wird, dasselbe abzugeben. Diese Regel gilt nicht bloss für den gerichtlichen Prozess, sondern in jedem andern durch die Gesetze geordneten Verfahren zur Entscheidung streitiger Rechtsangelegenheiten. Deshalb ist nicht bloss der ordentliche Prozessrichter, sondern auch der Schiedsrichter und ebenso die Verwaltungsbehörde berechtigt, in den nach Vorschrift des Gesetzes zu ihrer Entscheidung gelangenden Sachen die Ablegung eines Zeugnisses zu verlangen. Letztere muss sich zu diesem Zwecke, falls ihr nicht wie in den Disciplinar-Untersuchungssachen ausnahmsweise die Befugniss zur eidlichen Zeugenvernehmung beigelegt ist, der Vermittelung der Gerichte bedienen, welche nach §. 38 der Verordnung vom 2. Januar

1) Zeitschrift f. d. Berg-, Hütten- und Salinenwesen Bd. 12. S. 200.

1849 und nach §. 50 der Verordnung vom 26. December 1808 verpflichtet sind, dieser Requisition Folge zu leisten. Vergl. die Entscheidung des Obertribunals vom 12. Eebruar 1862. Oppenhoff, Rechtssprüche II, S. 250 und die Rescripte des Justizministers vom 20. Januar und 21. März 1834, vom 12. Februar und 24. April 1841. Jahrb. 43, S. 241, 45, S. 320. Jahrb. der Gerichtsverfassung 1851 S. 320. Da nun die Oberbergämter nach §. 4 des Gesetzes vom 10. Juni 1861 über die Muthungsgesuche und die erhobenen Einsprüche nach vorheriger Erörterung derselben unter den streitenden Theilen zu entscheiden haben und dieselbe Entscheidung dem Minister in der Recursinstanz zusteht, so folgt daraus auch die Befugniss, die eidliche Vernehmung von Zeugen durch Requisition der zuständigen Gerichte zu veranlassen, wenn dies zum Behufe der zu treffenden Entscheidung nothwendig erscheint. Dies ist auch durch die Praxis in den übrigen Oberbergamts-Districten in zahlreichen Fällen anerkannt.

In der Regel ist es jedoch nicht Zweck des durch §. 4 cit. geregelten Verfahrens, die Behauptungen der streitenden Theile im Wege des gerichtlichen Beweises festzustellen, noch haben die Parteien das Recht, die Erhebung der von ihnen producirten Beweismittel zu verlangen. Es ist vielmehr ausschliesslich dem Ermessen des Oberbergamtes überlassen, wie dasselbe sich die zur Entscheidung nothwendige Ueberzeugung verschaffen will und es liegt in der Natur der Sache, dass dies in der Regel nicht auf dem Wege der gerichtlichen Beweiserhebung geschehen wird, weil es sich nicht um eine Definitiv-Entscheidung handelt und der Behörde meistens einfachere Mittel zur Ermittelung des Sachverhältnisses zu Gebote stehen. Die Requisition der Gerichte und die eidliche Vernehmung eines Zeugen ist daher auf diejenigen Fälle zu beschränken, wo die aussergerichtliche und unbeeidigte Aussage desselben vor dem Revierbeamten nicht ausreichend erscheint, um die zur Entscheidung nothwendige Ueberzeugung zu begründen."

4. Der Beschluss uber die Ertheilung oder Versagung der Verleihung wird nach §§. 30. 31 von dem Oberbergamte gefasst, an welches der Revierbeamte, mag er selbst zur Annahme der Muthungen competent, oder zur Verhandlung über die Muthung committirt sein, die geschlossenen Verhandlungen nach Abhaltung des Schlusstermines einreicht.

Liegen Einsprüche und Collisionen mit den Rechten Dritter

nicht vor und findet sich auch gegen die Anträge des Muthers gesetzlich nichts zu erinnern, so fertigt das Oberbergamt ohne Weiteres die Verleihungsurkunde aus.

Liegen Einsprüche oder Collisionen mit den Rechten Dritter vor, oder kann aus anderen gesetzlichen Gründen den Anträgen des Muthers gar nicht oder nicht in ihrem ganzen Umfange entsprochen werden, so entscheidet das Oberbergamt über die Ertheilung oder Versagung der Verleihung durch einen Beschluss, welcher dem Muther und den betheiligten Dritten in Ausfertigung zugestellt wird [1]).

Die Entscheidung des Oberbergamtes und folglich auch die Erörterung im Schlusstermine erstreckt sich nur auf solche Einsprüche, welche aus collidirenden Muthungen oder Verleihungen abgeleitet werden. Obligatorische Ansprüche auf Uebertragung des gemutheten Bergwerks, oder Mitbetheiligung an demselben auf Grund eines Societätsvertrages, eines Mandates, einer Cession u. dgl. gehören nicht zur Cognition des Oberbergamtes. Streitige Ansprüche dieser Art sind an die ordentlichen Gerichte zu verweisen [2]).

Gegen den Beschluss des Oberbergamtes steht dem unterliegenden Theile der Recurs an den Handelsminister (§. 191) zu, welcher binnen 4 Wochen nach der Zustellung bei dem Oberbergamte eingelegt werden muss (§§. 192. 193). Die Rechtfertigung muss mit der Einlegung verbunden werden. Die Recursschrift wird der Gegenpartei zur Beantwortung binnen einer vierwöchentlichen Frist mitgetheilt. Nach Ablauf dieser Frist werden die Acten zur Entscheidung an den Handelsminister eingereicht.

Einsprüche und Ansprüche, welche durch den Beschluss des Oberbergamts oder durch die Recursentscheidung des Handelsministers abgewiesen werden, müssen, insofern wegen derselben der Rechtsweg zulässig ist, binnen drei Monaten, vom Ablaufe des Tages, an welchem der Beschluss beziehungsweise der Recursbescheid (§. 191) zugestellt ist, durch gerichtliche

---

1) In Bezug auf die Form der Zustellung gilt das oben S. 106 über die Vorladung Gesagte.

2) Vergl. den Recursbescheid vom 29. Mai 1863 (Zeitschrift für Bergrecht. Bd. V. S. 125).

Klage verfolgt werden. Wer von dieser Frist keinen Gebrauch macht, ist seines etwaigen Rechts verlustig.

Die dreimonatliche Frist wird nach §. 242 so berechnet, dass der Ablauf auf denjenigen Tag des letzten, also des vierten Monats fällt, welcher durch seine Zahl dem Tage des Anfangs der Frist entspricht. Der Tag des Anfangs ist der Tag nach der Zustellung des Beschlusses [1]), so dass folglich gegen einen am 2. Juli zugestellten Beschluss noch am 3. October Klage eingelegt werden kann.

In Bezug auf die Wirkung der im §. 31 ausgesprochenen Präclusion ist Folgendes zu bemerken:

Der Muther selbst wird von der Präclusion für den Fall der Versagung der Verleihung nur insofern betroffen, als die Zurückweisung wegen des entgegenstehenden Rechtes eines Dritten erfolgt, da ihm die gerichtliche Klage gegen die verleihende Bergbehörde nach §. 23 ausdrücklich versagt ist. Ist die Zurückweisung daher nicht wegen einer vorhandenen Collision, sondern wegen eines Mangels in dem Rechte des Muthers erfolgt, ohne dass von einem Dritten Einspruch erhoben wäre, so kann die zurückgewiesene Muthung während der gewöhnlichen dreissigjährigen Verjährungszeit durch gerichtliche Klage geltend gemacht werden, sobald nachträglich ein anderer Muther dasselbe Feld begehrt, auf welches er Muthung eingelegt hatte.

Von den Opponenten wird jeder von dem Verluste des Anspruchs betroffen, welcher in dem Verleihungsverfahren mit seinem Anspruche oder Einspruche durch den Beschluss des Oberbergamtes oder des Handelsministers zurückgewiesen ist, also nicht bloss concurrirende Muther, sondern auch diejenigen Bergwerksbesitzer, welche gegen die beantragte Verleihung zum Schutze ihrer Rechte Einspruch erhoben haben und mit diesem Einspruche namentlich zurückgewiesen sind. Dagegen trifft die Präclusion nicht die stillschweigend übergangenen Ansprüche concurrirender Muther. Letztere werden erst vor der mit der Bekanntmachung der Verleihungsurkunde nach §. 35 verbundenen dreimonatlichen Präclusionsfrist betroffen.

---

1) Dies folgt daraus, dass die Frist nach §. 31 erst nach dem Ablaufe des Tages der Zustellung beginnen soll.

Die **Kosten** des Verleihungsverfahrens trägt nach §. 38 der Muther, die durch unbegründete Einsprüche entstehenden Kosten hat nach §. 31 der Widersprechende zu tragen. Die Entscheidung über den Kostenpunkt wird mit der Entscheidung in der Hauptsache durch den Beschluss des Oberbergamtes getroffen und in derselben Weise wie jene durch Recurs und gerichtliche Klage angegriffen.

Die von dem unterliegenden Theile zu tragenden und zu erstattenden Kosten begreifen sowohl die dem Gegner durch das Streitverfahren nothwendig entstandenen Auslagen, als auch die bei der Verwaltungbehörde entstehenden Kosten, welche hauptsächlich in Stempeln und in Portoauslagen bestehen[1]).

Die Verhandlungen in dem Verleihungsverfahren sind stempelpflichtig und unterliegen den im Stempeltarif vom 7. März 1822 verschriebenen Stempelsätzen für Gesuche, Protokolle und Ausfertigungen.

Die Vorladungen zur Schlussverhandlung (§. 29) an die benachbarten Muther und Bergwerksbesitzer erfolgen nicht portofrei auf Kosten des Muthers, sondern portopflichtig, da jene Personen zur Wahrnehmung ihres eigenen Interesses vorgeladen werden. Dies schliesst nicht aus, dass der Bergwerksbesitzer oder Muther, auf dessen Einspruch eine Muthung zurückgewiesen wird, die Erstattung dieser Kosten von dem Muther gemäss §. 31 verlangen kann, falls dieselben durch einen gesetzlich unbegründeten Anspruch entstanden sind. Die Bergbehörde ist in keinem Falle verpflichtet, das Porto vorzulegen und von dem Muther wieder einzuziehen. Sie muss vielmehr den Adressaten überlassen, die Erstattung des Portos und der Insinuationsgebühren von dem Muther nöthigenfalls im Rechtswege zu verlangen. (Min. Rescript v. 22. November 1867.)

Kostenvorschüsse können zur Bestreitung der entstehenden baaren Auslagen gefordert werden. Dies geschieht nach den für die Revierbeamten der Oberbergamtsbezirke Bonn,

---

1) Sporteln werden seit dem Gesetze vom 21. Mai 1860 (G. S. S. 206) nicht mehr erhoben. Für die Copirung oder Berichtigung des Situationsrisses (§. 18. §. 33) sind Zeichengebühren, für besonders erbetene Abschriften Copialien zu entrichten.

Breslau, Dortmund und Halle erlassenen Dienstinstructionen unter dem Präjudize, dass die Instruction der Muthung bis nach erfolgter Einzahlung des Vorschusses ausgesetzt bleibt. Doch empfiehlt sich die Realisirung dieses Präjudizes nicht in allen Fällen. Häufig nöthigt die bestehende Collision mit jüngern Muthungen, mit der Fundesbesichtigung dennoch vorzugehen. Hierzu ist dann mit Rücksicht auf die angeführten Bestimmungen der Dienstinstructionen die Anweisung des Oberbergamtes erforderlich.

Die bei der Bergbehörde entstandenen Kosten werden im Wege der Verwaltungsexecution beigetrieben (§. 194). Der Anspruch auf Erstattung der dem obsiegenden Theile entstandenen Kosten ist im Rechtswege gegen den unterliegenden Theil zu verfolgen, da die Verwaltungsbehörde zu einer Entscheidung über die Ersatzverbindlichkeit nicht berufen ist [1]).

III. Das Schlussverfahren besteht in der Ausfertigung und in der Bekanntmachung der Verleihungsurkunde.

1. Die Ausfertigung der Verleihungsurkunde darf erst erfolgen, wenn die der Verleihung entgegenstehenden Hindernisse durch die Entscheidung der Bergbehörde oder durch Richterspruch beseitigt sind (§. 32). Sie bleibt daher in den streitigen Fällen bis drei Monate nach der Zustellung des Beschlusses resp. des Recursbescheides an den unterliegenden Theil ausgesetzt. Geht innerhalb dieser Frist die Bescheinigung über die Einlegung der gerichtlichen Klage ein, deren Beibringung dem unterliegenden Theile überlassen bleibt, so wird die Ausfertigung bis nach rechtskräftiger Beendigung des Prozesses ausgesetzt. Im andern Falle erfolgt dieselbe nach Ablauf der dreimonatlichen Frist. Wird die Klage rechtskräftig in angebrachter Art abgewiesen, so tritt die Präclusion des Anspruches gemäss §. 31, Al. 3 ein, da eine neue Klage nach Ablauf der dreimonatlichen Frist nicht angestellt werden kann [2]).

---

1) Erlass des Handelsmin. v. 16. April 1862 an das Oberbergamt zu Bonn.

2) Vergl. die Circularverfügung des Handels-Ministers vom 12. Februar 1868 (Zeitschrift für Bergrecht Bd. IX. S. 206). – Wachler (a. a. O. Bd. IX. S. 363) verlangt, dass das Oberbergamt vor der Ausfertigung der Verleihungsurkunde von Amtswegen feststellen soll, ob

Die **Ausfertigung der Verleihungsurkunde** erfolgt unter Siegel und Unterschrift des verleihenden Oberbergamts (§. 34 Nr. 7). Wenn sich das zu verleihende Feld in zwei Oberbergamtsbezirke erstreckt, so wird die Urkunde von beiden Behörden gemeinschaftlich vollzogen [1]).

Die Verleihungsurkunde soll nach §. 34 ausserdem enthalten:

1) den Namen, Stand und Wohnort des Berechtigten,
2) den Namen des Bergwerks,
3) den Flächeninhalt und die Begrenzung des Feldes unter Verweisung auf den Situationsriss,
4) den Namen der Gemeinde, des Kreises, des Regierungs- und Oberbergamts-Bezirks, in welchen das Feld liegt,
5) die Benennung des Minerals oder der Mineralien, auf welche das Bergwerkseigenthum verliehen wird,
6) das Datum der Urkunde.

Da der Muther nach §. 14 nur gehalten ist, seinen Namen und Wohnort anzugeben, so ist die Bezeichnung des Standes nur da thunlich, wo dieser in den Verhandlungen besonders angegeben ist. In Hannover wird statt des Regierungsbezirks der Landdrosteibezirk angegeben [2]).

---

nicht gegen die Entscheidung der Bergbehörde der Rechtsweg beschritten ist. Dies würde allerdings in einem Prozessverfahren, wie das rheinische oder hannoversche, bei welchem die Zustellung der Klage nicht durch das Gericht, sondern durch die Partei erfolgt, seine Schwierigkeiten haben.

1) Die Muthung wird in diesem Falle bei demjenigen Oberbergamte, oder Revierbeamten eingelegt, in dessen Bezirk der Fund liegt. Bei derselben Behörde muss auch die Feldesstreckung erfolgen (§. 18). Ergibt sich aus dem Situationsrisse, dass das begehrte Feld in den benachbarten Bezirk übergreift, so wird derselbe dem zuständigen Oberbergamte zur Auftragung auf die Muthungs-Uebersichtskarte (§. 20) und zur Prüfung der Feldesfreiheit mitgetheilt. Das Schlussverfahren wird nach den Vorschriften der oben (S. 99) erwähnten Dienstinstructionen für die Revierbeamten. vor demjenigen Revierbeamten geführt in dessen Bezirk der Fund liegt. Der Beschluss über Ertheilung oder Versagung der Verleihung muss ebenso wie die Ausfertigung und Bekanntmachung der Verleihungsurkunde von beiden Oberbergämtern ausgehen.

2) Einführungsverordnung vom 8. Mai 1867 Art. 5.

Die Verleihungsurkunde ist binnen sechs Wochen[1]) nach der Ausfertigung durch das Amtsblatt der Regierung, in deren Bezirk das Bergwerk liegt, unter Verweisung auf die §§. 35 und 36 zur öffentlichen Kenntniss zu bringen. Die angeführten Paragraphen verbinden mit der Bekanntmachung der Verleihungsurkunde ein Aufgebot der unbekannten Prätendenten, welche als Muther auf das verliehene Feld Anspruch machen.

Muther, welche auf das in der Bekanntmachung bezeichnete Feld oder auf Theile desselben ein Vorzugsrecht zu haben glauben, können dieses Recht, insofern über dasselbe nicht bereits in dem Verleihungsverfahren verhandelt und in dem Beschlusse des Oberbergamts (§. 31) entschieden worden ist, noch binnen drei Monaten vom Ablaufe des Tages, an welchem das die Bekanntmachung enthaltende Amtsblatt ausgegeben worden ist, durch gerichtliche Klage gegen den Bergwerkseigenthümer verfolgen. Wer von dieser Frist keinen Gebrauch macht ist seines etwaigen Vorzugsrechtes verlustig. Diese Präclusion findet nach §. 36, auch auf solche Bergwerkseigenthümer Anwendung, welche nach §. 55 ein Vorzugsrecht auf die in der publicirten Verleihungsurkunde bezeichneten Mineralien[2]) zu haben glauben, insofern dieses Recht nach §. 55 nicht schon erloschen, auch über dasselbe nicht bereits in dem Verleihungsverfahren verhandelt und in dem Beschlusse des Oberbergamts (§. 31) entschieden worden ist.

Im Uebrigen werden die Rechte des verliehenen Bergwerkseigenthums durch die Aufforderung und Präclusion des §. 35 nicht betroffen.

Die Uebergangsbestimmung des §. 221 führt eine gleiche Präclusion zu Gunsten der vor dem 1. October 1865 verliehenen Bergwerke ein, und verfugt, dass alle Anspruche, welche aus vor dem 1. October eingelegten Muthungen auf solche

---

1) Die Frist von 6 Wochen hat nur die Bedeutung einer Instruction für die betheiligten Behörden. Die Bekanntmachung kann auch später mit gleicher Wirkung erfolgen.

2) Dieses Vorzugsrecht wird unten im §. 13 erörtert werden.

Felder erhoben werden, bis zum 1. October 1866 durch gerichtliche Klage gegen den Bergwerkseigenthümer verfolgt werden müssen.

Durch diese Bestimmungen sind die Grundsätze des früheren Rechtes über das Alter im Felde zweckmässig verändert. Nach den Regeln des gemeinen und des früheren preussischen Bergrechts [1]) geschahen alle Bergwerksverleihungen „älteren Rechten unbeschadet" und der Beliehene musste trotz der erhaltenen Belehnung zu jeder Zeit dem älteren Muther oder Finder, der keine Belehnung erhalten hatte, weichen. In Folge dieses Grundsatzes war, wie die Motive der Regierungsvorlage zu §. 35 bemerken, das Bergwerkseigenthum niemals ausreichend sicher gestellt, sondern der Beliehene blieb trotz einer nach Erfüllung aller gesetzlichen Bedingungen ausgefertigten Verleihungsurkunde stets der Gefahr ausgesetzt, seine Rechte nachträglich an irgend einen dritten Muther oder Bergwerkseigenthümer zu verlieren, welcher innerhalb der gewöhnlichen Verjährungsfristen ein älteres Recht auf das Feld oder auf Theile desselben nachwies.

Gegenwärtig ist dagegen der beliehene Bergwerkseigenthümer durch die dreimonatliche Verjährungsfrist des §. 35 gegen alle Ansprüche gesichert, welche sich nicht auf eine früher ertheilte Verleihung gründen. Bei dem Zusammentreffen zweier Verleihungen über dasselbe Feld und dasselbe Mineral entscheidet dagegen nach §. 35 wie bisher das Alter der Verleihung. Wenn die ertheilte Verleihung auf Grund der §§. 35 und 36 im Wege der Klage angefochten wird und durch richterliche Entscheidung das Vorzugsrecht des Widersprechenden anerkannt wird, so hat das Oberbergamt nach Lage des Falles die Verleihungsurkunde gänzlich aufzuheben oder abzuändern (§. 35). Die ergehende richterliche Entscheidung bildet daher ein Präjudizium, durch welches dem obsiegenden Theile nicht unmittelbar das Bergwerkseigenthum an dem streitigen Felde, sondern nur ein Vorzugsrecht zuerkannt wird, auf Grund dessen dann die neue Verleihung nebst der gänzlichen oder theilweisen Aufhebung der älteren Verleihung durch das Oberbergamt erfolgen muss.

---

1) Allg. Landrecht Th. II. Tit. 16. §. 352 f.

Der Situationsriss wird nach §. 33 bei Ausfertigung der Verleihungsurkunde in beiden Exemplaren von dem Oberbergamte beglaubigt und erforderlichen Falles vorher berichtigt und ergänzt. Diese Berichtigung erstreckt sich sowohl auf ursprüngliche Fehler des Situationsrisses, soweit solche nicht bereits im Vorverfahren beseitigt sind, als auch auf die Abänderungen, welche die Feldesstreckung etwa durch den Beschluss des Oberbergamtes (§. 31) erlitten hat.

Der Situationsriss wird während drei Monaten nach der Publication der Verleihungsurkunde bei dem Revierbeamten zur öffentlichen Kenntniss ausgelegt (§. 37).

§. 12. Begrenzung: 1. Das Grubenfeld.

(§§. 26–27 des Berggesetzes. — Allg. Preuss. Landrecht Th. II, Tit. 16, §. 156 f. §. 177 f. §. 352 f. — Gesetz vom 1. Juli 1821.)

Der Bergwerkseigenthümer hat nach §. 54 die ausschliessliche Befugniss das in der Verleihungsurkunde benannte Mineral in seinem Felde aufzusuchen und zu gewinnen. Das Bergwerkseigenthum ist also in doppelter Weise begrenzt: räumlich durch das Grubenfeld und qualitativ durch das in der Verleihungsurkunde bezeichnete Mineral.

Das Grubenfeld wird nach §. 26 durch gerade Linien an der Oberfläche und durch senkrechte Ebenen in die ewige Teufe begrenzt. Das Bergwerkseigenthum hat also wie das Grundeigenthum räumlich betrachtet ein Stück des Erdkörpers zum Gegenstande, welches an der Oberfläche linear begrenzt ist und von da sich senkrecht bis in eine unbegrenzte Tiefe — bis zum Mittelpunkte der Erde — erstreckt.

Von der Regel der gradlinigen Begrenzung an der Oberfläche kann nach §. 26 abgewichen werden, wo die Oertlichkeit dies erfordert. Dies ist wie die Motive S. 41 bemerken der Fall, wenn das Grubenfeld an schon bestehende Grubenfelder an Landesgrenzen oder an grössere Flüsse angrenzt.

Die Flächenausdehnung des Grubenfeldes beträgt nach §. 27 im Maximum 500,000 Quadratlachter. In den Kreisen Siegen und Olpe des Regierungsbezirks Arnsberg und in den Kreisen Altenkirchen und Neuwied des Regierungsbezirks Coblenz beträgt die grösste Flächenausdehnung des Grubenfeldes 25,000 Quadratlachter[1]) und diese Feldesgrösse findet nach Art. XV der Einführungsverordnung vom 8. Mai 1867 auch für den Eisensteinbergbau in denjenigen Theilen des Bezirkes des früheren Berg- und Forstamtes zu Clausthal Anwendung, in welchen die Eisensteingewinnung nicht den Landesherrschaften des Communionharzes (Preussen und Braunschweig) reservirt ist, einschliesslich des Amtes Elbingerode[2]).

Die Configuration des Feldes ist weder von dem Verhalten der Fundlagerstätte abhängig noch auch an bestimmte geometrische Formen gebunden; vielmehr kann dem Felde jede beliebige geradlinige Begrenzung gegeben werden. Jedoch muss der Fundpunkt, beziehungsweise der frühere Aufschluss des Mineralvorkommens eines verlassenen Bergwerks stets in dieses Feld eingeschlossen werden. Auch dürfen je zwei Punkte der Begrenzung bei 25,000 Quadratlachtern nicht über 500 Lachter, und bei 500,000 Quadratlachtern nicht über 2000 Lachter von einander entfernt liegen.

Die Massangaben des Allgemeinen Berggesetzes sind vom

---

1) Zur Begründung dieser Ausnahmebestimmung wird in den Motiven S. 44 ausgeführt, dass das eigenthümliche Vorkommen der nutzbaren Mineralien in den gedachten vier Kreisen zur Folge habe, dass sehr ausgedehnte Geviertfelder dort nicht angebracht seien. Dieselben würden, weit entfernt einem wirklichen Bedürfnisse zu entsprechen, nur zum Nachtheile des vorhandenen Bergwerkseigenthums gereichen. Neue Funde von Bedeutung stehen dort nämlich kaum noch zu erwarten. Dagegen werde es stets leicht sein, in einem nach allen Richtungen hin von Gangtrümern durchschwärmten Gebirge fündig zu werden. Voraussichtlich würden daher in Folge der Einführung ausgedehnter Geviertfelder die bereits vorhandenen Längenfelder sehr bald von Geviertfeldern umstrickt werden und zwar auf Grund von Funden, welche für die Entwickelung des Bergbaues völlig bedeutungslos sind. Für die bestehenden Bergwerke würden hieraus aber Besitzstörungen, Rechtsstreitigkeiten und Verminderung des Kredits erwachsen.

Die vier Kreise Siegen, Olpe, Altenkirchen und Neuwied umfassen die Bergreviere Olpe, Müsen, Siegen II (Eisern), Siegen I (Gosenbach), Burbach, Daaden, Kirchen, Hamm und Neuwied und den südlichen schmalen Streifen des Bergreviers Unkel längs dem Rheine zwischen Honnef und Leutesdorf.

2) Vergl. das Provinzialrecht.

1. Januar 1872 ab nach der Mass- und Gewichtsordnung vom 17. August 1868 auf das Metermass zu reduziren. Es entsprechen alsdann der Feldesgrösse:

von 500,000 Quadratlachter = 2188979 Quadratmeter
„ 25,000 „ = 109449 „

und der Längenausdehnung:

von 200 Lachter = $418{,}_5$ Meter
„ 500 „ = 1046 „

Die Regeln des älteren Rechtes über die räumliche Begrenzung der Grubenfelder weichen von denjenigen des Allg. Berggesetzes wesentlich ab und da die unter dem früheren Rechte erworbenen Bergwerke ihre bisherige Begrenzung behalten, so ist es nothwendig auch die Vorschriften der früheren Berggesetze uber die Begrenznng der Grubenfelder zu erörtern.

Das frühere linksrheinische Bergrecht weicht von dem Allgemeinen Berggesetze nur darin ab, dass ein Maximum für den Flächeninhalt der Felder nicht festgesetzt war. Im Uebrigen bestimmt das Bergwerksgesetz vom 21. April 1810 im Art. 29, dass die Grenzen der Concessionen durch Festpunkte an der Oberfläche und durch senkrechte Ebenen von der Oberfläche in das Innere der Erde bis zu unbegrenzter Tiefe gebildet werden sollen, sofern nicht die Umstände oder die Oertlichkeit eine andere Begrenzung nothwendig machen.

Das fruhere rechtsrheinische Bergrecht liess verschiedene Arten der Feldesbegrenzung zu, welche als die Längenvermessung und die gevierte Vermessung unterschieden werden.

Die Längenvermessung schliesst sich an das Verhalten der Fundlagerstätte an, indem das Längenfeld oder das gestreckte Feld nicht ein willkurlich abgegrenztes Stück des Erdkörpers, sondern ein Stück des Ganges darstellt, so dass die Feldesgrenzen zum Theil durch die naturlichen Grenzen der Lagerstätte (Ausgehendes und ewige Teufe — Hangendes und Liegendes) und nur zum Theil durch künstliche Grenzen gebildet werden. Eine ausreichende natürliche Begrenzung der Lagerstätten ist nach zwei Richtungen hin vorhanden, nämlich nach der Dicke durch die Mächtigkeit und nach der Tiefe durch die ewige Teufe. Einer künstlichen Begrenzung bedarf es hauptsächlich für die dritte Dimension: für die Länge, welche auf dem Körper der Lagerstätte linear abgemessen und durch zwei Endpunkte bezeichnet wird. Zum näheren Verständnisse dieser Vermessungsart dienen folgende Bemerkungen[1]:

Die regelmässigen Lagerstätten, insbesondere die Gänge, auf welche vorzugsweise die Längenvermessung Anwendung fand, sind plattenförmige Körper von geringer Mächtigkeit, dagegen meist von grosser Ausdehnung in die Länge (Streichen) und in die Tiefe (Fallen). Die Gänge durchsetzen die umgebenden Gebirgsschichten; sie erscheinen als die Ausfüllung von Spalten des Gebirges, welche meist zu Tage ausgehen und mit starker Neigung bis zu einer gewissen Tiefe fortsetzen. Der Gang ist daher natürlich begrenzt: 1. durch sein Ausgehendes an der Erdoberfläche und durch die ewige Teufe d. h. durch die Tiefe bis zu welcher der Gang ununterbrochen einfällt. 2. Durch das Hangende und das Liegende, d. h. durch die Flächen, welche den Gang von den durchsetzten Gebirgsschichten oberhalb und unterhalb des geneigten Ganges abgrenzen.

In der Längendimension erstreckt sich der Gang nach beiden Seiten soweit er ununterbrochen fortstreicht; seine natürliche Grenze ist da wo die Continuität des Fortstreichens abgeschnitten, wo der Gang verdrückt oder verworfen wird. Allein das gestreckte Feld ist im Streichen zugleich künstlich begrenzt, indem es auf eine gewisse lineare Erstreckung vom Fundpunkte nach beiden Seiten hin beschränkt ist. Die künstliche Begrenzung der Längenausdehnung wird durch zwei Endpunkte gegeben, welche sich in der Streichungslinie auf beiden Seiten des Fundpunktes befinden und deren Abstand von dem Fundpunkte in Längenmassen ausgedrückt wird. Eine weitere künstliche Begrenzung des Längenfeldes ist in der Vierung gegeben, durch welche das Feld über den Körper der Lagerstätte hinaus in die Breite erweitert wird. Sie wird durch zwei den Seitenflächen der Lagerstätte, dem Hangenden und dem Liegenden parallele Ebenen gebildet und deshalb ebenfalls durch ein blosses Längenmaass, nämlich durch den

---

1) Vergl. Lottner Bergbau- und Hüttenkunde S. 327 f. — Hake Commentar §. 13 f. — v. d. Bercken in der Zeitschrift für Bergrecht Bd. I, S. 109 f. Bd. II, S. 53.

Abstand dieser Grenzebenen von dem Hangenden und dem Liegenden bezeichnet. Zur Streckung des Längenfeldes gehört daher die Zahlangabe der oberhalb und unterhalb der Fundgrube begehrten Maassen und die Bestimmung der Vierung in das Hangende und in das Liegende.

Die Feldeslänge wurde im ältesten Bergrechte nach Lanen zu 7 Lachtern gemessen[1]). Später wurden Wehre zu 2 Lanen oder zu 14 Lachter als Masseinheit angenommen[2]). Zugleich bildete sich die Unterscheidung der Fundgrube und der Maassen aus, die bereits von Agricola[3]) unter dem Namen caput fodinae und dimensum unterschieden werden. Diese Unterscheidung hängt zusammen mit dem oben S. 70 erörterten Gegensatze zwischen dem Rechte des Finders und des Muthers. Nach den früheren Bergordnungen blieb dem Finder des Ganges, auch ohne dass er Muthung einlegte, das Recht auf die Fundgrube, der Muther welcher nicht selbst gefunden hatte, erhielt die nächsten Maassen, welche an die Fundgrube des Finders auf der einen oder andern Seite angelegt wurden. Das volle Grubenfeld, welches durch die Muthung des Finders erworben werden konnte, bestand aus der Fundgrube und den Maassen in deren Summe die ganze zulässige Feldeslänge ausgedrückt wurde.

Die früheren Bergordnungen wichen jedoch in ihren Bestimmungen über die Länge der Fundgrube und der einzelnen Maassen, sowie über die Zahl der neben der Fundgrube zu verleihenden Maassen von einander ab. Es betrugen nämlich:

---

1) Iglauer Bergrecht: Ubicunque mons vel stollo inventus vel elaboratus fuerit, de iure habebit in eo, quod dicitur hanghende quartum dimidium laneum, et in eo quod dicitur lighende unum laneum, altitudo et profundum in aequali statura. — Siquis autem novum montem invenerit, mensurentur ei septem lanci ex utraque parte.

Constitutiones iur. metall. Wenzeslai II. lib. II. cap. 2: Quivis autem laneus septem mensuras quae vulgo dicuntur Lachter in se continet.

2) Nassau-Katzenelnbog. Bergordnung Art. 12. — Kursächs. Bergordnung Art. 29.

3) De re metallica lib. IV. S. 58 f. der Baseler Ausgabe von 1621.

nach der Bergordnung für	die Länge der Fundgrube	die Länge der Maassen.	die Zahl d. Maassen.
1. Joachimsthal Th. II, Art. 1. 26	42 Lacht.	28 Lacht.	2
2. Nassau-Katzenelnb. Art. 12[1])	84 „	42 „	3[2])
3. Kurtrier Art. III, 5, Art. IV, 4	42 „	28 „	2
4. Kursachsen Art. 26[3]) . .	42 „	28 „	2
5. Kurköln Th. III, Art. 1. 6 .	42 „	28 „	2
6. Jülich-Berg. Art. 5 . . .	80 „	28 „	4[4])
7. den Revidirten B.-O. Cap. II (III), §. 1. Cap. IX (X), §. 2	42 „	28 „	12
8. dem Allg. Preuss. Landrecht Th. II, Tit. 16 §. . . .	42 „	28 „	12

Die Revidirten Bergordnungen enthielten noch besondere Bestimmungen über die Feldeslängen bei Steinkohlenbergwerken, welchen bei gestreckter Vermessung 20 Maassen zugetheilt wurden. Doch ist die gestreckte Vermessung auf Steinkohlenflötzen nur im Bezirke der Kleve-Märkischen Bergordnung üblich gewesen. Die Kurkölnische Bergordnung Th. XII, Art. 3 beschränkte bei Eisensteinbergwerken die Feldeslänge auf die Fundgrube und eine Maasse.

Neben diesen mannigfaltigen Bestimmungen der Bergordnungen wurde als gemeines Recht die Feldesgrösse von einer Fundgrube zu 42 Lachter und zwei Maassen von je 28 Lachter Länge angenommen und hiernach die fehlende Bestimmung in einzelnen Bergordnungen (z. B. für Joachimsthal und Kursachsen) ergänzt.

Die Vierung des Grubenfeldes, welche der Mächtigkeit des Ganges hinzutrat, und das Feld über die natürlichen Grenzen der Lagerstätte in der Breite erweiterte, betrug gemeinrechtlich $3^1/_2$ Lachter ins Hangende und ebensoviel ins Liegende, zusammen 7 Lachter[5]). Sie wird senkrecht auf die

1) Vergl. die Erläuterungen von Brassert, Bergordnungen S. 25. Anm. * u. **.

2) Vergl. Brassert, Bergordnungen S. 26.

3) Daselbst S. 368, Anm. **.

4) Daselbst S. 768 Anm. ** IV.

5) Nach der Nassau-Katzenelnbogischen Bergordnung Art. 12 beträgt die Vierung 42 Lachter, nach der Jülich-Bergischen B.-O

Fallebene des Ganges gemessen, so dass die horizontale Breite des Grubenfeldes einerseits im umgekehrten Verhältnisse des Sinus des Fallwinkels verbreitert, andrerseits um die Mächtigkeit des Ganges, an welche die Vierung sich anschliesst, vergrössert erscheint.

Die Grenzen des Längenfeldes folgen daher nach allen drei Richtungen dem natürlichen Verhalten der Lagerstätte. Sie werden zunächst nach dem am Fundpunkte abgenommenen Streichen und Fallen des Ganges projectirt und das Feld erscheint nun auf der Karte als ein schmales Rechteck, dessen Längsrichtung durch die beobachtete Streichungslinie gegeben ist. Ergibt sich aber beim weiteren Aufschlusse des Ganges, dass derselbe sein Streichen verändert, so nimmt das Feld die krummlinige Gestalt der wirklichen Streichungslinie an. Ebenso folgt das Feld in der Fallrichtung allen Biegungen des Ganges und seine absolute Ausdehnung an der Oberfläche und in der Teufe kann erst festgestellt werden, wenn das Verhalten des Ganges im Streichen und im Fallen vollständig bekannt, d. h. wenn der Gang vollständig abgebaut ist.

Das Längenfeld ist daher nur relativ bestimmt und seine Lage ist abhängig von dem ungewissen Verhalten der Lagerstätte. Wenn zwei Bergwerksbesitzer an einem Punkte mit ihren Bauen zusammentreffen, so lässt sich die Frage, in welchem Felde sich der streitige Punkt befindet, erst durch die Ausmittelung des Verhaltens der beiderseitigen Lagerstätten entscheiden. Hierzu kommt, dass die Gänge sich vielfach durchkreuzen, sowohl in der Richtung ihres Streichens als auch ihres Einfallens. Daher kann bei der gestreckten Vermessung der Fall eintreten, dass ein Gangstuck zu zwei verschiedenen Längenfeldern gehört, indem zwei getrennt verliehene Gänge im weiteren Fortstreichen sich durchsetzen, oder sich schaaren, oder nach der Teufe zu sich durchfallen oder zusammenfallen. Hierzu kommt der fernere Fall, dass ein im Freien verliehener Gang im weiteren Fortstreichen oder im Einfallen in die Vierung eines anderen früher verliehenen Ganges kommt. Auf

---

Art. 5 acht Lachter. Das Gesetz vom 1. Juli 1821 §§. 5 u. 6 führten für die Längenvermessung bei Steinkohlenbergwerken die exorbitante Vierung von 500 Lachtern horizontal gemessen ein.

alle diese Fälle beziehen sich die Regeln des älteren Bergrechtes vom Alter im Felde, welche für die nach dem älteren Rechte verliehenen Längenfelder noch heute Geltung haben. Diese Regeln beziehen sich theils auf das Alter des bergrechtlichen Eigenthums selbst, theils auf den Nachweis des Zusammenhanges zwischen den beiderseits verliehenen Lagerstätten, da nur unter der Voraussetzung eines Zusammentreffens der getrennt verliehenen Lagerstätten an dem streitigen Punkte eine Collision der Rechte vorhanden ist.

Das Alter des Eigenthumes wird nach §. 361 A. L. R. II. 16 nach dem Tage der Belehnung berechnet. Da indess alle Bergwerksverleihungen nach der früheren Gesetzgebung (§. 352 a. a. O.) älteren Rechten unbeschadet ertheilt wurden, so steht dem jünger Beliehenen nach §. 362 f. der Nachweis offen, dass er der ältere Muther oder Finder gewesen sei.

Den Nachweis des Zusammenhanges oder der Identität des streitigen Ganges mit seinem verliehenen Gange muss der Kläger, oder wie dies in den Gesetzen ausgedrückt wird, der Aeltere führen [1]), da die Klage eben nur auf die Behauptung eines älteren Rechtes gegründet werden kann. Dieser Nachweis muss durch offenen Durchschlag vom Funde bis zum streitigen Punkte geführt werden (§. 365 A. L. R. II. 16). Ein künstlicher Beweis ist nach §. 372 a. a. O. in dem Falle zugelassen, wenn der streitige Punkt in der Richtung des Einfallens von den Bauen des Klägers nach der Teufe zu belegen ist, weil hier die Herstellung einer offenen Verbindung von oben nach unten zu grosse technische Schwierigkeiten haben würde [2]).

Der Nachweis, dass der streitige Punkt in die Vierung der älteren Grubenfeldes fällt, gilt nach §. 368 a. a. O. mit dem Nachweise des Zusammenhanges gleich, weil der Aeltere befugt ist, den Gang des Jüngeren, soweit er in seine Vierung fällt, abzubauen.

Theilt der Gang des älter Beliehenen sich in Trümmer, so hat derselbe nach §. 187 a. a. O. auf beide Trümmer Anspruch, so lange dieselben in der Vierung bleiben, welche in

---

1) Allg. Landrecht II 16. §. 359. §§. 364 f.

2) Vergl. von der Bercken in der Zeitschrift für Bergrecht Bd. I. S. 115 f.

diesem Falle von der Mitte zwischen beiden Trümmern gemessen wird. Wenn die Trümmer aus der Vierung fallen, so hat der älter Beliehene die Wahl, welches Trumm er als die Fortsetzung seines Ganges in Anspruch nehmen will (§. 353 a. a. O.) [1]).

Das Alter im Felde oder die Erstreckung des Bergwerkseigenthumes selbst ist beim Längenfelde von der ununterbrochenen Fortsetzung der Lagerstätte abhängig. Die Regel erleidet jedoch eine Ausnahme, „wenn der verdrückte Gang innerhalb der Vierung seiner Streichungslinie wieder gefunden wird." (§. 367 A. L. R. II. 16) d. h. wenn die Lagerstätte zwar im Fortstreichen aufhört, jedoch innerhalb des projectirten Grubenfeldes eine andere Lagerstätte aufsetzt. In diesem Falle wird durch eine juristische Fiction der von dem verliehenen Gange getrennte neue Gang als eine Fortsetzung des ersteren angesehen und die noch übrige Feldeslänge an den neuen Gang angelegt [2]).

---

1) Dieser Fall ist äusserlich gleichartig mit dem im §. 355 A. L. R. II. 16 erwähnten Falle, wenn zwei Hauptgänge sich in Einen zusammen vereinigen (schaaren). In beiden Fällen sind zwei Gänge a und b vorhanden, welche sich zu einem Gange c vereinigen, oder aus diesem Gange c als Trümmer hervorgehen.

In dem Falle des §. 188 und §. 353 wird aber vorausgesetzt, dass der Aeltere der streitenden Theile mit dem Hauptgange c, der andere mit einem der Trümmer a oder b beliehen sei. Ersterer schlägt alsdann den Gegner auf beiden Trümmern aus dem Felde, so lange dieselben innerhalb seiner Vierung v. v. bleiben. Von dem Punkte ab, wo die Trümmer aus der Vierung heraustreten, muss er einen derselben wahlen. In dem Falle des §. 355 sind die beiden Verleihungen auf die Gange a und b ertheilt, welche sich zu einem Gange c vereinigen. Letzterer fällt von dem Vereinigungspunkte ab dem Aelteren zu, der überdies befugt ist, innerhalb seiner Vierung ausser seinem Gange a auch den Gang des Gegners b abzubauen.

2) Es sei ein Gang auf die Feldeslänge a c verliehen, jedoch nur bis b vorhanden. In diesem Falle steht es dem Beliehenen frei,

Die Vierung, welche in den Fällen der §§. 187 und 367 A. L. R. II. 16 nicht an die Lagerstätte selbst, sondern an eine eingebildete Fortsetzung ihrer Streichungslinie angelegt wird, pflegt als Vierung des Grubenfeldes (*quadratura principalis*) von der eigentlichen Vierung oder der Vierung des Ganges (*quadratura accessoria*) unterschieden zu werden [1]).

Die Längenvermessung war nach dem älteren Rechte auf Gänge beschränkt und als solche wurden gemeinrechtlich alle regelmässigen Lagerstätten angesehen, deren Fallen mehr als zwanzig Grad beträgt, d. h. welches um mehr als 20° gegen den Horizont geneigt sind. Das Allg. Preuss. Landrecht nahm im §. 156 Th. II. Tit. 16 ein Fallen von mehr als fünfzehn Grad als die Grenze für die gangweise Vermessung.

Alle unregelmässigen Lagerstätten, sowie alle diejenigen deren Fallen nur 20 Grad (nach Preussischem Rechte 15 Grad) oder weniger betrug, wurden nach gevierter Vermessung verliehen. Unter diesen Lagerstätten sind die sogenannten Lager, und vor allem die Flötze begriffen. Letztere unterscheiden sich von den Gängen hauptsächlich dadurch, dass sie nicht ein stetiges Einfallen nach der Teufe zu besitzen, sondern Sättel und Mulden bilden. Es ist bereits (oben S. 121) erwähnt, dass das frühere Preussische Bergrecht abweichend von dem Gemeinen Bergrechte, auch bei den Flötzen die Längenvermessung zuliess, dass dieselbe jedoch nur bei dem westfälischen Steinkohlenbergbau und auch hier nur theilweise Anwendung gefunden hat. Wo hier Längenfelder auf Steinkohlenflötzen verliehen sind, gelten die oben für die gestreckte Vermessung der Gänge entwickelten Regeln mit den durch die Natur der Sache gegebenen Abweichungen. Die ewige Teufe wird bei den Flötzen

---

die Streichungslinie seines Ganges a b bis c zu verlängern und an dieselbe seine Vierung v v anzulegen.

Er ist dann befugt, den innerhalb dieser Vierung bei d auftretenden Gang als Fortsetzung seines Ganges a b anzusprechen und auf die noch übrige Feldeslange d e abzubauen.

1) Hake, Commentar §. 189 f. — Herder, de iure quadraturae metallicae. Wittenberg 1802.

durch das Tiefste der Mulde d. h. durch diejenige Teufe bezeichnet, in welcher das Flötz die Richtung seines Einfallens verändert und mit dem Gegenflügel der Mulde zusammentrifft. Ebenso vertritt die Sattellinie die Stelle des Ausgehenden da wo das Flötz nicht zu Tage ausgeht[1]).

Die gevierte Vermessung, welche nach älterem Rechte auf Flötzen und Lagern die Regel bildete, erfolgte bis zu dem Gesetze, die Verleihung des Bergeigenthums auf Flötzen betreffend vom 1. Juli 1821 (G. S. S. 106) auf der Lagerstätte, seit dem Erlasse jenes Gesetzes dagegen auf der Erdoberfläche mit der Begrenzung nach senkrechten Ebenen bis in die ewige Teufe, d. h. bis zum Mittelpunkte der Erde.

Die ältere Geviertvermessung schloss sich wie die Längenvermessung dem Körper der Lagerstätte an. Eine Dimension des Feldes wurde durch die Mächtigkeit des Flötzes gebildet, welche durch die hinzutretende Vierung ins Hangende und Liegende erweitert wurde. Die beiden andern Dimensionen wurden künstlich begrenzt, da sowohl die Fundgrube als die Maassen ins Gevierte vermessen wurden. Das ganze Feld stellte daher eine auf dem Flötze abgemessene Fläche dar, welche einen durch die Mächtigkeit des Flötzes und die hinzutretende Vierung gebildeten Feldeskörper abgrenzte. Diese ältere Geviertvermessung ist seit dem Erlasse des Gesetzes vom 1. Juli 1821 nur noch im Kreise Wetzlar zur Anwendung gebracht und auch den dort verliehenen Geviertfeldern ist nunmehr durch §. 220 des Allg. Berggesetzes die ewige Teufe nach senkrechten Ebenen beigelegt worden. Die Regeln der älteren auf die Lagerstätte bezogenen Geviertvermessung sind daher ganz obsolet.

Die Geviertvermessung nach dem Gesetze vom 1. Juli 1821 stimmte mit der heutigen Begrenzung des Grubenfeldes nach §. 26 des Allg. Berggesetzes darin uberein, dass das Geviertfeld auf der Erdoberflache durch meistens gerade Linien und in der Teufe durch senkrechte Ebenen begrenzt wurde,

1) Die nähere Darlegung der oft schwierigen Uebertragung der Regeln von der gangweisen Vermessung auf die Flotze ist mit grossem Scharfsinne entwickelt in den Beiträgen zur Kenntniss des Preussischen Bergrechtes von von der Bercken, Zeitschrift für Bergrecht Bd. II. S. 53 f.

welche durch diese Linien bis zum Mittelpunkte der Erde gelegt werden. Abweichend war dagegen die Bestimmung des Flächeninhaltes, welcher sich aus einer Fundgrube und höchstens 1200 Maassen zusammensetzte. Die Fundgrube wurde, wie bei der älteren Geviertvermessung durch das Quadrat des für die Längenvermessung vorgeschriebenen Längenmasses der Fundgrube gebildet. Sie betrug also gemeinrechtlich 42 Lachter ins Geviert und im Bereiche der Nassau-Katzenelnbogischen Bergordnung 84 Lachter ins Geviert [1]). Die Grösse der Maassen war gleichmässig für alle Rechtsgebiete auf 14 Lachter ins Gevierte bestimmt. Der Flächeninhalt des aus einer Fundgrube und 1200 Maassen bestehenden Geviertfeldes berechnete sich daher mit Rücksicht auf die verschiedene Grösse der Fundgrube auf ca. 236,000 bis 242,250 Quadratlachter.

Die Bestimmung der Feldesgrösse hing jedoch nicht bis zu diesem Maximum lediglich von dem Antrage des Muthers ab; vielmehr sollten nach §. 3 des Gesetzes vom 1. Juli 1821 soviel Maassen ausser der Fundgrube zugestanden werden „als zu einem zusammenhängenden Bau erforderlich ist."

Diese Vorschriften, welche die Feldesgrösse von dem „unliebsamen Ermessen" der Behörde abhängig machten, wurden indess nicht recht praktisch. Die verleihende Bergbehörde gewährte überall, wo soviel freies Feld im Zusammenhange vorhanden war, das volle Feldesmaximum. Die Gerichte erkannten sogar den obsiegenden Muthern das Vorzugsrecht zur Verleihung für das Feldesmaximum von einer Fundgrube und 1200 Maassen unbedingt zu. Als nun in dem oben S. 40 erwähnten Gesetzentwurfe vom 16. December 1856 und in dem vorläufigen Entwurfe zum Allgem. Berggesetze §§. 31, 32 der Versuch gemacht wurde ein Minimalfeld festzusetzen, auf welches dem Muther ein Rechtsanspruch eingeräumt werden sollte, und daneben ein Maximalfeld einzuführen, welches nach dem Ermessen der Bergbehörde gewährt und versagt und ohne stricte Rücksicht auf die Priorität der Muthung zugetheilt werden

---

1) Das frühere Preussische Bergrecht bestimmte die Fundgrube bei der Geviertvermessung abweichend von dem Längenmaasse, nämlich auf 28 Lachter ins Geviert in den Bezirken der Revidirten Bergordnungen und auf 50 Lachter ins Geviert im Bereiche des Allg. Landrechts.

konnte, erhob sich gegen diese dem deutschen Bergrechte fremde und mit dem Grundsatze der Bergbaufreiheit unverträgliche Neuerung die allgemeine Stimme. Das Allg. Berggesetz ging daher im §. 27 von der Unterscheidung des Minimalfeldes und Maximalfeldes gänzlich ab und bestimmte statt dessen nur ein Feldesmaximum, welches dem Muther bei Erfüllung der gesetzlichen Bedingungen gewährt werden muss. Dadurch ist eine wünschenswerthe Vereinfachung des Muthungswesens ermöglicht, indem von den zeitraubenden und kostspieligen Versuchs- und Aufschlussarbeiten abgesehen werden kann, durch welche die Bergbehörde in den Stand gesetzt werden müsste, die Verbreitung und sonstige Beschaffenheit des Mineralvorkommens zu beurtheilen und hiernach die Legung und Ausdehnung des Feldes zu bestimmen. Besonders wichtig aber ist die Beseitigung einer Anzahl verwickelter und streitiger Rechtsfragen, welche damit zusammenhingen, dass früher der Muthung verschiedene Wirkungen beigelegt wurden, je nachdem das begehrte Feld als schon feststehend oder noch von dem Ermessen der Behörde abhängig betrachtet wurde [1]).

Gegenwärtig unterscheiden sich die auf Grund des Gesetzes vom 1. Juli 1821 verliehenen Geviertfelder nur noch durch die Construction einer besonderen Fundgrube innerhalb des Grubenfeldes von den auf Grund des neuen Berggesetzes verliehenen Feldern. Die Fundgrube, deren Lage unter andern für den Anspruch des Grundbesitzers auf den Erbkux maassgebend ist, wird nach §. 177 A. L. R. II. 16 vom Punkte des Fundes winkelrecht über das Kreuz vermessen, d. h. in dem Fundpunkte müssen sich die beiden Diagonalen des Vierecks kreuzen. Die eine Seite des Quadrats muss mit der Streichungslinie des Flötzes parallel laufen, während die andere Seite sie im rechten Winkel schneidet [2]). Eine Abweichung von dieser Vermessungsart ist nach §. 178 a. a. O. nur dann gestattet, wenn nach dem Ermessen des Bergamtes auf der einen Seite kein nutzbarer Bau zu veranstalten war und keine gegründete Widersprüche der Feldesnachbarn entgegenstanden. Nur den Feldesnachbarn, nicht dem zum Erbkuxe berechtigten

1) Vergl. m. Uebersicht S. 92 ff. $18^{60}/_{63}$. S. 43 ff.
2) Vergl. m. Uebersicht der bergrechtlichen Entscheidungen S. 228.

Grundeigenthümer war ein Recht des Widerspruchs gegen die abweichende Vermessung gegeben. Im Uebrigen entschied nach §. 178 das Ermessen des Bergamtes, wie dies von dem Ober-Tribunal in dem Präjudize 1247 vom 23. December 1842 anerkannt ist.

Eine besondere Art der Feldesbegrenzung bildete endlich nach älterem Rechte die Districtsverleihung, welche auf die zerstreuten Lagerstätten, insbesondere auf das Raseneisenerz angewendet zu werden pflegte. Schon vor der Emanation des Allg. Landrechts waren von den Bergbehörden Verleihungen auf solche Mineralien ertheilt worden, welche in der Regel einen grösseren, nicht nach Maassen, sondern nach Gemeinde- und Kreisgrenzen bezeichneten District umfassen. Die Gültigkeit dieser Districtsverleihungen, welchen nicht ein durch Muthung erworbener Rechtsanspruch zu Grunde liegt, war jedoch ein Zweifel gezogen worden. Zur Beseitigung dieser Zweifel erging der oben angeführte Allerhöchste Erlass vom 1. September 1842, welcher bestimmt:

> „dass in den Landestheilen, in denen das Allg. Landrecht gesetzliche Anwendung findet, in Betreff derjenigen zum Bergwerksregal gehörigen Mineralien, welche wie das Raseneisenerz in zerstreuten Lagerstätten (nesterweise) vorkommen, Muthungen und Verleihungen ausnahmsweise auch auf grössere, ohne Vermessung, nur durch äusserlich genau bezeichnete Grenzen festzustellende Districte zulässig sein sollen."

Diese Bestimmung wurde durch den spätern Erlass vom 2. August 1854 auf alle Landestheile diesseits des Rheins ausgedehnt. Beide Erlasse sind jedoch nicht als Gesetze publicirt worden.

Die Bedenken, welche aus diesem Grunde abermals gegen die Rechtsgültigkeit der Districtsverleihungen erhoben wurden, sind beseitigt durch das Präjudiz 2699 des Obertribunals vom 30. April 1858 [1]), welches von der Erwägung ausgeht, dass die Bestimmungen der früheren Bergordnungen über die Feldesgrösse auf nesterweise abgelagerte Fossilien keine Anwendung finden konnten, dass also bei der Verleihung solcher Fossilien

1) Vergl. m. Uebersicht der bergrechtlichen Entscheidungen S. 128.

die fehlende Bestimmung der Feldesgrösse durch Verwaltungsvorschriften ergänzt werden musste.

§. 13. Begrenzung: 2. Das Mineral.

(§. 54—57 des Berggesetzes).

Der Bergwerkseigenthümer hat nach §. 54 die ausschliessliche Befugniss, das in der Verleihungsurkunde benannte Mineral in seinem Felde aufzusuchen und zu gewinnen. Zu der räumlichen Begrenzung des Feldes tritt daher noch eine weitere qualitative Begrenzung durch die verliehene Mineralspecies. Die Beschränkung auf die Gewinnung des verliehenen Minerals bildet die Grenze fur das Recht des Bergwerkseigenthümers:

1. gegenüber der dem Grundeigenthümer zustehenden Mineralgewinnung (§. 57);
2. gegenuber dem Finder und Muther noch unverliehener Mineralien (§. 55);
3. gegenüber dem Bergwerkseigenthumer, welcher mit andern Mineralien in demselben Felde beliehen ist (§. 56).

I. Sowie dem Bergwerkseigenthümer nach §. 54 das Recht zusteht das verliehene Mineral in seinem Felde zu gewinnen, so hat der Grundeigenthümer das Recht, in demselben Raume alle nicht nach §. 1 des Berggesetzes von seinem Verfügungsrechte ausgeschlossene Mineralien aufzusuchen und zu gewinnen. Die Collision welche durch diese concurrirende Befugniss entsteht, erschöpft nicht die zwischen dem Bergwerkseigenthume und dem Grundeigenthume bestehenden Beziehungen. Letzteres erleidet vielmehr durch das Recht des Bergwerkseigenthümers eine noch weiter gehende Einschränkung, da auch die übrigen Bodennutzungen durch den unterirdischen Bergwerksbetrieb entzogen werden können und da der Grundeigenthümer sogar die Abtretung der zu den Bergwerksanlagen über Tage erforderlichen Grundflächen erleiden muss.

Diese ausgedehnteren Eingriffe in das Recht des Grundeigenthümers sind jedoch nicht schon im Inhalte des Bergwerkseigenthumes unmittelbar begriffen. Der Bergwerksbesitzer muss das Recht dazu im Wege der Grundabtretung besonders erwerben und da wo eine unvorhergesehene Einwirkung auf die Oberfläche eintritt, bei den zufälligen Grundschäden, die Vergütung des verursachten Schadens übernehmen [1]).

In Bezug auf die beiden in demselben Raume zustehende Befugniss der Mineralgewinnung berühren sich dagegen die Rechte des Grundbesitzers und des Bergwerksbesitzers unmittelbar und diese Collision hat eine Einschränkung der Rechte des Grundbesitzers zur Folge. Der Bergwerksbesitzer darf nach §. 57 bei dem Betriebe seines Bergwerks die nicht unter den §. 1 gehörigen Mineralien, soweit dies nothwendig ist, mitgewinnen. Er darf sogar die gewonnenen Mineralien ohne Entschädigung des Grundeigenthümers zu den Zwecken seines Betriebes verwenden. Der Bergwerkseigenthümer muss wie die Motive S. 58 bemerken, um sein Ausbeutungsrecht ausüben zu können, bei seinem Betriebe auch solche Mineralien mitgewinnen und zu den Betriebszwecken verwenden, welche nicht unter das Berggesetz gehören. Es ist dies ein nothwendiges Mittel zum Zwecke des Bergbauunternehmens. Das Bergrecht hat deshalb auch stets die Befugniss des Bergwerkseigenthümers hierzu anerkannt, ohne derselben einen Entschädigungsanspruch des Grundeigenthümers gegenüber zu stellen.

Streitig war aber beim Mangel gesetzlicher Vorschriften die Grenze dieser Befugniss. Der §. 57 stellt deshalb diese Grenze, der Natur der Sache und dem Zwecke gemäss, dahin fest, dass der Bergwerkseigenthümer vermöge des Rechts aus der Verleihung sich ohne Entschädigung des Grundeigenthümers diejenigen nicht unter den §. 1 gehörigen Mineralien aneignen darf, welche durch den Betrieb des Bergwerks gewonnen und zu den Zwecken des Betriebes verwandt werden.

Soweit diese Verwendung nicht erfolgt, ist der Bergwerkseigenthümer verpflichtet, die bezeichneten Mineralien dem Grundeigenthümer auf sein Verlangen gegen Erstattung der Gewinnungs- und Förderungskosten herauszugeben.

Es ist selbstverständlich, dass die Vorschrift des §. 57 den Bergwerkseigenthümer nicht berechtigt, die unverliehenen Mineralien zu Zwecken seines Betriebes besonders zu gewinnen,

---

1) Von diesen rechtlichen Beziehungen zwischen dem Bergbautreibenden und dem Grundbesitzer handelt der fünfte Titel des Berggesetzes in den Abschnitten 1 u. 2.

die Befugniss der Aneignung ist vielmehr auf die beim Betriebe des Bergwerks gewonnenen und zu Zwecken des Betriebes verwendeten Mineralien beschränkt.[1])

Dem Grundeigenthümer steht eine gleiche Befugniss nicht zu. Es darf nicht beim Steinbruchbetriebe die verliehenen Mineralien mitgewinnen und sich aneignen. Wenn der Steinbruch nicht ohne gleichzeitige Gewinnung der in dem Gesteine anstehenden verliehenen Mineralien betrieben werden kann, so muss der Grundbesitzer die gewonnenen Mineralien dem Bergwerksbesitzer herausgeben. Ein Anspruch auf Erstattung der Gewinnungs- und Förderungskosten steht ihm nur zu, sofern er nach den Regeln des Civilrechts dazu aus dem Grunde der nützlichen Verwendung berechtigt erscheint.

Die Gewinnung der verleihbaren jedoch noch nicht verliehenen Mineralien ist, so lange dieselben nicht gemuthet werden, nicht durch privatrechtliche Normen, sondern durch Vorschriften des öffentlichen Rechtes beschränkt. Die unverliehenen Mineralien sind noch nicht Gegenstand eines Gewinnungsrechtes, sie werden also, sobald sie von dem Grund und Boden abgelöst werden, zu herrenlosen Sachen, die sich der Bergwerkseigenthümer bei der Gewinnung aneignen kann, ohne fremde Rechte zu verletzen. Erfolgt jedoch die Gewinnung nicht durch die Arbeiten, welche auf die Gewinnung des verliehenen Minerals gerichtet sind, sondern findet eine selbstständige Gewinnung des noch unverliehenen Minerales statt, so überschreitet dieselbe die durch die Verleihung dem Rechte des Bergwerkseigenthumers gesetzte Grenze. Eine solche unbefugte Gewinnung noch unverliehener Mineralien fällt unter die Strafbestimmungen des Gesetzes über die Bestrafung unbefugter Gewinnung und Aneignung von Mineralien vom 26. März 1856 (Gesetzsammlung S. 293) welches im §. 2 die unbefugte Wegnahme anstehender Mineralien, welche der Staat sich vorbehalten hat, oder zu deren Gewinnung es einer Verleihung einer Concession oder einer Erlaubniss der Behörde bedarf, mit Geldbusse bis zu 50 Thlr. oder mit Gefängniss bis zu 6 Wochen bedroht.[2])

---

1) Zeitschrift für Bergrecht. Bd. VII. S. 121.

2) Die hoheren Strafandrohungen des §. 1 betreffen die unbe-

Die Terminologie des Gesetzes vom 26. März 1856 schliesst sich an das damals geltende Bergrecht an, indem der Gesetzgeber unter den Mineralien, welche der Staat sich vorbehalten hat und zu deren Gewinnung es einer Verleihung bedarf, die Gegenstände des rechtsrheinischen Bergregales, unter den Mineralien, zu denen es einer Concession oder Erlaubniss der Behörde bedarf, die linksrheinischen Bergwerke und Gräbereien verstand. An die Stelle dieser Mineralien treten die im §. 1 des Allg. Berggesetzes bezeichneten. In Bezug auf Stein- und Braunkohlen in den vormals zum Königreich Sachsen gehörigen Landestheilen kommen die Strafbestimmungen des Gesetzes vom 26. März 1856 nur da zur Anwendung, wo die unbefugte Gewinnung in dem Felde einer unter der früheren Gesetzgebung durch Concession oder Erlaubnissurkunde der Bergbehörde constituirten Kohlenabbaugerechtigkeit stattgefunden hat [1]).

In Bezug auf die unbefugte Gewinnung der dem Grundeigenthümer zustehenden Mineralien findet die Strafbestimmung des §. 370 No. 2 des Norddeutschen Strafgesetzbuches vom 28. Mai 1870 Anwendung, welche die unbefugte Wegnahme und Gewinnung solcher Mineralien ebenfalls mit Geldbusse bis zu 50 Thlr. oder mit Haft (bis zu 6 Wochen) bedroht

II. Durch die Muthung der unverliehenen Mineralien wird die Entstehung eines zweifachen Bergwerkseigenthumes in denselben räumlichen Grenzen, jedoch mit verschiedener Begrenzung in Bezug auf das Mineral herbeigeführt. Das Allgemeine Berggesetz lässt die Erwerbung des Bergwerkseigenthumes an den unverliehenen Mineralien im anderweit bereits verliehenen Felde ohne jede Beschränkung und ganz nach denselben Regeln zu, welche für die Muthung im ganz freien Felde gelten.

Dem Bergwerkseigenthümer wird jedoch im §. 55 ein

---

fugte Errichtung bergbaulicher Anlagen zu einer solchen unerlaubten Mineralgewinnung, also namentlich den Fall, dass der Gewinnende überhaupt nicht zum Bergwerksbetriebe in dem Felde berechtigt ist.

1) Vergl. §. 1 des Gesetzes vom 22. Februar 1869 betreffend die Rechtsverhältnisse des Stein- und Braunkohlenbergbaues in denjenigen Landestheilen. in welchen das Kurfürstl. Sächsische Mandat vom 19. August 1743 Gesetzeskraft hat.

Vorrecht zum Muthen in seinem Felde in Bezug auf solche Mineralien eingeräumt, welche mit dem in der Verleihungsurkunde benannten Mineral innerhalb der Grenzen des Feldes in einem solchen Zusammenhange vorkommen, dass dieselben nach der Entscheidung des Oberbergamtes aus bergtechnischen oder bergpolizeilichen Gründen gemeinschaftlich genommen werden müssen.

Legt ein Dritter auf solche Mineralien Muthung ein, so wird dieselbe dem Bergwerkseigenthumer mitgetheilt. Letzterer muss alsdann binnen 4 Wochen nach Ablauf des Tages dieser Mittheilung Muthung einlegen, widrigenfalls sein Vorrecht erlischt.

Auf andere Mineralien, welche nicht in dem vorbezeichneten Zusammenhange vorkommen, hat der Bergwerkseigenthümer kein Vorrecht.

Das Vorrecht zum Muthen erstreckt sich jedoch, wenn es ausgeübt wird, auf alle Mineralien der bezeichneten Gattung, welche in dem verliehenen Felde vorkommen. Wenn also das neuentdeckte Mineral (z. B. Eisen) in verschiedenen Ablagerungen vorkommt, von denen einige mit dem früher verliehenen Minerale (z. B. Kohle) in einem solchen Zusammenhange stehen, dass sie nicht für sich allein gewonnen werden können, während auf andern daneben, darüber oder darunter befindlichen Ablagerungen ein selbstständiger Bau füglich unternommen werden kann, so liegt gleichwohl der Fall des §. 55 vor und das Vorrecht des beliehenen Steinkohlenbergwerksbesitzers erstreckt sich auf alle in seinem Felde vorkommenden Eisenerze.

Der Grund des angeführten Vorrechtes liegt in der thatsächlichen Einschränkung, welche der zuerst beliehene Bergwerkseigenthümer durch die Verleihung eines zweiten Bergwerks in denselben Raumgrenzen erleidet, namentlich wenn die getrennt verliehenen Mineralien in einem Zusammenhange vorkommen, der ihre gemeinschaftliche Gewinnung nothwendig macht [1]). Allein indem man dem Bergwerksbesitzer gegen eine solche thatsächliche Beschränkung durch das Vorrecht zum

1) Vergl. die Motive der Regierungsvorlage zu §. 55.

Muthen Schutz gewährte, führte man in die Regeln von der Erwerbung des Bergwerkseigenthumes eine dem früheren Bergrechte unbekannte Ausnahmebestimmung ein, die zu manchen Zweifeln und Controversen Anlass geben musste.

1. Was zunächst die Voraussetzungen des Vorrechtes zum Muthen betrifft, so steht dasselbe nur dem Bergwerkseigenthümer, nicht dem blossen Muther zu, Auch muss der Bergwerkseigenthümer schon vor der Einlegung der Muthung, gegen welche das Vorrecht geltend gemacht werden soll, Verleihung erhalten haben. Wenn von zwei auf verschiedene Mineralien in demselben Felde eingelegten Muthungen die eine früher zur Verleihung gelangt, so kann der nunmehrige Bergwerkseigenthümer nicht gegenüber der andern Muthung, deren Verleihung aus irgend einem Grunde aufgehalten ist, nunmehr das Vorrecht des §. 55 in Anspruch nehmen [1]).

2. Das gemuthete Mineral muss mit dem bereits verliehenen Minerale innerhalb des verliehenen Feldes in einem solchen Zusammenhange vorkommen, welcher nach §. 55 die gemeinschaftliche Gewinnung nothwendig macht [2]). Das Vorhandensein dieses Zusammenhanges kann nur durch die Entscheidung des Oberbergamtes festgestellt werden. Diese Entscheidung kann sowohl von Amts wegen als auch auf Anrufen des Beliehenen erfolgen, welcher das Vorrecht zum Muthen geltend machen will. Wird im letzten Falle der Zusammenhang und die Nothwendigkeit der gemeinschaftlichen Gewinnung verneint, so findet gegen diese Entscheidung nur der Rekurs an den Handelsminister (§. 191), nicht aber der Rechtsweg statt, weil fur die Entscheidung des Oberbergamtes nach §. 55 nur bergtechnische und bergpolizeiliche Gründe massgebend sind [3]).

1) Vergl. den ungedruckten Rekursbescheid in Sachen der Muthungen Brüderschaft und Eisenberg vom 12. Januar 1869. Das Gegentheil ist von dem Appellationsgerichtshofe zu Koln in dem ungedruckten Erkenntnisse v. Dezember 1869 in Sachen der Muthungen Maximilian und Friedrichssegen angenommen, gegen welches der Kassationsrekurs eingelegt ist. Die Entscheidung des Obertribunals ist noch nicht erfolgt.

2) Vergl. den Rekursbescheid vom 21. September 1868. Zeitschrift für Bergrecht Bd. X S. 264.

3) Vergl. die Motive der Regierungsvorlage zu §. 55.

3. Die Ausubung des Vorrechtes zum Muthen erfolgt durch die Einlegung einer eigenen Muthung seitens des Bergwerkseigenthümers. Die Gültigkeit dieser Muthung hängt von den allgemeinen in den §§. 12—15 des Berggesetzes bestimmten Bedingungen ab. Es muss daher insbesondere nach §§. 14. 15 und §. 27 ein Fund des gemutheten Minerals innerhalb des verliehenen Feldes, fur welches das Vorrecht geltend gemacht wird, bezeichnet und nachgewiesen werden. Dieser Fund kann der von dem concurrirenden Muther gemachte Fund sein, wenn derselbe innerhalb der Grenzen des verliehenen Bergwerks liegt [1]).

Ist dagegen die Muthung auf einen ausserhalb des verliehenen Feldes belegenen Fund eingelegt und das letztere nur von dem begehrten Muthungsfelde überdeckt, so muss der Bergwerkseigenthumer, um sein Vorrecht geltend zu machen, vor Einlegung seiner Muthung und folglich innerhalb der im §. 55 bestimmten vierwöchentlichen Frist das gemuthete Mineral in seinem eigenen Felde auf seiner naturlichen Ablagerung entdecken.

4. Das Vorrecht zum Muthen erstreckt sich nach §. 55 auf die „innerhalb der Grenzen seines Feldes" in dem erwähnten Zusammenhange vorkommenden Mineralien. Die auf Grund dieses Vorrechtes eingelegte Muthung hat daher nothwendig das bereits verliehene Feld zum Gegenstande. Das Vorrecht kann nicht über diese Feldesgrenzen hinaus ausgedehnt werden. Andererseits fragt sich, ob die Muthung aus §. 55 auf den ganzen Umfang des verliehenen Feldes ausgedehnt werden kann, auch wenn derselbe das im §. 27 bestimmte Feldesmaximum übersteigt. Dies ist u. a. angenommen durch den Recursbescheid vom 27. October 1865 in Sachen der Schwefelkiesmuthung Rudolf im Oberbergamtsbezirk Dortmund. Dagegen ist die obige Frage durch den neueren Recursbescheid vom 29. Sept. 1866 (Zeitschr. f. Bergrecht Bd. VIII S. 118 f.) verneint worden und zwar aus folgenden Gründen:

„dass nach dem Allg. Berggesetze vom 24. Juni 1865 §. 27 Nr. 1 im Kreise Altenkirchen das Maximalgrubenfeld

---

1) Vergl. den Rekursbescheid vom 19. October 1869. Zeitschrift für Bergrecht Bd. X S 265.

25,000 Quadratlachter umfasst, dass dagegen das dem Muther zustehende oder doch von ihm vertretene Eisenerzbergwerk Nabor bei Racksen einen Flächeninhalt von 85,593 Quadratlachtern besitzt;

dass die unter dem Namen Emilie gemutheten Kupfererze innerhalb des Feldes Nabor der Art mit den verliehenen Eisenerzen im Zusammenhange vorkommen, dass die Kupfererze mit den Eisenerzen gemeinschaftlich gewonnen werden müssen;

dass, wenn unter einer solchen Voraussetzung der §. 55 des A. B. G. dem bereits mit dem einen Minerale Beliehenen in seinem Felde ein Vorrecht zum Muthen vor jedem Dritten bezüglich anderer Mineralien beilegt, hieraus nicht auf eine gesetzliche Vorschrift geschlossen werden kann, wonach dem bevorrechtigten Muther auch gestattet sei, für seine Muthung ein zwar mit dem ursprünglich verliehenen Felde übereinstimmendes, aber grösseres Feld rechtlich zu beanspruchen, als das Berggesetz im §. 27 gestattet;

dass im Gegentheile der §. 55 keinerlei Vorschrift über die Feldesgrösse enthält, vielmehr die Anwendung des §. 27 auch für die auf Grund des §. 55 eingelegte Muthung voraussetzt und nur die Bestimmung trifft, dass innerhalb des ganzen bereits verliehenen Feldes jedem dritten Muther gegenüber der ursprünglich Beliehene nach Maassgabe des Gesetzes bevorzugt sein soll (vergl. Zeitschrift für Bergrecht Bd. VI S. 590 u. 591)."

Die neuere Ansicht verdient den Vorzug. Das Vorrecht zum Muthen ist daher einerseits auf den Umfang des verliehenen Feldes, andrerseits für jede einzelne Muthung auf das gesetzliche Feldesmaximum beschränkt.

Ist das Feld, für welches das Vorrecht ausgeübt wird, nach älterem Rechte und zwar nach Längenvermessung (oben S. 118 ff.) verliehen, so kann das Vorrecht nur für dieses Feld geltend gemacht werden. Für das umschliessende Geviertfeld bleibt die concurrirende Muthung in Kraft. Die Verleihung muss daher in diesem Falle abweichend von den Vorschriften des §. 26 nach der älteren Vermessungsart erfolgen. Dies ist um so unbedenklicher, da nicht ein neues Bergwerk, sondern ein neues Mineral in einem bereits bestehenden Felde verliehen wird.

5. Die **Ausübung** des Vorrechtes zum Muthen hat nämlich der Regel nach nicht die Verleihung eines neuen Bergwerks zur Folge, sondern die Verleihung des gemutheten Minerals an den Eigenthümer des früher verliehenen Bergwerks als einen neuen Bestandtheil des letzteren.

Oppenhoff in seinem Commentar zum Allgem. Berggesetze S. 89 f. ist geneigt anzunehmen, dass das Vorrecht zum Muthen, gleich dem Finderrechte auf Andere übertragen werden könne und zwar getrennt von dem Eigenthume des Bergwerks, für welches dasselbe ausgeübt werden soll. Diese Ansicht lässt sich jedoch mit dem Inhalte des §. 55 nicht vereinigen. Wird nämlich das Eigenthum des Bergwerks ohne die auf Grund des §. 55 eingelegte Muthung veräussert, so hat nun offenbar der neue Bergwerkseigenthümer seinerseits das Vorrecht zum Muthen gegenüber der von seinem Rechtsvorgänger eingelegten Muthung. Wird die Muthung allein cedirt, so kann zwar nicht der cedirende Bergwerkseigenthümer, wohl aber dessen Rechtsnachfolger das Vorrecht des §. 55 für eine neue Muthung in Anspruch nehmen, da das Gesetz den jedesmaligen Bergwerkseigenthümer gegen die von jedem Dritten eingelegte Muthung schützen will.

Das Gesetz hat überhaupt den ausschliesslichen Zweck, die getrennte Verleihung der in der Gewinnung untrennbaren Mineralien zu verhüten. Wenn deshalb auch nicht geläugnet werden soll, dass es von dem Willen des Bergwerkseigenthümers abhängt, eine getrennte Verleihung der auf Grund seines Vorrechtes hinzugemutheten Mineralien zu verlangen, weil eine gesetzliche Bestimmung über die Untrennbarkeit der beiden Objecte fehlt, so ist doch in allen Fällen, wo eine solche Trennung nicht ausdrücklich verlangt wird, die naturgemässe Regel die, dass nicht ein neues Bergwerkseigenthum verliehen, sondern das bereits verliehene Bergwerkseigenthum durch Hinzuverleihung des neuen Minerals ausgedehnt wird, wie die Motive der Regierungsvorlage zu §. 55 dies voraussetzen und die tägliche Praxis der Bergbehörden bestätigt. Dass aber bis zur Verleihung das Vorrecht zum Muthen von dem Bergwerkseigenthümer in der Regel nicht wirksam getrennt werden kann, ist oben gezeigt worden. Es kann dafür auch noch auf die aus dem früheren Bergrechte geschöpfte Entscheidung des Obertribunals vom 19. Februar 1869 (Zeitschrift f. Bergrecht Bd. 4 S. 407) hingewiesen werden, welche das ganz analoge Vorrecht des Bergwerksbesitzers und des Erbstöllners zum Muthen überfahrener Gänge betrifft und folgende mit der obigen Ausführung übereinstimmende Sätze aufstellt:

„Das Vorrecht des Bergwerkseigenthümers auf überfahrene Gänge und Klüfte geht als Ausfluss des Bergwerkseigenthumes mit letzterem auf dessen neuen Besitzer über. Insbesondere ist das durch Ueberfahren erworbene Recht des Erbstöllners nicht als ein persönliches und selbstständiges Recht, sondern als ein Rechtspertinenz der Erbstollengerechtigkeit zu behandeln."

6. Die vierwöchentliche Frist zur Ausübung des Vorrechtes beginnt erst vom Ablaufe des Tages, an welchem dem Bergwerkseigenthümer durch die Bergbehörde die Muthung des Dritten unter der Anzeige mitgetheilt wird, dass die thatsächliche Voraussetzung für das Vorzugsrecht von dem Oberbergamte als zutreffend anerkannt worden sei [1]). Wenn diese Mittheilung nicht erfolgt ist, so schliesst der Umstand, dass der Bergwerksbesitzer seit länger als vier Wochen von der concurrirenden Muthung Kenntniss hatte, den Anspruch des Bergwerksbesitzers keineswegs aus. Er kann vielmehr zu jeder Zeit auf die Entscheidung des Oberbergamtes darüber antragen, ob die Voraussetzungen des §. 55 vorliegen und dann sein Vorrecht durch Einlegung der Muthung verfolgen.

Nach §. 36 des Berggesetzes soll sogar noch nach erfolgter Ausfertigung und Publication der Verleihungsurkunde und bis zum Ablauf der im §. 35 bestimmten dreimonatlichen Präclusivfrist das Vorrecht zum Muthen geltend gemacht werden können, sofern dasselbe nicht schon durch die vierwöchentliche Präclusivfrist des §. 55 erloschen oder sofern nicht schon in dem Verleihungsverfahren über den Anspruch des Bergwerkseigenthümers verhandelt und entschieden ist. Es wird in dem Falle des §. 36 also vorausgesetzt, dass der Bergwerkseigenthümer an dem

---

1) Recursbescheid vom 8. April 1869. — Zeitschrift für Bergrecht Bd. X. S. 267.

Verleihungsverfahren über die concurrirende Muthung nicht theilgenommen, dass er weder in die Verleihung gewilligt, noch derselben widersprochen hat, weil im letzteren Falle sein Widerspruch schon vor der Ausfertigung der Verleihungsurkunde gemäss §. 31 u. §. 32 durch rechtskräftige Entscheidung oder durch Präclusion beseitigt sein müsste.

Wie zu verfahren ist, wenn nach erfolgter Ausfertigung der Verleihungsurkunde das Vorrecht des §. 55 von dem uberdeckten Bergwerkseigenthümer in Anspruch genommen wird, ist in dem Gesetze nicht gesagt. Da indess das Oberbergamt die ertheilte Verleihungsurkunde nicht selbst aufheben und das Gericht das Vorrecht des §. 65 nur auf Grund einer vorgängigen Entscheidung des Oberbergamtes zur Geltung bringen kann, so wird mit der Klage gegen den jüngeren Bergwerkseigenthümer zugleich auf die Entscheidung des Oberbergamtes über den behaupteten Zusammenhang der getrennt verliehenen Mineralien provocirt werden mussen.

III. Steht das Recht zur Gewinnung verschiedener Mineralien innerhalb derselben Feldesgrenzen verschiedenen Bergwerkseigenthümern zu, so findet zwischen den beiderseitigen Befugnissen dieselbe Collision statt, wie zwischen dem Gewinnungsrechte des Grundbesitzers und des Bergwerkseigenthümers, nur dass keinem der verschiedenen Bergwerkseigenthumer ein Vorrecht gegenüber dem andern zukommt. Beide sind ohne Rucksicht auf das Alter der Beleihung gleichberechtigt und die Collision wird ausschliesslich nach der Regel der Prävention entschieden.

Jeder Theil hat nämlich nach §. 56 das Recht, bei einer planmässigen Gewinnung seines Minerals auch dasjenige des andern Theiles insoweit mitzugewinnen, als diese Mineralien nach der Entscheidung des Oberbergamtes aus den im §. 55 angegebenen Grunden nicht getrennt gewonnen werden können. Es fragt sich, welchem von beiden Bergwerkseigenthümern dieses Recht zusteht, wenn beide dasselbe in Anspruch nehmen.

Nach §. 56 steht das bezeichnete Recht jedem Eigenthümer *bei der planmässigen Gewinnung* seines Minerales zu. Es entscheidet daher der gemäss §. 67 eingereichte Betriebsplan und derjenige Bergwerksbesitzer ist zur Gewinnung der zusammenbrechenden Mineralien befugt, welcher zuerst den Betriebsplan für den Abbau der betreffenden Lagerstätten einreicht. Reichen beide Theile gleichzeitig den Betriebsplan ein und nehmen beide den Abbau der fraglichen gemischten Lagerstätten in Anspruch, so müssen sich beide über eine gemeinschaftliche Gewinnung vereinigen und, bis dies geschehen ist, bleibt der Abbau jedem Theile untersagt.

Ergibt sich bei der Prüfung des von dem einen Bergwerksbesitzer eingereichten Betriebsplanes (§. 67), dass bei der planmässigen Mineralgewinnung auch die dem andern Bergwerksbesitzer gehörigen Mineralien mitgewonnen werden müssen, weil sie aus den in den §§. 55. 56 angegebenen Gründen nicht getrennt gewonnen werden können, so hat das Oberbergamt dieses bei der Prüfung des Betriebsplanes auszusprechen und beiden Theilen zu eröffnen. Es fragt sich, ob in diesem Falle der betreibende Bergwerksbesitzer verpflichtet ist, die Mineralien des andern Theils auf dessen Verlangen mitzugewinnen und gegen Erstattung der Gewinnungs- und Förderungskosten herauszugeben, oder ob er die Mitgewinnung ablehnen und sich auf den Abbau seines Minerales beschränken kann, obgleich dadurch die spätere getrennte Gewinnung des andern Minerales unmöglich gemacht werden würde. Der richtigen Meinung nach ist in diesem Falle der nicht betreibende Bergwerksbesitzer berechtigt, zu verlangen, dass entweder seine Erze gegen Erstattung der Kosten mitgewonnen werden, oder dass ihm die Gewinnung beider Mineralien überlassen werde.

Im §. 56 ist vorausgesetzt, dass eine getrennte Verleihung solcher Mineralien stattgefunden hat, welche nur gemeinschaftlich gewonnen werden können. Allein auch ausser diesem Falle wird der auf ein einzelnes Mineral beliehene Bergwerkseigenthümer unter Umständen in der Lage sein, auch das andere Mineral mitzugewinnen, ohne dass von einer gemeinschaftlichen Gewinnung im Sinne des §. 55 die Rede wäre, so z. B., wenn er mit seinen Schächten die Flötze des andern Bergwerksbesitzers durchsinkt oder wenn er dieselben mit seinen Strecken durchörtert. Auch in diesem Falle wird das letzte Alinea des §. 56 analoge Anwendung finden müssen.

Das Oberbergamt zu Dortmund sieht in seiner Polizeiverordnung uber die Sicherheitspfeiler an den Markscheiden vom 18. Novbr. 1869 (Gluckauf 1869 Nr. 49) die im mehrfach verliehenen Felde von dem einen Bergwerkseigenthümer getriebenen Strecken, soweit sie durch das Flötz des andern Bergwerkseigenthümers getrieben werden, als Hülfsbaue an.

Unter einem Hülfsbau wird aber nach §. 60 nur eine solche Anlage verstanden, die entweder im freien oder im fremden Felde, also ausserhalb des eigenen Feldes gemacht wird. Auch ist ohne Zweifel der Besitzer eines Eisensteinbergwerks nicht befugt, dem in demselben Felde bauenden Steinkohlenbergwerksbesitzer die Durchörterung seiner Eisensteinflötze mit den zum Abbau der Kohlenflötze getriebenen Strecken auf Grund des §. 61 bis zur Entscheidung des Oberbergamtes zu untersagen. Beide Bergwerksbesitzer haben vielmehr die unbeschränkte und concurrirende Befugniss in dem gemeinsamen Felde gemäss §. 54 alle zur Gewinnung des ihnen verliehenen Minerales erforderlichen Vorrichtungen zu treffen und wo die Ausübung dieser Befugniss mit dem concurrirenden Rechte des andern Theiles zusammentrifft, entscheidet allein die Regel der Prävention.

§. 14. Begriff und Inhalt

(§. 50—54 des Berggesetzes.)

Das Bergwerkseigenthum enthält nach §. 54 des Berggesetzes die ausschliessliche Befugniss, das in der Verleihungsurkunde benannte Mineral in dem verliehenen Felde aufzusuchen und zu gewinnen. Dieses Mineral ist nach §. 1 von dem Verfügungsrechte des Grundbesitzers ausgeschlossen. Es bildet jedoch thatsächlich einen integrirenden Bestandtheil vom Grund und Boden und wird in dieser Verbindung von dem Eigenthumsrechte des Grundeigenthümers mit ergriffen. Erst durch die Trennung der Mineralien vom Grund und Boden, also durch die Gewinnung derselben entsteht an den jetzt zu selbstständigen beweglichen Sachen gewordenen Mineralien ein unbeschränktes Sacheigenthum (*dominium rerum*) für den Bergwerkseigenthümer. Das Bergwerkseigenthum lässt sich daher nach dieser Seite hin mit der Superficies an einem auf fremdem Grund und Boden errichteten Gebäude vergleichen. Auch bei der Superficies wird das Material des von dem Berechtigten errichteten Gebäudes durch seine Verbinduug mit dem Grund

und Boden der rechtlichen Herrschaft des Grundeigenthümers unterworfen. Der Superficiar hat ein dingliches Recht, welches nach Aufhebung der Verbindung (beim Abbruch des Hauses) sofort in ein Eigenthumsrecht an den wieder selbstständig gewordenen Materialien übergeht. Allein das Bergwerkseigenthum unterscheidet sich von der Superficies dadurch, dass es nicht ein dingliches Recht an einem einzelnen Grundstücke darstellt, dass vielmehr sein Gegenstand in einem selbstständigen Felde besteht, dessen Begrenzung von derjenigen des Grundeigenthumes ganz unabhängig ist. Das Bergwerkseigenthum gehört daher nicht zu den Rechten an fremder Sache. Es besteht nicht in einer Summe von dinglichen Berechtigungen an den einzelnen im Grubenfelde begriffenen Grundstücken, sondern in einer ungetheilten Berechtigung. Es kann weder von dem Grundeigenthümer übertragen werden, noch geht dasselbe wie die Rechte an fremder Sache durch die Vereinigung mit dem Grundeigenthume in der Person desselben Berechtigten unter. Die Befugnisse, welche seinen Inhalt ausmachen, sind vielmehr durch die Vorschrift des Gesetzes allgemein und für immer von dem Rechte des Grundeigenthümers ausgeschlossen. Das Bergwerkseigenthum lässt sich daher nach einer anderen Seite hin den Gerechtigkeiten des deutschen Rechtes vergleichen, mit welchen es in der selbstständigen Begrenzung auf einen von der Eintheilung des Grundeigenthumes unabhängigen Bezirk, sowie darin übereinstimmt, dass die Befugnisse, welche seinen Inhalt ausmachen, durch die gesetzliche Regel von dem Rechte des Grundeigenthümers ausgeschlossen sind. Auch bei der früheren Jagdgerechtigkeit, den Zwangs- und Bannrechten und den sonstigen ausschliesslichen Gewerbeberechtigungen treffen die angegebenen Merkmale zu, indem der Inhaber für einen gewissen Bezirk zur Ausübung von Befugnissen berechtigt ist, welche dem Grundeigenthümer als solchem entzogen ist.

Allein das Object der Gerechtigkeiten besteht nicht in einem bleibenden körperlich begrenzten Gegenstande wie die in dem Grubenfelde enthaltenen Mineralien; es ist nur relativ bestimmt, indem es entweder gewisse Kategorieen von Handlungen umfasst, die in einem bestimmten Bezirke vorgenommen werden können wie bei den Gewerbeberechtigungen, oder gewisse Kategorieen von Sachen, die in einem bestimmten Bezirke erworben werden können, wie bei der Jagdgerechtigkeit, der Abdeckereigerechtigkeit etc. Bei der ersten Kategorie besteht der Inhalt der Gerechtigkeit in einer Einschränkung der persönlichen Freiheit, von welcher in dem einen Falle die Consumenten, im andern die Producenten betroffen werden. Eine rechtliche Herrschaft über körperliche Sachen wird durch solche ausschliessende Gewerbeberechtigungen keinesweges begründet. Der Inhaber einer Brennereigerechtigkeit hat nicht das Recht, sich gewisse Mengen von Getreide anzueignen und sie zu verarbeiten. Er ubt bei seiner Gewerbethätigkeit nur das aus ganz andern Titeln erworbene Eigenthumsrecht an dem erkauften oder selbst erzeugten Getreide aus. Seine Gewerbeberechtigung äussert sich nur in der Untersagung fremder Gewerbethätigkeit, in der Beschränkung der übrigen Bewohner des Bezirkes in ihrer persönlichen Freiheit. Ganz anders ist das Recht des Bergwerksbesitzers nach seinem gegebenen Inhalte gestaltet. Er schliesst dritte Personen von dem Bergwerksbetriebe innerhalb seines Feldes nicht kraft einer Beschränkung ihrer persönlichen Freiheit, sondern lediglich durch den Umstand aus, dass ihm die ausschliessliche Verfügung über die Gegenstände dieses Bergwerksbetriebes, über die unterirdischen Lagerstätten zusteht. Die Objecte des Bergbaues sind nicht etwa aus einem anderen Rechtstitel sein, so dass er das Bergbaurecht nur in der Verarbeitung der Mineralien ausübte, sondern diese Objecte bilden zugleich den Gegenstand seines verliehenen Rechtes, welches diese Mineralien seiner unmittelbaren und unausschliesslichen Herrschaft unterwirft.

In derselben Weise unterscheidet sich das Bergwerkseigenthum von der zweiten Kategorie der Gerechtigkeiten mit körperlichem Objecte. Bei der Jagdgerechtigkeit oder der Fischerei beruht die Aneignung der das Jagdrevier oder den Fluss durchziehenden Thiere nicht auf einem Rechte an diesen Thieren, sondern auf einem ausschliesslichen Rechte der Occupation, welches dem Berechtigten innerhalb seines Bezirkes zusteht. Er erwirbt an den Objecten seines Rechtes nur insofern Eigenthum, als er von denselben Besitz ergreift und die Thiere hören auf, Objecte seines Rechtes zu sein, wenn sie ungefangen seinen Vogelheerd oder seine Reusen passiren.

Der Gegenstand der rechtlichen Herrschaft des Bergwerkseigenthümers hat dagegen nicht, wie bei der Jagdgerechtigkeit, einen ganz unbestimmten täglich wechselnden Inhalt, sondern er besteht in den innerhalb des Feldes unveränderlich abgelagerten Mineralien, denen man das zum Begriffe der Sache erforderliche Merkmal der äusseren Unabhängigkeit versagen, keinenfalls aber die innere Selbstständigkeit absprechen kann.

Endlich bedarf es nicht der Beweisführung, dass das Bergwerkseigenthum nicht als eine Art des Grundeigenthumes bezeichnet werden kann; denn während das Grundeigenthum alle erdenklichen Befugnisse einschliesst, die an einem begrenzten Stücke der Oberfläche beziehungsweise des Erdkörpers ausgeübt werden können, hat das Bergwerkseigenthum einen durchaus beschränkten Inhalt, da dasselbe nur die Gewinnung der verliehenen Mineralien in dem verliehenen Felde zum Gegenstande hat.

Jede der drei im Vorigen bekämpften Auffassungen hat in der Literatur ihre Vertheidiger gefunden, indem das Bergwerkseigenthum von Otto[1]) zu den Servituten, von Schomberg[2]) zu den Gewerbeberechtigungen gezählt und von Zerenner[3]) endlich als eine Species des Grundeigenthumes bezeichnet wird. Gleichwohl sind diese Auffassungen als gleichmässig verwerflich zu bezeichnen. Das Bergwerkseigenthum ist und darin stimmt die gemeine Ansicht der Bergrechtslehrer vollständig überein, ein Recht von selbstständigem Inhalte, welches sowohl von dem Grundeigenthume, als von den Servituten, als auch von den Gewerbegerechtigkeiten wesentlich verschieden ist.

Dagegen besteht innerhalb des Kreises dieser gemeinen Meinung eine verschiedene Auffassung, indem die Einen ein körperliches Eigenthum des Beliehenen an den verliehenen Lagerstätten annehmen, während die Andern ein unkörperliches Recht zur Gewinnung der Mineralien in dem verliehenen Felde statuiren. Nach der einen Meinung ist also das Bergwerkseigenthum zwar von dem Grundeigenthume wesentlich verschieden, aber dennoch ein wirkliches Sacheigenthum (*dominium*

---

1) Studien auf dem Gebiete des Bergrechtes. Freiberg 1856.
2) Betrachtungen über die neuere Berggesetzgebung. Leipz. 1857.
3) Lehrbuch des deutschen Bergrechts. Gotha 1862.

rerum) an den Lagerstätten, welches durch deren Zusammenhang mit dem Grund und Boden, bis zur Aufhebung dieses Zusammenhanges durch die Gewinnung, eigenthümlich modificirt wird. Nach der andern Meinung zählt dasselbe zu den unkörperlichen Rechten, sein Gegenstand besteht in Handlungen, in der Gewinnung der Mineralien, durch welche dieselben erst nach ihrer Trennung von dem Grund und Boden im Wege der Occupation erworben werden.

Gegen die erste Auffassung wird in der Regel geltend gemacht, dass die Lagerstätten wegen ihrer unzertrennlichen Verbindung mit dem Grund und Boden nicht Sachen im rechtlichen Sinne, sondern nur integrirende Bestandtheile einer andern Sache, nämlich des Grundstücks sein können, in welchem sie sich vorfinden.

Allein dieser Einwand beruht ausschliesslich auf den Kategorien des römischen Rechtes, nach welchem jeder Gegenstand, welcher in bleibender Verbindung mit dem Grundstücke steht, während der Dauer dieser Verbindung als integrirender Theil des Grundstücks angesehen wird.

Dass diese Auffassung nicht eine nothwendig gebotene ist, wird dadurch deutlich, dass nach andern Rechten, wie z. B. in England und zum Theil auch in Deutschland [1]), nicht bloss ein Eigenthum an der Superficies, sondern sogar an den einzelnen in verschiedenen Händen befindlichen Stockwerken eines Hauses angenommen wird.

Sie folgt auch keinesweges aus dem Begriffe selbst, denn der Begriff der Sache wird übereinstimmend definirt als ein räumlich begrenztes Stück der körperlichen Welt. Diese Begrenzung kann durch die Natur oder durch die menschliche Willkür gegeben sein. Die willkürliche Begrenzung findet ihre Schranken in der Theilbarkeit der Sachen. Die rechtliche Theilbarkeit ist aber davon abhängig, dass die verbundenen Theile ohne eine wesentliche Veränderung ihrer Natur getrennt und daher während ihrer Verbindung als selbstständige Sachen behandelt werden können (Puchta). In Uebereinstimmung hiermit definirt das Allg. Landrecht Th. I Tit. 2 §. 3 den Be-

1) Vergl. Bluntschli, Deutsches Privatrecht. 2. Aufl. Bd. I. §. 57. S. 249.

griff der Sache als einen Gegenstand, welchem entweder von Natur oder durch die Uebereinkunft der Menschen eine Selbstständigkeit zukommt, vermöge deren er Object eines dauernden Rechtes sein kann. Wendet man diese Begriffsbestimmung auf die Lagerstätten an, so wird man denselben die Möglichkeit einer räumlichen Begrenzung nicht absprechen können, denn diese ist theils in den natürlichen Grenzen der Lagerstätten — dem Hangenden und Liegenden, dem Ausgehenden und der ewigen Teufe — gegeben, theils wird dieselbe durch die künstlichen Feldesgrenzen hergestellt. Werden diese auf der Lagerstätte selbst abgemessen, so ist ein allseitig begrenztes Stück des Erdkörpers unzweifelhaft vorhanden. Wird dagegen das Feld auf der Erdoberfläche bestimmt und durch die von den Grenzlinien nach dem Mittelpunkte der Erde gelegten Ebenen begrenzt, so bilden die von diesen Ebenen begrenzten Stücke der verschiedenen in dem Felde vorkommenden Lagerstätten ein Begriffsganzes, einen Inbegriff von körperlich getrennten, aber durch ihre gemeinsame Bestimmung verbundenen Sachen.

Aber auch die Selbstständigkeit, welche gestattet, die anstehenden Mineralien als Sachen im rechtlichen Sinne zu betrachten, fehlt den Mineralien nicht, wie Strohn in seinen Bemerkungen S. 8 treffend in Folgendem ausführt:

„Den noch im Schoosse der Erde ruhenden Mineralien fehlt allerdings die äussere Selbstständigkeit, indem sie mit fremden Sachen körperlich zusammenhängen. Dieser Mangel steht aber dem Begriffe einer Sache im rechtlichen Sinne, welche Gegenstand des Eigenthumes sein kann, nicht entgegen. Die äussere Selbstständigkeit in dem angegebenen Sinne fehlt jedem Bestandtheile der Erdoberfläche, weshalb, wenn sie Bedingung von Sache und Eigenthum wäre, auch an irgend einem Theile der Erdoberfläche Eigenthum nicht möglich sein würde, und somit von unbeweglichen Sachen und Eigenthum an ihnen gar nicht die Rede sein könnte. Nach §. 3 Th. I Tit. 2 A. L.-R. ist Sache im engeren Sinn des Wortes Alles, was entweder von Natur oder durch Uebereinkunft der Menschen eine Selbstständigkeit hat, vermöge deren es Gegenstand eines dauernden Rechts sein kann. Diese von Puchta, Vorlesungen §. 144, im Gegensatz der erwähnten äusseren als innere Selbstständigkeit bezeichnete Bedingung einer Sache ist nun aber in Beziehung auf ein Grubenfeld davon nicht abhängig, dass dessen Begrenzung im Erdkörper selbst bezeichnet und sichtbar sei, wenn nur die Verleihungsurkunde die Grenzen dergestalt angibt, dass sie an Ort und Stelle ermittelt werden können. Diese Bestimmbarkeit der Begrenzung erzeugt die zum Wesen der Sache nöthige Selbstständigkeit, welche die Existenz eines dauernden Rechts ermöglicht."

Bei unbeweglichen Sachen beruht die zum Begriffe einer Sache erforderliche Selbstständigkeit nicht in der Möglichkeit einer mechanischen Trennung, also einer Ortsveränderung, deren sie überhaupt nicht fähig sind, sondern in der getrennten Benutzung. Sowie also das Haus und der Baum einen untrennbaren Bestandtheil des Grundeigenthumes bilden, weil das Haus mit der Sohlstätte benutzt und von dem Baume die Früchte des Bodens gezogen werden, so kann andererseits die Lagerstätte als eine selbstständige Sache betrachtet werden, wenn nach dem geltenden Rechte der Bergbau auf derselben von dem Nutzungsrechte an dem Grund und Boden getrennt ist [1]).

---

1) Koch schliesst in seinem Commentar S. 30 an die obige schon früher von mir vorgetragene Ausfuhrung folgende Bemerkungen:

„Will man in derselben Weise zu schliessen fortfahren, so kann man z. B. behaupten, dass die Marmorblocke, aus welchen der vor uns stehende Dom oder Palast gemacht ist, selbstständige Sachen sind, denn ihre Benutzung kann von dem unbeweglichen Bauwerk getrennt werden. Man bricht sie aus und macht daraus Bildwerke oder brennt daraus Mauerkalk."

Meine Argumentation geht von dem Satze aus, dass das Haus im Gegensatze zur Lagerstatte ein integrirender Bestandtheil des Grundstücks ist. Nach der Ansicht des Hrn. Dr. Koch soll aus derselben folgen, dass die Werkstücke des Domes und des Palastes selbstständige Sachen seien. Dies ist allerdings ein Trugschluss, allein er gehört nicht mir an. Dass übrigens die Marmorblocke des Domes und des Palastes, wenn sie nicht dem Eigenthümer des Gebäudes gehoren, sondern wie die Lagerstätte ihren besondern Eigenthümer haben, und wenn sie zugleich ohne Gefahrdung des Gebaudes weggenommen werden können, durchaus selbststandige Sachen sind, wird ja auch Hr. Dr. Koch nicht läugnen. Ist die Trennung ohne Gefährdung des Gebaudes nicht möglich, so verbietet nach romischem Rechte das Gesetz der

Man darf deshalb behaupten, dass es keineswegs unzulässig ist, die Lagerstätten als selbstständige Sachen und das Bergwerkseigenthum als ein körperliches Eigenthum an denselben zu bezeichnen. Es kommt vielmehr ebenso wie bei der Superficies auf die nationale Rechtsanschauung und auf die Bestimmung des positiven Rechtes an. Ebenso wie bei dem Gebäude auf fremder Sohlstätte nach der Verschiedenheit der Rechtssysteme entweder ein ungetheiltes Object angenommen wird, an welchem das Recht des Superficiars als ein unkörperliches Benutzungsrecht erscheint, oder zwei getheilte und nur äusserlich verbundene Objecte, an denen ein getrenntes Eigenthum besteht: die Sohlstätte und das Haus; so kann auch bei dem Bergwerkseigenthum sowohl die eine als die andere Auffassung durch das Gesetz zur herrschenden Regel erhoben werden.

Beide Theorien von der Natur des Bergwerkseigenthumes sind also an sich gleichberechtigt und es erscheint unmöglich, den über die Berechtigung der einen oder der anderen Meinung so lebhaft geführten Streit vom rechtsphilosophischen Standpunkte aus zu entscheiden. Beide Theorien finden sich

---

zwölf Tafeln die Vindication. Es hebt aber auch in diesem Falle das Eigenthumsrecht an dem vermauerten fremden Werkstücke keinesweges auf.

Nur wenige Seiten weiter, auf S. 33 führt Hr. Dr. Koch dann aus, dass die im §. 1 des Berggesetzes bezeichneten Mineralien dem Eigenthume des Grundbesitzers entzogen seien und fährt fort:

> „Nun sind diese Mineralien vor der Hand ohne Eigenthümer; es kann daran auch Niemandem das Eigenthum übertragen werden, weil dasselbe keinen bestimmten Gegenstand hat; nur durch Occupation lässt sich ein solches erwerben, wenn ein individuell bestimmtes Object sich der Besitznehmung darbietet, bis dahin bleiben die in Rede stehenden Mineralien res nullius."

Es ist indess nicht erklärlich, wie diese Meinung vereinigt werden soll mit der auf S. 30 vorgetragenen Ansicht, dass die Mineralien als untrennbare Bestandtheile des Grund und Bodens auch keine von letzterem verschiedene rechtliche Existenz haben konnen. Ebensowenig begreift man, weshalb an den Mineralien, wenn sie wirklich vor der Gewinnung res nullius sind, vor der Gewinnung von Niemandem das Eigenthum erworben werden kann.

auch in den verschiedenen positiven Gesetzgebungen verwirklicht.

Die Auffassung des Bergwerkseigenthumes als reines Sacheigenthum an den verliehenen Mineralien ist mit grosser Bestimmtheit ausgesprochen in dem Französischen Bergwerksgesetze vom 21. April 1810 in den Art. 7 und 19[1]). Bis zur Ertheilung der Bergwerksconcession gelten die verleihbaren Mineralien nach Art. 552 des Code Napoléon[2]) als untrennbare Bestandtheile des Grundstückes. Durch die Concession des Bergwerks werden dieselben aber gewissermassen im Wege der Expropriation dem Grundeigenthümer gegen Gewährung der Grundrente (Art. 6 und 42 des Berggesetzes von 1810) entzogen und zu Gegenständen eines selbstständigen Eigenthumes erhoben, dessen körperlicher Gegenstand in dem Momente der Concessionsertheilung aus dem Grund und Boden ausgeschieden wird[3]).

---

1) Art. 7. Il (l'acte de concession) donne la propriété perpetuelle de la mine, laquelle est dès lors disponible et transmissible comme tous les autres biens.

Art. 19. Du moment on une mine sera concedée même au propriétaire de la surface cette propriété sera distinguée de celle de la surface et désormais considerée comme propriété nouvelle sur laquelle de nouvelles hypothèques pourront être assises.

2) Art. 552. La propriété du sol emporte celle du dessous et du dessous.

3) Napoleon, aus dessen Vorschlägen die Art. 7 und 19 des Gesetzes vom 21. April 1810 hervorgegangen sind, bemerkte darüber in der Staatsrathssitzung vom 18. November 1809:

„Du reste il y a un très grand intérêt à imprimer aux mines le cachet de la propriété. Si l'on n'en jouissait que par concession en donnant à ce mot son acceptation ordinaire il ne faudrait que rapporter le decret qui concède pour dépouiller les exploitants, au lieu que si ce sont des propriétés, elles deviennent inviolables — — Le secret ici est de faire des mines de véritables propriétés et de les rendre par la sacrées dans le droit et le fait.“ — —

„On doit regarder les mines comme des choses qui ne sont pas encore nées, qui n'existent qu'au moment où elles sont purgées de la propriété de la surface et qui à ce moment deviennent des propriétés par l'effet de la concession.“

Das Oesterreichische Berggesetz vom 23. Mai 1854 folgt derselben Auffassung. Es bestimmt im

§. 40. Wer durch die Bergbehörde das Eigenthumsrecht auf die innerhalb einer bestimmten Begrenzung vorkommenden vorbehaltenen Mineralien und das Befugniss zur Gewinnung derselben durch den erforderlichen Werksbetrieb oder die Berechtigung zur Anlage und zum Betriebe eigener Hülfsbaue oder Revierstollen erwerben will, hat im ersten Falle um die Verleihung, im andern aber um die Concession einzukommen.

Auch im Königreich Sachsen war das Bergwerkseigenthum durch das frühere Berggesetz vom 22. Mai 1852 im §. 50 als ein körperliches Eigenthum an den Mineralien definirt. Das neue Berggesetz vom 16. Juni 1868 hat dagegen im Anschluss an das Grossherzoglich Sächsische Berggesetz vom 22. Juni 1857 den hergebrachten Namen des Bergwerkseigenthumes durch die neue Bezeichnung „Bergbaurecht“ ersetzt, um dadurch die unkörperliche Natur dieses Rechtes auszudrücken. Es definirt im §. 39 das Bergbaurecht als das Recht, „innerhalb des Grubenfeldes die in der Verleihung bezeichneten metallischen Mineralien aufzusuchen, zu gewinnen und die dazu erforderlichen Vorrichtungen zu treffen.“

Derselbe Gedanke lag dem vorläufigen Entwurfe des Preussischen Berggesetzes von 1863 zu Grunde, welcher ebenfalls an die Stelle des Bergwerkseigenthumes ein Bergbaurecht setzte und diese Veränderung der im deutschen wie im französischen Bergrechte hergebrachten Terminologie wie folgt rechtfertigte:

Es müsse die Annahme verlassen werden, als ob die im Schoosse der Erde ruhenden Mineralien herrenlose Sachen seien, als ob das Eigenthum an den Mineralien durch das Finden erworben, oder als ob die Verleihung Eigenthumsrechte an dieselben gewähre. Zur rationellen Begründung eines den Bedürfnissen des heutigen Bergbaues entsprechenden Bergrechtes erscheine es unerlässlich, jene Anschauung aufzugeben und statt dessen anzuerkennen, dass die Mineralien in Wirklichkeit Bestandtheile des Grund und Bodens seien, dass sie bis zur Gewinnung nicht als Sachen im rechtlichen Sinne, mithin nicht als herrenlose Sachen betrachtet werden können.

Hiernach könne von einem Eigenthume an den Mineralien, der Lagerstätte, dem Grubenfelde oder dem Bergwerke nicht mehr die Rede sein. Die Verleihung gewähre vielmehr ein blosses Bergbaurecht, d. h. das ausschliessliche und objectiv dingliche Recht zur Gewinnung und Benutzung der Mineralien in dem verliehenen Felde. Dieses Bergbaurecht sei eine Art der Gerechtigkeiten und zwar eine Gewerbeberechtigung. Zum Begriffe des Eigenthumes fehle der Gegenstand, da das Bergbaurecht nicht die rechtliche Herrschaft über bestimmte Sachen zum Inhalte habe, sondern einen Inbegriff verschiedener Befugnisse, als welche namhaft gemacht werden: die Gewinnung der Mineralien, die Aufbereitung derselben, die Anlage von Hülfsbauen, der Mitgebrauch fremder Grubenbaue und das Recht zur Expropriation des zum Bergbau erforderlichen Grund und Bodens (Motive S. 13 ff.).

Diese Veränderung der Terminologie und die zu Grunde liegende Begriffsbestimmung fand vielfachen Widerspruch. (Vgl. Meine Bemerkungen S. 40 ff. Strohn, Bemerkungen S. 8 ff.) Das Allgem. Berggesetz ist auch im Titel 3 zu der bisherigen Terminologie zurückgekehrt. Die Motive bemerken hierüber (S. 19):

„Um sich nicht ohne dringende Veranlassung von dem seitherigen geläufigen Sprachgebrauche zu entfernen, behält der Entwurf zur Bezeichnung der Bergbauberechtigung den Ausdruck „Bergwerkseigenthum" bei, lässt aber im Uebrigen keinen Zweifel darüber zu, dass es sich bei dieser zu den unbeweglichen Sachen zählenden Bergbauberechtigung, wie auch gegenwärtig allgemein anerkannt wird, um einen Inbegriff sehr verschiedenartiger, zum Theil singulärer Rechte handelt, durch welche dieselbe sich von dem civilrechtlichen Eigenthume charakteristisch unterscheidet." —

Ein näheres Eingehen auf den Begriff des Bergwerkseigenthumes lehnen die Motive ab, weil die theoretische Erörterung des Begriffes nicht Aufgabe des Gesetzgebers, sondern der Rechtswissenschaft sei.

Das Preussische Berggesetz hat also ausdrücklich vermieden, die hier erörterte Controverse zu entscheiden und es ist deshalb nicht zulässig, aus seinen Bestimmungen Folgerungen für oder wider die eine oder die andere Ansicht zu ziehen.

Man muss also bei der Begriffsbestimmung des Bergwerkseigenthumes theils auf den früheren Rechtszustand, theils auf die logische Entwickelung zurückgehen. Von den früher im Preussischen Staate geltenden Bergrechten hat das französische Berggesetz jeden Zweifel darüber abgeschnitten, dass das Bergwerkseigenthum als ein wirkliches Sacheigenthum an den concedirten Lagerstätten behandelt werden müsse, indem es in den Artikeln 7 und 19 das Eigenthum an dem Bergwerke ausdrücklich jedem andern Eigenthume gleichstellt. Im früheren preussischen und im deutschen Bergrechte verhielt es sich dagegen anders. Die Bergordnungen und das Allgem. Landrecht begrenzten das Grubenfeld nach dem unbekannten Streichen und Fallen des Ganges. Sie räumten bei einer Theilung des Ganges dem älter Beliehenen ein Wahlrecht zwischen den verschiedenen Trümmern ein. (A. L. R. II, 16, §§. 177 ff. 187.) Das Bergwerkseigenthum des älteren Rechtes hatte also zum Gegenstande nicht ein in bestimmte körperliche Grenzen eingeschlossenes Feld, sondern ein nicht bloss von dem unbekannten Verhalten der Lagerstätte, sondern auch von künftigen Entschliessungen des Besitzers in seinem räumlichen Umfange bedingtes Recht. Das ältere preussische und deutsche Bergrecht stellte auch darin das Bergwerkseigenthum auf eine von dem Sacheigenthum verschiedene Grundlage, dass es den Verlust des Bergwerkseigenthumes durch den blossen Nichtgebrauch oder in Folge unterlassener Zahlung der Recessgelder eintreten liess (a. a. O. §. 105, §. 201). Da diese Bestimmungen mit der Annahme eines Sacheigenthumes nicht verträglich waren, so musste nach dem älteren Rechte das Bergwerkseigenthum wegen der Unbestimmtheit seiner Begrenzung und wegen der Ungewissheit seiner Dauer als eine blosse Gerechtigkeit bezeichnet werden, obgleich die Natur dieses Rechtes an und für sich, abgesehen von den angeführten Bestimmungen des positiven Rechtes, ebensowohl die Annahme eines Sacheigenthumes zugelassen haben würde [1]).

Das Allgem. Berggesetz hat nun diese unbestimmte Begrenzung und die ungewisse Dauer des Bergwerkseigenthumes

---

1) Vergl. m. Uebersicht der bergrechtl. Entscheidungen S. 33.

beseitigt. Es hat das Grubenfeld in feste körperliche Grenzen eingeschlossen (§. 26) und seine Aufhebung nur in Folge einer ausdrücklichen oder einer vermutheten Verzichtleistung zugelassen (§§. 156 ff. §. 161). Es hat ferner den Realberechtigten die Befugniss eingeräumt, der Aufhebung des Bergwerkseigenthumes durch die Ausübung ihres Realrechtes zuvor zu kommen (§. 159, §. 161). Hiernach sind die früher bestandenen Verschiedenheiten zwischen dem rechtsrheinischen und dem linksrheinischen Bergrechte im Sinne des von der französischen Gesetzgebung angenommenen Sacheigenthumes an den Bergwerken erledigt. Es steht folglich dieser Auffassung in den Bestimmungen des positiven Rechtes ferner kein Bedenken entgegen.

Gleichwohl fehlt es an einer positiven Bestimmung, welche nöthigte, von der Auffassung des gemeinen deutschen Bergrechtes, welches doch die eigentliche Grundlage unsrer heutigen Berggesetzgebung bildet, abzugehen. Der frühere Rechtszustand kann daher von den Vertheidigern der einen und der andern Ansicht fast mit gleichem Grunde angerufen werden, und die Entscheidung der vorliegenden Controverse lässt sich daher im Grunde nur aus der logischen Entwickelung des Begriffes des Bergwerkseigenthumes erschliessen.

Hier ist nach der Ansicht des Verfassers die unmittelbare rechtliche Herrschaft des Bergwerkseigenthümers über die unterirdischen Mineralien entscheidend. Es ist unzulässig, ihm nur ein Recht zur Gewinnung an denselben beizulegen, da die Mineralien der rechtlichen Herrschaft des Grundeigenthümers entzogen sind und daher in Folge der ertheilten Verleihung unter die unmittelbare rechtliche Herrschaft des Bergwerkseigenthümers fallen müssen. Der Verfasser hat an einem andern Orte [1]) bereits darauf hingewiesen, dass mit dem Verfügungsrechte, welches §. 1 dem Grundeigenthümer entzieht, dem Letzteren in der That das Eigenthum der verleihbaren Mineralien entzogen ist, da ein Nutzungs- oder Gebrauchsrecht, welches neben dem Verfügungsrechte als Bestandtheil des Eigenthumes unterschieden zu werden pflegt, dem Grundeigenthümer jedenfalls nicht zukommt.

---

1) Commentar zum Allg. Berggesetz. Anm. 3. S. 85.

Das Bayerische Berggesetz vom 20. März 1869 zieht diese Folgerung, indem es im §. 1 bestimmt:

„Das Eigenthumsrecht an Grund und Boden erstreckt sich nicht auf die nachstehend bezeichneten Mineralien."

Es entscheidet sich durch diese veränderte Fassung zugleich für die körperliche Natur des Bergwerkseigenthumes, Im Uebrigen sind die Bestimmungen des Preussischen Berggesetzes über den Inhalt des Berwerkseigenthumes §§. 50—54, denen die §§. 40—44 des Bayerischen Gesetzes entsprechen, unverändert beibehalten und es ist damit ein Beleg dafür gegeben, dass die Bestimmungen unseres Gesetzes in ihrer absolut neutralen Fassung den Begriff eines körperlichen Bergwerkseigenthumes keinesweges ausschliessen.

Der Verfasser glaubt deshalb an dieser Theorie als der einfacheren und natürlicheren festhalten zu müssen, jedoch mit dem vor zehn Jahren ausgesprochenen Beisatze, dass beide Theorien von der Natur des Bergwerkseigenthumes an sich gleichberechtigt sind und wie jetzt hinzugefügt werden muss, dass beide mit den Bestimmungen unseres Berggesetzes nach der ausgesprochenen Absicht des Gesetzgebers gleichmässig vereinigt werden können.

Jedenfalls muss dabei als feststehend erachtet werden, dass eine materielle Verschiedenheit zwischen dem Bergwerkseigenthume als körperliches Eigenthum an den verliehenen Mineralien und dem Bergwerkseigenthume als unkörperliches Gewinnungsrecht nicht bestehen kann. Wie das körperliche Eigenthum an den Mineralien nach der einen Auffassung dadurch modifizirt wird, dass dieselben als Bestandtheile des Grundstücks d. h. als raumerfüllende Masse der Herrschaft des Grundeigenthümers unterworfen sind; so wird das nach der andern Meinung bestehende unkörperliche Gewinnungsrecht dadurch weit über die sonstigen Gerechtigkeiten hinausgehoben und dem Sacheigenthume angenähert, dass es den nicht bloss räumlich begrenzten, sondern auch ganz unveränderlichen Inbegriff der in dem verliehenen Felde abgelagerten Mineralien zum Objecte hat.

Daher sind auch die praktischen Consequenzen der hier erörterten Meinungsverschiedenheit nicht so erheblich, als dies vielfach — früher auch von dem Verfasser — angenommen ist. Im Königreich Sachsen ist in den beiden im Laufe der letzten zwanzig Jahre einander folgenden Berggesetzen das Bergwerkseigenthum im gradezu entgegengesetzten Sinne definirt, einmal als körperliches Eigenthum, das andremal als unkörperliches Bergbaurecht. Gleichwohl ist nicht bekannt geworden, dass dieser Wechsel der Gesetzgebung irgend eine materielle Veränderung in dem so bedeutenden Bergwerkseigenthume des Königreiches hervorgebracht hätte [1]).

Oppenhoff (Commentar No. 314 und 914) betrachtet es als eine Consequenz der unkörperlichen Natur des Bergwerkseigenthumes, „dass verlassene Bergwerke nicht etwa als herrenlose Immobilien dem Staate anheimfallen." Diese Annahme steht jedoch mit den Gesetzen nicht im Einklang; denn nach §. 50 und 51 des Allg. Berggesetzes gehört das Bergwerkseigenthum zu den unbeweglichen Sachen und auf dasselbe finden hinsichtlich der Veräusserung die allgemeinen gesetzlichen Vorschriften Anwendung, welche in dieser Beziehung für das Grundeigenthum gelten. Unbewegliche Guter aber, die von ihren vorigen Eigenthümern wieder verlassen worden sind, fallen nach §. 3 Allg. Landrecht Th. II Tit. 16 dem Staate zu und es unterliegt keinem Zweifel, dass diese Vorschrift auch auf herrenlose Bergwerke Anwendung finden muss. Allerdings kann der Bergwerkseigenthümer nach §. 161 des

1) Es mag hier angemerkt werden, dass mit der technischen und nationalökonomischen Bedeutung des sächsischen Bergbaues die wissenschaftliche Pflege des Bergrechtes nicht Schritt gehalten hat. Wahrend das neue Berggesetz von 1869 noch gar keine Bearbeitung in irgend welcher Form gefunden hat, fehlt es auch fur das frühere Berggesetz von 1851 an den nothwendigen Hülfsmitteln zur Interpretation und das Land, welches einst die Wiege und bis in dieses Jahrhundert hinein die Pflanzstätte der deutschen Bergrechtswissenschaft war, ist gegenwärtig kaum noch an der Pflege dieses Zweiges der Jurisprudenz betheiligt. Es ist dies die unverkennbare Folge davon, dass die sächsische Gesetzgebung seit 1851 den Boden des gemeinen deutschen Bergrechtes mehr als geboten und räthlich war verlassen hat und es ist zu hoffen, dass die Wiederannäherung an das in den übrigen deutschen Staaten geltende Recht, welche durch das Gesetz von 1869 erfolgt ist, die Isolirung, welche die nothwendige Folge particularistischer Neuerungen war, bald wieder beseitigen werde.

Berggesetzes vor der Bergbehörde seinen freiwilligen Verzicht auf das Bergwerk zum Zwecke der Aufhebung des Bergwerkseigenthumes erklären. Es erfolgt dann in einem nach §. 158 f. geregelten Verfahren die Aufhebung der Verleihung; das Bergwerk fällt nicht an den Staat, sondern es erlischt, weil nicht bloss das Eigenthumsrecht des Derelinquirenden aufgehoben wird, sondern das Rechtsobject selbst zu existiren aufhört. Allein die Aufhebung des Bergwerkseigenthumes nach der Vorschrift der §§. 156—164 kann nur auf den gemäss §. 161 von dem Bergwerkseigenthümer an die Bergbehörde gerichteten Antrag, oder in Folge einer von der Behörde gemäss §. 156 an den Eigenthümer gerichteten Aufforderung zur Inbetriebsetzung eintreten. Das im sechsten Titel vorgesehene Verfahren kann nicht eintreten, wenn der Eigenthümer des Bergwerks unbekannt oder ohne Erben verstorben oder verschollen ist, oder wenn er einfach sein Eigenthum aufgibt, ohne den im §. 151 vorgesehenen Antrag zu stellen. Der Herr Verfasser würde sich auch leicht überzeugen können, dass in diesen Fällen das Recht des Fiskus auf herrenlose Bergwerke und Bergwerksantheile auch unter der bestehenden Berggesetzgebung von der Praxis anerkannt wird.

Manche Fragen, welche je nach der Annahme eines körperlichen Eigenthumes oder eines unkörperlichen Gewinnungsrechtes verschieden beantwortet werden können, sind in dem Berggesetze durch besondere Bestimmungen ausdrücklich entschieden. So würde nach der ersten Annahme bei der durch einen Dritten zufällig bewirkten Gewinnung der verliehenen Mineralien der Bergwerkseigenthümer schon durch die blosse Separation Eigenthümer der gewonnenen Mineralien werden, welche ein selbstständiges bewegliches Eigenthumsobject bilden, während dies nach der zweiten Annahme ohne ausdrückliche Bestimmung des Gesetzes nicht der Fall sein würde. Das Berggesetz gibt aber im §. 63 für den Fall einer solchen zufälligen Mineralgewinnung durch den Hülfsbau eines andern Bergwerks dem Bergwerkseigenthümer das Recht, die unentgeltliche Herausgabe zu fordern.

Die Frage, ob der Klage eines besser berechtigten Muthers der Einwand der Erwerbung des Bergwerkseigenthumes auf den Glauben des Hypothekenbuches (§§. 7. 8 u. 18 Allg.

Landrechts Th. I Tit. 10) entgegengesetzt werden kann, muss ebenfalls wie in meiner Uebersicht der bergrechtlichen Entscheidungen S. 39 f. gezeigt ist, verschieden beantwortet werden, je nachdem das Bergwerkseigenthum als ein körperliches Eigenthum an den in dem Felde befindlichen Mineralien, oder als ein unkörperliches Gewinnungsrecht betrachtet wird. Allein auch diese Frage ist jetzt durch die §§. 31 und 35 des Berggesetzes entschieden, indem für die Dauer der bestimmten Präclusivfristen dem Muther die Klage gegen den Bergwerkseigenthümer, also auch gegen den neuen Erwerber, welcher das Bergwerk auf den Glauben des Hypothekenbuches erworben hat, vorbehalten ist.

Endlich bleibt die Streitfrage über die Natur des aus der Muthung entspringenden Rechtes zu erörtern, welche ebenfalls mit der hier erörterten Controverse über die Natur des Bergwerkseigenthumes in Verbindung gebracht ist[1]), obgleich dieselbe im Grunde davon unabhängig ist und einer selbstständigen Erörterung bedarf.

Nach dem früheren gemeinen deutschen Bergrechte war das Recht aus der Muthung nichts anderes, als das in seiner Wirksamkeit durch die Verpflichtung zur Einholung der Verleihung bedingte Bergwerkseigenthum. Das Bergwerkseigenthum war durch Einlegung der Muthung auf den im Freien gemachten Fund bereits erworben und dem Muther war nur die Verpflichtung auferlegt, binnen einer gewissen Frist die Verleihung nachzusuchen und zu diesem Zwecke die Beschaffenheit seines Fundes nachzuweisen. Daher nennen die älteren Bergordnungen den Gegenstand des Rechtes aus der Muthung geradezu „das Lehen“ oder „das Werk“ ebenso wie das verliehene Bergwerkseigenthum. Sie bezeichnen die Verleihung zum Theil ausdrücklich als die „Bestätigung“ der Muthung oder des gemutheten Lehens (Chur-Trier. B. O. Th. III. Art. III. 6. Chur-Sächs. B. O. Art. 7)[2]). Alle aber, auch das A. L. R. Th. II Tit. 16. §§. 169. 170, bezeichnen als den Inhalt

---

1) Oppenhof, Commentar Nr. 173.

2) Vergl. ferner: Cleve-Märk. B. O. Cap. III. §. 2. Schles. B. O. Cap. IV. §. 2. Magdeb. B. O. Cap. IV. §. 2. Hennebergische B. O. Th. II. Art. 4. Chur-Cöln. B. O. Th. III. Art. 4.

der Verleihung nur die **Feststellung** der gesetzlichen Requisite: der Bauwürdigkeit, der Feldesfreiheit, des Erstfinder- oder Mutherrechtes und des Feldesumfangs.

Sie bedrohen den Muther, welcher unterlässt, die Verleihung rechtzeitig nachzusuchen oder die Arbeiten zum Nachweise der Bauwürdigkeit rechtzeitig auszuführen, mit dem Verluste seines Rechtes in denselben Ausdrücken, welche den Verlust des bereits verliehenen Bergwerkseigenthumes bezeichneten. So bestimmt noch das Allg. Landrecht Th. II. Tit. 16:

§. 162. Der Finder sowohl als der Muther müssen mit Fleiss und unausgesetzter Arbeit bemühet sein, den gemutheten Gang, das Flötz oder die Bank zu entblössen, das ist selbige mit dem Stollen oder Schurf in vollem frischen Anbruche zu zeigen.

§. 163. Wer binnen vier Wochen nach erfolgter Approbation die Arbeit nicht anfängt, oder sie nicht fortsetzt, wird seines Rechtes verlustig, **und das Werk ist ins Freie gefallen.**

§. 169. Wenn hiernächst das Bergamt festgesetzt hat, dass ein Gang, Stockwerk, Lager oder Flötz auch bauwürdig und im Freien gelegen sei, so muss der Finder oder Muther binnen Vier Wochen bei Verlust des Rechtes die Beleihung nachsuchen.

Nach gemeinem deutschen Bergrechte erfolgt also die Erwerbung des Bergwerkseigenthumes im Wege der Occupation an der gefundenen Lagerstätte entweder durch die Handlung des Findens (vergl. oben S. 77 f.) oder wenn ohne Finderrecht gemuthet wird durch die förmliche Handlung der Muthung, welche die körperliche Besitzergreifung — das Finden — vertritt.

Diese Regeln des gemeinen deutschen Bergrechtes haben zur Voraussetzung die natürliche Begrenzung des Bergwerkseigenthumes durch die Grenzen der gefundenen Lagerstätte, welche in ihrer Erstreckung vom Ausgehenden bis in die ewige Teufe und in der gesetzlich feststehenden Feldeslänge (Fundgrube und Maasse) und Breite (Vierung) unmittelbar von dem Rechte des Muthers ergriffen wird. Sie haben jedoch nicht minder für das heutige Recht Geltung, welches das Bergwerkseigenthum nicht an einer bestimmten Lagerstätte, sondern an einem Inbegriffe von Lagerstätten in einem künstlich begrenzten Felde erwerben lässt, denn die Besitzergreifung durch das Finden des Minerals auf einer solchen Ablagerung und durch die Muthung des räumlich begrenzten Feldes ist auch heute noch der einzige Erwerbungsgrund für das durch die Verleihung constituirte Bergwerkseigenthum, da ja die Verleihung nichts anderes als die gesetzliche Consequenz des durch das Finden und durch die Muthung bereits erworbenen Rechtes ist.

Wenn Oppenhoff (No. 314) diese Auffassung, welche in den Quellen des älteren deutschen Bergrechtes auf das Bestimmteste ausgesprochen ist, als „eine höchst künstliche und willkürliche Fiction“ bezeichnet, so übersieht er, dass dieselbe Regel von der unmittelbaren Erwerbung des Bergwerkseigenthumes durch das Finden und durch die Muthung sich unter gleichen, dem Ursprunge des deutschen Bergbaues analogen Verhältnissen noch in unsern Tagen in den bergmännischen Gewohnheiten der nordamerikanischen Bergwerksdistricte entwickelt hat [1]).

In den westlichen Gebieten der Vereinigten Staaten hat sich unter einer eingewanderten Bevölkerung von Bergbautreibenden aller Nationen das Recht der unmittelbaren, theils körperlichen, theils symbolischen Besitznahme der Grubenfelder nicht als eine willkürliche künstliche Fiction, sondern als eine aus der Natur der Verhältnisse entsprungene Regel entwickelt; und so ist in dieser jüngsten Eroberung des Bergbaues und der Civilisation dasselbe Recht gewohnheitsmässig entwickelt worden, welches vor sechs Jahrhunderten an den ältesten Pflanzstätten des deutschen Bergbaues sich ebenso gewohnheitsmässig ausgebildet hatte.

Das Bergwerkseigenthum, welches nach der Ansicht einiger neueren Juristen [2]) lediglich ein Product der positiven Gesetzgebung sein soll, hat sich hier wie dort im directen Widerstreite mit der positiven auf dem Rechte des Grundeigenthumes

---

1) Vergl. die in der Zeitschrift für Bergrecht Bd. IX S. 383 ff. von Burkart mitgetheilten Rechtsgewohnheiten der westlichen Staaten von Nordamerika.

2) Vergl. den Commissionsbericht des Hauses der Abgeordneten zum Allg. Berggesetze. S 29.

beruhenden Gesetzgebung, durch die zwingende Natur der Verhältnisse und durch die darauf begründete Rechtsgewohnheit ausgebildet.

Die Preussische Berggesetzgebung hat vorübergehend in dem Gesetze vom 1. Juli 1821 den Versuch gemacht, die Grundlagen des deutschen Bergrechtes in Betreff der Erwerbung des Bergwerkseigenthumes zu verlassen und der Bergbehörde in Annäherung an das Vorbild des französischen Rechtes einen entscheidenden Einfluss auf die Ausdehnung und Begrenzung des Bergwerkseigenthumes einzuräumen. Die Verwickelungen, welche durch dieses Gesetz in die Lehre von der Erwerbung des Bergwerkseigenthumes vorübergehend hereingetragen wurden, habe ich an einem andern Orte dargestellt [1]).

Das Allgemeine Berggesetz ist auf den Boden des deutschen Bergrechtes zurückgekehrt, der in der rechtsrheinischen Gesetzgebung durch das Gesetz vom 1. Juli 1821, welches die Begrenzung und die Ausdehnung des Feldes dem Ermessen der verleihenden Behörde überliess, zum Theil verlassen worden war. Es lässt die Erwerbung des Bergwerkseigenthumes lediglich nach Massgabe der Muthung erfolgen. Wenn diese den gesetzlichen Erfordernissen entspricht (§. 22) und nicht mit den älteren oder besseren Rechten Dritter collidirt (§§. 30–32), so wird die Verleihung nach dem Antrage des Muthers ertheilt und auch die Begrenzung des Feldes erfolgt ausschliesslich durch die Erklärung des Muthers, welche entweder in der Muthung selbst oder in einem Nachtrage (§. 18) abgegeben wird. Das Verfahren, welches über die eingelegte Muthung eröffnet wird und mit der Ausfertigung der Verleihungsurkunde abschliesst, hat nur den Zweck, das Vorhandensein der gesetzlichen Erfordernisse festzustellen und collidirende Ansprüche verschiedener Muther auf dem Wege der contradictorischen Verhandlung zur Entscheidung zu bringen. Der Muther kann das erworbene Recht, auch wenn ihm die Verleihung von dem Oberbergamte versagt ist, im Wege der gerichtlichen Klage gegen den beliehenen Bergwerkseigenthümer verfolgen (§§. 31, 35), und erst wenn er die Frist von drei

1) Vergl. meine Uebersicht der bergrechtlichen Entscheidungen. S. 108 ff.

Monaten nach der Zurückweisung seiner Muthung, oder falls diese nicht erfolgt ist, nach der Bekanntmachung der entgegenstehenden Verleihung verstreichen lässt, wird er des Rechtes aus der Muthung verlustig.

Die Muthung begründet daher ein dingliches Recht an dem gemutheten Bergwerke, welches auf Grund der blossen Muthung gegen jeden Dritten verfolgt werden kann. Dieses Recht ist seinem Objecte nach von dem wirklichen Bergwerkseigenthume nicht verschieden. Es ist jedoch resolutiv bedingt durch die Verpflichtung, die Verleihung des Bergwerkseigenthumes in dem durch Abschnitt 2 und 3 geordneten Verfahren von der Bergbehörde zu erlangen, und es erlischt durch die Zurückweisung des Anspruchs seitens der Bergbehörde, und durch den Ablauf der für die gerichtliche Verfolgung gestellten dreimonatlichen Frist. Bis zur erlangten Verleihung ist dem Muther auch die Disposition über das gemuthete Bergwerk untersagt [1].

Betrachtet man die Theorien, welche im Gegensatze zu der hier entwickelten Ansicht von neueren Juristen vertheidigt werden, so ist die früher mit einer relativen Berechtigung aufgestellte Meinung, dass die Muthung ein Forderungsrecht an den Staat als Regalinhaber auf Uebertragung des Bergwerks-

1) Das dingliche Recht des Muthers lasst sich deshalb gegenüber dem Bergwerkseigenthume, welches erst durch die Verleihung erworben wird, etwa mit dem Rechte des Erben an der angefallenen Erbschaft gegenüber dem durch die Antretung der Erbschaft erworbenen Eigenthume vergleichen, wie dies in meinem Commentar 2 Aufl. S. 100 geschehen ist. Hiergegen bemerkt Koch in seinem Commentar S. 80. „Der Vergleich mit der angefallenen und der angetretenen Erbschaft geht ganz fehl, denn da der Hr Verf. doch Jurist ist, so muss er wissen, dass nach dem Allgemeinen Landrecht wie nach dem Code Napoléon der Erbe schon durch den Anfall Eigenthümer der Erbschaft ist und der Antretung zum Zwecke der Erwerbung des Eigenthumes schlechthin nicht bedarf." — Dass nach dem Gemeinen Rechte, aus welchem das von mir gewählte Beispiel genommen ist, die entgegengesetzte Regel gilt, weiss Hr. Dr. Koch natürlich ebenfalls, allein er findet für gut, es zu verschweigen. — Der Verfasser glaubt, eine so wenig sachliche Kritik, wie solche an verschiedenen Stellen des Koch'schen Commentars hervortritt, billig ignoriren zu dürfen.

eigenthumes in dem gemutheten Felde erzeuge[1]), durch das heutige Berggesetz definitiv beseitigt, da von einem Rechte des Staates an den unverliehenen Mineralien, dessen Uebertragung durch die Muthung gefordert und durch die Verleihung bewirkt werden könnte, nicht mehr die Rede ist.

Wenn gleichwohl Koch in seinem Commentar S. 97 f. den aus der Muthung erlangten Anspruch als ein Schuldverhältniss, als eine Forderung auf die Leistung einer bestimmten Person, nämlich der Bergbehörde eines gewissen Reviers bezeichnet, welche Forderung freilich nach §. 23 des Berggesetzes nicht gegen die verpflichtete Person, die verleihende Bergbehörde, sondern nur mit einer dinglichen Klage gegen den dritten Concurrenten verfolgt werden könne, so kann man diesen Sätzen gegenüber nicht ein gewisses Befremden und ein Bedauern darüber unterdrücken, dass sie unter der Firma eines so berühmten Namens auftreten.

Andere, wie z. B. Oppenhoff (Commentar No. 173), begnügen sich damit, das Recht aus der Muthung als einen „Anspruch auf Verleihung" zu bezeichnen. Damit ist indess juristisch offenbar nichts gesagt, denn ein Anspruch, welchen das Gesetz unmittelbar gewährt und jedem Dritten gegenüber zu erzwingen gestattet, ist nichts anderes, als das Recht selbst.

Der Inhalt des Bergwerkseigenthumes besteht in der Verfügung über die verliehenen Mineralien, welche den Gegenstand entweder des körperlichen Eigenthumes oder des unkörperlichen Gewinnungsrechtes ausmachen und welche der Verfügung des Grundeigenthümers durch §. 1 des Berggesetzes entzogen sind. Dieses Verfügungsrecht schliesst nach §. 54 alle die Vorrichtungen ein, welche zur Aufsuchung und Gewinnung des Minerals in dem verliehenen Felde unter oder über Tage getroffen werden. Es erstreckt sich nach §. 58 bis auf die zur Aufbereitung der Bergwerkserzeugnisse erforderlichen Anstalten.

Unter der Aufbereitung wird nach dem bergmännischen Sprachgebrauche die mechanische Veränderung der Bergwerksproducte (durch Pochen, Mahlen, Waschen, Auslesen und

---

1) Achenbach in der Zeitschrift für das Berg-, Hütten- und Salinenwesen. VI. Bd. S. 138.

Scheiden) verstanden, im Gegensatze zu den chemischen Prozessen, welche sämmtlich zum Hüttenbetriebe gerechnet werden [1]). Der Bergwerkseigenthümer befindet sich also bei der Aufbereitung seiner Producte in der Ausübung seines Bergwerkseigenthumes, er betreibt kein besonderes Gewerbe. Die Aufbereitungsanstalten, soweit sie von dem Bergwerksbesitzer zur Verarbeitung der eigenen Producte betrieben werden, sind Zubehörungen des Bergwerks, für welche dem Bergwerksbesitzer nach §. 135 des Allg. Berggesetzes der Anspruch auf Grundabtretung zusteht. Ueber die sonstigen Zubehörungen des Bergwerks enthält das Berggesetz keine ausdrückliche Bestimmung. Zu den unbeweglichen Pertinenzien gehören ausser den Aufbereitungsanstalten nach §. 60 die Hülfsbaue im fremden Felde, ferner die unmittelbar zum Grubenbetriebe dienenden Gebäude und Grundflächen. Zu den beweglichen Pertinenzstücken sind nach den Regeln des Civilrechtes solche Sachen zu rechnen, welche entweder äusserlich oder ihrer Zweckbestimmung nach in dauernde Verbindung mit dem Bergwerke gebracht sind, ohne doch integrirende Theile des Grundgebäudes zu sein. Dahin gehören z. B. Gezähe, Instrumente, Grubenrisse, transportable Maschinen u. s. w. Das französische Bergwerksgesetz vom 21. April 1810 rechnete im Art. 8 zu den Pertinenzien der Grube auch die zur Arbeit unter Tage verwendeten Pferde. Nach heutigem Rechte kommt es darauf an, ob dieselben als bleibend für den Betrieb des Bergwerks bestimmt anzusehen sind oder nicht. In letzterem Falle wird auch ein über Tage zum Betriebe eines Rosswerks gehaltenes Pferd als Zubehör des Bergwerks gelten müssen.

---

1) Die Grenze ist streitig namentlich hinsichtlich des Röstens, welches zwar in der Regel eine chemische Umsetzung der Erze bezweckt, zuweilen indess auch als Vorbereitung zur Zerkleinerung der Erze durch Pochen und Mahlen dient. Die Praxis der Verwaltungsbehörden nimmt überall da, wo Feuer angewendet wird, einen Hüttenprozess an. Vergl. m. Commentar 2. Aufl. Anm. 146. 288. — Ztschr. f. Bergrecht Bd. II S. 368. — Koksöfen und Theerschwelereien gehören zwar nicht zu den Aufbereitungsanstalten; sofern sie jedoch am Gewinnungsorte des Materials errichtet werden, sind sie nach §. 16 der Norddeutschen Gewerbeordnung vom 21. Juni 1869 von der sonst zur Anlage solcher Anstalten erforderlichen polizeilichen Genehmigung befreit.

Drittes Buch.

Dingliche Rechtsgeschäfte.

§. 15. Die Vermessung.
(§§. 39—40 des Berggesetzes.)

Die Vermessung ist das Verfahren, durch welches die in der Verleihungsurkunde und auf dem Situationsrisse bezeichneten Feldesgrenzen auf die Erdoberfläche übertragen werden. Nach dem gemeinen deutschen Bergrechte wurden zwei Arten der Vermessung unterschieden: das Ueberschlagen (Vermessen mit der verlorenen Schnur) und das Erbbereiten (erbliche Vermessen). Das Ueberschlagen hatte nur den Zweck, dem Eigenthümer, dem Grenznachbar oder der Behörde Information über die Lage des Feldes zu geben. Das Erbbereiten bewirkte zugleich eine unabänderliche Festsetzung der Feldesgrenzen; es hatte also die Wirkung einer Grenzregulirung. Ja! bei der erblichen Vermessung der Längenfelder ging diese Wirkung unter Umständen noch weiter; die Erbbereitung konnte auch die Feldesstreckung einschliessen, indem erst durch die Vermessung die Lage der Fundgrube und der Maassen fixirt wurde, welche bis dahin von dem Beliehenen willkürlich vom Fundpunkte aus nach der einen oder der andern Seite des Streichens gelegt werden konnten [1]). Die Verleihung bestimmte nach gemeinem Rechte beim Längenfelde nur die Zahl der Maassen, welche neben der Fundgrube gewährt wurden. Die Lage derselben war nur relativ bestimmt, insofern die Fundgrube und die Maassen von dem in der Verleihung bezeichneten Fundpunkte aus gemessen werden mussten. Die Feldesstreckung wurde erst durch das Erbbereiten endgültig

1) Allg. Landrecht Th. II. Tit. 16. §. 176. — Hake, Commentar §. 207.

bestimmt, da selbst von der beim blossen Ueberschlagen gewählten Streckung der Maassen wieder abgegangen werden konnte, wenn der Beliehene später die Lagerstätte auf der andern Seite des Fundpunctes bauwürdiger erfand [1]).

Bei dem gevierten Felde musste die Feldesstreckung nothwendig der Verleihung vorhergehen. Hier blieb daher die Wirkung der Vermessung, sofern sie nicht bloss zur Information durch Ueberschlagen erfolgte, auf die Grenzregulirung beschränkt.

Die Vermessung in ihren beiden Formen erfolgte nicht blos auf Antrag des Beliehenen, sondern auch auf Anstehen des Grenznachbarn und auf Verlangen der Behörde. Zur erblichen Vermessung war der Beliehene jedoch erst dann verpflichtet, wenn das Bergwerk masswürdig geworden war, d. h. Ausbeute gegeben hatte. Ergab sich bei der Vermessung zweier mit einander grenzenden Grubenfelder, dass die verliehenen Maassen sich überschlugen, so wurde das streitige Stück dem Aelteren zugemessen. Blieb dagegen ein Stück zwischen beiden Feldern im Freien liegen, welches nicht Gegenstand einer eigenen Muthung sein konnte (Ueberschaar), so wurde dasselbe zwischen den beiden angrenzenden Grubenfeldern getheilt [2]). Dem Erbbereiten ging eine förmliche Edictalladung durch öffentlichen Aushang und durch Verlesen vor den Kirchenthüren an alle diejenigen voraus, welche bei der Vermessung ein Interesse haben. Der Lehnträger musste die Identität des Fundschachtes, von welchem aus vermessen werden sollte, auf dem

1) Hake a. a. O. §. 207. — M. Uebersicht der bergrechtl. Entscheidungen S. 71. — Die spätern Bergordnungen verlangen indess vielfach, dass der Finder die Lage der Maassen in der Muthung bezeichne (Kurköln. B.-O. Th. III. Art. 1. — Cleve-Märk. B.-O. Cap. II. §. 1). Die Praxis der verleihenden Behörden hat überdies seit langer Zeit allgemein darauf gehalten, dass die Verleihung auf Grund einer vollständigen Feldesstreckung und einer risslich dargestellten Projection der Fundgrube und der Maassen erfolgte. Die Fälle, in denen bei der Vermessung noch die Feldesstreckung nachgeholt werden kann, werden daher zu den Seltenheiten gehören.

2) Nassau-Katzenelnbog. B.-O. Art. 21. — Kurtrier. B.-O. Art. IV. 1. — Kursächs. B.-O. Art. 29. — Cleve-Märk. B.-O. Cap. VIII. §. 2.

Rundbaum eidlich bekräftigen [1]). Streitigkeiten zwischen den Grenznachbarn wurden von der vermessenden Behörde entschieden oder zur gerichtlichen Entscheidung verwiesen. Die bei dem Erbbereiten festgesetzten und durch Lochsteine und Erbstufen bezeichneten Grenzen konnten von Niemand angefochten werden. Es fand nur der Antrag auf Erneuerung verdunkelter Grenzen noch statt, bei welcher dieselben Regeln Anwendung fanden wie bei der Vermessung.

Das neue Berggesetz hat von den beiden Vermessungsarten des ältern Rechts nur die unförmliche Vermessung zur Information des Besitzers oder des Grenznachbarn und ohne bindende Wirkung beibehalten [2]). Nach §. 39 ist der Bergwerkseigenthümer befugt, die amtliche Vermessung und Verlochsteinung des durch die Verleihungsurkunde bestimmten Feldes zu erlangen. Dieselbe Befugniss steht den Eigenthümern angrenzender Bergwerke zu.

Eine Vermessung von Amtswegen findet nicht mehr statt. Mit dieser Massgabe allein stimmt die Vermessung des heutigen Rechtes mit dem früheren Ueberschlagen (Vermessen mit der verlorenen Schnur) durchgehends überein. Die Bestimmungen des Preussischen Berggesetzes sind in Bayern, Braunschweig, Sachsen-Coburg-Gotha und Sachsen-Meiningen unverändert übernommen. Das Oesterreichische Berggesetz § 65 schreibt die Vermessung von Amtswegen vor. Das Königl. Sächsische Berggesetz legt im §. 45 der Vermessung eine bindende Wirkung gegenüber den Grenznachbarn bei, welche versäumt haben, ihre Einwendungen nach gehöri-

---

1) Allg. Landrecht Th. II. Tit. 16. §. 182. — Hake, Commentar §. 202.

2) Es fragt sich, in welchen Fällen noch auf Grund der älteren Gesetze das Erbbereiten, d. h. eine Vermessung mit bindender Wirkung verlangt werden kann. Diese Frage ist in Bezug auf einige Nassauische Bergwerke, deren Verleihungsurkunden die Verpflichtung zur Zumessung des verliehenen Feldes aussprachen, aufgeworfen, jedoch noch nicht zur Entscheidung gebracht. Sie muss jedenfalls da bejaht werden, wo die Verleihung ohne ausreichende Feldesstreckung erfolgt ist. Es kann in diesen Fällen die Vermessung zur endgültigen Fixirung des Feldes sowohl von Amtswegen als auf Verlangen der Grenznachbarn gefordert werden.

ger Ladung in dem Termine geltend zu machen. Im Uebrigen stimmen auch diese Gesetze mit den §§. 39 und 40 des Preussischen Berggesetzes überein.

Die Vermessung setzt nach §. 39 einen Antrag des Bergwerkseigenthümers oder des Grenznachbarn voraus. Der Antrag wird nach §. 189 an den Revierbeamten gerichtet. Der Extrahent muss die Urkunden beibringen, nach welchen die Vermessung erfolgt, also die Verleihungsurkunde und den Situationsriss. Geht der Antrag von einem Grenznachbar aus, so muss dieser die Uebersendung der bei den Acten des Oberbergamtes befindlichen Conceptverleihung und des bei der Bergbehörde aufbewahrten Rissexemplares an den Revierbeamten behufs der Vermessung nachsuchen.

Das Geschäft der Vermessung wird nach §. 39 unter der Leitung des Revierbeamten durch einen concessionirten Markscheider oder Feldmesser ausgeführt, welcher von dem Extrahenten gestellt wird [1]).

Bei der Vermessung des Geviertfeldes werden die in der Verleihungsurkunde und auf dem Situationsrisse bezeichneten Grenzlinien nach den Regeln der Markscheidekunst (Feldmesskunst) auf die Oberfläche übertragen und sämmtliche Eckpunkte des Feldes durch Lochsteine bezeichnet. Damit der unveränderte Stand des Lochsteines controlirt werden kann, werden in gewissem Abstande von den vier Ecken vier sogenannte Testes so tief eingesenkt, dass sie von der Pflugschaar nicht erreicht werden können. Kann ein Lochstein auf dem Eckpunkte des Feldes selbst wegen eines Terrainhindernisses nicht errichtet werden, so wird derselbe bis zu einer geeigneten Stelle in der zuletzt gemessenen Grenzlinie zurückverlegt und der Abstand von dem wirklichen Eckpunkte auf dem Situationsrisse nud in dem Protokolle vermerkt [2]).

Bei der Vermessung der Längenfelder handelt es sich nicht um die Uebertragung der auf dem Situationsrisse dargestellten Feldesprojection auf die Erdoberfläche, denn diese Projection ist nur eine hypothetische und vorläufige, bei welcher das

---

1) Motive S. 50. — A. M. Huyssen. Commentar S. 32.

2) Vergl. d. Instructionen. für die Revierbeamten der Oberbergamtsbezirke Bonn, Halle, Dortmund und Breslau §. 25 resp. §. 24.

Streichen der Lagerstätte so wie es am Fundpunkte ermittelt wurde zu Grunde gelegt ist. Das Längenfeld schliesst sich indess dem wirklichen Verhalten der Fundlagerstätte an und wird durch den Körper derselben gebildet. Das Geschäft der Vermessung besteht daher zunächst in der Ermittelung der wirklichen Streichungslinie, wie sich dieselbe aus den jetzt vorhandenen Aufschlüssen über oder unter Tage ergibt. Wenn das Streichen des Ganges an verschiedenen Punkten verschieden ist, so wird nach den Regeln der Markscheidekunst die Hauptstreichungslinie ermittelt, d. h. es wird aus dem Mittel des unregelmässigen an den verschiedenen Stellen beobachteten Specialstreichens eine gerade Linie construirt, auf welcher die Fundgrube und die Maassen abgemessen werden [1]). Bei der Vermessung und Verlochsteinung der Längenfelder geht die Messung von dem Mittelpunkte des Fundschachtes aus; es wird in der Streichungslinie des Ganges nach jeder Seite die Hälfte der Fundgrube und sodann die Länge der auf jeder Seite der Fundgrube liegenden Maassen abgemessen. Sowohl die Endpunkte der Fundgrube, als auch die Endpunkte des ganzen Feldes werden durch Lochsteine bezeichnet.

Zu der Vermessung und Verlochsteinung werden nach §. 40 ausser dem Bergwerkseigenthümer die Vertreter der angrenzenden Bergwerke zugezogen. Diese Zuziehung hat den Zweck den Grenznachbarn Gelegenheit zur Wahrnehmung ihres Interesses zu geben. Ein Rechtsnachtheil kann mit der Vorladung derselben nicht verbunden werden und die in ihrer Abwesenheit erfolgte Vermessung der Grenze präjudicirt ihren Ansprüchen nicht. Erscheint der Besitzer des benachbarten Bergwerks, so kann er in Bezug auf die Lage der zu vermessenden Grenze Anträge stellen.

Widerspricht der Grenznachbar der von dem Extrahenten der Vermessung behaupteten Lage der Grenze, so wird eine Entscheidung der Bergbehörde nothwendig. In den Motiven der Regierungsvorlage und in dem Berichte der Commission des Hauses der Abgeordneten zu §§. 39 und 40 wird

---

1) Ueber die Längenvermessung auf Flötzen, bei welchen eine Hauptstreichungslinie nicht construirt werden kann, vergl. v. d. Bercken in der Zeitschrift für Bergrecht Bd. II. S. 55 ff.

vorausgesetzt, dass wirkliche Collisionen zwischen den nach Vorschrift der §§. 17 bis 20 im Verleihungsverfahren festgestellten Grubenfeldern in der Regel nicht vorkommen können. Die Erfahrung lehrt jedoch, dass sowohl bei ältern als bei neuern Verleihungen ein Ueberschlagen der Felder nicht selten vorkommt und dass die auf der Karte als aneinander grenzend verliehenen Felder zuweilen bei der Vermessung übereinander greifen, weil die Entfernung der massgebenden Festpunkte sich geringer herausstellt, als auf der Karte angegeben ist. In diesem Falle kann die Vermessung nicht so erfolgen, dass jedem das ihm verliehene Feld zugemessen und die streitige Grenze in zwei verschiedene Lagen versteint würde. Die Bergbehörde darf vielmehr nur diejenige Grenze vermessen lassen, welche sich bei Auflösung der vorliegenden Collision als die wirkliche Feldesgrenze ergibt. Dies ist in dem vorhin gesetzten Falle die Grenze des zuerst verliehenen Bergwerks, da der Besitzer des angrenzenden Feldes nur bis zu dieser Grenze Eigenthum erwerben konnte, und da die Rechte des zuerst verliehenen Bergwerkseigenthums nach §. 36 Al. 2 des Berggesetzes durch die neue Verleihung nicht betroffen werden. Beantragt also der zuerst beliehene Bergwerkseigenthümer die Vermessung des ihm verliehenen Feldes, so muss der Widerspruch des Jüngern, welcher diese Grenze überschlagen hatte, zurückgewiesen werden. Umgekehrt muss dagegen der Vermessungsantrag des Jüngern zurückgewiesen werden, wenn der Aeltere nachweist, dass eine Ueberschlagung stattgefunden hat.

Die Cognition der Bergbehörde ist auf die Zulassung oder Zurückweisung des gestellten Vermessungsantrages beschränkt. Ueber die vorliegende Feldesstreitigkeit selbst hat der Richter zu entscheiden.

Auch durch Verträge uber Abtretung von Feldestheilen können Grenzstreitigkeiten begrundet werden und so ergeben sich verwickeltere Collisionsfälle von denen der folgende Rechtsfall ein Beispiel gibt: Die Felder B und L. IV, von denen das erstere 1855, das letztere 1859 verliehen war, grenzten nach der Muthungs-Uebersichtskarte und den Verleihungsrissen aneinander. Der Besitzer von L. IV trat durch Tauschvertrag vom 22. Januar 1869 an den Besitzer von B ein einspringendes Feldesstück A ab, welches sich über die Markscheide zwischen den Feldern B und L. IV nach Süden hin in das Feld B hinein erstreckte. Der abgetretene Feldestheil sollte nach dem Tauschvertrage durch die Verlängerung der Markscheide zwischen den Feldern B und L. IV begrenzt werden, der Abstand dieser Verlängerung von der südlichen Markscheide des Feldes A oder die Länge des abzutretenden Feldes war ausserdem zu 95 Lachter angegeben. Bei der auf Antrag des Besitzers der Felder B und A vorgenommenen Vermessung ergab sich, dass die Grenze von L. IV die Grenze des Feldes B nach Süden zu um 10 Lachter überschlug. Der Besitzer von L. IV protestirte deshalb gegen die Vermessung der auf dem Verleihungsrisse von B aus dem Jahre 1855 angegebenen Markscheide und verlangte die Verlochsteinung der auf dem Situationsrisse von L. IV aus dem Jahre 1859 kartirten gegenseitigen Grenze.

Ausserdem ergab sich bei der Vermessung, dass das Feldesstück A, wenn die Verlängerung der nördlichen Markscheide von B als Grenze angenommen wurde, nicht 95, sondern 105 Lachter lang war [1]).

Bei dieser Sachlage beantragte der Besitzer von B die Vermessung der Linie a b (siehe unten) als Grenze zwischen den Feldern B und L. IV und die Vermessung der Verlängerung dieser Linie c a als nördliche Grenze des abgetretenen Feldsücks A. Der Besitzer von L. IV dagegen wollte die Linie d e als Grenze zwischen B und L. IV und deren Verlängerung

---

1) Das Nähere ergibt die folgende ungefähre Zeichnung:

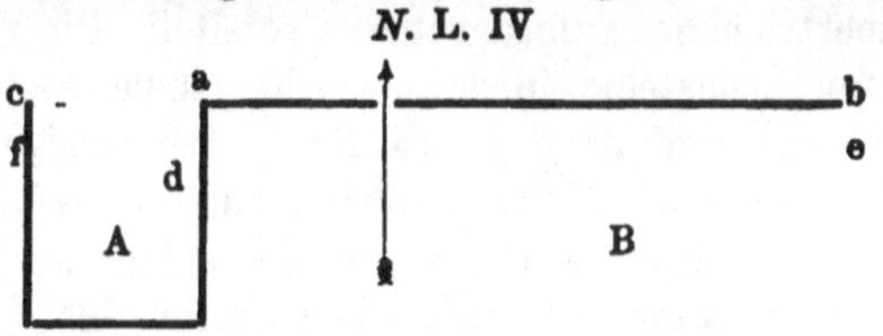

a b Nordliche Markscheide des Feldes B nach dem Verleihungsrisse von 1855,

c a deren Verlängerung,

d e Markscheide zwischen den Feldern B und L. IV nach der Verleihung von 1859,

d f deren Verlängerung.

d f als nördliche Grenze des Stücks A vermessen haben, und protestirte gegen den Vermessungsantrag des Besitzers von B.

Das Oberbergamt zu Bonn beschloss hierauf am 1. September, dass der Vermessung der Linie a b als nördlicher Markscheide des Feldes B nach Massgabe der ältern Verleihungsurkunde von 1855 Fortgang zu geben und der Protest des jünger Beliehenen zu verwerfen sei, dass dagegen der Vermessung der Linie c a als nördliche Markscheide des Feldesstücks A nicht Folge zu geben und der Extrahent mit dem Anspruche auf die behauptete Grenze auf den Rechtsweg zu verweisen sei, weil die in dem Tauschvertrage angegebene Feldeslänge mit der behaupteten Lage der Grenzlinie nicht übereinstimmt und es sowohl an einer unzweideutigen Erklärung der Contrahenten, als auch an einem festen Besitzstande auf Seiten des Erwerbers fehlt. Diese Entscheidung wurde durch den Rekursbescheid vom 14 Januar 1870 bestätigt.

Die Grundbesitzer, auf deren Grundstucke Lochsteine zu setzen sind, werden zu der Vermessung zugezogen. Sie sind nach §. 40 verpflichtet, das Betreten ihrer Grundstücke und das Setzen der Lochsteine gegen vollständigen Schadenersatz zu gestatten. Findet über die Schadloshaltung eine Vereinigung nicht statt, so ist der Anspruch auf den Rechtsweg zu verweisen, da das Verfahren der Grundabtretung (Tit. V Abschnitt 1) auf den vorliegenden Fall nicht Anwendung findet. Der Revierbeamte, welcher die Vermessung leitet, kann jedoch die Aufstellung der Lochsteine anordnen, wenn der Bergwerksbesitzer eine nach seinem Ermessen genügende Entschädigung im Termine zu zahlen bereit ist und der Grundbesitzer die Einiguug durch offenbar übertriebene Anforderungen vereitelt. Die Verrückung der gesetzten Lochsteine in der Absicht einem Andern Nachtheil zuzufügen, wird nach §. 274 Nr. 2 des Strafgesetzbuches vom 25. Mai 1870 als Urkundenfälschung mit Gefängniss (bis zu fünf Jahren), neben welchem auf Geldstrafe bis 1000 Thlr. erkannt werden kann, bestraft. Die Kosten der Vermessung hat nach §. 39 der Antragsteller zu tragen.

§. 16. Die Consolidation.

(§. 41—49 des Berggesetzes.)

Die Consolidation d. i. die Vereinigung zweier oder mehrerer Bergwerke zu einem einheitlichen Ganzen, ist ein dingliches Rechtsgeschäft, durch welche die einzeln verliehenen Objecte des Bergwerkseigenthums unter der Bestätigung der verleihenden Bergbehörde zu einem Bergwerke verbunden werden. Ein nach Vorschrift der §§. 41—49 consolidirtes Bergwerk wird ebenso angesehen, als ob es durch eine Urkunde in seinem ganzen Umfange verliehen wäre. Es kann nur unter Beobachtung der für die Theilung der Felder im §. 51 gegebenen Vorschriften wieder in seine früheren Bestandtheile zerlegt werden. Die Wirkung der Consolidation erstreckt sich auf alle an den consolidirten Bergwerken bestehenden dinglichen Rechten. Dieselben bleiben nicht an den reellen Theilen des vereinigten Bergwerks haften, wie dies bei der Zusammenschlagung von Grundstücken der Fall sein würde, sondern sie gehen nach §. 43 und §. 48 auf das consolidirte Bergwerk als Ganzes oder auf einen ideellen Theil desselben über.

Die Consolidation und die reale Theilung eines Bergwerks, von der im folgenden Paragraphen die Rede sein wird, sind dem Bergrechte eigenthümliche Rechtsgeschäfte, welche auf dem gemeinsamen Grunde der beschränkten Theilbarkeit des Bergwerkseigenthumes beruhen. Es ist im öffentlichen Interesse nothwendig, dass die Grenzen der Bergwerke nicht ohne Vorwissen der Bergbehörde verändert werden dürfen, da namentlich die sicherheitspolizeiliche Ueberwachung des Bergbaues von einer genauen Kenntniss der früheren Baugrenzen sowohl, als der gegenwärtigen bedingt ist. Deshalb ist jede Veränderung der Feldesgrenzen, sei es durch Zusammenlegung, sei es durch Theilung, von der Bestätigung durch das Oberbergamt abhängig gemacht (§. 41, §. 51). Es muss aber ferner dafür Sorge getragen werden, dass die von dem Eigenthümer mit der Genehmigung der Bergbehörde einmal vorgenommene Veränderung der Feldesgrenzen nicht durch die Ansprüche dritter Personen wieder rückgängig gemacht werden kann, weil sonst durch die Wiederherstellung der alten Feldesgrenzen die Sicherheit gefährdet, oder gar die Fortsetzung des Bergbaues unmöglich gemacht werden würde. Daher die Wirkungen, welche der Consolidation und dem Austausche von Feldestheilen in Bezug auf die Rechte der Hypothekengläubiger und der Realberechtigten beigelegt ist (§. 48, §. 51). Die Consolidation bewirkt den Uebergang der an den realen Theilen des neugebildeten Bergwerks früher bestandenen Hypotheken und Realrechte auf ideelle Theile des neugebildeten Ganzen, und diese Wirkung ist nothwendig, weil sonst durch Ausübung der Hypotheken- und Realrechte die Consolidation wieder aufgehoben werden und dadurch der in den erweiterten Grenzen unternommene zusammenhängende Bau unmöglich gemacht werden würde. Ebenso zieht nach §. 51 der Austausch von Feldestheilen zwischen zwei Bergwerken den Uebergang der Hypotheken- und Realrechte auf das eingetauschte Feldesstück nach sich, während das ausgetauschte von denselben frei wird, weil sonst die Ausübung dieser Rechte die alten Feldesgrenzen wieder herstellen und den in den veränderten Grenzen unternommenen Bau unmöglich machen würde. Die Nothwendigkeit, dass jeder Bergbau in sich zusammenhängend und nach aussen abgeschlossen betrieben werde, bedingt diese Einschränkungen der realen Theilbarkeit des Bergwerkseigenthumes und die davon abhängigen eigenthümlichen Wirkungen der Consolidation und des Feldesaustausches.

Die Consolidation mit ihren eigenthümlichen Wirkungen ist dem gemeinen deutschen Bergrecht unbekannt. Nur die Oberpfälzische Bergwerksordnung von 1548 Art. 17 und 25 und die Kurtrierische Bergordnung von 1564 Art. III. 21 erwähnen die Zusammenschlagung der Bergwerke zur Beseitigung eines Streites uber das Alter am Felde. Als im laufenden Jahrhundert der Bergbau grössere Dimensionen annahm, ergab sich die Nothwendigkeit, die Consolidation aneinander grenzender Bergwerke zu gestatten, um ein ausreichenderes Feld für den Bergwerksbetrieb zu gewinnen, als das Maximum der Feldesgrösse, welches die alten Bergordnungen vorschrieben. Die nothwendige Rückwirkung einer solchen Consolidation auf die auf den Einzelbergwerken haftenden Hypotheken, wurde schon in der Ministerial-Instruction vom 21. September 1832 für die Königlichen Bergämter zu Bochum und Essen wegen Einrichtung und Bearbeitung des Berghypothekenwesens anerkannt (v. Kamptz Jahrb. Bd. 40. S. 226 ff.). Diese bestimmt nämlich im §. 30:

> Bis zu den über die Consolidationen zu erwartenden näheren gesetzlichen Bestimmungen verbleibt es dabei, dass erst nach vollständig vollzogener Consolidations-Urkunde die

Umschreibung bei dem Berggegenbuche in der Art erfolgt, dass die consolidirte Zeche mit den vereinbarten Antheilen der einzelnen Gewerke an derselben und mit den auf ihr und den einzelnen Antheilen haftenden Schulden und Lasten auf ein neues Folium eingetragen und dagegen jede einzelne der Vereinigung beigetretene Zeche gänzlich gelöscht wird.

Auch das Obertribunal nahm in dem Erkenntnisse vom 18. Februar 1853 [1]) an, dass die Verurtheilung zur Abtretung eines Bergwerksantheils, nach inzwischen (1844) erfolgter Consolidation dieses Bergwerks mit einem angrenzenden Felde die Klage auf Abtretung des ideellen Antheils an dem consolidirten Bergwerke begründe, welcher für den Antheil an dem Einzelwerke eingetreten sei.

Erst durch das Gesetz vom 12. Mai 1851 über die Verhältnisse der Miteigenthümer eines Bergwerks (G- S. S. 265), wurden diese in der Praxis bereits anerkannten Rechtsgrundsätze gesetzlich fixirt und im §. 10 bestimmt, dass bei Consolidationen das Recht der Hypothekengläubiger und anderer Realberechtigter ohne Weiteres auf den entsprechenden Antheil an dem vereinigten Werke übergehe, wogegen den Hypothekengläubigern das Recht eingeräumt wurde, vor der Verfallzeit ihre Befriedigung zu verlangen. Dagegen wurden auch jetzt noch keine Bestimmungen über die objectiven Voraussetzungen der Consolidation, über die Bestätigung derselben durch die Behörde und über den Consolidationsact (abgesehen von der Bestimmung des §. 7, welche die Mehrheit von drei Vierteln für einen gewerkschaftlichen Consolidationsbeschluss erforderte) getroffen. Erst das Allgem. Berggesetz hat die hierüber in der Praxis ausgebildeten Regeln gesetzlich festgestellt. Entsprechende Bestimmungen finden sich in den §§. 112—114 des Oesterreichischen Berggesetzes. Das Königl. Sächsische Berggesetz kennt dagegen die Consolidation von Bergwerken nicht.

Die objective Voraussetzung der Consolidation besteht nach §. 49 des Berggesetzes darin, dass die Felder der zu vereinigenden Bergwerke aneinander grenzen. Dies ist der Fall, wenn die gevierten Felder (oben S. 116. S. 126 f.) eine Seite

1) Vergl. m. Uebersicht der bergrechtlichen Entscheidungen S. 35 ff.

ihrer Begrenzung an der Oberfläche gemeinschaftlich haben, oder bei Längenfeldern (oben S. 118 f.), wenn die Lagerstätten oder die Vierungen des Grubenfeldes sich in der Tagesprojection oder in einer tieferen Sohle berühren[1]). Geviertfelder können mit Längenfeldern consolidirt werden, wenn die Felder sich an der Oberfläche oder in einer tieferen Sohle berühren. Bergwerke, welche auf verschiedene Mineralien verliehen sind, können consolidirt werden, sowohl wenn die Felder aneinander grenzen, als wenn sie sich ganz oder theilweise überdecken[2]). Die Entscheidung darüber, ob die Bergwerke aneinander grenzen, steht nach §. 59 dem Oberbergamte zu.

Der Consolidationsact, welcher das dingliche Rechtsgeschäft der Consolidation enthält, besteht entweder in einem Vertrage, wenn die einzelnen Bergwerke verschiedenen Eigenthümern gehören, oder in einer einseitigen Willenserklärung, wenn dies nicht der Fall ist; die letztere besteht, wenn die zu vereinigenden Bergwerke einer Gewerkschaft gehören, in einem gewerkschaftlichen Beschlusse (§. 42 Cr. 1).

Hiernach sind in den einzelnen Fällen die materiellen Erfordernisse des Consolidationsactes zu beurtheilen. Für den Fall des gewerkschaftlichen Beschlusses kommt insbesondere in Betracht, dass zu Beschlüssen, durch welche über den Gegenstand der Verleihung verfügt werden soll, also auch zu dem Consolidationsbeschlusse, nach §. 114 des Berggesetzes eine Mehrheit von wenigstens drei Viertel aller Kuxe erforderlich ist. Ebenso bedarf zu der Vertragschliessung über eine Consolidation nach §. 120 der Repräsentant oder Grubenvorstand eines mit einer Mehrheit von drei Viertheilen aller Kuxe beschlossenen besonderen Auftrages.

Zur Form des Consolidationsactes ist in allen Fällen nach §. 42 die notarielle oder gerichtliche Beglaubigung er-

---

1) Motive S. 51. — Man wird unbedenklich mit Huyssen (Commentar S. 36) auch die Consolidation solcher Längenfelder für zulässig erachten dürfen, deren Lagerstatten oder Vierungen sich nicht berühren, die aber nur durch taubes Gebirge und wenigstens nicht allerwarts durch fremde Grubenfelder getrennt sind.

2) Rekursbescheid vom 3 Juli 1866 (Zeitschrift für Bergrecht IX. 227.)

forderlich. Ferner muss derselbe die Angabe des dem consolidirten Bergwerke beigelegten Namens enthalten und von einem Situationsrisse des ganzen Feldes in zwei Exemplaren begleitet sein [1]).

Die Rechte der Hypothekengläubiger und Realberechtigten in Bezug auf den Consolidationsact sind in den §§ 43 und 44 bis 48 verschieden bestimmt und zwar mit Unterscheidung des Falles, in welchem das consolidirte Bergwerk einer auf Grund der §§. 94 ff. gebildeten Gewerkschaft (einer Gewerkschaft im neueren Sinne) gehört (§. 43), mithin nur als Ganzes mit Hypotheken und dinglichen Lasten beschwert werden kann, von den übrigen Fällen, in denen das consolidirte Bergwerk einer Gewerkschaft des alten Rechtes oder einem einzigen Eigenthümer gehört, wo mithin die auf den einzelnen Bergwerken haftenden Hypotheken und Lasten auf Idealantheile des consolidirten Bergwerkes übertragen werden können (§§. 44 bis 48). Im ersteren Falle ist die Einwilligung der Hypothekengläubiger und Realberechtigten zur Ausführung der Consolidation insofern erforderlich, als eine Bestimmung darüber mit ihnen vereinbart werden muss, in welcher Rangordnung ihre Rechte an den Einzelwerken auf das consolidirte Werk als Ganzes übergehen sollen. In den übrigen Fällen ist den Realberechtigten nur ein Einspruch gegen den Consolidationsact gestattet (§. 46) und sie haben für den Fall, dass der Einspruch unterbleibt oder verworfen wird, den Uebergang ihrer Rechte auf die durch den Consolidationsact festgestellten Idealantheile des consolidirten Werkes zu erleiden.

»Die Behandlung des ersteren Falles beruht,« wie die Motive S. 53 sagen, »darauf, dass bei der neuen Gewerkschaft keine Idealantheile am Bergwerke selbst mehr bestehen, welche gleich den seitherigen immobilen Kuxen Gegenstand von Hypothekenrechten etc. sein könnten, dass vielmehr das Bergwerk nur noch als Ganzes mit Hypotheken und dinglichen Lasten beschwert werden kann (cf. §§. 101 u. 98). Hier kann deshalb der Uebergang von Realrechten auf die entsprechenden Antheile

1) In den Fällen des §. 44 (s. u.) muss der Consolidationsact noch die Bestimmung des Antheilverhältnisses enthalten, mit welchem jedes einzelne Bergwerk in das consolidirte Werk eintreten soll.

an dem consolidirten Werke nicht mehr stattfinden, sondern nur noch auf das consolidirte Werk als Ganzes erfolgen. Wie dies aber geschehen soll, lässt sich bei der Verschiedenartigkeit der Fälle durch gesetzliche Vorschriften nicht regeln. Es ist daher eine Vereinbarung zwischen der Gewerkschaft und den Realberechtigten darüber erforderlich, dass und in welcher Rangordnung der Uebergang stattfinden soll. Ohne diese Zuziehung der Realberechtigten würde die Consolidation um so weniger zulässig sein, als das Object des Realrechts und die Sicherheit nothwendiger Weise wesentliche Veränderungen erleiden."

Wird die im §. 43 vorgeschriebene Vereinbarung oder die Bescheinigung der Hypothekenbehörde, dass auf den Bergwerken keine Hypotheken, Realrechte oder Privilegien haften, beigebracht, so kann nun nach §. 49 die Bestätigung des Consolidationsactes ohne Weiteres erfolgen. In den Fällen des §. 44 geht dagegen der Entscheidung des Oberbergamtes ein Publicationsverfahren voraus, welches in den §§. 44 bis 47 geregelt ist.

Das Publicationsverfahren, welches die Consolidation ohne ausdrückliche Einwilligung der Hypothekengläubiger und Realberechtigten ermöglicht, kann nach §§. 43 und 44 nur eingeleitet werden, wenn auf das consolidirte Bergwerk die Vorschrift des §. 98, oder das Verbot der Antheilshypotheken, nicht Anwendung findet, also wenn das consolidirte Werk nicht einer Gewerkschaft des neuen Rechtes gehört. Dies ist der Fall, wenn ein Bergwerksbesitzer mehrere ihm gehörige Gruben consolidirt, oder eine Gewerkschaft des alten Rechtes die Consolidation ihrer Gruben beschliesst, ebenso wenn mehrere Gewerkschaften des alten Rechtes, oder ein Alleineigenthümer und eine Gewerkschaft des alten Rechtes einen Consolidationsvertrag schliessen [1]), endlich wenn mehrere Alleineigenthümer in dem Consolidationsvertrage die gewerkschaftliche Verfassung gemäss §. 133 ausschliessen und eine Gesellschaft des Civilrechtes oder des Handelsrechtes eingehen.

Uebrigens kann auch in diesen Fällen unzweifelhaft die Bestätigung der Consolidation ohne vorgängiges Publications-

---

1) Vergl. meinen Commentar Anm. 96 zu §. 43.

verfahren erfolgen, wenn den Bedingungen des §. 43 genügt ist, wenn also entweder die Freiheit von Hypotheken und dinglichen Lasten nachgewiesen [1]) oder eine Vereinbarung mit den Hypothekengläubigern und Realberechtigten beigebracht wird. Das Verfahren der §§. 44—48 ist zu Gunsten derjenigen Bergwerksbesitzer eingeführt, welche Antheilshypotheken an dem consolidirten Werke bestellen und deshalb ohne Einwilligung der Hypothekengläubiger consolidiren können. Es liegt aber kein Grund vor, die Durchführung dieses Verfahrens da zu fordern,

1) Dabei wird allerdings vorausgesetzt, dass auch nicht Reallasten vorhanden sind, welche der Eintragung nicht bedürfen, weil sie auf dem Gesetze beruhen, wie die Freikuxberechtigung des älteren Rechtes. Wenn an den zu consolidirenden Bergwerken Freikuxe bestehen, so muss entweder gemäss §. 43 eine Vereinbarung mit den Freikuxberechtigten beigebracht oder das Publicationsverfahren gemäss §. 44 eingeleitet werden. Das Oberbergamt zu Bonn verlangt nach dem Beschlusse vom 24. August 1867 (II. 4724) die Publication in allen Fällen, wo das consolidirte Werk nicht einer Gewerkschaft des neuen Rechtes gehört, ohne auf den Nachweis der Hypothekenfreiheit oder auf die Vereinbarung mit den Hypothekengläubigern und Realberechtigten Rücksicht zu nehmen, indem es sich auf den Wortlaut des §. 44: »In allen übrigen Fällen muss u. s. w.« beruft. Nach der oben vertretenen Auffassung ist dagegen der aus dem Zusammenhange der §§. 43 bis 49 sich ergebende Sinn folgender:

1. In den Fällen des §. 43 kann nur mit Einwilligung der Hypothekengläubiger oder bei nachgewiesener Hypothekenfreiheit consolidirt werden.

2. In allen übrigen Fällen kann auch ohne diese Voraussetzungen die Consolidation erfolgen. Sie muss dann nach §. 44 f. mit einer Bestimmung des Antheilsverhältnisses und mit einem Publicationsverfahren verbunden werden.

3. Dagegen bedarf es dieser Erfordernisse nicht, wenn die Einwilligung der Gläubiger oder die Freiheit von Hypotheken nachgewiesen ist.

Die Richtigkeit dieser Ansicht ergibt sich namentlich aus §. 49, welcher die Bestätigung des Consolidationsactes ohne Weiteres eintreten lässt, wenn Hypothekenglaubiger und andere Realberechtigte nicht vorhanden sind, ohne zwischen den Fällen des §. 43 und des §. 44 zu unterscheiden. In Bezug auf die Vereinbarung mit den Hypothekengläubigern wird allerdings auf die Fälle des §. 43 Bezug genommen. Dies schliesst jedoch nicht aus, dass auch in den andern Fällen durch eine solche Vereinbarung die Bekanntmachung an die Hypothekengläubiger überflüssig gemacht wird.

wo die Bergwerksbesitzer den strengeren Vorschriften des §. 43 genügen und dadurch das Publicationsverfahren überflüssig machen.

Das Publicationsverfahren hat zur Voraussetzung, dass in dem Consolidationsacte eine Bestimmung des Antheilsverhältnisses enthalten ist, mit welchem jedes einzelne Bergwerk in das consolidirte Werk eintreten soll. Der wesentliche Inhalt des Consolidationsactes, insbesondere die Bestimmung des Antheilsverhältnisses, wird durch das Oberbergamt den aus dem Hypothekenbuche ersichtlichen Hypothekengläubigern und Realberechtigten mitgetheilt und ausserdem durch das Amtsblatt bekannt gemacht.

Hypothekengläubiger und andere Realberechtigte, sowie privilegirte Gläubiger des Rheinischen Rechts, welche durch die Bestimmung des Antheilsverhältnisses an ihren Rechten verkürzt zu sein glauben, sind nach §. 46 befugt, gegen diese Bestimmung Einspruch zu erheben.

Dieses Einspruchsrecht muss binnen drei Monaten nach Ablauf des Tages, an welchem die Bekanntmachung zugestellt, beziehungsweise das die Bekanntmachung enthaltende Amtsblatt ausgegeben worden ist, durch gerichtliche Klage geltend gemacht werden Wer von dieser Frist keinen Gebrauch macht, ist seines Einspruchsrechtes verlustig.

Nur gegen die Bestimmung des Antheilsverhältnisses findet der Einspruch statt. Wenn daher ein in Ausbeute befindliches Bergwerk mit einem andern noch unaufgeschlossenen Felde consolidirt wird, dessen Vorrichtung die aufkommende Ausbeute für viele Jahre verschlingen wird, so kann der Realberechtigte, welchem als Niessbraucher oder sonst der Bezug jener Ausbeute zustand, gegen diese Verkürzung seiner Rechte keinen Einspruch erheben. Sein Recht geht kunftig auf die Ausbeute von einem ideellen Theile des consolidirten Bergwerkes.

Die Klage muss gegen den Besitzer des belasteten Bergwerks und wenn das Recht nur auf einem Bergwerksantheile haftet, gegen die Gewerkschaft des belasteten [1]) Bergwerks ge-

---

1) Nicht etwa gegen die Gewerkschaft des im Antheilverhältnisse begünstigten Bergwerks. Vergl. meinen Commentar Anm. 100 zu §. 46.

richtet werden. Denn die Gewerkschaft, welche den Consolidationsact beschliesst, nicht der Besitzer des belasteten Antheils verkürzt die Rechte des Realgläubigers.

Der Klageantrag muss dahin gerichtet werden, den Consolidationsact dem Kläger gegenüber, wegen Verkürzung seines Realrechtes durch das festgesetzte Betheiligungsverhältniss, für unwirksam zu erklären.

Statt diese Klage zu erheben, können nach §. 47 die vorbezeichneten Gläubiger und anderen Realberechtigten ihre Befriedigung vor der Verfallzeit verlangen, soweit dies die Natur des versicherten Anspruchs gestattet.

Dieser Anspruch muss im Wege der hypothekarischen Klage gegen den Besitzer des belasteten Bergwerksantheiles verfolgt werden. Der persönliche Schuldner, wenn er nicht zugleich Besitzer des Pfandobjects ist, wird von den über das Pfandobject getroffenen Dispositionen nicht berührt, also auch nicht zur Zahlung vor der Verfallzeit verpflichtet.

Die Klage auf Befriedigung vor der Verfallzeit muss ebenfalls bei Vermeidung des Verlustes innerhalb der im §. 46 bestimmten Frist geltend gemacht werden. Sie suspendirt die Bestätigung der Consolidation wie das Allegat des §. 47 im §. 49 ergibt.

Nach Ablauf der im §. 46 bestimmten dreimonatlichen Frist und nach Erledigung der innerhalb derselben erhobenen Einsprüche durch rechtskräftige richterliche Entscheidung, beschliesst nach §. 49 das Oberbergamt über die Bestätigung der Consolidation. Die Bestätigung darf nur versagt werden, wenn die Felder der einzelnen Bergwerke nicht aneinandergrenzen, oder wenn Gründe des öffentlichen Interesses entgegenstehen.

Der zweite Grund der Versagung der Bestätigung ist aus dem Gesetze vom 12. Mai 1851 übernommen. Man hat dabei nicht sowohl an bergwirthschaftliche Rücksichten, etwa an eine Feldessperre zu denken, da ja die Vereinigung beliebig vieler Felder in der Hand eines Besitzers auch ohne Consolidation erfolgen kann, als vielmehr an polizeiliche Gründe der Nichtbestätigung, wie z. B. wenn die zu consolidirenden Bergwerke sich in übergrosser Ausdehnung über verschiedene Bergreviere erstrecken und die Vereinigung zu einem Bergwerke die polizeiliche Beaufsichtigung erschweren würde. Auch der oben erwähnte Fall gehört hieher, wenn die Consolidation offenbar nur zum Nachtheil eines Niessbrauchers oder eines sonst zum Bezuge der Ausbeute Berechtigten vorgenommen wird. In diesem Falle steht dem Berechtigten ein Einspruch nicht zu; es liegt jedoch im öffentlichen Interesse. dass die gesetzlichen Befugnisse nicht zur Kränkung fremder Rechte missbraucht werden; folglich kann in einem solchen Falle im öffentlichen Interesse die Bestätigung versagt werden.

Die Bestätigungsurkunde wird mit den Verleihungsurkunden der einzelnen Bergwerke verbunden und zugleich der Consolidationsriss nach Vorschrift des §. 33 beglaubigt.

Mit der Bestätigung der Consolidation gehen nach §. 48 sämmtliche Realrechte an den einzelnen Bergwerken ohne Weiteres auf den festgestellten Antheil an dem consolidirten Werke oder im Falle des §. 43 auf das ganze consolidirte Bergwerk über [1]).

§. 17. Die Feldestheilung.
(§. 51 des Berggesetzes.)

Die Feldestheilung ist dasjenige Rechtsgeschäft, durch welches aus einem Bergwerke zwei oder mehrere selbstständige Bergwerke durch reale Theilung des verliehenen Feldes gebildet werden. Das Geschäft stellt sich nach Verschiedenheit des Falles als ein Vertrag (Theilungsvertrag, Kauf- oder Tauschvertrag) oder als eine einseitige Willenserklärung dar. Es bedarf in jedem Falle nach §. 42 und §. 51 eines notariell oder gerichtlich beglaubigten Theilungsactes. Die Feldestheilung unterliegt aber so wie die Consolidation im Interesse der Hy-

1) Wegen der Umschreibung im Berghypothekenbuche vergl. die oben S. 114 angeführte Instruction vom 21. September 1832 §. 30. Der zuständigen Hypothekenbehorde wird von Amtswegen eine Abschrift der Bestätigungsurkunde durch das Oberbergamt zugefertigt. Im Gebiete des Rheinischen Rechtes bleiben, wie Oppenhoff Commentar Nr. 301 bemerkt, die bisherigen Inscriptionen bestehen, gelten jedoch in Folge der in den Hypothekenrechten eingetretenen Veränderung fur ein wesentlich anderes Object. Bei der nach Ablauf von 10 Jahren nothwendigen Erneuerung der Inscription muss indess das neu eingetretene Object der Hypothek unter Bezugnahme auf den Consolidationsact genau bezeichnet werden.

pothekengläubiger und im öffentlichen Interesse gewissen Bedingungen. Ein Einspruch steht den Hypothekengläubigern und Realberechtigten allerdings nicht zu, einmal, wie die Motive S. 56 bemerken, weil von der Bestimmung eines Antheilsverhältnisses, gegen welches sich der Einspruch bei der Consolidation richtet, hier nicht die Rede ist, sodann weil durch die Theilung das Recht des Hypothekengläubigers nicht wie bei der Consolidation auf einen andern Gegenstand übertragen wird. Das Realrecht erstreckt sich auf jeden der gebildeten Theile und der Gläubiger kann durch die Ausübung seines Verkaufsrechtes die getrennten Feldestheile, gleichzeitig also das ganze ursprünglich verpfändete Bergwerk zur Subhastation bringen. Auch ist eine thatsächliche Schmälerung der Sicherheit der Hypothek von der Theilung des Feldes nicht mehr zu befürchten, als von vielen andern Dispositionen, die dem Bergwerksbesitzer ohne Concurrenz der Hypothekengläubiger vollkommen freistehen. Gleichwohl ist den Hypothekengläubigern nach dem Vorgange des Gesetzes vom 12. Mai 1851 im §. 51 des Berggesetzes das Recht vorbehalten, für den Fall der Feldestheilung ihre Befriedigung vor der Verfallzeit zu verlangen. Um die Ausübung dieses Rechtes zu sichern, ist die Feldestheilung im §. 51 von der Bestätigung des Oberbergamtes abhängig gemacht, welche unter Beobachtung des Verfahrens ertheilt wird, welches sich aus der Anwendung der §§. 42, 45 und 49 auf den Fall der Feldestheilung ergibt. Ist also das zu theilende Feld mit Hypotheken belastet und nicht die Einwilligung der Hypothekengläubiger beigebracht, so erfolgt die Bekanntmachung an dieselben und die Publication durch das Amtsblatt gemäss §. 45.

Aus dem (oben S. 177) Gesagten ergibt sich, dass die Bestätigung, falls die Realberechtigten von der Befugniss des §. 51 Gebrauch gemacht haben, nicht ertheilt werden darf, bevor die Befriedigung des Realgläubigers erfolgt resp. der Subhastationsprozess beendigt ist. Es bleibt indess dem Realgläubiger überlassen, zur Wahrnehmung seiner Rechte dem Oberbergamte von der erfolgten Anstellung der Hypothekar-Klage rechtzeitig Nachricht zu geben.

Von dem Falle der einfachen Feldestheilung wird im §. 51 der Austausch von Feldestheilen unterschieden, bei welchem Geschäfte die abgezweigten Feldesstücke nicht zu selbstständigen Bergwerken gemacht, sondern mit einem andern Bergwerke verbunden werden [1]. Man kann sich dieses Geschäft mit Oppenhoff (Commentar Anm. 330) als zusammengesetzt aus einer zweifachen Feldestheilung und einer zweifachen Consolidation vorstellen. Es ist jedoch in Wirklichkeit ein einfaches Geschaft, da keiner der abgezweigten Feldestheile zu einem selbstständigen Bergwerke erhoben wird, sondern sofort zu dem Stammtheile des andern Bergwerks hinzutritt. Es finden deshalb nach §. 51 nicht die Regeln der Consolidation, sondern die Regeln der Feldestheilung auf dieses Geschäft Anwendung. Nur die Wirkung desselben auf die abgeleiteten Rechte an den vertauschten Feldestheilen ist eine andere als bei der Feldestheilung.

Bei dem Austausche von Feldestheilen geht nämlich nach §. 51 das Recht der Hypothekengläubiger und anderen Realberechtigten mit der Bestätigung der Bergbehörde ohne weiteres auf den zu dem belasteten Bergwerke hinzutretenden Feldestheil über, wogegen der abgetretene Feldestheil von der dinglichen Belastung befreit wird. Ein Einspruch wegen Verkürzung ihrer Rechte durch den Austausch der Feldestheile steht den Gläubigern nicht zu. Sie haben nur wie bei der einfachen Feldestheilung das Recht, ihre Befriedigung vor der Verfallzeit zu verlangen.

Das Gesetz enthält keine Bestimmung darüber, welche Wirkung die blosse Abtretung eines Feldestheiles ohne den Eintausch eines correspondirenden Stückes auf die hypothekarische Belastung hat. Angenommen, das Feld A markscheide mit dem Felde B und der Eigenthumer des erstern Feldes trete seinem Nachbar ein Grenzstuck C ab, welches vortheilhafter von dem Felde B abgebaut werden kann. Er erhalte jedoch sein Aequivalent nicht in einem ausgetauschten Feldesstucke, sondern in einem Kaufpreise. Hier würde nach der Analogie der im §. 51 Al. 3 für den Fall des Austausches getroffenen Bestimmung der ab-

1) Das Bergwerk A wird in die Stücke a und c, das Bergwerk B in die Stucke b und d zerlegt; die Stücke c und d werden ausgetauscht, so dass nun nach bestatigtem Austausche das Bergwerk A aus a + d und das Bergwerk B aus b + c besteht.

getretene Feldestheil C von der auf dem Felde A haftenden dinglichen Belastung frei werden müssen, während er künftig an der dinglichen Belastung des Feldes B theilnähme, von welchem er forthin einen integrirenden Theil ausmacht. Es fehlt indessen an einer ausdrücklichen Bestimmung dieses Inhaltes. Eine solche Abtretung ist daher nur bei vertragsmässiger Regulirung der Rechte der Hypothekargläubiger ausführbar [1]).

Die Bestätigung der Feldestheilung darf nach §. 52 nur versagt werden, wenn überwiegende Gründe des öffentlichen Interesses entgegen stehen [2]).

§. 18. Feldesumwandlung und Erweiterung.
(§§. 215—218 des Berggesetzes.)

I. Die Feldesumwandlung [3]) ist ein der Muthung verwandtes Rechtsgeschäft, welches die Verleihung eines gevierten Feldes nach Massgabe der §§. 26. 27 des Berggesetzes für ein unter der früheren Gesetzgebung nach Längenvermessung verliehenes oder gemuthetes Feld bezweckt. Die Vorschriften über die Feldesumwandlung finden sich im Tit. XI des Berggesetzes unter den Uebergangsbestimmungen, weil dieselben sich nur auf die unter dem früheren Rechte verliehenen und gemutheten Bergwerke beziehen. Da aber diese Bergwerke immer die überwiegende Mehrzahl des gesammten Bergwerksbesitzes ausmachen werden und da die früher nach Längenvermessung verliehenen Bergwerke nicht blos während einer gewissen Uebergangszeit, sondern nach §. 215 zu jeder Zeit umgewandelt werden können, so bildet die Feldesumwandlung nicht einen

---

1) Huyssen (Commentar S. 37) schlägt vor, zunächst das eine Bergwerk nach dem Verfahren des §. 51 in zwei selbstständige Felder zu theilen und demnächst das abzutretende Stück mit dem Nachbarbergwerk zu consolidiren. Dieses Verfahren ist in vielen Fällen zur Anwendung geeignet, allein es setzt voraus, dass das abzutretende Stück als ein selbstständiges Bergwerk behandelt werden kann, was häufig nicht der Fall sein wird. Ausserdem wird dabei eine zweimalige Bestätigung mit dreimonatlicher Publicationsfrist nothwendig.

2) Vergl. meinen Commentar Anm. 109 zu §. 51.

3) Vergl. Brassert: Ueber Feldesumwandlungen und Feldeserweiterungen — Zeitschr. für Bergrecht Bd. VII. S. 183. Bd. X. S. 45.

blos vorübergehenden Bestandtheil des heutigen Bergrechts, sondern ein Rechtsinstitut von bleibender Dauer.

Die Vorschriften über die Feldesumwandlung bezwecken theils die gleichförmige Vermessung des Feldes, wie solche durch §§. 26. 27 für alle künftig zu erwerbenden Bergwerke eingeführt ist, allmälig auch auf die bereits nach abweichender Vermessung verliehenen Bergwerke soviel möglich auszudehnen, theils diesen nach Längenvermessung verliehenen Bergwerken einen vorubergehenden Schutz gegen die Umschliessung durch das Geviertfeld neu gemutheter Bergwerke zu gewähren. Zum letzteren Zwecke ist den Besitzern der Längenfelder im §. 218 ein Vorzugsrecht für ihre Umwandlungsanträge auf die Dauer von sechs Monaten nach Eintritt der Gesetzeskraft des Berggesetzes vor den in diesem Zeitpuncte eingelegten Muthungen eingeräumt und für denselben Zeitraum die Umschliessung der Längenfelder durch die Geviertfelder der neu eingelegten Muthungen untersagt worden. Zum Verständnisse dieser eigentlichen Uebergangsbestimmung des §. 218, welche eine blos transitorische Geltung hat, ist Folgendes zu bemerken. Bis zum Erlasse des Allg. Berggesetzes fand neben der Geviertvermessung die gestreckte oder Längenvermessung statt (vgl. oben S. 118 f.) und zwar die letztere ausschliesslich beim Gangbergbau. Als das Allg. Berggesetz die gevierte Vermessung auch beim Gangbergbau einführte wurden die bereits verliehenen Längenfelder der Gefahr der Umschliessung durch die gevierten Felder neuer Muthungen ausgesetzt, da es in dem von Gangtrümmern aller Art durchschwärmten Gebirge leicht ist, einen Fund im freien Felde zu machen und auf Grund eines verhältnissmässig werthlosen Fundes, die Längenfelder der vorhandenen werthvollen Bergwerke mit einem Geviertfelde zu umspannen. Die Gefahr dieser Umschliessung liegt aber darin, dass der Besitzer des gevierten Feldes an jedem Puncte innerhalb seiner Feldesgrenzen das verliehene Mineral gewinnen kann, so lange nicht der Besitzer des umschlossenen Längenfeldes nachweist, dass der Bau auf seiner Lagerstätte oder in deren Vierung geführt wird. Die Schwierigkeit dieses Nachweises bedingt die aus der Umschliessung entspringende Unsicherheit des Besitzes und dieser Gefahr sollte auf doppelte Weise begegnet werden, indem nach §. 218 dem Besitzer des Längenfeldes das Vorrecht eingeräumt wurde, binnen sechs Monaten selbst das umschliessende Geviertfeld durch einen Umwandlungsantrag zu erwerben, oder falls er seine ursprüngliche Vermessung beibehalten wollte, durch die Muthung eines neuen Fundes, zu welchem Zwecke für die Dauer von sechs Monaten die Umschliessung untersagt und so dem Besitzer des Längenfeldes die Möglichkeit offen gehalten wurde, im Freien zu finden und zu muthen. Die Nothwendigkeit dieser Bestimmungen zum Schutze der bestehenden Längenfelder war bereits in den früheren Gesetzentwürfen anerkannt [1]). Die Frist zur Ausübung des im §. 218 bestimmten Vorzugsrechtes ist gegenwärtig auch in den neu erworbenen Provinzen und auch in denjenigen Staaten abgelaufen, welche die Vorschriften des Preussischen Berggesetzes über die Feldesumwandlung später übernommen haben [2]). Es finden daher nur die auf die einfachen Umwandlungsanträge ohne Vorzugsrecht bezüglichen Vorschriften des §§. 215 bis 217 practische Anwendung, welche im Folgenden zu erörtern sind.

1. Voraussetzung der Feldesumwandlung ist ein nach Längenvermessung vor Eintritt der Gesetzeskraft des Berggesetzes verliehenes oder gemuthetes Bergwerk [3]). War das

---

1) Vergl. Brassert a. a. O. Bd. VII. S. 188 f.

2) Das Braunschweigische Berggesetz kennt die Feldesumwandlung nicht. In Sachsen-Coburg-Gotha findet nach §. 188 des Berggesetzes die Feldesumwandlung nicht blos auf Antrag des Beliehenen, sondern auch auf Anordnung der verleihenden Behörde statt, nur dass im letztern Falle dem Beliehenen nichts von dem ihm verliehenen Gange ohne seine Zustimmung entzogen werden darf. In Bayern sind die §§. 215 bis 218 des Preussischen Gesetzes unverändert übernommen.

3) Im früheren Herzogthum Nassau findet nach Art. IX der Einführungsverordnung vom 22. Februar 1867 nur die Umwandlung der früher bereits verliehenen, nicht der auf Grund des älteren Rechtes blos gemutheten Bergwerke statt. Diese unpractische Bestimmung wird in den Commissionsberathungen (Zeitschrift für Bergrecht Bd. VIII. S. 20) dadurch motivirt, dass nach früherem Nassauischen Rechte den Muthern ein klagbarer Rechtsanspruch auf Verleihung nicht zugestanden habe, der ihnen indess durch Art. IX ausdrücklich zugestanden wurde. Das Oberbergamt zu Bonn hat die nachtheiligen Folgen jener Ausnahmebestimmung dadurch zu beseitigen gesucht, dass es die in grosser Zahl noch unerledigt vorliegenden nassauischen Muthungen fast sämmtlich vor dem Eintritte der Gesetzeskraft des Berggesetzes zur Verleihung

Bergwerk nach älterem Rechte gemuthet, so gelangte es nach den Vorschriften des älteren Rechtes auch unter der Herrschaft des neuen Berggesetzes zur Verleihung. Es erfolgte also für die früher gemutheten Bergwerke noch jetzt die Verleihung nach Längenfeld, sofern nicht vor der Verleihung die Feldesumwandlung gemäss §. 215 beantragt wurde. Allein wenn dies auch nicht geschehen ist, so kann doch das nach Eintritt des neuen Berggesetzes nach Längenvermessung verliehene Bergwerk auf Grund eines späteren Antrages nach §. 215 umgewandelt werden, weil es vor Eintritt der Gesetzeskraft gemuthet war [1]).

Bei consolidirten Bergwerken kann nach §. 215 der Umwandlungsantrag für jedes einzelne Feld gestellt werden. Der Eigenthümer kann daher sowohl ein einzelnes der consolidirten Felder umwandeln und für die übrigen die Längenvermessung beibehalten, als auch für jedes der consolidirten Längenfelder ein Geviertfeld in dem gesetzlichen Umfange, falls soviel freies Feld vorhanden ist, begehren. Bergwerke, welche auf solche Mineralien verliehen sind, die nach §. 1 des Berggesetzes nicht mehr Gegenstand des Bergwerkseigenthums sind, können nicht umgewandelt werden, weil die verliehenen Mineralien in dem zu erwerbenden freien Felde nicht mehr Gegenstand der Muthung, sondern Eigenthum des Grundbesitzers sind. Jene Bergwerke bleiben nach §. 222 des Berggesetzes nur in ihren alten Feldesgrenzen bestehen [2]).

2. Der Umwandlungsantrag gilt nach §. 215 als Muthung. Ein weiteres Erforderniss der Feldesumwandlung ist daher nach §. 215 in Verbindung mit §. 15 und §. 19 die Freiheit des begehrten Geviertfeldes in Bezug auf welche die-

---

brachte. Die nach diesem Zeitpuncte noch verliehenen Längenfelder haben mit dem Zeitpuncte der Verleihung die Umwandlungsfähigkeit erlangt (s. o.), dabei indess das Vorzugsrecht des §. 218 ganz oder theilweise eingebüsst.

1) Vergl. Brassert a. a. O. Bd. X. S. 63. Die Ansicht von Oppenhoff (Commentar Nr. 1120), dass diese Meinung den Wortlaut des Gesetzes gegen sich habe, trifft nicht zu.

2) Vergl. Brassert a. a. O. S. 64. — Rekursbescheide vom 29. Dezember 1866 und vom 14. Februar 1868 (Zeitschrift für Bergrecht Bd. VIII. S. 142. Bd. IX. S. 230).

selben Regeln wie für die Muthung gelten (oben S. 87 f. S. 102 f.). Ist das umzuwandelnde Längenfeld auf mehrere Mineralien verliehen, so muss das begehrte Geviertfeld in Bezug auf sämmtliche Mineralien frei sein. Es ist nicht zulässig die Umwandlung auf das eine Mineral zu beschränken, für das andere aber das frühere Längenfeld beizubehalten. Aus demselben Grunde kann ein Bergwerk, welches auf mehrere Mineralien berechtigt ist, welche theils dem Berggesetze unterworfen, theils dem Verfügungsrechte des Grundeigenthümers wieder überlassen sind, nur unter der Voraussetzung umgewandelt werden, dass der Eigenthümer auf das nicht mehr verleihbare Mineral ganz verzichtet. Die Beibehaltung des früheren Längenfeldes für dieses Mineral allein würde dem Zwecke der Feldesumwandlung zuwiderlaufen, durch welche an die Stelle des Längenfeldes ein Geviertfeld gesetzt, nicht aber ein Geviertfeld zu dem Längenfelde hinzu verliehen werden soll [1]).

3. Auch in Bezug auf Form und Inhalt des Umwandlungsantrages kommen nach §. 215 die Regeln der Muthung, also die §§. 12—21 in Anwendung, soweit nicht die Anwendung derselben durch die Verschiedenheit des Gegenstandes ausgeschlossen wird, worüber das Folgende zu bemerken ist.

Der Umwandlungsantrag kann nach §. 215 nur von dem Bergwerkseigenthümer gestellt werden. Für eine Gewerkschaft ist nach §. 119 deren Repräsentant oder Grubenvorstand zu dem Antrage legitimirt. Einer Specialvollmacht zur Feldesumwandlung bedarf derselbe nach §. 120 nur dann, wenn durch die Umwandlung über die Substanz des Bergwerks verfügt wird und dies ist der Fall, wenn ein Theil des früheren Längenfeldes aufgegeben werden soll. Wie Brassert a. a. O. S. 67 f. näher ausführt, ist eine Verfügung über die Substanz nicht jedesmal da anzunehmen, wo die Projection des Längenfeldes an der Oberfläche nicht ganz von den Grenzen des Geviertfeldes eingeschlossen wird. Da nämlich die wirkliche Lage des Feldeskörpers von dem Verhalten der Lagerstätte bedingt wird, so wird der Bergwerkseigenthümer häufig, um denselben in das begehrte Geviertfeld einzuschliessen, von der früheren Projection des Längenfeldes abgehen müssen. In den Fällen

1) Brassert a. a. O. S. 61 f.

der §§. 216 und 217 kann der Einspruch eines benachbarten Feldesbesitzers oder die Collision mehrerer Umwandlungsanträge eine Beschränkung des begehrten Geviertfeldes, folglich unter Umständen den Ausfall eines Theiles des früheren Längenfeldes zur Folge haben. Auch in diesen Fällen bedarf der Repräsentant einer Specialvollmacht zu der Umwandlung nicht, da die Beschränkung nicht in dem Umwandlungsantrage enthalten, sondern eine gesetzliche Folge der eingetretenen Collision ist.

Der Inhalt des Umwandlungsantrages unterscheidet sich von dem der Muthung (§. 14) hauptsächlich dadurch, dass die Bezeichnung des Fundpunktes und der dem Bergwerke beizulegende Name fehlt. Dagegen ist das umzuwandelnde Bergwerk mit seinem Namen und dem verliehenen Minerale zu bezeichnen. Der Situationsriss (§. 17) bedarf ebenfalls nicht der Angabe des Fundpunktes, dagegen sind die Grenzen sowohl des umzuwandelnden Längenfeldes, als des begehrten Geviertfeldes anzugeben.

4. Das Verleihungsverfahren regelt sich nach den Vorschriften der §§. 17 bis 20 und 28 bis 38. Eine Constatirung der Fündigkeit findet naturgemäss nicht statt. Die Verleihungsurkunde (Umwandlungsurkunde) enthält ausser den im §. 34 bezeichneten Angaben auch das Datum der früheren Verleihungsurkunde über das umgewandelte Längenfeld, welche letztere mit der Umwandlungsurkunde verbunden zu werden pflegt.

5. Die Wirkung des Umwandlungsantrages ist in Bezug auf das begehrte Geviertfeld diejenige der Muthung. Dies gilt auch in Bezug auf die Collision des Umwandlungsantrages mit fremden Muthungen. (Vergl. oben S. 87f.) Dagegen sind für die Collision von Umwandlungsanträgen unter einander im §. 217 besondere Regeln gegeben.

Mehrere Umwandlungsanträge, welche auf das nämliche Feld gerichtet sind, begründen für jeden der Antragsteller ein gleiches Recht, und zwar ohne Rücksicht auf das Alter (den Zeitpunct der Präsentation) der Anträge und auf das Alter der umzuwandelnden Bergwerke nach ihrer früheren Verleihung.

Bei einer solchen Collision bildet, insoweit eine vertragsmässige Einigung nicht zu erzielen ist, die Theilung in gleiche Theile die Regel.

Das Oberbergamt ist jedoch befugt, bei der Verleihung von diesem Theilungsverhältnisse abzuweichen, insoweit sich dies für einen zweckmässigen Betrieb als erforderlich darstellt.

Aus dieser Vorschrift ergibt sich, dass das Gesetz die reale Theilung des begehrten Feldes im Auge hat. Ob für den Fall, dass die räumliche Theilung nicht ausführbar ist, die ideelle Theilung, oder nach §. 569 und 572 Allg. Landrecht Th. I. Tit. 11 die Entscheidung durch das Loos stattfinden soll, ist streitig [1]). Der ersten früher von mir vertheidigten Lösung steht entgegen, dass das neu verliehene Geviertfeld nicht an die Stelle eines Längenfeldes, sondern mehrerer Bergwerke treten würde, dass also den Hypothekengläubigern und Realberechtigten gegenüber die Wirkungen einer Consolidation ohne das in den §§. 44 bis 48 vorgesehene Verfahren eintreten würden, und dass gerade um dieser Bedenken willen die früher (in dem Entwurfe von 1862) beabsichtigte Verleihung eines gemeinschaftlichen Umwandlungsfeldes für mehrere Längenfelder aufgegeben ist.

Die Collision des Umwandlungsantrages mit den nicht umgewandelten benachbarten Längenfeldern findet ihre Lösung in der Vorschrift des §. 216, nach welcher von dem begehrten Geviertfelde die gestreckten Felder anderer Bergwerke nur dann ganz oder theilweise umschlossen werden dürfen, wenn die Eigenthümer dieser Bergwerke auf eine desfallsige Aufforderung der Bergbehörde sich mit der Umschliessung ihrer Felder ausdrücklich einverstanden erklären.

Tritt diese Voraussetzung nicht ein, so muss der Antragsteller sich eine entsprechende, nöthigenfalls durch einen Beschluss des Oberbergamts festzustellende Beschränkung des begehrten gevierten Feldes gefallen lassen.

Die Aufforderung zur Erklärung erfolgt bei der Vorladung des Eigenthümers zu dem Schlusstermine (§. 29). Diese Vorladung darf mit Rücksicht auf §. 216 nur unter der Verwarnung erfolgen, dass beim Ausbleiben angenommen wird, der Eigenthümer des Längenfeldes widerspreche der beabsichtigten Umschliessung. Wird die ausdrückliche Einwilligung

---

1) Vergl. meinen Commentar Anm. 511 zu §. 217 und Brassert a. a. O. S. 86.

der Eigenthümer der umschlossenen Felder nicht beigebracht, so tritt diejenige Beschränkung des begehrten Feldes ein, welche erforderlich ist um sowohl die gänzliche als auch die theilweise Umschliessung zu verhindern. Die Frage, wann eine gänzliche oder theilweise Umschliessung vorliegt und bis auf welchen Abstand das begehrte Geviertfeld zurücktreten muss, ist nach den thatsächlichen Voraussetzungen des einzelnen Falles zu beantworten. Dabei ist nach den eingehenden Untersuchungen von Brassert (a. a. O. S. 79) besonders darauf Gewicht zu legen, dass das Längenfeld auch in der tieferen Erstreckung nicht von der Grenzebene des Geviertfeldes berührt wird. Fällt also der Gang dem Geviertfelde zu, so muss letzteres soweit zurücktreten, dass die hangende Vierung des Längenfeldes in ihrer Verlängerung bis in die letzte muthmassliche Bausohle die Grenze des Geviertfeldes nicht berührt, und dass dem eingeschlossenen Längenfelde auf allen Seiten soviel freies Feld verbleibt, dass es ohne einen Ausfall zu erleiden in Geviertfeld umgewandelt werden kann [1]). Durch die zwischen den Längenfeldern nach älterm Rechte möglichen Collisionen wird diese Regel vielfach modifizirt. Der Besitzer des älteren Längenfeldes, welches im Streichen oder Fallen ein jungeres Längenfeld durchsetzt, kann z. B. sein Umwandlungsfeld unmittelbar an die Vierung des letztern anschliessen, wenn er innerhalb der Vierung seines eigenen älteren Längenfeldes verbleibt.

6. Die Wirkung der nach Vorschrift der §§. 31 bis 35 endgültig durch die Verleihungsurkunde festgestellten Feldesumwandlung besteht darin, dass das neu verliehene Geviertfeld in allen rechtlichen Beziehungen an die Stelle des früheren Längenfeldes tritt. Diejenigen Stücke des Längenfeldes, welche nicht in das Geviertfeld eingeschlossen sind, werden frei, oder sie fallen demjenigen Geviertfelde zu, von welchem sie umschlossen werden. Letzteres ist namentlich der Fall, wenn Längenfelder einander durchkreuzen und das umgebende Geviertfeld bei der Umwandlung nach Vorschrift des §. 217 getheilt wird. Die früher unverliehenen Stücke des Ge-

1) Dieselben Regeln gelten fur die Beschrankung der Geviertfelder derjenigen Muthungen, welche in den ersten sechs Monaten eingelegt sind, und der Vorschrift des §. 218 zuwider die Längenfelder alterer Bergwerke umschliessen.

viertfeldes werden mit dem früheren Längenfelde zu einem unzertrennlichen Ganzen vereinigt und das ganze ungewandelte Feld wird Gegenstand aller an dem früheren Längenfelde bestandenen dinglichen Rechte, welche ohne Weiteres durch die Umwandlung auf das neugebildete Object übergehen [1]).

II. Die Feldeserweiterung ist die Ausdehnung der unter dem früheren Rechte nach gevierter Vermessung verliehenen Bergwerke auf die nach §. 28 des neuen Berggesetzes zulässige Feldesgrösse von 25000 oder 500000 Quadratlachtern. Sie ist nach §. 215 nur binnen sechs Monaten nach Eintritt der Gesetzeskraft des Berggesetzes zulässig. Die Erweiterungsanträge begründen nicht wie die in den ersten drei Monaten eingelegten Umwandlungsanträge ein Vorzugsrecht vor den Muthungen, sie selbst stehen vielmehr nach §. 218 gegen jene privilegirten Umwandlungsanträge zurück. Mehrere Erweiterungsanträge, welche auf dasselbe Feld gerichtet sind, begründen nach §. 217 für jeden Antragsteller ein gleiches Recht, welches durch die räumliche Theilung des gemeinschaftlich begehrten Feldes realisirt wird. Die Längenfelder der bereits bestehenden Bergwerke dürfen von dem durch einen Erweiterungsantrag begehrten Felde nach §. 216 ohne ausdrückliche Einwilligung der Eigenthümer weder ganz noch theilweise umschlossen werden. Die Beschränkung erfolgt nach denselben Regeln wie bei der Feldesumwandlung. Auch in Bezug auf Form und Inhalt der Erweiterungsanträge, auf das Verfahren und in Bezug auf die Wirkung der über die Feldeserweiterung ertheilten Verleihung gelten nach §§. 215—218 dieselben Regeln wie für die Feldesumwandlung [2]).

---

1) Ueber die Fälle, in denen die aufgehobene Begrenzung des früheren Längenfeldes nach der Umwandlung ausnahmsweise noch rechtlich in Frage kommen kann, vergl. Brassert a. a. O. S. 91 f.

2) Die Bestimmungen über die Feldeserweiterung sind von der Commission des Herrenhauses in die Regierungsvorlage eingeschaltet worden; sie haben eine rein transitorische Bedeutung und haben überhaupt eine weit geringere practische Tragweite als die Vorschriften über die Feldesumwandlung. Während diese bestimmt sind, allmälig überall eine gleichmässige und feste Feldesbegrenzung herbeizuführen, hatten jene nur die Vergrösserung derjenigen älteren Bergwerke zur Folge, welche zufällig mit ihren Geviertfeldern an freies Feld grenzten.

§. 19. Die Aufhebung des Bergwerkseigenthums.
(§§. 156—164 des Berggesetzes.)

Die Aufhebung des Bergwerkseigenthums ist ein eigenthümliches Rechtsgeschäft, welches sich von der civilrechtlichen Dereliction dadurch unterscheidet, dass nicht bloss das Recht des Eigenthümers, sondern auch der Gegenstand des Bergwerkseigenthumes, das Bergwerk selbst, rechtlich aufgehoben wird. Das verliehene Feld mit den darin anstehenden Mineralien kehrt in das vor der Verleihung bestandene Rechtsverhältniss zurück.

Im gemeinen deutschen Bergrechte erfolgte die Aufhebung des Bergwerkseigenthums sowohl auf den Antrag des Beliehenen (*Auflassung*) [1]), als auch ohne solchen Antrag wegen unterlassenen Betriebes, wegen Nichtzahlung der Rezessgelder, wegen wiederholten Raubbaues, Beschädigung fremder Grubengebäude, betrügerischer Beseitigung von Lochsteinen und Erbstufen und nach einigen Bergordnungen wegen Verweigerung des Vermessens durch *Freierklärung* seitens des Bergamtes [2]).

Der wichtigste Fall des unfreiwilligen Verlustes war die *Freifahrung* wegen Nichtbetriebes, welche schon nach den ältesten deutschen Bergrechten, damals jedoch unter sorgfältig schützenden Formen stattfand [3]). Später wurde nach dem Vorgange der Sächsischen Bergordnung von 1509 die Freifahrung zugelassen, sobald die Grube an drei Tagen in einer Woche unbelegt gefunden ward, und jedem neuen Muther (Freimacher) gestattet, die Freifahrung zu verlangen. Der Bergwerksbesitzer konnte sich gegen dieselbe nur dadurch schützen, dass er aus genügenden Gründen *Fristung* beim Bergamte nachsuchte [4]).

---

1) Joachimsthaler B. O. Th II. Art. 24. — Bayerische B. O. Art. 105.

2) Allg. Landrecht Th. II. Tit. 16. §§. 188—212. — Cleve-Märk. B. O. Cap. VIII. §. 4. — Schles. B. O. Cap. IX. §. 4.

3) Das Iglauer Bergrecht bestimmt, dass das verlassene Bergwerk durch sechs Sonntage nach einander offentlich ausgerufen werden soll, damit diejenigen, deren Eigenthum es ist, zur Arbeit zurückkehren. Wird am siebenten Sonntag das Bergwerk verlassen gefunden, so kann es anderweit verliehen werden.

4) Herzogl. Sächs. B. O. (1509) Art. 7. u. 11. — Kursächs. B. O. Art. 23. — Nassau-Katzenelnbog. B. O. Art. 14 u. 17. — Allg. Landrecht Th. II. Tit. 16. §. 198f. — Nur die Kurkolnische Bergordnung

In diesem Rechtszustande lag, wie die Motive S. 93 ausführen, anerkanntermassen einer der hauptsächlichsten Gründe, weshalb über Unsicherheit und ungenügende Creditfähigkeit des Bergwerkseigenthums geklagt wurde. Das Allgemeine Berggesetz hat deshalb im §. 65 den Betriebszwang in dem seitherigen Umfange beseitigt und auf den Fall beschränkt, wo dem Nichtbetriebe überwiegende Gründe des öffentlichen Interesses entgegen stehen. Auf diesen einzigen Fall ist denn auch nach §. 156 die unfreiwillige Entziehung des Bergwerkseigenthums beschränkt, und die Aufhebung desselben erfolgt in einem Verfahren, welches sowohl die Interessen des Bergwerkseigenthümers als auch die Rechte der Hypothekengläubiger und der sonstigen Realberechtigten vollständig schützt. Dasselbe Verfahren tritt nach §. 161 f. auch bei der freiwilligen Verzichtleistung auf das Bergwerkseigenthum zum Schutze der Hypothekengläubiger und Realberechtigten ein.

I. Was zunächt die Entziehung des Bergwerkseigenthums betrifft, so hat dieselbe den Nichtbetrieb des Bergwerks, die amtliche Aufforderung zur Betriebseröffnung, und die Nichtbefolgung derselben zur Voraussetzung. Das Obergamt hat nämlich nach §. 65 die Befugniss, den Eigenthümer, nach Vernehmung desselben, zur Inbetriebsetzung des Bergwerks oder zur Fortsetzung des unterbrochenen Betriebes binnen einer Frist von sechs Monaten aufzufordern und für den Fall der Nichtbefolgung dieser Aufforderung die Entziehung des Bergwerkseigenthums anzudrohen, wenn überwiegende Gründe des öffentlichen Interesses der Unterlassung des Betriebes entgegenstehen.

Wird amtlich festgestellt, dass ein Bergwerkseigenthümer die nach Vorschrift des §. 65 an ihn erlassene Aufforderung zur Inbetriebsetzung des Bergwerks oder zur Fortsetzung des unterbrochenen Betriebes nicht befolgt hat, so kann nach §. 156 das Oberbergamt die Einleitung des Verfahrens wegen Entzie-

---

Th. III. Art. 9 u. 10 beschränkte die Freierklärung auf den Fall, dass die Grube ein ganzes Quartal hindurch ungebaut liegen blieb, und auch in den folgenden drei Quartalen nicht wieder aufgenommen wurde. Vergl. den Plenarbeschluss des Obertribunals vom 18. November 1850. — M. Uebersicht S. 154 f.

hung des Bergwerkseigenthums durch einen Beschluss aussprechen, gegen welchen der Rekurs an den Handelsminister nach Vorschrift des §. 191 stattfindet.

Der Bergwerkseigenthümer ist ausserdem befugt, binnen vier Wochen vom Ablaufe des Tages, an welchem ihm der Beschluss, beziehungsweise der Recursbescheid zugestellt ist, bei dem Gerichte, in dessen Bezirk das Bergwerk liegt, gegen das Oberbergamt auf Aufhebung des Beschlusses zu klagen. Geschieht dies nicht, so ist das Einspruchsrecht erloschen [1]).

Das Verfahren bei Entziehung des Bergwerkseigenthums ist in den §§. 158 bis 160 nach dem Muster des französischen Gesetzes vom 27. April 1838 wie folgt geregelt:

Erhebt der Bergwerkseigenthumer keinen Einspruch oder ist derselbe rechtskräftig verworfen, so wird der Beschluss von dem Oberbergamte den aus dem Hypothekenbuche oder den Rheinischen Hypothekenregistern ersichtlichen Gläubigern und anderen Realberechtigten zugestellt und ausserdem durch das Amtsblatt der Regierung, in deren Bezirk das Bergwerk liegt, zur öffentlichen Kenntniss gebracht.

Jeder Hypothekengläubiger oder sonstige Realberechtigte, sowie privilegirte Gläubiger des Rheinischen Rechts ist befugt, binnen drei Monaten vom Ablaufe des Tages, an welchem der Beschluss zugestellt, beziehungsweise an welchem das die Bekanntmachung enthaltende Amtsblatt ausgegeben worden ist, behufs seiner Befriedigung die nothwendige Subhastation des

1) Die Klage kann auf den Mangel einer der gesetzlichen Voraussetzungen der Einleitung des Verfahrens (§§. 65. 156) gestützt werden; ausserdem etwa noch auf ein Privilegium, welches den Besitzer von der Verpflichtung des §. 65 befreit. Die Inbetriebsetzung des Bergwerks nach Ablauf der gemäss §. 65 gestellten Frist begründet nicht die Klage auf Aufhebung des Verfahrens. Dennoch kann der Bergwerkseigenthümer während des ganzen Laufes des Verfahrens bis zur Einleitung der Subhastation durch die Wiederaufnahme des Betriebes den Verlust des Bergwerkseigenthums abwenden. Er kann nämlich den Antrag auf Einstellung des Verfahrens an das Oberbergamt richten, wenn er der Aufforderung zur Inbetriebsetzung nach erfolgter Einleitung des Verfahrens genügt hat. Das Oberbergamt kann diesem Antrage stattgeben und wird demselben stattgeben, wenn ihm der Beweis geführt wird, dass der Betrieb des Werkes nicht bloss zum Scheine

Bergwerks bei dem zuständigen Richter auf seine Kosten zu beantragen, vorbehaltlich der Erstattung derselben aus den Kaufgeldern.

Auch der seitherige Eigenthümer des Bergwerks kann innerhalb jener Präclusivfrist von drei Monaten die Subhastation auf seine Kosten beantragen.

Wird die Subhastation nicht beantragt, oder führt dieselbe nicht zu dem Verkaufe des Bergwerks, so spricht das Oberbergamt durch einen Beschluss die Aufhebung des Bergwerkseigenthums aus [1]).

Die Wirkung dieser Aufhebung ist wesentlich von derjenigen der civilrechtlichen Dereliction verschieden. Mit derselben erlöschen nach §. 160 alle Ansprüche auf das Bergwerk, von welcher Art sie auch sein mögen. Das Bergwerk geht als besonderes Rechtsobject unter, und die darin begriffenen Mineralien kehren in das Verhältniss der unverliehenen Mineralien zurück, sie werden wieder Gegenstand der Muthung und Verleihung, wobei nach §. 16 das Erforderniss der Fündigkeit wegfällt. Der neue Muther ist nicht, wie nach dem gemeinen Bergrechte der Fall war, an die Begrenzung des aufgehobenen Bergwerks gebunden. Er kann sein Feld beliebig begrenzen sofern es nur gemäss §. 27 das Mineralvorkommen des verlassenen Bergwerks einschliesst. Betrifft die Aufhebung ein Bergwerk, welches nach gestrecktem Felde verliehen und von einem auf gleiche Mineralien verliehenen gevierten Felde umschlossen ist, so erlangt der Eigenthümer des Geviertfeldes nach §. 219 ein Vorzugsrecht auf die Vereinigung des gestreckten Feldes mit seinem Geviertfelde.

---

und um der Form zu genügen, sondern in solcher Weise in Angriff genommen ist, dass dadurch den öffentlichen Interessen, welche die Inbetriebsetzung fordern (§. 65), genügt wird. Denn in diesem Falle ist dem Zwecke des Verfahrens genügt, während die Aufhebung des Bergwerkseigenthums das Gegentheil, nämlich die Wiedereinstellung des Betriebes, zur Folge haben würde.

1) Die Vorschriften der §§. 159, 160 über das Subhastationsverfahren lassen einige Lücken, in Folge deren es dem Beliehenen möglich werden würde, das Verfahren in die Länge zu ziehen, oder gar illusorisch zu machen. — Vergl. Achenbach, das französische Bergrecht S. 331. — Oppenhoff Commentar Nr. 1228. — Fälle der practischen Anwendung sind noch nicht bekannt geworden.

Dieses Vorzugsrecht muss binnen vier Wochen ausgeübt werden, sobald dem Besitzer des umschliessenden Feldes von der Aufhebung des Feldes durch die Bergbehörde Nachricht gegeben ist [1].

Was die beweglichen und unbeweglichen Pertinenzstücke des Bergwerks betrifft, so werden dieselben von der Aufhebung des Bergwerkseigenthums nicht betroffen. Sie hören nur auf Zubehörungen des aufgehobenen Bergwerks zu sein, und bleiben als selbstständige Sachen im Eigenthum des Bergwerksbesitzers [2], während sie im Falle der Subhastation mit dem verkauften Bergwerke auf den Adjudicatar übergehen. Bei aufgehobenen Bergwerken ist der Eigenthümer polizeilich in der Verfügung über einzelne Pertinenzstücke beschränkt; er darf nach §. 163 die Zimmerung und Mauerung des Grubengebäudes nur insoweit wegnehmen, als nach der Entscheidung der Bergbehörde nicht polizeiliche Gründe entgegenstehen.

Soweit das Letztere der Fall ist, muss die Zimmerung und Mauerung derelinquirt werden; sie wird alsdann nach den Regeln des Civilrechtes ein rechtlicher Bestandtheil des Grundstücks, in welchem sich das Grubengebäude befindet und der neue Aufnehmer des Bergwerks muss diese Anlagen, falls er sie benutzen will von dem Grundeigenthümer erwerben.

Die vorstehenden Regeln können nur aus der Ausnahmebestimmung des §. 163 hergeleitet werden, aus welcher sie übrigens mit vollständiger Sicherheit zu folgern sind. Die Annahme von Huyssen (Commentar S. 90), dass mit dem Bergwerke auch dessen Pertinentien, bewegliche und unbewegliche, herrenlos werden und den allgemein gesetzlichen Vorschriften über herrenlose Sachen unterliegen, stimmt mit §. 163 nicht überein, weil derselbe offenbar den bisherigen Eigenthümer des Bergwerks als zur Wegnahme der beweglichen Pertinentien berechtigt bezeichnet.

Nach französischem Bergrechte (Gesetz vom 28. Juli 1791

1) Diese Ankündigung kann beliebig stattfinden, sie muss jedoch erfolgen, sobald ein Dritter gemäss §. 16 Muthung auf das verlassene Längenfeld einlegt.

2) Das Sächsische Berggesetz spricht dies im §. 171 ausdrücklich aus.

Art. 17) blieb der frühere Bergwerksbesitzer Eigenthümer auch der Zimmerung, welche in dem verlassenen Bergwerke aus Gründen der Sicherheit zurückgelassen werden musste. Er durfte von dem neuen Aufnehmer der Concession den Ersatz des Werthes derselben beanspruchen. Das Preussische Berggesetz hat diese Vorschrift nach den Motiven zum vorläufigen Entwurfe von 1863 S. 140 als unzweckmässig verworfen.

Nach dem gemeinen deutschen Bergrechte fielen mit dem freigefahrenen Bergwerke alle Pertinentien in das landesherrliche Freie. Das Bergwerk hörte nicht auf als solches zu existiren, es wurde nur herrenlos und der neue Muther erwarb das frühere Bergwerk in seinen alten Grenzen und mit allen seinen Zubehörungen an Grundstücken und an Mobilien [1]).

II. Die freiwillige Verzichtleistung hat ebenfalls nach §. 161 die Aufhebung des Bergwerkseigenthums zur Folge, wenn sie vor der Bergbehörde erklärt wird. Diese Erklärung ist an keine Form gebunden; sie kann sowohl schriftlich, als auch mündlich zu Protokoll erfolgen. Die Bergbehörde muss die Dispositionsbefugniss des Verzichtenden prüfen. Zu der Verzichtleistung einer Gewerkschaft ist nach §. 114 Einstimmigkeit erforderlich. Das Verfahren richtet sich ebenfalls nach den Vorschriften der §§. 158 bis 160, indem statt des oberbergamtlichen Beschlusses die Erklärung des verzichtenden Bergwerkseigenthümers den Hypothekengläubigern und Realberechtigten mitgetheilt und öffentlich durch das Amtsblatt bekannt gemacht wird. Den Hypothekengläubigern und Realberechtigten steht auch in diesem Falle der Antrag auf Subhastation innerhalb der dreimonatlichen Frist zu. Nach Ablauf dieser Frist oder nach erfolgloser Subhastation des Bergwerks wird mit der Aufhebung des Bergwerkseigenthums durch Beschluss des Oberbergamtes nach den Bestimmungen des §. 160 verfahren.

Es ist bereits oben S. 156 hervorgehoben, dass durch die Vorschrift des §. 161 keineswegs die Anwendung der civilrechtlichen Regeln von der Dereliction auf die Bergwerke ausgeschlossen wird. Die formlose Dereliction kann schon deshalb nicht ausgeschlossen sein, weil Bergwerke ebenso wie andere

1) Vergl. Allg. Landrecht Th. II Tit. 16. §. 190. u. 291. — Baier. B. O. Art. 10. Art. 105.

Gegenstände ihren Eigenthümer verlieren können [1]). Es treten in diesem Falle die gewöhnlichen civilrechtlichen Wirkungen ein, d. h. nur das Eigenthum des Derelinquenten wird aufgehoben, alle dinglichen Rechte an dem Bergwerke dagegen bleiben bestehen. Das Bergwerk wird zur herrenlosen Sache, zu deren Erwerbung nach preussischem Rechte der Staat nach §§. 8 ff. A. L. R. II. 16 vorzugsweise berechtigt ist. Die Wirkung des §. 160 Al. 2. tritt in Folge einer solchen blossen Dereliction nicht ein. Die an dem Bergwerke bestehenden dinglichen Rechte werden erst durch das gemäss §. 161 eingeleitete Verfahren aufgehoben.

Wenn der derelinquirende Bergwerkseigenthümer unterlässt, seinen Verzicht vor der Bergbehörde zu erklären, so kann er nach §. 13 A. L. R. II, 16 zur bestimmten Erklärung darüber aufgefordert werden, ob er sich seines Eigenthumes begeben wolle. Diese Aufforderung wird auf Anstehen des Fiskus durch den Richter erlassen und nach Ablauf der gestellten Frist wird, wenn keine Erklärung erfolgt, nach §. 14 das derelinquirte Bergwerk dem Fiskus als herrenloses Gut zugeschlagen.

Erfolgt dagegen die Verzichtleistung, so kann nun die Aufhebung des Bergwerkseigenthums gemäss §. 161 des Berggesetzes erfolgen. Ebenso kann, wenn der derelinquirende Eigenthümer bekannt ist und die Voraussetzungen des §. 65

---

1) Man setze z. B. den Fall, dass ein Bergwerk vor hundert Jahren einem Ausländer verliehen war, der seitdem das Bergwerk verlassen und keine weitere Besitzhandlung vorgenommen hat. Ueber den Tod und die etwaigen Rechtsnachfolger des Beliehenen ist nichts zu ermitteln. Das Bergwerk welches vor hundert Jahren als rentlos verlassen wurde, ist vielleicht inzwischen sehr werthvoll geworden. — Hier sind jedenfalls die Bedingungen der civilrechtlichen Dereliction erfüllt; ebenso gewiss ist, dass weder das Verfahren wegen Entziehung des Bergwerkseigenthums gegen den unbekannten Eigenthümer durchgeführt, noch die Aufhebung des Bergwerkseigenthums wegen freiwilligen Verzichtes erfolgen kann. Ebenso wenig kann ein Todeserklärungsverfahren gegen den Ausländer eingeleitet werden. Es bleibt also nur übrig, das Bergwerk als derelinquirt und herrenlos zu betrachten und dasselbe durch Occupation seitens des Fiskus, wo diesem das Vorzugsrecht zusteht, oder des ersten Besitznehmers dem Verkehr zurückzugeben.

vorhanden sind, gegen denselben das Verfahren wegen Entziehung des Bergwerkseigenthums von Amtswegen gemäss §. 156 f. eingeleitet werden.

III. Der Verzicht auf einzelne Theile des Feldes kann nach §. 162 ebenfalls nur in dem durch §. 161 und §. 158 f. geregelten Verfahren wegen Aufhebung des Bergwerkseigenthums erfolgen. Die Verzichtleistung muss daher vor der Bergbehörde erklärt werden. Der Behörde steht indess eine Cognition über die Angemessenheit der veränderten Feldesbegrenzung nicht zu; und eine Bestätigung des theilweisen Verzichtes, wie solche nach §. 51 für die gleichartigen Verfügungen der Feldestheilung und des Austausches von Feldestheilen vorgesehen ist, findet nicht statt. Ebensowenig ist die Befugniss zur Verzichtleistung auf einzelne Feldestheile andern Beschränkungen in Bezug auf Grösse und Configuration des übrig bleibenden Feldes unterworfen. Nur versteht sich von selbst, dass die Continuität des übrig bleibenden Feldes nicht unterbrochen werden darf. Es würde sonst der Fall einer Feldestheilung vorliegen, die nach §. 51 nicht ohne die Bestätigung der Bergbehörde erfolgen kann.

Das Verfahren zur Aufhebung des Bergwerkseigenthums an dem Feldestheile regelt sich nach den für die gänzliche Aufhebung in den §§. 158 bis 161 gegebenen Vorschriften. Die Hypothekengläubiger und Realberechtigten sind befugt, gemäss §. 159 die Subhastation des ganzen Bergwerks auf ihre Kosten zu beantragen.

Die Bestimmungen des Preussischen Berggesetzes über die Aufhebung des Bergwerkseigenthums sind in Bayern, Braunschweig und den beiden sächsischen Herzogthümern fast unverändert übernommen. In Sachsen-Coburg-Gotha tritt die Entziehung des Bergwerkseigenthums nach §. 87 und §. 113 des dortigen Berggesetzes ein, wenn ein Repräsentant nicht bestellt wird und drei vom Bergamte zur Uebernahme der Vertretung aufgeforderte Personen dieselbe abgelehnt haben.

Das Oesterreichische Berggesetz hält in den §§. 174—176 und 183 noch einen allgemeinen Betriebszwang fest und droht im §. 243 bei wiederholter Vernachlässigung der Vorschriften über ununterbrochene Belegung und über die Fristung des Betriebes die Entziehung des Bergwerkseigenthums an. Die Entziehung tritt nach §. 240 auch als Strafe der wiederholten Versäumung der vorgeschriebenen Sicherheitsvorkehrungen beim Bergbau ein. Das Verfahren bei der Entziehung des Bergwerkseigenthums ist in den §§. 253 f. nach denselben Grundsätzen wie in dem Preussischen Gesetze geordnet, nur dass die Subhastation nicht blos auf Antrag, sondern in jedem Falle und von Amtswegen eingeleitet wird.

Im Königreich Sachsen findet nach §. 168 bis 171 die Aufhebung des Bergwerkseigenthums nur in Folge freiwilliger Verzichtleistung und zwar in demselben Verfahren wie nach dem Preussischen Berggesetze statt. Sie wird indess nach §. 169 auch dann ausgesprochen, wenn bei einer im gewöhnlichen Executionswege vorgenommenen Zwangsversteigerung kein Gebot erfolgt ist.

§. 20. Veräusserung und Verpfändung — Niessbrauch.

(§§. 52. 53. §§. 229—231. §§. 246—249 des Berggesetzes.)

In den vorigen Paragraphen sind eigenthumliche dingliche Rechtsgeschäfte erörtert worden, welche nur dem Bergrechte angehoren und nur auf Bergwerke Anwendung finden können. Die Veräusserung und die Verpfandung der Bergwerke sind als solche singuläre Rechtsgeschafte nicht zu bezeichnen, vielmehr finden nach §. 52 auf das Bergwerkseigenthum hinsichtlich der Veräusserung der Verpfändung und des Arrestes, sowie der Privilegien des rheinischen Rechtes die allgemeinen gesetzlichen Vorschriften Anwendung, welche in dieser Beziehung für das Grundeigenthum gelten. Auch die allgemeinen gesetzlichen Vorschriften uber die Führung der Hypothekenbücher und rheinischen Hypothekenregister und die Bestimmungen der Subhastations- und Concursordnungen über die gesetzlichen Pfandrechte finden nach §. 53 auf das Bergwerkseigenthum ebenfalls Anwendung. Nur einzelne Besonderheiten sind als Ausnahmen fur die Veräusserung und Verpfändung der Bergwerke beibehalten worden. Dieselben beziehen sich theils auf die Hypothekenbuchführung, theils auf das Subhastationsverfahren, theils auf einzelne Modalitäten des Kauf- und des Pfandvertrages.

I. Das Berghypothekenbuch soll nach §. 246 in seiner besonderen Einrichtung nach den bisherigen Bestimmungen fortgeführt werden. Die Einrichtung des Berghypothekenbuches besteht nur in dem Gebiete des preussischen und des gemeinen Rechtes. Sie stimmt zum Theil mit der Einrichtung des Grundhypothekenbuches überein und regelt sich insoweit im Gebiete des preussischen Rechtes nach der allgemeinen Hypothekenordnung vom 20. Dezember 1783. Das Berghypothekenbuch unterscheidet sich dabei von dem nach denselben Vorschriften geführten Grundhypothekenbuche zunächst dadurch, dass es nach §. 246 einen besonderen Band bildet, welcher die Bergwerke des Gerichtsbezirks gesondert von den Grundstücken umfasst. Auf der andern Seite ist das Berghypothekenbuch zugleich aus dem Berggegenbuche hervorgegangen, wie solches nach den Vorschriften des gemeinen und des preussischen Bergrechtes über die Eigenthumsverhältnisse bei den Bergwerken geführt wurde und hat dadurch eine von dem Grundhypothekenbuche etwas abweichende Einrichtung erhalten, welche für einzelne Landestheile durch besondere Verordnungen, im Allgemeinen aber durch Gewohnheitsrecht und Gerichtsgebrauch geregelt ist.

Das B e r g g e g e n b u c h [1]) wurde zuerst durch die sächsischen Berggesetze im fünfzehnten Jahrhundert als eine Controle der in den Händen der Schichtmeister beruhenden Gewerkenlisten eingeführt, um dem Betruge beim Kuxhandel zu steuern. Es wurde neben dem Bergbuche, welches die ertheilten Verleihungen nach ihrem Gegenstande beurkundete, als ein Lagerbuch über die jedesmaligen Besitzer und Betheiligten der verliehenen Bergwerke geführt. Es wurde der Zwang zur Eintragung alles verliehenen Bergwerkseigenthums ausgesprochen und insbesondere fur die Zugewähr (Besitzübertragung) von Bergwerksantheilen die Umschreibung im Gegenbuche oder der darauf gerichtete Antrag als die alleinige Form der Uebergabe bezeichnet. Die bezüglichen Bestimmungen der Sächsischen Berggesetze fanden in fast allen deutschen Bergordnungen Aufnahme [2]) und weitere Ausbildung, so dass das

---

1) Vergl. C. H. Horn Tractat vom Gegenbuche Freiburg 1721. — J. F. Klotzsch vom Gegenbuche Freiburg 1780. — Hake Commentar §. 261 bis 285. — Brockhoff das Berggegenbuch zu Kirchen (Zeitschr. f. Bergr. Bd. VI. S. 426.

2) Vergl. besonders: Joachimsthaler B.-O. Th. I. Art. 9. — Kur-

Berggegenbuch, namentlich in seiner Bedeutung für das gewerkschaftliche Rechtsverhältniss, ein allgemein anerkanntes Institut des gemeinen deutschen Bergrechtes wurde.

Im vierten Buche wird erörtert werden, welche Bedeutung diese Bestimmungen für das gewerkschaftliche Rechtsverhältniss bei den vor dem Erlasse des neuen Berggesetzes bestandenen Gewerkschaften behalten haben und wie dieselben im vierten Titel des Berggesetzes für die neueren Gewerkschaften durch die Einführung des Gewerkenbuches umgestaltet worden sind. Hier sind nur diejenigen Regeln zu erörtern, welche für die Einrichtung und Führung des heutigen Berghypothekenbuches massgebend geblieben sind [1].

Diese Normen finden sich für das Gebiet des Preussischen Rechtes zusammengestellt in der Ministerial-Instruction für die Bergämter zu Bochum und Essen wegen Einrichtung des Berghypothekenwesens vom 21. September 1832 (v. Kamptz Jahrbücher Bd. XL S. 226) und in der Verordnung betreffend die Einrichtung des Berghypothekenwesens im Herzogthum Westfalen, Fürstenthum Siegen u. s. w. vom 28. Februar 1845 (G.-S. S. 100). Beide Verordnungen enthalten in ihren materiellen Bestimmungen gemeines Bergrecht und werden in den übrigen älteren Landestheilen ebenfalls angewendet. Für Nassau sind nach Art. XII der Einführungsverordnung vom 24. Juni 1865 die Bestimmungen der früheren nassauischen Bergordnung vom 18. Februar 1857 §§. 66 bis 74 für die Führung der Berggegenbücher massgebend.

Die Besonderheiten, welche sich aus den angeführten älteren Gesetzen und Verordnungen für die Führung des Berghypothekenbuches ergeben, und welche nach §. 246 auch künftig massgebend bleiben, sind folgende:

---

sächs. B-O. Art. 12. 20. 35. 39. 40. — Kurköln. B-O. Th. III. Art. 12. — Allg. Preuss. Landrecht Th II. Tit. 16. §. 265 ff.

1) Für die Gewerkschaften des älteren Rechtes ist übrigens nach §. 229 des Berggesetzes das Berghypothekenbuch zugleich das Gewerkenbuch und die oben in Bezug auf die Veräusserung und Verpfändung der Bergwerke erörterten Regeln gelten für diese Gewerkschaften auch in Bezug auf die Veräusserung und Verpfändung der Bergwerksantheile, da für die Kuxe des alten Rechtes nach §. 231 die für Grundstücke gegebenen Bestimmungen zur Anwendung kommen.

1. Der Zwang zur Berichtigung des Besitztitels. Die Bestimmungen der Cabinetsordre vom 31. October 1831 (G.-S. S. 281), durch welche die Zwangsberichtigung für die Grundstücke beseitigt ist, finden auf die Bergwerke keine Anwendung [1]). Daher werden auch alle von der Bergbehörde ausge-

---

1) Instruction vom 21. September 1832 §. 5. — Verordnung vom 28. Februar 1845 §. 3 — Auch für die übrigen Bezirke, in welchen diese Verordnungen keine Geltung haben, ist durch die Entscheidung des Obertribunals vom 27. Februar 1844 (Entscheidungen Bd. 10. S. 113) angenommen, dass die Vorschriften der Cabinetsordre vom 31. October 1831 auf Bergwerksantheile nicht Anwendung finden. Als Grund für diese Annahme ward der Satz aufgestellt, dass der Uebergang des Eigenthumes von Bergwerksantheilen nach §§. 325 und 327 Allg. Landr. Th. I. Tit. 16 von der Zuschreibung derselben im Gegenbuche abhängig sei. An Stelle dieses Satzes ist bekanntlich durch einen späteren Plenarbeschluss vom 7. Juli 1851 (Entscheidungen Bd. 21, S. 17) das Präjudiz aufgestellt, dass der Uebergang des Eigenthums durch die Besitzübergabe erfolge. Der Ausspruch, welcher die Cabinetsordre vom 31. October 1831 für nicht anwendbar erklärt, ist dagegen von dem Obertribunal nicht ausdrücklich zurückgenommen. Die Praxis der Berghypothekenbehörde hat auch bis jetzt an dem Zwange zur Besitztitelberichtigung festgehalten und mit Recht. Wenn nämlich auch die Zuschreibung im Berghypothekenbuche nicht den Uebergang des Eigenthumes bedingte, wie die Entscheidung vom 27. Februar 1844 annahm, so blieben doch die in den §§. 323 und 324 a. a. O. ausdrücklich ausgesprochenen Wirkungen dieser Zuschreibung in Bezug auf die Verpflichtungen des Gewerken gegenüber der Gewerkschaft zur Entrichtung der ausgeschriebenen Zubusse bestehen. Es blieb überhaupt neben der Bedeutung des Berggegenbuches als Hypothekenbuch der fernere Zweck dieser Einrichtung bestehen, wonach dasselbe als Gegenbuch für die Gewerkschaft, d. h als massgebender Ausweis für die innern rechtlichen Beziehungen zwischen der Gewerkschaft und ihren Mitgliedern diente. Dieser doppelte Zweck des Hypothekenbuches besteht noch fort für die vor dem 1. October 1865 constituirten Gewerkschaften, deren Kuxe nach §. 228 die Eigenschaft unbeweglicher Sachen behalten und für welche nach wie vor das Berghypothekenbuch als Gewerkenbuch im Sinne der §§. 103 ff. gilt. An der fortdauernden Verpflichtung zur Besitztitelberichtigung ist daher in Bezug auf die Bergwerksantheile des alten Rechtes wohl nicht zu zweifeln. Ob auch für die im Alleinbesitze befindlichen Bergwerke ausserhalb des früheren Bergamtsbezirks Siegen eine solche Verpflichtung besteht. lässt die Entscheidung vom 27. Februar 1844 unerortert. Dafür spricht die bisherige Praxis, die

henden oder bestätigten Verfügungen über das Bergwerkseigenthum (Verleihung, Consolidation, Theilung, Aufhebung) von Amtswegen der Hypothekenbehörde mitgetheilt und von letzterer ebenso von Amtswegen eingetragen.

2. Die Constituirung der Gewerkschaft. Der Beliehene kann vor dem Hypothekenrichter erklären, welche Personen er an dem Bergwerke mitbetheiligt hat und diese Erklärung vertritt beim Hypothekenbuche die Stelle des uber die Bildung der Gewerkschaft errichteten Vertrages (Allg. Landrecht Th. II. Tit. 16. §. 265).

3. Die Form des Berghypothekenbuches, welche insbesondere bei den Gewerkschaften des alten Rechtes von derjenigen des Grundhypothekenbuches abweicht [1]).

4. Die Einrichtung und Competenz der Berghypotheken-Commissionen, welche nach §. 246 nur noch vorubergehende Geltung hat.

Die Führung des Berggegenbuches war durch die älteren Bergordnungen den Bergämtern übertragen. Bei der Aufhebung der Bergämter durch das Gesetz vom 10. Juni 1861 (G.-S. S. 425) wurde fur jeden Oberbergamtsbezirk eine besondere Berghypotheken-Commission zur Führung des Berghypothekenbuches errichtet, welcher die den Bergämtern durch das Gesetz vom 15. April 1855 (G.-S. S. 221) übertragene Befugniss der freiwilligen Gerichtsbarkeit beigelegt wurde. Die Mitglieder der Berghypotheken-Commissionen müssen die Befähigung zum Richteramte haben. Sie stehen unter demjenigen Appellationsgerichte als Aufsichts- und Beschwerdeinstanz, in dessen Bezirk sie ihren Sitz haben. Das Oberbergamt übt

---

Analogie des §. 6 der Verordnung vom 28. Februar 1845 und der Wortlaut der Cab.-Ordre vom 31. October 1831, welche nur in Bezug auf Grundstücke die Verpflichtung zur Besitztitelberichtigung suspendirt. Jedenfalls ist in dem bisher geltenden Rechtszustande durch das Allg. Berggesetz nichts geandert, weil nach § 246 die besonderen Bestimmungen über die Errichtung der Berghypothekenbucher in Kraft bleiben.

1) Vergl. d. Verordnung vom 28. Februar 1845. §§. 3. 4. 8 und die Instruction zur Ausführung dieser Verordnung vom 21. Marz 1845. §§. 4 bis 7 — beide in meinem Commentar S. 145f. abgedruckt.

in Bezug auf Disciplin und Geschäftsbetrieb eine mit dem Appellationsgerichte concurrirende Aufsicht aus.

Die Berghypothekencommissionen sollen nach §. 246 durch Königliche Verordnung aufgelöst und die Berghypothekenbücher an die ordentlichen Gerichte abgegeben werden. Dies ist bereits für die Bezirke der Oberbergämter zu Bonn, Breslau und Halle geschehen [1]), so dass nur noch die Berghypotheken-Commission zu Dortmund für den dortigen Oberbergamtsbezirk bestehen geblieben ist.

In Kurhessen werden keine besondere Berghypothekenbücher mehr geführt, sondern die Bergwerke in die allgemeinen Währschafts- und Hypothekenbücher eingetragen [2]).

In Hannover sind ebenso nach Art. IX der Verordnung vom 8. Mai 1867 (G.-S. S. 601) die bisher vom Bergrichter zu Clausthal geführten Bergbücher an die ordentlichen Gerichte abgegeben.

In dem Bezirke des Justizsenats zu Ehrenbreitstein findet für die Bergwerke die Einrichtung der Unterpfands- (Hypotheken-) Bücher nach den Vorschriften der §§. 5—17 des Gesetzes vom 2. Februar 1864 (G.-S. S. 34) in derselben Weise wie für die Grundstücke Anwendung. Ebenso gelten im Bezirke des Rheinischen Appellationtsgerichshofes zu Cöln die allgemeinen gesetzlichen Vorschriften über die Führung der Hypothekenregister ohne Abänderung auch für die Bergwerke. Für die Kohlenabbaugerechtigkeiten des sächsischen Provinzialrechtes können nach dem Gesetze vom 22. Februar 1869 (G.-S. S. 401 §§. 3 f.) besondere Hypothekenfolien im Grundhypothekenbuche angelegt werden.

In Sachsen-Coburg-Gotha und Meiningen werden nach §. 171 und §. 180 der dortigen Berggesetze ebenfalls besondere Berghypothekenbücher von den Bergämtern — in Meiningen von den Gerichten — geführt.

In Braunschweig, im Königreich Sachsen und in Bayern gelten die für die Grundstücke bestehenden Hypothekeneinrichtungen ohne Abänderung auch für die Bergwerke.

---

1) Vergl. Zeitschr. f. Bergrecht Bd. VIII. S. 375. Bd. IX. S. 295. Bd. X. S. 289.

2) Einführungsverordnung vom 1. Juni 1867. Art. VI. VII.

In Oesterreich wird nach §. 109 des Berggesetzes und nach §. 67 und §. 123 der Vollzugsvorschriften vom 25. September 1854 ein besonderes Bergbuch über die verliehenen Bergwerke bei den ordentlichen Gerichten geführt.

II. Das Subhastationsverfahren bei Bergwerken war im Gebiete der allgemeinen Preussischen Gerichtsordnung nach §. 247 des Berggesetzes insofern vereinfacht, als die bei Grundstücken vorgesehene Taxation wegfiel und durch eine amtliche Beschreibung ersetzt wurde, während die Fristen und Förmlichkeiten fur alle Bergwerke ohne Unterschied des Werthes gleichmässig nach der Norm der Gegenstände von 500 bis 5000 Thlr. Werth bemessen waren. Diese Vorschriften, welche dem fruheren Rechte entlehnt waren [1]), haben mit dem Tit. 52 der Allg. Gerichtsordnung in einem Theile der Provinz Hannover, nämlich im Fürstenthum Hildesheim, Geltung behalten. In dem ubrigen Gebiete des Preussischen Rechtes finden dagegen statt des §. 274 jetzt die §§. 107 bis 111 der Subhastationsordnung vom 15. März 1869 (G.-S. S. 421) Anwendung, welche auch die amtliche Beschreibung des Bergwerks beseitigen und für den Antrag sowie für das Subhastationspatent keine andere Grundlage als die in der Verleihungsurkunde des Bergwerks gegebenen Daten erfordern. Die Subhastationsfrist ist gleichförmig auf 3 Monate bestimmt und die Sicherheitsbestellung, für welche bei Grundstücken der steuerbare Reinertrag massgebend ist, dem richterlichen Ermessen uberlassen.

Auch die Rheinische Subhastationsordnung vom 1. August 1822 (G.-S. S. 195) hat im §. 248 des Berggesetzes einige Ergänzungen erhalten, durch welche die auf den Grundsteuerbetrag bezuglichen Unterscheidungen als nicht für Bergwerke passend beseitigt und gleichmässige Fristen und Förmlichkeiten festgesetzt werden. Bei der auf Grund des §. 159 im Verfahren wegen Aufhebung des Bergwerkseigenthums einzuleitenden Subhastation fallen auch die Bestimmungen über den vorherigen Zahlungsbefehl fort.

In Kurhessen, Nassau und Hannover treten in den Fällen,

---

1) Vergl §. 410 des Anhangs zur Allg. Gerichtsordnung — Cabinetsordre vom 14. September 1834. G.-S. S. 169.

in welchen das Berggesetz die Subhastation des Bergwerks verordnet, die dort geltenden entsprechenden Proceduren der Zwangsversteigerung und Hülfsvollstreckung ein [1]).

III. Gesetzliche und privilegirte Pfandrechte an Bergwerken bestanden nach der älteren rechtsrheinischen Berggesetzgebung in grosser Zahl. Das Allg. Landrecht Th. II. Tit. 16. §. 343 hatte deshalb eine besondere Rangordnung der Bergglänbiger im Concurse festgesetzt und einen besonderen Liquidationsprozess in Bezug auf das im Concurse befangene Bergwerkseigenthum vorgeschrieben. Das Berggesetz hat diese Vorschrift im §. 249 beseitigt [2]) und nur den Bergarbeitern in Beziehung auf die Rückstände aus dem letzten Jahre an Lohn und anderen Emolumenten das Vorrecht des §. 50 der Concursordnung vom 8. Mai 1855, und im Gebiete des rheinischen Rechts das Privilegium des Artikels 2101, Nr. 4 des bürgerlicheu Gesetzbuchs, d. h. das Vorrecht des Gesindelohns beigelegt. Eine gleiche Bestimmung enthalten die Einführungsverordnungen für Kurhessen vom 1. Juni 1867 Art. XI und für Schleswig-Holstein vom 12. März 1869 Art. V und das Braunschweigische Berggesetz im §. 95. In Oberhessen und Hannover stand den Bergleuten schon nach der früheren Gesetzgebung ein Vorrecht im Concurse zu [3]). Das Oesterreichische

---

1) Einführungsverordnungen vom 22. Februar 1867. Art. XIII. XIV, — vom 8. Mai 1867 Art. VI und vom 1. Juni 1867 Art. XIV.

2) Von den aufgehobenen Vorrechten des §. 343 A. L.-R. II. 16 ist das Privilegium der zweijährigen Rückstände von Bergwerksabgaben an den Staat durch §. 47 der Concursordnung vom 8. Mai 1855 aufrecht erhalten. Die aufgehobenen Vorrechte betrafen: die Poch- und Hüttenkosten, den Neunten, die Verlagschulden und die mit Genehmigung des Bergamtes gemachten Anlehen, die Forderungen für Lieferungen, Arbeiten und Vorschüsse zum Baue oder zur Erhaltung des Bergwerkseigenthums und die mehr als zweijahrigen Rückstände der Bergwerksabgaben.

3) Vergl. Zeitschrift für Bergrecht Bd. VIII. S. 35. Einführungsverordnung für Hannover vom 8. Mai 1867 Art. XX. Die bezügliche Bestimmung des Hannoverschen Hypothekengesetzes vom 14. Dezember 1864 §. 59. Nr. 4 gewährt den Bergleuten das Vorrecht der Befriedigung nur für einen Lohnrückstand von 4 Wochen. — In Nassau ist von der Einführung des Vorzugrechtes des §. 249 ausdrücklich Abstand

Berggesetz in den §§. 268. 269 und das Königl. Sächsische Berggesetz im §. 54 behalten das Absonderungsrecht der Berggläubiger, folglich den Specialconcurs über das Bergwerkseigenthum bei.

IV. Bei der Veräusserung von Bergwerken und Bergwerksantheilen findet die Anfechtung wegen übermässiger Verletzung, insbesondere wegen Verletzung über die Hälfte nach §. 52 des Berggesetzes nicht statt. Diese Vorschrift war schon in dem Allg. Landrecht Th. II. Tit. 16. §. 322 enthalten und wird durch den schwankenden Werth der Bergwerke gerechtfertigt. Das Bayerische Berggesetz §. 41 dehnt dieselbe ausdrücklich auch auf Theilungen von Bergwerken und Kuxen aus.

In Bezug auf die Verpfändung von Bergwerken findet eine Beschränkung insofern statt, als ein reeller Theil des Bergwerks wirksam nur insofern verpfändet werden kann, als bei der Realisirung des Pfandrechtes die Theilung des Bergwerks nach der Vorschrift des §. 51 des Berggesetzes unter der Bestätigung der Bergbehörde bewirkt werden kann. Die Verpfändung eines ideellen Theiles des Bergwerks ist nach §. 98 untersagt, wenn das Bergwerk einer nach den Vorschriften des Berggesetzes gebildeten Gewerkschaft gehört.

V. Einer besondern Erwähnung bedarf schliesslich der Niessbrauch an dem Bergwerke, nicht sowohl in Bezug auf die Art seiner Bestellung, für welche allein die civilrechtlichen Vorschriften gelten, als in Bezug auf die Regeln der Ausübung. Auch diese Regeln sind lediglich aus dem Civilrechte oder vielmehr aus den im Bereiche des Berggesetzes bestehenden verschiedenen Civilgesetzgebungen zu entnehmen, da das Berggesetz keine bezüglichen Vorschriften enthält. Es besteht aber sowohl im gemeinen als im preussischen Rechte eine Controverse darüber, ob das Recht des Niessbrauchers den Genuss der Ausbeute einschliesst, oder ob der Niessbraucher sich mit den Zinsen der Ausbeute begnügen muss [1]).

---

genommen, um nicht durch ein stillschweigendes Pfandrecht von unbestimmter Hohe die Realsicherheit der Bergwerke zu erschüttern. (Zeitschrift für Bergrecht Bd. VIII. S. 22).

1) Vergl. die Abhandlung von H. Graeff Zeitschrift für Bergrecht Bd. I. S. 579. und Schroeder, über das Recht des Niessbrauchers an

Die römischen Juristen gestatten dem Niessbraucher, die Lagerstätten der Mineralien ohne Einschränkung zu benutzen, mithin auch deren Ausbeute zu beziehen [1]).

Nur in Bezug auf die Marmorbrüche wird in einer Pandectenstelle [2]) die Unterscheidung gemacht, ob der gebrochene Marmor nachwachse, wie dies in einigen Gegenden vorkomme oder nicht, und nur im erstern Falle wird dem Ehemanne als Niessbraucher des Dotalgrundstücks der Anspruch auf Erstattung der Verwendungen für neu angelegte Marmorbrüche beigelegt. Da ein Nachwachsen des Marmors undenkbar ist, so ist die gemachte Unterscheidung unhaltbar und kann gegenüber den bestimmten Aussprüchen der übrigen römischen Juristen, welche die gewonnenen Mineralien allgemein als Früchte des Grundstücks bezeichnen und dem Niessbraucher zusprechen, nicht wohl in Betracht kommen. Gleichwohl schwanken die Ansichten der Lehrer des gemeinen Rechts und in Bezug auf die Bergwerke ist namentlich behauptet worden, dass die Aussprüche der römischen Juristen nicht mehr Anwendung finden können, weil die Bergwerke nicht mehr mit dem Grundstücke als eine Nutzung desselben verbunden, sondern Gegenstand eines eigenen Rechtes geworden seien, dessen ganze Substanz durch die Ausbeutung des Bergwerks verzehrt werde [3]).

Die überwiegende Mehrzahl der Lehrer des gemeinen Rechts wendet jedoch die Regel des römischen Rechts auch auf die verliehenen Bergwerke an und gibt dem Niessbraucher den Anspruch auf die Ausbeute. Diese Regel ist auch in dem österreichischen bürgerlichen Gesetzbuche §. 511, in dem sächsischen Civilgesetzbuche §. 609 [4]) und in dem Code Napoléon

mineralischen Producten, im Archiv für civilistische Praxis Bd. 49. S. 370 f. S. 385 f.

1) Vergl. l. 77 D. de verbor. signif. (50. 16), l. 7. §. 14 D. solut. matrim. (24. 3), l. 8. l. 9. §. 2 D. de usufr. (7. 1), l. 13. §. 5. D. eod.

2) L. 7. §. 13 solut. matrim. (24. 3). — Vergl. ferner l. 18 D. de fundo dotali (23. 5).

3) Hake, Commentar §. 381 — Karsten Bergrechtslehre §. 262.

4) Eine ältere Kursächsische Verordnung von 1572 (Cod. Aug. Th. III. Const. 25) sprach dem Niessbraucher nur die Zinsen der Ausbeute zu. — Die Nassauische Verordnung von 1781 (Brassert Bergord. S. 84) theilte die Ausbeute und die Zubusse je zur Hälfte zwischen dem Eigenthümer und den Niessbraucher des Kuxes.

Art. 598 ausgesprochen. Sie gilt also auch für das Gebiet des rheinischen Rechtes.

Das Allgem. Preussische Landrecht bestimmt dagegen im Th. II. Tit. 21:

§. 37. Bei solchen unterirdischen Erzeugnissen, welche zu den Regalien gerechnet werden, gebührt dem Niessbraucher blos die Nutzung der auf das Eigenthumsantheil fallenden Ausbeute.

§. 38. Dagegen haftet aber auch der Eigenthümer für den zur Fortsetzung der Arbeit erforderlichen Zuschuss, soweit derselbe aus der während dem Niessbrauche gewonnenen Ausbeute nicht bestritten werden kann.

§. 39. Andere unterirdische Producte, welche zu den Regalien nicht gerechnet werden, sind dem Rechte des Niessbrauchers in der Regel unterworfen.

Das Preussische Recht gewährt also dem Niessbraucher bei den verliehenen Bergwerken nur die Zinsen der aufkommenden Ausbeute, bei andern Mineralgewinnungen dagegen die Ausbeute selbst, soweit sie nach der allgemeinen Regel unter den Begriff der dem Niessbraucher zu stehenden Nutzung fällt.

Dies wird von Suarez in den Schlussvorträgen [1]) dadurch motivirt, dass bei Bergwerken die ganze Substanz durch die Ausbeutung erschöpft werde, während bei Kalk- und Torfgruben, wenn der Vorrath erschöpft ist, doch das Grundstück bleibe und immer noch zu etwas gebraucht werden könne.

Die Fassung des §. 37 hat auch im preussischen Rechte zu Zweifeln Veranlassung gegeben, indem einige diese Vorschrift auf den Fall beschränken wollen wo ein dem Grundeigenthumer zustehender Erbkux mit dem Grundstücke Gegenstand des Niessbrauchers ist [2]). Diese Ansicht wird jedoch durch Suarez Schlussbericht widerlegt und es ist jetzt allgemein angenommen, dass unter der Bezeichnung Eigenthumsantheil im §. 37 nichts anderes als der Bergwerksantheil zu verstehen ist [3]).

---

1) v. Kamptz Jahrbücher Bd. 41. S. 62.

2) Gesetzrevision Pensum XIII. S. 53. — Bornemann Preuss. Civilrecht B. 4. S. 418.

3) Entscheidungen des Obertribunals Bd. 12 S. 463. — Koch

Ebensowenig ist es zweifelhaft, dass auch die Aufhebung des Bergregals die Vorschrift des §. 37 nicht abgeändert hat und dass dieselbe gegenwärtig für alle unterirdische Erzeugnisse gilt, welche nach §. 1 des Allg. Berggesetzes von dem Verfügungsrechte des Grundeigenthümers ausgeschlossen sind.

Im Gebiete des französischen Rechtes sind die Rechte des Niessbrauchers durch Art. 598 des Code Napoléon geregelt, welcher bestimmt, dass der Niessbraucher wie der Eigenthümer die beim Anfange des Niessbrauchs bereits im Betriebe befindlichen Bergwerke geniesst, also mit dem Rechte auf den Bezug der ganzen Ausbeute. Neue Bergwerke zu eröffnen ist er dagegen nicht befugt. Ebenso fällt nach Art. No. 3 des Code Napoléon der Ertrag der vor Eingehung der Ehe bereits eröffneten Bergwerke in die Gütergemeinschaft, während bei den während der Ehe eröffneten Bergwerken Ausbeute und Zubusse dem Ehegatten, welcher das Bergwerk besitzt, allein zukommen.

Wenn im Art. 598 cit. die Bergwerke ebenso wie die Steinbrüche als eine Nutzung des Grundeigenthums behandelt werden, so findet dies darin seine Erklärung, dass der Code Napoléon unter der Herrschaft des Berggesetzes vom 28. Juli 1791 verfasst ist, welches dem Grundeigenthümer die Nutzung der Bergwerke bis zu einer Tiefe von 100 Fuss beliess [1]).

Commentar zum Allg. Landrecht Not. 22 zu §. 37 cit. — Graeff a. a. O. S. 587.

1) Vgl. Achenbach Französ. Bergrecht S. 256.

Viertes Buch.

Die Gewerkschaft.

§. 21. Einleitung.

Die Gewerkschaft des deutschen Bergrechtes ist diejenige Form der Gemeinschaft beim Bergwerksbetriebe, welche kraft der gesetzlichen Regel eintritt, so oft mehrere Personen ein Bergwerk gemeinschaftlich haben, ohne dass zwischen ihnen ein besonderes persönliches Rechtsverhältniss durch Vertrag, Erbrecht oder durch einen andern Rechtstitel begründet ist [1]). Die Grundlage des gewerkschaftlichen Rechtsverhältnisses besteht lediglich in der gemeinsamen Beziehung der mehreren Personen zu dem gemeinschaftlichen Bergwerke. Allein diese blosse Communio wird durch die Natur des Bergwerksbetriebes nothwendig zu einem weiter entwickelten Rechtsverhältnisse gestaltet, indem von den einzelnen Gewerken Leistungen für die Zwecke des gemeinschaftlichen Bergbaus gefordert werden und indem für diesen gemeinschaftlichen Zweck Sachen und Rechte erworben werden, welche nicht einzeln und unmittelbar, sondern als Bestandtheile des gewerkschaftlichen Vermögens der Herrschaft der Betheiligten unterworfen sind. Die Gewerkschaft hat daher schon im ältesten deutschen Rechte eine von der römischen Erwerbsgesellschaft abweichende Gestalt angenommen, durch welche unter den Betheiligten eine dem Bedürfnisse des Bergbaues entsprechende materielle Rechtsgemeinschaft begründet wird. Die Grundzüge dieser Rechtsbildung finden sich bereits in der ältesten Aufzeichnung deutscher Bergrechte,

1) Allg. Berggesetz §. 94. §. 133.

in den Tridentiner Bergwerksgebräuchen vom Jahre 1208 [1]). Sie ist jedoch im älteren deutschen Bergrechte nicht bis zur Ausbildung einer selbstständigen juristischen Persönlichkeit fortgeschritten, sondern die Gewerkschaft des gemeinen und des früheren preussischen Bergrechtes nimmt gleich vielen andern Genossenschaften des deutschen Rechtes jene Mittelstellung zwischen der Corporation und der Erwerbsgesellschaft ein, welche als *Gesammteigenthum* bezeichnet zu werden pflegt [2]); und unter dieser Bezeichnung ist eine Personification des Bergwerks zu verstehen, welches als juristische Persönlichkeit und als Subject der gewerkschaftlichen Rechte und Verpflichtungen gedacht wird. Hiernach sind nach älterm Rechte die Gewerken Miteigenthümer des Bergwerks und das Bergwerk selbst Träger des ganzen gewerkschaftlichen Vermögens.

Die Gewerkschaft erhielt ferner schon im ältern deutschen Bergrechte eine bestimmt ausgeprägte Form, indem für die Antheilrechte der Gewerken ein gleichförmiger Massstab ähnlich wie bei der viel später entwickelten Actiengesellschaft angenommen wurde. Dieser Massstab, der *Kux*, drückt jedoch nicht eine bestimmte Kapitaleinlage aus, wie die Actie, sondern er bezeichnet eine bestimmte Quote des Betheiligungsverhältnisses, und zwar im älteren Rechte $\frac{1}{128}$tel. Die Kuxeintheilung des ältern Bergrechtes ist aus der fortgesetzten Halbirung hervorgegangen. Man theilte die Bergwerke ursprünglich in vier Schichten [3]), dann in 32 Stämme und endlich seit den Tagen des Agricola in 128 Kuxe [4]), während nach dem heutigen Rechte die Zahl der Kuxe 100 beträgt [5]).

---

1) Item omnes Werchi — debeant habitare in civitate et amodo cives Tridentini esse. Item si aliquis partem habeat in monte arzenterie et maior pars sociorum suorum voluerit ibi laborare precipimus, quod omnes socii illius laborerii teneantur bareitare, et si quis eorum per quindecim diesnon bareitaverit, ipso iure cadat ille a sua parte laborerii illius et pars illa tota ad alios socios ipsius laborerii omnes deveniat. — Vgl. m. Commentar S. 26.

2) Allg. Landrecht II. 16 §§. 264 f.

3) a. v. schichten, d. i. theilen.

4) Agricola de re metallica lib. IV. ed. Basil. 1621. S. 62. Die Bezeichnung Kux ist slavischen Ursprungs und bedeutet ebenfalls einen Theil. Vergl. Veith Bergmännisches Wörterbuch s. v. Kux. S. 311.

5) Allg. Berggesetz §. 101.

Der Kux des ältern Rechtes erscheint gleich der Actie von dem Begriffe des Ganzen gewissermassen abgelöst als eine Einheit für den Verkehr. Er stellt jedoch gleichzeitig einen ideellen Theil des Bergwerks dar und hieraus entspringt ein Widerspruch zwischen dem Begriffe, welchen das ältere Recht mit dem Kuxe als ideellen Theil des Bergwerks ursprünglich verbindet und der Geltung, welche der Kux als gewerkschaftlicher Antheil auch nach älterem Bergrechte besitzt.

Die Kuxe, welche nach dem ältern Bergrechte, ebenso wie das verliehene Bergwerk selbst, zu den unbeweglichen Sachen gerechnet werden, sind Gegenstand eines besonderen Eigenthumsrechtes, welches von dem Eigenthum an dem ganzen Bergwerke nicht bloss quantitativ, sondern auch qualitativ verschieden ist. Nach §. 253 f. Allg. Landrecht Th. II. Tit. 16 gehört nur die bereits nach den Antheilen der Gewerken abgeschlossene Ausbeute zum beweglichen Vermögen, alle übrigen noch nicht getheilten Bestandtheile des gewerkschaftlichen Vermögens sind dagegen in dem zum unbeweglichen Vermögen gerechneten Kuxe begriffen. Der Gewerke kann beim Ausscheiden aus der Gewerkschaft nicht die Herausgabe seines Antheils an dem gewerkschaftlichen Vermögen fordern (Ges. v. 12. Mai 1851 §. 2.; vergl. A. L. R. II. 6. §§. 15. 182. ff.). Er ist nur befugt, sein gewerkschaftliches Antheilrecht zu veräussern, mit welchem der entsprechende Antheil an sämmtlichen im Eigenthum der Gewerkschaft befindlichen Vermögensgegenständen mit Ausnahme der auf seinen Antheil abgeschlossenen Ausbeute auf den neuen Erwerber übergeht (§. 254. A. L. R. II. 16). Der Gewerke übt die in dem Eigenthum enthaltenen Befugnisse nur innerhalb der Gewerkenversammlung aus, welche über die Verwaltung, Benutzung und Veräusserung des gewerkschaftlichen Vermögens Beschlüsse fasst [1]. Das Kuxeigenthum enthält allerdings nach den angeführten Vorschriften des Allg. Landrechts ein Miteigenthum an dem entsprechenden ideellen Antheile des Bergwerks. Es geht jedoch auf der einen Seite über diesen Inhalt hinaus,

---

1) Dies wird für das ältere Recht durch §§. 6 u. 7 des Gesetzes vom 12. Mai 1851 bestimmt. Gegenwärtig gelten auch für die Gewerkschaften des älteren Rechtes die entsprechenden Bestimmungen der §§. 110 f. Allg. Berggesetzes.

indem es zugleich den entsprechenden Antheil an den übrigen im Vermögen der Gewerkschaft befindlichen Sachen und Rechten umfasst. Andererseits enthält es eine Beschränkung des durch den Begriff des Miteigenthums gegebenen Inhalts, indem die auf dem Vermögen der Gewerkschaft haftenden Schulden zugleich das Antheilrecht des Gewerken belasten, so dass der Gewerke nicht pure über einen ideellen Theil des gemeinschaftlichen Bergwerks verfügen, sondern nur sein Antheilrecht an dem gewerkschaftlichen Vermögen veräussern und verpfänden kann. Gleichwohl wird nach der Hypothekenverfassung des ältern Rechtes, welche auch gegenwärtig für die alten Gewerkschaften bestehen geblieben ist, der Verpfändung des Antheilrechtes auf dem Folium der Grube und zwar auf dem entsprechenden Theile der Grube eingetragen. Ebenso wird die Verpfändung der ganzen Grube in der Form einer Hypothek auf sämmtlichen Kuxen, also auf den Antheilen der einzelnen Gewerken ingrossirt. Dieses Verfahren beruht auf der Voraussetzung, dass die Antheile der Gewerken einfache ideelle Theile des Bergwerks seien, und dass die Befugniss zum Verkaufe aller Kuxe der Befugniss das ganze Bergwerk zu verkaufen mathematisch gleich sei. Diese Voraussetzung ist aber handgreiflich falsch. Der Antheil eines Gewerken umfasst nicht bloss den entsprechenden ideellen Theil der Grube, sondern auch den entsprechenden Theil von dem übrigen Vermögen der Gewerkschaft, einschliesslich der Schulden. Der Gewerke kann seinen Antheil nicht ohne diesen ratirlichen Theil der gewerkschaftlichen Schulden verkaufen. Auch der Pfandgläubiger, welchem die Befugniss zum Verkaufe eines solchen Antheils eingeräumt ist, kann nicht das Antheilrecht an dem Activvermögen der Gewerkschaft für sich allein, sondern nur in Verbindung mit dem entsprechenden Schuldentheile auf den Ankäufer übertragen. Der Adjudicatar des subhastirten Kuxes tritt wie in die Rechte, so auch in die Verbindlichkeiten der Gewerkschaft auf Höhe eines Kuxes ein.

Wenn also das Bergwerk einen Werth von 128000 Thlrn. hat, die Schulden der Gewerkschaft aber 32000 Thlr. betragen, so beträgt der Verkaufswerth eines Kuxes $\frac{128000 - 32000}{128} = 750$ Thlr. Der Pfandgläubiger wird niemals im Stande sein, bei dem Verkaufe des Kuxes einen höheren Kaufpreis zu erzielen. Der Kux wird daher aufs Höchste einen Pfandcredit von 750 Thlrn.; sämmtliche 128 Kuxe aber, einzeln verpfändet, einen Pfandcredit von 96000 Thlrn. gewähren können. Der Werth des Bergwerks beträgt jedoch 32000 Thlr. mehr. Die Grube, als Ganzes verpfändet und verkauft, könnte also eine um ein Drittel höhere Realsicherheit gewähren. Umgekehrt, wenn die Gewerkschaft ausser ihrem Bergwerke im Werthe von 128000 Thlrn. ein Vermögen in ausstehenden Forderungen, Eisenbahnactien und Betriebsmitteln, von 32000 Thlrn. besitzt, so wird der Werth eines Kuxes $\frac{128000 + 32000}{128} = 1250$ Thlr. betragen. Der Verkaufswerth und der Pfandcredit der einzelnen Kuxe wird also den der ganzen Grube um ein Viertel übersteigen. Die Gesammtheit der Antheile ist also ein von dem Körper der Grube ganz verschiedenes Vermögensobject. Eine Gewerkschaft, deren Vermögenslage ungunstig ist, kann in dem Körper ihrer Grube ein Pfandobject besitzen, dessen Werth den Gesammtwerth der Antheile weit ubersteigt. Und der Gewerke, welcher bei einer an ausstehenden Forderungen reichen Gewerkschaft betheiligt ist, kann in diesem Antheilrechte eine weit erheblichere Realsicherheit gewähren, als die entsprechende Quote an dem Immobiliarwerthe des Bergwerks allein darstellt.

Die Hypothekenverfassung des ältern Rechtes ignorirt diesen Unterschied gänzlich. Sie gibt dem Gläubiger formell einen ideellen Theil des Bergwerks zum Pfande, und gestattet ihm doch nicht das Bergwerk selbst, sondern ein davon ganz verschiedenes Recht, das Antheilrecht des Gewerken zum Verkauf zu bringen. Wird aber zufällig, z. B. durch den Concurs der Gewerkschaft, das ganze Bergwerk, getrennt von dem übrigen Vermögen der Gewerkschaft, zum Verkauf gebracht, so kehrt sich, um das Mass der Verwirrung voll zu machen, das Verhältniss um. Der Pfandgläubiger, welcher seinerseits nur das Antheilrecht des Gewerken zum Verkauf bringen konnte, wird nun aus den Kaufgeldern des Bergwerks befriedigt, und erhält statt eines durch die ungünstige Vermögenslage der Gewerkschaft entwertheten Pfandes plötzlich ein wesentlich verbessertes Recht.

Mit dem ungünstigen Einfluss, welchen diese Rechtsunsicherheit auf den Realcredit der Bergwerke und der Bergwerksantheile ausübt, verbindet sich der Nachtheil, dass nach der älteren Hypothekenverfassung das Bergwerk als Ganzes nur durch Verpfändung der einzelnen Kuxe zur Hypothek gestellt werden kann, dass also schon die hypothekarische Belastung eines einzelnen Kuxes der Verpfändung des ganzen Bergwerks im Wege steht und dass der Gewerkschaft folglich die Benutzung des auf der Verpfändung des ganzen Bergwerks beruhenden Realcredits für gewerkschaftliche Anleihen thatsächlich entzogen war. Endlich hatte die Anwendung der weitläuftigen und kostspieligen Formen der Veräusserung und Verpfändung von Immobilien auf den seiner Natur nach so beweglichen und so raschen Werthschwankungen unterworfenen Kuxbesitz grosse Nachtheile zur Folge. Es entstand daher mit der wachsenden Ausdehnung des Bergbaues und mit dem Bedürfnisse grössere Kapitalien zu demselben heranzuziehen, das Bedürfniss nach einer Reform der gewerkschaftlichen Verfassung und insbesondere nach der Mobilisirung der Kuxe.

Der erste Vorschlag zu dieser Reform wurde bei der Berathung über die Revision des Bergrechtes im Jahre 1845 in einem Votum des Geh. Oberbergrath Karsten gemacht. Er fand indess bei den Verfassern des Entwurfes von 1846 keinen Anklang. Auch in den beiden Entwürfen von 1848 und in dem letzten Entwurfe eines allgemeinen Berggesetzes, welcher im Jahre 1850 den Kammern vorgelegt wurde, hat seine Idee keine Berücksichtigung gefunden, da man es vorzog, die Schwierigkeit der Regelung der gewerkschaftlichen Antheilrechte durch Stillschweigen zu umgehen. Als dann der Versuch einer allgemeinen Reform des Bergrechtes in Preussen einstweilen aufgegeben wurde, begnügte man sich, durch das Gesetz über die Verhältnisse der Miteigenthümer eines Bergwerks vom 12. Mai 1851 (G. S. 265) die gewerkschaftliche Verfassung in den Vorschriften über die Beschlussfassung und die Vertretung der Gewerkschaften zu verbessern, während die bisherige Form des gewerkschaftlichen Antheilrechtes, die Immobiliarqualität der Kuxe unverändert beibehalten wurde. Dagegen fand die Mobilisirung der Kuxe Eingang in die neuen Berggesetze, welche in den Jahren 1851 und 1854 für das Königreich Sachsen und für Oesterreich erlassen wurden. Beide enthalten übereinstimmend den Grundsatz, dass die Kuxe zu dem beweglichen Vermögen gehören und dass ein gewerkschaftliches Bergwerkseigenthum nur als Ganzes eingetragen und belastet werden kann. Allein weder das sächsische Berggesetz vom 22. Mai 1851 (§§. 13 ff.) noch auch das österreichische Berggesetz vom 23. Mai 1854 (§§. 135 ff.) gab der neu geschaffenen Form des gewerkschaftlichen Besitzes eine hinlänglich ausgebildete Form, welche die bisherigen Einrichtungen des Berggegenbuches für den Verkehr und für die Benutzung des Realcredits zu ersetzen vermocht hätte. Für den preussischen Bergbau stellte sich der Mobilisirung der Kuxe die fernere grosse Schwierigkeit entgegen, dass eine hypothekarische Belastung der vorhandenen Kuxe in ausgedehntem Umfange, wenn auch mit geringem Nutzeffecte bestand. Es war deshalb nothwendig, bei der Einfuhrung der Mobilisirung der Kuxe zugleich auf die Umleitung dieser bestehenden Hypothekenrechte in die neue Form des Pfandrechtes an dem Kuxscheine Bedacht zu nehmen.

Vorschläge in dieser Richtung wurden zuerst im Jahre 1857 von dem Verfasser in einer Denkschrift an den damaligen Handelsminister, Hrn. v. d. Heydt, gemacht, mit welcher zugleich der Entwurf eines Gesetzes über die Rechtsverhältnisse der Gewerkschaften verbunden war. Diese Vorschläge wurden im Jahre 1858 veröffentlicht und gaben zu einer lebhaften Discussion Anlass, welche in den Kreisen der Betheiligten von einer Anfangs ablehnenden Haltung zu einer allmählich wachsenden Theilnahme fur die angeregte Reform führte. Aus dreijährigen Berathungen ging der Gesetzentwurf, die Mobilisirung der Kuxe betreffend, hervor, welcher im Januar 1861 dem Hause der Abgeordneten vorgelegt wurde, aber nicht zur Berathung im Plenum des Hauses gelangte, weil die weit auseinandergehenden Ansichten bei den Commissionsberathungen kein positives Resultat hoffen liessen.

Der vorläufige Entwurf zum Allgem. Berggesetze (1863) schlug eine gänzlich verschiedene Richtung ein, indem er die bisherige Gestalt des gewerkschaftlichen Besitzes, die Immobiliarqualität der Kuxe beibehielt und die gewerkschaftliche Verfassung auf wenige Bestimmungen über die Beschlussfassung reduzirte, das Uebrige der vertragsmässigen Feststellung für jeden einzelnen Fall überlassend. Diese Vorschläge gingen aus der Anschauung hervor, dass die gewerkschaftliche Verfassung als solche veraltet und nicht mehr von dem Bedürfnisse des Verkehrs getragen sei, dass es den Gewerken überlassen werden müsse, sich in den Gesellschaftsformen des Civilrechtes oder des Handelsrechtes zu vereinigen und die durch die Zwecke des Bergbaues gebotenen besonderen Einrichtungen für jede einzelne Gewerkschaft durch vertragsmässige Verabredungen festzusetzen. Sie fanden indess fast allseitigen Widerspruch, weil die Betheiligten mit Recht in der ausgebildeten Verfassung der Gewerkschaft nicht eine Beschränkung, sondern eine wesentliche Erleichterung des Verkehrs erkannten. Das Allg. Berggesetz ist deshalb im vierten Abschnitte zu den Vorschriften des Gesetzes vom 12. Mai 1851 und zu den Vorschlägen des Gesetzentwurfes vom 22. Januar 1861 über die gewerkschaftliche Verfassung und über das Antheilrecht zurückgekehrt. Es setzt an die Stelle des im älteren Rechte angenommenen Miteigenthums oder Gesammteigenthums des Gewerken die juristische Persönlichkeit der Gewerkschaft, welche alleinige Eigenthümerin des Bergwerks ebenso wie des übrigen gewerkschaftlichen Vermögens ist. Die practischen Folgen dieses Principes, welches in dem Gesetze nicht ausdrücklich ausgesprochen ist, sind in den §§. 95—100 ausgedrückt.

Der wichtigste Unterschied zwischen der Auffassung des älteren und des neueren Rechtes tritt in der rechtlichen Natur des gewerkschaftlichen Antheilrechtes oder des Kuxes hervor. Der Kux ist nach altem Rechte ein ideeller Antheil des Bergwerks, mit dem ein entsprechender Antheil an dem im Gesammteigenthume befindlichen gewerkschaftlichen Vermögen verknüpft ist. Er erscheint äusserlich als ein ideeller Theil einer unbeweglichen körperlichen Sache, des Bergwerks, mit dem ein Antheil an einem Vermögensinbegriffe unzertrennlich verbunden ist. Durch die Veräusserung des ideellen Bergwerksantheils wird auch der Antheil an dem ganzen Inbegriffe der gewerkschaftlichen Rechte und Verpflichtungen übertragen. Mit der Verpfändung des ideellen Bergwerksantheils ist auch der Antheil an dem übrigen gewerkschaftlichen Vermögen verpfändet, weil das Pfandrecht durch den Verkauf des Kuxes realisirt wird, und bei diesem Verkaufe nicht bloss $\frac{1}{128}$ des eingetragenen Bergwerks, sondern zugleich der entsprechende Antheil an dem ganzen Inbegriff des gewerkschaftlichen Vermögens anf den Käufer übergeht.

Nach dem neuen Rechte wird das Bergwerk für die Gewerkschaft eingetragen und kann nur von ihr mit Hypotheken beschwert werden (§§. 97, 98). Der Kux stellt nicht mehr einen ideellen Antheil des Bergwerks vor, sondern einen Antheil an dem Inbegriff des gewerkschaftlichen Vermögens, in welchem das Bergwerk eingeschlossen ist. Er zählt zu den beweglichen Sachen und wird durch einen der Actie analogen Kuxschein fur den Verkehr verkörpert, welcher durch Cession veräussert und durch Uebergabe verpfändet wird (§§. 101, 103, 105, 108). Das neue Recht unterscheidet also bei der Verpfändung das Bergwerk und die Kuxe als verschiedene Objecte, während nach älterem Rechte das Bergwerk nur durch Verpfändung der sämmtlichen Kuxe zur Hypothek gestellt werden kann und durch die Verpfändung der Kuxe zugleich das Bergwerk selbst belastet wird. Auf dieser mangelnden Unterscheidung zwischen dem Antheilrechte an dem gewerkschaftlichen Vermögen und den ideellen Theilen des Bergwerks beruht die oben erläuterte Fehlerhaftigkeit der bisherigen Berghypothekeneinrichtung und das Ungenügende derselben fur die Bedurfnisse des bergmännischen Realcredits.

Das Allg. Berggesetz beseitigt diese Mängel. Es gibt der Gewerkschaft das Recht, den Körper des Bergwerks abgesondert von dem übrigen gewerkschaftlichen Vermögen hypothekarisch zu verpfanden und so den ganzen in dem Kapitalwerthe der Bergwerke begründeten Realcredit ohne Abzug zu Gunsten des Bergbaues nutzbar zu machen. Neben dieser Befugniss der Gewerkschaft erhält der Gewerke die Möglichkeit, sein Antheilrecht durch Uebergabe des Gewährscheins zu verpfänden. So lange die Gewerkschaft von ihrer Befugniss nicht Gebrauch macht, oder soweit sie den Realcredit des Bergwerks nicht erschöpft, ist auch der Werth der Grube in der durch das Antheilrecht gewährten Realsicherheit begriffen.

Hat dagegen die Gewerkschaft diesen Realwerth durch hypothekarische Verpfändung absorbirt, so tritt an seine Stelle das hypothekarisch aufgenommene Kapital, welches die Vermögenslage der Gewerkschaft und folglich den Werth des Antheilrechtes um ebensoviel verbessert, als die hypothekarische Belastung beide verschlechtert. Mag also die Gewerkschaft von ihrer Befugniss zur hypothekarischen Verpfändung Gebrauch machen oder nicht, der Antheil des Gewerken behält in beiden Fällen denselben Realcredit, welchen er nach der gegenwärtigen Verfassung besitzt, nämlich bis zur Höhe desjenigen Werthes, welchen der aliquote Theil des gewerkschaftlichen Vermögens repräsentirt [1]).

Die Mobilisirung befreit also nicht nur den Gebrauch des in dem Bergwerksvermögen ruhenden Realcredits von den kostspieligen schleppenden und trotz alles Formalismus unzureichenden Formen der hypothekarischen Eintragung. Sie gibt auch den Gewerkschaften den vollen Genuss des ihnen bisher enztogenen hypothekarischen Credits des Grubenkörpers zurück. Und wenn es wahr ist, dass der richtige Gebrauch des Credits nicht eine Verschlechterung, sondern eine Bereicherung des Vermögens enthält, dass der Credit im Dienste der Industrie nicht consumirend, sondern productiv wirkt, so darf nicht bezweifelt werden, dass die Benutzung des Realcredits der Bergwerke durch die Gewerkschaften weder die Quelle einer leichtsinnigen Wirthschaft werden, noch auch den Gebrauch desjenigen Realcredits hindern wird, welchen der Ge-

---

1) Wenn eine Gewerkschaft zum Bau einer nothwendigen Anschlussbahn 20000 Thlr. hypothekarisch auf die Grube anleiht, so wird durch die Ausführung dieser Anlage, wenn sie richtig berechnet und sparsam ausgeführt wird, das Vermögen der Gewerkschaft und damit das Antheilrecht des Gewerken sicher eher verbessert als verringert. Die Schuld von 20000 Thlrn. wird durch ein Vermögensobject von gleichem oder gar höherem Werthe compensirt.

Es ist daher unrichtig, wenn behauptet wird, die Mobilisirung übertrage den Realcredit von dem Gewerken auf die Gewerkschaft und entziehe dem persönlichen Gebrauche des Ersteren, was er der Letzteren zulegt. Das Allg. Berggesetz verdoppelt vielmehr den Realcredit des Bergwerksvermögens, indem es der Gewerkschaft den vollen Immobiliarwerth des Bergwerks, dem Gewerken den vollen Werth seines Antheils zur Verpfändung überlässt. Die Ausübung der einen Befugniss kann auch die andere nicht stören, so lange die gewerkschaftlichen Anleihen wirklich im Interesse der Gewerkschaft, d. h. zur Verbesserung des gewerkschaftlichen Vermögens verwendet werden.

werke in seinem Antheile an dem gewerkschaftlichen Vermögen besitzt.

Die Mobilisirung der Kuxe entspricht also nicht blos dem Bedurfnisse des grossen und des vielfach getheilten Bergbaues, sondern sie ist dem Bedürfnisse des bergmännischen Verkehrs überhaupt gemass und geht aus der Natur der gewerkschaftlichen Verfassung hervor.

Die letztere ist daher mit Recht nicht von einer bestimmten grösseren Zahl von Theilnehmern abhängig gemacht, sondern zwei oder mehrere Personen bilden nach §. 94 des Allg. Berggesetzes eine Gewerkschaft, während nach dem österreichischen und sächsischen Bergrechte bei einer geringeren Anzahl von Theilnehmern statt des gewerkschaftlichen Rechtsverhältnisses die Regeln des civilrechtlichen Miteigenthums eintreten [1]).

Eine schwierige Aufgabe fur die Gesetzgeber bildete dagegen die Frage, ob und unter welchen Modificationen die Umwandlung des gewerkschaftlichen Antheilrechtes auf die erworbenen Rechte der bisherigen Kuxbesitzer, insbesondere auf die bereits hypothekarisch belasteten Kuxe Anwendung finden könne. Der Gesetzentwurf vom 22. Januar 1861 hatte diese Frage bejaht, weil Gesetze, durch welche die Formen des Verkehrs bestimmt werden, auf alle gleichartigen Objecte gleiche Anwendung finden müssen und weil zwischen den fruher vorhandenen und den neu entstandenen Bergwerksantheilen eine innere Verschiedenheit nicht besteht. Zum Schutze der Hypothekengläubiger waren Bestimmungen vorgesehen, durch welche ihr Hypothekenrecht an den mobilisirten Kuxen gesichert wurde. Ausserdem war für die Bergwerke mit hypothekarisch belasteten Antheilen eine Uebergangszeit bestimmt, während deren die Mobilisirung ausgesetzt blieb. Das Allg. Berggesetz hat jedoch den entgegengesetzten Weg eingeschlagen.

Nach den Uebergangsbestimmungen der §§. 227—240 finden nämlich die Vorschriften über die Personification der Gewerkschaft und die Mobilisirung der Kuxe auf die beim Eintritte der Gesetzeskraft des Allg. Berggesetzes im Besitze

---

1) In Oesterreich nach §. 136 des Berggesetzes so lange das Bergwerk nicht weiter als bis zum sechszehnten Theile des Ganzen getheilt ist; in Sachsen bis zu 8 Theilnehmern.

mehrerer Personen befindlichen Bergwerke nicht Anwendung. Die Mitbetheiligten dieser Bergwerke können die im vierten Titel enthaltene gewerkschaftliche Verfassung nur durch einen Mehrheitsbeschluss von drei Vierteln der Antheile und nur mit Einwilligung der Hypothekengläubiger — falls auf den gewerkschaftlichen Antheilen Hypotheken haften — annehmen. In Folge dieser Uebergangsbestimmungen findet die gewerkschaftliche Verfassung des neuen Rechtes nur bei einer geringen Zahl von Bergwerken Anwendung, während bei der weit überwiegenden und wichtigeren Zahl der älteren Gewerkschaften das bisherige Recht, also der immobile $^1/_{128}$theilige neben dem hunderttheiligen mobilen Kux in Anwendung bleibt. Ein solcher Zustand ist auf die Dauer nicht haltbar. Das Bedürfniss des Verkehrs nach gleichartigen Normen für völlig gleichartige Rechtsverhältnisse wird über kurz oder lang dazu nöthigen, entweder die angestrebte Umgestaltung des gewerkschaftlichen Rechtsverhältnisses wieder aufzugeben oder sie auf sämmtliche Gewerkschaften zu erstrecken und nur die Ausnahme des §. 133, die anderweitige Regelung des Verhältnisses der Mitbetheiligten durch Vertrag oder sonstige Willenserklärungen zuzulassen. Die Rechtsunsicherheit und die Belästigung des Verkehrs, welche aus dem dauernden Bestehen grundsätzlich verschiedener Normen für dasselbe Rechtsverhältniss je nach dem Datum seiner Entstehung nothwendig entspringen muss, wird sofort ersichtlich, wenn man z. B. unterstellt, dass die Tit. 2 und 3 Buch I des Allg. Deutschen Handelsgesetzbuchs nur auf die nach dem 1. März 1862 errichteten Handelsfirmen Anwendung finden sollten, oder dass die Preussische Hypothekenverfassung in das Gebiet des gemeinen Rechts eingeführt werden sollte, jedoch mit Ausschluss der bereits mit irgend einer Hypothek beschwerten Grundstücke. Da überdies eine Revision der Bestimmungen des vierten Titels auf Grund der aus ihrer practischen Anwendung sich ergebenden Erfahrungen voraussichtlich in nicht zu langer Frist nothwendig werden wird, so darf man dann wohl auch der Beseitigung der erwähnten Uebergangsbestimmungen entgegensehen. Bei der Einführung des Allg. Berggesetzes in die neuen Landestheile ist diesem Wunsche soweit Rechnung getragen, als die Einführungs-Verordnung für Hannover vom 8. Mai 1867 (G. S. S. 601) in den Art. VI bis VIII die Vorschriften des vierten Titels unmittelbar auf die bereits bestehenden Gewerkschaften anwendet. Nur für den Eisenerzbergbau im Bezirke des Berg- und Forstamtes Clausthal (die Aemter Zellerfeld und Elbingerode) ist im Art. XV §. 6 der angeführten Verordnung eine dem §. 240 des Allg. Berggesetzes entsprechende Uebergangsbestimmung betreffend die vor dem 1. Juli 1867 im Besitze mehrerer Personen befindlichen Bergwerke getroffen [1]).

In Bezug auf die innere Verfassung der Gewerkschaft besteht eine Unterscheidung zwischen den Gewerkschaften des alten und des neuen Rechtes wie solche für die Form des gewerkschaftlichen Antheilrechtes gegenwärtig massgebend ist keineswegs. Allerdings sind nach §. 227 der Gewerkschaft des alten Rechtes die äusseren Attribute der juristischen Persönlichkeit entzogen, wie solche in den §§. 94—98 der neuen Gewerkschaft beigelegt werden, also namentlich die Befugniss Bergwerke, Grundstucke und Rechte auf ihren Namen zu erwerben [2]). Auch das Recht der statutarischen Autonomie ist

1) Ein neuerer Gesetzentwurf zur Abänderung des §. 235 des Berggesetzes (Zeitschrift für Bergrecht Bd XI. S. 137) bezweckt nur die Umwandlung der Gewerkschaften des älteren Rechtes zu erleichtern, indem namentlich von der Zustimmung der Hypothekengläubiger abgesehen wird.

2) Die Vorschriften der §§. 94—98 u. s. w. sind übrigens für die alten Gewerkschaften nur insoweit für ausgeschlossen zu erachten, als dieselben neues Recht enthalten. Wo dagegen in diesen Paragraphen die Grundsätze des früheren gewerkschaftlichen Rechtes unverändert wiederholt werden, müssen dieselben trotz der Vorschrift des §. 227 auch auf die Gewerkschaften des alten Rechts zur Anwendung kommen, da §. 227 nicht bezweckt, anerkannte Regeln des älteren Rechtes aufzuheben, sondern nur die Anwendung neuer Rechtsregeln auszuschliessen. Dies gilt z. B. von der Bestimmung des §. 95: »Die Gewerkschaft führt den Namen des Bergwerks«; ferner von der Vorschrift im §. 96: »Die Gewerkschaft kann unter ihrem Namen Rechte erwerben und Verbindlichkeiten eingehen — vor Gericht klagen und verklagt werden. Ihr ordentlicher Gerichtsstand ist bei dem Gerichte, in dessen Bezirk das Bergwerk liegt.« Die Sätze entsprechen dem früher geltenden Rechte, während der übrige Inhalt des §. 96, welcher den Gewerkschaften das Recht beilegt, Grundstücke und Bergwekre auf ihren Namen zu erwerben, auf die Gewerkschaften des alten Rechtes keine Anwendung findet.

der alten Gewerkschaft entzogen, im Uebrigen besitzt sie jedoch dieselbe der Corporationsverfassung nachgebildete Organisation, wie solche ja bereits vor dem Erlasse des Allg. Berggesetzes im ältern Bergrechte und namentlich durch das Gesetz vom 12. Mai 1851 ausgebildet war.

§. 22. Verfassung.
(§§. 94—100 des Berggesetzes.)

Die gewerkschaftliche Verfassung beruht auf der juristischen Persönlichkeit der Gewerkschaft. Diese ist zwar in dem Gesetze nicht ausdrücklich ausgesprochen, jedoch in den §§. 94—100 in einer Anzahl einzelner Anwendungen ganz in derselben Weise anerkannt, wie dies im Deutschen Handelsgesetzbuche Art. 85—111 in Bezug auf die Handelsgesellschaft geschehen ist. Allerdings wird unter den Lehrern des Handelsrechts über die juristische Persönlichkeit der Handelsgesellschaft gestritten, welche von einigen Juristen verneint wird [1]), während die grosse Mehrzahl der Rechtslehrer sowohl der Handelsgesellschaft, als der Gewerkschaft, als auch allen sonstigen nach gleichen Grundsätzen gebildeten Erwerbsgenossenschaften des deutschen Rechtes die juristische Persönlichkeit im vollen Umfange beilegt [2]). Die letztere Ansicht ist offenbar die richtige, da die Mittelstellung zwischen der Corporation und der Gesellschaft, welche diese Genossenschaften einnehmen, sich ohne den Begriff der juristischen Persönlichkeit nicht construiren lässt. Dabei bleibt zwischen den Corporationen und den Genossenschaften ein durchgreifender Unterschied bestehen. Während die Corporationen des öffentlichen Rechtes, der Staat, die Gemeinden, die Kirchen u. s. w. niemals das Privatinteresse ihrer Mitglieder zum Zwecke ihrer Einrichtungen haben und diesen nur publicistische Rechte gewähren, ist bei den Erwerbsgenossenschaften der Vermögensgewinn der einzelnen Mitglieder der alleinige Zweck des gemeinschaftlichen Unternehmens. Sie haben nicht wie die Cor-

1) Gerber deutsches Privatrecht S. 496. — Thil Handelsrecht §. 38 — Bekker in Goldschmidts Zeitschrift für Handelsrecht Bd. 4. S. 499. §. 37.

2) Beseler deutsches Privatrecht §. 71. — Endemann Handelsrecht §§. 33f. — Förster Preussisches Privatrecht Bd. II. S. 333f.

porationen eine selbstständige Existenz und eine vom Privatinteresse der Mitglieder unabhängige Aufgabe, deren Zwecken ihr Vermögen dient, sondern sie haben nur Vermögen um der Zwecke des Einzelnen willen. Gleichwohl nöthigt das practische Bedürfniss sie als Gesammtheiten zu betrachten, wenn die Dauer oder die Innigkeit der Gemeinschaft oder die Mannigfaltigkeit der gemeinschaftlichen Beziehungen die Zurückbeziehung der einzelnen Rechtsverhältnisse auf die einzelnen Mitglieder der Gemeinschaft unnöthig oder schwierig erscheinen lassen. Das römische Recht half sich in diesen Fällen mit einem Privilegium, durch welches einzelnen Erwerbsgesellschaften Corporationsrechte verliehen wurden. Das deutsche Recht bildete für ganze Klassen der Erwerbsgenossenschaften die Regel der juristischen Persönlichkeit aus. Dieser Begriff ist hier in Wahrheit eine Fiction; er hat nur den Zweck, für die eintretenden Verkehrsbeziehungen einen einfacheren Ausdruck zu gewinnen. Ganz ebenso fingirt der Physiker in dem Schwerpunkte einen Punkt, in welchem alle auf die einzelnen Theile und in den einzelnen Theilen des Körpers wirkenden Kräfte wirksam gedacht werden. Er nimmt einen solchen gemeinschaftlichen Schwerpunkt beliebig aus Gründen der Bequemlichkeit auch für räumlich getrennte Körper, ja für ein ganzes Sonnensystem an, obgleich in diesem in den leeren Raum fallenden Punkte gar keine Kräfte wirken und nur die einzelnen Körper sich wechselseitig anziehen. Nicht anders verhält es sich mit der juristischen Persönlichkeit der Erwerbsgenossenschaften. Sie besteht nicht wie bei den Corporationen in einem selbstständigen von den Personen der einzelnen Mitglieder unabhängigen Zwecke, sondern sie dient nur dazu um für die gemeinschaftlichen Rechtsverhältnisse, deren Zweck lediglich in dem Privatinteresse der einzelnen Mitglieder liegt, einen einfacheren Ausdruck zu finden. Deshalb können alle diese Erwerbsgenossenschaften wie es im römischen Rechte geschah, auch nach dem Systeme der blossen Gesellschaft construirt werden, während bei den Corporationen diese Auffassung durch die Natur der Sache ausgeschlossen ist.

I. Die Gewerkschaft zeichnet sich von den übrigen Erwerbsgenossenschaften zunächst dadurch aus, dass es zu ihrer Entstehung nicht eines Vertrages bedarf, sondern dass sie kraft der gesetzlichen Regel sofort eintritt, sobald zwei oder mehrere Personen an einem Bergwerk betheiligt sind.

Die Gewerkschaft bedarf auch nicht wie die Actiengesellschaft nothwendig eines Statutes. Der Gesellschaftsvertrag wird vielmehr da, wo ein Statut nicht errichtet ist, durch die Vorschriften des Gesetzes ersetzt, welches alle wesentlichen Theile des Rechtsverhältnisses bestimmt. Sobald daher ein Bergwerk in den Besitz von zwei oder mehreren Personen übergeht, ohne dass das gewerkschaftliche Rechtsverhältniss nach §. 133 durch die Natur der Gemeinschaft oder durch ausdrückliche Festsetzung ausgeschlossen ist, so entsteht unter ihnen kraft des Gesetzes das gewerkschaftliche Rechtsverhältniss mit der durch das Gesetz geregelten Verfassung. Diese Verfassung kann jedoch nach §. 94 durch ein gerichtlich oder notariell errichtetes Statut abgeändert und ergänzt werden, welches der Zustimmung von wenigstens drei Viertheilen aller Antheile und der Bestätigung des Oberbergamtes bedarf; jedoch dürfen die Bestimmungen der §§. 95 bis 110 des Berggesetzes, welche die wesentlichen Grundzüge der gewerkschaftlichen Verfassung enthalten, ferner die Vorschriften der §§. 123 bis 128 über die Vertretung der Gewerkschaft nach aussen durch ihren Repräsentanten nicht abgeändert werden. Eine gleiche Unabänderlichkeit ist im Interesse der Minderheit der im §. 114 Absatz 2 enthaltenen Bestimmung, wonach zu Verfügungen über das verliehene Bergwerkseigenthum durch Verzicht oder Schenkung Einstimmigkeit erforderlich ist, beigelegt. Durch die Abänderung einer dieser Bestimmungen, wenn sie durch einen von allen Mitgliedern geschlossenen Vertrag erfolgt, hört die Gewerkschaft auf eine Gewerkschaft im Sinne des Berggesetzes zu sein und wird zu einer lediglich durch Vertrag geregelten Gemeinschaft, für welche die Bestimmungen des §. 133 massgebend sind [1]).

---

1) Es ist deshalb nicht richtig, wenn Oppenhoff (Commentar Nr. 546) annimmt, dass die Abänderung der im §. 94 Abs. 3 ausgenommenen gesetzlichen Bestimmungen doch durch einstimmigen Beschluss erfolgen könne. Ein Beschluss welcher kraft der statutarischen Autonomie auch die Rechtsnachfolger der Gewerken bindet, kann über die der statutarischen Autonomie ausdrücklich entzogenen Gegen-

Die Errichtung des Statuts durch Gewerkenbeschluss folgt den im folgenden Paragraphen erörterten Regeln. Die Bestätigung des Oberbergamtes hat die Wahrnehmung des öffentlichen Interesses zum Zwecke und dahin gehört auch der etwaige Schutz gegen eine Kränkung der Interessen der Minderheit, welcher nach §. 115 Abs. 3 nicht gestattet ist, den richterlichen Schutz gegen das von der Mehrheit beschlossene Statut anzurufen. So würde ohne Zweifel einem Statute die Bestätigung versagt werden müssen, welches der Minderheit gegen ihren Widerspruch das Stimmrecht in den Gewerkenversammlungen (§. 111) oder die Theilnahme an der Bestellung des Repräsentanten oder Grubenvorstandes (§. 118) entziehen wollte, während bei stillschweigender oder ausdrücklicher Zustimmung der Betheiligten es keinem Bedenken unterliegen würde, dass durch das Statut die Verwaltung des Bergwerks einem oder mehreren Gewerken mit Ausschluss der übrigen übertragen wird [1]).

II. Die Rechtssphäre der Gewerkschaft wird durch den Betrieb des gemeinschaftlichen Bergwerks und die damit zusammenhängenden Unternehmungen gebildet. Die Gewerkschaft kann keine Geschäfte abschliessen, welche zu dem Betriebe ihres Bergwerks in keiner Beziehung stehen [2]). Inner-

---

stände überhaupt nicht also auch nicht einstimmig gefasst werden. Die Abänderung kann nur durch einen Vertrag erfolgen, welcher nur die Contrahenten bindet, ihre Rechtsnachfolger aber nur dann verpflichtet, wenn sie in den Vertrag eintreten

1) Vergl. Strohn in der Zeitschrift f. d. Berg-, Hutten- und Salinenwesen Bd. XIII. S. 172.

2) Die Frage, welche Geschafte zu dem Bergbau in Beziehung stehen, ist in einzelnen Fallen verschieden beantwortet worden. Das Erkenntniss des Appellationsgerichtes zu Hamm vom 16. März 1860 (Zeitschr. f. Bergr. Bd. III. S. 352) behandelt die Frage, ob die Gewerkschaft sich durch Mehrheitsbeschluss als Actionarin an einer Eisenbahngesellschaft betheiligen kann und verneint dieselbe, weil unter den im §. 6 des Gesetzes vom 12 Mai 1851 bezeichneten Anlagen, die den gemeinsamen Vortheil bezwecken, nur solche verstanden werden, deren Ausfuhrung unmittelbar von der Gewerkschaft selbst ausgehen soll und welche mit dem Baubetriebe des Bergwerks selbst im Zusammenhange stehen Dies sei aber bei einer Actienzeichnung zum Behufe einer von Dritten zu bauenden Bahn nicht der Fall, eine solche sei auch an und für sich eine dem eigentlichen Baubetriebe fremde Anlage.

halb dieser Rechtssphäre ist die Gewerkschaft befähigt, alle Rechtsgeschäfte einzugehen und alle Rechte zu erwerben. Sie kann insbesondere nach §. 96 unter ihrem Namen Rechte erwerben und Verbindlichkeiten eingehen, Eigenthum und andere dingliche Rechte an Bergwerken und Grundstücken erwerben, vor Gericht klagen und verklagt werden [1]).

Die entgegengesetzte Ansicht ist mit gutem Grunde von Ebmeier (Zeitschr. f. Bergr. Bd. I. S. 141) vertheidigt. Es ist sehr wohl denkbar und in der That häufig der Fall, dass eine für Rechnung einer Actiengesellschaft angelegte Eisenbahn dem Betriebe der anliegenden Gruben zum Vortheile gereicht, und dass eben deshalb eine Betheiligung der Bergwerksbesitzer bei der Actienzeichnung stattfindet. Wollte man in diesem Falle der Majorität die Befugniss absprechen, eine solche Actienzeichnung zu beschliessen, so müsste man der Gewerkschaft ebenso die Befugniss absprechen, sich an gemeinschaftlichen Bergschulen, an technischen Versuchen für gemeinschaftliche Rechnung und an anderen nützlichen Einrichtungen, deren Ausführung nicht unmittelbar von der Gewerkschaft ausgehen soll, zu betheiligen, während doch das Gesetz vom 12. Mai 1857 im §. 18 No. 16 die Betheiligung an solchen gemeinschaftlichen Einrichtungen ausdrücklich unter den gewerkschaftlichen Angelegenheiten erwähnte und auch jetzt kein Zweifel über die Zulässigkeit einer solchen Betheiligung besteht.

1) Die Bestimmung des §. 96 soll nach §. 227 auf die bei Eintritt der Gesetzeskraft des Allg. Berggesetzes bereits bestehenden Gewerkschaften keine Anwendung finden. Allein die Gewerkschaften konnten schon nach der bisherigen rechtsrheinischen Gesetzgebung in der Person ihres Repräsentanten klagen und verklagt werden (Ges. v. 12. Mai 1851. §. 18. Nr. 15) und dies ist nach §. 119 auch künftig der Fall. Ebenso bestimmt sich auch der ordentliche Gerichtsstand der Gewerkschaften des alten Rechtes nach der Lage des Bergwerks als dem Hauptsitze ihrer geschäftlichen Thätigkeit.

Die Doppelfrist zur Einlegung von Rechtsmitteln (Declaration v. 6. April 1839 Art. 13) kommt den Gewerkschaften des neuen Rechtes nicht zu, weil sie nicht zu den privilegirten Corporationen gehoren. Sie steht ihnen auch dann nicht zu, wenn unter den Gewerken sich bevormundete Personen befinden, weil nicht die einzelnen Gewerken, sondern die juristische Person der Gewerkschaft klagt oder verklagt wird.

Auch den Gewerkschaften des alten Rechtes wird in dem zuletzt angezogenen Falle die Doppelfrist zur Einlegung von Rechtsmitteln durch das Präjudiz 2266 des Obertribunals vom 23. December 1850 (Entsch. Bd. 20, S. 541) und durch das conforme Erkenntniss vom

Auch die Wechselfähigkeit der Gewerkschaft unterliegt keinem Zweifel, sofern der Repräsentant oder Grubenvorstand die hierzu nach Art. 95 der deutschen Wechselordnung erforderliche besondere Vollmacht besitzt.

Die Gewerkschaft führt nach §. 95 den Namen des Bergwerks, sofern sie nicht in dem Statut einen andern Namen gewählt hat. Wenn die Gewerkschaft Handelsgeschäfte betreibt, so bildet dieser Name zugleich die Firma der Gewerkschaft, unter welcher sie in das Handelsregister eingetragen wird [1]).

Der ordentliche Gerichtsstand oder das Domicil der Gewerkschaft ist nach §. 96 bei dem Gerichte, in dessen Bezirk das Bergwerk liegt.

Wenn das Grubenfeld sich in zwei Gerichtsbezirke erstreckt, oder wenn die Gewerkschaft mehrere Bergwerke in verschiedenen Bezirken besitzt, so tritt ein doppelter Gerichtsstand ein und die Klage gegen die Gewerkschaft kann in jedem der verschiedenen Gerichtsbezirke unter Berufung auf §. 96 mit Erfolg angestellt werden [2]).

Auf den Namen der Gewerkschaft wird auch das Bergwerk im Hypothekenbuche eingetragen. Dasselbe kann nur

---

5. Juli 1858 (Entsch. Bd. 39. S. 340) versagt, weil nach §. 18 Nr. 15 des Ges. v. 12. Mai 1851 der Repräsentant als dominus litis der für die Gewerkschaft zu führenden Prozesse zu betrachten sei. Da §. 119 des Allg Berggesetzes nichts Anderes bestimmt, als §. 18 cit., so gilt dies Präjudiz auch noch gegenwärtig.

1) Der Verkauf der selbst gewonnenen Bergwerksproducte auch nach weiterer Verarbeitung fällt nicht unter die im deutschen Handelsgesetzbuch Art. 271. 272 gegebene Definition der Handelsgeschäfte.

Wenn aber die Gewerkschaft eines Galmeybergwerks Messing fabrizirt, und dazu angekauftes Kupfer verwendet, so ist diese mit dem Bergwerksbetriebe unzweifelhaft in Verbindung stehende Fabrication nach Art. 271 Nr. 1 ein Handelsgeschäft.

2) Vergleiche den Commissionsbericht des Hauses der Abgeordneten S. 54. — Anderer Meinung ist Wachler Commentar S. 171, welcher die Bestimmung des Gerichtes dem beiden Gerichten vorgesetzten Appellationsgerichte zuweisen will. Hierzu liegt jedoch nur dann eine Nothwendigkeit vor, wenn der Gerichtsstand ausnahmsweise nicht durch die Wahl des Klägers oder durch Prävention, wie bei der Concurseröffnung, bestimmt werden kann.

von der Gewerkschaft und nur als Ganzes mit Hypotheken und dinglichen Lasten beschwert werden. (§§. 97. 98.)

Zur Verpfändung oder dinglichen Belastung des Bergwerks ist nach §. 114 ein Mehrheitsbeschluss von drei Vierteln aller Antheile erforderlich. Bei Bergwerken, die im Besitze von Gewerkschaften des alten Rechtes sind, ist nach §. 230 auch künftig eine Verpfändung und dingliche Belastung der einzelnen Kuxe im Berghypothekenbuche gestattet. Bergwerke, die sich im Besitze einer einzelnen Person befinden oder die gemäss §. 133 in ungetheilter Gemeinschaft oder von einer nach den Regeln des Civilrechts constituirten Gesellschaft besessen werden, können ebenfalls zu ideellen Antheilen verpfändet oder belastet werden, nur dass die ideellen Antheile im letztern Falle nicht nach Kuxen, sondern nach einfachen Brüchen ($^1/_2$ $^1/_3$ $^1/_4$ u. s. w.) ausgedrückt werden. Wird ein solches Pfandrecht an dem ideellen Antheile eines solchen nicht gewerkschaftlichen Bergwerks durch nothwendigen Verkauf realisirt, so bildet der Adjudicatar mit den Besitzern der übrigen Idealantheile eine Gewerkschaft nach den Regeln der §§. 94 ff. Ist aber der nicht verkaufte Idealantheil ebenfalls mit Hypotheken belastet, so kann das gewerkschaftliche Rechtsverhältniss nicht eintreten, weil dasselbe nach §. 98 die ideelle Belastung des Bergwerks ausschliesst. Hier tritt also der Fall ein, dass das gewerkschaftliche Rechtsverhältniss durch anderweitige Willenserklärung, nämlich die Hypothekenbestellung seitens des einen Betheiligten ausgeschlossen ist (§. 133), und es gelten die Regeln des civilrechtlichen Miteigenthums so lange, bis die zufällige Gemeinschaft durch die Theilungsklage oder durch Vertrag aufgehoben wird.

Für die Verbindlichkeiten der Gewerkschaft haftet nach §. 99 nur das Vermögen derselben. Dieser Grundsatz ist im neuen Rechte eine Consequenz der juristischen Persönlichkeit der Gewerkschaft. Er gilt indess nach §. 226 und 227 auch für die Gewerkschaften des alten Rechtes, für welche unter der früheren Gesetzgebung die entgegengesetzte Meinung durch das Erkenntniss des Obertribunals vom 28. September 1854 angenommen war, welches die Gewerken als persönlich verantwortlich für die Grubenschulden erklärte [1]). Der Gläubiger

1) Das Erkenntniss des Obertribunals vom 24. November 1868

der Gewerkschaft kann sich im Wege der Execution ebenso wie alle andern Forderungen, so namentlich auch die von den Gewerken nach §§. 102 und 129 zu entrichtenden Beiträge zur eigenen Einziehung überweisen lassen. Dies setzt indess voraus, dass die Beiträge durch Gewerkenbeschluss ausgeschrieben sind, denn ohne einen Beschluss der Gewerkenversammlung können nach §§. 102 und 129 Beiträge nicht gefordert werden. Wenn also auch nach §. 102 die Gewerken verpflichtet sind, die zur Erfüllung der Schuldverbindlichkeiten der Gewerkschaft erforderlichen Beiträge zu zahlen, so wird doch, wie die Hinweisung auf §. 129 ergiebt, diese Verbindlichkeit erst durch den Gewerkenbeschluss existent, welcher die Höhe der zu leistenden Beiträge bestimmt, und der Gläubiger hat kein Mittel, die Ausschreibung von Beiträgen zu seiner Befriedigung zu erzwingen.

III. Die **Auflösung** der Gewerkschaft kann entweder durch die Veräusserung des gemeinschaftlichen Bergwerks oder durch einen Vertrag erfolgen, durch welchen die Betheiligten gemäss §. 133 ein anderes Rechtsverhältniss als das gewerkschaftliche annehmen. Die Veräusserung des Bergwerks durch Verkauf kann nach §. 114 durch die Mehrheit von drei Vierteln der Antheile beschlossen werden; zur Verzichtleistung ist dagegen nach §. 114 Abs. 2 Einstimmigkeit erforderlich. Zu einer vertragsmässigen Aenderung des gewerkschaftlichen Rechtsverhältnisses ist ebenfalls, wie die Natur des Vertrages dies mit sich bringt, die Uebereinstimmung sämmtlicher Theilnehmer erforderlich. Durch das Ausscheiden einzelner Mitglieder wird die Gewerkschaft nicht aufgelöst. Auch können einzelne Gewerken nicht auf Theilung klagen (§. 100).

Die Auflösung der Gewerkschaft durch Veräusserung des Bergwerks führt eine Auseinandersetzung der Mitglieder herbei, welche mit der actio communi dividundo geltend gemacht wird. Besondere Vorschriften über das Liquidationsverfahren,

---

(Zeitschrift für Bergrecht Bd. X. S. 170. S 415), in welchem die persönliche Haftung der Gewerken für die Grubenschulden wiederholt angenommen wird, bezieht sich auf eine vor dem Eintritt des Allg. Berggesetzes entstandene Forderung und hat nur die jetzt aufgehobenen Vorschriften des älteren Rechtes zur Voraussetzung.

wie solche für die Handelsgesellschaft im deutschen Handelsgesetzbuche Art. 133 f. gegeben sind, fehlen im Berggesetze.

§. 23. Gewerkenbeschlüsse.
(§§. 111—116. §. 122 des Berggesetzes.)

Die juristische Person der Gewerkschaft äussert ihren Willen durch die Gewerkenbeschlüsse, welche von der Gesammtheit der Theilnehmer in den durch das Gesetz bestimmten Formen gefasst werden. Die Gültigkeit und Verbindlichkeit der Gewerkenbeschlüsse kommt, da die Gewerkschaft über Rechte Dritter nicht verfügen kann, nur gegenüber den einzelnen Gewerken in Frage und daraus folgt, dass ein einstimmig gefasster Beschluss in jedem Falle gültig ist, wenn die mit Rücksicht auf den Gegenstand des Beschlusses erforderliche Form [1]) bei den einzelnen Erklärungen der Gewerken beobachtet ist. Daher ist ein durch Briefwechsel oder durch schriftliche Umfrage einstimmig gefasster Beschluss gültig und auch die Bestellung eines Repräsentanten, die Errichtung eines Statuts oder eines Consolidationsactes kann in getrennten notariellen Verhandlungen gültig erfolgen, wenn die Erklärungen sämmtlicher Gewerken übereinstimmen.

Soll dagegen der Wille der Gewerkschaft durch einen Mehrheitsbeschluss bestimmt werden, so kann dies nach §. 111 nur in einer gehörig berufenen und beschlussfähigen Gewerkenversammlung geschehen.

I. Die Berufung der Gewerkenversammlung erfolgt nach §. 122 regelmässig durch den Repräsentanten oder Grubenvorstand. Dieser muss, wenn das Bergwerk im Betriebe ist, alljährlich eine Gewerkenversammlung zum Zwecke der Rechnungslegung berufen. Er ist ferner zur Berufung einer Gewerkenversammlung verpflichtet, wenn dies die Eigenthümer von wenigstens einem Viertel aller Kuxe verlangen. Nach dem früheren Rechte war angenommen, dass jeder Gewerke befugt sei, die Zusammenberufung einer Gewerkschaft zur Beschlussfassung über einen von ihm gestellten Antrag zu verlangen und dass der Repräsentant verpflichtet sei, auf den Antrag auch nur eines Gewerken eine Gewerkenversammlung zu be-

---

1) §. 42. §. 51. §. 94. §. 118. §. 119 Abs. 2. §. 237.

rufen [1]). Diese Befugniss steht nach §. 122 dem einzelnen Gewerken zwar nicht mehr zu, sofern er nicht ein Viertel aller Kuxe besitzt. Er ist jedoch auch ausser diesem Falle befugt, gegen den Repräsentanten auf Berufung einer Gewerkenversammlung zu klagen, wenn dieser die im §. 122 vorgeschriebene jährliche Berufung, falls das Bergwerk im Betriebe ist, unterlässt. Die Berufung kann in diesem Falle im Wege der Execution durch den Richter erfolgen [2]).

Die Berufung der Gewerkenversammlung kann ferner in zwei Fällen durch die Bergbehörde, d. h. nach §. 189 durch den Revierbeamten erfolgen, nämlich:

1) auf den Antrag der Eigenthumer von einem Viertel der Kuxe, wenn der Reprätentant die Berufung unterlässt;

2) auf den Antrag eines einzelnen Interessenten, wenn die Versammlung zur Vornahme der Wahl eines Repräsentanten oder Grubenvorstandes oder zur Beschlussfassung über den Widerruf der erfolgten Bestellung berufen werden soll.

Während in dem ersten Falle dem Antrage jedesmal stattgegeben werden muss, ist in dem zweiten Falle der pflichtmässigen Beurtheilung des Revierbeamten überlassen ob dies geschehen soll [3]).

Die Frage von wem die Gewerkenversammlung zu berufen ist, so lange ein Repräsentant oder Grubenvorstand nicht bestellt ist, findet in dem Gesetze keine erschöpfende Beantwortung. Nach § 122 Abs. 4 kann zwar die Bergbehörde in diesem Falle auf den Antrag jedes Mitgliedes eine Gewerkenversammlung behufs der Repräsentantenwahl berufen. Es ist jedoch nicht bestimmt, dass die Vorladung in diesem Falle durch die Bergbehörde erfolgen muss. Da nun nach §. 112 die Beschlussfähigkeit der Versammlung nur davon abhängt, dass alle Gewerken eingeladen waren und die Vorschrift des §. 112 Abs. 1, dass der Repräsentant oder Grubenvorstand die Gewerkenversammlungen beruft, im vorliegenden Falle nicht

---

1) Erkenntniss des Obertribunals vom 1. Dezember 1856 (Striethorsts Archiv Bd. 23 S. 96. — M. Uebersicht S. 254).

2) Verordnung v. 4. März 1834 (G.-S. S. 32) §. 8.

3) Commissionsbericht des Herrenhauses S. 46. — Bonner Instruction für die Revierbeamten §. 49.

Anwendung finden kann, so muss jeder Gewerke, so lange ein Repräsentant nicht bestellt ist, zur Berufung der Gewerkenversammlung befugt sein [1]).

Die Einladung zur Gewerkenversammlung muss nach §. 112 unter Angabe des zu verhandelnden Gegenstandes erfolgen. Einladungen durch die Post erfolgen gegen Postinsinuationsschein nach denselben Regeln, welche für die Zustellung gerichtlicher oder aussergerichtlicher Verfügungen durch die postamtlichen Instructionen vorgeschrieben sind [2]).

Bei Zustellungen am Wohnorte des Einladenden kann der Nachweis der erfolgten Einladung durch jedes beliebige Beweismittel geführt werden. In der Regel wird die Bescheinigung des Empfanges von dem eingeladenen Gewerken zu erfordern und falls diese verweigert wird die Zustellung durch einen Notar oder einen Gerichtsvollzieher zu bewirken sein. Die Bescheinigung der erfolgten Einladung muss sich nicht nothwendig auch auf den Inhalt derselben erstrecken, vielmehr liegt dem eingeladenen Gewerken der Nachweis der Ungesetzlichkeit der an ihn ergangenen Ladung ob, falls in derselben der Gegenstand der Beschlussfassung oder das mit der Einladung zu einer zweiten Versammlung (s. u.) verbundene Präjudiz nicht ausgedrückt war [3]).

Gewerken, welche weder im Inlande noch in einem Staate des früheren deutschen Bundes [4]) wohnen, haben zur Empfangnahme der Einladungen einen Bevollmächtigten im Inlande zu bestellen. Ist dies nicht geschehen, so reicht ein vierzehntägiger Aushang am Amtslokale des Revierbeamten aus.

Dasselbe gilt bei Gewerken, deren Wohnort unbekannt ist.

II. Die Beschlussfähigkeit der Gewerkenversammlung ist nach §. 113 in der ersten Versammlung dadurch bedingt, dass die Mehrheit aller Kuxe vertreten ist. Ist dies

---

1) Dies erkennt auch das Oberbergamt zu Bonn in der Verfügung vom 27. März 1868 (Zeitschr. f. Bergr. Bd. 9 S. 213) in Bezug auf die erste Repräsentantenwahl als richtig an.

2) Instruction vom 9. Juli 1866. Durch die Amtsblätter veröffentlicht.

3) Erkenntniss des Obertribunals vom 7. Februar 1868. — Zeitschr. f. Bergr. Bd. 10 S. 413.

4) Vergl. m. Commentar Anm. 238 a zu §. 112.

nicht der Fall so sind sämmtliche Gewerken zu einer zweiten Versammlung einzuladen.

Die zweite Versammlung ist ohne Rücksicht auf die Zahl der vertretenen Kuxe beschlussfähig. Diese Folge muss indess, wenn sie eintreten soll, in der Einladung angegeben werden.

Die Vertretung der Gewerken durch Bevollmächtigte ist durch das Gesetz nicht beschränkt. Ueber die Führung der Legitimation, die an die schriftliche Form gebunden ist (A. L. R. Th. I, Tit. 13, §§. 8. 91), entscheidet die Versammlung.

Die Beschlusse der Gewerkenversammlung werden mit einfacher Stimmenmehrheit gefasst. Das Stimmrecht wird nach Kuxen, nicht nach Personen ausgeubt (§. 111). Zur Gultigkeit des Beschlusses genugt also die relative Mehrheit der in der beschlussfahigen Versammlung vertretenen Antheile. Bei Stimmengleichheit kommt kein Beschluss zu Stande; der gestellte Antrag ist daher abgelehnt; nur bei den Wahlen des Repräsentanten oder Grubenvorstandes entscheidet nach §. 118 das Loos.

Eine Mehrheit von wenigstens drei Viertheilen aller Kuxe ist erforderlich zu Beschlussen, durch welche uber den Gegenstand der Verleihung — Substanz des Bergwerks — ganz oder theilweise verfügt werden soll. Dies gilt insbesondere von den Fällen des Verkaufes, des Tausches, der Verpfändung oder der sonstigen dinglichen Belastung des Bergwerks, sowie der Ueberlassung der Ausbeutung gegen Entgelt (Verpachtung)[1]. Ausserdem bedarf es nach §. 94 einer Mehrheit von drei Vierteln aller Antheile zu dem Beschlusse über die Annahme eines gewerkschaftlichen Statuts.

Zu Verfügungen über das verliehene Bergwerkseigenthum durch Verzicht oder Schenkung ist Einstimmigkeit erforderlich.

Ueber die Beschlusse der Gewerkenversammlung ist nach §. 113 ein Protokoll aufzunehmen. Letzteres ist durch den Repräsentanten oder den Grubenvorstand zu vollziehen[2]. Die

---

1) Das Braunschweigische Gesetz macht noch die Fälle der Consolidation und der Theilung ausdrücklich namhaft Doch kann auch nach preussischem Rechte kein Zweifel daruber bestehen, dass in diesen Fällen eine Verfügung über die Substanz des Bergwerks vorliegt. Vgl. oben S. 176.

2) Erkenntniss des Obertribunals vom 7. Februar 1868. Zeitschr. f. Bergr. Bd. 10 S. 412.

Unterschrift der übrigen Gewerken ist nicht erforderlich, denn der Gewerkenbeschluss kommt durch die Abstimmung zu Stande, für welche es nicht der schriftlichen Form bedarf. Das Protokoll dient also blos zum Beweise, ohne dass es die verbindliche Kraft des Beschlusses bedingt.

Dies gilt auch für die nach §. 94 und §. 118 des Berggesetzes gerichtlich oder notariell aufzunehmenden Beschlussprotokolle [1]). Daher bedarf auch die Abstimmung der Vertreter bevormundeter Personen bei der Beschlussfassung über die im §. 114 bezeichneten Gegenstände nicht der obervormundschaftlichen Genehmigung, da die Abstimmung in den gewerkschaftlichen Versammlungen ohne Rücksicht auf den Gegenstand der Beschlussfassung als ein blosser Act der Verwaltung zu bezeichnen ist. Eine Verfügung über die Substanz des Antheilrechtes liegt nicht darin, weil nicht über die Kuxe des Minorennen, sondern über ein zum gewerkschaftlichen Vermögen gehöriges Object disponirt wird und weil der Abstimmende nicht selbst disponirt, sondern nur zu einem Beschlusse mitwirkt.

III. Die Anfechtung des Gewerkenbeschlusses steht nach §. 115 jedem Gewerken binnen einer Präclusivfrist von vier Wochen vom Ablaufe des Tages, an welchem ein Gewerkenbeschluss gefasst ist, zu. Sie erfolgt, indem bei dem ordentlichen Richter, in dessen Bezirk das Bergwerk belegen ist, gegen die Gewerkschaft auf Aufhebung des Beschlusses unter der Behauptung geklagt wird, dass derselbe nicht zum Besten der Gewerkschaft gereiche.

Durch das Statut kann bestimmt werden, dass die Entscheidung dieser Frage in Streitfällen durch ein Schiedsgericht erfolgen, wie das Schiedsgericht gebildet und unter welchen Formen von demselben verfahren werden soll.

Das frühere Gesetz vom 12. Mai 1851 bestimmte im §§. 8 und 9, dass die Anfechtung der Gewerkenbeschlüsse mit Ausschluss des Rechtsweges im schiedsrichterlichen Verfahren erfolgen solle. Die Bestimmungen dieses Gesetzes über die Bildung des Schiedsgerichtes und über die Wirkung seiner Entscheidung haben zu vielen Zweifeln Anlass gegeben und

---

1) Anderer Meinung ist Brockhoff in der Zeitschr. f. Bergr. Bd. 7 S. 182. — Vergl. dagegen Oppenhoff Commentar Nr. 612.

sind als unpractisch aufgegeben worden. Allein auch die Bestimmungen des Allg. Berggesetzes über die Anfechtung im Rechtswege lassen die Fragen über die Voraussetzungen der Klage über das Verfahren und über die Wirkungen der richterlichen Entscheidung zum Theil unbeantwortet.

1. In Bezug auf die Voraussetzungen der Anfechtung ist zunächst gegenuber einer neueren abweichenden Meinung [1]) zu constatiren, dass nur dem Gewerken, welcher dem gefassten Beschlusse nicht zugestimmt hat, die Klage auf Anfechtung zusteht. Dem Gewerken, welcher mit der Mehrheit gestimmt hat, steht seine Abstimmung entgegen, welche als eine bindinde und unwiderrufliche Erklarung über den Gegenstand des Beschlusses anzusehen ist.

Ferner findet die Klage nur wegen eines positiven Gewerkenbeschlusses statt, welcher eine Vesänderung in den gemeinsamen Angelegenheiten beabsichtigt. Die Ablehnung eines Antrages, dessen Annahme nach der Behauptung des Klägers zum gemeinsamen Besten der Gewerkschaft gereichen würde, kann nicht auf Grund des §. 115 angefochten werden, da die Klage nur den Satz: *in re communi prohibentis melior est conditio* innerhalb der mit der corporativen Verfassung der Gewerkschaft verträglichen Grenzen zur Geltung bringen soll. Die Wahl eines Repräsentanten oder Grubenvorstandes gehört unzweifelhaft zu den Verfugungen von positivem Inhalt und kann daher im Rechtswege angefochten werden. Die entgegengesetzte Annahme, welche früher in einem Erkenntnisse des Obertribunals vom 14. Dezember 1857 (Entscheidungen Bd. 37 S. 322) aufgestellt war, stützte sie auf die Wortfassung der §§. 5 und 6 des aufgehobenen Gesetzes vom 12. Mai 1851 und findet in den entsprechenden Bestimmungen des Allg. Berggesetzes keinen Anhalt.

2. In Bezug auf das Verfahren ist zu bemerken, dass die Klage gegen die Gewerkschaft gerichtet werden muss, welche nach §. 119 durch den Repräsentanten vertreten wird, auch wenn letzterer dem gefassten Beschlusse nicht zugestimmt hatte. Will dagegen der Repräsentant selbst den gefassten Beschluss anfechten, so muss er entweder vor Anstellung der

1) Oppenhoff Commentar Nr. 630.

Klage die Bestellung eines andern Repräsentanten herbeiführen, oder mit der Klage den Antrag auf Bestellung eines Litiscurators für die Gewerkschaft verbinden, da er gegen sich selbst als Repräsentanten der Gewerkschaft nicht klagen kann.

Die Beweislast über die Schädlichkeit des angefochtenen Beschlusses fällt der richtigen Meinung nach dem Kläger zu, welcher seinen Anspruch auf die Behauptung gründet, dass der Beschluss nicht zum gemeinsamen Besten der Gewerkschaft gereiche [1]). Das Bayerische Berggesetz hat dies im §. 104 ausdrücklich ausgesprochen, indem es die Aufhebung des Beschlusses von dem Nachweise abhängig macht, dass derselbe der Gewerkschaft zum Nachtheile gereiche.

Wenn mehrere Klagen von verschiedenen Gewerken auf Aufhebung desselben Beschlusses eingelegt werden, so müssen dieselben zu einem Prozessverfahren verbunden werden, da die Aufhebung oder Aufrechterhaltung des Beschlusses allen Gewerken gegenüber wirksam wird und daher nur in einem Urtheile ausgesprochen werden kann. Die nicht als Kläger oder als Repräsentant an dem Verfahren betheiligten Gewerken können in dem Processe accessorisch interveniren und entweder dem Kläger oder dem Repräsentanten Beistand leisten.

Die Präclusivfrist von 4 Wochen steht nicht blos der auf Aufhebung des Beschlusses gerichteten Klage, sondern auch der auf den §. 115 gestützten Einrede entgegen [2]).

3. In Bezug auf die Wirkung der Klage und des Urtheils, durch welches der angefochtene Beschluss aufgehoben wird, bestimmt das Berggesetz:

§. 116. Durch die Anstellung der Klage auf Aufhebung des Gewerkschaftsbeschlusses wird die Ausführung desselben nicht aufgehalten.

Wird der Beschluss aufgehoben, so verliert derselbe erst von der Rechtskraft der richterlichen Entscheidung an seine rechtliche Wirksamkeit. Diese Bestimmungen finden keine Anwendung, wenn der Beschluss die im §. 120 bezeichneten Gegenstände betrifft.

1) Vergl. Oppenhoff Commentar Nr. 632.

2) Entscheidung des Obertribunals vom 8. März 1867. — Zeitschr. f. Bergr. Bd. IX S. 175.

Ueber die Bedeutung dieser Vorschrift sind bereits bei den legislativen Berathungen Zweifel geäussert worden [1]). Der Gesetzgeber hat jedoch darüber keinen Zweifel gelassen, sowohl dass der aufgehobene Beschluss erst von der Rechtskraft der Entscheidung an seine Wirksamkeit verliert, als auch dass er von diesem Zeitpunkte an keine rechtliche Wirksamkeit mehr äussern kann, auch wenn auf Grund desselben bereits Verfügungen von der Gewerkschaft getroffen sind, welche erst nach jenem Zeitpunkte ihre rechtliche Wirkung äussern sollen.

Der aufgehobene Beschluss wird nicht von Anfang an ungültig, sondern verliert erst von dem Tage der Rechtskraft des Urtheils seine rechtliche Wirksamkeit. Die Verfügungen, welche die Vertretung der Gewerkschaft auf Grund des auf-

1) In dem Commissionsberichte des Hauses der Abgeordneten wird bemerkt (S. 59):

»Es entstand die Frage, ob dieser Satz so zu verstehen sei, dass das Verlieren der rechtlichen Wirksamkeit ex nunc oder ex tunc eintrete.

Die Herren Regierungscommissarien erklärten:

Die Anstellung der Klage auf Aufhebung des Gewerkschaftsbeschlusses solle nach Alinea 1 des §. 116 die Ausführung des Gewerkschaftsbeschlusses nicht aufhalten. Der Repräsentant oder Grubenvorstand werde deshalb auf der Grundlage des Gewerkschaftsbeschlusses mit der Ausführung desselben vorgehen können, ohne in Verantwortlichkeit zu treten. Wenn demnach das zweite Alinea für den Fall, dass der angerufene Richter den Beschluss aufhebe, bestimme, dass der Beschluss erst von Rechtskraft der richterlichen Entscheidung an seine rechtliche Wirksamkeit verliere, so könne es nicht zweifelhaft sein, dass das Aufhören der rechtlichen Wirksamkeit ex nunc zu verstehen sei.

Dem Bedenken, dass hieraus grosse Gefahr für den siegreichen Provocanten wie überhaupt für die Interessen der Minorität eines Bergwerks entstehen könne, wurde von mehreren Commissionsmitgliedern entgegengesetzt, dass Alinea 3 des §. 116 alle Beschlüsse über die Substanz des Bergwerks und über die Erhebung von Beiträgen von denjenigen Beschlüssen ausschliesst, auf deren Ausführung die Klage der Minorität keinen Suspensiveffect ausübt. Der Kläger werde hierin genügenden Schutz finden. Auf der andern Seite könne auch nicht zugegeben werden, dass den wirthschaftlichen Bedürfnissen einer Bergwerkssocietät und des Bergbaubetriebes zuwider eine Minorität in die Möglichkeit gebracht werde, durch ihren Widerspruch die Thätigkeit der Gewerkschaft und deren Bergwerksbetrieb zu hemmen und die Organe der Gewerkschaft lahm zu legen.«

gehobenen Beschlusses über das gewerkschaftliche Vermögen getroffen hat, bleiben bis zu diesem Termine in Kraft, d. h. sie bleiben gültig, soweit sie die bis zur rechtskräftigen Entscheidung geführte Vermögensverwaltung angehen. Betrifft also der Beschluss und der auf Grund desselben geschlossene Vertrag z. B. den Verkauf der Förderung, so bleibt das Kaufgeschäft nur in Betreff der bis zum Tage der Rechtskraft geförderten Producte in Kraft, ebenso der mit dem gewählten Repräsentanten abgeschlossene Vollmachtsvertrag, wenn die getroffene Wahl auf Grund des §. 116 durch richterliches Urtheil aufgehoben wird. Betrifft der Beschluss Verfügungen, die nicht in der Vermögensverwaltung begriffen sind, z. B. die Veräusserung von Grundstücken, so wird durch die Aufhebung des Beschlusses auch die getroffene Verfügung rückgängig gemacht. Diese Regeln folgen aus dem Grundsatze: *Resoluto jure concedentis resolvitur jus concessum* und aus den Vorschriften, welche das Civilrecht über die Wirkung der auflösenden Bedingungen trifft [1]).

Wollte man annehmen, dass die Aufhebung des Beschlusses nur insofern Wirkung habe, als nicht bereits über die Ausführung desselben Verträge mit dritten Personen geschlossen sind, so würde man zu offenbar perplexen Resultaten gelangen. Man würde annehmen müssen, dass ein auf die Amtsdauer von zehn Jahren erwahlter besoldeter Repräsentant, dessen Wahl gemäss §. 116 als nicht zum Besten der Gewerkschaft gereichend aufgehoben wird, dennoch für die ganze Wahlperiode im Amte bleibe, falls er vor der rechtskräftigen Aufhebung des Beschlusses einen Dienstvertrag mit der bisherigen Grubenvertretung abschliesst. Man würde aber auch mit den Bestimmungen des Civilrechtes über die revocatio ex nunc in Wi-

---

1) L. 41 pr. Dig. de rei vind. (VI, 6.) L. 4 §. 3 D. de in diem addict. (XVIII, 2.) L. 3 D. quib. mod. pignus (XX, 6.) Allg. Landrecht Th. I, Tit. 4, §§. 115 ff. Tit. 7, §. 172. Tit. 19, §. 33. Tit. 21, §§. 388 ff. Code Napoléon Art. 1183. — Fur das Preussische Recht ist jedoch zu berücksichtigen, dass bei der Erwerbung von dinglichen Rechten die Redlichkeit des Erwerbers, welchem von einer Anfechtung des gewerkschaftlichen Beschlusses nichts bekannt war, die Wiederaufhebung des eingeräumten Rechtes ausschliesst. (Allg. Landrecht Th. I, Tit. 11, §§. 264, 265, 270, 311).

derspruch treten, welche übereinstimmend dahin gehen, dass die Verfügungen des früheren Berechtigten nur bis zu dem Zeitpunkte Wirkung haben, mit welchem sein Verfügungsrecht aufgehoben wird. Die Anwendung dieser Regeln auf die Aufhebung eines Gewerkenbeschlusses lässt sich aber nicht anders machen, als indem man annimmt, dass der Mehrheit, welche den angefochtenen Beschluss gefasst hat, mit dem Momente der rechtskräftigen Entscheidung die Verfügung über den Gegenstand des Beschlusses entzogen und auf die verneinende Minorität übertragen wird, deren Wille durch das richterliche Urtheil als massgebend für die Gewerkschaft gesetzt wird.

Die Aufhebung des Beschlusses entzieht demselben die Rechtsverbindlichkeit nicht blos in Ansehung desjenigen Gewerken, auf dessen Klage die Aufhebung erfolgt ist, sondern gegenüber allen Gewerken. (Vergl. oben S. 241.)

Eine abweichende Regel tritt nach §. 116 i. f. und §. 120 in Bezug auf die Wirkung der Anfechtung und der richterlichen Aufhebung des Beschlusses in den Fällen ein, in welchen der Beschluss entweder Gegenstände betrifft, die nur von einer Mehrheit von drei Viertel aller Kuxe oder nur einstimmig beschlossen werden können, oder wenn Beiträge von den Gewerken erhoben werden sollen. In diesen Fällen hat die Klage auf Aufhebung des Beschlusses die Wirkung, dass die Ausführung desselben aufgehalten wird und das Endurtheil macht den Beschluss von Anfang an (ex tunc) ungültig. Auch die suspensive Wirkung der Klage eines Gewerken tritt für alle Gewerken ein. Wenn also ein Beschluss wegen der Erhebung von Beiträgen seitens eines Gewerken angefochten wird, so kann derselbe auch gegen die übrigen nicht vor Ablauf der rechtskräftigen Entscheidung über jene Klage vollstreckt werden (§. 129).

Die Ausführung des gefassten Beschlusses wird in den Fällen des §. 120 nicht erst durch die wirkliche Einlegung der Klage aufgehalten, sondern sie bleibt von Rechtswegen suspendirt, bis die vierwöchentliche Frist zur Einlegung der Klage verstrichen ist. Dies wird im §. 129 für die Erhebung von Beiträgen ausdrücklich anerkannt. Dasselbe muss aber für die Veräusserung, Verpfändung und dingliche Belastung, sowie für die Verpachtung des Bergwerks (§. 114) gelten. Der

Hypothekenrichter darf auf Grund eines solchen Beschlusses keine Eintragung im Berghypothekenbuche verfügen, bevor die vierwöchentliche Frist verstrichen ist, ohne dass eine Klage auf Aufhebung des Beschlusses bei dem Prozessrichter eingelegt wäre. Er muss hierüber jedesmal Auskunft von dem ordentlichen Richter verlangen, in dessen Bezirk das Bergwerk liegt. Würde er die bestellte Hypothek vor Ablauf der vierwöchentlichen Frist eintragen, so würde der eingetragene Gläubiger durch Cession seines Rechtes die Rechte der Minorität vereiteln, da die spätere Aufhebung des Beschlusses demjenigen nicht entgegenstehen würde, der das Pfandrecht auf den Glauben des Hypothekenbuches erworben hat.

§. 24. Der Repräsentant.

(§. 117—128 des Berggesetzes.)

Die Gewerkschaft wird nach Aussen durch den Repräsentanten vertreten, welcher nach §. 119 die Gewerkschaft in allen ihren Angelegenheiten gerichtlich und aussergerichtlich vertritt. Statt eines einzelnen Repräsentanten kann die Gewerkschaft nach §. 117 einen aus zwei oder mehreren Personen bestehenden Grubenvorstand bestellen. Der Repräsentant ist nicht Bevollmächtigter, sondern gesetzlicher Vertreter der gesammten juristischen Persönlichkeit der Gewerkschaft (vgl. S. 249); letztere wird nach §. 125 durch die von dem Repräsentanten in ihrem Namen geschlossenen Rechtsgeschäfte berechtigt und verpflichtet (vgl. S. 251).

Die Bestellung des Repräsentanten erfolgt nach §. 118 durch Wahl in der beschlussfähigen Gewerkenversammlung mit absoluter Stimmenmehrheit. Ist eine solche bei der ersten Abstimmung nicht vorhanden, so werden diejenigen beiden Personen, welche die meisten Stimmen erhalten haben, in die engere Wahl gebracht. Bei Stimmengleichheit entscheidet das Loos. Bei Ausmittelung der in die engere Wahl zu bringenden zwei Personen entscheidet im Falle der Stimmengleichheit ebenfalls das Loos.

Gegen die Wahl des Repräsentanten oder der Mitglieder des Grubenvorstandes kann nach §. 115 die Entscheidung des ordentlichen Richters darüber angerufen werden, ob die getroffene Wahl zum Besten der Gewerkschaft gereiche [1]).

1) Wachler in der Zeitschrift für Bergrecht Bd. X S. 32 hält den Rechtsweg für ausgeschlossen, wenn die Entscheidung bei Stimmen-

Das Protokoll über die Wahlverhandlung ist notariell oder gerichtlich aufzunehmen. Eine Ausfertigung desselben wird dem Repräsentanten oder dem Grubenvorstande zu seiner Legitimation ertheilt.

Auch für das Wahlprotokoll gilt die oben aufgestellte Regel, dass die Unterschrift der an der Abstimmung theilnehmenden Gewerken zur Gültigkeit der Verhandlungen nicht erforderlich ist. Es genügt, dass die Namen der anwesenden Gewerken und die Zahl der Kuxe, welche bei jedem einzelnen Wahlgange für die verschiedenen Personen gestimmt haben, in das Protokoll aufgenommen wird. Ausserdem muss durch das gerichtliche oder notarielle Protokoll auch die Beschlussfähigkeit der Versammlung, also wenn nicht alle Gewerken anwesend sind, die gehörig geschehene Vorladung auf Grund der von dem einladenden Repräsentanten oder im Falle des §. 122 Al. 3 von der einladenden Bergbehörde vorzulegenden Postinsinuationsscheine (§. 112) constatirt werden.

Diese Ausfertigung genügt zum Nachweise der gültig erfolgten Bestellung. Der Repräsentant ist nicht verpflichtet, zu seiner Legitimation ausser dem gerichtlichen oder notariellen Wahlprotokolle noch die Postinsinuationsscheine über die geschehene Einladung vorzulegen, da nach §. 118 Al. 3 die Ausfertigung dieses Protokolls und die darin enthaltene Bescheinigung der gehörig geschehenen Einladung allein zu seiner Legitimation ausreicht[1]).

---

gleichheit durch das Loos erfolgte Diese Ansicht entbehrt jedoch des Grundes, da die richterliche Entscheidung nicht das geworfene Loos, sondern die Wahl aufheben soll, über welche das Loos geworfen ist.

1) Anderer Meinung ist Lindig in der Zeitschr. f. Bergrecht Bd. VI S. 606 und Gedicke (daselbst S. 601), welcher sogar verlangt, dass aus dem Postinsinuationsscheine der wörtliche Inhalt der Einladung erhellen müsse. Die Herausgeber der genannten Zeitschrift (das. S. 604, 607) halten dagegen das ausgefertigte Wahlprotokoll zur Legitimation des Repräsentanten für ausreichend und auch die Bergbehörde nicht für befugt, einen weiteren Nachweis für die Gültigkeit der Wahl zu verlangen.

Der Handelsminister hat sich der oben entwickelten Meinung angeschlossen und durch das an sämmtliche Oberbergämter gerichtete Rescript vom 2. Januar 1868 bestimmt, dass auch die Bergbehörde

Da nach der Absicht des Gesetzes der Gewerkschaft nur Vertreter mit voller Handlungsfähigkeit gegeben werden dürfen, so können minderjährige und sonst bevormundete Personen[1]) nicht als Repräsentanten oder Mitglieder des Grubenvorstandes bestellt werden. Unverheirathete Frauen sind dagegen, nachdem durch das Gesetz vom 1. December 1869 die früheren Beschränkungen ihrer Handlungsfähigkeit aufgehoben sind, für wählbar zu erachten.

Als Repräsentanten und Mitglieder des Grubenvorstandes können auch Personen bestellt werden, welche nicht Gewerken sind. Der Repräsentant muss im Inlande wohnen[2]) (§. 117). Von den Mitgliedern des Grubenvorstandes gilt dies nicht, doch ist aus §. 117 und 123 zu folgern, dass wenigstens ein Mitglied des Grubenvorstandes und jedenfalls das im §. 123 bezeichnete im Inlande wohnen muss.

Der bestellte Repräsentant muss unter Vorlegung der Legitimation der Bergbehörde namhaft gemacht werden.

Wird kein Repräsentant bestellt, so kann die Bergbehörde auf den an sie gerichteten Antrag eine Gewerkenversammlung zur Repräsentantenwahl berufen. Erfolgt kein solcher Antrag, so ist die Bergbehörde nach §. 127 befugt, die Gewerkschaft

---

nicht zu prüfen hat, ob sämmtliche Gewerken zur Wahlhandlung vorgeladen waren, dass vielmehr die Ausfertigung des Wahlprotokolles die ausreichende Legitimation bildet, sofern sich nicht aus dem Inhalt derselben Bedenken gegen die Rechtsgültigkeit der Wahl ergeben. — Vgl. Brockhoff Zeitschr. f. Bergrecht Bd. VII S. 178 f. — Fleckser das. Bd. X S. 248.

1) Da nach der früheren Gesetzgebung (Gesetz vom 12. Mai 1851 §. 15) der Grubenvorstand nur aus der Mitte der Gewerkschaft bestellt werden konnte, so liess die Praxis auch Actien-Gesellschaften als Mitglieder des Grubenvorstandes zu, die dann durch einen ihrer Vorstände oder Beamten vertreten wurden. Gegenwärtig können diese Vertreter nach §. 117 des Berggesetzes unmittelbar zu Mitgliedern des Grubenvorstandes bestellt werden.

2) Als Inland ist nur das Staatsgebiet, nicht das Gebiet des Norddeutschen Bundes zu betrachten. Die Herstellung eines gemeinsamen Bundes-Indigenats hat den geographischen Begriff des Inlandes nicht erweitert. Nach den Berggesetzen für Braunschweig und Sachsen-Meiningen kann die Bergbehörde die Bestellung eines im Auslande wohnenden Repräsentanten gestatten.

aufzufordern, binnen 3 Monaten einen Repräsentanten oder Grubenvorstand zu bestellen.

Diese Aufforderung kann mit voller Wirkung an jedes beliebige Mitglied der Gewerkschaft gerichtet werden; es ist nicht nothwendig, dass dieselbe allen Gewerken zugestellt wird; denn die Verpflichtung, den Repräsentanten zu bestellen und der Behörde namhaft zu machen, ist bereits durch das Gesetz begründet (§. 117). Auch ist der Revierbeamte bei einer Gewerkschaft ohne Repräsentanten nicht in der Lage, sich bestimmte Kenntniss von der Zusammensetzung der Gewerkschaft zu verschaffen.

Wird dieser Aufforderung nicht entsprochen, so kann die Bergbehörde bis dahin, dass dies geschieht, einen Repräsentanten bestellen und demselben eine angemessene, von der Gewerkschaft aufzubringende und nöthigenfalls im Verwaltungswege executivisch einzuziehende Belohnung zusichern.

Dieser interimistische Repräsentant hat die in den §§. 119 bis 123 bestimmten Rechte und Pflichten, insofern die Bergbehörde keine Beschränkungen eintreten lässt.

Die Legitimation (§. 118) wird in diesem Falle durch die Ausfertigung der Verfugung des Revierbeamten ersetzt. Sollen Beschränkungen in den Rechten und Pflichten des interimistischen Repräsentanten eintreten, so mussen sie in dieser Ausfertigung ausgedruckt sein.

Die Befugnisse des Repräsentanten umfassen nach §. 119 und 120 sämmtliche in dem Rechtskreise der Gewerkschaft liegenden Verfügungen, soweit diese nicht in §. 120 ausdrücklich ausgenommen sind. Das Gesetz vom 12. Mai 1851 hatte versucht, die Befugnisse des Repräsentanten unter 18 Nummern einzeln aufzuzählen, dabei mussten jedoch nothwendig Lücken bleiben, mit deren Ergänzung im Wege der Interpretation sich die frühere Jurisprudenz mehrfach beschäftigte [1]. Nach dem heutigen Rechte besteht dagegen kein Zweifel dar-

---

1) Vgl. die Obertribunalserkenntnisse vom 9. December 1862, 4. Juni 1863, 15. December 1864 und 23. April 1866 (Zeitschrift für Bergrecht Bd. V S. 223 und 228, Bd. VI S. 467, Bd. VIII S. 107) und die Ministerialerlasse vom 28. Mai und 25. Juli 1859 (Zeitschrift für Berg-, Hütten- und Salinen-Wesen Bd. VII S. 121 und 177).

über, dass der Repräsentant befugt ist, alle Geschäfte, auch diejenigen, zu denen der Mandatar einer Specialvollmacht bedarf (Allg. Landrecht Theil I Tit. 13 §. 99—109), abzuschliessen, also auch Gelder und Sachen in Empfang zu nehmen, Darlehen aufzunehmen, Wechsel auszustellen [1]), Vergleiche abzuschliessen, Muthungen und Anträge auf Feldesumwandlung einzulegen und darauf zu verzichten. Der Repräsentant kann ferner sich für bestimmte Geschäfte durch Bevollmächtigte vertreten lassen, dagegen ist er nicht befugt, ohne ausdrückliche Ermächtigung der Gewerkschaft einen andern Repräsentanten zu substituiren [2]).

Nach dem früheren Rechte (Gesetz vom 12. Mai 1851 §. 13, 18, 19 und 22) war der Repräsentant Generalbevollmächtigter der Miteigenthümer und als solcher ohne ausdrückliche Ermächtigung nicht befugt, Bevollmächtigte auch für einzelne Geschäfte zu bestellen.

Nach dem Allg. Berggesetz ist er dagegen der Repräsentant der juristischen Persönlichkeit der Gewerkschaft. Er ist daher ebenso wie der Vorstand einer Actiengesellschaft oder wie der geschäftsführende Theilhaber einer Firma befugt, Bevollmächtigte der Gewerkschaft zu bestellen und diese Bevollmächtigten sind nicht Substituten des Repräsentanten, sondern unmittelbare Bevollmächtigte der Gewerkschaft. Niemand wird annehmen, dass der von einem Handlungsgesellschafter namens der Firma bestellte Mandatar als Substitut des Bestellers oder der von dem Vorstande einer Actiengesellschaft Bevollmächtigte als Substitut des Vorstandes zu betrachten sei. Ebensowenig aber verträgt sich diese Annahme mit den dem Handelsgesetzbuche durchaus nachgebildeten Vorschriften des Allg. Berggesetzes über die Repräsentation der Gewerkschaft. Der Repräsentant wird nirgends als der Bevollmächtigte der Gewerkschaft bezeichnet. Die Functionen, welche das Gesetz ihm überträgt, sind so beschaffen, dass er weder thatsächlich noch rechtlich befähigt ist, sie sämmtlich in eigener Person wahr-

---

1) Wachler Commentar S. 172.

2) Bericht der Commission des Hauses der Abgeordneten S. 60. Die Gewerkschaft kann den Repräsentanten zur Substitution ermächtigen und auch einen Substituten im voraus bezeichnen.

zunehmen. Die Befugniss, Bevollmächtigte für Gewerkschaft zu bestellen, ist also zur Ausübung der Functionen des Repräsentanten nothwendig und es erscheint nicht gerechtfertigt, ihm diese Befugniss abzusprechen.

Eide Namens der Gewerkschaft werden von dem Repräsentanten abgeleistet. Ist dem Repräsentanten von der Gewerkschaft die Befugniss entzogen, sie als Klägerin zu vertreten, was nach §. 124 zulässig ist, so finden auf die Ableistung des der Gewerkschaft als Klägerin deferirten oder auferlegten Eides die allgemeinen Vorschriften der Processordnung Anwendung und im Gebiete der Allgemeinen Gerichtsordnung kann dann der Gegner nach §. 270—275 Theil I Tit. X vier Mitglieder der Gewerkschaft zur Ableistung des Eides bezeichnen.

Der Repräsentant ist berechtigt und verpflichtet, alle Vorladungen und andere Zustellungen an die Gewerkschaft mit voller rechtlicher Wirkung in Empfang zu nehmen.

Bestellt die Gewerkschaft einen Grubenvorstand, so muss ein Mitglied desselben mit dieser Empfangnahme beauftragt und in der Legitimation des Grubenvorstandes bezeichnet werden. Wenn dies nicht geschehen ist, so kann die Zustellung an jedes Mitglied des Grubenvorstandes erfolgen (§. 123).

Die Gewerkenversammlung kann die Befugnisse der Repräsentanten beschränken oder erweitern, doch müssen nach §. 119 die betreffenden Festsetzungen in die Legitimation aufgenommen werden, auch darf nach §. 124 in keinem Falle dem Repräsentanten oder Grubenvorstande die Vertretung der Gewerkschaft bei den Verhandlungen mit der Bergbehörde, mit dem Knappschaftsvereine und mit anderen auf den Bergbau bezüglichen Instituten, sowie in den gegen sie angestellten Processen und die Eidesleistung in letzteren entzogen werden.

Der Repräsentant oder Grubenvorstand bedarf nach §. 120 eines besonderen Auftrages der Gewerkenversammlung,

1) wenn es sich um Gegenstände handelt, welche nur von einer Mehrheit von wenigstens drei Viertheilen aller Kuxe oder nur mit Einstimmigkeit beschlossen werden können;
2) wenn Beiträge von den Gewerken erhoben werden sollen.

Dieser Auftrag kann sich nur auf den einzelnen Fall beziehen. Soll die Vollmacht des Repräsentanten in der Art erweitert werden, dass er für alle Fälle zu den in §. 120 bezeichneten Geschäften, also zu Verfügungen über die Substanz des Bergwerkes und zur Ausschreibung von Beiträgen ermächtigt wird, so kann dies nach §. 124 nur durch ein förmliches Statut geschehen.

Das Verhältniss des Repräsentanten zu der Gewerkschaft wird nach den allgemeinen Vorschriften über den Vollmachtsvertrag beurtheilt (§. 128). Die Gewerkschaft ist daher befugt, dem Repräsentanten Instructionen und specielle Anweisungen zu einzelnen Geschäften zu ertheilen. Der Repräsentant ist verpflichtet, die Beschlüsse der Gewerkenversammlung zur Ausführung zu bringen. Soweit jedoch nicht in die Legitimation des Repräsentanten besondere Beschränkungen aufgenommen sind, wird die Gewerkschaft durch die von dem Repräsentanten in ihrem Namen geschlossenen Rechtsverhältnisse berechtigt und verpflichtet, ohne Rücksicht darauf, ob dieselben mit den Beschlüssen der Gewerkschaft übereinstimmen oder nicht.

Es ist gleichgültig, ob das Geschäft ausdrücklich im Namen der Gewerkschaft geschlossen worden ist, oder ob die Umstände ergeben, dass es nach dem Willen der Contrahenten für die Gewerkschaft geschlossen werden sollte.

Der Repräsentant oder die Mitglieder des Grubenvorstandes sind nach §. 126 aus den von ihnen im Namen der Gewerkschaft vorgenommenen Rechtshandlungen Dritten gegenüber für die Verbindlichkeiten der Gewerkschaft persönlich nicht verpflichtet.

Handeln dieselben ausser den Grenzen ihres Auftrages oder den Vorschriften dieses Titels entgegen, so haften sie persönlich, beziehungsweise solidarisch für den dadurch entstandenen Schaden [1]).

Wenn ein Grubenvorstand statt eines Repräsentanten bestellt werden soll, so ist dazu nach §. 117 ein Mehrheitsbeschluss der Gewerkschaft erforderlich. Findet bei der Abstimmung über die Frage, ob ein Repräsentant oder ein Grubenvorstand zu bestellen sei, Stimmengleichheit statt, so verbleibt

1) Die §§. 125 und 126 sind den Art. 230 und 241 des Allg. Handelsgesetzbuches nachgebildet.

es bei der gesetzlichen Regel und es wird zur Wahl eines Repräsentanten geschritten.

In Bezug auf die Befugnisse des Grubenvorstandes und sein Verhältniss zur Gewerkschaft gelten dieselben Regeln wie für den Repräsentanten. Die mehreren Mitglieder des Grubenvorstandes müssen bei der Ausübung ihrer Befugnisse in der Regel sammt und sonders handeln[1]), doch können dieselben auch mit der Clausel sammt oder sonders bestellt werden, so dass jedes Mitglied für sich allein zu handeln befugt ist[2]). Die Gewerkschaft kann auch durch das Statut eine Vertheilung der Geschäfte unter den Mitgliedern des Grubenvorstandes anordnen. Nach dem früheren Rechte (Gesetz vom 12. Mai 1851 §. 15) musste ein Mitglied des Grubenvorstandes bezeichnet werden, welches denselben bei der Ausübung seiner äusseren Rechte und Verpflichtungen vertrat, und dieses Mitglied galt als befugt, die nach §. 18 dem Grubenvorstande obliegenden Geschäfte allein vorzunehmen, insbesondere die Verträge Namens der Gewerkschaft allein abzuschliessen[3]). Gegenwärtig ist nach §. 123 des Berggesetzes nur noch ein Mitglied des Vorstandes zur Empfangnahme der Vorladungen und Zustellungen zu bezeichnen, und diesem Mitgliede kommt die alleinige Vertretung des Vorstandes nach Aussen hin nicht zu.

§. 25. Ausbeute und Zubusse.

(§§. 100, 107, 129—132, 232 und 234.)

Zwischen den einzelnen Gewerken und der Gewerkschaft besteht ein obligatorisches Verhältniss, dessen Gegenstand in dem Ertrage des Bergwerksbetriebes, der Ausbeute, und in den Beiträgen zu den Kosten des Bergbaues, der Zubusse, besteht. Der Gewerke ist nach §. 100 nicht befugt, die Herausgabe seines Antheils an dem gewerkschaftlichen Vermögen zu verlangen. Sein Anspruch beschränkt sich auf den Antheil

1) Allg. Landrecht Thl. I Tit. 13 §. 201, §. 207 — C. 6 pr. in VI de proc. (1, 19).

2) Allg. Landrecht a. a. O. §. 208.

3) Erkenntniss des Obertribunals vom 10. September 1866 Zeitschrift für Bergrecht S. 530.

an dem Erlöse der Bergwerksproducte, soweit derselbe nicht zu den Betriebskosten erfordert wird. Der Gewerke haftet andererseits nach §. 99 nicht persönlich für die Verbindlichkeiten der Gewerkschaft gegen dritte Personen, er ist nach §. 102 nur verpflichtet, die Beiträge, welche zur Erfüllung der Verbindlichkeiten der Gewerkschaft und zum Betriebe erforderlich sind, nach Verhältniss seines Antheils zu zahlen. Die Grundsätze, nach welchen die gegenseitigen Forderungen der Ausbeute und der Zubusse im Bergrechte geregelt sind, sind aus dem practischen Bedürfnisse des Bergbaus hervorgegangen und in der Eigenthümlichkeit dieser Grundsätze besteht der wesentliche Unterschied zwischen der Gewerkschaft und der Actiengesellschaft.

Beide stimmen darin überein, dass die Antheilrechte der Mitglieder nach gewissen Maasseinheiten (Actien oder Kuxen) abgemessen werden, und dass der obligatorische Inhalt des Rechtsverhältnisses in dem dieser Maasseinheit entsprechenden Beitrage zu den Kosten des Unternehmens und in dem gleichen Antheile an dem Ertrage desselben besteht. Das Betriebskapital besteht jedoch bei der Actiengesellschaft in einem zum voraus festgesetzten Grundkapitale, bei der Gewerkschaft in laufenden Zubussen. Der zu vertheilende Ertrag wird bei der Actiengesellschaft durch die eintretende Vermehrung des Grundkapitals bestimmt, bei der Gewerkschaft durch den disponiblen Erlös der Producte. Die Leistung des Actionärs ist daher eine einmalige und genau begrenzte. Sein Forderungsrecht ist relativ ebenso besimmt, indem es sich auf den ratirlichen Antheil an der eintretenden Vermögensvermehrung erstreckt. Das Forderungsrecht des Actionairs, die Dividende, kann, abgesehen von der etwaigen Bildung eines Reservefonds, weder unter dieses Maass sinken, noch während der Dauer der Gesellschaft über dasselbe hinausgehen, da Rückzahlungen aus dem Grundkapital gesetzlich unzulässig sind. Die von den Gewerken zu erlegende Zubusse wird dagegen durch das jedesmalige Bedürfniss des Betriebes bestimmt und die Schliessung der Ausbeute ist nicht von einer Bilanz, von dem Nachweise einer Vermögensvermehrung abhängig, sondern davon, dass ein disponibler Kassenbestand vorhanden ist, welcher die muthmaasslichen Betriebskosten des nächsten Jahres übersteigt.

I. In Bezug auf die Ausbeute enthält §. 102 des Berggesetzes keine Bestimmung darüber was als Gewinn des gemeinschaftlichen Unternehmens anzusehen ist. Das frühere Recht unterschied zwischen der Erstattung des Verlages d. h. der früher gezahlten Zubusse und dem reinen Ueberschusse oder der Ausbeute. Die Bestimmung, wann und wieviel an Verlag erstattet oder an Ausbeute bezahlt werden solle, war der Beurtheilung des Bergamtes überlassen, doch sollten die Betriebskosten wenigstens für ein Jahr reservirt werden[1]).

Gegenwärtig hängt die Bestimmung über die Zahlung der Ausbeute von dem Beschlusse der Gewerkschaft oder des Repräsentanten ab. Der Gewerke, der nur eine Forderung von arbiträrem Inhalte besitzt, kann nicht eher gegen den Repräsentanten auf Zahlung von Ausbeute klagen, bis die Gewerkschaft eine solche festgesetzt hat. Beschliesst die Gewerkschaft, den Erlös über das Bedürfniss hinaus zu reserviren, so kann er diesen Beschluss als nicht zum gemeinsamen Besten gereichend im Rechtswege gemäss §. 115 anfechten.

Der Unterschied des älteren Rechtes zwischen erstattetem Verlage und reiner Ausbeute ist noch von Bedeutung für die Rechte der Freikux-Besitzer, welchen nur ein Antheil an der reinen Ausbeute zukommt. (Vergl. Buch IX.) Auch für die Rechte des Niessbrauches und fur die eheliche Gütergemeinschaft, da wo diese nur den Erwerb umfasst, gilt die Regel, dass als Ausbeute nur der reine Ueberschuss nach erstattetem Verlage anzusehen ist[2]). Eine Zinsberechnung findet dabei bergüblicher Weise nicht Statt.

Werden die Bergwerksproducte nicht verkauft, sondern in Natur getheilt, so gilt als Ausbeute der Ueberschuss des Werthes der vertheilten Producte über die Betriebskosten[3]).

Die Cession der Ausbeute gegen einen bestimmten Preis enthält weder einen Pachtvertrag noch auch ein gewagtes Ge-

---

1) Allg. Landr. Theil II Tit. 16 §§. 298—301.

2) Vgl. Code Napoléon Art. 1403.

3) Vgl. das Erkenntniss des Obertribunals vom 27. April 1841. — M. Uebersicht der Entscheidungen S. 261.

schäft im Sinne der §§. 527 ff. A. L. R. I. 11, sondern einen Kaufvertrag [1]).

II. Die Zubusse ist ebenfalls eine Forderung von arbiträrem Inhalte, welcher sich nach dem Maasse der aufzuwendenden Betriebskosten bestimmt. Nach dem älteren Rechte wurde die Zubusse vierteljährlich von dem Lehnträger oder Schichtmeister überschlagen und von dem Bergamte festgesetzt. Die Zubusse musste binnen vier Wochen vom Tage der Ausschreibung erlegt werden, ohne dass eine weitere Frist gegeben werden durfte.

Nach Ablauf der vier Wochen trat das Retardatverfahren ein, dessen Dauer verschieden von sieben Tagen bis zu drei Quartalen bestimmt war [2]).

Nach Ablauf der Retardatfrist wurde der Kux auf An-

---

1) Vgl. das Erkenntniss des Obertribunals vom 20. November 1857. — M. Uebersicht S. 262 f. — Gegen die von dem Obertribunal angenommene Begründung dieser Entscheidung ist einzuwenden, dass nicht die in den Flötzen vorhandenen Kohlen, sondern der Erlös der aus den Flötzen zu gewinnenden Kohlen den Gegenstand des Ausbeuterechts ausmacht. Dieser Gegenstand ist daher beim Abschlusse des Vertrages über die künftige Ausbeute keineswegs vorhanden. Die Kohlen selbst werden erst durch die Separation, also durch die Förderung, zu selbstständigen Sachen. Allein auch diese künftige Sache selbst ist nicht einmal Gegenstand des Vertrages, sondern der Erlös aus dem Verkaufe derselben. Wenn es sich daher um die Ausbeute eines ganzen Bergwerks handelt, so dürfte es keiner Frage unterliegen, dass entweder ein irregulärer Pachtvertrag nach der Regel des §. 271 A. L. R I. 21 oder ein Kauf künftiger Sachen, resp. eines künftigen noch ungewissen oder doch unbestimmten Vortheils. also ein gewagtes Geschäft vorliegt. Ganz anders verhält es sich dagegen bei der Veräusserung der künftigen Ausbeute von Bergwerksantheilen. Das Recht auf die Ausbeute macht den Inhalt des dem Gewerken gegen die Gewerkschaft zustehenden Forderungsrechtes aus. Dieses Recht hat eine besondere Existenz und kann cedirt, also nach §. 381 A. L. R. I. 11 verkauft werden. Der Gegenstand eines solchen Kaufs ist nicht der aus der künftigen Realisirung dieses Rechts entstehende ungewisse Vortheil, sondern das Recht selbst. Von der Anwendung der Regeln der emtio spei oder der emtio rei speratae kann also nicht die Rede sein.

2) Joachimsthaler Bergordnung Theil III Art. 63—67· — Allg. Landrecht Th. II Tit. 16 S 278—280.

zeige des Schichtmeisters caducirt d. h. der Gewerke wurde seines Antheils verlustig und dieser fiel den übrigen Mitgliedern der Gewerkschaft gegen Entrichtung der rückständigen Zubusse zu. Die Veräusserung von Antheilen konnte nur nach vorheriger Erlegung der rückständigen Zubusse erfolgen[1]). Durch diese Vorschriften des älteren Rechtes war der Gewerkschaft zur Sicherung ihrer Zubussforderung ein gesetzliches Pfandrecht an dem Antheil des Gewerken gegeben, so dass dieser niemals durch die Veräusserung seines Antheils den Anspruch der Gewerkschaft vereiteln konnte. Die Bestimmung, dass beim Verkaufe der Kuxe, wenn nichts anderes contractlich bestimmt war, der Verkäufer die letzte vor der Zuschreibung geschlossene Zubusse, der Käufer hingegen diejenigen, welche nachher abgeschlossen worden, berichtigen solle (A. L. R. II. 16 §. 323), hatte nur Bedeutung für die Beziehungen der Contrahenten unter einander. Die Gewerkschaft behielt in jedem Falle, wie auch die contractlichen Festsetzungen lauten mochten, ihr dingliches Recht an dem verkauften Antheile.

Die Vorschriften des älteren Rechtes über die Caducirung enthielten indess eine unverkennbare Härte. Das österreichische Berggesetz vom 23. Mai 1854 setzte daher in §. 160 an die Stelle der Caducirung den Zwangsverkauf des Bergwerkantheils, welcher jedoch ebenfalls kraft eines dinglichen Rechtes erfolgt ohne Rücksicht auf die etwa nach der Ausschreibung erfolgte Veräusserung.

In Preussen wurde durch das Gesetz vom 12. Mai 1851 neben der Zubusseausschreibung durch das Bergamt und der Caducirung ein zweites Verfahren der Einziehung von Betriebskosten eingeführt, indem im §. 18 Nr. 5 und 6 dem Repräsentanten gestattet wurde, sowohl die Ausschreibung von Zubusse zu beantragen, als auch selbst die erforderlichen Betriebskosten auszuschreiben. Die direct ausgeschriebenen Beiträge stellten eine persönliche Forderung gegen den zeitigen Kuxbesitzer dar, welche im Rechtswege gegen denselben eingeklagt werden konnte[2]), aber kein gesetzliches Pfandrecht an den Antheil begründete.

1) Allg. Landr. Theil II Tit. 16 §§. 280—285, §§. 261 und 262.

2) Vgl. das Erkenntniss des Ober-Tribunals vom 18. Februar 1859. — M. Uebersicht S. 266.

Das allgemeine Berggesetz hat diese doppelte Form der Beitragerhebung beseitigt und für die Ausschreibung sowie für die Beitreibung der Zubussen die folgenden Regeln aufgestellt:

1. Die Ausschreibung der Zubusse kann nach §. 120 nur auf Grund eines besonderen Beschlusses der Gewerkenversammlung durch den Repräsentanten erfolgen. Gegen diesen Beschluss steht jedem Gewerken nach §. 115 die Klage auf Aufhebung zu und zwar binnen einer Präclusiv-Frist von vier Wochen.

2. Die Beitreibung der Zubusse erfolgt im Wege der gerichtlichen Klage gegen den Gewerken, welche nicht vor Ablauf der in §. 115 bestimmten Präclusiv-Frist angestellt werden kann. Ist innerhalb dieser Frist von einem Gewerken auf Aufhebung des Beschlusses geklagt, so findet vor rechtskräftiger Entscheidung die Klage auf Beitreibung der Zubusse nicht Statt, und zwar hemmt die von einem Gewerken angestellte Anfechtungsklage die Beitreibungsklage gegenüber allen Gewerken.

Der Gerichtsstand für beide Klagen ist bei dem ordentlichen Richter, in dessen Bezirk das Bergwerk liegt (§. 115, §. 129).

Das Verfahren über beide Klagen richtet sich nach den für schleunige Sachen bestehenden Vorschriften. Im Gebiete des preussischen Processes bestehen nach der Verordnung vom 21. Juli 1846 zwei Arten von schleunigem Verfahren, das des §. 13 und das des §. 27. Der §. 13 ordnet für alle schleunigen Sachen ein abgekürztes Verfahren in der ersten Instanz an, wogegen der §. 27 für vier besondere Categorien noch eine Beschleunigung für die zweite und dritte Instanz in der Art verfügt, dass das Rechtsmittel binnen 3 Tagen angebracht und gerechtfertigt werden muss. In den Motiven zur Regierungsvorlage S. 81 war zu §. 129 auf die §§. 13 und 27 der Verordnung vom 21. Juli 1846 verwiesen. In dem Berichte der Commission des Hauses der Abgeordneten S. 61 wurde dagegen der §. 27 als nicht anwendbar bezeichnet und zwar ohne Widerspruch der Regierungs-Commissarien. Für die Nichtanwendung des schleunigen Verfahrens in zweiter und dritter Instanz auf die Klagen aus §. 129 hat sich das Obertribunal in dem Erkenntnisse vom 22. Februar 1867 (Zeitschrift für Bergrecht Bd. VIII S. 417) entschieden[1]).

Im Gebiete des gemeinen und des rheinischen Processes besteht nur eine Art des schleunigen Verfahrens. In Kurhessen findet nach Art. XIV der Einführungsverordnung vom 1. Juni 1867 das für Abtretungen zu öffentlichen Zwecken festgesetzte schleunige Verfahren Anwendung.

3. Der Gewerke kann seine Verurtheilung und die Execution dadurch abwenden, dass er unter Ueberreichung des Kuxscheins den Verkauf seines Antheils behufs Befriedigung der Gewerkschaft anheimstellt.

Der Verkauf des Antheils erfolgt im Wege der Mobiliärversteigerung. Aus dem gelösten Kaufpreise werden zunächst die Verkaufskosten und sodann die schuldigen Beiträge bezahlt.

Ist der Antheil unverkäuflich, so wird derselbe den anderen Gewerken nach Verhältniss ihrer Antheile in ganzen Kuxen, soweit dies aber nicht möglich ist, der Gewerkschaft als solcher im Gewerkenbuche lastenfrei zugeschrieben (§§. 130, 131).

Der Gewerke kann also sich von seiner persönlichen Verbindlicheit für die ausgeschriebene Zubusse ebenso wie nach älterem Rechte dadurch befreien, dass er seine Betheiligung aufgibt. Es ist dagegen streitig, ob nach den Vorschriften des allgemeinen Berggesetzes der Gewerkschaft noch dasselbe gesetzliche Pfandrecht und das Vorzugsrecht vor den anderen Pfandgläubigern zusteht, welches ihr das aufgehobene Caducirungsverfahren gewährte. Diese Frage muss jedoch mit Rücksicht auf die Entstehungsgeschichte der §§. 130, 131 bejaht werden.

Der Gesetzentwurf wegen Mobilisirung der Kuxe vom 21. Januar 1861 hatte zuerst in den §§. 11—15 statt der Caducirung der Kuxe den Zwangsverkauf nach dem Vorgange des österreichischen Berggesetzes vorgeschlagen und dabei die rückständige Zubusse unmittelbar nach den Verkaufskosten auf

1) Ebenso Strohn in der Zeitschrift für Berg-, Hütten- und Salinen-Wesen Bd. XIII S. 176. — A. M. ist Rohden in Hinschius Zeitschrift für Gesetzgebung und Rechtspflege Bd. II S. 68 und Koch Commentar S. 213 f.

die Kaufgelder angewiesen. Der vorläufige Entwurf des Berggesetzes vom Jahre 1862 hatte dagegen von allen Vorschriften über die Beitreibung der Zubusse ganz abgesehen und der Gewerkschaft lediglich ein persönliches Forderungsrecht gegen den Gewerken bezüglich der Beitragsleistung eingeräumt[1]).

Gegenüber den Vorschlägen des vorläufigen Entwurfes stellte der Verfasser in seinen Bemerkungen über denselben (Berlin 1863) einen Gegenentwurf zum vierten die Rechtsverhältnisse der Betheiligten umfassenden Titel auf und brachte die folgenden Bestimmungen in Vorschlag.

> §. z. Der Gewerke kann seine Verurtheilung und eventuell die Execution dadurch abwenden, dass er seinen Gewährschein oder ein denselben betreffendes, mit dem Atteste der Rechtskraft versehenes Amortisations-Erkenntniss überreicht und den Verkauf des Gewährscheines behufs Befriedigung der Gesellschaft anheimstellt.
>
> §. aa. Der Verkauf des Gewährscheines erfolgt nach Vorschrift des §. h.
>
> Aus dem gelösten Kaufpreise werden die Verkaufskosten und die rückständigen und laufenden Zubussen gezahlt. Der Ueberrest wird, soweit er nicht von Pfandgläubigern oder sonstigen Berechtigten in Anspruch genommen wird, dem Gewerken ausgeantwortet. Ist der Antheil unverkäuflich, so wird derselbe auf Grund eines hierüber ausgestellten Attestes den anderen Gewerken nach Verhältniss ihrer Antheile in ganzen Kuxen, soweit dies aber nicht möglich ist, der Gewerkschaft als solcher im Gegenbuche zugeschrieben,

aus welchen der oben S. 258 mitgetheilte Wortlaut der §§. 130 und 131 mit Weglassung des gesperrten Satzes hervorgegangen ist. In der Regierungsvorlage war jedoch im §. 131 noch der Satz enthalten:

> Der Rest gebührt den etwaigen Gläubigern und nur was nach deren Befriedigung übrig bleibt, kann der Gewerke in Anspruch nehmen,

---

1) Vorläufiger Entwurf eines allgemeinen Berggesetzes nebst Motiven. Berlin 1862 S. 112.

welcher indess von der Commission des Herrenhauses als **selbstverständlich** gestrichen wurde. (Commissionsbericht S. 62.)

Oppenhoff Commentar Nr. 589 und 709 will der stehengebliebenen Vorschrift des §. 131:

> Aus dem gelösten Kaufpreise werden zunächst die Verkaufskosten und sodann die schuldigen Beiträge gezahlt,

nicht die Bedeutung beimessen, dass den schuldigen Beiträgen ein Vorzugsrecht vor allen anderen Realansprüchen auf den Erlös des verkauften Antheils beigelegt sei. Diese Folgerung ergibt sich jedoch auch abgesehen von dem früheren Rechtszustande und von der Entstehungsgeschichte des §. 131 auch aus dem Wortlaute des angeführten Satzes selbst mit Nothwendigkeit.

Der Gesetzgeber hat offenbar nicht das ausdrücklich bestimmen wollen, dass die Verkaufskosten vor den rückständigen Beitragen zur Hebung kommen, da ja das Gegentheil absurd wäre. Er hat also bestimmen wollen, dass die ruckständigen Beiträge unmittelbar nach den Verkaufskosten und vor allen andern Forderungen zur Hebung kommen sollen. Die Streichung des folgenden Satzes der Regierungsvorlage, der allerdings in der gewählten Fassung ganz nichtsbedeutend war, hat also den Sinn des §. 131 keineswegs verandert.

Dass aber der Gewerkschaft fur die ruckstandigen Beiträge ein dingliches Recht an dem Antheile des Gewerken und ein Vorzugsrecht vor den übrigen Gläubigern zusteht, ergibt sich ferner aus der Vorschrift des §. 107, welcher bestimmt:

> Bei freiwilligen Veräusserungen von Kuxen bleibt der bisherige Eigenthumer derselben der Gewerkschaft für die Beiträge (§. 102) verpflichtet, deren Erhebung die Gewerkschaft beschlossen hat, bevor die Umschreibung der Kuxe im Gewerkenbuche gesetzlich (§. 105) beantragt ist.

Hieraus geht nämlich hervor, dass durch die Veräusserung des Kuxes im Wege der Execution der bisherige Eigenthümer sofort von der Verpflichtung fur die beschlossenen Beiträge befreit wird. Da diese Verpflichtung auch nicht auf den neuen Erwerber ubergeht, welcher nur für die nach der Erwerbung des Antheils beschlossenen Beiträge aufzukommen hat, so kann die Gewerkschaft in jedem Falle eines Zwangsverkaufes ihre Befriedigung nur aus dem Erlöse des Antheils erhalten und es muss den rückständigen Beiträgen ein gesetzliches Pfandrecht an dem Antheile zustehen, welches bei jedem Zwangsverkaufe wirksam wird (vgl. S. 273).

Dass dieses gesetzliche Pfandrecht auch bei den alten Gewerkschaften Statt findet, deren Kuxe nach §. 228 die Immobiliar-Qualität behalten und nach §. 234 im Falle des §. 130 im Wege der nothwendigen Subhastation verkauft werden, ist von Strohn in der Zeitschrift für Berg-, Hütten- und Salinen-Wesen Bd. XIII S. 176 eingehend nachgewiesen. Es erübrigt nur noch, darauf hinzuweisen, dass grade bei den Gewerkschaften des alten Rechtes der Gesetzgeber am wenigsten beabsichtigen konnte, den früheren Rechtszustand aufzuheben, nach welchem der Gewerkschaft für die rückständige Zubusse der Antheil des Gewerken unbedingt und mit Ausschluss jedes anderen Realanspruches verhaftet war. Die von Oppenhoff a. a. O. vertheidigte Ansicht, wonach der Gewerkschaft nur ein persönliches Klagerecht gegen den Gewerken und diesem allein die Befugniss zustände, die Gewerkschaft auf die Befriedigung aus dem Erlöse des Kuxes zu verweisen, und zwar ohne jedes Vorrecht vor den etwa daran bestellten Pfandrechten, ja selbst vor den Ansprüchen anderer Gläubiger, die gleichzeitig die Execution in den Antheil nachsuchen, steht bisher in der Literatur und in der Praxis ohne Unterstützung da. Sie würde auch gewiss erheblichen practischen Bedenken begegnen und dem Bergbau ein bedeutendes Moment der Sicherheit entziehen, indem sie der Gewerkschaft das Recht auf den Kux, die einzige Einlage des Gewerken, als Object der Sicherheit für die Betriebskosten entzieht.

§. 26. Das Kuxeigenthum.

(§§. 101—110, §§. 121, 132 des Berggesetzes.)

Für die Antheilrechte der Gewerken besteht ähnlich der Actie ein gleichförmiger Massstab der Kux, welcher eine bestimmte Quote des Betheiligungsverhältnisses ausdrückt. Der Kux bildet das Mass für das Antheilrecht der Gewerken an der Verwaltung und Nutzung des gewerkschaftlichen Vermögens und stellt sich wie die Actie nicht als ein Bruchtheil, sondern als Verkehrseinheit dar, als welche er den Gegenstand selbstständiger Rechte bildet.

Zwischen der Actie und dem Kuxe besteht jedoch der Unterschied, dass die Actie stets auf einen bestimmten Geldbetrag lautet, welcher die Einlage des Actionairs darstellt, wogegen der Kux keinen Nominalwerth, sondern nur einen aliquoten Theil des gewerkschaftlichen Unternehmens repräsentirt.

Die Zahl der Kuxe beträgt nach dem allgemeinen Berggesetze hundert, während sie im älteren Rechte 128 betrug (oben S. 215). Durch das Statut kann die Zahl auf tausend bestimmt werden (§. 101). Nach §. 235 kann bei den Gewerkschaften des alten Rechts, welche die Mobilisirung der Kuxe beschliessen, die Zahl der Kuxe mit Genehmigung des Oberbergamts auf zehntausend bestimmt werden.

Die Kuxe sind untheilbar. Geht daher ein Kux durch Erbschaft oder durch eine andere rechtsgültige Verfügung in das Eigenthum mehrerer Personen über, so haben dieselben bis zur Auseinandersetzung der Gewerkschaft gegenüber einen gemeinschaftlichen Bevollmächtigten zur Ausübung ihres Rechtes zu bestellen [1]).

Die Kuxe haben die Eigenschaft der beweglichen Sachen, sie unterscheiden sich hierdurch von den Kuxen des alten Rechtes, welche unbeweglich sind und als ideelle Theile des Bergwerks gelten.

Auf Verlangen des Gewerken wird von dem Führer des Gewerkenbuches ein Antheilschein oder Kuxschein ausgefertigt, welcher ebenso wie die Actie den Träger des Rechtes darstellt und die Uebertragung desselben vermittelt. Die Kuxscheine sind nach §. 103 nach der Wahl des Gewerken über die einzelnen Kuxe oder uber eine Mehrheit derselben auszustellen. Sie dürfen nur auf einen bestimmten Namen, niemals auf den Inhaber lauten, die Erneuerung eines Kuxscheins ist nur gegen Rückgabe oder nach erfolgter Amortisation desselben zulässig. Die Kuxscheine unterscheiden sich von den Gewährscheinen

1) Allg. Landr. Theil I Tit. 5 §. 480. Tit. 17 §. 151. Die Untheilbarkeit der Ausubung des Rechtes gilt nach preussischem Rechte nicht blos für die Fuhrung der Stimme in der Gewerkenversammlung, sondern auch für die Leistung der Beiträge und fur die Erhebung der Ausbeute, während nach gemeinem und franzosischem Rechte diese Geldforderungen nach der Regel: Nomina ipso jure sunt divisa als theilbar gelten müssen. — Vgl Oppenhoff Commentar Nr. 571.

des älteren Rechtes, welche von der Hypotheken-Behörde über die immobilen Kuxe ausgefertigt werden dadurch, dass sie nicht blos zum Beweise des Rechtes dienen, sondern Träger des Rechtes selbst sind, dass sie also nicht beliebig erneuert, sondern nur in einem Exemplare ausgefertigt werden dürfen.

Von den auf bestimmten Namen lautenden Actien unterscheiden sie sich dadurch, dass nicht über jeden Kux ein besonderer Kuxschein ausgefertigt wird, sondern nach Wahl des Gewerken über einzelne oder mehrere Kuxe; ferner dadurch, dass nicht von Rechtswegen über alle Kuxe Kuxscheine ausgefertigt werden, sondern nur wenn der Gewerke es verlangt.

Hierdurch wird die Einrichtung der Kuxscheine sowohl als die des Gewerkenbuches complicirt. Da nämlich nach §. 105 die Umschreibung im Gewerkenbuche nur auf Vorlegung des Kuxscheines oder der Amortisationserklärung erfolgen darf — was natürlich nur in dem Falle gilt, dass der veräussernde Gewerke einen Kuxschein verlangt und erhalten hat — so muss der Buchführer aus dem Gewerkenbuche ersehen können, ob ein Kuxschein ausgefertigt ist. Ferner hat der Kuxschein über einen bestimmten Kux nicht wie die Actie einen bestimmten und unveränderlichen Inhalt, er kann vielmehr bald auf diesen Kux allein, bald in Verbindung mit einem oder mehreren anderen Kuxen lauten. So kann ein Gewerke, der einen Kux ererbt und dann vor und nach noch drei andere Kuxe dazu gekauft hat, sich nacheinander verschiedene Kuxscheine ausfertigen lassen, zunächst über den ererbten Kux allein, dann gegen Rückgabe desselben über die ererbte und die angekaufte Betheiligung zusammen, endlich vielleicht wieder über jeden einzelnen Kux gesondert, wenn ein Verkauf im Einzelnen beabsichtigt wird.

Bei dieser wechselnden Gestalt der Kuxscheine ist es nothwendig, über die ausgefertigten und cassirten Kuxscheine ein genaues Journal zu führen, damit die Aechtheit des vorgelegten Kuxscheines geprüft werden kann. Man bedarf also ausser dem Gewerkenbuche eines Verzeichnisses der ausgefertigten Kuxscheine, aus welchem der Inhalt des über den Antheil zuletzt ausgefertigten Kuxscheines vollständig ersehen werden kann.

Das G e w e r k e n b u c h, auf Grund dessen die Kuxscheine ausgefertigt werden, ist ein Verzeichniss über sämmtliche Mitglieder der Gewerkschaft und deren Kuxe. Es wird nach §. 103 von der Gewerkschaft geführt und zwar nach §. 121 durch den Repräsentanten oder Grubenvorstand, welcher auch die Kuxscheine ausfertigt. Durch das Statut können diese Functionen einer anderen Person, etwa einem Notar, übertragen werden.

Bei den Gewerkschaften des alten Rechtes wird das Berg-Gegenbuch, welches die Stelle des Gewerkenbuches vertritt, von der Hypotheken-Behörde mit öffentlichem Glauben geführt und die Einrichtung des Berg-Gegenbuchs ist, wie oben S. 203 ausgeführt ist, eben durch das Bedürfniss hervorgerufen, dem Betruge beim Kuxhandel zu steuern und den gewerkschaftlichen Besitzstand öffentlich zu beurkunden.

Auch für die Handelsgesellschaften ist durch Art. 2 f. und 86 f. des allgemeinen Handelsgesetzbuches die Führung eines Handelsregisters bei dem Handelsgerichte angeordnet, in welches ausser der Firma und Vertretung der Gesellschaft der Name und Wohnort jedes Gesellschafters eingetragen wird.

Das allgemeine Berggesetz schliesst dagegen jede Mitwirkung der Staatsbehörden bei der Beurkundung des gewerkschaftlichen Besitzstandes aus, während für die Gewerkschaften des alten Rechtes das Berg-Gegenbuch in der bisherigen Art von den Gerichten fortgeführt wird, überlässt das Gesetz den Gewerkschaften des neuen Rechtes die erforderlichen Einrichtungen zu diesem Zwecke selbst zu treffen und entzieht ihnen so die Vortheile der amtlichen Beglaubigung des Gewerkenbuches und der ausgefertigten Kuxscheine.

Es ist nicht ersichtlich, weshalb das Allg. Berggesetz den nach dem 1. October 1865 constituirten Gewerkschaften diese Vortheile, diese fast unerlässlichen Bedingungen eines gesicherten Verkehrs und eines ausreichenden Realcredits für die Bergwerksantheile versagt hat. Die Motive (S. 78) berufen sich auf das Bedürfniss der Selbstverwaltung und der Verkehrserleichterung.

Ist es aber als eine Erleichterung für den Verkehr zu bezeichnen, wenn jede Gewerkschaft genöthigt ist, ihrem Gewerkenbuche und ihren Kuxscheinen ihr eigenes und besonderes Gepräge zu geben? wenn jeder Käufer eines Kuxscheines und jeder Pfandnehmer zuvor Nachforschungen über die Aechtheit des ihm präsentirten Schriftstückes anstellen muss? wenn ihm keine Bürgschaft gegen etwaige Irrthümer bei der Führung des Gewerkenbuches und bei der Ausfertigung der Kuxscheine gewährt wird?

Das Handelsgesetzbuch überlässt allerdings bei den Actien, die auf Namen lauten, die Führung des Actienbuches der Gesellschaft (Art. 182, 233), so dass bei den Actiengesellschaften das Handelsregister keine Auskunft über die Person der Betheiligten gibt. Allein die Gewerkschaften sind keineswegs den Actiengesellschaften durchweg gleichzustellen. Unter den Tausenden der bestehenden Gewerkschaften sind verhältnissmässig wenige, die ihren Kuxscheinen den marktgängigen Character zu geben vermögen, welchen die Actien durch ihren zahlreichen und häufigen Umlauf, durch den umfassenden, aber kostspieligen Verwaltungsapparat, unter dessen Verantwortlichkeit sie ausgefertigt werden, in der Regel geniessen. Das Gewerkenbuch mancher kleineren Gewerkschaft würde das bisherige amtliche Gegenbuch ebensowenig ersetzen, als die Aufzeichnungen in der Familienbibel des Hausvaters die amtlichen Geburts- und Sterberegister ersetzen können. Während die Actiengesellschaften für einzelne grössere Unternehmungen gegründet werden, bei denen die Zahl der Betheiligten und der häufige Besitzwechsel in dem engen Rahmen des amtlichen Handelsregisters nicht Platz findet und zur Einrichtung eines eigenen Actienbuches nöthigt, tritt das gewerkschaftliche Rechtsverhältniss, wie die offene Handelsgesellschaft von Rechts wegen überall da ein, wo zwei oder mehrere Personen sich zu einem Bergwerksbetriebe vereinigen. Es ist daher gerechtfertigt, die Verkehrsbeziehungen der Gewerkschaft mit denjenigen der offenen Handelsgesellschaft, nicht der Actiengesellschaft auf eine Linie zu stellen.

Die Selbstverwaltung der Gewerkschaften endlich steht mit der Führung des Gewerkenbuches in keinem Zusammenhange. Sie besteht in der unbeschränkten Freiheit, ihre inneren und äusseren Angelegenheiten nach ihrem Ermessen zu ordnen. Wo es aber auf die Erfüllung bestimmter, durch das Gesetz gebotener Formen ankommt, wie bei der Führung des Gewerkenbuches und der Ausfertigung der Kuxscheine, da ist es die Aufgabe des Staates, die Erfüllung dieser Formen durch seine Behörden zu erleichtern und zu überwachen. Der Grundsatz, dass die Aufgabe der Behörden auf die Wahrnehmung des öffentlichen Interesses beschränkt bleiben muss, würde durch die amtliche Führung des Gewerkenbuches nicht im geringsten verletzt werden, da in der That dringende Rücksichten des öffentlichen Interesses für eine solche Einrichtung und gegen die Vorschrift des §. 121 sprechen.

Das baierische Berggesetz hat in Anerkennung dieser Gründe in §. 93 die Vorschrift des preussischen Berggesetzes dahin abgeändert, dass das Gewerkenbuch von der Bergbehörde geführt wird, welche auch die Kuxscheine ausfertigt, während bei der Gewerkschaft ein Duplicat des Gewerkenbuchs geführt wird. Auch das österreichische Berggesetz überträgt in §. 141 die Führung des Gewerkenbuchs der Bergbehörde. Das sächsische Berggesetz dagegen lässt nach §. 13 das Gewerkenbuch von dem Vertreter der Gewerkschaft führen.

Für die Einrichtung des Gewerkenbuchs ist das Schema der ersten Rubrik des Berg-Hypothekenbuchs empfohlen worden. Dieser Vorschlag ist jedoch nicht zweckmässig, weil die Einrichtung des Berg-Hypothekenbuchs sehr verwickelt ist und durch die Beziehung auf die ausgefertigten Kuxscheine noch verwickelter werden würde.

Weit zweckmässiger sind die Vorschläge von Brockhoff[1]), welcher empfiehlt, das Gewerkenbuch im Actenformat anzulegen und darin jedem Gewerken eine bestimmte Seite zuzuweisen, welche als Ueberschrift mit dem Namen, Stand und Wohnort desselben zu versehen ist und auf welcher alle Zu- und Abschreibungen sowie die erforderlichen Notizen über Ausstellung, Cassation und Erneuerung der Kuxscheine des betreffenden Gewerken gemacht werden. Bei kleineren Gewerkschaften und minder häufigem Besitzwechsel empfiehlt sich das von Brockhoff empfohlene Verfahren, welches mit den aufgestellten Formularen fast unverändert in die von dem Justizminister für die Gerichte erlassene Instruction vom 19. November 1866 übernommen ist[2]). Bei grossen Gewerkschaften und

1) Zeitschrift für Bergrecht Bd. VII S. 370.

2) Daselbst S. 437.

häufigem Besitzwechsel gewährt diese Einrichtung jedoch nicht die erforderliche Uebersicht, wie dies von selbst an dem Beispiel der Sieper und Mühler Gruben deutlich wird, bei denen die Zahl der Gewerken mehr als 300 und mit Einschluss der durch Besitzwechsel seit der Anlegung des Berggegenbuches ausgeschiedenen Gewerken über 1000 beträgt. Hier empfiehlt sich deshalb eine der Buchführurg der Actiengesellschaften nachgebildete Einrichtung, bei welcher jeder Kux unter einer besonderen Nummer eingetragen wird. Neben dem Gewerkenbuche muss alsdann ein besonderes Verzeichniss der Kuxscheine geführt werden [1]).

Die unmittelbare Erwerbung des .Kuxeigenthums titt nach §. 94 durch die ideelle Theilung der Bergwerks ein.

Die Theilung des Bergwerks kann nach erfolgter Verleihung dadurch eintreten, dass der beliehene Bergwerkseigenthümer Antheile an dem Bergwerke veräussert oder dass das verliehene Bergwerk von Todeswegen auf mehrere Erben oder Legatarien übergeht. Sie kann indess schon vor ertheilter Verleihung dadurch begründet werden, dass das Recht aus der Muthung mehreren Personen gemeinschaftlich zusteht. Und dies ist nicht nur dann der Fall, wenn die Muthung von mehreren Personen gemeinschaftlich eingelegt wird, sondern auch dann, wenn der Muther einen ideellen Theil seines Rechtes an andere Personen abgetreten hat. Die Zulässigkeit einer solchen Cession ist von dem Ober-Tribunal anerkannt in der Entscheidung vom 10. Februar 1858 (Striethorst's Archiv Bd. 27 S. 267). Ueber das Verhältniss mehrerer Interessenten einer Muthung enthält das Berggesetz keine Bestimmung [2]). Die verleihende Behörde nimmt von den während des Verleihungsverfahrens zu den Acten gebrachten Theilcessionen Kenntniss und nimmt die von dem Muther mitbetheiligten Personen in

1) Vgl. die in meinem Commentar Anm. 225 zu §. 103 mitgetheilten Formulare.

2) Das Ober-Tribunal hat in der Entscheidung vom 20 December 1858 (Strieth. Archiv Bd. 32 S. 88) folgenden hierauf bezüglichen Grundsatz angenommen:

Jeder einzelne Interessent einer Muthung ist für sich allein zur Klage gegen Dritte behufs Geltendmachung des Rechtes aus der Muthung legitimirt.

die Verleihungsurkunde auf. Gegen die in der Verleihungsurkunde enthaltene Feststellung der Betheiligungsverhältnisse findet jedoch der Rechtsweg statt und zwar ohne Rücksicht auf den Ablauf der im §. 35 fur die Ansprüche der Muther gesetzten Präclusivfrist

Von den fruher bestandenen Beschränkungen der Staatsbeamten und des gewerkschaftlichen Beamten in Bezug auf die Erwerbung der Kuxe[1]) ist nur noch die Vorschrift im §. 195 des Berggesetzes in Kraft erhalten, dass die Bergbeamten des Staates, deren Frauen und Kinder in väterlicher Gewalt keine Kuxe im Verwaltungsbezirke des Erstern durch Muthung erwerben können, wogegen zu solchen Erwerbungen durch andere Rechtsgeschäfte die Genehmigung des Handelsministers erforderlich ist.

Die Uebertragung der Kuxe muss nach §. 105 in schriftlicher Form erfolgen. Ist ein Kuxschein ausgefertigt, so kann die Uebertragung in Gestalt einer einfachen schriftlichen Cession des Kuxscheines vorgenommen werden[2]). Erfolgt die Uebertragung nicht durch Cession des Kuxscheines, so ist dazu ein Rechtsgeschäft erforderlich, welches nach allgemeinen civilrechtlichen Grundsätzen zur Veräusserung von Sachen und Rechten geschickt ist.

Die Veräusserung der Kuxe ist nicht an die Einwilligung der Mitgewerken gebunden, auch steht ihnen nach §. 104 ein gesetzliches Verkaufsrecht nicht zu.

Der Uebertragende ist zur Aushändigung des Kuxscheines, und wenn dieser verloren ist, zur Beschaffung der Amortisationserklärung auf seine Kosten verpflichtet. War dagegen kein Kuxschein ausgefertigt, so ist der Uebertragende nicht verpflichtet, einen solchen auf seine Kosten zu beschaffen. Die Umschreibung im Gewerkenbuche darf nur auf Grund der Uebertragungsurkunde und gegen Vorlegung des Kuxscheines oder der Amortisations-Erklärung erfolgen.

---

1) Vgl m. Uebersicht S. 244 f.

2) Die Art 182 und 223 des deutschen Handelsgesetzbuchs, welche gestatten, die auf den Namen lautenden Actien in der Form des wechselrechtlichen Indossaments zu ubertragen, finden auf die Kuxscheine keine Anwendung. — Oppenhoff Commentar Nr. 580.

Die Amortisation des verloren gegangenen Kuxscheins ist bei dem ordentlichen Gerichte, in dessen Bezirk das Bergwerk liegt, zu beantragen[1]).

Der Antragsteller muss den Besitz und Verlust des Kuxscheins glaubhaft machen.

Das Gericht erlässt eine öffentliche Aufforderung an den unbekannten Inhaber des Kuxscheins, binnen drei Monaten den Kuxschein dem Gerichte vorzulegen, mit der Verwarnung, dass sonst der Kuxschein werde für kraftlos erklärt werden.

Die Aufforderung wird dreimal in das Amtsblatt, den Staatsanzeiger und eine inländische Provinzialzeitung eingerückt. Es kann daneben auch die Bekanntmachung durch eine ausländische Zeitung angeordnet werden.

Wird von einem Inhaber der Kuxschein vorgelegt, so ist dem Antragsteller hiervon Kenntniss zu geben und ihm zu überlassen, sein Recht gegen den Inhaber geltend zu machen.

Meldet sich Niemand, so erklärt das Gericht den Kuxschein für kraftlos (§. 110).

Die Caducirung d. h. der Heimfall des Kuxes an die Gewerkschaft tritt entweder wegen rückständiger Beiträge ein, die durch Verkauf des Kuxes nicht erlöst werden können (§. 131), oder in Folge der Verzichtleistung (§. 132). Jeder Gewerke ist befugt, auf seinen Antheil freiwillig zu verzichten, wenn auf demselben weder schuldige Beiträge noch sonstige Schuldverbindlichkeiten haften oder die ausdrückliche Einwilligung der Gläubiger beigebracht wird. Mit der Verzichtleistung muss die Rückgabe des Kuxscheins an die Gewerkschaft erfolgen. Der heimgefallene Antheil soll, sofern die Gewerkschaft nicht anderweitig über denselben verfügt, durch den Repräsentanten zu Gunsten der Gewerkschaft verkauft werden.

Wenn der zum Verkauf wegen rückständiger Beiträge (§. 130) oder durch Verzichtleistung (§. 131) heimgefallene

---

1) Die Amortisation kann nicht blos von dem Eigenthümer, sondern auch von einem anderen Interessenten nachgesucht werden, so z. B. von dem Gläubiger, welcher die Execution in den Antheil des Gewerken nachsucht. — Bericht der Commission des Herrenhauses S. 41. — Oppenhoff Commentar Nr. 599.

Antheil unverkäuflich ist, so wird derselbe unter den andern Gewerken nach Verhältniss ihrer Antheile [1]) vertheilt, wenn die Vertheilung in ganzen Kuxen möglich ist. Eine Vertheilung nach einem abweichenden Verhältnisse kann nur mit Zustimmung sämmtlicher Gewerken stattfinden, da nicht durch Mehrheitsbeschluss über das Anrecht des Einzelnen verfügt werden kann.

Ist die Vertheilung nach Verhältniss der Antheile nicht möglich, so wird der heimgefallene Antheil der Gewerkschaft als solcher im Gewerkenbuche lastenfrei zugeschrieben. Hierdurch tritt eine Verminderung der gesetzlich bestimmten Kuxzahl um ebensoviele Kuxe ein, als der Gewerkschaft zugeschrieben werden. Die zur Beschlussfähigkeit erforderliche Mehrzahl der Kuxe (§. 113) beträgt also nicht mehr 51 Kuxe, sondern: $\frac{100-x}{2} + 1$ Kuxe, wobei x die Zahl der für die Gewerkschaft eingetragenen Kuxe bedeutet. Dasselbe gilt von der Berufung einer Gewerkenversammlung auf Antrag der Eigenthümer von einem Viertheil aller Kuxe (§. 122) und von der zur Beschlussfassung über die im §. 114 bezeichneten Gegenstände erforderlichen Mehrheit von drei Viertheilen aller Kuxe.

Die Ausubung der Rechte des Kuxeigenthums gegenüber der Gewerkschaft wird nach §. 106 durch die Eintragung im Gewerkenbuche bestimmt.

Unter den Rechten des Kuxeigenthümers ist sowohl das Stimmrecht in den Gewerkenversammlungen (§. 111) als auch der Bezug der vertheilten Ausbeuten (§. 102) begriffen. Die Gewerkschaft ist nicht verpflichtet und in Ermangelung einer

1) Die Vertheilung der heimgefallenen Kuxe unter den Gewerken nach Verhaltniss der Antheile ist nur in dem Falle moglich, wenn die sämmtlichen nicht heimgefallenen Antheile einen gemeinschaftlichen Divisor haben und die Summe der Quotienten der Zahl der heimgefallenen Kuxe gleich oder darin enthalten ist, wie in folgenden Beispielen:

1. A. (heimgefallen) 10 Kuxe; B. 36, C. 45, D. 9 Kuxe — gemeinschaftlicher Divisor: 9 — Summe der Quotienten: 10.
2. A. (heimgefallen) 20 Kuxe; B. 32, C. 48 Kuxe — gemeinschaftlicher Divisor: 16 — Summe der Quotienten: 5.

besonderen statutarischen Bestimmung auch nicht berechtigt, die Legitimation des im Gewerkenbuche eingetragenen Gewerken zu prüfen, also bei den Gewerkenversammlungen oder bei der Zahlung der Ausbeute die Vorlegung des Kuxscheines zu verlangen.

Die Schlussbestimmung des Artikel 183 des Handelsgesetzbuchs (aus welchem im Uebrigen §. 106 entnommen ist), wonach die Actiengesellschaft zu dieser Legitimationsprüfung berechtigt ist, ist in das Berggesetz nicht übernommen. Ebenso begründet nach §. 106 die Eintragung in das Gewerkenbuch abweichend von Art. 183 cit. nur die Legitimation zur Ausübung der Rechte des Kuxeigenthümers.

Diese Modification ist bei der Gewerkschaft deshalb nothwendig, weil der Gewerke, anders wie der Actionär, zu fortlaufenden Leistungen verpflichtet ist und der Anspruch der Gewerkschaft auf letztere nicht davon abhängig gemacht werden darf, dass der Gewerke sich in das Gewerkenbuch eintragen lässt[1]).

Der Gewerke bleibt daher auch nach der freiwilligen Veräusserung des Kuxes nicht blos für die rückständigen Beiträge persönlich verhaftet, sondern nach §. 107 auch für solche Beiträge, deren Erhebung die Gewerkschaft beschlossen hat, bevor die Umschreibung der Kuxe im Gewerkenbuche gesetzlich (§. 105) beantragt ist.

Der seitherige Eigenthümer hat also ein wesentliches Interesse daran, dass die Umschreibung im Gewerkenbuche beantragt ist. Hat er seinen Kuxschein ausgehändigt, ohne dass die Umschreibung beantragt ist, so bleibt er bis zur Umschreibung persönlich für die nach der Veräusserung ausgeschriebenen Beiträge verhaftet. Der neue Erwerber haftet ebenfalls für die nach der Veräusserung beschlossenen Beiträge nach §. 102. Beide werden von der persönlichen Verpflichtung befreit, wenn der Inhaber des Kuxscheins den letzteren gemäss §. 130 zum Verkaufe überreicht[2]).

Bei der Veräusserung des Kuxes im Wege der Execu-

---

1) Motive zur Regierungsvorlage S. 75.

2) Strohn in der Zeitschrift für Berg-, Hütten- und Salinen-Wesen Bd. XIII S. 173.

tion wird der Gewerke sowohl von der Verpflichtung für die künftig auszuschreibenden als für die rückständigen Beiträge befreit. (Vgl. oben S. 260.) Es liegt daher im Interesse der Gewerkschaft, bei Zwangsverkäufen die Umschreibung des Kuxes im Gewerkenbuche herbeizuführen und die Person des neuen Erwerbers kennen zu lernen, und es erscheint daher auch aus diesem Grunde die Zuziehung der Gewerkschaft zu der Executionsvollstreckung nothwendig.

Die Verpfändung der Kuxe geschieht nach §. 108 durch Uebergabe des Kuxscheins auf Grund eines schriftlichen Vertrages, also in derjenigen Form, welche durch die Verordnung vom 9. December 1809 für die Verpfändung der auf einen bestimmten Namen lautenden Verschreibungen und Urkunden vorgeschrieben ist [1]). Ohne die Ausfertigung eines Kuxscheins ist die Verpfändung des Kuxes nicht möglich.

Es ist die Frage aufgeworfen, ob es zulässig sei, den einmal verpfändeten Kuxschein für eine neue Schuld zur zweiten und dritten Stelle zu verpfänden. Diese Frage muss nach preussischem Rechte verneint werden. Das preussische Recht kennt eine mehrmalige Verpfändung nur bei der Hypothek und zwar mit der Wirkung, dass jeder Pfandgläubiger befugt ist, beim Verfall seiner Forderung auf den Verkauf anzutragen. Das gemeine Recht gestattet die mehrmalige Verpfändung auch bei dem Faustpfande, aber es räumt dem zweiten und jedem folgenden Gläubiger nicht die selbstständige Verkaufsbefugniss ein. Nur der erste Gläubiger kann auf den Verkauf antragen, und dem nachstehenden Pfandgläubiger steht nur frei, durch Zahlung der ihm vorstehenden Schuld in das Recht des ersten Gläubigers einzutreten, um den Verkauf des Pfandes entweder abzuwenden oder zu beschleunigen.

Nach gemeinem Rechte ist also die Weiterverpfändung nach der Vorschrift des §. 108 möglich. Die Uebergabe des

---

1) Vgl. auch Art. 2074 f. des Code Napoléon. — In Hannover soll nach Art. VII der Einführungsverordnung vom 8. Mai 1867 die Wirkung der Verpfändung des Kuxscheins nicht nach der Regel der Verpfändung von Forderungen, sondern nach den über das Faustpfand gegebenen Vorschriften (Gesetz vom 14. December 1864 §. 42 f.) beurtheilt werden.

Kuxscheines wird bei der zweiten und dritten Verpfändung symbolisch durch die Aushändigung der Urkunde über die vorhergehende Verpfändung bewirkt. Die Befugniss zur Weiterverpfändung hat übrigens nur einen geringen practischen Werth, weil der zweite Gläubiger den Zeitpunkt erwarten muss, in welchem es dem vorstehenden Gläubiger gefällt, sein Pfandrecht auszuüben, falls er nicht durch Befriedigung des ersten Gläubigers dessen Pfandrecht an sich bringen will.

Die Execution in den Antheil eines Gewerken wird durch Abpfändung seines Kuxscheins und durch den Verkauf des Kuxes im Wege der Mobiliar-Versteigerung vollstreckt. (§. 109.) Ist ein Kuxschein nicht ausgefertigt, so muss die Versteigerung des Kuxes ohne denselben erfolgen. Erklärt der Schuldner bei der Manifestation, dass er den Kuxschein verloren habe, so ist der Gläubiger berechtigt, die Amortisation nachzusuchen.

Bei dem Zwangsverkaufe des Kuxes wird das dingliche Recht der Gewerkschaft an demselben für die rückständigen Beiträge sowohl aus der Besitzzeit des Schuldners als auch der Vorbesitzer wirksam. Für die Kuxe des alten Rechtes, deren Zwangsverkauf nach §§. 228 und 234 im Wege der nothwendigen Subhastation erfolgt, ist dies durch die Subhastationsordnung vom 15. März 1869 (Gesetzsammlung S. 421) anerkannt, welche in §. 111 bestimmt, dass bei der Subhastation von Bergwerksantheilen der Repräsentant oder Grubenvorstand zu den Subhastationsinteressenten gehört [1]). Das baierische Berggesetz bestätigt ferner die dingliche Verhaftung des Kuxes für die rückständigen Beiträge, indem es die Bestimmung des §. 120 (§. 131):

> Aus dem gelösten Kaufpreise werden zunächst die Verkaufskosten und sodann die schuldigen Beiträge gezahlt,

in §. 99, welcher dem §. 109 des preussischen Berggesetzes

---

1) Auch beim Zwangsverkauf mobiler Kuxe dürfte es hiernach nothwendig sein, dass der die Execution vollstreckende Richter nach Analogie des §. 384 der Concursordnung vom 8. Mai 1855 die Gewerkschaft, auch wenn sie nicht Extrahentin ist, von der Execution benachrichtige, damit dieselbe ihre Rechte wegen etwaiger rückständiger Beiträge wahrzunehmen im Stande sei.

entspricht, für den Fall der gewöhnlichen Zwangsvollstreckung wiederholt.

Allein auch im preussischen Berggesetze ist diese dingliche Verhaftung nicht blos in dem oben S. 260 erörterten §. 131 Absatz 2, sondern auch in verschiedenen andern Bestimmungen anerkannt. So kann nach §. 132 der Gewerke auf seinen Antheil nur dann verzichten, wenn auf demselben weder schuldige Beiträge noch sonstige Schuldverbindlichkeiten haften. So wenig hierbei blos persönliche Schulden des Gewerken, die nicht mit einem Pfandrechte an dem Kuxe versehen sind, gedacht werden kann, ebenso wenig ist es zulässig, die im §. 132 anerkannte Verhaftung des Antheils als eine nicht dingliche zu bezeichnen.

Nach §. 131 Absatz 3 wird ferner der heimgefallene Kux bei der Vertheilung den Gewerken lastenfrei, also frei von den darauf ruhenden rückständigen Beiträgen zugeschrieben. Die dingliche Verhaftung des Antheils für die rückständigen Beiträge geht daher nicht blos aus der Entstehungsgeschichte und dem früheren Rechtszustande, sondern auch aus dem Wortlaute und dem Zusammenhange der Bestimmungen des Berggesetzes hervor. Sie kann nur verkannt werden, indem man einseitig die entsprechenden Bestimmungen des Handelsgesetzbuches über die Actien, bei denen von rückständigen und fortlaufenden Beitragen überhaupt nicht die Rede ist, zur Auslegung unseres Gesetzes benutzt.

§. 27. Die alte Gewerkschaft
(§§. 226—240 des Berggesetzes.)

Nach den Uebergangsbestimmungen der §§. 226—240 findet die gewerkschaftliche Verfassung des vierten Titels auf die beim Eintritt der Gesetzeskraft des Berggesetzes bereits bestehenden Bergwerke nur mit umfassenden Ausnahmen Anwendung. Diese Ausnahmen betreffen:

1) die juristische Persönlichkeit der Gewerkschaft;
2) die Kuxeintheilung und
3) die Mobiliarqualität der Kuxe.

1. Die juristische Persönlichkeit der Gewerkschaft des neuen Rechtes würde mit dem Grundsatze des älteren Rechtes,

dass die Kuxe ideelle Antheile des Bergwerks und folglich das Bergwerk im Miteigenthum der Gewerken ist, nicht verträglich sein. Da nun die Immobiliarqualität der Kuxe für die alte Gewerkschaft nach §. 228 beibehalten ist, so muss dieselbe abweichend von der neuen Gewerkschaft nicht als eine juristische Person, sondern als ein Verhältniss des Gesammteigenthums (oben S. 215) betrachtet werden. Folgerichtig sind daher die Vorschriften der §§. 94—98, welche die practischen Folgen der Personificirung der Gewerkschaft ausdrücken, nach §. 227 auf die bestehenden Gewerkschaften [1]) nicht angewendet.

Es ist bereits oben S. 226 bemerkt, dass die Vorschriften der §§. 94—98 nur insoweit für ausgeschlossen zu erachten sind, als dieselben neues Recht enthalten. Soweit dieselben dagegen Grundsätze des früheren Rechtes unverändert wiederholen, sind letztere durch §. 227 unzweifelhaft nicht aufgehoben. Daher kann auch die alte Gewerkschaft nach §. 18 Nr. 15 des Gesetzes vom 12. Mai 1851 in der Person ihres Repräsentanten vor Gericht klagen und verklagt werden, ohne dass die einzelnen Gewerken als Kläger oder Verklagte vor Gericht auftreten. Die Gewerkschaft kann ferner nach §. 18 und §. 22 desselben Gesetzes Rechte erwerben und Verbindlichkeiten eingehen, welche auf die Besitznachfolger der einzelnen Gewerken übergehen, also nicht die Personen der Gewerken, sondern nur die Gewerkschaft als solche zum Subject haben. Auf die Gewerkschaft des alten Rechtes findet sogar die Vorschrift des §. 99 des Berggesetzes Anwendung, wonach für die Verbindlichkeiten der Gewerkschaft nur das Vermögen derselben haftet.

Die Gewerkschaft des alten Rechtes ist daher in vielen Beziehungen dem genossenschaftlichen Verhältnisse angenähert und nimmt eine zwischen der Vertragsgemeinschaft und der juristischen Person in der Mitte liegende Stellung ein [2]).

In Bezug auf die Haftung für die Grubenschulden

1) Im §. 227 ist irrthümlich gesagt „auch die bestehenden Bergwerke". Es ergibt sich jedoch aus § 226, dass nur die vor dem 1. October 1865 im Besitz einer Gewerkschaft befindlichen Bergwerke gemeint sind.

2) Vgl. m. Uebersicht S. 231 f.

bestand nach dem früheren Rechte eine Meinungsverschiedenheit, während nämlich die Mehrzahl der Lehrer des gemeinen Rechtes annahm, dass die Gewerken für die Grubenschulden nicht persönlich verhaftet seien, hat das Ober-Tribunal für das Gebiet des früheren preussischen Bergrechtes stets das Gegentheil und in einer Reihe von Entscheidungen den Satz angenommen, dass die Gewerken für die Grubenschulden auch persönlich verantwortlich seien und zwar auch nach der Veräusserung ihres Bergwerkseigenthums [1]). Nur für den Fall der Caducirung war nach §. 292 A. L. R. II. 16 die persönliche Verhaftung des früheren Gewerken ausgeschlossen. Die erheblichen practischen Bedenken, welche gegen die persönliche und zwar nach preussischem Rechte solidarische Verhaftung des Gewerken für die in seiner Besitzzeit contrahirten Grubenschulden sich geltend machten, nöthigten dazu, den Grundsatz des §. 90, welcher diese persönliche Verhaftung für die Gewerken des neuen Rechtes in Folge der Personificirung der Gewerkschaft bezeichnet, auch auf die Gewerkschaften des alten Rechtes anzuwenden.

2. Die ältere Eintheilung in 128 Kuxe ist nach S. 228 für die alten Gewerkschaften beibehalten, zugleich ist jedoch die weitere Theilung, welche bisher unbeschränkt gestattet war, insoweit beschränkt worden, dass nach §. 228 ein Kux nur noch in 10 Theile getheilt werden darf.

Schon im älteren deutschen Bergrechte hatte sich mit dem steigenden Werthe der Bergwerke das Bedürfniss einer weitergehenden Theilung als in 128 Kuxe geltend gemacht. Man gab diesem Bedürfnisse nach und das gemeine deutsche Bergrecht gestattete im Wege der fortgesetzten Halbirung die Theilung der Kuxe in Achtel [2]).

Das der früheren Kuxeintheilung zu Grunde liegende System der fortgesetzten Halbirung entsprach jedoch ebenso

1) Vgl. die Erkenntnisse vom 28. September 1854, 23. Februar und 24. April 1866, 4. Februrr 1867. — M. Uebersicht S. 255 f. — Zeitschrift für Bergrecht Bd. VII S. 526, 528, Bd. IX S. 161. — Das neueste in der Zeitschrift für Bergrecht Bd. X S. 170 mitgetheilte Erkenntniss vom 24. November 1868 hat ebenfalls eine vor dem 1. October 1865 entstandene Schuldforderung zum Gegenstande.

2) Bergbauspiegel Cap. VI §. 3. — Veit Bergwörterbuch S. 311.

wenig als das neuerdings angenommene Decimal-System dem Zwecke der beliebigen Theilung, da z. B. schon bei drei Miterben oder Gesellschaftern die Vertheilung in ganzen oder in Achtel-Kuxen unmöglich wurde [1]). Das Allg. Landrecht beseitigte nun die Beschränkung der Theilbarkeit der Kuxe fast vollständig, indem es im §. 135 Theil II Tit. 16 gestattete, die Kuxe in Unterabtheilungen zu theilen, welche nicht unter einem Achtel betragen durften, ohne dass jedoch die Theilung grade in Achtel vorgeschrieben worden wäre.

Diese Bestimmung, welche gar keinen bestimmten Theilungsmassstab festsetzte, gab einer sehr weitgehenden Zersplitterung der Bergwerksantheile Raum, und veranlasste die Entstehung so vieler ungleichnamiger und exorbitanter Bruchtheile, dass dadurch der Verkehr, insbesondere in den älteren Bergwerksdistricten der Provinz Westfalen in ausserordentlichem Masse erschwert wird.

Ueber den Umfang, welchen die Zersplitterung der Kuxe vor Erlass des neuen Berggesetzes angenommen hat, enthält eine amtliche Denkschrift des Verfassers aus dem Jahre 1857 eingehende Mittheilungen, aus denen hier erwähnt sein mag, dass die Kuxbruchtheile bei einzelnen westfälischen Bergwerken 30—49 Stellen zählen und z. B. der Antheil der Wittwe H. an der Grube „Ver. Kirschbaum und Neumark" $1 \cdot \frac{1.686.236.973.967.050.457.242.461}{1.754.921.632.718.409.858.743.040}$ Kuxe beträgt. — Vgl. m. Commentar S. 396 f.

Die früheren Versuche, dieser exorbitanten Bruchtheilung Einhalt zu thun, waren ohne Erfolg. Die Instruction für die Bearbeitung des Berghypothekenwesens vom 21. September 1832 ordnete zwar im §. 24 die zwangsweise Veräusserung der unter einem Achtel verbleibenden Bruchtheile an. Allein auch diese Anordnung blieb ohne practischen Erfolg.

---

1) Die Betheiligten pflegen die Auseinandersetzung wegen der überschiessenden Bruchtheile zu vernachlässigen. Auch unter dem neuen Berggesetze begegnet man notariellen und gerichtlichen Verträgen, durch welche trotz der Vorschrift des §. 101 „ein Drittheil aller Kuxe" u. dgl. veräussert wird. Nur die amtliche Buchführung über den gewerkschaftlichen Besitzstand würde die Aufrechterhaltung des vorgeschriebenen Kuxeintheilung sichern.

Auch das allgemeine Berggesetz hat auf die Beseitigung der vorhandenen Bruchtheile verzichtet und nur die Bildung neuer nicht decimaler Bruchtheile verboten. Es versteht sich von selbst, dass dieses Verbot nicht die Veräusserung von Bruchtheilen betrifft, die an sich selbst nicht decimal sind, aber zur Abrundung des verminderten und des vermehrten Kuxbruchtheils dienen. Wenn also z. B. A $^{17}/_{32}$, B $^{15}/_{32}$ Kux besitzt, so kann A an B $^{1}/_{32}$ veräussern, ohne gegen §. 228 zu verstossen, weil nach der Veräusserung A und B jeder $^{1}/_{2}$ oder $^{5}/_{10}$ Kux besitzen.

In Schlesien und Sachsen beträgt die Zahl der Kuxe bei den alten Gewerkschaften nur 122 [1]), mit gleicher Untereintheilung.

3. Die Kuxe der alten Gewerkschaft behalten nach §. 228 die Immobiliar-Qualität, also die Eigenschaft unbeweglicher Sachen. Es ist bereits oben S. 225 ausgeführt, dass diese Vorschrift keineswegs als zweckmässig oder als nothwendig anzuerkennen ist. Es wird dadurch ein und derselbe Verkehrsgegenstand, je nach dem Alter seiner Entstehung, ganz entgegengesetzten Rechtsregeln unterworfen. Die daraus entstehende Verwirrung wird in eine unabsehbare Ferne verlängert. Denn so wie gegenwärtig zahlreiche Bergwerke vorhanden sind, deren Verleihung bis zu zweihundert Jahren zurück datirt, so darf erwartet werden, dass die bis jetzt ertheilten Bergwerksverleihungen, durch welche für das Bedürfniss des Bergbaues mehrerer Jahrhunderte vorgesorgt ist, zum grösseren Theile ein eben so hohes Alter erreichen werden. Die Mobilisirung der Kuxe wird daher für die nächsten Generationen nur bei einer geringfügigen Zahl von Bergwerken Anwendung finden und der bedeutendste und werthvollste Theil des Bergwerksbesitzes wird noch auf lange Zeit hinaus der aufgehobenen Rechtsregel unterworfen sein. Die dauernde Aufrechterhaltung dieser Rechtsverschiedenheit muss als ein Uebelstand bezeichnet werden, welcher die etwaigen Nachtheile einer vorsichtigen Umgestaltung der unter dem früheren Rechte begründeten Rechtsverhältnisse weit überwiegt. Man muss auch behaupten, dass der Gesetzgeber wohl nur deshalb von dieser Umgestal-

1) Schlesische Bergordnung. Cap. XXXI §. 1. Magdeburg-Halberstädt. B. O. Cap. XXXI §. 1 Vergl. unten §. 30.

tung und von der Rückwirkung der neugeschaffenen Verkehrsformen abgesehen hat; weil ein grosser Theil der Bergwerksbesitzer sich gegen die Annahme derselben sträubt und diese Erleichterung der Verkehrsformen als eine Gefahr für den Bergbau bezeichnet.

Die Gegner der Mobilisirung der Kuxe behaupten, dass die Kuxe durch die Ausgabe übertragbarer Gewährscheine in die den Actien eigenthümliche Bewegung gerathen und als Börsenpapier von Hand zu Hand gehen werden. Das Interesse, welches die Gewerken an das Bergwerk als ihre eigene Unternehmung knüpft, werde dann erlöschen. Der Kuxbesitz — jetzt ein dauerndes durch viele Generationen vererbtes Familienbesitzthum — werde dann in die Hände von Speculanten übergehen, denen die Kuxe nichts seien als Gegenstände der vorübergehenden Geldanlage und der Agiotage. Dann sei es aber um das Gedeihen und um die Blüthe des Bergbaues geschehen. Denn die Betheiligung am Bergbau müsse, um fruchtbringend zu sein, auf die Dauer berechnet und von einem sachlichen Interesse getragen sein. Das durch die Canäle der Speculation leicht und reichlich fliessende Capital fliesse bei unvorhergesehenen Schwierigkeiten, denen der solideste Bergbau mehr als andere Industriezweige begegne, ebenso unaufhaltsam wieder ab. Während daher die Börsenspeculation erfahrungsmässig bedeutende Capitalien in unsicheren und nutzlosen Unternehmungen vergeude, gebe sie in den Zeiten der Zubusse und der Krise die werthvollsten und vielversprechendsten Anlagen auf, um ihr Capital in anderen Unternehmungen anzulegen, die augenblicklichen Gewinn verheissen.

Allein während diese Anklage gegen das Eindringen der Börsenspeculation auf das Gebiet des Bergbaues eine gewisse Berechtigung erhält durch den jähen Ruin so grosser unter glänzenden Erwartungen begonnener Actienunternehmungen, die durch falsche Berechnung ihrer Leiter zu Grunde gegangen sind, übersieht man ganz, dass sie keineswegs gegen die Erleichterung der Verkehrsformen, sondern gerade gegen die früher bestandenen Verkehrsbeschränkungen zu richten ist, welche die neuen Bergwerksunternehmungen in die meistens unpassende Form der Actiengesellschaften und der Actiencommanditgesellschaften drängten und so der fieberhaften

Speculation, die alles bewegliche und unbewegliche Vermögen in courshabende Papiere zu verflüchtigen strebt und mit diesen eingebildeten Werthen ein ruheloses Spiel treibt, den Eingang auf das Gebiet des Bergbaues verschafft haben.

Die mobilisirte Kux ist aber keineswegs wie die Actie ein courshabendes Papier. Der übertragbare Gewährschein repräsentirt weder ein bestimmtes nominelles Capital, noch auch eine fortlaufende Rente. Der Eigenthümer des Gewährscheins hat nicht wie der Actionär mit einer einmaligen Einlage das Recht erkauft, an den Erträgen des Bergwerks Theil zu nehmen, ohne zu weiteren Leistungen für dieses Unternehmen verbunden zu sein. Er hat für seinen Antheil ebensowohl Zubussen zu erlegen, als Ausbeute zu erheben. Der Gewährschein ist daher weder als Zahlungsmittel zu gebrauchen, noch auch eignet er sich überhaupt zu einem Börsenpapier, da von einem Course, d. h. von einem in Procenten des Nominalbetrages auszudrückenden Werthe, niemals die Rede sein kann. Der mobilisirte Kux ist also seinem Inhalte nach von dem hypothekarisch eingetragenen Kuxe überhaupt nicht verschieden. Er gewährt seinem Besitzer dieselben Rechte und er begründet ganz dieselben Verpflichtungen, wie der hypothekarisch eingetragene Antheil. Nur in den Formen der Uebertragung und der Verpfändung findet eine Veränderung statt.

Seine Form lässt keine Täuschung darüber zu, dass der Bergbau nicht wie die Staatsanleihen, wie die Eisenbahnunternehmungen und die Creditinstitute als ein Object der blossen Capitalanlage ausgebeutet werden kann, dass er nicht blos das Geld, sondern auch die Thätigkeit des Unternehmers in Anspruch nimmt. Denn der Gewährschein, in welchem der Capitalist seine Betheiligung an dem Bergwerke erwirbt, verheisst ihm nicht, wie die Actie oder der Kommanditantheil die Verzinsung seines Anlagekapitals; er gibt ihm nicht für eine einmalige Einlage die bequeme Vormundschaft eines Verwaltungsrathes, die verlockende wenn auch trügerische Hoffnung auf Dividenden und Coursgewinnste ohne eigene Thätigkeit. Er verweist ihn, statt auf die Börse, auf das Bergwerk und in die Gewerkenversammlung, um da seinen Antheil an den Sorgen und an der Verantwortlichkeit des gemeinsamen Geschäftsbetriebes zu nehmen und zu lernen, dass der Bergbau seine langsam reifenden Früchte nicht dem Capital allein gewährt, sondern nur in Verbindung mit der Intelligenz und der Ausdauer.

Eine andere Reihe von Einwürfen. richtet sich gegen die veränderte Form der Verpfändung des Bergwerkseigenthums, welcher einerseits der Gewerkschaft gestattet, das ganze Bergwerk mit Hypotheken zu belasten (§. 98), andrerseits dem Gewerken die Verpfändung der Kuxe in der Form des Faustpfandes an Kuxscheine oder der symbolischen Verpfändung überlässt. (§. 108.)

Man hat behauptet, die Verpfändung der mobilisirten Kuxe werde durch die Befugniss der Gewerkschaft, das ganze Bergwerk zu belasten (§. 98), ganz illusorisch gemacht. Von anderer Seite ist die Besorgniss vor betrüglichem Missbrauche und die Befürchtung ausgesprochen, dass die Gewerken zunächst ihre Antheile, demnächst aber zum Nachtheile der Antheilsgläubiger den Grubenkörper hypothekarisch verpfänden, den Erlös unter sich vertheilen und die Gewerkschaft auflösen könnten. Allein einem dolosen Missbrauche ist nicht bloss diese. sondern jede andere Befugniss der Mehrheit ausgesetzt. Das Gesetz kann auch auf einem Gebiete, welches so wesentlich auf Vertrauen beruht und von Treu und Glauben beherrscht wird, wie der geschäftliche Verkehr und Credit, der Möglichkeit eines dolosen Missbrauches nicht absolut vorbeugen. Allein es ist ein Irrthum, dass die Verpfändung des Grubenkörpers, falls sie zu Zwecken des Bergwerksbetriebes erfolgt, den Werth des verpfändeten Antheilrechtes verringere. Das gewerkschaftliche Vermögen und der Werth des Kuxes, der $^1/_{100}$tel dieses Vermögens darstellt, bleibt, wie oben S. 218 ausgeführt ist, unvermindert, wenn demselben an Activis das hypothekarisch aufgenommene Kapital oder die mit diesem Kapitale hergestellte Anlage, an Passivis aber die hypothekarische Schuld in gleichem Betrage hinzutritt.

Sowenig also Eisenbahnactien dadurch aufhören ein sehr geeignetes Object der Verpfändung und des Realcredits abzugeben, dass die Actiengesellschaft ihr Grundvermögen verpfänden und sogar Obligationen emittiren kann, ebensowenig beeinträchtigt die Verpfändung des ganzen Bergwerks den Realcredit der Kuxe. Es muss sogar behauptet werden, dass die Verpfändung der Kuxe einen grösseren Realcredit gewähren wird, als die bisherige hypothekarische Verpfändung der Bergwerksantheile, weil bei den häufigen und plötzlichen Schwankungen, welche der Werth der Kuxe erfährt, die Langsamkeit, mit welcher das Hypothekenrecht durch die Aufkündigung und Subhastation realisirt werden muss, die Sicherheit der Forderung häufig gefährdet. Diese Langsamkeit der Realisirung in Verbindung mit der Kostspieligkeit der Hypothekenbestellung ist offenbar die Ursache des sehr geringen Realcredits, welchen die Bergwerksantheile trotz ihres grossen Kapitalwerthes bisher erzielt haben. Der §. 108 beseitigt diese langsamen und kostspieligen Formen und gestattet die Verpfändung durch blossen schriftlichen Vertrag, den Zwangsverkauf im Wege der Mobiliarauction (§. 109).

Diese Form der Verpfändung vereinigt also mit den Vorzügen der grössten Leichtigkeit in der Bestellung und in der Realisirung des Pfandrechtes alle Vortheile der bisherigen hypothekarischen Verpfändung der Kuxe. Sie giebt den Gewerkschaften den vollen Genuss des ihnen bisher entzogenen hypothekarischen Credits des Grubenkörpers zurück, und erhält zugleich dem Gewerken den ungeschmälerten Besitz seines Antheilcredits, der ja nicht auf dem Realwerthe des Bergwerks allein, sondern auf der gesammten Vermögenslage der Gewerkschaft beruht und von dem vereinzelten Momente der hypothekarischen Belastung des Grubenkörpers allein unmöglich berührt werden kann

Das Allg. Berggesetz befreit daher nicht nur den Gebrauch des in dem Bergwerksvermögen ruhenden Realcredits von den in der bisherigen hypothekarischen Eintragung der Kuxe begründeten kostspieligen schleppenden und trotz alles Formalismus dennoch unzureichenden Formen. Er verdoppelt auch die Quelle dieses Realcredits. Denn wenn es wahr ist, dass der richtige Gebrauch des Credits nicht eine Verschlechterung, sondern eine Bereicherung des Vermögens enthält, dass der Credit im Dienste der Industrie nicht consumirend, sondern geradezu productiv wirkt, so darf nicht bezweifelt werden, dass die Benutzung des Realcredits der Bergwerke durch die Gewerkschaften weder die Quelle einer leichtsinnigen Wirthschaft, einer Verarmung des Bergbaues werden, noch auch den Gebrauch desjenigen Realcredits hindern wird, welchen der Gewerke in seinem Antheile an dem gewerkschaftlichen Vermögen besitzt und ungeschmälert behalten wird.

Schliesslich würden sämmtliche Bedenken, welche gegen die Mobilisirung der bestehenden Bergwerksantheile erhoben werden, nicht die Ausnahme derselben von der im vierten Titel aufgestellten Regel, sondern nur die Verwerfung dieser Regel motiviren können, und es wird auf die Dauer nur die Wahl übrig bleiben, entweder diese Regel unterschiedslos auch auf die alten Gewerkschaften anzuwenden oder allgemein zu den Grundsätzen des älteren Rechtes zurückzukehren.

Die Vorschriften, welche für das Kuxeigenthum bei den alten Gewerkschaften für dessen Erwerbung Veräusserung und Verpfändung gelten, sind theils in den Uebergangsbestimmungen der §§. 228—234 theils in den Bestimmungen der älteren Berggesetze enthalten, welche zwar durch §. 244 des Berggesetzes aufgehoben sind, aber doch zur Interpretation der angeführten Uebergangsbestimmungen herangezogen werden müssen.

Für die Erwerbung und Veräusserung des Kuxeigenthums kommen nach §. 231 die für Grundstücke gegebenen Bestimmungen zur Anwendung. Zur mittelbaren Erwerbung des Kuxeigenthums ist daher nach preussischem Rechte die gerichtliche oder notarielle Form des Vertrages, der eingetragene Besitz des Autors, die Abwesenheit der mala fides des Erwerbers erforderlich. [1])

In Bezug auf das letzte Requisit, die Besitzübergabe entscheidet §. 231 des Berggesetzes eine Controverse des älteren Rechtes. Das Allg. Landrecht bestimmt nämlich im Titel:

§. 266. Rechte des Gesammteigenthums erlangt jeder Theilhaber nur durch Eintragung seines Namens in das Gegenbuch; und erhält darüber vom Bergamte einen Gewährschein, der ihm zum Beweise der erfolgten Eintragung dient.

§. 267. Nur derjenige ist als wahrer Eigenthümer eines Bergtheils zu betrachten, der als solcher im Gegenbuche steht.

1) Allg. Landr. Theil I. Titel 10. §. 6—20.

Es war streitig, ob durch diese Vorschriften die mittelbare Erwerbung des Kuxeigenthums von der Eintragung im Gegenbuche abhängig gemacht sei, und ob diese Eintragung bei den Kuxen die Besitzübergabe vertreten soll. Diese Frage war von dem Ober-Tribunal in einer früheren Entscheidung vom 27. Februar 1844 (Entscheidungen Bd. 10. S. 114) bejaht und auf Grund derselben das folgende Präjudiz eingetragen worden:

> Der Uebergang des Eigenthums von Bergantheilen ist bei deren mittelbarer Erwerbung von der Zuschreibung im Berggegenbuch abhängig. Die Vorschriften der Allerhöchsten Cabinetsorder vom 31. October 1831 sind auf Bergantheile nicht anwendbar.
>
> Präjudiz 1418b.

Durch den Plenarbeschluss vom 7. Juli 1851 (Entscheid. Bd. 21. S. 10; Strieth. Archiv Bd. 2. S. 235) ist jedoch dieses Präjudiz zurückgenommen und an dessen Stelle der folgende Rechtsgrundsatz aufgestellt:

> Der Uebergang des Eigenthums bei Bergwerksantheilen ist bei deren mittelbarer Erwerbung von der Zuschreibung im Berggegenbuche nicht abhängig, vielmehr sind dabei die allgemeinen Bestimmungen von der mittelbaren Erwerbung des Grundeigenthums überhaupt anwendbar.
>
> Präjudiz 2.299.

Aus den Erörterungen uber die streitenden Meinungen [1]) ergibt sich, dass schon bei der Redaction des Allg. Landrechts darüber gestritten wurde, ob die Eintragung in's Gegenbuch nach Art der deutschrechtlichen Auflassung oder die Tradition nach den Grundsätzen des römischen Rechtes für die Erwerbung des Kuxeigenthums zu erfordern sei. Nach §. 231 des Berggesetzes ist die letztere Meinung jetzt endgültig angenommen [2])

1) M. Uebersicht S. 239 f. — v. d. Bercken in der Zeitschrift fur Bergrecht Bd. I. S. 99 f.

2) Dass die korperliche Uebergabe bei dem Kuxe als einem blossen Rechtsbegriffe eine wenig zweckmassig gewahlte Art der Uebertragung ist und deshalb nothwendig zu einer leeren Form herabsinken muss, ist unzweifelhaft. Eine ebenso leere Formlichkeit pflegt jedoch das Anerkenntniss der Besitzübergabe in den Kaufacten über Grundstücke zu sein, und es ist deshalb bekanntlich noch neuerdings durch eine Gesetzvorlage die Frage angeregt, ob allgemein statt der Uebergabe

und die Eintragung in das Berggegenbuch ist ebenso wenig wie die Eintragung in das Gewerkenbuch bei den Kuxen des neuen Rechtes für die Erwerbung massgebend.

Das Berggegenbuch hat dagegen für die Gewerkschaft des alten Rechtes die Bedeutung des Gewerkenbuches. Allerdings soll die Bestimmung des §. 106, wonach der im Gewerkenbuche verzeichnete Kuxeigenthümer der Gewerkschaft gegenüber als legitimirt gilt, nicht Anwendung finden und §. 107 nach §. 232 nur mit der Massgabe für die alte Gewerkschaft gelten, dass der Gewerke für die bis zur Veräusserung beschlossenen Beiträge haftet. Diese Ausnahmen werden dadurch motivirt, dass eine Umschreibung ausserhalb des Bereiches der preussischen Hypothekenverfassung nicht vorkommt. Es ist jedoch offenbar nicht Absicht gewesen, den Grundsatz des älteren Rechtes, dass der im Berggegenbuche eingetragene Gewerke als solcher der Gewerkschaft gegenüber gilt (§. 267 A.L.R. II. 16), grade für die alten Gewerkschaften aufzuheben, nachdem derselbe im §. 106 auf die neue Gewerkschaft übertragen ist. Ebenso hätte füglich die Vorschrift beibehalten werden sollen, dass der Verkäufer des Kuxes für die vor nachgesuchter Zuschreibung im Berggegenbuche beschlossene Zubusse haftet (§. 323 ALR. II. 16) und dies ist denn auch für Nassau durch Art. XI der Einführungs-Verordnung vom 22. Februar 1867 geschehen.

Die Verpfändung der Kuxe erfolgt nach §. 230 u. 231 durch Bestellung einer Hypothek nach den für Grundstücke gegebenen Bestimmungen. Die Hypothek haftet auf dem Bergwerke selbst, dessen ideellen Theil der Kux darstellt. Die Regel des §. 98, dass das Bergwerk nur als Ganzes und nur von der Gewerkschaft mit Hypotheken beschwert werden kann, findet also auf die alte Gewerkschaft nicht Anwendung. Die Verpfändung des ganzen Bergwerks kann nur durch Bestellung einer Hypothek an sämmtlichen Kuxen erfolgen. Es war früher streitig, ob die Gewerkschaft durch einen Mehrheitsbeschluss die sämmtlichen Kuxe zur Hypothek stellen könne oder ob dazu die Einwilligung sämmtlicher Kuxbesitzer

---

die Bewilligung der Umschreibung als Form der Eigenthumsübertragung anzunehmen sei erforderlich sei [1]. Nach §. 230 ist jetzt die Verpfändung des ganzen Bergwerks durch einen mit der Mehrheit von $^3/_4$ der Antheile gefassten Gewerkenbeschluss zulässig, so lange die einzelnen Kuxe nicht mit Hypotheken belastet sind. Im anderen Falle ist Einstimmigkeit, also die Einwilligung der Besitzer sowohl der belasteten als der unbelasteten Kuxe erforderlich; nach dem baierischen Berggesetze §. 229 auch die Einwilligung der Gläubiger, denen die einzelnen Kuxe verpfändet sind.

Die Uebergangsbestimmungen der §. 226—239 gelten in allen rechtsrheinischen Landestheilen mit Einschluss der nach dem Erlasse des Berggesetzes erworbenen Provinzen, in welche dieses Gesetz später eingeführt ist. Nur die Einführungs-Verordnung für Hannover vom 8. Mai 1867 enthält im Art. XV. §. 6 eine ausdrücklich auf den Eisensteinbergbau im Bezirke des Bergamtes zu Clausthal beschränkte Vorschrift, welche die im vierten Titel des Berggesetzes enthaltene gewerkschaftliche Verfassung fur die bestehenden Gewerkschaften ausschliesst, die bisherige Verfassung derselben aufrecht erhält und ihnen die Annahme der neuen Verfassung durch Mehrheitsbeschluss gestattet. Es kann nicht in Zweifel gezogen werden, dass durch diese Vorschrift fur den übrigen Bereich der Provinz Hannover die Uebergangsbestimmungen der §§. 226 f. ausgeschlossen sind und dass die Vorschriften des vierten Titels hier auf alle Bergwerke ohne Ausnahme Anwendung finden.

Die Umwandlung der alten Gewerkschaft in eine Gewerkschaft des neuen Rechtes kann nach §. 235 zu jeder Zeit erfolgen, soweit nicht vertragsmässige Verabredungen entgegen stehen. Zu dieser Umwandlung wird erfordert:

1) ein mit der Mehrheit von drei Vierteln aller Kuxe gefasster Beschluss, durch welchen die Gewerkschaft sich denjenigen Bestimmungen des vierten Titels, welche nach §. 227 auf sie keine Anwendung finden, unterwirft;

2) die Zurückführung der Kuxe auf die im §. 201 vorgeschriebene Hunderttheilung;

3) die Einwilligung der Hypothekengläubiger.

---

1) Strohn, Bemerkungen S. 30. v. Rynsch in der Zeitschrift fur Bergrecht Bd. III S. 254.

1. Der Gewerkenbeschluss über die Umwandlung muss notariell oder gerichtlich aufgenommen werden; die Bestätigung des Oberbergamtes ist nicht erforderlich, falls nicht zugleich gemäss §. 94 die Errichtung eines gewerkschaftlichen Statuts beschlossen wird. Die Gewerkschaft muss sich den sämmtlichen im §. 227 ausgeschlossenen Bestimmungen des vierten Titels unterwerfen, soweit diese nicht nach §. 94 durch das Statut abgeändert werden können.[1]) Die Gewerkschaft kann daher nicht die Bestimmungen der §§. 94 bis 98 ohne die Mobilisirung der Kuxe (§. 101) annehmen und umgekehrt.

2. Die Zurückführung der Kuxe auf die im §. 105 vorgeschriebene Eintheilung ist zwar ebenfalls Gegenstand des Gewerkenbeschlusses. Wenn indess die vorhandenen Kuxe und Kuxtheile nicht ohne überschiessende Bruchtheile auf die neue Eintheilung zurückgeführt werden können, so muss eine Ausgleichung wegen dieser Bruchtheile unter den einzelnen Kuxbesitzern hinzutreten, da die neuen Kuxe nach §. 101 untheilbar sind. Strohn und v. Beughem sind der Meinung, dass durch den Gewerkenbeschluss die überschiessenden Bruchtheile zusammengeworfen und die Versteigerung oder Verloosung derselben in ganzen Kuxen verfügt werden könne.[2])

Diese Ansicht war in früheren Gesetzentwürfen, insbesondere in dem Entwurfe von 1862, angenommen. Da jedoch das Berggesetz eine entsprechende Bestimmung nicht enthält, so kann der Gewerkschaft eine solche Verfügung über die Antheilrechte der einzelnen Gewerken nicht beigelegt werden.

Um die Zurückführung der alten Kuxe auf die neue Eintheilung zu erleichtern, gestattet §. 235 der Gewerkschaft, mit Genehmigung des Oberbergamtes die Zahl der Kuxe auf zehntausend zu bestimmen, wenn ohne dies die Reduktion nicht möglich ist. Hieraus folgt, dass bei der Umwandlung der Gewerkschaft die Kuxzahl in jedem Falle auf tausend bestimmt werden kann, ohne dass hierzu, wie dies sonst nach §. 101 der Fall ist, die Errichtung eines Statuts erforderlich wäre.

---

1) Vergl. Strohn in der Zeitschrift für Berg-, Hütten- und Salinenwesen Band XIII, S. 167.

2) Vergl. Zeitschrift für Bergrecht Bd. VII, S. 491. — Glückauf 1866. Nro. 4.

Die entgegengesetzte Ansicht ist in einem Ministerial-Rescripte vom 11. April 1866 ausgesprochen. [1])

Berücksichtigt man indess, dass die Zurückführung von 128 Kuxen auf 100 Kuxe überall da unmöglich ist, wo sich einzelne Kuxe oder ungerade Zahlen von Kuxen im Besitze eines Gewerken befinden, so leuchtet ein, dass der Gesetzgeber die Tausendtheilung gewissermassen als die Regel für den Fall der Umwandlung betrachten musste, und erst bei der Eintheilung in zehntausend Kuxe die Genehmigung des Oberbergamtes erfordert hat. [2])

3. Die Einwilligung der Hypothekengläubiger ist nach §. 235 erforderlich, wenn auf Antheilen der umzuwandelnden Gewerkschaft Hypotheken oder Privilegien des rheinischen Rechtes haften. Wenn die Einwilligung ertheilt wird, so erleiden die Rechte der Gläubiger eine Umwandlung, indem an die Stelle der Hypothek an den alten Kuxen ein Pfandrecht an den neuen Kuxen tritt. Bestanden mehrere Hypotheken an einem Antheile, so gilt für die Pfandrechte der verschiedenen Gläubiger die durch ihre Hypothekenrechte begründete Rangordnung. (§. 236.) Es entsteht daher in diesem Falle eine dem preussischen Rechte sonst unbekannte mehrfache Verpfändung in der Form des Faustpfandes. Dabei kommt jedem der mehreren Gläubiger das Recht des Verkaufes zu, der nachstehende Gläubiger muss also nicht warten bis sein Vordermann die Verkaufsklage anstellt, um sein Pfandrecht geltend zu machen, sondern er kann selbst zu jeder Zeit und ohne vorherige Befriedigung des vorstehenden Gläubigers den Verkauf des Pfandes im Falle der Nichtzahlung seiner fälligen Forderung herbeiführen. Diese Abweichung von den für die mehrmalige Verpfändung im gemeinen Rechte geltenden Normen [3]) folgt aus der Absicht des Gesetzes, die Rechte der

---

1) Zeitschrift für Bergrecht Bd. IX. S. 239: vergl. auch Brockhoff das. B. VI. S 629.

2) Die Eintheilung in zehntausend Kuxe findet bis jetzt nur bei Einer umgewandelten Gewerkschaft des Dortmunder Bezirkes statt. — Zeitschrift f. Bergrecht Bd. XI, S. 389.

3) L. 1 D. de distr. pign. (20, 5); L. 8 C. qui pot. (8, 18); L. 1 C. creditorem evict. (8, 46).

früheren Hypothekengläubiger unter der veränderten Form des Pfandrechts ihrem Inhalte nach unverändert zu erhalten.

Die zur Verpfändung erforderliche Uebergabe des Kuxscheins (§. 108) findet nach §. 237 statt, sofern nur Ein seitheriger Hypothekengläubiger vorhanden ist, sofern aber zwei oder mehrere solcher Gläubiger vorhanden sind, wird der Kuxschein für diese von der Hypothekenbehörde in Gewahrsam genommen und aufbewahrt. Die im Hypothekenbuche enthaltenen Vermerke über die auf den gewerkschaftlichen Antheilen haftenden Hypotheken und anderen Realansprüche werden wörtlich in die Kuxscheine übertragen. Die Löschung dieser Vermerke erfolgt nach den für die Löschung im Hypothekenbuche maassgebenden Vorschriften (§. 236). Dasselbe gilt selbstverständlich auch von der Cession und von der Verpfändung solcher umgewandelten Hypothekenrechte, da dem Gläubiger diese Verfügungen über sein Pfandrecht nicht entzogen sind. Der Verkauf der Kuxscheine Behufs der Befriedigung seitheriger Hypothekengläubiger erfolgt im Wege der Mobiliarversteigerung. Der Versteigerungstermin ist sämmtlichen aus dem Kuxscheine ersichtlichen Realberechtigten bekannt zu machen. Für Kurhessen sind durch Art. XIV §. 1 der Verordnung vom 1. Juni 1867 einige besondere Vorschriften über das Verfahren gegeben, durch welche eine der Bedeutung des Falles und dem Werthe des Gegenstandes entsprechende Art und Weise des Verkaufs gesichert werden soll.

Durch den Verkauf erlöschen alle Realansprüche auf den verkauften Antheil. Der gelöste Kaufpreis wird unter die Gläubiger nach der Rangordnung ihrer Forderungen vertheilt (§. 238).

Auch hier kommt das Vorzugsrecht zur Geltung, welches nach Seite 261 den rückständigen Beiträgen vor den eingetragenen Pfandrechten zusteht. Für den Kuxbesitzer hat die Umwandlung der bisherigen Hypothekenrechte die Wirkung, dass ihm ein Kuxschein nicht ausgehändigt werden darf, und dass ihm folglich die weitere Verpfändung seines Bergwerksantheils bis zur Tilgung der früheren Hypothekenschulden entzogen ist. Die Cession der belasteten Kuxe erfolgt einstweilen ohne Uebergabe des Kuxscheins und auch zur Umschreibung ist die Vorlegung des Kuxscheins nicht erforderlich (§. 105).

Der Gläubiger richtet seine Pfandklage gegen den jeweiligen im Gewerkenbuche eingetragenen Kuxbesitzer.

Den Realberechtigten, welche in der zweiten Rubrik des Hypothekenbuches eingetragen sind, sichert das Berggesetz die Dinglichkeit ihres Anspruchs dadurch, dass nach §. 236 die Vermerke über solche Realansprüche aus de zweiten, Rubrik des Hypothekenfoliums wörtlich in die Kuxscheine übernommen werden, und dass nach §. 238 der Versteigerungstermin beim Zwangsverkaufe sämmtlichen Realberechtigten bekannt gemacht werden muss. Unrichtig ist dagegen die Ansicht, dass auch die Zustimmung der nicht zur Klasse der Hypothekengläubiger gehörigen Realberechtigten zu der Umwandlung erforderlich sei. Sie sind weder im §. 235 erwähnt noch auch wird ihr Realrecht durch die Umwandlung in derselben Weise wie das des Hypothekengläubigers berührt.

Um die Ausführung der Vorschriften der §§. 236—238 zu sichern, überträgt das Berggesetz im §. 239 die Führung des Gewerkenbuches bei den Gewerkschaften, deren Antheile mit seitherigen Hypotheken belastet sind und ebenso die Ausfertigung der Kuxscheine der Hypthekenbehörde, welche das Hypothekenbuch über das Bergwerk selbst zu führen hat. Für diese Geschäfte ist von dem Justiz-Minister und dem Handels-Minister den Hypothekenbehörden eine Instruction vom 19. November 1866 ertheilt.[1])

Das bairische Berggesetz sieht von der Führung des Gewerkenbuches durch die Hypothekenbehörde ab und bestimmt im §. 235, dass der mehrfach belastete Kuxschein für die Gläubiger durch einen von ihnen zu bestimmenden Notar in Gewahrsam genommen wird. Auch im Gebiete des rheinpreussischen Rechtes können die Bestimmungen der §§. 237 u. 239 nicht wörtlich Anwendeng finden, weshalb Oppenhoff (Commentar No. 1199) vorschlägt, auch hier einen Notar als Depositar zu bestellen.

Nach den Vorschriften des §. 235 sind bisher von 5966 alten Gewerkschaften im Ganzen 225 in Gewerkschaften des

---

1) Vergl. meinen Commentar Note 618 zu §. 239 — Zeitschrift für Bergrecht Bd. VII. S. 437

neuen Rechtes umgewandelt worden, wie die in der Zeitschrift für Bergrecht Bd. XI S. 150 mitgetheilte amtliche Statistik ergibt. Der dort S. 137 f. mitgetheilte Gesetzentwurf bezweckt die Erleichterung der Umwandlung, indem von der Zustimmung der Hypothekargläubiger abgesehen werden, dagegen die Verpfändung des umgewandelten Bergwerks ohne Zustimmung der Antheilsgläubiger untersagt werden soll.

Auch die linksrheinischen Bergwerksgesellschaften, welche beim Eintritt der Gesetzeskraft des Berggesetzes bestanden, bleiben nach §. 240 unverändert bestehen.

Ueber die Verfassung dieser Gesellschaften enthielt das französische Berggesetz vom 21. April 1870 nur die eine Bestimmung im Artikel 8, dass Actien oder Antheile an einer Gesellschaft oder einem Unternehmen zum Bergwerksbetriebe als bewegliche Sachen angesehen werden sollen. Ausserdem bestimmt Artikel 32, dass der Bergwerksbetrieb nicht als ein Handelsgeschäft anzusehen sei. Die Regeln, nach welchen das Rechtsverhältniss der älteren linksrheinischen Bergwerksgesellschaften zu beurtheilen ist, sind daher aus dem bürgerlichen Rechte, und zwar aus den Art. 1843 ff. des Code Napoléon, zu entnehmen. Allein es ist in der französchen wie in der belgischen Jurisprudenz allgemein angenommen, dass die Natur der Sache bei der Bergwerksgesellschaft einige Abweichungen von den Regeln des Gesellschaftsvertrages bedingt, da wo diese mit dem Zwecke des Bergwerksunternehmens nicht vereinbar sind. Desshalb wird insbesondere die thatsächlich vorhandene Gemeinschaft des Betriebes auch ohne die Errichtung eines Gesellschaftsvertrages für genügend angesehen, um die Existenz einer Bergwerksgesellschaft mit beweglichen Antheilen anzunehmen. Ferner wird die Gemeinschaft als für die Dauer des Unternehmens eingegangen betrachtet, und deshalb weder dem Tode eines Gesellschafters noch dem einseitigen Antrage eines Theilhabers die Wirkung beigelegt, die auf unbestimmte Zeit errichtete Bergwerksgesellschaft aufzulösen, wie dies sonst nach Art. 1865 und 1869 f. des Code Napoléon bei der Civilgesellschaft der Fall ist. Endlich wird der Majorität die Befugniss beigelegt, Beschlüsse in Verwaltungsangelegenheiten zu fassen, welche für die Minorität bindend sind. [1])

Die alte linksrheinische Bergwerksgesellschaft ist daher von der Gewerkschaft des neuen Rechtes nur durch den Mangel der juristischen Persönlichkeit und der Kuxeintheilung sowie durch die persönliche Verhaftung der Gesellschafter für die Grubenschulden nach Kopftheilen unterschieden.

Die Bestellung eines Repräsentanten zur Vertretung der Gesellschaft bei den Verhandlungen mit der Bergbehörde nnd dem Knappschaftsvereine, sowie in den gegen sie angestellten Prozessen ist den Bergwerksgesellschaften durch §. 240 und §. 134 des Berggesetzes allgemein zur Pflicht gemacht. Dem früheren französischen Bergrechte war diese Bestimmung fremd, doch hatte das Oberbergamt zu Bonn durch die Verordnung vom 27. Juni 1819 die Bestellung von Repräsentanten gegenüber der Bergbehörde polizeilich angeordnet.

Ausser den älteren Gewerkschaften und Bergwerksgesellschaften, deren Verfassung durch die §§. 226—240 des Berggesetzes aufrecht erhalten wird, können auch andere von den Vorschriften des funften Titels abweichende Formen der Gemeinschaft beim Bergwerksbetriebe durch Vertrag oder durch sonstige Verfugung begründet werden. Ein solches Rechtsgeschäft bedarf nach §. 133 zu seiner Gültigkeit der notariellen oder gerichtlichen Form. Die Urkunde über dasselbe muss der Bergbehörde eingereicht werden; letztere behandelt, so lange dies nicht geschieht, die Betheiligten als eine Gewerkschaft.

Die Ausschliessung des gewerkschaftlichen Rechtsverhältnisses kann nach §. 133 entweder durch Vertrag oder durch sonstige Willenserklärung erfolgen.

Durch Vertrag können die Mitbetheiligten eines Bergwerks jede nach den Grundsätzen des Civilrechts zulässige Form der Gemeinschaft eingehen, insbesondere auch die des Miteigenthums. Wenn mit dem Bergwerksbetriebe zugleich Handlungsgeschäfte verbunden werden, so können die Betheiligten auch die verschiedenen Formen der Handelsgesellschaft eingehen.

---

1) Bury Traité sur la législation des mines. tom. I pag. 378 s. — Achenbach, das französische Bergrecht S 259.

Durch einseitige Willenserklärung kann dem gewerkschaftlichen Rechtsverhältnisse die Regel des Miteigenthums ohne Vertrag (communio incidens) substituirt werden. Dies geschieht namentlich, wenn durch Testament oder Schenkung mehreren Personen ein Bergwerk mit dieser Bestimmung zugewendet wird. Allein auch die blosse partielle hypothekarische Belastung des Bergwerks hat die Wirkung, das gewerkschaftliche Rechtsverhältniss so lange auszuschliessen, als diese Belastung besteht. Da nämlich das Verbot, ideelle Theile eines Bergwerks zur Hypothek zu bestellen, im §. 98 nur für den Fall gegeben ist, dass das Bergwerk einer Gewerkschaft gehört, so können Bergwerke, die sich im Besitze einer einzelnen Person befinden oder die gemäss §. 133 in ungetheilter Gemeinschaft oder von einer nach den Regeln des Civilrechts constituirten Gesellschaft besessen werden ebenso wie die Bergwerksantheile des alten Rechtes zu ideellen Antheilen verpfändet oder belastet werden, nur dass die ideellen Antheile im letztern Falle nicht nach Kuxen, sondern nach einfachen Brüchen ($^1/_2$ $^1/_3$ $^1/_4$ etc.) ausgedrückt werden. Wird ein solches Pfandrecht an dem ideellen Antheile eines nicht gewerkschaftlichen Bergwerks durch nothwendigen Verkauf realisirt, so bildet der Adjudicatar mit den Besitzern der übrigen Idealantheile eine Gewerkschaft nach den Regeln der §§. 94 ff. Ist aber der nicht verkaufte Idealantheil ebenfalls mit Hypotheken belastet, so kann das gewerkschaftliche Rechtsverhältniss nicht eintreten, weil letzteres nach §. 98 die ideelle Belastung des Bergwerks ausschliesst. Hier tritt also der Fall ein, dass das gewerkschaftliche Rechtsverhältniss durch anderweitige Willenserklärung, nämlich die Hypothekenbestellung, seitens des einen Betheiligten ausgeschlossen ist, und es gelten die Regeln des civilrechtlichen Miteigenthums.

Endlich ist das gewerkschaftliche Rechtsverhältniss nach §. 133 kraft des Gesetzes ausgeschlossen unter den Theilhabern an einer ungetheilten Erbschaft oder an einer sonstigen gemeinschaftlichen Masse, wie z. B. die eheliche Gütergemeinschaft und die Concursmasse, zu welcher ein Bergwerk gehört.

In allen Fällen, in welchen durch Vertrag oder sonstige Willenserklärung oder durch das Gesetz das gewerkschaftliche Rechtsverhältniss unter mehreren Betheiligten eines Bergwerks ausgeschlossen ist, sind diese gleichwohl nach §. 134 verpflichtet, einen im Inlande wohnenden Repräsentanten zu bestellen und der Bergbehörde namhaft zu machen, welcher mindestens zur Vertretung der Betheiligten gegenüber der Bergbehörde, dem Knappschaftsvereine und anderen auf den Bergbau bezüglichen Instituten, sowie in den gegen sie angestellten Prozessen bevollmächtigt sein muss (§. 124). Unterbleibt die Bestellung, so kann die Bergbehörde gemäss §. 127 dazu auffordern und einen interimistischen Repräsentanten bestellen. Dieselben Regeln gelten, wenn der Alleineigenthümer eines Bergwerks im Auslande wohnt. Dagegen fällt die Bestellung eines Repräsentanten nach §. 134, Abs. 1 fort, wenn die Mitbetheiligten eine Gesellschaft bilden, deren Vertretung durch die allgemeinen Gesetze geordnet ist; also bei den Actiengesellschaften und den verschiedenen Formen der Handelsgesellschaft.

Fünftes Buch.

Die Rechte des Grundeigenthümers.

§. 28. Die Grundabtretung.
(§§. 135—147. §. 241 des Berggesetzes.)

Das Zusammentreffen des Grundeigenthums mit dem Bergwerkseigenthume in denselben räumlichen Grenzen hat, wie oben S. 130 f. erläutert ist, eine Collision beider Rechte zur Folge. Das Grundeigenthum, welches an sich die totale und ausschliessliche Herrschaft über das Grundstück enthält, erleidet eine Einschränkung, indem die dem Bergwerkseigenthümer zustehende Befugniss, also die Gewinnung der verliehenen Mineralien, dem Rechte des Grundeigenthümers entzogen wird. Allein durch diese gesetzliche Beschränkung des Grundeigenthums wird die Collision beider Rechte nicht gehoben. Die Gewinnung der Mineralien ist der Natur der Sache nach nicht möglich, ohne eine Einwirkung auf die Oberfläche des Grundstückes und auf die darin neben den verliehenen Lagerstätten enthaltenen Substanztheile. Diese Einwirkung muss also dem Bergwerkseigenthümer ebenfalls zustehen, soweit sie zur Ausübung seines Rechtes nothwendig ist, und dieser Erweiterung seiner Befugnisse kann nicht eine gleiche generelle Einschränkung des Grundeigenthümers gegenüber stehen. Der letztere muss vielmehr neben dem Bergwerkseigenthümer berechtigt bleiben, auf die Oberfläche und auf die Substanztheile seines Grundstückes ausser den verliehenen Lagerstätten beliebig einzuwirken, wenn nicht sein Recht vollständig aufgehoben werden soll. Hier entsteht also, indem an derselben Sache concurrirende Befugnisse von zwei Berechtigten ausgeübt werden, eine wahre Collision beider Rechte.

Das Allg. Berggesetz regelt diese Concurrenz so, dass der Bergwerkseigenthümer vorzugsweise und mit Ausschliessung des Grundeigenthümers zu jeder Einwirkung auf das Grundstück befugt ist, welche zur Gewinnung der verliehenen Mineralien nothwendig wird, wogegen er verpflichtet ist, den Grundeigenthümer für jede solche Einwirkung, welche sich über die Grenzen der verliehenen Lagerstätten erstreckt, schadlos zu halten.

Diese Regel erhält jedoch eine verschiedene Anwendung, je nachdem der Bergwerksbesitzer die Oberfläche des Grundstücks zu seinen Anlagen benutzt, folglich den Grundeigenthümer von der Benutzung des Bodens gänzlich ausschliesst, oder nur durch seine unterirdischen Anlagen das Grundstück beschädigt und die Nutzung desselben schmälert. In dem ersten Falle bedarf der Bergwerksbesitzer eines besonderen Rechtstitels zur Benutzung des Grundstücks. Er erlangt denselben, indem er die zeitweise oder dauernde Abtretung des Grundstücks zum Bergwerksbetriebe fordert. Zu Anlagen unter Tage ist dagegen der Bergwerkseigenthümer innerhalb seines Feldes ohne Weiteres ermächtigt, auch wenn er dabei über Bestandtheile des Grund und Bodens disponirt, die nicht in seinem Bergwerkseigenthume begriffen sind. Er bedarf, um die Grenzen der verliehenen Lagerstätten mit unterirdischen Anlagen zu überschreiten, nach §. 57 nicht einer vorherigen Ermächtigung des Grundeigenthümers oder der Behörde; er ist nur verpflichtet, die gewonnenen, nicht verleihbaren Mineralien dem Grundeigenthümer auf Verlangen herauszugeben, soweit er solche nicht selbst zu Zwecken seines Betriebes verwendet. Er muss ausserdem den Grundbesitzer für diejenigen Beschädigungen schadlos halten, welche dem Grundeigenthum oder dessen Zubehörungen durch den unterirdischen Betrieb zugefügt werden (§. 148). Das Berggesetz handelt daher von den Rechten des Grundeigenthümers im fünften Titel in zwei Abschnitten, nämlich: von der Grundabtretung und von der Grundentschädigung. [1])

---

1) Der dritte Abschnitt dieses Titels enthalt in blos äusserlicher Verbindung die Bestimmungen über das Verhältniss des Bergbaues zu den offentlichen Verkehrsanstalten. – Vergl. unten §. 35.

Die Verpflichtung zur Grundabtretung ist nicht eine unmittelbar aus dem Gesetze entspringende Obligation des Grundeigenthümers, sondern sie wird entweder durch Vertrag oder beim Mangel der gütlichen Einigung durch den Ausspruch der Behörden in einem Verfahren festgestellt, welches nach Analogie der civilrechtlichen Grundsätze über die Bestellung einer nothwendigen Servitut beziehungsweise über die Expropriation zu öffentlichen Zwecken geregelt ist. Die gesetzlichen Vorschriften beziehen sich theils auf die materiellen Bedingungen der Grundabtretung, theils auf das formelle Verfahren. Die materiellen Bestimmungen betreffen:

1. Die Bergwerksanlagen, für welche die Grundabtretung stattfindet und die davon ausgenommenen Grundstücke.
2. Die Modalitäten der Abtretung.
3. Die Gegenleistung.
4. Das Verkaufs- und Wiederkaufsrecht.

I. Unter den Bergwerksanlagen, für welche die Grundabtretung gefordert werden kann, werden im §. 135 die Grubenbaue, die Halden,- Ablade- und Niederlageplätze, ferner Wege, Eisenbahnen, Kanäle, Maschinenanlagen, Wasserläufe, Teiche, Hülfsbaue, Zechenhäuser und andere für Betriebszwecke bestimmte Tagegebäude, Anlagen und Vorrichtungen, endlich Aufbereitungsanstalten, Soolleitungen und Soolbehälter namhaft gemacht.

Diese Aufzählung der verschiedenen bergbaulichen Anlagen ist aus der früheren rechtsrheinischen Gesetzgebung, namentlich aus §. 109 A. L. R. Th. II Tit. 16 und aus der Deklaration vom 27. October 1804 entlehnt. Sie soll die Anlagen, für welche die Grundabtretung stattfindet, einzeln namhaft machen, so dass jede ausdehnende Interpretation ausgeschlossen ist.[1])

In Bezug auf die Wege, Eisenbahnen und Kanäle ist zu bemerken, dass diese Anlagen nicht blos sofern sie zur Gewinnung der Mineralien erforderlich sind, sondern auch soweit dieselben nur den Absatz der Bergwerksproducte vermitteln sollen, unter die Vorschrift des §. 135 fallen, also im Wege des Grund-

1) Motive zur Regierungsvorlage S. 83. — Oppenhoff, Commentar Nr. 740.

abtretungsverfahrens erworben werden können. Dies war schon nach dem früheren Bergrechte der Fall. Es wurde nämlich im §. 100 A. L. R. Th. II. Tit. 16 und in der Declaration vom 27. October 1804 zwischen den zu dem Bergwerk selbst gehörigen Anlagen, welche die Gewinnung der Mineralien zum Zweck haben, und solchen Anlagen, welche zur Erleichterung des Absatzes mit dem Bergwerke verbunden sind, unterschieden. Für den ersten Fall war dem Grundbesitzer die unbedingte Verpflichtung zur Abtretung auferlegt, für den zweiten Fall dagegen nur eine relative Verpflichtung, falls nämlich ihm nicht ein überwiegendes Interesse zur Seite steht. Auch das Verfahren war für beide Fälle verschieden geordnet, indem für den ersten Fall die Entscheidung der Bergbehörde allein, für den zweiten Fall dagegen in Gemeinschaft mit der Bezirksregierung übertragen war.

Diese Unterscheidung der zum Bergwerke selbst gehörigen und der zum Zwecke des Absatzes der Producte damit verbundenen Anlagen, welche auch das belgische Berggesetz vom 2. Mai 1867 gemacht hat, ist durchaus berechtigt. Bei den eigentlichen Bergwerksanlagen, wohin auch die Hülfsbaue, Maschinenanlagen und Halden, sowie die Verbindungswege zwischen diesen Anlagen und der nächsten öffentlichen Strasse zu rechnen sind, bewegt sich der Bergwerksbesitzer lediglich in der Ausübung seines Eigenthumsrechtes durch Gewinnung der Mineralien, welche eine entsprechende Einschränkung des Grundeigenthums nothwendig zur Folge haben muss. Bei den Anlagen dagegen, welche den weiteren Absatz der gewonnenen Producte erleichtern sollen, welche also entweder den Transport oder die weitere Verarbeitung der Mineralien bezwecken (Eisenbahnen, Kunststrassen und Kanäle, Poch- und Waschwerke), ist die Grundabtretung nicht durch das Recht, sondern nur durch das Interesse des Bergwerkseigenthümers bedingt, dessen Beförderung die Rücksicht für das öffentliche Wohl gebietet. In dem ersten Falle tritt also die Grundabtretung unter den Gesichtspunkt der nothwendigen Servitut; in dem zweiten fällt sie unter den Begriff der Expropriation. Man hat indess bei der Berathung des Allg. Berggesetzes ausdrücklich davon Abstand genommen, die aus dieser Unterscheidung folgende Verschiedenheit, welche das frühere Recht sowohl in Bezug auf das Verfahren, als in Bezug auf die materielle Beurtheilung beider Fälle der Grundabtretung statuirte, beizubehalten.[1]) Der Gesetzgeber hat aber keineswegs beabsichtigt, das Recht der Grundabtretung für die Abfuhrwege, wie es in der früheren Gesetzgebung begründet war, aufzuheben.

Auch für das frühere linksrheinische Bergrecht war durch ein Urtheil des Appellhofes zu Cöln vom 30. Juli 1841[2]) anerkannt, dass der Bergwerksbesitzer berechtigt ist, nicht nur für Betriebsanlagen, sondern auch für Abfuhrwege die Grundabtretung zu fordern. Endlich ist im Anschlusse an die frühere Jurisprudenz beider Rechtsgebiete und an die Materialien des §. 135 durch den gemeinschaftlichen Erlass des Handelsministers und des Ministers für die landwirthschaftlichen Angelegenheiten vom 28. Februar 1866 bestimmt, dass die Vorschrift des §. 135 sich auch auf solche Bergwerkseisenbahnen erstreckt, die dazu bestimmt sind, den Förderpunkt des Bergwerkes an eine öffentliche Eisenbahn anzuschliessen und den Absatz der gewonnenen Bergwerksproducte auf der letztern zu ermöglichen.[3])

Die Grundabtretung zur Anlage von Tagegebäuden kann nur für die zur Errichtung des Gebäudes nöthige Baustelle in Anspruch genommen werden, dagegen kann nicht die Abtretung vorhandener Gebäude oder von Steinbrüchen, behufs der Gewinnung von Baumaterial gefordert werden.[4])

Zu Aufbereitungsanstalten kann die Grundabtretung nur verlangt werden, sofern sie zur Aufbereitung der eigenen Producte bestimmt sind (§. 58). Zur Anlage von Hüttenwerken findet die Grundabtretung nicht mehr statt.[5])

Für den Bergbau auf solche Mineralien, deren Gewinnung nach Provinzialrecht dem Grundeigenthümer zusteht, kann die Abtretung fremder Grundstücke in der Regel nicht

---

1) Vergl. den Commissionsbericht d. Hauses der Abgeordneten S. 66.

2) Archiv f. d. Civil- und Crim.-Recht d. Rheinprovinzen Bd. 31, 1, S. 241.

3) Zeitschr. f. Bergrecht Bd. VII. S. 263. S. 403.

4) Motive S. 84. — Bescheid des Oberbergamts zu Bonn vom 28. Februar 1867. Zeitschr. f. Bergrecht Bd. VIII. S. 121.

5) In Bezug auf die Grenze zwischen dem Hüttenbetriebe und der Aufbereitung vergl. oben S. 164.

verlangt werden, doch ist für den Stein- und Braunkohlenbergbau im Fürstenthum Calenberg und in den vormals sächsischen Landestheilen der erste Abschnitt des fünften Titels ausnahmsweise für anwendbar erklärt, soweit es sich um die Grundabtretung zur Anlage von Wegen, Eisenbahnen, Kanälen, Wasserläufen und Hülfsbauen zum Zwecke des Grubenbetriebes oder des Absatzes der Kohlen handelt.[1])

Die Verpflichtung zur Grundabtretung erstreckt sich auf alle Grundstücke mit Ausnahme des mit Wohn-, Wirthschafts- oder Fabrikgebäuden bebauten Grund und Bodens und der damit in Verbindung stehenden, eingefriedigten Hofräume.

Auch die, im §. 4, Al. 1 erwähnten öffentlichen Plätze, Strassen, Eisenbahnen und Friedhöfe sind als von der Grundabtretung unbedingt ausgeschlossen zu bezeichnen, da das Verbot der blos vorübergehenden Schürfarbeiten von selbst das Verbot dauernder Bergwerksanlagen einschliesst. Dagegen sind die nach §. 4 Al. 2 fur Schürfarbeiten geschlossenen Gärten und der Umkreis von 200 Fuss um die Gebäude nicht von der Grundabtretung ausgenommen.

Privatflüsse sind unter der Vorschrift des §. 135 ebenfalls begriffen und müssen daher abgetreten werden, wenn die Benutzung des Wasserlaufes zur Anlage eines Kanals nothwendig ist.

Auch eine Verlegung des Wasserlaufes kann zum Bergwerksbetriebe nothwendig werden, und in diesem Falle richtet sich das Verfahren sowohl gegen die Adjacenten des trocken zu legenden Flussbettes, als gegen die Eigenthümer des Areals, in welchem das künstliche Bette gegraben werden soll.[2])

In beiden Fällen ist das Flussbett, also ein Grundstück, Gegenstand der Grundabtretung, welchem dann der Wasserlauf als eine Accession des Grundstücks folgt. Eine besondere Berechtigung des Bergwerksbesitzers zur Benutzung fliessender Wasser, wie solche nach den früheren Berggesetzen bestand

---

1) Verordnung vom 8. Mai 1867. (Ges. Samml. S. 601.) Art. XIII. — Gesetz vom 22. Februar 1869 (Ges. Samml. S. 401.) §. 9 c.

2) Rekursbescheid vom 1. September 1866. Zeitschr. f. Bergrecht Bd. VIII. S. 132.

oder im Wege der Muthung oder des Expropriationsverfahrens erworben werden konnte, findet nicht mehr statt.[1])

Auch die Benutzung eines Privatflusses zur Abführung von künstlich gehobenen Grubenwassern kann deshalb nach dem heutigen Rechte nur so erworben werden, dass der Bergwerksbesitzer ein an den Privatfluss angrenzendes Grundstück zur Anlage eines Kanals erwirbt. Er hat dann als Adjacent das Recht der Zuleitung[2]) und ist nicht wie nach früherem rechtsrheinischen Rechte genöthigt, dasselbe allen unterliegenden Adjacenten gegenüber im Wege des Grundabtretungsverfahrens zu erwerben. Die Beschädigung der unterliegenden Grundstücke durch Verunreinigung des Privatflusses begründet einen Anspruch auf Grundentschädigung nach den Vorschriften des zweiten Abschnitts Titel 5 des Berggesetzes. Die Untersagung der Zuleitung dagegen kann nur polizeilich und im öffentlichen Interesse erfolgen.

Auch die Ableitung des Wassers zur Benutzung für bergbauliche Zwecke steht dem Bergwerksbesitzer nur zu, sofern er die Benutzung eines unmittelbar an den Privatfluss grenzenden Grundstückes für seine Anlage erwirbt, und nur unter der Bedingung der Zurückleitung.[3]) Ein besonderes von den allgemeinen gesetzlichen Bedingungen unabhängiges Wassernutzungsrecht kann auch in diesem Falle nicht constituirt werden.[4])

Eine Befreiung von der Verpflichtung zur Grundabtretung tritt nach §. 136 ein, wenn die Weigerung des Grundbesitzers durch überwiegende Gründe des öffentlichen Interesses unterstützt wird; ferner nach §. 145, wenn er durch speziellen Rechtstitel eine solche Befreiung erworben hat. Solche spezielle Rechtstitel können auf Privilegium, Verjährung, rechtskräftigem Urtheil oder Vertrag beruhen. Eine vertragsmässige

1) Motive S. 84.

2) Gesetz über die Benutzung der Privatflüsse vom 28. Februar 1843 §. 1.

3) Gesetz vom 28. Februar 1843 §. 13.

4) Ueber die vorstehenden Fragen sind die eingehenden Untersuchungen von Achenbach, Zeitschrift f. Bergrecht Bd. XI. S. 76. S. 97. S. 108 f. zu vergleichen.

Befreiung ist nicht vorhanden, wenn der Grundbesitzer das Grundstück von dem Provocanten gekauft oder gepachtet hat. Der Vertrag muss eine ausdrückliche Befreiung von der Pflicht der Grundabtretung enthalten, so z. B. wenn der Grundbesitzer beim Verkaufe eines Grundstückes an den Bergwerksbesitzer bedingt, dass eine weitere Grundabtretung von ihm niemals verlangt werde.

II. Die Modalitäten der Abtretung sind verschieden gestaltet, je nachdem die Abtretung zur vorübergehenden Benutzung oder die Erwerbung des Eigenthums erfolgt. Der Bergwerksbesitzer ist nach §. 137 f. nur berechtigt, die vorübergehende Abtretung zu verlangen und muss das Grundstück nach vollendeter Benutzung zurückgeben. Dagegen ist der Grundbesitzer in folgenden Fällen befugt, zu verlangen, dass der Bergwerksbesitzer das Eigenthum des Grundstücks erwirbt:

1) wenn durch die Benutzung eine Werthverminderung eintritt (§. 137);

2) wenn feststeht, dass die Benutzung länger als drei Jahre dauert, oder wenn die Benutzung nach Ablauf von drei Jahren noch fortdauert (§. 138).

Dieses Verlangen kann entweder als Einwendung gegen den Antrag des Bergwerksbesitzers auf vorübergehende Ueberlassung geltend gemacht werden, sofern von vornherein feststeht, dass die Benutzung über drei Jahre dauern wird, oder als selbstständiger Antrag, wenn die vorläufige Abtretung erfolgt ist, und die Benutzung uber drei Jahre lang fortdauert, oder bei der Rückgabe eine Werthsverminderung vorliegt.

Wenn die Abtretung des Eigenthums erfolgt, so ist das Geschäft ganz nach den Regeln der Expropriation zu beurtheilen, und der Bergwerksbesitzer ist in der Benutzung des eigenthümlich erworbenen Grundstucks durch nichts beschränkt. Wenn dagegen nur die Abtretung zur vorübergehenden Benutzung stattfindet, so enthält dieselbe die Einräumung eines Gebrauches, dessen Umfang je nach dem Zwecke der Benutzung verschieden, aber durch diesen Zweck bestimmt begrenzt ist. Die Abtretung kann nach Verschiedenheit des Falles das Recht geben, das Grundstück auszuschachten (bei Schachtanlagen), oder dasselbe zu bebauen (bei Tagegebäuden); aber in jedem

Falle bleibt die Benutzung auf den bestimmten Gebrauch beschränkt, zu welchem die Abtretung erfolgt ist. Jeder anderweitigen Benutzung kann der Eigenthümer mit der Negatorienklage entgegentreten. Dieser Grundsatz wird verkannt in der Entscheidung des Obertribunals vom 28. November 1862, nach welcher der Bergwerksbesitzer berechtigt sein soll, das zwangsweise zur vorübergehenden Benutzung für bergbauliche Zwecke abgetretene Grundstück auszuziegeln, obgleich die Ziegelfabrikation unbestritten nicht zu den bergbaulichen Zwecken gehört. [1])

Da die vorübergehende Abtretung an und für sich nur zu einem je nach dem Zwecke der Benutzung beschränkten Gebrauche erfolgt, so kann dieselbe natürlich auch so erfolgen, dass die Benutzung durch den Eigenthümer neben dem Gebrauche des Bergwerksbesitzers fortdauert. Die Grundabtretung kann also in den dazu geeigneten Fällen in der Constituirung einer blossen Servitut bestehen, z. B. in einer Wegegerechtigkeit beim Mitgebrauch einer vorhandenen Fahrstrasse zur Abfuhr der Producte, oder in einer anderen Grundgerechtigkeit wie bei der Vorfluth zur Ableitung der Grubenwasser. Die Benutzung kann endlich die Gestalt eines Untersagungsrechtes annehmen, wenn z. B. zur Dämpfung eines Grubenbrandes die Einstellung eines Steinbruchbetriebes verlangt wird, oder wenn zum Schutze der Grube gegen eindringende Wasser das Beflössen einer Wiese im Grundabtretungsverfahren untersagt werden soll.

Der Grundbesitzer kann besondere Modalitäten der Abtretung zum Schutze des ihm verbleibenden Grundbesitzes in Antrag bringen, und diese Bedingungen der Abtretung oder Erwerbung werden nach §. 144 im Grundabtretungsverfahren festgestellt. Sie können entweder in besonderen Einschränkungen der Benutzung zu Gunsten des abtretenden Grundbesitzers oder in Anlagen bestehen, welche der Bergwerksbesitzer auszuführen hat, wie z. B. Wege, Ueberfahrten, Einfriedigungen, Klärvorrichtungen u. dgl.

---

1) Zeitschr. f. Bergrecht Bd. IV. S. 116. — Meine Uebersicht (1860—1863) S. 79. S. 81.

III. Die Gegenleistung des Bergwerksbesitzers ist für den Fall der Erwerbung des Eigenthums eine einfache. Sie besteht in dem Kaufpreise, welcher durch das Grundabtretungsverfahren oder im Rechtswege festgesetzt wird.

Bei der Abtretung zur vorübergehenden Benutzung dagegen setzt sich die Gegenleistung des Bergwerksbesitzers aus verschiedenen Bestandtheilen zusammen, nämlich:

1) dem Ersatze der entzogenen Nutzung;
2) der Rückgewähr;
3) dem Ersatze des Minderwerthes, und
4) der Cautionsleistung für die zu 1—3 aufgeführten Verpflichtungen.

1. Die entzogene Nutzung muss nach §. 137 jährlich im Voraus entschädigt werden; die Entschädigung bestimmt sich nach demjenigen Ertrage, welchen das abgetretene Grundstück bisher gewährt hat, oder dem Eigenthümer gewähren würde, falls die Abtretung nicht erfolgt wäre. Der höhere Ertrag, welchen der Bergwerksbesitzer in Folge der gemachten Anlage aus dem Grundstücke bezieht, kommt nach §. 140 nicht in Anschlag. Wenn ein Grundstück durch die Abtretung einzelner Theile so zerstückelt wird, dass die übrig bleibenden Theile nicht mehr zweckmässig benutzt werden können, so kann der Grundbesitzer nach §. 139 auch für letztere die jährliche Nutzungsentschädigung verlangen; er muss dann natürlich dem Bergwerksbesitzer auch die Benutzung des ganzen Grundstücks einräumen. Sind in diesem Falle die Voraussetzungen der eigenthumlichen Erwerbung (§. 137, §. 138) vorhanden, so kann der Eigenthümer verlangen, dass der Bergwerksbesitzer das Eigenthum des ganzen Grundstücks erwirbt. Hat die Parzellirung nicht die Folge, dass die übrig bleibenden Stücke ganz unbenutzt bleiben müssen, so kann gleichwohl eine Entwerthung des dem Grundbesitzer verbleibenden Trennstücks eintreten, welche bei der Festsetzung der jährlichen Nutzungsentschädigung oder bei der eigenthümlichen Erwerbung in dem Kaufpreise zu berücksichtigen ist. [1])

1) Rekursbescheid vom 22. Juni 1867. Zeitschr. f. Bergrecht. Bd. VIII. S. 552.

2. Der Zeitpunkt der Rückgewähr wird entweder bei der Abtretung durch Vertrag oder durch den Abtretungsbescheid vorausbestimmt, oder er tritt, wenn dies nicht geschehen ist ein, sobald das Grundstück nicht mehr zu demjenigen Zwecke gebraucht wird, für welchen es abgetreten ist. Da der Bergwerksbesitzer nur das Recht der Benutzung zu diesem bestimmten Zweck erworben hat, so ist er nicht befugt, nach Beendigung derselben das Grundstück zu einem anderen, wenn auch bergbaulichen Zwecke zu verwenden. Er darf also nicht auf einem Grundstücke, welches zur Gewinnung der anstehenden Braunkohlen durch Tagebau abgetreten ist, nachher ein Zechenhaus bauen. Er ist vielmehr nach erfolgter Gewinnung der Braunkohlen zur Rückgabe verpflichtet und muss eventuell von Neuem die Abtretung des Areals zum Bau des Zechenhauses verlangen.

Dagegen ist der Grundbesitzer nicht befugt, so lange die Benutzung zu dem bestimmten Zwecke fortdauert, die Rückgabe aus dem Grunde zu verlangen, dass die Benutzung nicht mehr nothwendig sei. Die Beurtheilung der Frage, ob die Abtretung nothwendig ist, ist der richterlichen Beurtheilung nach §. 145 überhaupt entzogen. Sie kann auch nicht in der Form zur richterlichen Entscheidung gebracht werden, dass behauptet wird, die Grundfläche sei zu den bergbaulichen Anlagen nicht mehr erforderlich, weil sonst der Abtretungsbescheid der Verwaltungsbehörde, der Vorschrift des §. 4 cit. zuwider, sofort in dieser Form im Rechtswege angegriffen und aufgehoben werden könnte. Der Richter muss also Klagen auf Rückgabe des Grundstücks so lange als verfrüht zurückweisen, als noch die thatsächliche Benutzung für den in dem Grundabtretungsbescheide angegebenen Zweck fortdauert. Sollte der Grundbesitzer berechtigt sein, die Rückgabe des Grundstücks wegen der blossen Entbehrlichkeit zu fordern, so müsste dem Grundeigenthümer eine Provocation auf Aufhebung des Abtretungsbescheides an die im §. 142 bezeichneten Verwaltungsbehörden gestattet sein. Da eine solche Provocation nicht vorgesehen ist, so findet die Rückforderung wegen blosser Entbehrlichkeit bei dem zeitweise abgetretenen Grund und Boden nicht statt.

3. Tritt durch die Benutzung eine Werthsverminderung ein, so muss der Bergwerksbesitzer nach §. 137 bei

der Rückgabe des Grundstücks den Minderwerth ersetzen, bei dessen Ermittelung nach §. 9. A. L. R. Th. I Tit. 11 nicht der gemeine, sondern der ausserordentliche Werth geschätzt wird. Zur Wiederherstellung in den vorigen Stand ist der Bergwerksbesitzer nicht verpflichtet, doch steht ihm natürlich frei, die etwa während der Benutzung eingetretene Werthsverminderung durch Wiederherstellung des Grundstücks in den vorigen Stand wieder zu beseitigen.

Ist eine Werthsverminderung eingetreten, so kann der Eigenthümer verlangen, dass der Bergwerksbesitzer, statt den Minderwerth zu ersetzen, das Eigenthum des Grundstücks erwirbt. Das Wahlrecht des Grundbesitzers dauert so lange, als er sich nicht über den Betrag des zu ersetzenden Minderwerthes mit dem Bergwerksbesitzer geeinigt hat. Auch die Anstellung der Klage auf Ersatz des Minderwerthes consumirt das Wahlrecht [1]), und der Grundbesitzer ist nicht befugt die Klage zurückzunehmen, um von Neuem auf Erwerbung des Eigenthums zu provociren.

Das Verlangen, dass der Bergwerksbesitzer das Eigenthum des Grundstücks erwirbt, kann auf Grund des §. 137 erst zur Zeit der Rückgabe gestellt werden, da erst in diesem Augenblicke feststeht, dass der Minderwerth zu ersetzen ist.

4. Die Bestellung einer angemessenen Caution kann sowohl für die jährliche Nutzungsentschädigung als auch für die Rückgabe und den Ersatz des Minderwerths verlangt werden, und zwar nach §. 137 sogleich bei der Abtretung des Grundstücks. Unter der Cautionsbestellung ist unzweifelhaft nur die Bestellung einer Real-Caution zu verstehen, nicht die Caution durch blosses Gelöbniss oder Eid. Auch Bürgen müssen nur insofern angenommen werden, als dieselben mit Grundstücken Hypothek bestellen. Für das Gebiet des preussischen Rechtes kommen die Vorschriften der §§. 178 bis 196 A. L. R. Th. I. Tit. 14 zur Anwendung, wonach hypothekarische Caution bei ländlichen Grundstücken innerhalb zwei Drittel bei städtischen innerhalb der Hälfte des Werthes bestellt werden muss; während die Caution durch Pfandbestellung bis zu drei Vierteln

1) Vergl. Entscheidungen Bd. XXXIV, S. 33. — Koch, Recht der Forderungen S. 42.

des abgeschätzten Werthes zulässig ist. Die Cautionsbestellung mit dem Bergwerke ist nur für den Fall der Einwilligung des Grundbesitzers für genügend zu erachten. Der Bergwerksbesitzer ist übrigens befugt, die ermittelte Cautionssumme baar zu deponiren.

Für die Ermittelung des Cautionsbetrages ist der Werth der jährlichen Nutzungsentschädigung nach den für die Capitalisirung jährlicher Renten von vorübergehender Dauer geltenden Regeln anzuschlagen. Wird zugleich für die Rückgewähr und für den Ersatz des Minderwerths Cautionsleistung verlangt, so kann doch der Betrag der gesammten Caution niemals den Capitalwerth des Grundstücks, vermehrt um den einjährigen Betrag der Nutzungsentschädigung, übersteigen, da durch diese Summe bei rechtzeitiger Geltendmachung dem Grundbesitzer für alle seine Forderungen Sicherheit gewährt wird.

IV. Das Vorkaufs- und Wiederkaufsrecht findet nach §. 141 wegen aller zu Zwecken des Bergbaues veräusserten Theile von Grundstücken statt, wenn in der Folge das Grundstück zu den Zwecken des Bergbaues entbehrlich wird. Die Regeln für die Ausübung dieses Rechtes sind nach §. 141 dieselben, welche den Eisenbahngesellschaften gegenüber nach §. 16 bis 19 des Gesetzes über die Eisenbahnunternehmungen vom 3. November 1838 (Ges. Samml. S. 505) gelten.

Gegenstand des Vorkaufs- oder Wiederkaufsrechtes sind nach §. 16 des angeführten Gesetzes sowohl die durch freien Vertrag als die durch Expropriation zu den in §. 135 des Berggesetzes bezeichneten Anlagen erworbenen Theile von Grundstücken, nicht aber solche Grundstücke, welche der Bergwerksbesitzer durch freien Vertrag zu andern Anlagen erworben hat (Arbeiterwohnungen, Koksöfen etc.), für welche ihm der Anspruch auf Grundabtretung nicht zusteht.

Die Frage, ob eine Theilung von Grundstücken bei der Erwerbung stattgefunden hat, ist nicht nach der thatsächlichen Bewirthschaftung der Grundstücke zur Zeit der Abtretung, sondern nach der rechtlichen Individualität der Grundstücke zu beurtheilen. Daher bilden in den östlichen Provinzen die geschlossenen Güter ein Ganzes im Sinne des §. 141, und jedes davon abgetretene Areal unterliegt dem Vor- und Wiederkaufe. Bei den Wandeläckern entscheidet die Eintragung auf dem

Titelblatte des Hypothekenbuches, so dass jedes unter einer besondern Nummer dort aufgeführte Grundstück ein Ganzes für sich bildet. In den westlichen Provinzen ist der Grundsteuer-Kataster, welcher zugleich die Grundlage des Hypothekenbuches bildet, massgebend, so dass die Parzelle des Flurbuches als ein Ganzes anzusehen ist, auch wenn sie mit andern Parzellen desselben Besitzers zusammen bewirthschaftet wird.

Das Vorkaufs- und Wiederkaufsrecht steht in diesem Falle dem zeitigen Eigenthümer des durch die ursprüngliche Veräusserung verkleinerten Grundstucks zu. Ist der verbleibende Theil des Grundstücks abermals getheilt, so steht jedem der Besitzer der Trennstücke das Vor- und Wiederkaufsrecht nach Verhältniss seines Antheils zu; [1]) sie müssen dasselbe gemeinschaftlich ausüben.

Das Vorkaufsrecht tritt ein, wenn der Bergwerksbesitzer das abgetretene Grundstück anderweit zu verkaufen Gelegenheit findet. [2]) Er hat diese Absicht, sowie den gebotenen Kaufpreis dem Eigenthümer anzuzeigen, welcher sein Vorkaufsrecht verliert, wenn er sich nicht binnen zwei Monaten darüber erklärt. Ebenso geht das Vorkaufsrecht unter, wenn der Berechtigte sich ablehnend erklärt; unterlässt dagegen der Bergwerksbesitzer die Anzeige, so wird das Vorkaufsrecht dinglich, und der Berechtigte kann seinen Anspruch gegen jeden Besitzer geltend machen.

Das Wiederkaufsrecht hat zur Voraussetzung die Entbehr-

---

1) Oppenhoff Commentar Nr. 797, sowie Bessel und Kühlwetter: Das preussische Eisenbahnrecht Bd. I. S. 122 nehmen an, dass das Recht erlosche, wenn das verbleibende Stück abermals in Natur getheilt wird.

2) Der Vorkauf findet nur bei wirklichen Verkäufen, nicht aber bei andern Arten der Veräusserung, namentlich nicht bei der Schenkung, beim Tausche, oder bei einem aus Tausch und Kauf gemischten Geschäfte statt. Im Zweifelsfalle wird gegen den Kauf vermuthet (Allg Landrecht Th. I, Tit. 20, §. 585 ff.). Der Vorkauf ist ferner ausgeschlossen, wenn der Kauf unter einer Bedingung erfolgt, die nur der Käufer erfüllen kann, also z. B. wenn das Areal an einen Arbeiter der Grube unter der Bedingung der Ansiedelung auf dem Grundstücke, oder unter Eingehung eines längeren Arbeitsvertrags verkauft wird (a. a. O. §. 578).

lichkeit des Grundstücks zu Zwecken des Bergbaues. Dabei kommt nicht in Betracht, zu welchem speziellen Zwecke das Grundstück ursprünglich abgetreten ist. Denn mit der Erwerbung des Eigenthumes hat der Bergwerksbesitzer das Recht zu jedem Gebrauche erworben. Der Wiederkauf findet also erst statt, wenn das Grundstück zu keinem bergmännischen Zwecke mehr gebraucht wird.

Bestreitet der Bergwerksbesitzer die Entbehrlichkeit, so tritt richterliche Entscheidung ein, der Bergwerksbesitzer kann seinerseits den Berechtigten auffordern, sich über die Ausübung dieses Rechtes zu erklären, und er verliert dasselbe, wenn er nicht binnen zwei Monaten diese Erklärung abgibt. Bei dem Wiederkauf zahlt der Eigenthümer den ursprünglichen Kaufpreis nach Abzug der durch die bisherige Benutzung in dem Grundstücke entstandenen Werthsverminderung. Dagegen kann der Bergwerksbesitzer keine Verbesserungen in Anrechnung bringen, wohl aber die auf diesem Boden etwa errichteten Gebäude oder andere Anlagen hinwegnehmen.

Da bei freiwilligem Verkaufe des abgetretenen Grundstücks seitens des Bergwerksbesitzers die Entbehrlichkeit desselben für Zwecke des Bergbaues feststeht, so hat in diesem Falle der Eigenthümer die Wahl zwischen dem Vorkaufs- und Wiederkaufsrechte, d. h. er zahlt entweder den gebotenen Kaufpreis oder den nach §. 18 berechneten Wiederkaufspreis. Bei nothwendigen Verkäufen kann dagegen nur das Vorkaufsrecht ausgeübt werden.

V. Das Verfahren bei der Grundabtretung richtet sich für den Fall, dass eine freiwillige Einigung zwischen dem Grundeigenthümer und dem Bergwerksbesitzer stattfindet, lediglich nach dem für die Form der Verträge massgebenden civilrechtlichen Vorschriften. Die in dieser Form freiwillig bewirkte Grundabtretung hat dieselben rechtlichen Folgen wie der amtliche auf zwangsweise Abtretung gerichtete Bescheid. Bei der freiwilligen Abtretung zur vorübergehenden Benutzung für Zwecke des Bergbaues treten daher die Vorschriften der §§. 137, 138 und 141 ebenso in Geltung, wie bei der zwangsweisen Abtretung; beim freiwilligen Verkaufe findet ebenso wie für den Fall der Expropriation das Vorkaufs- und Wiederkaufsrecht statt. Dies gilt jedoch nur wenn die Ueberlassung des

Grundstücks von dem Bergwerksbesitzer als ein Recht gefordert und als solches von dem Grundbesitzer bewilligt war, und letzteres ist namentlich anzunehmen, wenn auf die vorherige Provocation des Bergwerksbesitzers eine gütliche Einigung erfolgt. Können sich die Betheiligten über die Grundabtretung nicht gütlich einigen, so erfolgt die Entscheidung darüber, ob und in welchem Umfange und unter welchen Bedingungen der Grundbesitzer zur Abtretung des Grundstücks oder der Bergwerksbesitzer zum Erwerbe des Eigenthums verpflichtet ist, im amtlichen Verfahren.

Die zuständigen Behörden sind das Oberbergamt und die Regierung, in deren Bezirk das abzutretende Grundstück belegen ist (§. 142). In der Provinz Hannover tritt die Landdrostei an die Stelle der Regierung.[1])

Die zweite Instanz wird nach §. 145 durch die betreffenden Ressort-Minister gebildet, diese sind:

1) der Handelsminister für das Ressort der Bergverwaltung (§. 187);

2) fur das Ressort der Regierung entweder der Minister für die landwirthschaftlichen Angelegenheiten, wenn es sich um ein landwirthschaftlich benutztes Grundstück handelt, oder, wenn die Nutzung eine gewerbliche ist, abermals der Handelsminister. Im letzteren Falle ressortirt die Entscheidung von der vierten Abtheilung (Handel und Gewerbe) und der ersten Abtheilung (Bergbau) des Handelsministeriums.

Die Bestandtheile des Verfahrens sind 1) die Provocation, 2) die örtliche Untersuchung, 3) der Beschluss, 4) die Recursinstanz und 5) die Vollstreckung.

1. Die Provocation wird entweder von dem Bergwerksbesitzer auf Grundabtretung (§. 135), oder von dem Grundbesitzer auf eigenthümliche Erwerbung des abgetretenen Grundstücks §§. 137, 138) gerichtet.[2]) Sie wird in der Regel

---

1) Verordnung vom 8. Mai 1867 (Ges. Samml. S. 601) Art. V.

2) Oppenhoff Commentar Nr. 804 nimmt an, dass der Grundbesitzer das Verlangen der eigenthümlichen Erwerbung nur als Einwand gegen den Antrag des Bergwerksbesitzers auf vorläufige Ueberlassung im Grundabtretungsverfahren geltend machen könne. Werde nachtraglich die eigenthümliche Erwerbung des vorläufig überlassenen

bei dem Oberbergamte angebracht. Die Provocation des Bergwerksbesitzers auf Grundabtretung muss enthalten:

1) den Namen und Wohnort der provocirten Grundeigenthümer und Nutzungsberechtigten,
2) die Bezeichnung des abzutretenden Areals nach Lage, Grösse und Grenzen,
3) die Beschreibung der Anlage. zu welcher das Areal verwendet werden soll,
4) die muthmassliche Dauer der Benutzung,
5) das Anerbieten einer bestimmten jährlichen Nutzungsentschädigung,
6) die Erklärung, dass die gütliche Einigung auf dieser Grundlage vergebens versucht ist.

Als Beilagen der Provocation werden nach der Praxis der Oberbergämter verlangt:

1) eine Situationszeichnung über das abzutretende Areal von einem concessionirten Markscheider oder Feldmesser angefertigt,
2) ein Project der beabsichtigten Anlage,
3) die Bescheinigung des Besitzes der Provocaten entweder auf Grund des Hypothekenbuches oder durch

---

Grundstücks gefordert, so müsse dies im Wege der gerichtlichen Klage geschehen. Diese Meinung hat vom gesetzgeberischen Standpunkte vieles für sich, da ja die Verpflichtung zur eigenthümlichen Erwerbung nicht, wie die Verpflichtung des Grundbesitzers zur Abtretung, der richterlichen Beurtheilung entzogen ist. Allein sie steht mit dem Wortlaute des §. 142 in Widerspruch, nach welchem die Entscheidung darüber, ob der Bergwerksbesitzer zum Erwerbe des Eigenthums verpflichtet ist in den Fällen der §§. 135—139 durch einen gemeinschaftlichen Beschluss der Regierung und des Oberbergamtes erfolgen soll. Dass darunter auch der Fall begriffen ist, wenn der Grundbesitzer nach dreijähriger Benutzung §. 138) oder bei eingetretener Werthsverminderung (§. 137) auf eigenthümliche Erwerbung anträgt. wird durch die Verweisung auf die §§. 135—139 ausser Zweifel gestellt.

Uebrigens wird in der Praxis sehr selten der Fall vorkommen, dass der Antrag des Grundbesitzers auf eigenthümliche Erwerbung nicht schon in dem Verfahren über die Provocation des Bergwerksbesitzers geltend gemacht wird. Die nachfolgenden Bemerkungen über das Verfahren setzen daher als den regelmässigen Fall voraus, dass das Verfahren durch die Provocation des Bergwerksbesitzers eingeleitet wird.

die Dorfgerichte (in den östlichen Provinzen) oder durch Auszüge aus der Mutterrolle des Grundsteuerkatasters (in den westlichen Provinzen).

Die Provocation des Grundbesitzers hat zur Voraussetzung, dass die Abtretung zur vorübergehenden Benutzung bereits auf Grund des §. 135 zwangsweise oder freiwillig erfolgt ist und entweder eine Werthsverminderung bei der Rückgewähr vorliegt (§. 137), oder die Benutzung über das dritte Jahr hinaus dauert (§. 138). Handelt es sich um eine noch nicht erfolgte Abtretung, welche länger als drei Jahre dauern soll, so muss der Grundbesitzer das Verlangen nach eigenthümlicher Erwerbung im Wege der Exception auf die Provocation des Bergwerksbesitzers anbringen.

Die Provocation des Grundbesitzers auf Grunderwerbung muss enthalten:

1) den Namen und Wohnort des Bergwerksbesitzers oder der Gewerkschaft (§§. 95, 96),
2) die Bezeichnung des abgetretenen Areals nach Lage, Grösse und Grenzen,
3) den Zeitpunkt der zwangsweise oder freiwillig gemäss §. 135 erfolgten Abtretung zur vorübergehenden Benutzung,
4) den Capitalbetrag, für welchen die Abtretung angeboten wird,
5) die Erklärung, dass die gütliche Einigung ohne Erfolg auf dieser Grundlage versucht worden.

Beizufügen sind:

1) die Bescheinigung über den eigenthümlichen Besitz des Grundstücks,
2) die Ausfertigung des Beschlusses oder des Vertrages über die zwangsweise oder freiwillige Abtretung des Grundstücks zur vorübergehenden Benutzung.

Die entscheidenden Behörden prüfen die Provocation sowohl in Bezug auf die Vollständigkeit und gehörige Substanzirung als auch in Bezug auf die Legitimation beider Theile. In Bezug auf die Passivlegitimation ist zu bemerken, dass die Provocation auf Grundabtretung sich gegen den Grundeigenthümer und gegen den etwaigen Nutzungsberechtigten richtet;

gegen letzteren allein nur unter der Voraussetzung, dass Art und Dauer der beabsichtigten Benutzung nicht über die Grenzen seines Nutzungsrechtes hinausgehen.

Ergibt sich, dass ausser dem in der Provocation genannten Grundeigenthümer noch andere Interessenten (Miteigenthümer oder Nutzungsberechtigte) vorhanden sind, so wird dem Provocanten aufgegeben, seine Provocation auch gegen diese zu richten.

Ergeben sich Bedenken gegen die Zulässigkeit und Begründung des Antrags auf Grundabtretung oder Grunderwerbung, so wird dem Provocanten die Vervollständigung aufgegeben, oder der Antrag wird ohne Weiteres zurückgewiesen.

Die Mittheilung einer Abschrift der Provocation ist durch das Gesetz nicht ausdrücklich vorgeschrieben, da §. 143 nur verlangt, dass beide Theile gehört werden. Sie ist jedoch jedenfalls zu empfehlen, auch ist es zweckmässig, dem Provocaten vor der Terminsverhandlung Gelegenheit zur Einsicht des Situationsrisses zu geben. Ein Schriftwechsel findet nicht statt, doch steht es dem Provocaten frei, eine Beantwortung zu den Akten einzureichen.

2. Die örtliche Untersuchung erfolgt nach §. 143 durch Commissarien der beiden entscheidenden Behörden unter Zuziehung von Sachverständigen und der Betheiligten. Jede der beiden Behörden muss einen eigenen Commissar ernennen; es können auch ständige Commissarien ernannt werden, und es pflegen als solche die Landräthe und Revierbeamten zu fungiren. Die Sachverständigen werden von den Parteien binnen einer von den Commissarien zu bestimmenden Frist ernannt. Geschieht dies nicht, so ernennen letztere die Sachverständigen; sie können ausserdem einen dritten Sachverständigen von Amts wegen zuziehen. Mehrere Provocaten sind nicht verpflichtet, sich über die gemeinschaftliche Ernennung eines Sachverständigen zu vereinigen, da die Entschädigungsfrage für jeden Provocaten besonders beurtheilt und entschieden werden muss.

Die Vorladung zur örtlichen Verhandlung ergeht an den Provocanten unter der Verwarnung, dass bei seinem Ausbleiben die Provocation als zurückgenommen betrachtet werde; an den Provocaten unter der Verwarnung, dass bei seinem Ausbleiben mit der Erörterung des Antrages und der Ermittelung der Entschädigung ohne seine Zuziehung werde verfahren werden. Es ist nicht zulässig, beim Ausbleiben des Provocaten dessen Zustimmung zu dem gestellten Antrage zu fingiren, vielmehr muss der Ausbleibende als widersprechend angesehen werden.

Die Verhandlung an Ort und Stelle erstreckt sich auf die Nothwendigkeit der verlangten Abtretung (§. 135), auf die von dem Grundbesitzer eingewendeten Rucksichten des öffentlich Interesses (§. 136), auf die Verpflichtung zur eigenthümlichen Erwerbung (§§. 137, 138), auf die zu vergütende jährliche Nutzung oder den Capitalwerth (§§. 137, 139), auf die Cautionsleistung und auf die sonstigen Bedingungen der Abtretung. Der provocirte Grundbesitzer ist in jedem Falle zu einer bestimmten Erklärung darüber aufzufordern, ob er in die Grundabtretung willigt, und ob er die eigenthümliche Erwerbung verlangt. [1]) Bleibt der Grundeigenthümer aus, oder erklärt er sich nicht, so wird angenommen, dass er nur die vorübergehende Abtretung bewillige. Der Antrag auf eigenthümliche Erwerbung kann nur von dem vollkommen dispositionsfähigen Eigenthümer und im Falle des Miteigenthums nur von sammtlichen Eigenthümern gestellt werden. Wird dieser Antrag als Einwendung gegen die Provocation auf vorübergehende Benutzung gestellt, so ist der Vormund oder der Vertreter einer Corporation zu demselben legitimirt, ohne dass die zu Veräusserungen von Grundstücken aus freier Hand vorgeschriebenen Bedingungen erfullt sein mussen. Dagegen ist zu der Provocation auf eigenthümliche Erwerbung des vorübergehend abgetretenen Grundstücks die obervormundschaftliche Genehmigung nothwendig [2]).

Die Erörterung des Cautionspunktes erfolgt nur auf ausdrücklichen Antrag des Grundbesitzers (§. 137). Bei der Erörterung der Modalitäten der Abtretung sind nicht blos die Einschränkungen und Vorkehrungen zu Gunsten des abtre-

---

1) Verfügung des Oberbergamts zu Bonn v. 6. Dezember 1866. Zeitschrift für Bergrecht Bd. VIII. S. 135.

2) Diese Einwendung kann noch in den Recursinstanz erhoben werden. Recursbescheid vom 25 October 1869. Zeitschrift für Bergrecht Bd. XI, S. 361.

tenden Grundbesitzers, sondern auch die im öffentlichen Interesse etwa nothwendigen Vorkehrungen von den Commissarien festzustellen.

3. Der Beschluss über die zwangsweise Abtretung oder Erwerbung muss das Grundstück genau bezeichnen, die dem Grundbesitzer zu leistende Entschädigung beziehungsweise Caution festsetzen und die sonstigen Bedingungen der Abtretung oder Erwerbung enthalten (§. 144). Die entscheidenden Behörden sind an das Gutachten der Commissarien nicht gebunden, jede derselben fasst ihren Beschluss abgesondert. Bei divergirenden Beschlüssen muss die Provocation als abgelehnt betrachtet werden, da die verneinende Meinung überwiegt. [1]) Der Beschluss wird für jeden Theil schriftlich mit den Gründen ausgefertigt. Die Ausfertigungen, ebenso wie die sonstigen Verhandlungen im Grundabtretungsverfahren, sind nach der Cabinets-Ordre vom 4. Mai 1833 stempelfrei. [2]) Die Zustellung erfolgt gegen Insinuationsbescheinigung.

4. Der Recurs gegen den Beschluss des Oberbergamts und der Regierung an die betreffenden Ressort-Minister (oben S. 310) steht beiden Theilen offen; er muss nach §. 145, §. 192 und §. 193 binnen vier Wochen nach dem Tage der Zustellung bei dem Oberbergamte eingelegt werden. Gegen die Feststellung der Entschädigung und der Caution findet nicht der Recurs sondern der Rechtsweg statt. Dagegen ist über die Verpflichtung zur Abtretung eines Grundstücks der Rechtsweg nur in dem Falle zulässig, wenn die Befreiung von dieser Verpflichtung auf Grund des §. 136 Alinea 2 oder eines speciellen Rechtstitels (oben S. 301) behauptet wird. Dasselbe gilt von denjenigen Bedingungen der Abtretung, welche keinen Bestandtheil der festgesetzten Entschädigung machen, sondern entweder zum Schutze des übrig bleibenden Grundbesitzes oder im öffentlichen Interesse festgesetzt werden. Sie können nur auf Grund einer speciellen Befreiung im Rechtswege, sonst nur im Wege des Recurses angefochten werden. [3])

1) Vergl. m. Commentar Anm. 323 zu §. 144.

2) Verfügung des Oberbergamts zu Bonn v. 6. Dezember 1866. Zeitschr. f. Bergr. Bd. VIII. S. 135.

3) Recursbescheid vom 3. Mai 1870. Zeitschr. f. Bergrecht Bd. XI. S. 363.

Ueber die Verpflichtung des Bergwerksbesitzers zur eigenthümlichen Erwerbung (§§. 137, 138) findet sowohl der Recurs als auch der Rechtsweg statt. Die Klage kann also entweder statt des Recurses angestellt und auf Aufhebung des Beschlusses gerichtet, oder nach erfolgter Recursentscheidung auf Aufhebung der letzteren gerichtet werden.

Von der Recursentscheidung gilt dasselbe, was oben von dem Beschlusse gesagt ist, nur dass die Ressort-Minister nothwendig zu einer übereinstimmenden Entscheidung kommen müssen, weil in der Recursinstanz nicht die verneinende Meinung als überwiegend gelten kann.

Die Beschreitung des Rechtsweges ist an die gewöhnlichen Verjährungsfristen gebunden; sie findet nicht mehr statt, wenn die festgesetzte Entschädigung ohne Vorbehalt gezahlt und angenommen ist. Der Bergwerksbesitzer dagegen, welcher die festgesetzte Entschädigung unter Vorbehalt der Minderungsklage gezahlt hat, um die Besitznahme des Grundstücks nicht aufzuhalten, kann das zuviel Gezahlte zurückfordern. [1])

5. Die Vollstreckung des Beschlusses uber die Grundabtretung [2]) erfolgt nach Ablauf der Recursfrist oder nach ergangener Recursentscheidung durch die in erster Instanz entscheidenden Behörden auf Antrag des Bergwerksbesitzers. Durch Beschreitung des Rechtsweges, wenn dieselbe nur wegen der Festsetzung der Entschädigung oder Caution erfolgt, wird nach §. 146 die Vollstreckung nicht aufgehalten, wohl aber durch die Kage auf Aufhebung des Beschlusses. Der Bergwerksbesitzer muss die Quittung über die erfolgte Zahlung oder Deposition der festgesetzten Entschädigung und der Caution beibringen. Zur Uebergabe des Grundstücks wird ein Termin vor einem Commissar der entscheidenden Behörden anberaumt und dazu der Provocant bei Vermeidung der fruchtlosen Ter-

---

1) Vergl. die Entscheidung des Obertribunals vom 10. Juni 1864. Entscheidungen Bd. 52. S 97.

2) Der Beschluss uber die Verpflichtung des Bergwerksbesitzers zur eigenthümlichen Erwerbung eines bereits zur vorübergehenden Benutzung abgetretenen Grundstucks ist nicht vollstreckbar, weil die Zahlung der festgesetzten Entschadigung nicht im Wege der Verwaltungsexecution, sondern nur im Rechtswege beigetrieben werden kann. Vergl. m. Commentar Anm. 330 zu §. 146.

minskosten, der Provocat unter der Verwarnung geladen, dass bei seinem Ausbleiben die Uebergabe durch den Commissar werde bewirkt werden (Allg. Landrecht Th. I, Tit. 7, §. 60). Der Termin muss aufgehoben werden, wenn der Grundbesitzer eine Bescheinigung darüber beibringt, dass er auf Aufhebung des Beschlusses geklagt hat. Ueber die erfolgte Besitzübergabe wird ein Protokoll aufgenommen.[1])

Wegen der in dem Beschlusse festgesetzten Gegenleistungen steht dem Grundbesitzer die gerichtliche Klage auf Grund des den Vertrag vertretenden Abtretungsbescheides zu, Der Bergwerksbesitzer kann diesen Anspruch nicht dadurch beseitigen, dass er auf die Besitznahme des abgetretenen Grundstücks nachträglich verzichtet.[2]) Auch wegen der sonst festgesetzten Bedingungen findet auf Grund des Abtretungsbescheides die gerichtliche Klage auf Erfüllung statt.

Die Kosten des Grundabtretungsverfahrens hat für die erste Instanz der Bergwerksbesitzer, für die Recursinstanz der unterliegende Theil zu tragen. Diese Regel gilt nach dem Wortlaute der §§. 142 und 147 auch für den Fall, dass der Grundbesitzer als Provocant auftritt und die eigenthümliche Erwerbung des vorläufig zum Bergwerksbetriebe abgetretenen Grundstücks fordert (vergl. oben S. 310 f.). Die von Oppenhoff Commentar Nro. 831 gegen diese Annahme erhobenen Bedenken erscheinen nicht zutreffend. Die Provocation des Grundbesitzers findet nämlich nur in dem Falle statt, wenn entweder die eingeräumte Benutzung über drei Jahre hinaus dauert, oder wenn bei der Rückgewähr eine Werthsverminderung des Grundstücks behauptet wird. In beiden Fällen muss offenbar der Grundbesitzer befugt sein seinen Anspruch auf eigenthümliche Erwerbung durchzuführen, ohne dass ihm aus dem Verfahren Kosten erwachsen.

Von den Berggesetzen, welche dem preussischen nachgebildet sind, hat das baierische in den Artikeln 128—143 specielle Bestimmungen über das Grundabtretungsverfahren hinzugefügt, welche im Wesentlichen den oben entwickelten Grund-

1) Vergl. Zeitschr. f Bergrecht Bd. VIII. S. 552.

2) Vergl. den Recursbescheid vom 11. Juli 1866. Zeitschr. für Bergrecht Bd. VII. S. 407.

sätzen entsprechen. Die Vorschriften des sächsischen Berggesetzes vom 16. Juni 1868 in den §§. 122—138 und des österreichischen Berggesetzes vom 23. Mai 1854 in den §§. 98—104 über die Grundabtretung stimmen mit denjenigen des preussischen Berggesetzes durchgehends überein. Nur fügt das sächsische Berggesetz im §. 122 und das österreichische Berggesetz im §. 105 die Benutzung von Wasserläufen als einen besonderen Gegenstand der Grundabtretung hinzu. Das sächsische Berggesetz enthält ausserdem in den §§. 152 f. besondere Vorschriften über die Benutzung der durch den Bergbau erschrotenen Wasser und im §. 167 die Bestimmung, dass die Grundbesitzer diese Wasser da, wo sie zu Tage kommen und weiterhin aufnehmen oder über ihre Grundstücke abfliessen lassen müssen.

§. 29. Die Grundentschädigung.
(§. 148—152 des Berggesetzes.)

Der Bergwerksbesitzer ist verpflichtet, für allen Schaden, welcher dem Grundeigenthum oder dessen Zubehörungen durch den Bergbau zugefügt wird, vollständige Entschädigung zu leisten (§. 148). Diese Verpflichtung correspondirt der Entschädigung für den zum Bergwerksbetrieb abgetretenen Grund und Boden. Sie ist ihrem Gegenstande nach der letzteren durchaus gleichartig. Beide Verpflichtungen sind jedoch juristisch dadurch unterschieden, dass die eine durch Vertrag begründet wird, die andere dagegen zu den Obligationen ohne Vertrag gehört. Die Vorschriften über die Grundabtretung begründen ein Recht des Bergwerksbesitzers zur Vertragschliessung, welches entweder durch gütliche Einigung, also durch den Abschluss eines Kauf- oder Pachtvertrages ausgeübt wird, oder in Ermangelung der Einigung durch die Provocation auf einen Beschluss des Oberbergamtes und der Regierung, welcher den Kauf- oder Pachtvertrag vertritt. In beiden Fällen wird die Gegenleistung des Bergwerksbesitzers entweder durch Vertrag oder durch das die Stelle des Vertrages vertretende Urtheil der Verwaltungsbehörden oder der richterlichen Instanz festgestellt. Der Betrag der Gegenleistung, die Person des Berechtigten und des Verpflichteten stehen von vornherein fest. Bei den zufälligen Grundschäden ist eine vorherige Festsetzung der Schadloshaltung durch die Natur der Sache ausgeschlossen. Die Entschädigungsverbindlichkeit wird nicht durch einen vorher geschlossenen Contract oder Quasicontract, sondern unmittelbar durch das beschädigende Ereigniss bestimmt. Der Betrag des Schadens die Person des Berechtigten und des Verpflichteten stehen also nicht vertragsmässig fest, sondern sie müssen nach den allgemeinen Rechtsregeln bestimmt werden. Diese Bestimmung hat in dem früheren Bergrechte zu einer Anzahl von Controversen Anlass gegeben, welche meist durch die Praxis der Gerichtshöfe, namentlich durch die Präjudizien des Obertribunals erledigt worden sind. [1])

Die so für das frühere rechtsrheinische Bergrecht festgestellten Regeln sind in den §§. 148—151 des Berggesetzes zu gesetzlichen Normen erhoben.

Der Rechtsgrund der Entschädigungsverbindlichkeit ist lediglich in diesen gesetzlichen Vorschriften begründet, es liegt derselben weder ein quasi Contract noch eine unerlaubte Handlung des Bergwerksbesitzers zu Grunde.

Dass der Entschädigungsanspruch nicht an die Voraussetzungen einer unerlaubten Handlung geknüpft ist, wird im Anschluss an das frühere Urtheil des Obertribunals vom 16. März 1839 [2]) im §. 148 ausdrücklich ausgesprochen in den Worten: ohne Unterschied, ob die Beschädigung von dem Bergwerksbesitzer verschuldet ist und ob sie vorausgesehen werden konnte oder nicht.

Allein mit derselben Bestimmtheit ist auch die Annahme eines quasicontractlichen Verhältnisses abzuweisen, welche in dem Plenarbeschlusse des Obertribunals vom 7. November 1849 [3]) wie folgt widerlegt wird: „Der §. 112 A. L. R II, 16 spricht nicht allein von der Entschädigung für Grundabtretungen, sondern zugleich von einer ganz anderen Entschädigung, die ihre Wurzel keineswegs in der Abtretung von Oberflächeneigenthum

---

1) Vergl. die Präjudizien Nro. 538, 1060, 1284, 1462, 1717, 2055, 2068 u. 2153 der amtlichen Präjudizien-Sammlung; ferner die neueren Entscheidungen vom 11. September, 26. Mai, 19. Juni und 24. November 1865. Zeitschr. f. Bergrecht Bd. VII. S. 89 f.

2) Entscheidungen Bd. IV. S. 354.

3) Entscheidungen Bd. XVIII. S. 71.

oder von Zubehörungen desselben an den Bergbauenden, auch zunächst nicht einmal in einem dem Bergbauenden zugewendeten Vortheil hat, deren eigentlicher Grund vielmehr immer nur in jener Absonderung und Bildung eines besonderen Bergwerkseigenthums im Gegensatz zum Grundeigenthum zu finden ist. Der Staat, indem er aus Gründen des allgemeinen Wohls und zur zweckmässigen Gewinnung der Fossilien, diese der Disposition der Grundeigenthümer entzogen und das Recht zu deren Gewinnung nach einer ganz anderen Begrenzung festgestellt hat, sichert zugleich den Grundeigenthümern im §. 112 a. a. O. ganz allgemein eine vollständige Entschädigung für alles zu, was sie durch den Bergbau verlieren. Der Bergbau, welcher dem Grundeigenthum die Wasser fast immer zu seinem eigenen Schaden entzieht, muss dennoch auch denjenigen Schaden ersetzen, der dem Grundeigenthum durch diese Wasserentziehung entsteht. Der Verpflichtungsgrund zu dieser Entschädigung liegt nicht in einer Verschuldung und auch nicht in einem unmittelbar zwischen den Bergbauenden und Grundeigenthümern geschlossenen Vertrage, sondern in der allgemeinen gesetzlichen Verpflichtung der Bergbauenden zur Tragung dieser Gefahr und dieses Schadens."

Der Schadensersatz für die zufälligen Grundschäden ist also eine blosse obligatio ex lege, durch welche der Gesetzgeber die unvermeidliche Collision zwischen der Ausübung des Grundeigenthumes und eines davon unabhängigen Bergwerkseigenthumes in demselben Raume auszugleichen beabsichtigt [1]).

---

1) Das Obertribunal bemerkt hierüber in dem angeführten Erkenntnisse vom 16. März 1839:

„Es kann nicht in Abrede gestellt werden, dass Bergwerke Gegenstand des Eigenthums sind und dass die Gewerkschaft, wenn der Bergbau nach den bestehenden Vorschriften betrieben wird, sich in der Ausübung ihres Rechtes, und zwar innerhalb der gesetzlichen Schranken, befindet. Hierbei kann es nun vorkommen, dass das Weitertreiben des Baues den Einsturz eines Gebäudes, einer Quelle etc. zur Folge hat, wo dies nach der reiflichsten Prüfung, allen geognostischen Erfahrungen gemäss. nicht zu befürchten war. In einem solchen Falle kann allerdings von einem Versehen der Gewerkschaft nicht die Rede sein und ebensowenig von einer Bereicherung derselben mit fremdem Schaden Aber auch dann würde von einer Verschuldung

Der Rechtsgrund der Ersatzverbindlichkeit liegt in dem Gesetze und in der Thatsache der Beschädigung, mit welcher §. 148 diese Verpflichtung verknüpft. Die Beschädigung ist

---

nicht die Rede sein können, wenn der Bergbauende bei der Fortsetzung des Baues Ereignisse jener Art wirklich voraussieht, weil derselbe vom Gesetz in der Befugniss zur Forderung der Mineralien nicht der Einschränkung unterworfen ist, dass er inne zu halten verpflichtet sei, sobald durch den Weiterbau Schaden für das obere Grundeigenthum veranlasst werde.

Ebensowenig darf es aber auf der anderen Seite ein Zufall genannt werden, wenn die Versenkung der Erdoberfläche oder die Versiegung eines Quells die unmittelbare Folge des Grubenbaues ist. Kann auch ein solches dem Grundeigenthümer nachtheiliges Ereigniss möglicher Weise gegen alle Berechnung eintreten, so muss doch auch zugestanden werden, dass Wissenschaft und Erfahrung keine absolute Sicherheit für Berechnungen gewähren, die ein Unternehmen des Baues in einer bestimmten Richtung für den Grundeigenthümer unschädlich erscheinen lassen, dass also im Bereiche des Bergbaues für den Grundbesitz in einem gewissen Grade immer Gefahr droht."

Nachdem so das Vorhandensein einer Collision der Rechte nachgewiesen ist, in Folge deren der Bergwerkseigenthümer durch die blosse Ausübung seines Rechts innerhalb der gesetzlichen Schranken dem Grundeigenthümer die Benutzung seines gleich geltenden Rechtes entzieht oder schmälert, zieht das Obertribunal die weitere Folgerung, dass der Gesetzgeber, den Grundsätzen der Billigkeit gemäss, den Bergbautreibenden habe verpflichten müssen, den Grundeigenthümern für den ihnen solchergestalt verursachten Schaden aufzukommen.

In dem Plenarbeschlusse vom 18. April 1843 (Entsch. Bd. IX, S. 101) wird in Uebereinstimmung hiermit ausgeführt:

„Die allgemeinen Vorschriften über Schadensersatz können hier nicht entscheiden, da besondere Gesetze das Verhältniss zwischen dem Bergbauenden und den betreffenden Grundeigenthümern, sowie die Ansprüche der Letzteren auf Entschädigung bestimmen. Nach allgemeinen Grundsätzen des Rechts würde der ganze Bergbau auf fremdem Grund und Boden nicht zu gestatten, ein solcher Eingriff in das Privateigenthum vielmehr ganz unerlaubt sein Wenn also dennoch die Befugniss zum Betriebe eines solchen Bergbaues ein Regal geworden ist, und vermöge des Regals weiter verliehen wird, so lassen sich die hierbei collidirenden Rechte nach jenen allgemeinen Grundsätzen nicht ausgleichen, sondern es muss darauf gesehen werden, wie sich diese widerstreitenden Verhältnisse durch Herkommen und besondere Gesetze gestaltet haben. Ein solches bestimmtes Gesetz liegt in dem §. 112 A. L. R. II. 16 vor."

zwar durch menschliche Thätigkeit herbeigeführt, sie ist aber weder beabsichtigt, noch kann sie dem Willen des Bergwerksbesitzers zugerechnet werden. Es ist daher unrichtig, den Verpflichtungsgrund in einer Handlung des Bergwerksbesitzers zu suchen, während er vielmehr in einem von seinem Willen unabhängigen Ereignisse beruht, dessen Gefahr der Bergwerksbesitzer zu tragen hat. Von diesem Gesichtspunkte aus ist nunmehr die Person des Verpflichteten, der Gegenstand und der Inhalt der Grundentschädigung zu erörtern, sodann sind die Bestimmungen über den Verlust und die Verjährung der Entschädigungsforderung anzuschliessen.

1. Der Anspruch auf Grundentschädigung richtet sich gegen Denjenigen, welcher zur Zeit der vorgekommenen Beschädigung Besitzer des Bergwerks ist, durch dessen Anlagen der Schaden zugefügt war. Auf den Zeitpunkt, in welchem diese Anlagen entstanden sind, kommt es dabei nicht an, und wenn die Beschädigung Folge des von einem früheren Besitzer geführten Betriebes ist, so ist doch der gegenwärtige Bergwerksbesitzer zum Schadenersatz verpflichtet, weil das Ereigniss der Beschädigung, welches für die Person des Verpflichteten entscheidend ist, in seine Besitzzeit trifft [1]).

Ist der Schaden durch den Betrieb zweier oder mehrerer Bergwerke verursacht, so sind die Besitzer gemeinschaftlich und zwar zu gleichen Theilen zur Entschädigung verpflichtet. Der Einwand, dass dem anderen Bergwerke ein grösserer Antheil an dem gemeinschaftlich verursachten Schaden beizumessen sei, ist dem Grundbesitzer gegenüber nicht zulässig; dagegen ist im Verhältnisse der Bergwerksbesitzer unter sich der Nachweis eines anderen Theilnahmeverhältnisses und der Anspruch auf Erstattung des zuviel Gezahlten nicht ausgeschlossen. (§. 149.)

2. Gegenstand der Entschädigungsforderung ist nach §. 148 jeder Schaden, welcher dem Grundeigenthum oder dessen Zubehörungen zugefügt wird. Andere Schäden, welche beweg-

1) Dies ist bereits für das frühere linksrheinische Recht durch die Urtheile des Appellationsgerichtshofes zu Cöln vom 25. April 1849 und vom 12. März 1863 (Rheinisches Archiv Bd. 44. I. S. 159, Bd. 57. I, S. 126) angenommen.

liche Sachen oder Personen betreffen, begründen keine Ersatzverbindlichkeit [1]). Es macht nach §. 148 keinen Unterschied, ob der Betrieb unter dem beschädigten Grundstücke stattgefunden hat oder nicht [2]). Der Anspruch hat vielmehr nur den Causalnexus zwischen dem Betriebe des Bergwerks und dem zugefügten Schaden zur Voraussetzung. Auch der Schaden, welcher durch den Tagebau einem anstossenden Grundstücke zugefügt wird, muss nach §. 148 ersetzt werden, auch wenn der Bergwerksbesitzer das Areal des Tagebaues eigenthümlich erworben hatte. Obgleich er nämlich als Grundeigenthümer befugt sein würde, sein Grundstück beliebig auszuschachten auf die Gefahr hin, dem Nachbar das Wasser zu entziehen, so trifft ihn doch als Bergwerksbesitzer nach §. 148 die Verpflichtung für eine solche Beschädigung aufzukommen.

Auch der Schürfer und der Muther müssen nach §. 152 für die Beschädigung des Grundeigenthums durch die von ihnen ausgeführten Arbeiten Schadensersatz leisten. Diese Vorschrift ist jedoch auf das Schürfen auf fremdem Grund und Boden zu beschränken. Der Grundeigenthümer, welcher nach den verleihbaren Mineralien schürft, übt nur sein Eigenthumsrecht aus und ist für die dadurch entstehenden Folgen Niemandem verantwortlich [3]).

---

1) Vergl. Gruchot's Beiträge Bd. II, S. 447.

2) Dies war bereits für das frühere rechtsrheinische Recht durch den Plenarbeschluss des Obertribunals vom 18. April 1843 Präjudiz 1284 angenommen, während für das frühere linksrheinische Recht die entgegengesetzte Regel galt (Rheinisches Archiv Bd. 47. I. S. 126, Bd. 48. II S. 49.)

3) Nach dem früheren Preussischen Bergrecht (A. L. R. Theil II Tit. 16 §. 142) musste auch der Grundeigenthümer einen Schürfschein erwerben, um auf eigenem Grund und Boden schürfen zu können; er übte also nicht sein Eigenthumsrecht, sondern ein besonderes Schurfrecht aus, und es war deshalb folgerichtig, wenn das Präjudiz 2068 B des Obertribunals auch den Schürfer auf eigenem Grund und Boden dem benachbarten Grundbesitzer, welchem durch die Schürfarbeiten das Brunnenwasser entzogen wird, zur Entschädigung verpflichtete. Nach dem heutigen Bergrechte dagegen kann der Grundeigenthümer nicht blos ohne Schürferlaubniss die verleihbaren Mineralien aufsuchen, sondern es fehlt auch an jedem Merkmal, durch welches eine solche

3. Der Inhalt der Forderung des Grundbesitzers umfasst nach §. 148 vollständige Entschädigung, d. h. also Ersatz des gesammten Schadens und des entgangenen Gewinnes.

Diese Schadloshaltung muss nach den allgemeinen gesetzlichen Regeln so gewährt werden, dass zunächst das Grundstück so viel wie möglich in den vorigen Zustand gesetzt werde, und so weit dies nicht geschehen kann, für die entstandene Werthsverminderung Ersatz geleistet wird [1]. Die Wiederherstellung kann nach §. 79 A. L. R. Th. I, Tit. 6 nur so viel als möglich gefordert werden. Wenn das Grundstück also nicht in den vorigen Stand gesetzt werden kann, ohne dass zu diesem Zweck der Bergwerksbetrieb eingestellt wird, so wird der Anspruch auf Wiederherstellung durch das in den §§. 54—60 des Berggesetzes dem Bergwerkseigenthümer gewährte Privilegium der unbeschränkten Mineralgewinnung ausgeschlossen, und der Grundbesitzer wird auf die Forderung seines Interesses beschränkt. Dasselbe ist der Fall, wenn die Wiederherstellung nur mit einem Kostenaufwande möglich ist, welcher das Interesse des Grundbesitzers erheblich übersteigt, so dass dieselbe vernünftiger Weise nicht in Aussicht genommen werden kann. Ist dagegen die Beschädigung des Grundstücks so beschaffen, dass dasselbe ohne Nachtheil für den Bergbau und ohne unverhältnissmässigen Kostenaufwand wieder in den vorigen Stand gesetzt werden kann, so kann der Grundeigenthümer diese Wiederherstellung fordern [2]. Auch der Grundbesitzer ist natürlich nicht befugt, statt der Wiederherstellung, wenn der Bergwerksbesitzer hierzu bereit ist Geldentschädigung zu verlangen. Bei der Wasserentziehung, kann der Anspruch auf Entschädigung auch dadurch ausgeschlossen werden, dass das Wasser nicht grade in dem abge-

---

Schürfarbeit des Grundeigenthümers objectiv von anderen auf die Aufsuchung von Wasser u. dergl. gerichteten Arbeiten unterschieden werden konnte.

1) A. L. R. Th. I Tit. 6 § 79. §. 82. §. 89 f.

2) Nach der früheren rechtsrheinischen Praxis wurde der Anspruch auf Wiederherstellung allgemein als unzulässig bezeichnet, jedoch auch nach der damaligen Gesetzgebung mit Unrecht. Vergl. meine Uebersicht S. 181 f.

trockneten Brunnen, sondern an einer anderen Stelle auf demselben Grundstücke wieder beschafft wird [1]). Wenn statt der Wiederherstellung das Interesse geleistet werden muss, so besteht dasselbe bei dauernden Schäden in der Capitalentschädigung für den Minderwerth; bei vorübergehenden Schäden in dem Ersatze der jährlich ausfallenden Nutzung für so lange, bis die Wiederherstellung wieder erfolgt. Die Frage, ob eine Bestätigung bleibend sei oder nicht, ist thatsächlicher Natur. Es kann in dieser Beziehung keinen Unterschied machen, ob die Folgen des entstandenen Schadens sich in die Zukunft hinauserstrecken und sich also periodisch erneuern oder nicht, dagegen muss unterschieden werden, ob diese schädlichen Folgen ein für alle Mal durch die in dem Grundstücke vorgenommenen Veränderungen bedingt sind, oder ob der Fortbetrieb des Bergbaues immer auf's Neue dieselben Wirkungen hervorruft, so dass dieselben mit der Einstellung des Bergbaues künftig wegfallen werden. Das letztere ist beispielsweise bei der Wasserentziehung durch einen Tiefbau der Fall. Das Wasser wird an jedem Tage von Neuem ausgepumpt; es hängt von der Regenmenge und von dem Fortgange des Baues ab, auf welches Niveau das Wasser in den Behältern an der Oberfläche sinken wird. Wird der Bergbau eingestellt, so hört auch die Wasserentziehung wieder auf. Anders verhält es sich dagegen bei der Wasserentziehung durch einen Stollen, wenn den versiegten Quellen durch den Abbau über der Stollensohle ein neuer natürlicher Abfluss gegeben ist, der auch nach der Einstellung des Bergbaues bestehen bleibt. Im letzteren Falle wird daher der Grundbesitzer Capitalentschädigung für die bleibende Werthsverminderung seines Grundstücks fordern dürfen, im ersteren dagegen sich mit der jährlichen Entschädigung für den Minderertrag begnügen müssen. Ein Anspruch auf Cautionsleistung steht ihm neben dieser jährlichen Entschädigung ausser dem Falle des Arrestschlages nicht zu.

Bei der Berechnung des Minderwerthes und des Werthes der entzogenen Nutzungen kommen alle aus dem Boden und

---

1) Vergl. die Erkenntniss des Obertribunals vom 21. Juni 1861 und vom 19. October 1863. Zeitschrift für Bergrecht Bd. II S. 393 Bd. V. S. 108.

seinen Zubehörungen bezogenen Nutzungen in Betracht; mag das Grundstück zur Landwirthschaft oder als Wohnung oder zu industriellen Zwecken gebraucht werden [1]; dagegen ist für solche Nutzungen, welche nicht Zubehörungen des Bodens sind, wie z. B. für den geschmälerten Verkehr in einer Herberge oder Wirthschaft, keine Entschädigung zu gewähren.

Bei der Werthsermittelung kommen nicht die für den Fall des nothwendigen Verkaufes gegebenen Vorschriften, sondern die allgemeinen Regeln vom Schadensersatze zur Anwendung. Es wird daher nicht der ausserordentliche, sondern der gemeine Werth der Sache oder der entzogenen Nutzung vergütet. In Bezug auf entzogene Nutzungen ist auch der Nutzungsberechtigte und namentlich auch der Pächter, so weit ihn der Schaden trifft, zum Schadensersatze berechtigt. [2])

4. Der Anspruch auf Grundentschädigung wird ausgeschlossen durch das grobe Versehen des Grundbesitzers, wenn dieser Gebäude oder andere Anlagen zu einer Zeit errichtet hat, wo ihm bei Anwendung gewöhnlicher Aufmerksamkeit die durch den Bergbau drohende Gefahr nicht unbekannt bleiben konnte (§. 150). Diese Bestimmung schützt den Bergwerksbesitzer davor, die Gefahr solcher Anlagen zu übernehmen, deren Zerstörung durch den Bergbau schon bei ihrer Entstehung vorausgesehen werden kann. Muss aber wegen einer derartigen Gefahr die Errichtung der beabsichtigten Anlagen unterbleiben, so hat nach §. 150 Absatz 2 der Grundbesitzer Anspruch auf die Vergutung der Werthsverminderung, welche sein Grundstuck dadurch etwa erleidet, falls sich nicht aus den Umständen ergiebt, dass die Absicht solche Anlagen zu errichten, nur kundgegeben wird, um jene Vergütung zu erlangen.

Das Versehen des Grundbesitzers muss von dem Bergwerksbesitzer bewiesen werden [3]). Es bleibt dem letzteren

---

1) Vergl. die Entscheidung des Obertribunals vom 11. März 1859 und meine Uebersicht S. 183 f.

2) Präjudiz des Obertribunals 2055; Erkenntniss des Appellationsgerichts zu Hamm vom 14. April 1862; Gruchot's Beiträge Bd. VII, S. 391.

3) Oppenhoff Commentar Nro. 851.

unbenommen, durch eine rechtzeitige Warnung den Grundbesitzer auf die drohende Gefahr aufmerksam zu machen, um sich für den Fall, dass diese Warnung missachtet wird, den Beweis des Versehens zu sichern. Er unterwirft sich durch eine solche Warnung dem Anspruche auf sofortige Entschädigung, falls nicht der Fall des §. 150 Absatz 2 vorliegt. Der Grundbesitzer seinerseits ist nicht verpflichtet, durch technische Untersuchung die etwa vorhandene Gefahr der künftigen Zerstörung durch den Bergbau feststellen zu lassen, falls diese sich nicht bei Anwendung gewöhnlicher Aufmerksamkeit von selbst ergiebt [1]).

Es fragt sich, ob der Grundbesitzer vor Errichtung der Anlage von dem Bergwerksbesitzer eine Erklärung darüber fordern kann, ob dieselbe ohne Gefahr der Zerstörung durch den Bergbau geschehen könne. Diese Frage muss verneint werden, denn das Gesetz legt es im §. 150 dem Grundbesitzer auf, durch Anwendung seiner gewöhnlichen Aufmerksamkeit die Gefahr der Zerstörung zu vermeiden, und diese Gefahr ist nicht blos bedingt durch den künftigen Betriebsplan des Bergwerks über welchen allerdings der Bergwersbesitzer auf Erfordern Aufschluss geben muss, sondern auch von der Auswahl der Baustelle und von der vorsichtigen Ausführung des Baues selbst, welche beide nur von dem Grundbesitzer abhängen. Das Gesetz legt dem Bergwerksbesitzer keineswegs die alternative Verpflichtung auf, entweder die Gefahr der künftigen Zerstörung der Anlage zu übernehmen, oder für das Unterbleiben derselben Entschädigung zu gewähren; er kann sich gegen beide Forderungen zunächst ablehnend verhalten und der Beurtheilung des Grundbesitzers überlassen, ob und wo er die Anlage machen oder ob er für das Unterlassen derselben Entschädigung fordern will. Erhebt der Grundbesitzer Klage auf Entschädigung dafür, dass die Anlage wegen der Gefährdung durch den Bergbau unterbleiben müsse, so ist auch dann der Bergwerksbesitzer nicht zu einer positiven Erklärung über diese Behauptung gezwungen, er kann die behauptete Gefährdung ins Nichtwissen stellen und so erreichen, dass sowohl die Klage des Grundbesitzers zurückgewiesen wird, als auch ihm

1) Entscheidung des Obertribunals vom 27. September 1858; Entscheidungen Bd. XXXIX S. 296.

selbst der Einwand aus §. 150 gegen die künftige Entschädigungsklage für den Fall erhalten bleibt, dass der Grundbesitzer bei seiner Anlage in sorgloser Weise verfährt und nicht etwaigen Beschädigungen durch den Bergbau angemessen vorbeugt. Dagegen kann der Bergwerksbesitzer vertragsmässig dem Einwande aus §. 150 entsagen und zwar mit bindender Wirkung für seine Besitznachfolger, da die Vorschrift des §. 150 eine Legalservitut zu Gunsten des Bergwerks constituirt, welcher durch Vertrag entsagt werden kann [1]).

Die Vorschrift des §. 150 schliesst sich in der Hauptsache an die Bestimmung des Allg. Landrechts im Th. II Tit. 16, §. 116[b] an, nur dass letzteres in unpraktischer Weise dem Bergamte die Verpflichtung auflegte, die Auswahl der sicheren Baustelle für den Grundbesitzer zu treffen. Das sächsische Berggesetz geht in §. 140 von denselben Gesichtspunkten aus wie das preussische Gesetz, nur dass es ferner dem Grundbesitzer in jedem Falle die Entschädigung auch dann versagt, wenn die beschädigenden Grubenbaue älter sind als die beschädigte Anlage. Das österreichische Berggesetz lässt dagegen lediglich die Regel der Prävention entscheiden. Nach §§. 106 und 107 dieses Gesetzes darf die obrigkeitliche Baubewilligung zu Gebäuden, Wasserleitungen und andern Anlagen innerhalb eines verliehenen Grubenfeldes nicht ertheilt werden, bevor dem Bergwerksbesitzer eine angemessene Frist zur Gewinnung der verliehenen Mineralien innerhalb des zum Bau bestimmten Raumes gestellt ist. Wird die Anlage ohne obrigkeitliche Baubewilligung errichtet, so ist der Bergwerksbesitzer für den entstehenden Schaden nicht verantwortlich.

Eine einfachere und praktischere Lösung des hier erörterten Collisionsfalles nach der Regel der Prävention ist in dem englischen Rechte gegeben, welches den Bergwerksbesitzer nur dann für die Beschädigung von Gebäuden verantwortlich macht, wenn dieselben zwanzig Jahre hindurch bestanden haben [2]).

5. Die Verjährung des Anspruchs auf Ersatz eines durch den Bergbau verursachten Schadens tritt nach §. 151 nach Ver-

---

1) Vergl. m. Commentar Anm. 340 zu §. 150.

2) Bluhme in der Zeitschr. f. Bergrecht Bd. X, S. 349.

lauf von drei Jahren ein; sie beginnt in dem Zeitpunkte, in welchem das Dasein und der Urheber des Schadens zur Wissenschaft des Beschädigten gelangt sind. Diese Vorschrift ist aus dem früheren rechtsrheinischen Rechte nämlich aus der Declaration vom 31. März 1838 (Ges. Samml. S. 252) entnommen, zu welcher der folgende Plenarbeschluss des Obertribunals vom 20. März 1846 ergangen ist [1]).

„Die dreijährige Verjährung des Anspruchs auf Ersatz eines ausserhalb dem Falle eines Contracts erlittenen Schadens trifft auch in den Fällen das ganze Recht, wo der aus einer Handlung entstehende dem Beschädigten bekannt gewordene Schaden so beschaffen ist, dass er, obwohl im wechselnden Umfange, sich auch in der Zukunft erneuert."

Aus den Gründen des Beschlusses ergiebt sich die Voraussetzung, dass der zukünftige Schaden in seinem ganzen Umfange durch das bereits eingetretene beschädigende Ereigniss bedingt ist. Der aufgestellte Grundsatz kann daher keine Anwendung finden, wenn nicht die Folgen der Beschädigung, sondern das beschädigende Ereigniss sich fortwährend erneuert, wie dies in dem oben (S. 325) angeführten Falle der Wasserentziehung durch einen Tiefbau anzunehmen ist [2]).

§ 30. Die aufgehobenen Berechtigungen.

(§. 224 und §. 225 des Berggesetzes — A. L. R. Th. II Tit. 16 §. 117—127 §. 134.)

Ausser der Geldentschädigung für den abgetretenen Grund und Boden und für die Grundschäden räumte das frühere deutsche und französische Bergrecht dem Grundeigenthümer noch einen weiteren Anspruch auf eine Abgabe von dem verliehenen Bergwerke ein, welche rechtsrheinisch in einem Antheile an dem Ertrage des Bergbaues (Grundkuxe und Tradde), linksrheinisch in einer festen Rente (Grundrente) bestand. Soweit diese Berechtigungen an den vor dem 1. October 1865 verliehenen Bergwerken bereits erworben waren, sind dieselben auch unter der Herrschaft des neuen Berggesetzes bestehen geblieben.

---

1) Entscheidungen Bd. XIII, S. 19.

2) Vergl. meine Uebersicht S. 186 f.

1. Der **Grundkux** oder Erbkux, früher auch Ackertheil genannt, besteht in einem Antheile an der Ausbeute, welcher dem auf einen Kux fallenden Antheile gleich ist. Nach den älteren Bergordnungen stand dem Grundbesitzer die Wahl zwischen einem Freikuxe und vier Mitbaukuxen zu [1]), bei welchen letzteren der Grundeigenthümer nach Verhältniss seines gesetzlichen Antheiles an der Ausbeute auch zu der Zubusse beiträgt, wogegen der Besitzer des Freikuxes von der Zubusse befreit ist und an der Ausbeute erst nach erstattetem Verlage theilnimmt (oben S. 254). Die Mitbaukuxe sind indess obsolet geworden, und dem preussischen Bergrechte überhaupt unbekannt. Das Allg. Landrecht gewährt den Erbkux nach §. 117 f. und §. 134 Th. II. Tit. 16 ausschliesslich in der Gestalt von zwei Freikuxen. Eine gleiche Berechtigung von zwei Freikuxen stand nach §. 134 cit. der Kirche und Schule, unter deren Sprengel das Bergwerk liegt, und der Knappschaftskasse zu. Die zwei Freikuxe der Knappschaft sind jedoch durch §. 9 des Knappschaftsgesetzes vom 10. April 1854 aufgehoben worden, so dass nur noch die Freikuxe für Kirche und Schule neben dem Grundkuxe bestehen geblieben sind.

Nach den älteren Bergordnungen enthielt die Betheiligung des Grundbesitzers an dem Ertrage des Bergwerks durch den Grundkux zugleich dessen Entschädigung sowohl für den abgetretenen Grund und Boden als für die mittelbaren Grundschäden. Einige dieser Bergordnungen lassen dem Grundbesitzer die Wahl zwischen dem Bezuge des Freikuxes und einer Geldentschädigung für die entzogene Bodennutzung [2]), andere schliessen jede Geldentschädigung aus [3]), oder sie gewähren solche nur demjenigen Grundbesitzer, welcher nicht zum Bezuge des Grundkuxes berechtigt ist [4]).

Die revidirten Bergordnungen und das Allg. Landrecht dagegen stellen die Regel auf, dass dem Grundeigenthümer neben der vollständigen Geldentschädigung für den abgetretenen

---

1) Nassau-Catzenelnbog. Bergordnung Art. 28; Kurtrier. Bergordnung Th. II. Art. III, 25: Kursachs. Bergordnung Art. 72.

2) Nassau-Catzenelnbog. B. O Kurtrier. B. O. a. a. O.

3) Kurköln. B. O. Th. III, Art. 19.

4) Kursächs. B. O. Art. 72.

und beschädigten Boden eine Betheiligung an dem Ertrage des Bergwerks in Gestalt von zwei Freikuxen zu gewähren sei [1]).

Der Grundkux steht nach gemeinem Rechte dem Grundbesitzer zu, auf dessen Boden sich der Fundschacht befindet, nach preussischem Rechte (A. L. R. Th. II Tit. 16 §. 120) demjenigen, auf dessen und Boden die Fundgrube sich befindet. Erstreckt sich die Fundgrube über mehrere Grundstücke, so wird der Grundkux zwischen den Besitzern verhältnissmässig getheilt [2]). Der Grundkux kann von dem Grund und Boden nicht getrennt werden (§. 118 l. c.), er ist deshalb auch unverjährbar [3]).

Der Grundeigenthümer ist wegen des Erbkuxes nicht zu Beiträgen zu den Betriebskosten verbunden; er hat auch kein Stimmrecht in den gewerkschaftlichen Versammlungen [4]). Der ganze Inhalt seines Rechtes besteht in dem Bezuge seines Antheils aus der Ausbeute. Es steht ihm daher nur eine Realberechtigung auf diesen Ausbeuteantheil zu, wie dies gegenüber früheren irrigen Ansichten [5]) im Wege der Declaration im §. 224 des Berggesetzes bestimmt wird.

In Bezug auf den Betrag des Ausbeuteantheils enthielten die früheren preussischen Berggesetze verschiedene Bestimmungen, indem die Schlesische und die Magdeburgische Bergordnung die sechs Freikuxe in die Gesammtzahl der 128 Kuxe einrechneten, folglich nur 122 gewerkschaftliche Kuxe annahmen, während nach der Cleve-Märkischen Bergordnung und dem Allg. Landrecht die 6 Freikuxe zu den 128 gewerkschaftlichen Kuxen hinzutraten [6]). Der auf einen Freikux fallende

---

1) Cleve-Märkische B. O. Cap. 30. Cap. 72; Schlesische B. O. Magdeburg-Halberstädtische B. O. Cap. 31 Cap. 73 Cap. 74; A. L. R. Th. II Tit 16 §. 109 §. 117 f.

2) Vergl. A. Achenbach in der Zeitschrift für Bergrecht Bd. II. S. 73. M. Uebersicht S. 223

3) Erkenntniss des Obertribunals v. 5 Juni 1857. Striethorst's Archiv Bd. 24 S. 358.

4) Allg. Landrecht Th. II Tit. 16 §. 122 — Gesetz vom 12 Mai 1851. (G. S. S. 265) §. 5.

5) Vergl. das oben angeführte Erkenntniss des Obertribunals und meine Bemerkungen zu demselben in der Uebersicht S. 209 f.

6) Schlesische B. O. Cap. XXXI §. 1. Magdeb. B. O. Cap. XXXI

Ausbeuteantheil beträgt also in dem einen Rechtsgebiete $^1/_{128}$ in dem anderen $^1/_{134}$. Hierin ist auch dadurch nichts geändert worden, dass die beiden früheren Freikuxe der Knappschaft durch §. 9 des Knappschaftsgesetzes vom 10. April 1865 aufgehoben sind. Der Ausbeuteantheil für jeden der verbliebenen vier Freikuxe beläuft sich nach wie vor auf $^1/_{128}$, oder $^1/_{134}$, auch die Zahl der gewerkschaftlichen Kuxe ist nicht um die Zahl der aufgehobenen Freikuxe vermehrt, sondern unverändert geblieben, und die einzige Folge jener Aufhebung ist die, dass der Ausbeuteantheil des Freikuxbesitzers nicht mehr wie früher genau dem des gewerkschaftlichen Kuxbesitzers gleich ist. Auch dies wird im §. 224 des Berggesetzes im Wege der Declaration gegenüber fruheren streitenden Meinungen festgestellt [1]) Die Ablösung der Freikuxe bleibt nach §. 224 Abs. 3 der freien Vereinigung vorbehalten, und es ist insoweit die frühere Unveräusserlichkeit des Grundkuxes (§. 118 A. L. R. Th. II Tit. 16) aufgehoben.

2. Die Tradde tritt bei den Steinkohlenbergwerken im Bezirke der Cleve-Märkischen Bergordnung nach Cap. XXX §. 3, und nach der Declaration vom 13. September 1777 [2]) an die Stelle des Grundkuxes und der Geldentschädigung für entzogene Bodennutzungen. Sie enthält ein Theilnahmerecht an dem rohen Ertrage des Bergbaues, welches demjenigen zusteht, auf dessen Grund und Boden ein Schacht abgeteuft ist. Der Grundeigenthümer hat nach der Declaration vom 13. September 1777 die Wahl, ob er sich den jährlich entstandenen Grundschaden vergüten lassen oder an jedem Tage, an welchem Kohlen aus dem Schachte gefördert werden, ein Fass Kohlen oder überhaupt das fünf und sechzigste Fass von den aus dem Schachte geförderten Kohlen nehmen will. Dieser Antheil an der Förderung wird jedoch bei den in Wäldern, Büschen und anderem uncultivirten Lande stehenden Schächten auf ½ Fass täglich oder auf das 130ste Fass der Förderung ermässigt.

---

§. 1. Cleve-Mark. B. O. Cap. XXX §. 1 Allg. Landrecht Th. II. Tit. 16 §§. 133 f

1) Vergl. meinen Commentar Anm. 587 zu §. 224

2) Rabe Sammlung Bd. I Abth. 6 S. 255; Brassert Bergordnungen S. 859.

Ueber die Ausübung des Wahlrechtes enthält die Declaration sehr verwickelte und unpraktische Bestimmungen. Wählt der Grundbesitzer die tägliche oder verhältnissmässige Tradde, so hat er auf Grundentschädigung keinen Anspruch und muss auch namentlich selbst für die Wegschaffung der Halden und für die Ausebnung des zur Schachtanlage benutzten Grundstückes sorgen, wenn dasselbe zurückgewährt wird.

Auf den Bezug der Tradde haben verschiedene Präjudizien des Obertribunals Bezug, nach welchen dieselbe nur von dem abgeteuften Schachte nicht von dem Stollen und nur in Kohlen, nicht in Gelde zu entrichten ist [1]).

Das allgemeine Berggesetz enthält keine auf die Tradde bezügliche Uebergangsbestimmung. In den Motiven der Regierungsvorlage findet sich S. 120 die Bemerkung, dass auch die Tradde bei künftigen Verleihungen selbstverständlich wegfalle. Allein wenn bei den Freikuxen nach §. 224 Absatz 2 der Zeitpunkt der Verleihung darüber entscheidet, ob an dem Bergwerke noch die Freikuxberechtigung nach den früheren Gesetzen stattfindet, so ergiebt sich für die Tradde aus §. 241 ein ganz anderes Resultat. Nach §. 241 sollen auf Fälle, in welchen vor Eintritt des Berggesetzes Grund und Boden zum Bergbau abgetreten ist, die bisherigen Gesetze, auf spätere Fälle dagegen die §§. 137–141 des Berggesetzes Anwendung finden. Nun wird die Tradde nur für die Abtretung von Grund und Boden zur Anlage eines Schachtes gewährt; sie tritt nach der Declaration von 1777 an die Stelle der Geldentschädigung für den abgetretenen Grund und Boden; daher kommen die Vorschriften über den Bezug der Tradde nur da zur Anwendung, wo die Abtretung des Schachtareals vor dem 1. October 1865 stattgefunden hat. Dasselbe Resultat ergiebt sich, wenn man von der Vorschrift des §. 241 absieht, aus den allgemeinen Regeln über die Rückanwendung der Gesetze. Nach §. 14 der Einleitung und nach §. VIII des Publikations-Patents zum Allg. Landrecht werden wohlerworbene Rechte von den neuen gesetzlichen Bestimmungen nicht betroffen. Deshalb mussten im §. 224 Absatz 1 die Freikuxberechtigungen an den

---

1) Erkenntnisse vom 23. März und vom 20 Dezember 1849 (Präjudiz 1277) — Vergl. meine Uebersicht S. 212 f.

bereits verliehenen Bergwerken aufrecht erhalten werden, weil die Erwerbung dieser Berechtigung mit der Verleihung des Bergwerks zusammenfällt. Anders verhält es sich mit der Tradde, welche erst durch die Abteufung eines Schachtes auf einem bestimmten Grundstücke erworben wird. So lange ein Schacht nicht abgeteuft ist, ist es überhaupt zweifelhaft, ob das Tradderecht von irgend Jemanden erworben werden wird, da dasselbe bei der Förderung durch einen Stollen wegfällt. Noch weniger hat aber einer der verschiedenen Grundbesitzer, über deren Areal sich das Grubenfeld erstreckt, und auf deren Boden möglicherweise künftig ein Schacht abgeteuft werden kann, ein bereits erworbenes Anrecht auf die Tradde, wie dies ohne Weiteres daraus erhellt, dass durch die wirkliche Erwerbung der Tradde seitens eines jener Grundbesitzer bei Abteufung des Schachtes die Hoffnung der übrigen von selbst wegfällt. Die blosse Möglichkeit der Erwerbung oder die blosse Erwartung eines Rechtes, wie sie in dem gedachten Falle vorliegt, hat aber keinen Anspruch auf den Schutz der wohlerworbenen Rechte. Die Tradde ist daher auch bei den vor dem 1. October 1865 verliehenen Bergwerken für alle die Fälle weggefallen, in denen die Abteufung des Schachtes nach diesem Zeitpunkte stattgefunden hat.

3. Das Recht des Mitbaues zur Hälfte gehört dem preussischen Provinzialrechte an,[1] und schreibt seinen Ursprung von der revidirten Schlesischen Bergordnung vom 5. Juni 1769 her. Durch dieses Gesetz wurden einerseits die früher bestandenen Grenzen des Bergregals auf die Steinkohlen ausgedehnt, andrerseits die Regalitätsrechte, welche die Rudolfinische Bergordnung von 1577 und die in Schlesien als subsidiäres Recht recipirten Böhmischen Bergwerksverträge von 1534 und von 1575 dem ritterschaftlichen Grundbesitz einräumen, zu Gunsten des Staates aufgehoben. Anscheinend in der Absicht, diesen doppelten Eingriff in die Rechte der Grundeigenthümer minder fühlbar zu machen, wurde im Cap. I §. 3 der Bergordnung von 1769 den „Grundherren" ein Vorzugsrecht zum Bergbau auf alle zum Regal gehörigen Mineralien vor fremden Muthern zugestanden. Da sich jedoch bald ergab,

1) A. L. R. Th. II. Tit. 16 §. 124.

dass ein solches Vorzugsrecht mit der allgemeinen Bergbaufreiheit und mit dem Gedeihen des Bergbaues unverträglich sei, so wurde durch ein Rescript des Bergwerks- und Hüttendepartements vom 4. August 1770 bestimmt, dass das Vorzugsrecht des Grundherrn sich nur auf die Hälfte der Zeche erstrecken, die andere Hälfte aber dem ersten Finder und Muther verbleiben solle. Dieses Rescript erhielt nachträglich die gesetzliche Sanction durch die Declaration vom 1. Februar 1790, welche bestimmt:

> dass der erste Finder, wenn er auf die Fundgrube muthet, zur Hälfte derselben berechtigt sein, der Grundherr aber, daferne er es nach ergangener Aufforderung verlangt, zum Mitbau auf die andere Hälfte oder 61 Kuxe vorzüglich gelassen werden soll.

Die revidirte Bergordnung für Magdeburg-Halberstadt vom 7. December 1762 nahm im Cap. I §. 3 die Vorschrift der Schlesischen Bergordnung mit derselben Modification an; doch wurde in dem grössten Theile des Gebietes dieser Bergordnung das Mitbaurecht unter der westfälischen Zwischenherrschaft durch das Decret vom 27. Januar 1809 wieder aufgehoben[1]).

Ueber die Ausübung des Mitbaurechtes verordnete die Declaration vom 1. Februar 1790, dass der Grundherr von dem Oberbergamte mit einer Frist vor drei Monaten zur Erklärung aufgefordert werden solle, ob er von dem Rechte des Mitbaues Gebrauch machen wolle. Wenn diese dreimonatliche Frist fruchtlos verstrichen sei, so sei das Recht zum Mitbau ohne Weiteres erloschen.

Das so geschaffene Mitbaurecht enthält einen Versuch zwischen dem Grundsatz der allgemeinen Bergbaufreiheit und dem ausschliesslichen Rechte des Grundbesitzers zu vermitteln. Die consequente Durchführung desselben würde eine durchgreifende Umarbeitung der ganzen Berggesetzgebung erfordert haben, um die Widersprüche und die Zweifel zu beseitigen, welche aus der unvermittelten Nebeneinanderstellung so wesentlich ungleichartiger Rechtsbildungen nothwendig entspringen

---

1) Auch diese Frage ist bestritten und von dem Obertribunal im entgegengesetzten Sinne beantwortet. Vergl. meine Uebersicht S. 218 Zeitschrift für Bergrecht Bd. V. S. 370. f.

müssen. Das Resultat dieser Unterlassung ist, dass in der Theorie dieses Rechtsinstituts nach gerade jeder einzelne Punkt streitig geworden ist. Es ist daher erklärlich, dass auf diesem Rechtsgebiete nicht nur zahlreiche Streitfragen zur praktischen Entscheidung, insbesondere auch des höchsten Gerichtshofes, gediehen sind, sondern dass auch die theoretische Untersuchung sich mit Vorliebe demselben zugewendet hat. Die vorliegende Rechtsmaterie hat insbesondere in den ausgezeichneten Monographieen von Brassert: Das Recht des Mitbaus zur Hälfte (Bd. IV. *B.* S. 1—28 der Zeitschrift für Berg-, Hütten und Salinenwesen) und von Gräff: Die Rechtsverhältnisse des Dominial-Mitbaurechts (Breslau 1859) eine erschöpfende Darstellung gefunden.

Die Controversen, welche bestanden, betrafen ausser der Frage uber die Aufhebung des Mitbaurechtes in dem früheren Königreich Westphalen vorzüglich die Person des Mitbauberechtigten, die rechtliche Natur und die Bedingungen der Ausübung dieses Rechtes. Man stritt zunächst darüber, ob unter der Bezeichnung „Grundherr" im Cap. I §. 3 der Schlesischen und der Magdeburgischen Bergordnung der Grundeigenthümer oder der Gutsherr zu verstehen sei. Nachdem die verleihenden Bergbehörden Jahrzehnte lang den Gutsherrn als mitbauberechtigt behandelt und zur Ausübung dieses Rechtes aufgefordert hatten, entschied das Obertribunal durch die Präjudizien 45 vom 14. Februar 1834; 1703 vom 12. Februar, 1846 und 1527 vom 27. Januar 1845 für das Recht des Grundeigenthümers, welcher auch im §. 124 A. L. R. II. 16 ausdrücklich als der Mitbauberechtigte bezeichnet wird.

Diese Entscheidungen hatten eine grosse Zahl von Prozessen zur Folge, in welchen die Eigenthümer bäuerlicher Grundstücke, gegenuber der von der Bergbehörde mitbeliehenen Gutsherrschaft das Mitbaurecht in Anspruch nahmen; und da nicht selten zwischen der Verleihung und der Anstellung der Klage das Grundstück seinen Besitzer gewechselt hatte, so ergaben sich nun die weiteren Streitfragen: in welchem Zeitpunkte das Mitbaurecht erworben werde? ob es bei der Veräusserung des Grundstücks auf den neuen Erwerber desselben übergehe? und ob es abgesondert veräussert werden könne?

Alle diese Fragen wurden wieder Gegenstand von Entscheidungen des höchsten Gerichtshofes[1]). War seit der Verleihung und bis zur Anstellung der Klage ein Wechsel in dem Besitze des Bergwerks oder gar eine Consolidation vorgekommen, so entstanden gleiche Zweifel über die Dinglichkeit des Anspruchs und über die Zulässigkeit der Vindication[2]).

Endlich liessen die Bergordnungen sogar die Fragen unentschieden, ob das Recht zum Mitbau durch die Lage des Fundpunktes oder der Fundgrube oder des ganzen Feldes bestimmt werde und diese Frage würde nach der Analogie des §. 120. A. L. R. II. 16 durch das Erkenntniss vom 13. Novemder 1850 dahin beantwortet, dass das Mitbaurecht, ebenso wie der Grundkux dem Eigenthümer des Areales der Fundgrube zustehe.[3])

Nach §. 225 des Berggesetzes wird der Anspruch auf das Mitbaurecht in solchen Bergwerken, welche erst nach Eintritt des Berggesetzes verliehen werden, nur alsdann zugelassen, wenn die Erklärung mitbauen zu wollen, bereits vor dem Eintritt des Berggesetzes rechtzeitig abgegeben oder die dreimonatliche Frist zur Abgabe dieser Erklärung noch nicht abgelaufen ist, d. h. wenn die Aufforderung zur Erklärung in den letzten drei Monaten vor jenem Zeitpunkte zugestellt war. Der Anspruch auf das Mitbaurecht an bereits verliehenen Bergwerken, bezüglich deren die vorgeschriebene Aufforderung zur Geltendmachung unterblieben ist, muss bei Vermeidung der Präclusion innerhalb eines Jahres nach dem Eintritte des Berggesetzes durch gerichtliche Klage verfolgt werden[4]). Mit dem 1. October 1866 ist daher die Präclusion aller bis dahin nicht rechtshängig gewordenen Ansprüche auf das Mitbaurecht ein-

---

1) Vergl. die Erkenntnisse vom 24. November 1851 (Präjudiz 2323) vom 21. Juni 1854, vom 2. Mai 1859 — m. Uebersicht S. 224—230 — ferner vom 30. Mai 1862, vom 23. Mai 1864, vom 28 September 1868. — Zeitschrift für Bergrecht Bd. IV S. 120. Bd V. S. 379. Bd. X S. 447.

2) Vergl. die Entscheidungen des Obertribunals vom 19. Mai 1862 und vom 7. September 1862. Zeitschrift für Bergrecht Bd. IV S. 118, Bd. V S. 370.

3) Vergl. meine Uebersicht S. 223 f.

4) Vergl. meinen Commentar, Anmerk. 597 zu §. 225.

getreten, und die zahlreichen Streitfragen, welche über die Erwerbung des Mitbaurechts früher bestanden, sind gegenwärtig ohne praktisches Interesse.

Soweit das Mitbaurecht vor oder rechtzeitig nach dem Eintritte des Berggesetzes ausgeübt worden ist, hat der Grundbesitzer ein Miteigenthum an dem Bergwerke erworben, welches von dem auf andere Art erworbenen Kuxeigenthum des alten Rechtes [1]) nicht verschieden ist. Die Mitbaukuxe sind insbesondere nicht wie der Erbkux unzertrennlich mit dem Grund und Boden verbunden, sondern unbeschränkt veräusserlich.

Die linksrheinische Grundrente beruht auf den Bestimmungen des französischen Berggesetzes vom 21. April 1810 Art. 6 und 42. Nach Art. 6 soll der Concessionsact die Rechte der Grundeigenthumer an dem Ertrage der concedirten Bergwerke feststellen, und es ergiebt sich aus der Entstehungsgeschichte dieser Vorschrift, dass Napoleon, der Urheber derselben, ursprünglich dem Eigenthümer einen Antheil an dem Ertrage des Bergwerks als Entschädigung fur die Entziehung der verliehenen Mineralien gewähren wollte. [2]) Allein nach Art. 42 desselben Gesetzes soll das Recht des Grundeigenthümers durch den Concessionsact auf eine bestimmte Summe festgesetzt werden. In Rheinpreussen ist desshalb dem Grundeigenthümer stets eine feste Abgabe und zwar in der Gestalt eiuer jährlichen Rente durch den Concessionsact ausgesetzt. [3]) Das linksrheinische Grundrecht wurde daher durch den Concessionsact erworben, und ist an den vor dem 1. October 1865 concessionirten Bergwerken bestehen geblieben, da die Aufhebuug des Gesetzes vom 21. April 1810 die nach den Vor-

---

1) Ist das Miteigenthum erst nach dem Eintritte des Berggesetzes ausgeübt, so entsteht nach §. 94 eine Gewerkschaft des neuen Gesetzes.

2) Locré legislation sur les mines p. 45 p. 52.

3) In den linksrheinischen Concessionsurkunden wurde das Grundrecht nach dem Flächeninhalte des Feldes und beziehungsweise des Grundstücks bemessen; der Betrag schwankte zwischen 1 Pfennig und 1 Silbergroschen, in seltenen Fällen 2 Sgr. pro Morgen. Achenbach französisches Bergrecht S. 131.

schriften dieses Gesetzes bereits erworbenen Rechte selbstverständlich nicht berührt. Anders verhält es sich mit dem Anspruche des Grundeigenthümers auf Erstattung des doppelten Werthes der zum Bergwerksbetriebe abgetretenen Grundstücke, zu welchem derselbe nach Art. 43 und 44 des Gesetzes vom 21. April 1810 berechtigt war. Dieser Anspruch ist nur in so weit erworben, als die Abtretung vor dem Eintritte des neuen Berggesetzes stattgefunden hatte, und deshalb ist nach §. 241 des Berggesetzes die doppelte Entschädigung nur für solche frühere Abtretungsfälle zu gewähren.

Sechstes Buch.

Die Knappschaft.

§. 31. Der Arbeitsvertrag.

(§§. 80—93 des Berggesetzes — §§. 128—139 §. 154 der Gewerbeordnung — Ges. v. 11 Juni 1869.)

Die Rechtsverhältnisse der Bergarbeiter haben im älteren deutschen Bergrecht eine ebenso eigenthümliche Entwickelung erfahren, wie diejenigen der Gewerkschaften. In der ältesten Zeit wurde wohl vorwiegend der Bergbau von den Eigenthümern mit eigener Hand betrieben. Unter diesen Eigenlöhnern bestand ein Verhältniss der Genossenschaft, welches der Markengenossenschaft, der ältesten Form des deutschen Grundbesitzes ganz analog war (Vergl. oben S. 6). In den Bergordnungen des 16. Jahrhunderts bilden die Eigenlöhner, d. h. die mit eigener Hand arbeitenden Bergwerksbesitzer, nur noch die Ausnahme. Der Bergbau wird in der Regel durch gedungene Arbeiter betrieben und unter letzteren besteht ein zünftiges Verhältniss. Die Knappschaft, d. h. die Gesammtheit der Bergleute eines Reviers, bildete eine Corporation unter gewählten Aeltesten und Vorstehern. [1]) Sie genoss mancherlei Privilegien, z. B. die Befreiung vom Soldatendienst, von persönlichen Steuern, von An- und Abzugsgeldern und einen gefreiten Gerichtsstand. Das letzte Ueberbleibsel dieser Privilegien, die Steuerfreiheit der Bergleute im Harzdistricte des vormaligen Königreichs Hannover, ist durch §. 16 des Gesetzes vom 28. April 1867 (G. S. S. 553) aufgehoben.

---

1) Joachimsthaler BO. Theil II Art. 90. — Kurköln. BO. Theil II Art. 11.

Einige ältere Bergordnungen fordern von den eintretenden Bergleuten einen Diensteid; alle beschränken die Freizügigkeit durch besondere Vorschriften für die Annahme der Arbeiter und für die Aufkündigung des Arbeitsverhältnisses.[1] Im Zusammenhange mit den zünftigen Einrichtungen entwickelten sich ebenfalls im 16. Jahrhunderte die Knappschaftskassen oder Bruderladen, welche die Sicherung der Bergarbeiter gegen die Gefahren ihres Berufs und gegen andere Störungen ihres Nahrungsstandes bezwecken. Schon die Kuttenberger Bergordnung von 1300 erwähnt diese Einrichtung. Die Schlaggenwalder Zinnbergwerksordnung von 1548 führte zuerst im Artikel 20, wöchentliche Beiträge der Arbeiter zur Knappschaftskasse (Büchsenpfennige) ein; auch in Freiberg bestand schon im Jahre 1540 die zu gleichem Zwecke gegründete Gnadengroschenkasse.

Die frühere preussische Gesetzgebung bildete den zünftigen Verband der Bergleute noch weiter aus, indem die Leitung des Bergbaues dem Bergamte übertragen, und diesem auch die Annahme der Arbeiter der Schichtmeister und Steiger vorbehalten wurde.[2]

Die Gruben eines Bergamtsbezirkes wurden unter der oberen Leitung des Bergmeisters durch die von dem Bergamte angestellten Steiger und Schichtmeister betrieben; das Bergamt setzte die Betriebspläne, die Verkaufspreise der Producte, die Ausbeute oder die zu leistende Zubusse fest. Dabei wurde nach einem für den ganzen Bezirk angenommenen gemeinsamen Plane verfahren, und die Verkaufspreise so geregelt, dass jeder der concurrirenden Gruben ein gewisser Absatz gesichert blieb (Vergl. oben S. 35). Auch die Annahme der Arbeiter erfolgte für den ganzen Bezirk durch das Bergamt, welches jeder einzelnen Grube die nöthige Anzahl von Handen zutheilte Dabei bildete sich die Einrichtung aus, dass den ständig zur Bergarbeit angenommenen Bergleuten ein vorzügliches Anrecht auf Beschäftigung gesichert, der vorubergehende Mehrbedarf aber durch sogenannte Tagelöhner gedeckt, wurde,

1) Joachimsthaler Bergordnung Theil II Art. 37. Kursachs. B.O. Art. 69. Nassau Katzenelnbog. B.O. Art. 10 Art. 50.

2) Allg. Landrecht Theil II Tit. 16 §. 82 § 307 ff.

welche jedoch entlassen werden mussten, sobald auf einer anderen Grube ständige Bergarbeiter arbeitslos wurden. Die Bestimmung des Arbeitslohns erfolgte ebenfalls durch die Behörde, welche für die verschiedenen Gruben eines Reviers gleiche Normallöhne festsetzte. So bildeten die zahlreichen Steinkohlengruben des Bochumer Bergamtsbezirks mit etwa 20,000 ständigen Bergleuten eine einzige Knappschaft, deren vollberechtigte Mitglieder ein Recht auf Arbeit gegen einen Normallohn hatten und nur von dem Bergamte verlegt und abgelegt werden konnten.

Aus diesen Zuständen zünftiger Beschränkung und obrigkeitlicher Bevormundung wurde zuerst durch das Gesetz vom 12. Mai 1851 der Uebergang zur Gewerbefreiheit gemacht (oben S. 38), und das allgemeine Berggesetz führte in den Vorschriften der §§. 80—93 den Grundsatz der unbeschränkten Gewerbefreiheit in Bezug auf das Verhältniss der Bergwerksbesitzer zu den Bergleuten vollständig durch. Nur eine Beschränkung wurde im §. 244 nach dem Beschlusse der Commission des Herrenhauses beibehalten, indem die Strafbestimmungen des früheren Rechtes gegen die eigenmächtige Aufgabe der Arbeit und gegen die verabredete Arbeitseinstellung beibehalten wurden.

Auch diese Ausnahmebestimmungen sind durch die Gewerbeordnung für den norddeutschen Bund vom 24. Juni 1869 (Bundesgesetzblatt S. 245) im §. 54 aufgehoben[1]). Zugleich sind die Bestimmungen der Gewerbeordnung über die Verhältnisse der Fabrikarbeiter (§§. 128—139) auf die Bergleute angewendet worden. Die §§. 134—139 sind an die Stelle der fast gleichlautenden Vorschriften der §§. 86—92 getreten, und in den §§. 128—133 ist die Gesetzgebung über die Beschäftigung der jugendlichen Arbeiter, welche sich früher in verschiedenen Verordnungen zerstreut fand[2]), neu zusammengestellt worden.

Die gegenwärtig geltenden Vorschriften des Berggesetzes und der Gewerbeordnung beziehen sich theils auf das Vertragsverhältniss zwischen den Bergwerksbesitzern und den Bergleu-

1) Brassert die norddeutsche Gewerbeordnung und das Bergwesen. Zeitschrift für Bergrecht Bd. XI S. 230 f.

2) Vergl. meinen Commentar S. 204—212.

ten, theils auf das Verbot des sogenannten Trucksystems und auf die Beschäftigung jugendlicher Arbeiter.

Die letzteren Vorschriften werden unter den Gegenständen der Bergpolizei (Buch X) erörtert werden.

Das Vertragsverhältniss zwischen dem Bergwerksbesitzer und den Bergleuten wird nach den allgemeinen gesetzlichen Vorschriften beurtheilt. (§. 80) und gehört nach preussischem Civilrecht zu den Verträgen über Handlungen, nach gemeinem und nach französischem Rechte zu den Miethsverträgen. Man unterscheidet zwei Arten des Vertrages über Arbeiten, nämlich die Dienstmiethe (locatio conductio operarum) und die Werksverdingung (locatio conductio operis). Beide Verträge sind dadurch unterschieden, dass bei der Werksverdingung der Unternehmer eine gewisse Wirkung seiner Arbeiten, z. B. die Abteufung eines Schachtes, gegen den bestimmten Preis verspricht, während bei der Dienstmiethe nur die auf Hervorbringung des unternommenen Werkes gerichteten Dienste versprochen werden, nicht aber ein bestimmter Erfolg dieser Arbeiten garantirt wird. Aus diesem Unterschiede entspringen die verschiedenen Regeln über die Erfullung des Vertrages, über die Vertretung des Zufalles, uber die Wirkungen der Uebergabe bei der Dienstmiethe und bei der Werksverdingung [1]). Alle diese Verschiedenheiten lassen sich auf die Grundlage zurückführen, dass bei der Dienstmiethe nur die auf Hervorbringung eines bestimmten Werkes gerichteten Arbeiten, bei der Werksverdingung aber die Hervorbringung dieses Werkes selbst Gegenstand des Vertrages ist. Die Vermuthung spricht nach preussischem Rechte bei Vertragen mit Handarbeitern, also auch mit Bergleuten für die Dienstmiethe. Wenn also auch die Bezahlung des Arbeiters nicht im Tagelohne, sondern im Gedinge nach Klaftern, Ruthen oder einem andern Masse festgesetzt ist, so finden doch die Regeln der Dienstmiethe statt, sobald erhellt, dass nicht das Werk selbst verdungen ist, sondern das Gedinge nur als Massstab für die Zahlung dient. (A. L. R. l. c. §. 906.) Auch der Gedingarbeiter kann daher noch vor Vollendung der verdungenen Arbeit im Wege der Kundigung gemäss §. 81

1) Vergl. Allg. Landrecht Th. I, Tit. 11, §§. 898—980. — Code Napoléon Art. 1779—1799. — L. 24. l. 25. l. 36. Dig. XIX, 2.

entlassen werden, wenn nichts anderes feststeht. Er haftet nicht für eine zufällige Zerstörung des Werkes vor der Vollendung. Er hat also, auch wenn der Schacht während der Abteufungsarbeit verbricht, den Lohn für die abgeteufte Lachterzahl zu fordern. Bei der Werksverdingung dagegen ist die Dauer des Vertrages von der Vollendung des Werkes abhängig. Der Unternehmer muss die zufällige Vernichtung des Werkes vor der Uebergabe tragen. Er verliert Arbeitslohn und Auslagen (A. L. R. l. c. §. 960. Code Nap. Art. 1790).

1. Die Abschliessung des Arbeitsvertrages kann in der Regel mündlich erfolgen. Die schriftliche Form ist nach preussischem Civilrechte erforderlich, wenn der bedungene Arbeitslohn mehr als 50 Thaler beträgt (A. L. R. Th. I, Tit. 5, §. 131). Bei Verträgen auf bestimmte Zeit entscheidet die Summe des Arbeitslohnes während der Vertragsdauer. Bei Verträgen auf unbestimmte Zeit ist der Einheitssatz, also der jährliche Lohn, der Monats-, Wochen- oder Tagelohn massgebend. Ist bei einem Lohnsatze über 50 Thlr. der Vertrag dennoch nicht schriftlich geschlossen, die Arbeiten sind aber geleistet worden, so muss der mündlich bedungene Lohn gezahlt werden (a. a. O. §. 165).

Nach französischem Rechte ist die Klagbarkeit der Lohnforderung von der schriftlichen Abfassung des Vertrages abhängig, wenn die eingeklagte Summe den Werth von 150 Franken übersteigt. Die schriftliche Urkunde muss in soviel Exemplaren ausgefertigt werden, als Parteien vorhanden sind. (Code Nap. Art. 1341. 1325.) Das gemeine Recht schreibt keine bestimmte Form für die Arbeitsverträge vor.

Die Bergwerksbesitzer können nach §. 80 des Berggesetzes Arbeitsordnungen für ihre Bergwerke erlassen. Unter dieser Bezeichnung wird eine allgemeine Vertragsofferte verstanden, nach deren Bedingungen der Bergwerksbesitzer Arbeiter auf seiner Grube beschäftigen will. Tritt der Arbeiter nach genommener Kenntniss von der Arbeitsordnung in die Arbeit ein, so sind, soweit nicht ein schriftlicher Vertrag erfordert wird, die Bestimmungen der Arbeitsordnung für den geschlossenen Vertrag massgebend. Diese Bestimmungen betreffen entweder die wesentlichen und gewöhnlichen Bedingungen des Arbeitsvertrages, z. B. die Dauer und die Zeit der Schichten, die Höhe des Schichtlohnes und des Gedinges u. s. w., theils die Nebenverabredungen, welche die pünktliche Erfüllung des Vertrages sichern sollen, insbesondere die Conventionalstrafen. Der Arbeitsvertrag und die Arbeitsordnungen dürfen keine unzulässigen Beschränkungen der persönlichen oder der Gewerbefreiheit enthalten; daher darf die Arbeitsordnung keine Freiheitsstrafen androhen und der Arbeitsvertrag darf die Befugniss des Arbeiters, anderswo Arbeit zu nehmen, nicht dem §. 10 der Gewerbeordnung zuwider beschränken. Die Arbeitsordnungen müssen nach §. 80, Absatz 2, gleichzeitig mit der Bekanntmachung auf dem Werke auch zur Kenntniss der Bergbehörde gebracht werden, und diese Bestimmung hat gerade den Zweck, der Aufnahme gesetzwidriger Bestimmungen entgegenzutreten.[1])

2. Die Auflösung des Vertragsverhältnisses kann nach §. 81, wenn nicht ein Anderes verabredet ist, durch vierzehntägige Kündigung erfolgen. Die Kündigung ist an keine Form gebunden, namentlich finden die Vorschriften des preussischen und französischen Rechtes über die schriftliche Errichtung der Verträge (oben S. 344) auf die Kündigung keine Anwendung[2]); sie kann seitens des Bergmanns an denjenigen Beamten gerichtet werden, welchen der Bergwerksbesitzer oder der Re-

---

1) Das frühere Gesetz über die Verhältnisse der Bergarbeiter, vom 20. Mai 1860 verlangte im § 3 die Bestätigung der Arbeitsordnungen durch die Bergbehörde. Damals war es daher nothwendig, die Festsetzungen über Lohn, Arbeitsdauer u. dgl. aus den Arbeitsordnungen auszuschliessen, weil solche zum wesentlichen Inhalte des Arbeitsvertrages gehörige Bestimmungen nicht der Bestätigung durch die Bergbehörde unterliegen konnten. Der Erlass vom 13. Februar 1861 (Zeitschr. f. d. Berg-, Hütten- und Salinenwesen Bd. IX, S. 12) bestimmte deshalb, dass nur solche Bestimmungen in die Arbeitsordnungen aufgenommen werden sollten, „welche das öffentliche Interesse berühren, also die Vorschriften, welche das Verhalten der Bergleute bei der Arbeit gegen ihre Vorgesetzten und Mitarbeiter regeln und die Verletzung dieser Ordnung unter Strafe stellen.“ — Diese Beschränkung ist mit der Bestätigung der Arbeitsordnungen weggefallen. Es können in letztere alle Bestimmungen aufgenommen werden, welche den Inhalt des Arbeitsvertrages betreffen.

2) Koch, Commentar S. 155.

präsentant der Gewerkschaft zur Abschliessung von Arbeitsverträgen bevollmächtigt haben. Bei der Berechnung der Frist zählt der Tag der Aufkündigung nicht mit. Der Bergwerksbesitzer und der Bergmann müssen also das Vertragsverhältniss noch 14 Tage lang nach diesem Tage fortsetzen, so dass der Arbeiter, welcher am 10ten kündigt, erst am 24ten Abends die Arbeit verlassen darf.

Ohne Aufkündigung und vor Ablauf der vertragsmässigen Arbeitszeit können Bergleute entlassen werden:

1) wenn sie eines Diebstahls, einer Veruntreuung, eines liederlichen Lebenswandels sich schuldig machen; [1])
2) wenn sie eine sicherheitspolizeiliche Strafvorschrift bei der Bergarbeit übertreten;
3) wenn sie sich Thätlichkeiten oder Schmähungen gegen den Bergwerksbesitzer, dessen Stellvertreter oder die ihnen vorgesetzten Beamten erlauben;
4) wenn sie zur Fortsetzung der Arbeit unfähig geworden oder mit einer ekelhaften Krankheit behaftet sind (§. 82).

Ebenso können die Bergleute vor Ablauf der vertragsmässigen Arbeitszeit und ohne vorhergegangene Aufkündigung die Arbeit verlassen;

1) wenn sie zur Fortsetzung der Arbeit unfähig werden;
2) wenn der Bergwerksbesitzer oder dessen Stellvertreter sich thätlich an ihnen vergreift;

1) Die Entlassung konnte nach § 82, Nr. 1 des Berggesetzes auch wegen groben Ungehorsams oder beharrlicher Widersetzlichkeit erfolgen; nach §. 151 der Gewerbeordnung sind jedoch die Bestimmungen, welche die Bergleute wegen groben Ungehorsams oder beharrlicher Widersetzlichkeit mit Strafe bedrohen, aufgehoben, und darunter sind wohl nicht blos die öffentlichen Strafen (§ 18 des Gesetzes vom 21. Mai 1860) verstanden, sondern auch der im §. 82 Nr. 1 bezeichnete Rechtsnachtheil der Entlassung ohne Aufkündigung. Dieses ist um so mehr anzunehmen, da im §. 111, Nr. 1 der Gewerbeordnung, welcher dem §. 82, Nr. 1 des Berggesetzes entspricht, die Worte: „groben Ungehorsams oder beharrlicher Widerspenstigkeit", welche sich in § 140, Nr. 1 der früheren Gewerbeordnung vom 17. Januar 1845 finden, ebenfalls weggelassen sind. Anderer Meinung ist Brassert in der Zeitschr. für Bergrecht, Bd. XI. S. 253.

3) wenn er ihnen den versprochenen Lohn oder die sonstigen Gegenleistungen ohne genügende Veranlassung vorenthält (§. 83).

Bei der Auflösung des Arbeitsvertrages muss der Bergwerksbesitzer dem abkehrenden Bergmann ein Zeugniss über die Art und Dauer seiner Beschäftigung und auf Verlangen auch über seine Führung ausstellen. Wird das Zeugniss verweigert, so fertigt die Ortspolizeibehörde dasselbe auf Kosten des Verpflichteten aus; letztere hat auch auf Antrag des Bergmanns die demselben in dem Zeugniss zur Last gelegten Beschuldigungen zu untersuchen, und wenn die Beschuldigung unbegründet befunden wird, solches unter dem Zeugniss zu vermerken (§. 84).

3. Der Lohn der Bergleute wird entweder nach der Arbeitszeit (Schichtlohn) oder nach der Arbeitsleistung (Gedingelohn) bestimmt. In beiden Fällen liegt nach dem oben (Seite 343) Gesagten ein täglich sich erneuerndes Vertragsverhältniss, nicht ein fortgesetztes Verhältniss von unbestimmter Dauer vor; der Vertrag würde daher auch in beiden Fällen nach §. 905 und 906 A. L. R. Theil I, Tit. 11 täglich aufgehoben werden können, wenn nicht nach §. 81, hauptsächlich aus Gründen des öffentlichen Interesses, die 14tägige Kündigung gefordert würde. Diese gewerbepolizeiliche Bestimmung macht das Vertragsverhältniss zu einem fortdauernden, und es ist aus derselben die Folgerung gezogen worden, dass es zulässig sei, den künftigen Lohn des Arbeiters als eine bereits existirende Forderung im Wege der Exekution bei seinem Arbeitgeber mit Beschlag zu belegen; während von anderer Seite diese Beschlagnahme nur auf den bereits verdienten Lohn für zulässig erachtet wurde. [1]) Dieselbe Streitfrage bestand auch für die Arbeiter aller anderen Gewerbe, da die Gewerbeordnungen ebenso wie das Berggesetz die 14tägige Kündigung des Arbeitsvertrages vorschreiben.

Das norddeutsche Bundesgesetz vom 21. Juni 1869 hat die Streitfrage im Sinne der letzteren Meinung gelöst und im §. 1 bestimmt, dass der Arbeitslohn im Wege der Execution

---

1) Vergl. Brassert in der Zeitschrift für Berg-, Hutten- und Salinenwesen. Bd. IV, S. 212.

erst dann mit Beschlag belegt werden kann, wenn die Leistung der Arbeit erfolgt ist, und der Tag der Fälligkeit des Lohnes abgelaufen ist, ohne dass der Arbeiter denselben eingefordert hat. Hiernach ist also nur der stillschweigend oder ausdrücklich creditirte rückständige Lohn der Beschlagnahme unterworfen. Uebereinstimmend mit dem Verbote der Beschlagnahme wird im §. 2 die Cession, Anweisung oder Verpfändung des künftigen Lohnes für unwirksam erklärt.

Auf die Beitreibung der direkten Staatssteuern und Communalabgaben aus den letzten drei Monaten und der gesetzlichen Alimente der Familienmitglieder findet das Verbot der Beschlagnahme nach §. 4 keine Anwendung, ebenso wenig auf die Gehälter der dauernd mit einem Jahreseinkommen von mehr als 400 Thalern angestellten Personen.

4. Das Verbot des Trucksystems hat den Zweck, die baare Auslohnung der Arbeiter zu sichern und die Ausbeutung der abhängigen Lage des Arbeiters durch die Anrechnung von Waaren, die der Arbeitgeber liefert oder liefern lässt, zu verhindern. Dieses Trucksystem hatte namentlich bei den Fabriken Eingang gefunden und wurde zuerst durch die Gewerbeordnung vom 9. Februar 1849, §§. 50—55 und §. 75 verboten und unter Strafe gestellt. Diese Bestimmungen wurden durch das Gesetz vom 21. Mai 1860 (G. S. S. 201) auf den Bergbau übertragen und in das Berggesetz in den §§. 86—91 übernommen. Gegenwärtig sind diese Vorschriften grösstentheils durch die gleichlautenden Bestimmungen der Gewerbeordnung vom 11. Juni 1869, §§. 134—139 und §. 146 ersetzt, welche nach §. 154 auch auf die Bergwerksbesitzer Anwendung finden. [1])

1) Die besonderen Bestimmungen, welche das Berggesetz in den §§. 90 und 92 über das Anrecht der Knappschaftskasse auf die creditirten Waarenforderungen und die verhängten Geldstrafen, sowie im §. 86, Abs 3, über Ausnahmemassregeln für den Fall eines allgemeinen Nothstandes trifft, sind durch die Gewerbeordnung nicht aufgehoben, weil sie Specialbestimmungen für den Bergbau enthalten, welchen nach der allgemeinen Regel von dem neueren allgemeinen Gesetze nicht derogirt wird. Vergl. Brassert in der Zeitschrift für Bergrecht, Bd. XI. S. 257.

Nach diesen Bestimmungen müssen Bergwerksbesitzer ihre Bergleute in baarem Gelde auslohnen. Sie dürfen denselben keine Waaren creditiren.

Dagegen können den Bergleuten Wohnung, Feuerungsbedarf, Landnutzung, regelmässige Beköstigung, Arzneien und ärztliche Hülfe, sowie die zur Bergwerksarbeit erforderlichen Werkzeuge und Betriebsmaterialien unter Anrechnung bei der Lohnzahlung verabfolgt werden. (Gewerbeordnung §. 134.)

Im Falle eines Nothstandes ist die Regierung befugt, durch einen Beschluss zu bestimmen, dass und welche Lebensmittel und Saatfrüchte den Bergleuten von den Bergwerksbesitzern [1]) unter Anrechnung bei der Lohnzahlung verabfolgt werden dürfen (§. 88 des Berggesetzes).

Diese Bestimmungen finden auch Anwendung auf Familienglieder, Gehülfen, Beauftragte, Geschäftsführer, Factoren und Aufseher der Bergwerksbesitzer, sowie auf Gewerbetreibende, bei deren Geschäft eine der erwähnten Personen unmittelbar oder mittelbar betheiligt ist.

Bergleute, deren Forderungen anders als durch Baarzahlung berichtigt sind, können zu jeder Zeit die Bezahlung ihrer Forderungen in baarem Gelde verlangen, ohne dass ihnen die Einrede aus dem an Zahlungsstatt gegebenen entgegengesetzt werden darf. Letzteres fällt, soweit es noch vorhanden oder der Empfänger bereichert ist, der Knappschaftskasse zu.

Verträge, welche den §§. 134—136 der Gewerbeordnung zuwiderlaufen, sind nichtig. Dasselbe gilt von Verabredungen zwischen Bergwerksbesitzern oder ihnen gleichgestellten Personen einerseits und Bergleuten andererseits über die Entnehmung der Bedürfnisse dieser Letzteren aus gewissen Verkaufsstellen, sowie überhaupt über die Verwendung des Verdienstes derselben zu einem anderen Zwecke, als zur Betheiligung an Einrichtungen zur Verbesserung der Lage der Bergleute oder ihrer Familien.

Forderungen für Waaren, welche ungeachtet des Verbots den Arbeitern creditirt worden sind, können von den Bergwerksbesitzern und von den ihnen gleichgestellten Personen weder

1) Unter den Bergwerksbesitzern sind nur die Besitzer eines ganzen Bergwerkes zu verstehen, nicht aber die Mitglieder einer Gewerkschaft.

eingeklagt noch durch Anrechnung oder sonst geltend gemacht werden, ohne Unterschied, ob sie zwischen den Betheiligten unmittelbar entstanden oder mittelbar erworben sind; vielmehr fallen dergleichen Forderungen der Knappschaftskasse zu, welcher das betreffende Werk angehört. (Gewerbeordnung §§. 135—139.)

Zuwiderhandlungen gegen die §§. 134—136 der Gewerbeordnung werden mit einer Geldbusse bis zu fünfhundert Thalern und im Unvermögensfalle mit verhältnissmässiger Gefangnissstrafe bestraft. Im Wiederholungsfalle wird die Strafe verdoppelt.

Jede rechtskräftige Verurtheilung wird auf Kosten des Verurtheilten durch das Amtsblatt und andere öffentliche Blätter derjenigen Kreise, in welchen derselbe und der betheiligte Bergmann ihren Wohnsitz haben, bekannt gemacht. (Gewerbeordnung §. 146.)

Die Geldstrafen fliessen der Knappschaftskasse zu, welcher das Werk angehört. (Berggesetz §. 92.)

§. 32 Die Knappschaftsvereine.

§§ 165—186 des Berggesetzes.

Die Knappschaftsvereine haben die gegenseitige Unterstützung der Bergleute, insbesondere die Versicherung gegen die Gefahren des bergmännischen Berufes zum Zweck. Solche Vereine haben unter verschiedenen Namen (Knappschaftskassen, Gnadengroschenkassen, Bruderladen) schon in fruher Zeit bestanden und finden in einigen der ältesten Bergordnungen Erwähnung (oben S. 341). Dennoch war die Bildung derselben in der Mehrzahl der deutschen Lande der freien Vereinigung der Betheiligten uberlassen, und die meisten Bergordnungen sowie das Allgemeine Preussische Landrecht verpflichten nur den Werksbesitzer, den im Dienste erkrankten Arbeitern vier Wochen lang ihren Lohn fortzuzahlen und die Kurkosten zu tragen. [1]) Uebereinstimmende Vorschriften galten

---

1) Joachimsthaler Bergordnung, Theil II, Art. 85; Nassau-Catzenelnbogische Bergordnung, Art. 65; Kurkolnische Bergordnung, Theil 7, Art. 34; A. L. R Theil II, Tit. 16 § 134.

auch in den linksrheinischen Landestheilen.[1] Dennoch bestanden in Preussen schon im Jahre 1852 drei und fünfzig Knappschaftsvereine, welchen 56462 Mitglieder oder $^5/_6$ der damals in Preussen vorhandenen Bergleute angehörten.[2]

Durch das Gesetz vom 10. April 1854 (Gesetz-Sammlung S. 139) wurde zuerst die Errichtung von Knappschaftsvereinen für alle Bergleute gesetzlich vorgeschrieben und die Werksbesitzer und Arbeiter gleichmässig an den Lasten und an der Verwaltung dieser Einrichtungen betheiligt. Dagegen wurden die Verpflichtungen, welche nach der früheren Gesetzgebung den Bergwerksbesitzern gegenüber den erkrankten Bergleuten auferlegt waren, aufgehoben, ebenso die besonderen Abgaben an die Knappschaftsvereine, namentlich die beiden Freikuxe der Knappschaft (oben S. 330). Die Knappschaftsvereine sollten ursprünglich auch die Besitzer und Arbeiter der Hüttenwerke umfassen, letztere schieden jedoch bereits in Folge des Gesetzes vom 10. Juni 1861 (Gesetz-Samml. S. 425) §. 13 wieder aus, soweit sie nicht vorgezogen haben freiwillig darin zu verbleiben.

Das Allgemeine Berggesetz hat im Tit. VII die durch das Gesetz vom 10. April 1854 eingeführte Organisation der Knappschaftsvereine in ihren Grundzügen beibehalten.

Die Knappschaftsvereine sind Corporationen, welchen die Bergwerksbesitzer und die Bergleute eines bestimmten Bezirks als Mitglieder angehören. Die zu dem Vereine gehörigen Werksbesitzer einerseits und die Arbeiter andererseits bilden innerhalb des Vereins zwei geschlossene Verbände, welche an der Verwaltung und an den Lasten des Vereines gleichmässig theilnehmen; wogegen nur die Bergleute an den Leistungen des Vereines Antheil haben. Zu dem Knappschaftsvereine gehören alle Bergwerke mit den zu einem bestimmten Bergwerke gehörenden Aufbereitungsanstalten (oben S. 164) und alle Salinen eines bestimmten Bezirks, jedoch nur sofern sie betrieben werden (§§. 165, 175, 176). In der Provinz Hannover sind die Salzbergwerke und Salinen nach Art. 2 der Verordnung

1) Decret vom 3. Januar 1813, Art. 15 und 16.

2) Zeitschr. f. Berg-, Hütten- und Salinenwesen, Bd. X, Supplement S. 5.

vom 8. Mai 1867 ausgeschlossen, dagegen gehören die vom Grundeigenthümer betriebenen Stein- und Braunkohlenbergwerke in Westpreussen, in den vormals sächsischen Landestheilen und im Fürstenthum Calenberg den Knappschaftsvereinen an.[1]) Der Bezirk des Knappschaftsvereins wird durch das Statut bestimmt[2]), dessen Feststellung durch freie Vereinigung der Betheiligten und nöthigenfalls durch die Entscheidung des Oberbergamts erfolgt (§. 167, §. 169).

Der Bezirk ist der Regel nach blos geographisch begrenzt, doch sind zuweilen Bezirke für die Bergwerke einer bestimmten Gattung oder eines bestimmten Besitzers errichtet. Nicht selten umfasst auch der Knappschaftsverein nur ein einzelnes Bergwerk.

Die Mitgliedschaft wird auf Seiten des Bergwerksbesitzers von selbst dadurch begründet, dass er ein Bergwerk oder eine Saline innerhalb des Vereinsbezirks betreibt. Der Arbeiter dagegen muss in den Knappschaftsverein aufgenommen werden und die im Statut festgesetzten Bedingungen der Aufnahme erfüllen. Die Bedingungen der Aufnahme können sich beziehen:

1) auf das Lebensalter, indem die Arbeiter unter oder über einer bestimmten Altersgrenze von der Aufnahme in den Verein ausgeschlossen werden;
2) auf die Dauer der Beschäftigung, indem die blos vorübergehend auf dem Werke beschäftigten Arbeiter von dem Beitritte zum Verein befreit bleiben;
3) auf die Gesundheit und
4) auf den Besitz der bürgerlichen Ehrenrechte.

Die Zulässigkeit dieser Bedingungen, welche sich in sämmtlichen Knappschafts-Statuten finden, ist, obwohl §. 168 sämmtliche Arbeiter zum Beitritt berechtigt und verpflichtet,

---

1) §. 210 des Berggesetzes, §. 9e des Gesetzes vom 22. Februar 1869, Gesetz-Sammlung S. 401, Art. XIII der Verordnung vom 8. Mai 1867, Gesetz-Sammlung S. 601.

2) Für das vormalige Herzogthum Nassau ist ein allgemeiner Knappschaftsverein gegründet, dessen Bezirk unmittelbar durch das Gesetz, nämlich durch Art. 5 der Verordnung vom 22. Februar 1867, bestimmt ist.

nicht in Zweifel zu ziehen, sie dürfen nur nicht so beschaffen sein, dass dadurch der Absicht des §. 168 zuwider ganze Klassen von Arbeitern von den Wohlthaten des Vereines ausgeschlossen werden.

Der Verlust der Mitgliedschaft tritt auf Seiten des Bergwerksbesitzers sowohl durch die Veräusserung des Bergwerks als auch durch die Einstellung des Betriebes ein; der Arbeiter dagegen hört durch die Aufgabe der Beschäftigung innerhalb des Vereinsbezirks nicht von selbst auf, Mitglied des Vereins zu sein, doch gilt der Eintritt in einen anderen Knappschaftsverein dem förmlichen Austritte gleich. Der Verlust der Mitgliedschaft ist ferner nach den meisten Statuten Folge der durch eine gewisse Zeit unterlassenen Zahlung der Beiträge, der Verurtheilung in eine Strafe, welche die Entziehung der Ehrenrechte zur Folge hat und der betrügerischen Erschleichung von Wohlthaten des Knappschaftsvereins. Nach einigen Statuten tritt der Verlust der Mitgliedschaft ferner ein, wenn der Arbeiter die Bergarbeit mit einem anderen Berufe vertauscht, oder wenn derselbe auf Grund der Arbeitsordnung zur Strafe abgelegt wird.[1]) Die Mitgliedschaft ruht während des Militairdienstes.

Das Gesetz gestattet die Unterscheidung mehrerer Klassen von Mitgliedern mit verschiedener Berechtigung (§. 171). Die meisten Statuten unterscheiden zwei Klassen von Mitgliedern, ständige und unständige, und erfordern zur Aufnahme als ständiges Mitglied, dass der Arbeiter dem Vereine eine gewisse Zeit lang als unständiges Mitglied angehört hat. Die meisten Knappschaftsstatuten gewähren den ständigen Mitgliedern anderer Knappschaftsvereine den Eintritt als ständige Mitglieder mit Beibehaltung ihres Dienstalters unter der Voraussetzung, dass das Statut des anderen Vereins die Gegenseitigkeit beobachtet. Beurlaubte Mitglieder, d. h. solche, welche die Arbeit auf den zum Verein gehörigen Werken aufgegeben haben, nehmen an der Verwaltung des Vereins keinen Theil, auch sind nach den meisten Statuten ihre Beiträge und

1) Durch eine Circularverfügung des Handelsministers vom Mai 1870 ist die Beseitigung dieser die Freizügigkeit beschränkenden Bestimmungen angeregt worden.

ihre Ansprüche gegen den Verein anders als die der übrigen Mitglieder bemessen. Invalide Arbeiter geniessen die für sie bestimmten Wohlthaten des Vereins und sind von den Lasten befreit, an der Verwaltung nehmen sie keinen Antheil, doch kann ihnen nach §. 179 durch das Statut die Wählbarkeit zu Knappschaftsältesten beigelegt werden.

Die Beiträge der Arbeiter zum Knappschaftsvereine sollen nach §. 175 in einem gewissen Procentsatze ihres Arbeitslohnes oder in einem entsprechendem Fixum bestehen.

Auch bei Festsetzung fixer Beiträge finden nach den statutarischen Bestimmungen verschiedene Abstufungen nach dem Arbeitergrade statt. Ausserdem ist sowohl der Procentsatz als der feste Beitrag verschieden bemessen für die vollberechtigten und die minder berechtigten Mitglieder (§. 171). Wo besondere Krankenkassen (§. 172) errichtet sind, tragen die minder berechtigten Mitglieder nur zu diesen Krankenkassen bei, sofern sich ihre Ansprüche auf diejenigen Leistungen beschranken, deren Gewahrung durch die Krankenkassen erfolgt.

Wenn Knappschaftsmitglieder die Arbeit auf den Werken des Vereines verlassen, ohne aus dem Vereine auszuscheiden, so tritt an die Stelle des Procentsatzes vom Arbeitslohne ein durch das Statut bestimmter Feierbeitrag.

Die Beiträge der Werksbesitzer sollen mindestens die Hälfte des Beitrags der Arbeiter ausmachen. Es ist nicht nothwendig, dass die Beiträge der Werksbesitzer in Procenten des von ihren Arbeitern geleisteten Beitrages ausgedrückt werden. Sie können auch wie bei dem Oberschlesischen Vereine in einem Fixum nach der Arbeiterzahl ausgedrückt werden, wenn nur im Resultate der Gesammtbeitrag der Werksbesitzer der Hälfte des Beitrages der Arbeiter gleich kommt.

Die Werksbesitzer sind verpflichtet, die Beiträge ihrer Arbeiter einzuziehen und an den Knappschaftsverein abzuführen. Zu diesem Zwecke haben die Werksbesitzer ihre Arbeiter regelmässig an den durch das Statut festzusetzenden Zeitpunkten bei dem Knappschaftsvorstande anzumelden.

Unterbleibt die Anmeldung, so ist der Vorstand befugt, die Zahl der Arbeiter, fur welche die Beiträge zur Knappschaftskasse eingezogen werden sollen, nach seinem Ermessen zu bestimmen oder bei dem Oberbergamte den Erlass eines Strafbefehls gegen den säumigen Werksbesitzer in Antrag zu bringen.[1])

Alle Beiträge zur Knappschaftskasse können, auf vorgängige Festsetzung durch das Oberbergamt, im Wege der Verwaltungs-Execution eingezogen werden (§§. 176, 177).

Der Rechtsweg findet sowohl über die Verpflichtung an sich und die möglichen Einreden als auch über die von dem Oberbergamte festgesetzte Höhe des Beitrages statt; doch wird durch die Beschreitung desselben die Execution nicht aufgehalten. Die Festsetzung der Beiträge durch das Oberbergamt erfolgt nach dem von dem Knappschaftsvereine vorgelegten Verzeichnisse von den auf dem Werke beschäftigten Arbeitern. Hat der Vorstand von der Befugniss Gebrauch gemacht, die Zahl der nicht angemeldeten Arbeiter nach seinem Ermessen zu bestimmen (§. 176, Absatz 3), so unterliegt diese Bestimmung nicht der Prüfung und Herabsetzung durch das Oberbergamt.

Die Leistungen des Knappschaftsvereins zerfallen in vorübergehende und dauernde Unterstützungen. Die vorübergehenden Unterstützungen sind:

1) Freie Kur und Arznei in Krankheitsfällen;
2) Krankenlohn;
3) ein Beitrag zu den Begräbnisskosten.

Die freie Kur und Arznei wird durch die von dem Vereine bestellten Medicinalpersonen gewährt; die Mitglieder sind nicht berechtigt, sich solche anderweit auf Kosten des Vereins zu beschaffen; auch ist der Verein nicht verpflichtet, die Unterbringung der kranken Mitglieder in auswärtigen Heilanstalten (Bäder, Irrenanstalten u. dergl.) zu übernehmen. Die

---

1) Dies ist der einzige Fall, in welchem das Allg Berggesetz auf die Executivgewalt der Bergbehörden (Verordnung vom 28. Dezember 1808, §. 48 und Gesetz vom 2. März 1850 §. 20) Bezug nimmt, während bei den polizeilichen Anordnungen nach §. 208, Al. 2 an die Stelle des für jeden Fall nach §. 48 cit. besonders zu erlassenden Strafbefehles die allgemeine Strafandrohung des §. 207 treten soll.

Gewährung des Krankenlohnes ist nach den Statuten der meisten Vereine auf eine gewisse Zeitdauer (6 Wochen bis 6 Monate) beschränkt. Der Anspruch auf Krankenlohn fällt fort, wenn die Krankheit durch eigenes grobes Verschulden entstanden ist.

Die vorubergehenden Unterstutzungen pflegen bei den ausserhalb des Vereinsbezirks beurlaubten Mitgliedern zu ruhen.

Für die Gewährung der vorubergehenden Unterstützungen können durch statutarische Bestimmung besondere Krankenkassen aus den einzelnen zu der Knappschaftskasse gehörenden Werken oder gruppenweise für mehrere solcher Werke eingerichtet werden (§. 172). Für das vormalige Herzogthum Nassau ist die Einrichtung der Krankenkassen durch Artikel V der Verordnung vom 22. Februar 1867 als Regel eingeführt. Werden nur für einzelne Werke Krankenkassen gegründet, während die übrigen Belegschaften in der unmittelbaren Krankenpflege des Hauptvereins bleiben, so müssen die von den Werksbesitzern und Bergleuten zu entrichtenden Beiträge in zwei Theile zerlegt werden, von denen der eine den Leistungen der Krankenkassen, der andere den übrigen Leistungen des Knappschaftsvereins entspricht. Die Krankenkassen bilden besondere corporative Verbände, deren Einrichtung ganz der Verfassung der Knappschaftsvereine entspricht. Die Statuten der Krankenkassen werden ebenso wie die der Knappschaftskassen aufgestellt und vom Oberbergamte bestätigt. Die Krankenkassen sollen grundsätzlich kein Vermögen aufsammeln, sondern ihre Beiträge nach dem Masse der laufenden Kurkosten abstufen. Diese Einrichtung hat den Vortheil, die Sparsamkeit im Arzneiverbrauche zu fördern, da die Ersparung den Mitgliedern unmittelbar durch die Verminderung der Beiträge Vortheil bringt. Ausserdem erleichtern die Krankenkassen innerhalb ihres engeren Kreises die Controle der Krankenlohnempfänger und gewähren ein wirksames Mittel gegen verstellte Krankheiten. Dagegen ist die Verwaltung der Krankenkassen kostspielig und meist ungenügend. Dieselben Resultate können ohne eine Häufung des Verwaltungsapparates erreicht werden, wenn innerhalb des Knappschaftsvereins blosse Kursprengel gebildet werden, und ein wechselnder den laufenden Kurkosten in jedem Sprengel entsprechender Beitrag neben dem festen Beitrage erhoben wird, aus welchem die dauernden Unterstützungen bestritten und die Kapitalreserven gebildet werden.

Die dauernden Leistungen des Knappschaftsvereins sind nach §. 171, Nro. 4—6 folgende:

1) eine lebenslängliche Invalidenunterstützung bei einer ohne grobes Verschulden eingetretenen Arbeitsunfähigkeit;
2) eine Unterstützung der Wittwen auf Lebenszeit oder bis zur Wiederverheirathung;
3) eine Erziehungsbeihülfe für Kinder verstorbener Mitglieder oder Invaliden bis nach zurückgelegtem vierzehnten Lebensjahre.

Die Invalidenunterstützung fällt fort, wenn das Mitglied wieder arbeitsfähig wird; es tritt alsdann in die Zahl der activ beitragpflichtigen Mitglieder wieder ein. Dies ist auch dann der Fall, wenn der Invalide blos zu bestimmten Arbeitsleistungen wieder fähig wird, aber für diese eine dauernde Beschäftigung findet.[1] Die meisten Statuten unterscheiden jedoch neben den Ganzinvaliden Halbinvalide von beschränkter Arbeits- und Erwerbsfähigkeit, welche eine geringere Unterstützung beziehen und unbeschadet der letzteren leichtere Grubenarbeit verrichten dürfen.

Die Unterstützung der Wittwen wird statutenmässig nur dann gewährt, wenn die Differenz zwischen dem Alter des Mannes und der Frau nicht ein gewisses Maximum übersteigt. Die Unterstützung der Invaliden und Wittwen ist statutenmässig abgestuft nach dem Arbeitergrade, den das Mitglied erreicht hat und nach der Zahl der Dienstjahre. Die Erziehungsbeihülfe wird demjenigen gewährt, welcher die Erziehung der Waisen mit vormundschaftlicher Genehmigung übernommen hat.

Die dauernden Unterstützungen werden durchgehends nur den ständigen Mitgliedern des Knappschaftsvereines und ihren Hinterbliebenen zu Theil. Wenn jedoch unständige Mitglieder bei der Arbeit verunglücken, so muss ihnen nach §.171 a. E. mindestens die Invalidenunterstützung gewährt werden.

---

1) Rescript des Handelsministers vom 14. November 1865 an das Oberbergamt zu Halle.

Nach den meisten Statuten tritt in diesem Falle auch die Unterstützung der Wittwen und Waisen ein.

Die Ansprüche der Berechtigten auf die Leistungen der Knappschafts- und Krankenkassen können weder übertragen noch mit Arrest belegt werden (§. 173).

Die Verwaltung des Vereins erfolgt durch den Knappschaftsvorstand, dessen Mitglieder in der durch das Statut bestimmten Zahl zur Hälfte durch die Werksbesitzer, zur anderen Hälfte durch die ständigen Arbeiter gewählt werden. Die Wahl erfolgt seitens der Arbeiter in indirekter Weise durch Knappschaftsälteste, welche sprengelweise von den Arbeitern aus ihrer Mitte oder aus der Zahl der invaliden Arbeiter oder der Beamten gewählt werden. Die Knappschaftsältesten wählen nach §. 180 wiederum die Vorstandsmitglieder aus ihrer Mitte oder aus der Zahl der königlichen oder der Privatbergbeamten.

Der Knappschaftsvorstand ist Repräsentant der juristischen Persönlichkeit des Vereines, nicht ein blosser Generalbevollmächtigter. Er ist deshalb befugt, seinerseits sowohl Bevollmächtigte für einzelne Geschäfte als auch Generalmandatare des Vereins zu bestellen, ohne dass ihm hierzu die Substitutionsbefugniss beigelegt zu werden braucht.[1])

Ausserdem wird der Vorstand nach §. 178 von den Knappschaftsältesten in der Verwaltung unterstützt. Die letzteren fungiren in ihren Sprengeln als ausführende Beamte des Vorstands. Sie haben nach §. 179 die Befolgung des Statuts durch die Knappschaftsmitglieder zu überwachen, zugleich aber auch die Rechte der letzteren gegenüber dem Vorstande zu vertreten. Sie erhalten ihre Instruction von dem Knappschaftsvorstande. Die Knappschaftsältesten pflegen eine durch das Statut bestimmte jährliche Geldentschädigung zu erhalten, wogegen die Mitglieder des Vorstandes ein unbesoldetes Ehrenamt bekleiden.

Die Vermögensverwaltung des Knappschaftsvereins wird nach §. 181 durch den Vorstand und die von ihm gewählten

---

1) Allg. Landrecht Th. II, Tit. 6, §§. 114 ff. §§. 147 ff. — Rescript des Handelsministers vom 21. Februar 1866 an das Oberbergamt zu Breslau.

Beamten geführt. Zur Erwerbung und Veräusserung von Immobilien ist, wie bei allen übrigen Corporationen nach §. 83. Allg. Landrechts, Theil II, Tit. 6, die besondere Einwilligung der staatlichen Aufsichtsbehörde, also nach §. 183 des Oberbergamts erforderlich, welche nicht durch die blosse Anwesenheit des oberbergamtlichen Commissars bei der Fassung des Beschlusses über die Erwerbung oder Veräusserung ersetzt werden kann. Die Rechnungslegung erfolgt jährlich, und die gelegte Rechnung muss nach §. 182 den Knappschaftsältesten und den Werksbesitzern zur Einsicht und etwaigen Erklärung offen gelegt werden.

Der Knappschaftsvorstand entscheidet über die Aufnahme der Mitglieder und den Verlust der Mitgliedschaft, über die Höhe der zu entrichtenden Beiträge und über die den erkrankten Mitgliedern, den Invaliden und Hinterbliebenen zu gewährenden Leistungen. Beschwerden über die Entscheidung des Vorstands sind bei dem Oberbergamte und in der weiteren Instanz bei dem Handelsminister anzubringen (§. 186). Uebrigens findet auch der Rechtsweg über alle Ansprüche an den Verein ohne Beschränkung statt. [1]) Auch dem Vorstande ist durch die Bestimmung des §. 186 der Rechtsweg nicht verschränkt. Wenn daher der Vorstand im gegebenen Falle glaubt, sich der zu Gunsten des Beschwerdeführers ergangenen Entscheidung der Aufsichtsbehörde nicht fügen zu dürfen, so muss der Beschwerdeführer zum Rechtsweg verwiesen werden.

Der Knappschaftsvorstand beruft und leitet die Versammlungen zur Wahl der Knappschaftsältesten und der Vorstandsmitglieder. Die Zustellung der Vorladungen erfolgt in der durch die Statuten vorgeschriebenen Form und in Ermangelung einer besonderen Bestimmung durch Post-Insinuationsscheine. [2])

Die Generalversammlung der Werksbesitzer und der Knappschaftsältesten nimmt keinen Antheil an der fortlaufenden Verwaltung des Vereins; sie muss jedoch nach §. 170 berufen werden, wenn eine Abänderung der Vereinstatuten

---

1) Erkenntniss des Appellationsgerichtshofes zu Cöln v. 29. Januar 1867. Zeitschr. f. Bergrecht Bd. IX, S. 189.

2) Rescript des Handelsministers vom 1. Februar 1867.

erfolgen soll. Zu einer solchen Statutänderung sind übereinstimmende Beschlüsse in getrennter Abstimmung seitens der Werksbesitzer und der Knappschaftsältesten erforderlich. Es ist nicht zulässig, im Statut einen anderen Modus der Beschlussfassung festzustellen.[1] Die Abänderung der Statuten bedarf der Bestätigung des Oberbergamtes (§. 170).

Die Aufsicht über die Verwaltung des Knappschaftsvereins ist nach §. 183 f. dem Oberbergamte übertragen, welches sowohl die Vermögensverwaltung als auch die Beobachtung der Statuten zu überwachen hat.

Zur Ausübung dieses Aufsichtsrechts ernennt das Oberbergamt für jeden Knappschaftsverein einen Commissar.

Derselbe ist befugt, allen Sitzungen des Knappschaftsvorstandes, welche ihm zu diesem Zwecke mindestens drei Tage vorher anzuzeigen sind, beizuwohnen und jeden statutenwidrigen Beschluss zu suspendiren. Von einer solchen Suspension muss er dem Oberbergamte sofort Anzeige machen (§. 184).

Auf diese Anzeige muss eine ausdrückliche Entscheidung des Oberbergamtes darüber erfolgen, ob der suspendirte Beschluss als statutwidrig vernichtet, oder die Suspension aufgehoben werden soll.

Ausserdem muss der Knappschaftsvorstand nach §. 185 dem Oberbergamte und dessen Commissar die Einsicht seiner Acten und Bücher und die Revision der Kasse gestatten.

Der Knappschaftsvorstand kann von der Aufsichtsbehörde nicht blos nach §. 184 an der Fassung statutenwidriger Beschlüsse verhindert, sondern auch zu positivem Handeln angehalten werden, wenn er die Erfüllung der ihm statutenmässig obliegenden Verpflichtungen (z. B. Einberufung von Generalversammlungen, Unterbringung der Kapitalien, Offenlegung der Rechnung) versäumt. Gegen die Entscheidung des Oberbergamtes findet der Recurs an den Handelsminister gemäss §. 191 statt. Der Rechtsweg ist zwar nicht gegen die Aufsichtsbehörde zulässig. Handelt es sich jedoch um vermögensrechtliche Ansprüche der Vereinsmitglieder, welche

---

1) Rescript des Handelsministers vom 26. März 1866.

der Vorstand der Entscheidung der Aufsichtsbehörde entgegen nicht anerkennt, so steht ihm frei, als Kläger gegen die Empfänger aufzutreten. Die Aufsichtsbehörde ist berechtigt, ihren Entscheidungen durch executivische Zwangsmassregeln gegen die Mitglieder des Vorstandes Folge zu geben. Die etwa verhängten Executivstrafen treffen die Vorstandsmitglieder persönlich, nicht das Vermögen des Vereines.

Siebentes Buch.

Nebenanlagen.

§. 33. Hülfsbaue.

(§§. 60–63 des Berggesetzes.)

Neben den Bergwerken, welche zur Gewinnung der verleihbaren Mineralien betrieben werden, bestehen andere Anlagen, welche theils die Mineralgewinnung vorbereiten und den Betrieb der Bergwerke unterstutzen, theils die Abfuhr der gewonnenen Mineralien vermitteln, theils endlich dazu bestimmt sind, die gewonnenen Mineralien weiter zu verarbeiten und verkäuflich zu machen.

In die erste Kategorie gehören die Hülfsbaue des neueren Rechtes (§. 33) und die Erbstollen des ältern Rechtes (§. 34), welche nach ihrem technischen Zwecke mit jenen zusammenfallen, dagegen in den rechtlichen Bedingungen ihres Betriebes von denselben wesentlich verschieden sind.

Die zweite Kategorie umfasst die öffentlichen Verkehrsanstalten: Eisenbahnen, Strassen und Kanäle (§. 35), deren Anlage und Betrieb durch selbstständige Gesetze geregelt wird. Die Collision, welche zwischen diesen Verkehrsanstalten und dem Bergwerksbetriebe durch die Einwirkung des letzteren auf die Oberfläche entsteht, macht jedoch Vorschriften über das gegenseitige Verhältniss beider Gewerbszweige nothwendig.

Unter den Anstalten zur weiteren Verarbeitung der Mineralien sind die Aufbereitungsanstalten, welche unmittelbar mit dem Bergwerksbetriebe verbunden sind, dadurch ausgezeichnet, dass sie Gegenstand sowohl berggesetzlicher Normen als auch der allgemeinen Gewerbegesetze sind. Dasselbe gilt von den **Triebwerken**, die theils zum Betriebe jener Aufbereitungsanstalten, theils zum Bergwerksbetriebe selbst dienen (§. 36).

Unter **Hülfsbauen** werden bergmännische Anlagen ausserhalb des verliehenen Feldes verstanden, welche die Mineralgewinnung innerhalb des Grubenfeldes möglich machen oder erleichtern sollen. Dahin gehören namentlich die Stollenanlagen, welche oft aus entfernten Thalsohlen in das Grubenfeld gebracht werden müssen. Das ältere deutsche Bergrecht thut der von dem Bergwerkseigenthümer selbst ausserhalb des Feldes gemachten Anlagen nicht besonders Erwähnung. Die Befugniss, im freien Felde Hülfsbaue anzulegen, ist in den Bergordnungen stillschweigend vorausgesetzt. Für die Anlage von Hülfsbauen im fremden Felde war keine bestimmte Regel gegeben, sondern der Beurtheilung des Bergamtes überlassen, ob und wie weit der Feldesnachbar solche gestatten müsse. Der Bergwerksbesitzer wurde sogar verpflichtet, auf Verordnung des Bergamtes, jeder anderen Grube den Mitgebrauch seiner Schächte, Stollen oder Strecken gegen eine Vergütung zu gestatten. [1]) Auch das französische Berggesetz vom 21. April 1810 enthielt im zweiten Entwurfe, Art. 31, eine entsprechende Vorschrift, welche jedoch auf die Erinnerung Napoleons gestrichen wurde. [2]) Dagegen blieb die Bestimmung des Berggesetzes vom 28. Juli 1791, Art. 25, in Kraft, wonach der Bergwerksbesitzer die Erlaubniss zu Hülfsbauen im benachbarten freien oder fremden Felde nachsuchen konnte, unter der Voraussetzung, dass der Betrieb des Feldesnachbarn dadurch nicht behindert wurde.

Das preussische Berggesetz hat in Bezug auf die Hülfsbaue im freien Felde den Grundsatz des älteren Rechtes beibehalten, indem es im §. 60, Absatz 1, den Bergwerksbesitzer ohne Weiteres dazu befugt erklärt. Es kann also weder der Grundbesitzer noch die Behörde gegen solche Anlagen Erinnerungen machen, sofern sie wirklich dazu bestimmt sind, den Bergbau innerhalb des verliehenen Feldes zu erleichtern und

1) Allg. L. R. Th. II, Tit. 16, §. 345.

2) Locré législation sur les mines p. 65, 321, 336. Achenbach franzos. Bergrecht S. 265.

nicht eine unbefugte Mineralgewinnung im freien Felde bezwecken. Werden zufällig Mineralien bei Ausführung eines Hülfsbaues im freien Felde gewonnen, so werden diese nach §. 63 als ein Theil der Förderung des durch den Hulfsbau zu lösenden Feldes betrachtet; sie werden also von dem Bergwerksbesitzer erworben, ohne Rucksicht darauf, ob sie zur Gattung der ihm verliehenen Mineralien gehören, oder nicht. Sie müssen auch wie die im verliehenen Felde gewonnenen Mineralien von ihm versteuert werden.

In Bezug auf den Hülfsbau im fremden Felde ist im §. 61 die Regel des französischen Rechtes angenommen, wonach ein solcher Hulfsbau beim Mangel gütlicher Einigung durch die Entscheidung des Oberbergamtes gestattet werden kann. Dagegen ist von dem Mitgebrauch der Bergwerksanlagen, welchen noch der Entwurf von 1862 im §. 60 für den Fall der Nothwendigkeit gestattete, ganzlich abgesehen.

Die Anlage des Hulfsbaues im fremden Felde muss gestattet werden, sofern die Hulfsbaue die Wasser- und Wetterlösung oder den vortheilhafteren Betrieb des Bergwerks, für welches die Anlage gemacht werden soll, bezwecken, und der eigene Bergbau des Anderen dadurch weder gestört noch gefahrdet wird.

Die Berechtigung zum Hulfsbau, mag dieselbe vertragsmässig oder durch die Entscheidung des Oberbergamts eingeräumt werden, bildet eine auf dem Bergwerke, in dessen Felde der Hulfsbau angelegt werden soll, lastende Servitut, welche zu Gunsten des berechtigten Bergwerks bestellt wird und ein Zubehör des letzteren bildet. Die Berechtigung kann auch zu Gunsten mehrerer Bergwerke constituirt werden, wenn deren Eigenthümer sich zur gemeinschaftlichen Anlage eines Hülfsbaues vereinigen (§. 60, Absatz 3).

Der Hülfsbauberechtigte muss fur allen Schaden, welcher dem belasteten Bergwerke durch seine Anlage zugefugt wird, vollständig Entschädigung leisten.

Werden bei Ausfuhrung eines Hülfsbaues im Felde eines anderen Bergwerkseigenthumers Mineralien gewonnen, auf welche der Letztere berechtigt ist, so müssen diese Mineralien demselben auf sein Verlangen unentgeltlich herausgegeben werden (§§. 62 und 63).

Eine weitere Gegenleistung hat der Besitzer des belasteten Bergwerks für die Anlage des Hülfsbaues nicht zu fordern; dieselbe muss vielmehr unentgeltlich gestattet werden.

Die Entscheidung des Oberbergamtes erstreckt sich nur auf die Verpflichtung zur Gestattung des Hülfsbaues, auf den Umfang und die Richtung der auszuführenden Anlagen und auf die zum Schutze der Feldesnachbarn zu treffenden Vorkehrungen. Ueber den Anspruch auf Entschädigung findet nur der Rechtsweg statt.

In einigen neueren deutschen Berggesetzen werden Hülfsbaue zur Lösung fremder Bergwerke gestattet. Das österreichische Berggesetz bestimmt in §. 87 f., dass ein Hülfsbau auf Ansuchen eines fremden Unternehmers durch selbstständige Bergbauconcession gestattet werden kann, wenn ein Uebereinkommen mit dem Besitzer des zu lösenden Bergwerks über die Bedingungen der Lösung beigebracht wird. Ausserdem werden gemeinschaftliche Hülfsbauanlagen und ferner nach §§. 91—97 sogenannte Revierstollen d. h. gemeinnützige Anlagen zur Aufschliessung eines ganzen Revieres für Rechnung der Mehrzahl der darin angesessenen Grubenbesitzer als Gegenstand einer selbstständigen Bergbauconcession erwähnt. Diese Bestimmungen nähern sich in vielen Beziehungen noch den Vorschriften des älteren Rechtes über die Erbstollengerechtigkeit. Sie weichen jedoch insofern von denselben ab, als die Gegenleistung des Bergwerksbesitzers wenigstens der Regel nach von vertragsmässiger Festsetzung abhängig gemacht wird.

Das sächsische Berggesetz schliesst sich im §. 117 im Wesentlichen an die Vorschriften des preussischen Berggesetzes an; doch gestattet es auch die Mitbenutzung fremder Grubenbaue, sofern ohne dieselbe der Betrieb unverhältnissmässig erschwert werden würde, und es überträgt im §. 118 dem Bergamte die Ermittelung der zu leistenden Entschädigung, welche übrigens nur nach dem Schaden zu bemessen ist, den das belastete Bergwerk erleidet, nicht nach dem Vortheil, welchen die Anlage des Hulfsbaues dem Berechtigten gewährt.

§ 34. Die Erbstollengerechtigkeit.

(§. 223 des Berggesetzes; §. 221—252; §. 383—471, Th. II, Tit. 16. des Allg. Landrechts.)

Unter einem Erbstollen versteht man einen zur Lösung fremder Bergwerke betriebenen Hulfsbau. Die Berechtigung zur Anlage eines solchen Stollens bildete nach dem älteren deutschen und preussischen Bergrechte den Gegenstand eines Bergwerkseigenthums, welches sich von demjenigen an der Grube sowohl seinem Inhalte und seiner Begrenzung nach, als nach den Bedingungen seiner Erwerbung unterschied.

Seit dem Eintritte der Gesetzeskraft des allgemeinen Berggesetzes findet eine Verleihung von Erbstollenrechten nicht mehr statt. In Ansehung der bereits bestehenden älteren Gerechtigkeiten verbleibt es nach §. 223 bei den Bestimmungen der seitherigen Gesetze. Diese Bestimmungen sind für das Gebiet des preussischen Rechtes in den oben angeführten Abschnitten des Allgemeinen Landrechts, für das Gebiet des gemeinen Rechtes in den einzelnen Bergordnungen enthalten, unter denen namentlich die Kursächsische Stollenordnung von 1749 zu erwähnen ist. Der Inhalt der letzteren, welcher mit den angeführten Abschnitten des Allgemeinen Landrechts im Wesentlichen ubereinstimmt, kann als gemeines Recht bezeichnet werden und dient zur ergänzenden Auslegung der luckenhaften Vorschriften der übrigen Bergordnungen.

Die Erbstollengerechtigkeit besteht in der Befugniss, einen Stollen von einem bestimmten Punkte aus in das vorliegende Gebirge in beliebiger Richtung durch verliehenes und unverliehenes Feld zu treiben (§§. 221, 222, 387 A. L. R. II, 16). Der Inhalt dieser Berechtigung ist wesentlich verschieden, je nachdem der Stollen durch freies oder verliehenes Feld getrieben wird. Im freien Felde steht dem Erbstöllner ein wirkliches Bergwerkseigenthum zu (§. 328 l. c.), welches sich jedoch von dem Bergwerkseigenthume am Grubenfelde sowohl in seiner räumlichen Begrenzung als auch dem Gegenstande nach unterscheidet. Das Feld des Stöllners fallt nach preussischem Rechte mit den Dimensionen des Erbstollens zusammen, die $^5/_4$ Lachter in der Höhe und $^5/_8$ Lachter in der Breite betragen. Nach gemeinem Rechte beträgt die Stollenbreite nur $\frac{1}{2}$ Lachter, jedoch tritt zu den Dimensionen des Stollens noch die Vierung von $3\frac{1}{2}$ Lachter ins Liegende und $3\frac{1}{2}$ Lachter ins Hangende (Kursächsische Stollenordnung Art. 3, Art. 14).

Das Feld des Erbstollens folgt in den angegebenen Dimensionen der Richtung des Stollens; es ist also, wie diese, nicht von vornherein bestimmt, sondern veränderlich und bildet einen vom Stollenmundloche bis zum Ortspunkte sich erstrekkenden prismatischen Körper, dessen Querschnitt die oben angegebenen Dimensionen von $\frac{5}{4}$ Lachter in der Höhe und nach preussischem Rechte $\frac{5}{8}$ Lachter in der Breite; nach gemeinem Rechte dagegen von $\frac{1}{2}$ Lachter Breite mit der hinzutretenden Vierung besitzt.

Innerhalb dieses Feldes hat der Erbstöllner das Recht, alle verleihbaren Mineralien zu gewinnen. [1]) Der Gegenstand seines Bergwerkseigenthums ist daher nicht ein bestimmtes verliehenes Mineral, sondern die Gesammtheit aller im §. 1 des Berggesetzes verzeichneten Mineralien.

Im verliehenen Felde steht dem Erbstöllner das Recht des Durchtriebs in den vorhin erwähnten Dimensionen zu (§. 387 l. c.). Mit dieser Befugniss verbinden sich noch andere Rechte, welche sämmtlich den Charakter von Rechten an fremden Sachen haben und theils wie der Durchtrieb und der Stollenhieb zu den Servituten zu rechnen sind, theils wie die verschiedenen Stollenabgaben zu den Reallasten.

Die Erwerbung des Erbstollens geschah wie die des Grubenfeldes durch Muthung und Verleihung; jedoch enthält die Verleihungsurkunde über den Erbstollen keine andere Bestimmung, als den Ort, wo der Stollen angesetzt, und das Gebirge, in welches er getrieben werden soll. (A. L. R. II. 16, §. 221.)

Weitere Bedingungen der Verleihung sind für nicht zugefügt zu erachten. Wenn also der Erbstollen nach der Verleihungsurkunde zur Lösung einer bestimmten Gruppe von vorliegenden Gruben verliehen ist, so hat der Erbstöllner gleichwohl das Recht, den Erbstollen uber diese Grubenfelder

1) §. 327 A. L. R. Th II. Tit. 16.

hinaus gemäss §. 222 a. a O. in das vorliegende Gebirge zu treiben. [1])

Eine Ausnahme von dieser Regel tritt ein bei den Erbschachtgerechtigkeiten des preussischen Rechtes. Nach §. 449 f. A. L. R. II. 16 konnte nämlich auch für die aus einem Kunstschachte getriebenen Grundstrecken die Erbstollengerechtigkeit verliehen werden. Da nun das Mundloch eines solchen aus dem Kunstschachte getriebenen Erbstollens nicht zu Tage ausgeht, und die gelösten Wasser keinen natürlichen Abfluss erhalten, sondern künstlich gehoben werden müssen, so muss die Verleihungsurkunde über diese Wasserhebung und über die entsprechende Einrichtung des Kunstschachtes Bestimmung treffen.

Da die Verleihungsurkunde dem Erbstollen kein bestimmtes Feld zuweist, letzteres vielmehr durch die Richtung des Stollens selbst bestimmt wird, so muss zu der allgemeinen Bedingung der Verleihung noch die wirkliche Ausführung des Stollens hinzukommen, wenn der Stöllner an einem bestimmten Punkte Bergwerkseigenthum oder Stollenrechte in Anspruch nehmen will, und der Erbstollen muss überdies den gesetzlichen Bestimmungen gemäss getrieben sein. (§. 423 a. a. O.) Diese gesetzlichen Bestimmungen betreffen zum Theil die vorhin erwähnten Stollendimensionen, zum Theil die wagrechte Richtung der Stollensohle. Nach §. 223 f. A. L. R. II. 16 müssen Erbstollen in der Regel sohlig betrieben werden und dürfen höchstens das in den Provinzialbergordnungen bestimmte Ansteigen haben, welches nach den revidirten Bergordnungen und ebenso nach der kursächsischen Stollenordnung $^1/_4$ Lachter auf je 100 Lachter Länge beträgt. [2]) Es ist nach §. 224 ferner unzulässig, die Wasserseige so zu treiben, dass in derselben Gesprenge (Absätze oder Stufen) bleiben. auch dann, wenn solche Gesprenge, auf das ganze Mass der Stollenlänge vertheilt, das gesetzliche Maximum des Ansteigens nicht erreichen.

---

1) Erlass des Handelsministers an das Oberbergamt zu Bonn vom 11. September 1860.

2) Cleve-Märk. B O. Cap. 14 §. 1; Schles. und Magdeburg-Halberstädt. B. O. Cap. 15. §. 1; Kursachsische Stollenordnung. Art. 6. §. 2.

Ein Gesprenge ist nur dann als vorhanden anzunehmen, wenn das abfliessende Wasser über die vorhandene Stufe herabfällt.[1] Ausnahmsweise kann nach §. 225 von dem Oberbergamte die Erlaubniss zu Gesprengen für einzelne Flügelörter gegeben werden, welche zur Lösung einiger weniger Gruben bestimmt sind, deren Baue höher als die Stollensohle liegen.

Die älteren Berggesetze enthalten keine ausdrucklichen Bestimmungen, ob das gesetzwidrige Ansteigen oder das nicht genehmigte Gesprenge dic Aufhebung der verliehenen Erbstollengerechtigkeit in ihrem ganzen Umfange zur Folge haben oder nur von demjenigen Punkte ab, an welchem sich der Fehler befindet; doch muss bei der anerkannten Theilbarkeit des Stolleneigenthums das Letztere angenommen werden. Ein Erbstollen also, welcher vom Mundloche in einer gewissen Erstreckung sohlig betrieben ist, dann aber mehr als $^1/_4$ Lachter auf 100 ansteigt, ist bis zu diesem Punkte Gegenstand eines gültigen Stolleneigenthums, über diesen Punkt hinaus aber kann der Stöllner wegen des vorhandenen Fehlers keine Stollenrechte erwerben.

Der Verlust des Stolleneigenthums tritt ein:

1) durch Verbrechen des Stollens;
2) durch unterlassene Forttreibung;
3) durch die Verstufung, jedoch nur in Bezug auf die Fortsetzung des Stollens vom Verstufungspunkte.

1. Das Verbrechen des Stollens hat nach §. 252 A. L. R. II. 16 den Verlust der Erbstollengerechtigkeit von Rechtswegen zur Folge, ohne dass es einer ausdrücklichen Freierklärung durch das Oberbergamt bedarf. Besteht das Stolleneigenthum an der Fortsetzung oder an dem Flügel eines anderen Stollens, durch dessen Mundloch das Wasser zu Tage abgeführt wird, so hat das Verbrechen des unteren Stollens auch den Verlust des Eigenthums an dem oberen Stollen zur Folge. Der Stollen ist verbrochen, wenn entweder in Folge der Zerstörung seiner Wasserseige die Wasser in die Tiefe fallen, oder in Folge des Zusammenbrechens der Decke und

---

1) Erkenntniss des Appellationsgerichts zu Ratibor vom 16 Februar 1865.

der Seitenwände der Wasserabfluss und der Wetterzug gehemmt sind. Ist dagegen der Wasserabfluss nur durch Verschlämmung gehemmt, so tritt nicht der Verlust der Erbstollengerechtigkeit ein, sondern die Stollenrechte ruhen nur nach §. 430, bis das Hinderniss beseitigt ist.

2. Die unterlassene Forttreibung des Stollens führt nach §§. 235 und 249 den Verlust des Stolleneigenthums im Wege der Freifahrung herbei; letztere erfolgt nach den für die Freifahrung der Bergwerke im älteren Rechte gegebenen Vorschriften (oben S. 194), welche nach §. 223 des Berggesetzes in Bezug auf die Erbstollen in Kraft verblieben sind.

Der Stöllner ist nach §. 235 A. L. R. II. 16 verpflichtet, den Stollen nach irgend einer Richtung immer weiter zu treiben. Einige Bergordnungen verlangen, dass jährlich eine gewisse Anzahl von Lachtern aufgefahren wird; nach dem allgemeinen Landrecht dagegen wird ununterbrochene Belegung in täglichen achtstundigen Schichten erfordert (§§. 191, 193, l. c.).

Die Freifahrung wegen unterlassenen Betriebes kann sowohl von Amtswegen als auch auf Antrag einer vorliegenden Grube erfolgen (§§. 247, 249 l. c.). Es ist dazu nach §. 198 l. c. erforderlich, dass bei dreimaliger amtlicher Befahrung in einer Woche der Nichtbetrieb festgestellt wird. Die Freierklärung erfolgt durch einen Beschluss des Oberbergamtes, gegen welchen der Recurs an den Handelsminister nach Vorschrift der §§. 191—193 des Berggesetzes stattfindet. Nach Ablauf der Recursfrist oder nach erfolgter Bestätigung des Beschlusses wird derselbe der Hypothekenbehörde behufs der Löschung des Erbstollens im Hypothekenbuche zugefertigt. [1])

3. Die Verstufung bewirkt die Aufhebung des Erbstollenrechtes von dem Verstufungspunkte ab, und zwar entweder so, dass der Erbstollen überhaupt nicht weiter betrieben werden darf, oder so, dass er nicht nach einer gewissen Richtung hin weiter getrieben werden darf. Die Verstufung mit der ersteren Wirkung erfolgt auf Antrag des Erbstöllners,

---

1) Instruction vom 21. September 1832 (Jahrbücher Bd. XXXX. S. 226); § 29.

welcher sich durch dieselbe vor der Freifahrung wegen Nichtbetriebes schützt und das Eigenthum an der bisher aufgefahrenen Stollenstrecke nebst allen bis dahin erworbenen besonderen Stollenrechten conservirt (§§. 236, 237 l. c.).

Die Verstufung auf Antrag vorliegender Gruben erfolgt, wenn der Stöllner den Stollen zwar forttreibt, jedoch nicht in der Richtung auf eine bestimmte vorliegende Grube hin. In diesem Falle muss auf Antrag des Grubenbesitzers das Oberbergamt dem Stöllner eine billige Frist zur Forttreibung des Stollens in die vorliegende Grube vorschreiben, und wenn auch diese nicht inne gehalten wird, mit der Verstufung verfahren. Die Verstufung erfolgt in diesem Falle an demjenigen Punkte, welcher der vorliegenden Grube zunächst gelegen ist, und der Grubenbesitzer erlangt das Recht, von diesem Punkte aus selbst einen Stollenflügel in seine Grube zu treiben; wogegen der Erbstöllner das Recht zum Fortbetrieb des Erbstollens durch das vorliegende Grubenfeld verliert. (§§. 340, 344, 345 l. c.)

Die Verstufung wird durch das Einhauen eines Zeichens in das anstehende Gestein bewirkt. Sie wird von einem Commissar des Oberbergamts unter Zuziehung eines Markscheiders ausgeführt und die Lage der verstuften Stollenörter wird nach markscheiderischer Ermittelung auf dem Situationsrisse aufgetragen.

Die Rechte des Erbstöllners im verliehenen Grubenfelde zerfallen in die allgemeinen Stollenrechte, die vorläufigen, die definitiven und die ausserordentlichen Stollengebühren.

I. Die allgemeinen Stollenrechte stehen jedem verliehenen und gesetzmässig betriebenen Erbstollen zu, ohne Rücksicht darauf, ob er die Erbteufe einbringt und der Grube Wasser- und Wetterlösung verschafft oder nicht. Sie bestehen in dem Rechte, den Stollen mit den gesetzmässigen Dimensionen durch das Grubenfeld und durch die Grubengebäude zu treiben (§. 387 l. c.). Die Besitzstörungsklage findet daher gegen den Erbstöllner, welcher das Recht des Durchtriebes ausübt, nicht statt.[1])

---

1) Erkenntniss des Obertribunals v. 27. Januar 1860. — Striethorst's Archiv Bd. 36. S. 170.

Der Grubenbesitzer muss dem Stollner gestatten, in seinen Bauen anzusitzen und dem Stollen mit einem Orte entgegenzugehen. Er kann jedoch dieses Ort selbst zutreiben (§§. 389, 390). Er muss beim Abbau in der Nähe des durchgetriebenen Stollens die gehörigen Bergfesten stehen lassen oder andere Vorrichtungen treffen, um den Stollen vor Brüchen sicher zu stellen (§. 391). Der Grubenbesitzer muss endlich den Durchlauf der Wasser anderer Gruben auf den Stollen und die dazu nöthigen Vorrichtungen gestatten (§. 396).

Dagegen ist der Stollner seinerseits verpflichtet, alle Wasser auf seinem Stollen aufzunehmen und solche Anstalten zu treffen, dass weder die Stollenwasser in die Tiefsten der Gruben fallen, noch auch sonst die Gruben in ihrem Baue gehindert werden (§§. 392, 394, 397 l. c.).

Mit diesem Rechte des Durchtriebs ist ferner der unentgeltliche Gebrauch der vorhandenen Grubenschächte zur Ausförderung der Erze und Berge verbunden (§. 388). Endlich kann der Stöllner mit Erlaubniss des Oberbergamtes Lichtlöcher nach Bedürfniss anlegen, wobei indess dem Grubenbesitzer das Recht zusteht, diese Arbeit selbst zu übernehmen und die dabei gewonnenen Erze sich anzueignen.

II. Die vorläufigen Stollenrechte stehen dem Erbstöllner zu, sobald er mit der Erbteufe in das Grubenfeld einkommt (s. u.). Er bezieht dieselben so lange, bis er entweder die definitiven Stollenrechte erworben hat, oder bis feststeht, dass er dieselben nicht erwirbt. Sie werden also während der schwebenden Bedingung der definitiven Stollenrechte gewährt und fallen fort, sowohl wenn diese Bedingung erfüllt wird, als auch, wenn dieselbe ausfallt. Sie bestehen in dem Stollenhieb und dem vierten Pfennig. Beide Rechte werden im gemeinen Bergrechte [1]) nebeneinander gewährt; nach preussischem Bergrechte dagegen vertritt der vierte Pfennig die Stelle des Stollenhiebes, und dem Stöllner steht die Wahl zu, ob er das eine oder das andere Recht ausuben will. Hat er den vierten Pfennig gewählt, so kann er von dieser Wahl zurücktreten und den Stollenhieb ausuben; hat er dagegen den

1) Kursächsische Stollenordnung von 1749. Art. 13. §. 2, 3.

Stollenhieb auch nur stillschweigend ausgeübt, so bleibt er an die getroffene Wahl gebunden (§§. 409—416).

Der Stollenhieb umfasst die in den gesetzlichen Dimensionen des Stollens gewonnenen Mineralien. Wenn mehrere Stollenflügel in einem Grubenfelde betrieben werden, so kann der Stöllner von einem dieser Flügelorte nach seiner Wahl den Stollenhieb sich aneignen (§§. 405—407).

Der vierte Pfennig bezeichnet den Anspruch des Stollners auf Erstattung des vierten Theiles der Kosten, welche er vom ersten Durchschlag in das Grubenfeld auf den Forttrieb des Stollens durch dasselbe verwendet. Auch der vierte Pfennig kann nur für einen Stollenflügel gefordert werden. Gruben, welche den vierten Pfennig entrichten, erhalten die mit dem Stollen in ihrem Felde gewonnenen Mineralien gegen Ersatz der Gewinnungskosten zurück (§§. 409—411, 416).

III. Die definitiven Stollengebühren bestehen in dem Neunten und dem halben Neunten.

Das Neunte besteht in dem neunten Theile der aus der Grube geförderten Mineralien nach vorherigem Abzuge des landesherrlichen Zehnten (§. 417). Da durch die Aufhebung des Zehnten in der Berechnung des Neunten keine Veränderung eingetreten ist[1]), so ist das Neunte auch noch gegenwärtig mit einem Zehntel der geförderten Produkte zu entrichten. Die Entrichtung erfolgt nach §. 419 in derselben Art wie der landesherrliche Zehnte, jetzt die Bergwerksabgabe entrichtet wird, also der Regel nach in Gelde nach dem Erlöse der verkauften Produkte. Das halbe Neunte ist gleich einem Zwanzigstel der geförderten Produkte, und wird überall gleich dem ganzen Neunten berechnet.

Die Erfordernisse der definitiven Stollengebühren sind ausser der Verleihung und dem gesetzmässigen Betriebe des Erbstollens:

1) die Erbteufe;

2) Wasser- und Wetterlösung;

3) das Einkommen in das Tiefste der Grube.

Sie müssen sämmtlich und vollständig erfüllt werden, wenn der Erbstöllner das volle Neunte beziehen will. Ist die

1) Gesetz über die Besteuerung d. Bergwerke v. 12. Mai 1851. §. 4.

erste oder die letzte Bedingung nicht vollständig erfüllt, so erhält er nur das halbe Neunte. Bei noch wesentlicheren Mängeln tritt höchstens der Anspruch auf eine ausserordentliche Gebühr, das Wassereinfallgeld, ein.[1])

I. Die Erbteufe beträgt zehn Lachter und eine Spanne (20 Zoll), oder in metrischem Masse 21,18 Meter; sie wird vom Rasen (nicht von der erhöhten Hängebank) nieder bis auf die Wasserseige des Stollens gemessen (§§. 428, 429). Das gemeinrechtliche Mass der Erbteufe stimmt mit dem preussischen überein.[2]) Dagegen enthalten einige Bergordnungen abweichende Masse, z. B. die Kurtriersche Bergordnung vierzehn Lachter; die Kurkölnische neun und ein halb Lachter. Diese abweichenden Masse gelten noch heute für die bezeichneten Rechtsgebiete, nicht aber die alten provinziellen Lachtermasse; da das Mass des Lachters und dessen Verhältniss zum Metermasse durch die Mass- und Gewichtsordnungen vom 16. Januar 1816, §. 9 und vom 17. August 1868, Art. 21, gleichförmig für den ganzen Staat bestimmt ist. Die Erbteufe muss beim Einkommen in das Grubenfeld eingebracht werden. Geht dieselbe beim weiteren Auffahren wegen Abfalls des Gebirges verloren, so tritt dadurch nur eine Minderung der Stollengebühren ein (§§. 428, 429, 442 ff.).

II. Die Wasser- und Wetterlösung muss durch offenen Durchschlag mit den Bauen der Grube bewirkt werden (§. 437 f.). Die mittelbare Lösung durch Klüfte oder durch andere Grubenbaue gibt nur Anspruch auf das halbe Neunte oder auf ein Wassereinfallgeld (§§. 436—438). Dagegen fallen die Stollengebühren ganz weg, wenn der Stollen nicht offen gehalten wird. Ob die Grube des Stollens zum Abführen des Wassers sich bedient oder nicht, ist gleichgültig (§§. 430, 432).

III. Das Einkommen in das Tiefste der Grube setzt voraus, dass der Stollen mit dem Hauptschachte durchschlägig wird. Ist der Hauptschacht noch nicht bis auf das Niveau des Stollens niedergebracht, so kann der Stöllner nach §. 231

1) Vergl. v. d Bercken in der Zeitschr. f. Berg-, Hütten- und Salinenwesen. Bd. V. B. S. 61.

2) Kursächsische Stollenordnung von 1749 Art. XI. Nr. 11.

über sich brechen. Es ist nicht nöthig, dass der Stollen in dem tiefsten Punkte des Hauptschachtes einkomme, und dem Erbstöllner gebührt das Neunte nicht blos von den über der Stollensohle sondern auch von den unter derselben gewonnenen Mineralien (§. 425).[1])

Sobald der Stollen mit dem Hauptschachte durchschlägig geworden ist, erhält er das Neunte von der im ganzen Grubenfelde umgehenden Förderung, vorausgesetzt, dass das ganze Grubenfeld gelöst ist; er braucht nicht erst die vorliegenden Massen zu durchfahren (§. 427). Sind dagegen zwei Tiefsten vorhanden, und der Stollen ist erst in einem derselben eingekommen, so erhält er nur von diesem das volle Neunte (§§. 435, 436).

Das halbe Neunte wird in folgenden Fällen gewährt:

1) wenn der Stollen zwar mit der Erbteufe in das Grubenfeld eingebracht ist, diese aber beim Einschlagen in den Hauptschacht verloren hat, weil das Gebirge abfällt (§. 242);

2) wenn der Stollen noch nicht mit der Wasserseige in den Hauptschacht eingekommen ist, aber der Grube bereits Wasser- und Wetterlösung verschafft, sei es durch offene Klüfte oder durch Seitenstrecken. (§§. 434, 437);

3) wenn die Grube zwei Tiefste hat, von denen nur das eine vom Stollen erreicht ist, das andere aber ebenfalls bereits Wasser- und Wetterlösung durch den Stollen erhält (§§. 435, 436).

IV. Ausserordentliche Stollengebühren werden für verschiedene Fälle unter den Namen: Wassereinfallgeld oder Stollensteuer vorgeschrieben. Unter beiden Bezeichnungen, von denen die letztere nur einmal im §. 444 l. c. gebraucht wird, wird eine arbiträre Abgabe verstanden, deren Betrag von dem Oberbergamte mit Ausschliessung des Rechtsweges

---

1) Vergleiche Graeff Preussisches Bergrecht Seite 196 — meinen Commentar Anmerkung 568 zu §. 425 cit.

bestimmt wird (§§. 421, 444). Das Wassereinfallgeld ist zu entrichten:[1])

1) wenn der Stollen zum ganzen oder halben Neunten berechtigt ist; dieses aber wegen mangelnder Anbrüche nicht gegeben werden kann (§. 421);

2) wenn der Stollen nicht in das Grubenfeld eingeschlagen hat, aber der Grube mittelbar durch andere Gruben Wasser- und Wetterlösung verschafft (§. 438);

3) wenn ein verstufter Erbstollen die Wasser aus den von Anderen weiter getriebenen Stollenörtern aufnimmt (§. 439);

4) wenn ein tieferer Stollen die Wasser von einem höheren Stollen aufnimmt, ohne diesen zu enterben (§. 441).

Ausserdem soll eine arbiträre Stollensteuer entrichtet werden, wenn der Stollen nirgend Erbteufe einbringt, aber dennoch der Grube Wasser- und Wetterlösung verschafft. (§. 444).

In dem zuerst erwähnten Falle muss das Wassereinfallgeld, da es an einer Förderung fehlt, auf eine bestimmte Summe arbitrirt werden; in den übrigen Fällen stellt das Wassereinfallgeld eine gleichartige aber mindere Berechtigung als das Neunte und das halbe Neunte dar. Dasselbe wird also nach gleichen Grundsätzen auf einen gewissen Procentsatz der Förderung bestimmt, der weniger als das halbe Neunte, also weniger als funf Procent betragen muss.

Die Concurrenz mehrerer Erbstollen, welche in das Feld derselben Grube einschlagen, äussert sich theils dadurch, dass der eine den anderen von der Erwerbung der Erbstollenrechte ausschliesst, theils dadurch, dass er ihm die bereits erworbenen Stollenrechte wieder entzieht. Im Allgemeinen gilt die Regel, dass von zwei Erbstollen, welche in dasselbe Grubenfeld einschlagen, derjenige, welcher eines der Stollenrechte zuerst erwirbt, den andern von der Erwerbung des gleichen Rechtes ausschliesst. Diese Regel erleidet jedoch in Bezug auf die vorläufigen Stollenrechte eine Ausnahme. Wenn nämlich zwei

1) Vergl. die Kursächsische Stollenordnung Art. 11. §. 9, 18, ausserdem Art. 18. §. 1; Art. 19. §. 4, 7 und Art. 26. §. 1.

Erbstollen aus verschiedenen Weltgegenden in das Grubenfeld getrieben werden, so erhalten beide den Stollenhieb oder den vierten Pfennig, so lange bis sie unter einander einkommen, oder miteinander durchschlägig werden; worauf dann der tiefere dem oberen und bei gleicher Tiefe der ältere dem jüngeren den Stollenhieb und den vierten Pfennig entzieht (§. 460, 461, 466).

Kommen die Stollen nicht aus verschiedenen Weltgegenden in das Grubenfeld ein, so hat derjenige den Vorzug, welcher zuerst in das Feld einschlägt (§. 463).

Die Entziehung der bereits erworbenen definitiven Stollenrechte kann der Regel nach nur durch die Enterbung erfolgen. Diese geschieht dadurch, dass der zweite Stollen 7 Lachter oder 14,64 Meter tiefer mit seiner Wasserseige einkommt und die Gruben löst [1] (§. 457). Diese 7 Lachter werden senkrecht von der Sohle des oberen Stollen auf die Sohle des unteren gemessen, und zwar an dem Orte, wo die Stollen mit dem Hauptschachte durchschlägig werden. Es bedarf jedoch nicht der Enterbungsteufe, wenn der obere Stollen wegen des Mangels der directen Lösung nur zum halben Neunten berechtigt ist; vielmehr verliert er in diesen Fällen das Recht auf den halben Neunten, sobald der später einschlagende Stollen der Grube directe Lösung verschafft und das Recht auf das ganze Neunte erwirbt (§§. 463, 464). Wassereinfallgeld und Stollensteuer werden ebenfalls ohne die Bedingungen der Enterbung entzogen, sobald ein anderer Stollen dieselben Wasser in mehrerer Tiefe abführt (§. 459).

Das Allgemeine Berggesetz im §. 223, Absatz 3, gestattet im Gesetzbereiche des Allgemeinen Landrechts auch den Gruben, sich von den Erbstollengebühren durch Enterbung zu befreien. Diese Vorschrift schliesst an die Bestimmungen des Allgem. Landrechts §. 449 ff. l. c. an, nach welchen auch für Kunstschächte die Erbstollengerechtigkeit verliehen werden konnte, wobei dann zwischen den Erbschächten und den Erbstollen nach §. 468 f. dieselben Vorschriften über die Enterbung gal-

---

1) Die Kursächs. Stollenordnung Art. 20 und die Kurkoln. B. O. Th. VI, Art. 9 bestimmen die Enterbungsteufe auf 7 Lachter im hohen und 3½ Lachter im flachen Gebirge.

ten, wie für die Enterbung der Stollen untereinander. Diese Vorschriften hatten während der Herrschaft des Allgem. Landrechtes nur eine sehr beschränkte Anwendung gefunden, und es war sogar zweifelhaft, ob dieselben in dem Bezirke der Provinzial-Bergordnungen, in denen das Allgem. Landrecht subsidiäre Geltung hat, Anwendung finden könnten.[1] Nach §. 223 des Berggesetzes sind nun die angeführten Vorschriften für das ganze Gebiet des Allgem. Landrechtes mit der Modification aufrecht erhalten, dass jeder Kunstschacht, der von einem Bergwerksbesitzer angelegt wird, zur Befreiung des Bergwerks von den Erbstollengebühren dient, wenn die Bedingungen der Erwerbung erfüllt werden, d. h. wenn die Wasser 7 Lachter tiefer gehoben und der Grube in dieser Tiefe Wasser- und Wetterlösung verschafft wird. Erbstollenrechte erwirbt der Bergwerksbesitzer für eine solche Kunstschachtanlage nicht, auch wirkt die Enterbung nur für das Feld der Grube, in welcher der Kunstschacht angelegt ist.

Die nach §. 449 des Allgem. Landrechts Theil II, Tit. 16, früher verliehenen Erbschachtgerechtigkeiten sind bestehen geblieben, können aber in derselben Weise wie die Erbstollen nach §. 223, Absatz 3, des Berggesetzes enterbt werden.

§. 35. Verhältniss zu öffentlichen Verkehrsanstalten. (§§. 153—155 des Berggesetzes.)

Die Anlagen, welche die Vermittelung des öffentlichen Verkehrs zum Gegenstande haben, insbesondere Chausseen, Eisenbahnen und Kanäle, gehören zu den wichtigsten Hülfsanlagen für den Bergwerksbetrieb, da sie den Absatz der Bergwerksprodukte vermitteln; und es ist deshalb dem Bergwerksbesitzer für solche Anlagen, ebenso für die Grubenbauten selbst, im §. 135 das Recht der Grundabtretung eingeräumt. Es besteht indess eine Collision zwischen diesen öffentlichen Verkehrsmitteln und dem Bergbau, da letzterer häufig die Erd-

1) Vergl. die Recursbescheide vom 22. März und vom 10. Juli 1862; Zeitschr. f. Bergrecht Bd. III, S. 130, S. 393 und die Entscheidungen des Obertribunals v. 14. December 1864 und v. 29. Jan. 1866 das. Bd. VII, S. 220, S. 228.

oberfläche beschädigt und dadurch den Betrieb jener Verkehrsanstalten stören oder gefährden kann. Es ist selbstverständlich, dass diese Collision nicht durch die blosse Verpflichtung des Bergwerksbesitzers zur Schadloshaltung gelöst werden kann, wie dies in Bezug auf die Beschädigung des blos landwirthschaftlich oder zu Privatgewerben benutzten Grund und Bodens geschieht (oben §. 29).

Das öffentliche Interesse erfordert die Erhaltung der Verkehrsanlagen; dieses Interesse kann nicht durch eine Geldentschädigung aufgewogen werden, und es trifft sogar mit dem eigenen Interesse des Bergbaues zusammen, zu dessen Vortheil die Verkehrsanstalten ebenfalls gereichen.

Schon die frühere Gesetzgebung verpflichtete den Bergwerksbesitzer zu denjenigen Einschränkungen im Betriebe, welche zum Schutze der vorhandenen Strassen nothwendig wurden. Dies war unter anderen für die Grafschaft Mark durch das Chaussee-Reglement vom 31. Mai 1796 im §. 74 ausdrücklich vorgeschrieben. [1]) Für das übrige Gebiet des preussischen Rechtes bestand eine solche spezielle Vorschrift nicht, und es bedurfte einer solchen nicht, so lange nach §. 82, A. L. R. II, 16. der Bergbau allgemein der Direction des Bergamtes unterworfen war. Als durch das Gesetz vom 21. Mai 1860 diese allgemeine Direction der Bergbehörden aufgehoben wurde, blieb nach §. 1 der Bergbau der Einwirkung derselben auf die Gewinnung der Mineralien so weit unterworfen, als zur Wahrung der Nachhaltigkeit des Bergbaues, zur Sicherheit der Baue und der Oberfläche im Interesse des Privat- und öffentlichen Verkehrs erforderlich ist. Allein während früher, so lange die Bergbehörde die Betriebspläne feststellte, durch deren Fürsorge jede Beschädigung von Strassen, Eisenbahnen und Kanälen vermieden wurde, ohne dass es zu einem Conflicte zwischen den beiderseitigen Interessen kam, gestaltete sich nunmehr die Sachlage so, dass der Bergwerksbesitzer die Betriebspläne aufstellte, und erst durch das polizeiliche Verbot der Bergbehörde die etwa drohende Beschädigung der Verkehrsanlagen verhütet werden musste. Nunmehr entstand die Streitfrage, ob dem Bergwerksbesitzer für die zum Schutze der

1) Zeitschr. f. Bergrecht Bd. III. S. 361.

Verkehrsanlagen polizeilich angeordneten Beschränkungen ein Entschädigungsanspruch gegen den Unternehmer dieser Anlagen zustehe oder nicht? Dieselbe Streitfrage war schon früher im Gebiete des französischen Rechtes entstanden, da das französische Berggesetz dem Bergwerkseigenthümer die Aufstellung des Betriebsplanes überliess und folglich die Beschränkung der Verkehrsanlagen nur durch polizeiliche Untersagung gefährlicher Anlagen zu verhindern gestattete.

In beiden Rechtsgebieten wurde der Entschädigungsanspruch des Bergwerksbesitzers verschieden beurtheilt. In Frankreich hatte sich der pariser Cassationshof in drei Entscheidungen vom 18. Juli 1837, vom 3. März 1841 und vom 3. Januar 1853 für die Ansprüche des Bergwerksbesitzers ausgesprochen und die Eisenbahngesellschaft zur Entschädigung dafür verurtheilt, dass der Bergwerksbesitzer polizeilich angehalten war, zum Schutze eines Eisenbahntunnels einen Sicherheitspfeiler stehen zu lassen.[1]) Dagegen hat auch in Frankreich die neuere Jurisprudenz sich dahin ausgesprochen, dass der Grundeigenthümer alle Anlagen auf der Oberfläche machen dürfe, welche er für gut befindet (Code Napoléon Art. 552), und dass folglich eine solche Anlage niemals eine Schadensersatzpflicht gegenüber dem Bergwerksbesitzer bedingen könne.[2])

Im Gebiete des preussischen Rechtes ist nur einmal in einem gleichartigen Falle durch das Erkenntniss des Obertribunals vom 3. November 1854 die Eisenbahngesellschaft zu einer Entschädigung dafür verurtheilt, dass der Tagebau einer in der Bahnlinie liegenden Grube eingestellt werden musste, wobei indess rechtsirrthümlich die Vorschriften des Eisenbahngesetzes über die Expropriation eines Nutzungsrechtes am Grund und Boden zur Anwendung gebracht wurden.[3])

In den späteren Entscheidungen des Obertribunals vom

---

1) Richard, législation française sur les mines Tom. II, p. 442; Achenbach in der Zeitschr. für Bergrecht, Bd. IV. S. 336.

2) Bury, Traité de la législation des mines Tom. I, pag. 410; Achenbach, französ. Bergrecht S. 292.

3) Striethorst's Archiv Bd. XXXV. S. 100; Zeitschrift für Bergrecht Bd. 3, S. 113. Vergl. meine Uebersicht 1860—1863, S. 71.

28. März 1862, vom 20. März 1863, vom 16. Mai 1865 und vom 24. October 1868 [1]) ist dagegen übereinstimmend angenommen, dass dem Bergwerksbesitzer ein Anspruch auf Entschädigung für die polizeiliche Einschränkung seines Betriebes zum Schutze des Eisenbahnkörpers nicht zustehe. Auch für das Gebiet des gemeinen Rechtes ist eine gleiche Entscheidung von dem Justizsenat zu Ehrenbreitstein in Uebereinstimmung mit dem Kreisgericht zu Wetzlar gefällt. [2])

Auch von den Schriftstellern des preussischen Bergrechts wurde mit einer einzigen Ausnahme [3]) die Entschädigungsfrage verneint. [4])

Durch §. 154 des Berggesetzes ist diese Streitfrage in einer Weise gelöst, welche den billigen Ansprüchen der Bergwerksbesitzer vollständig Rechnung trägt und ihre Lage gegenüber der bisher herrschenden Praxis wesentlich verbessert, indem ihnen zunächst Gelegenheit gegeben wird, bei der Feststellung der Richtungslinie der Verkehrsanlage ihre Interessen wahrzunehmen und demnächst ein Anspruch auf Erstattung der Auslagen eingeräumt wird, welche ihnen durch Vorkehrungen zum Schutze jener Anlagen erwachsen, jedoch mit Ausschluss des in Folge dieser Vorkehrungen entgangenen Gewinnes (vergl. unten).

Die Controverse des früheren Rechtes hat jedoch auch gegenwärtig ihre volle Bedeutung erhalten, da nach §. 155 des Berggesetzes alle Ansprüche auf Schadenersatz gegenüber den Unternehmern öffentlicher Verkehrsanstalten, welche von den Besitzern der vor dem 1. October 1865 verliehenen Bergwerke erhoben werden, nach den bisherigen Gesetzen entschieden werden sollen, sofern diese Ansprüche über den ihnen nach

---

1) Zeitschr. f. Bergrecht Bd. III. S. 103. Bd. IV. S. 246, Bd. VI. S. 477, Bd. X. S. 272

2) Bericht der Commission des Hauses der Abgeordneten zu §§. 153—155 unter II.

3) Veith, die Entschädigungsverbindlichkeit der Eisenbahngesellschaften. Berlin 1864.

4) Vergl. meinen Commentar Anmerk. 343, §. 353; Achenbach in der Zeitschr. f. Bergrecht Bd. IV. S. 337; Ebmeier daselbst Bd. II. S. 68; Oppenhoff, Ressortverhältnisse S. 356 und Commentar Nr. 888.

§. 154 zu gewährenden Schadenersatz hinausgehen. Diese eigenthümliche Bestimmung ist aus den Berathungen der Commission des Herrenhauses hervorgegangen (Commissionsbericht S. 61). Sie acceptirt auf der einen Seite im Interesse der älter berechtigten Bergwerksbesitzer die Bestimmung des §. 154 insofern sie dem Bergbautreibenden den früher bestrittenen und in der Praxis nicht anerkannten Anspruch auf Ersatz der positiven Auslagen für Vorkehrungen zum Schutze der Verkehrsanstalten gewährt. Gleichzeitig behält sie denselben den weiteren Anspruch auf Ersatz des durch solche Vorkehrungen entgangenen Gewinnes vor, insofern derselbe nach den früheren Gesetzen zu begründen sein möchte, und es ist dabei nach den angeführten Motiven der Commission des Herrenhauses auf die Möglichkeit Rücksicht genommen, dass die bisherigen Gesetze eine andere dem Bergwerksbesitzer günstigere Auslegung erfahren möchten.

Die bisherigen Gesetze lassen aber ohne Zweifel den Entschädigungsanspruch des Bergwerksbesitzers gegen die Unternehmer von Verkehrsanstalten wegen eines zum Schutze der letzteren erlassenen polizeilichen Verbotes überhaupt nicht zu. Zunächst würde die Entschädigungsklage nicht gegen die Eisenbahn- oder Chausseebaugesellschaft gerichtet werden können, weil nicht diese, sondern die Bergbehörde — also der Staat — Urheber des bergpolizeilichen Verbotes ist. [1] Ferner würde zur Begründung des Entschädigungsanspruchs gegen den Staat nicht blos der Nachweis des Vortheils gehören, welcher aus der verbotenen Gewinnung der Mineralien gezogen werden kann, sondern es musste auch der Schaden in Rechnung gestellt werden, welcher durch das Polizeiverbot abgewendet ist. Weil nämlich die Gewinnung der verliehenen Mineralien mit der Verpflichtung zum Ersatze der an dem Grundstücke dadurch entstehenden Beschädigungen verknüpft ist, so besteht der entgangene Gewinn nur in dem Ertrage, welcher aus der untersagten Gewinnung der Mineralien gezogen werden kann, n a c h A b z u g d e r S c h a d l o s h a l t u n g für die damit verbundene Beschädigung des Grundstückes. Der Entschädigungsanspruch

1) Vergl. die Entscheidung des Obertribunals v. 23. September 1859; meine Uebersicht S. 188.

gegen den Staat würde also nur zu begründen sein, wenn der durch das polizeiliche Verbot entzogene Gewinn grösser ist als der durch das Verbot verhinderte Schaden. [1])

Es bedarf wohl nicht der Ausführung, dass die Beschränkung, welche der Bergbau durch das Stehenlassen von Sicherheitspfeilern zum Schutze von Eisenbahnen, Kanälen und Chausseen erleidet, ohne Ausnahme geringer sein wird, als der Schaden, welcher durch die Zerstörung jener Anlagen verursacht werden wurde. Dennoch würde diese allgemeine Erwägung nicht ausreichen, im concreten Falle den Entschädigungsanspruch des Bergwerksbesitzers auszuschliessen, zumal ja noch zu beweisen bliebe, dass das Stehenbleiben des Sicherheitspfeilers zum Schutze der Eisenbahn unbedingt nothwendig sei, und das einzige Mittel zur Abwendung der Beschädigung bilde. Es muss jedoch behauptet werden, dass auch in dem älteren Rechte eine gesetzliche Beschränkung des Bergwerkseigenthums zu Gunsten der öffentlichen Verkehrsanstalten bestand, welche theils in dem §. 82 des Allg. Landrechts Th. II, Tit. 16, theils in dem oben angeführten §. 1 des Gesetzes vom 21. Mai 1860 ausgesprochen ist. [2])

Auf die Einschränkungen, welche der Bergbau durch diese gesetzlichen Bestimmungen erleidet, finden die §§. 1, 2 A. L. R. Th. I, Tit. 22 und das zum Gesetz erhobene Gutachten des Staatsministeriums vom 16. November 1831 (G. S. S. 256) Anwendung, wonach die Entschädigungspflicht des Staates nur dann eintritt, wenn ein in seinen Eigenthumsrechten gesetzlich nicht beschränkter Besitzer durch besondere Anordnung für den einzelnen Fall in der Benutzung seines Eigenthums beschränkt wird, nicht aber wenn dieser Benutzung auf Grund einer gesetzlichen Einschränkung seines Eigenthums

---

1) Vergl. meine Aufsätze in der Zeitschr. f. Bergrecht Bd. III. S. 108 und in der Zeitschr. f. Berg-, Hütten- und Salinenwesen Bd. IX. S. 113.

2) Vergl. meinen Commentar Anmerk. 342 zu § 135. Die entgegengesetzte Ansicht wird vertheidigt von Veith a. a. O. S. 39, S. 72 und von Oppenhoff Ressortgesetze S. 355. Letzterer verneint jedoch aus den weiter oben angeführten Gründen die Entschädigungspflicht des Bergwerksbesitzers ebenfalls.

Schranken gesetzt werden.[1]) Nach der früheren rechtsrheinischen Gesetzgebung schloss also die gesetzliche Einschränkung, welcher das Bergwerkseigenthum durch §. 1 des Gesetzes vom 21. Mai 1860 unterworfen ist, jeden Entschädigungsanspruch des Bergwerksbesitzers für die zum Schutze der Oberfläche im Interesse des öffentlichen Verkehrs polizeilich angeordneten Beschränkungen aus.

Das neue Berggesetz sucht zunächst im §. 153 der Collision zwischen den Interessen des Bergbaues und der öffentlichen Verkehrsanstalten dadurch zu begegnen, dass es die Zuziehung der Bergwerksbesitzer, durch deren Felder Chausseen, Eisenbahnen oder Kanäle geführt werden sollen, bei der Feststellung der diesen Anlagen zu gebenden Richtung vorschreibt, um sie darüber zu hören, in welcher Weise unter möglichst geringer Benachtheiligung des Bergwerkseigenthums die Anlage auszuführen sei.[2]) Ein Widerspruchsrecht gegen die Ausführung oder die festgestellte Richtung der Anlage steht dem Bergbautreibenden nicht zu. Der Anspruch auf Schadenersatz für die Beschränkungen, welche der Bergwerksbetrieb durch die Anlage der Eisenbahn u. s. w. erleidet, ist nach §. 154 von der Voraussetzung abhängig, dass der Bergbautreibende zu dem Bergwerksbetriebe früher berechtigt war, als die Genehmigung der Anlage ertheilt ist.[3])

Der Schadenersatz ist beschränkt auf diejenigen Kosten, welche durch die Herstellung sonst nicht erforderlicher Anlagen oder durch die sonst nicht erforderliche Beseitigung oder Veränderung solcher bereits vorhandenen Anlagen entstehen.

Durch diese Bestimmung wird der Anspruch auf entgangenen Gewinn ausgeschlossen, und insbesondere die Entschä-

---

1) Vergl. die Entscheidungen des Obertribunals v. 9. März 1839 und vom 15. November 1850, Entscheid. Bd. XVII, S. 374; Bd. XX, S 101.

2) Ueber das Verfahren bei der Feststellung von Eisenbahnlinien treffen die Ministerialerlasse v. 2. November 1866 und v. 13. Juli 1867 (Zeitschrift für Bergrecht Bd. VIII, S. 136, S. 424; mein Commentar Anmerk. 345) Bestimmung.

3) Ueber die Entstehungsgeschichte dieser Bestimmung vergl. Oppenhoff Commentar Nr. 877.

digung für das Stehenlassen von Sicherheitspfeilern zum Schutze von Eisenbahnen u. s. w. versagt. Es zeigt sich jedoch bei der praktischen Anwendung dieser Vorschrift, dass es im gegebenen Falle schwierig ist zu beurtheilen, ob die Eisenbahnanlage blos eine Einschränkung des Ausbeutungsrechtes oder die Herstellung sonst nicht erforderlicher Schutzvorrichtungen nothwendig macht. Die Senkung des Bahnkörpers in dem Felde eines Steinkohlenbergwerks kann z. B. dadurch verhindert werden, dass ein Theil des Kohlenflötzes, der s. g. Sicherheitspfeiler unabgebaut stehen bleibt, ebensowohl aber auch dadurch, dass dieser Flötztheil schachbrettförmig abgebaut und die abgebauten Räume durch Mauerung oder Bergeversatz gegen das Verbrechen gesichert werden. Geschieht letzteres, so ist die hergestellte Mauerung jedenfalls als eine sonst nicht erforderliche Anlage zum Schutze des Bahnkörpers im Sinne des §. 154 zu bezeichnen.

Welche der beiden Schutzmassregeln angenommen werden sollen, hängt aber vorwiegend von der polizeilichen Bestimmung der Bergbehörde ab, welche entweder das Stehenlassen des Sicherheitspfeilers anordnet, oder den Abbau desselben mit den nöthigen Schutzvorkehrungen geschehen lässt. Die Bergbehörde wird daher im gegebenen Falle bei der Prüfung des Betriebsplanes erwägen müssen, ob der aus dem Abbau des Pfeilers zu ziehende Gewinn die Aufwendung der Kosten für die erforderlichen Schutzanlagen rechtfertigt und nach dem Ergebnisse dieser Erwägung entweder den Abbau untersagen, oder die erforderlichen Anlagen anordnen.[1])

---

1) Der Erlass des Handelsministers vom 24. September 1867, Zeitschrift f. Bergrecht Bd. VIII. S. 425, spricht sich über diese Frage, wie folgt, aus:

„Freilich kann von den Eigenthümern der mit dem Expropriationsrechte versehenen Verkehrsanstalten nicht beansprucht werden, dass der Bergbautreibende in jedem Falle von der Bergbehörde dazu angehalten werden müsse, zum Schutze ihrer Verkehrsanlage einen Theil seines Grubenfeldes durch Anstehenlassen entsprechender Sicherheitspfeiler ungenutzt zu lassen. Prinzipiell erscheint es vielmehr unbedenklich, dass die Bergbehörde den Grubenbetrieb in dem unter oder neben einem Verkehrswege gelegenen Grubenfeldestheile oder die Durchörterung und den Abbau eines bereits abgegrenzten Sicherheitspfeilers

Der Anspruch des Bergwerksbesitzers auf Schadenersatz tritt ein, sobald die Veränderung der Anlagen oder die Herstellung neuer Anlagen zum Schutze des Bahnkörpers (der Chaussee oder des Kanals) polizeilich angeordnet oder sonst nothwendig wird. Daher muss auch der Anspruch nach den in diesem Zeitpunkte geltenden Gesetzen beurtheilt werden. Die

---

gestatten und sich überhaupt darauf beschränken kann, diejenigen Anordnungen zu treffen, welche zur Verhütung einer Beschädigung des Verkehrsweges nothwendig sind. Denn das Gewinnungsrecht des Bergbautreibenden erstreckt sich auf den ganzen Umfang des verliehenen Grubenfeldes und unterliegt einer Einschränkung nur insoweit, als eine solche mit Rücksicht auf die im §. 196 des Allgemeinen Berggesetzes bezeichneten Gesichtspunkte von Bergpolizeiwegen zum Schutze des Lebens und der Gesundheit der Arbeiter, zum Schutze des öffentlichen Verkehrs u. s. w. nothwendig ist. Wie in dem concreten Falle dieser Schutz zu erreichen — ob durch Einschränkung des Gewinnungsrechtes oder durch Anordnung anderweitiger Schutzmassregeln — darüber hat die Bergbehörde zu befinden und zu entscheiden.

Damit aber nicht die von dem Gesetzgeber beabsichtigte Ausgleichung der collidirenden Interessen des Bergbaues und der Verkehrsanstalten bei dieser Entscheidung unberücksichtigt bleibe, ist es in jedem concreten Falle die Aufgabe der Bergbehörde, die beiderseitigen Interessen gegen einander abzuwägen und eine billige Vermittelung in der Art anzustreben, dass nicht wider die klare Absicht des Gesetzgebers Schadenersatz-Ansprüche gegen öffentliche Verkehrsanstalten auch in denjenigen Fällen herbeigeführt werden, in welchen das Gesetz dieselben hat ausschliessen wollen.

Für viele Fälle wird sogar für die Bergbehörde die Möglichkeit der Herstellung einer gütlichen Einigung unter den Interessenten vorhanden sein.

Zur besseren Erreichung dieser Zielpunkte des Verfahrens der Bergbehörde empfiehlt es sich, den Vertretern der Verkehrsanstalten Gelegenheit zu geben, ihre Interessen in solchen Angelegenheiten wahrzunehmen, und zu diesem Zwecke, bevor über die Anordnung von Schutzmassregeln zur Vermeidung von Beschädigungen der Eisenbahnen, Kanäle etc. sowohl auf Grund der §§. 67 und 68 als des §. 198 des Allgemeinen Berggesetzes Entscheidung getroffen wird, nicht blos die betheiligten Bergwerkseigenthümer, sondern auch die Vertreter der bezüglichen Verkehrsanstalt mit ihren Aeusserungen über die Sachlage zu hören und letztere daher zu den anzuberaumenden Terminen mit vorzuladen.“

entgegengesetzte Ansicht ist vertreten in dem Urtheil des Obertribunals vom 6. December 1869 (Zeitschrift für Bergrecht Bd. XI. S. 319), in welchem ausgeführt wird, dass die §§. 154, 155 des Allgemeinen Berggesetzes nicht Anwendung finden können, wenn die Eisenbahnanlage beim Erlasse des Allgem. Berggesetzes bereits vorhanden war. Das Obertribunal führt aus, die verpflichtende Handlung bestehe in der Herstellung des Bahnkörpers in dem Grubenfelde, und auf eine solche frühere Handlung könne das neue Gesetz nicht rückwirkend angewendet werden. Hiergegen ist von Brassert a. a. O. S. 322 f. mit Recht erinnert worden, dass das verpflichtende Ereigniss nicht in der Anlage des Bahnkörpers, sondern in der beim Fortschritte des Bergbaues eintretenden Nothwendigkeit der Errichtung von Anlagen zum Schutze desselben in dem Bergwerke besteht.

Die Entscheidung des einzelnen Rechtsfalles wird übrigens, wie auch Brassert a. a. O. bemerkt, durch die gegen die Begründung erhobenen Erinnerungen nicht berührt. Nach dem mitgetheilten Sachverhältniss hatte der Bergwerksbesitzer beim früheren Abbau unter dem Bahnkörper einen Sicherheitspfeiler auf Anordnung der Bergbehörde anstehen lassen, und ging erst nach Erlass des Allgemeinen Berggesetzes dazu über, diesen Pfeiler nachträglich mit den beschriebenen Vorkehrungen zu gewinnen. Hier war offenbar die zum Schutze des Bahnkörpers getroffene polizeiliche Anordnung vor dem Erlasse des Berggesetzes ergangen und ihre Wirkungen lediglich nach den früheren Gesetzen zu beurtheilen; sie würde auch nach §. 154 des Berggesetzes keinen Entschädigungsanspruch begründen. Wurde nachher dem Bergwerksbesitzer auf seinen Antrag gestattet, den Sicherheitspfeiler mittelst besonderer Vorkehrungen abzubauen, so wurden diese Vorkehrungen nicht zum Schutze des Bahnkörpers nothwendig, welcher durch den angeordneten Sicherheitspfeiler bereits geschützt war, sondern lediglich im Interesse des Bergwerksbesitzers. Ganz anders würde sich dagegen die Beurtheilung gestalten, wenn das Feld noch unabgebaut ist, und erst jetzt beim Vorrücken des Bergbaues die Nothwendigkeit eintritt, entweder einen Sicherheitspfeiler stehen zu lassen, oder unter dem Bahnkörper eine Mauerung auszuführen. Hier würde der Entschädigungsanspruch des Bergwerksbesitzers nach §. 154 begründet sein, sofern die Bergbehörde das letztere Verfahren anordnet, und der Umstand, dass die Eisenbahn vor Erlass des Berggesetzes angelegt war, würde diesen Anspruch nicht ausschliessen.

Die Festsetzung der zu leistenden Entschädigung erfolgt nach Anhörung beider Theile und mit Vorbehalt des Rechtsweges durch einen Beschluss des Oberbergamtes, welcher vorläufig vollstreckbar ist. Nach einer Recursentscheidung des Handelsministers vom 22. August 1867 [1]) soll die Competenz des Oberbergamtes nur dann eintreten, wenn nur die Höhe der zu leistenden Entschädigung, nicht aber die Verbindlichkeit zum Schadenersatze uberhaupt streitig ist. Diese Annahme entspricht, wie Brassert a. a. O. S. 332 ausfuhrt, nicht dem Zwecke und auch nicht dem Wortlaut des Gesetzes, da §. 154 Absatz 2 das Oberbergamt zur Entscheidung beruft, wenn die Betheiligten über die zu leistende Entschädigung (nicht etwa über den Betrag der zu leistenden Entschädigung) sich nicht gütlich einigen.

§. 36. Aufbereitungsanstalten und Triebwerke.

(§§. 58—59 des Berggesetzes, §§. 16—24 der Gewerbe-Ordnung.)

Die Anstalten zur weiteren Verarbeitung der Bergwerksprodukte werden nach dem oben S. 163 f. Gesagten in Aufbereitungsanstalten und Huttenwerke unterschieden, je nachdem sie die mechanische Zerkleinerung oder die chemische Umsetzung der gewonnenen Mineralien bezwecken. Nach den älteren Berggesetzen wurden beide unter den bergmännischen Nebenanlagen, folglich unter den Gegenständen der Berggesetzgebung begriffen. Es wurde namentlich auch zur Anlage von Hüttenwerken das Recht zur Expropriation ebenso wie für die eigentlichen Bergwerksanlagen und Aufbereitungsanstalten gegeben. [2])

Durch das Gesetz vom 10. Juni 1861 (Ges.-Sammlung S. 425) §. 12 sind jedoch die Hüttenwerke aus dem Bereiche der Berggesetzgebung ausgeschieden und den Gewerbegesetzen

1) Zeitschr. f. Bergrecht Bd. XI. S. 314, 331.

2) A. L. R. Th. II. Tit. 16 §. 109. Cleve-Märk. B. O. Cap. 72.

unterworfen worden, und diese Veränderung war eine blosse Folge der thatsächlichen Umgestaltung, welche in dem Hüttenbetriebe eingetreten ist. Der Letztere wird in der Mehrzahl der Fälle nicht mehr von dem Bergwerksbesitzer, sondern als ein eigenes Gewerbe von besonderen Unternehmern betrieben, und die Hüttenanlagen sind nicht mehr Zubehörungen der Bergwerke, sondern eigene, auf die Verarbeitung der Produkte vieler Bergwerke eingerichtete Anlagen.

Auch das Allgemeine Berggesetz erstreckt deshalb in den §§. 58 und 59 seine Bestimmungen nur auf die Aufbereitungsanstalten und zwar auf die von dem Bergwerkseigenthümer zur Aufbereitung der eigenen Bergwerkserzeugnisse errichteten Anstalten. Die Gewerbeordnung vom 21. Juni 1869[1]) nimmt ebenso die Aufbereitungsanstalten von den Gegenständen der Gewerbegesetzgebung aus, indem sie im §. 6 bestimmt:

> Das gegenwärtige Gesetz findet keine Anwendung auf das Bergwesen (vorbehaltlich der Bestimmungen der §§. 152, 153 und 154),

und diese Vorschrift in §. 154 dahin erläutert, dass darunter Bergwerke, Aufbereitungsanstalten und unterirdisch betriebene Brüche oder Gruben verstanden werden.

Die Aufbereitungsanstalten, sofern sie von dem Bergwerksbesitzer selbst betrieben werden, unterliegen daher nicht der besonderen Genehmigung, welche nach §. 16 der Gewerbeordnung für ähnliche Anlagen, aus deren Betrieb Nachtheile für die benachbarten Grundstücke oder für das Publikum überhaupt entstehen können, erfordert wird. Auch die Anstalten zur Darstellung von Koaks, Stein- oder Braunkohlentheer und Erdöl bedürfen nach §. 16 der besonderen Genehmigung nicht, wenn sie am Gewinnungsort des Materials errichtet werden. Für die eigentlichen Aufbereitungsanstalten gilt diese Beschränkung nicht, es kommt vielmehr nach §. 58 des Berggesetzes nur darauf an, dass sie vom Bergwerkseigenthümer zur Aufbereitung der eigenen Produkte betrieben werden.

Der Betrieb der Aufbereitungsanstalten ist von keiner

1) Ueber das Verhaltniss der neuen Gewerbeordnung zu den Bestimmungen des Berggesetzes vergl. die Abhandlung von Brassert in der Zeitschr. f. Bergrecht Bd. XI. S. 230—259

Concession abhängig und nur den darüber ergangenen bergpolizeilichen Vorschriften unterworfen, welche die vorherige Einreichung einer Beschreibung der Anstalt erfordern und die nothwendigen Vorkehrungen zum Schutze der benachbarten Grundstücke und der benutzten Wasserlaufe (Klärvorrichtungen, Fangdämme u. dgl.) anordnen. [1])

Mit der besonderen Genehmigung fällt auch das Aufgebot (§. 17 der Gewerbeordnung) und die Befugniss der benachbarten Grundbesitzer fort, gegen die Errichtung der bezeichneten Anlagen Einwendungen zu erheben, und dies musste der Fall sein, weil Aufbereitungsanstalten, welche für die Produkte eines bestimmten Bergwerks errichtet werden, der Natur der Sache nach an einen bestimmten Ort gebunden sind, und weil dem Bergwerksbesitzer für diese Anlagen nach §. 135 des Berggesetzes sogar das Recht auf Grundabtretung eingeräumt ist. Wenn nämlich der Grundbesitzer einer so weit gehenden Einschränkung unterworfen wird, dass er die Anlage der Aufbereitungsanstalt auf seinem Grundstücke gestatten muss, so kann folgerichtig auch dem Nachbarn kein Einspruch gegen die Anlage wegen der etwaigen Beschädigungen seines Grundstücks oder wegen blosser Belästigungen eingeräumt werden. Der Entschädigungsanspruch wegen solcher durch den Betrieb von Aufbereitungsanstalten zugefügten Nachtheile ist nach den oben im §. 29 entwickelten Grundsätzen zu heurtheilen.

Die T r i e b w e r k e, welche beim Bergbau und dessen Nebenanlagen verwendet werden, unterliegen den Vorschriften der Gewerbeordnung und bedürfen einer besonderen Genehmigung, insofern sie mit Dampfkesseln (§. 24 l. c.) oder mit Stauanlagen (§ 23) verbunden sind.

Die Bestimmungen der Gewerbeordnung sind durch die für Preussen am 4. September 1859 ergangene Anweisung zur Ausführung erläutert.

Zur Anlegung von D a m p f k e s s e l n auf Bergwerken ist die Genehmigung der Bergbehörde erforderlich, welche die

---

1) Vergl. die Bonner Bergpolizei-Verordnung vom 8. November 1867 §§ 52—54 und die Klausthaler Bergpolizei-Verordnung v. 5. Juni 1869. Zeitschr. f. Bergrecht Bd. VIII. S 443. Bd X. S 474; ferner für Koaksanstalten: die Dortmunder Verordnung vom 12 Dezember 1866 a. a. O. Bd. VII. S. 542

Zulässigkeit der Anlage nach den Bestimmungen des Regulativs vom 31. August 1861[1]) und bei beweglichen Dampfkesseln nach dem Erlasse vom 13. März 1855 prüft. Das Gesuch um Ertheilung der Genehmigung ist beim Revierbeamten anzubringen; aus demselben muss der vollständige Name, Stand und Wohnort des Unternehmers ersichtlich sein. Demselben ist eine Beschreibung und eine Zeichnung des Kessels in einfachen Linien, ausserdem, wenn die Anlage eines feststehenden Dampfkessels beabsichtigt wird, eine Situationszeichnung und ein Bauriss in zwei Exemplaren beizufügen. Die Zeichnungen müssen den Vorschriften unter Nro. 31 und 50 der ministeriellen Anweisung zur Ausführung der Gewerbe-Ordnung entsprechen.[2])

---

1) Vergl. meinen Commentar S. 181 ff. — Die Gewerbeordnung hält im §. 24 die bisherigen Vorschriften bis zum Erlasse allgemeiner polizeilicher Bestimmungen über die Anlegung von Dampfkesseln durch den Bundesrath aufrecht.

2) 31. Für die erforderlichen Zeichnungen ist ein Massstab zu wählen, welcher eine deutliche Anschauung gewahrt; der Massstab ist stets auf die Zeichnungen einzutragen.

Nivellements und die dazu gehörigen Situationspläne sind von vereideten Feldmessern oder Baubeamten zu fertigen. Alle sonstigen Zeichnungen konnen von den mit der Ausführung betrauten Technikern und Werkmeistern aufgenommen werden.

Beschreibungen, Zeichnungen und Nivellements sind von demjenigen, welcher sie gefertigt hat, und von dem Unternehmer zu vollziehen.

50. In der Beschreibung sind die Dimensionen des Kessels, die Stärke und Gattung des Materials, die Art der Zusammensetzung, die Dimensionen der Ventile und deren Belastung, die Einrichtung der Speisevorrichtung und der Feuerung, sowie die Kraft und Art der Dampfmaschine anzugeben.

Aus der Zeichnung muss die Grosse der vom Feuer berührten Fläche zu berechnen, und die Hohe des niedrigsten zulässigen Wasserstandes über den Feuerzügen zu ersehen sein; auf die Einrichtung der Dampfmaschine braucht sie sich nicht zu erstrecken Die Situationszeichnung hat die an den Ort der Aufstellung des Kessels stossenden Grundstücke zu umfassen.

Aus dem Bauriss muss sich der Standpunkt der Maschine und des Kessels, der Standpunkt und die Hohe des Schornsteins, sowie die Lage der Feuer- und Rauchröhren gegen die benach-

Die Prüfung des Antrags und die Ausfertigung der Genehmigungs-Urkunde erfolgt durch das Oberbergamt. Wird die Genehmigung versagt oder nur unter Bedingungen oder Einschränkungen ertheilt, so erlässt das Oberbergamt zunächst einen schriftlichen Bescheid an den Unternehmer.[1]) Gegen diesen Bescheid steht dem Unternehmer der Recurs an das Handelsministerium offen, welcher binnen vierzehn Tagen bei dem Oberbergamte oder dem Handelsministerium eingelegt und gerechtfertigt werden muss.[2])

Bevor der Kessel in Betrieb genommen wird, ist zu untersuchen, ob die Ausführung den Bestimmungen der ertheilten Genehmigung entspricht (Gewerbe-Ordnung §. 24). Die Untersuchung in Betreff der vorschriftsmässigen Construction des Kessels muss vor dessen Aufstellung erfolgen und kann in der Fabrik, wo derselbe verfertigt ist, oder an dem Aufstellungsorte erfolgen. Zur Ausführung derselben ist jeder königliche Baubeamte, Revierbeamte oder Eisenbahn-Maschinenmeister befugt. Für die Prüfung des Kessels mittelst Wasserdruckes kommt §. 14 des Regulativs vom 31. August 1861 in Anwendung.[3])

barten Grundstücke deutlich ergeben; den Umständen nach kann ein einfacher Grundriss und eine Längenansicht oder ein Durchschnitt genügen.

1) Nro. 41, 51 der Anweisung.

2) Die Recursfrist in gewerbepolizeilichen Angelegenheiten ist durch §. 20 der Gewerbe-Ordnung bestimmt. — Diese Vorschrift schliesst die Anwendung des §. 192 des Berggesetzes aus, welcher eine vierwochentliche Recursfrist in Bezug auf die sonstigen Beschlüsse des Oberbergamts zulässt.

3) Diese Vorschrift lautet mit der durch den Erlass vom 1. December 1864 getroffenen Abänderung:

§. 14

Jeder Dampfkessel muss, bevor er eingemauert und ummantelt wird, nach Verschluss sämmtlicher Oeffnungen und Belastung der Sicherheitsventile mittelst einer Druckpumpe mit Wasser mit dem zweifachen Betrage des dem Drucke der beabsichtigten Dampfspannung entsprechenden Gewichts geprüft werden.

Die Kesselwände und die Wände der Feuerzüge müssen dieser Prüfung widerstehen, ohne eine Veränderung ihrer Form zu zeigen

Ausserdem ist bei stehenden Dampfkesseln eine weitere Untersuchung nach der Aufstellung vorgeschrieben, welche auf die gehörige Ausführung der sonstigen für die Anlage massgebenden Bestimmungen zu richten ist. Diese Untersuchung liegt dem zuständigen Revierbeamten ob und muss spätestens drei Tage nach der Anzeige von der erfolgten Aufstellung stattfinden. Ueber ihren Ausfall ist binnen drei Tagen eine schriftliche Bescheinigung zu ertheilen. [1])

Die im Betrieb befindlichen Dampfkessel auf Bergwerken unterliegen einer jährlich wiederkehrenden Revision durch den Revierbeamten nach den Vorschriften des Gesetzes vom 7. Mai 1856 (Ges.-Samml. S. 295) und des dazu erlassenen Regulativs vom 23. August 1856.

Fur jede erste Untersuchung eines Dampfkessels hat der Besitzer des Kessels eine Gebühr von drei Thalern und die Reisekosten zu entrichten; für die regelmässig wiederkehrende Revision beträgt die Gebühr bei mehreren auf einem Bergwerke vorhandenen Dampfkesseln für den ersten Kessel drei Thaler, für den zweiten zwei Thaler und für den dritten und jeden folgenden Kessel einen Thaler. [2])

Ausserdem steht der Betrieb der Dampfkessel auf Bergwerken nach §. 196 des Berggesetzes unter der fortlaufenden polizeilichen Aufsicht der Bergbehörden, welche nach §§. 197 bis 199 befugt sind, polizeiliche Vorschriften über die Instandhaltung und Wartung der Dampfkessel zu treffen und die Uebertretung derselben gemäss §§. 208 und 209 zur gerichtlichen Bestrafung zu bringen.

Die Genehmigung der **Stauanlagen** für Wassertriebwerke auf Bergwerken und Aufbereitungsanstalten erfolgt nach

---

und ohne undicht zu werden. Diese Druckprobe muss wiederholt werden:

a) nach Reparaturen, welche in der Maschinenfabrik haben ausgeführt werden müssen;

b) wenn feststehende Kessel an einer anderen Betriebsstätte aufgestellt werden (Erlass vom 1. December 1864.)

1) Nro. 6 der ministeriellen Anweisung.

2) Die Aufhebung der regelmässig wiederkehrenden Revisionen und der dafür zu entrichtenden Gebühren ist in Aussicht genommen. Vergl. Brassert a. a. O. S. 141.

§. 59 Abs. 3 des Berggesetzes durch einen gemeinschaftlichen Beschluss des Oberbergamtes und der Regierung. Der Antrag des Unternehmers, welcher nach Nro. 28 und 30 der Anweisung an den Revierbeamten zu richten ist und von einer Zeichnung der Stauvorrichtungen, einem Nivellements- und einem Situationsplane begleitet sein muss, wird nach §. 17 der Gewerbe-Ordnung durch einmalige Einrückung in das Amtsblatt zur öffentlichen Kenntniss gebracht, mit der Aufforderung, etwaige Einwendungen gegen die neue Anlage binnen vierzehn Tagen anzubringen. Die Frist nimmt ihren Anfang mit Ablauf des Tages, an welchem das die Bekanntmachung enthaltende Blatt ausgegeben worden und ist für alle Einwendundunen, welche nicht auf privatrechtlichen Titeln beruhen, präclusivisch.

Werden keine Einwendungen angebracht, so hat die Behörde zu prüfen, ob der Anlage Bedenken im öffentlichen Interesse entgegenstehen, und auf Grund dieser Prüfung die Genehmigung entweder zu versagen oder unter Festsetzung der sich als nöthig ergebenden Bedingungen zu ertheilen. Der Bescheid wird schriftlich mit den Gründen ausgefertigt.[1]

Werden Einwendungen erhoben, so wird zur Verhandlung derselben von dem Revierbeamten ein Termin angesetzt und zu demselben der Unternehmer und die Widersprechenden gegen Behändigungsschein vorgeladen, unter der Verwarnung, dass im Falle des Ausbleibens gleichwohl mit der Erörterung der Einwendungen werde vorgegangen werden, und dass nach dem Abschluss der Erörterung neue thatsächliche Behauptungen nicht mehr zugelassen werden. Einwendungen, welche auf besonderen privatrechtlichen Titeln (wie Vertrag, Privilegium, letztwillige Verfügung) beruhen, werden ohne vorherige Erörterung zur richterlichen Entscheidung verwiesen und bei der Entscheidung über die Genehmigung der Anlage nicht berücksichtigt. Andere Einwendungen werden mit den Parteien vollständig erörtert und über streitige erhebliche Behauptungen Beweis erhoben. Gründen sich diese Einwendungen auf allgemeine privatrechtliche Titel (wie z. B. Eigenthum, Berechtigung zur Schifffahrt oder zur Stauung), so erfolgt die Erörte-

1) Gewerbe-Ordnung §. 18.

rung unter dem Vorbehalte der Verfolgung derselben auf dem Rechtswege.[1])

Die abgeschlossenen Verhandlungen werden von dem Revierbeamten mit einer Aeusserung über die Zulässigkeit der Stauanlage und die etwa erhobenen Einwendungen dem Oberbergamte eingereicht[2]), welches dieselben mit seiner Aeusserung an die Regierung befördert.

Sind keine Einwendungen erhoben und wird die Genehmigung nach dem Antrage des Unternehmers ohne Bedingungen oder Einschränkungen ertheilt, so fertigt die Regierung in Gemeinschaft mit dem Oberbergamte alsbald die Genehmigungsurkunde aus. Wird die Genehmigung versagt, oder nur unter Bedingungen oder Einschränkungen ertheilt, so ergeht ein gemeinschaftlicher Bescheid beider Behörden an den Unternehmer. Letzterer kann innerhalb vierzehn Tagen nach Empfang des Bescheides den Recurs einlegen oder auf mündliche Verhandlung bei der Regierung antragen.[3])

Sind Einwendungen gegen die Stauanlagen erhoben, so wird nach Eingang der Verhandlungen bei der Regierung stets das mündliche Verfahren vor derselben eingeleitet. Der Unternehmer und die Widersprechenden werden gegen Behändigungsschein und mit der Verwarnung geladen, dass im Falle des Ausbleibens dennoch in der Sache werde verfahren werden. Sie können einen Beistand zuziehen oder sich auf Grund einer schriftlichen Vollmacht vertreten lassen.

Das Collegium kann vor der Entscheidung die Aufnahme von Beweisen beschliessen und diese entweder selbst oder durch einen Commissar oder durch eine Unterbehörde erheben. Die Gestellung der Zeugen und Sachverständigen bleibt Sache der Partei, welche die Vernehmung beantragt hat. Die Vereidung erfolgt nach den gerichtlichen Eidesformen.

Die Entscheidung wird den Betheiligten im Schlusstermine mündlich eröffnet und demnächst schriftlich abgesetzt. Im

---

1) Gewerbe-Ordnung §. 19. — Anweisung Nr. 37—39.

2) Die vorherige Vorlegung an einen Baubeamten (Nro. 40 der Anweisung) ist nicht erforderlich, da der instruirende Revierbeamte selbst als der zuständige Baubeamte anzusehen ist. Vergl. Brassert a. a. O. S. 245.

3) Anweisung Nr. 41.

Tenor, welcher von den Gründen zu sondern ist, muss über den Antrag des Unternehmers und über die einzelnen Einwendungen, sowie über die Vertheilung der Kosten entschieden werden. Die Zustellung des ausgefertigten Bescheides erfolgt gegen Behändigungsschein. Von mehreren Widersprechenden, welche nicht einen gemeinschaftlichen Bevollmächtigten bestellt haben, erhält der Eine Ausfertigung, die Uebrigen Abschrift des Tenors der Entscheidung und zugleich Nachricht, wenn die Ausfertigung übersandt ist. [1])

Der Recurs gegen die Entscheidung kann binnen vierzehn Tagen nach der Zustellung bei der Regierung oder den betheiligten Ministerien [2]) eingereicht werden. Die Recursschrift muss in zwei Exemplaren eingereicht werden, von denen das eine der Gegenpartei zur Beantwortung binnen einer vierzehntägigen Frist mitgetheilt wird. Neue Einwendungen oder neue thatsächliche Anführungen sind im Recursverfahren nicht zulässig.

Der Recursbescheid, welcher mit Gründen versehen sein muss, wird von den zuständigen Ministerien der Regierung zugefertigt und von dieser in beglaubigter Abschrift dem Unternehmer und dem Gegner mitgetheilt. [3])

Die Kosten des Verfahrens fallen, soweit sie durch ungegründete Einwendungen erwachsen, dem Widersprechenden und im Uebrigen dem Unternehmer zur Last. [4])

Die Ausfertigung der Genehmigungs-Urkunde erfolgt nach dem Abschluss des Verfahrens durch die Regierung und das Oberbergamt. Vor Ertheilung der Genehmigungs-Urkunde ist die Ausführung der Anlage nicht gestattet.

Die Genehmigung zu der Dampfkessel- oder Stauanlage bleibt nach §. 25 der Gewerbeordnung so lange in Kraft, als keine Aenderung in der Betriebsstätte vorgenommen wird, und die Anlage selbst unverändert bleibt. Zur Veränderung der

1) Anweisung Nr. 42—44

2) Diese sind bei Stauanlagen für Bergwerke der Handelsminister als vorgesetzte Behörde des Oberbergamts und der Minister der landwirthschaftlichen Angelegenheiten als letzte Instanz in Vorfluthangelegenheiten

3) Anweisung Nr. 45—47.

4) Gewerbe-Ordnung §. 22

Betriebsstätte oder zu wesentlichen Veränderungen im Betriebe der Anlagen ist die gleiche Genehmigung erforderlich wie zu der ursprünglichen Anlage selbst. Bei beweglichen Dampfkesseln ist eine Veränderung in der Betriebsstätte ohne Weiteres gestattet. Bei Veränderungen im Betriebe der Stauanlagen kann auf Antrag des Unternehmers von der Bekanntmachung im Amtsblatte abgesehen werden, wenn die Behörde die Ueberzeugung gewinnt, dass die Veränderung für die Besitzer der benachbarten Grundstücke, insbesondere für die übrigen Stauberechtigten oder für das Publikum überhaupt keine neuen oder grösseren Nachtheile herbeiführen wird.

Die Zuwiderhandlungen gegen die angeführten Vorschriften der Gewerbeordnung, insbesondere die Anlegung eines Dampfkessels oder einer Stauanlage für Wassertriebwerke ohne die erforderliche Genehmigung, ferner die Abweichung von den festgestellten Bedingungen, die Veränderung der Anlage oder die Verlegung der Betriebsstätte ohne Genehmigung wird im §. 147 mit Geldbusse bis zu einhundert Thaler und im Unvermögensfalle mit verhältnissmässiger Gefängnissstrafe bis zu sechs Wochen bedroht.

Achtes Buch.

Das Bergregal im Privatbesitz.

—

§ 37. Allgemeines.

(§. 250 des Berggesetzes — §§. 106—108 Allgem. Landrecht Theil II Tit. 16.)

Nach dem früheren rechtsrheinischen Bergrechte wurde das Bergregal oder der Inbegriff der dem Staate in Bezug auf den Bergbau zukommenden Rechte zu den niederen Regalien gerechnet (§. 106 A. L. R. II. 16), unter welchen ausserdem die Rechte des Staates an Land- und Heerstrassen, Strömen, Häfen und Meerbusen, an herrenlosen Sachen, sowie die nutzbaren Rechte der Gerichtsbarkeit begriffen wurden (§§. 21—23 A. L. R. II. 14). Der gemeinsame Gattungsbegriff dieser niederen Regalien liegt in der Veräusserlichkeit der erwähnten Rechte, welche zwar durch die gesetzliche Regel dem Staate beigelegt werden, aber in einzelnen Fällen auch von Privatpersonen und von Communen erworben werden können (A. L. R. Th. II. Tit. 14. §. 26). Ein weiteres gemeinsames Merkmal kommt neben der Veräusserlichkeit den sogenannten niederen Regalien offenbar nicht zu. Es sind vielmehr unter diesem Namen die verschiedenartigsten Rechte in eine Klasse zusammengestellt: Hoheitsrechte, die nach unserer heutigen Verfassung überhaupt nicht mehr vom Begriffe des Staates getrennt werden können, wie die Gerichtsbarkeit — Monopole, wie das Postregal und das Salzregal — und unzweifelhafte Steuern, wie die Zollgerechtigkeit und der Bergzehnte.

Auch das Bergregal selbst, wie dessen Begriff in der früheren rechtsrheinischen Gesetzgebung festgestellt ist, umfasst die verschiedenartigsten Rechte; das Recht der Verleihung, welches als ein Ausfluss der Gerichtsbarkeit zu betrachten ist, die Ausübung der Bergpolizei und endlich das Recht auf den Zehnten und die übrigen Bergwerksabgaben, welches im Besitze des Staates als ein Ausfluss der Steuerhoheit zu betrachten ist, im Besitze von Privatpersonen dagegen den Character einer auf dem Bergwerke ruhenden Reallast annimmt.[1])

Nach §. 250 des Allgemeinen Berggesetzes bleiben die Rechte der Privatregalbesitzer unverändert bestehen, jedoch unterliegt unbeschadet dieser Rechte auch der Bergbau in den Privatregalbezirken den Bestimmungen des Berggesetzes. Da das Berggesetz über die Besteuerung der Bergwerke keine Bestimmung trifft, sondern nach §. 245 Absatz 2 es bei den bisherigen Vorschriften über die Bergwerksabgaben belässt, so ist in dem Zehntrechte der Privatregalbesitzer eine Veränderung nicht eingetreten. Dasselbe wird, da die Staatsabgaben bereits durch die frühere Gesetzgebung der Jahre 1851—1862 eine durchgreifende Veränderung erfahren haben, nach besondern, lediglich den ältern Bergordnungen entnommenen Regeln ausgeübt (Vergl. unten §. 40). Das Recht der Verleihung und die Bergpolizei müssen dagegen nach den Vorschriften des Berggesetzes ausgeübt werden.

I. Das Recht der Verleihung war schon nach dem früheren Bergrechte nicht eine Befugniss zur willkürlichen Vergabung des Bergwerkseigenthums, sondern vielmehr die Ausübung der in den übrigen Bezirken dem Staate zustehenden Administrativjustiz in Bezug auf die Erwerbung der Bergwerke. Dies wurde bereits von dem Obertribunal durch das Präjudiz 2228 vom 2. Juli 1850[2]) anerkannt, nach welchem auch Privatpersonen, die das Bergregal in einem gewissen Districte erworben haben, bei ihren Bergwerksverleihungen an die gesetzlichen Bestimmungen über die gestattete Feldesgrösse gebunden sind. Auch in den Regulativen, durch welche die Ausübung des Regals in den einzelnen Privatregalbezirken vertragsmässig geordnet wurde, ist den Besitzern die Beachtung der gesetzlichen Vorschriften über die Erwerbung des Bergwerkseigenthums ausdrücklich zur Pflicht gemacht. Ge-

---

1) Vergl. meine Uebersicht S. 10.

2) Meine Uebersicht S 28.

genwärtig kommen daher auch in diesen Gebieten für die Erwerbung des Bergwerkseigenthums die Bestimmungen der ersten beiden Titel des Berggesetzes bei der unmittelbaren Erwerbung des Bergwerkseigenthums zur Anwendung.

Die Gegenstände des Bergwerkseigenthums werden ausschliesslich durch §. 1 des Berggesetzes bestimmt. Wenn daher zur Zeit der Erwerbung des Privatregals noch andere Mineralien dem Regale unterworfen waren, so sind diese ebensowohl im Bezirke des Privatregals, als auch im übrigen Gesetzbereiche durch §. 1 des Berggesetzes von den Gegenständen des Bergwerkseigenthums ausgeschlossen und der Verfügung des Grundeigenthümers überwiesen. Dieser Grundsatz ist bereits unter dem früheren Rechte für den Fall einer nachträglichen Ausdehnung des Bergregals durch das Erkenntniss des Obertribunals vom 28. Februar 1850 [1]) anerkannt, nach welchem die Steinkohlen, die zur Zeit der Verleihung des fraglichen Privatregals nicht zum Regal gerechnet wurden und erst durch spätere Gesetze der Regalität unterworfen sind, dem Rechte des Privatregalbesitzers ebenfalls unterliegen. Er muss dieselbe Geltung haben, wenn ein früher dem Bergregal unterworfenes Mineral durch die neuere Gesetzgebung dem Rechte des Grundeigenthümers unterworfen wird. [2])

Auch die Bedingungen der Erwerbung des Bergwerkseigenthums sind nach den Bestimmungen des Berggesetzes zu beurtheilen. Sie erfolgt ausschliesslich durch Muthung und Verleihung nach den Vorschriften dieses Gesetzes. In einigen Bezirken war der Privatregalbesitzer früher befugt, durch Reservation Bergwerkseigenthum für sich zu erwerben, ebenso wie auch der Staat nach dem Plenarbeschlusse des Obertribunals vom 3. October 1849 (Präjudiz 2144) [3]) befugt war, durch Reservation Bergwerkseigenthum ohne Erfüllung der gesetzlichen Bedingungen der Muthung und Verleihung für sich zu erwerben. Während für den Staat das Recht der Reservation durch das neue Berggesetz unzweifelhaft aufgehoben ist, wird darüber gestritten, ob dasselbe dem Privatregalbesitzer durch §. 250

---

1) Meine Uebersicht S. 26.

2) Anderer Meinung ist Oppenhoff Commentar Nr. 1239.

3) Meine Uebersicht S. 8. — Vergl. ferner die Erkenntnisse vom 15. Mai u. 19. Juni 1865, Zeitschr. f. Bergrecht S. 193 f.

erhalten sei [1]), oder ob dasselbe auch für ihn als aufgehoben zu betrachten sei.[2]) Diese Controverse wird auf Grund des §. 250 dahin entschieden werden müssen, dass das Recht der Reservation da fortbesteht, wo der Regalbesitzer solches auf Grund eines besonderen Rechtstitels z. B. eines mit dem Staate vereinbarten Regulativs ausübte. Wo dies nicht der Fall ist, und die Reservation nur als eine aus dem Bergregal als solchem folgende Befugniss ausgeübt wurde, ist sie aufgehoben.

Das Verfahren zur Erwerbung des Bergwerkseigenthums gestaltet sich in den Privatregalbezirken abweichend von den Vorschriften der §§. 12—15 und 28—32 des Berggesetzes, dadurch, dass nach §. 250 die von den Privatregalbesitzern bestellten Bergbehörden in Wirksamkeit bleiben. Bei diesen Behörden wird daher die Muthung eingelegt, der Nachweis der Fündigkeit geführt und von ihnen die Verleihungs-Urkunde ausgefertigt. Auch die Vorschrift des §. 31, nach welcher in den streitigen Fällen der Ausfertigung der Verleihungsurkunde ein Beschluss vorhergesehen soll, welcher im Rechtswege angefochten werden kann, ist von den Bergbehörden der Privatregalbesitzer zu beachten. Dagegen findet der Recurs an den Handelsminister gegen ihre Beschlüsse nicht statt, da §. 191 auf sie nicht Anwendung findet. Nach einigen Regulativen ist dem Staate die Bestätigung der von dem Privatregalbesitzer ausgefertigten Verleihungsurkunden vorbehalten. Die Bestätigung erfolgt in den betreffenden Bezirken durch einen Beschluss des Oberbergamtes, welcher nach Massgabe des §. 31 gefasst und im Recursverfahren wie im Rechtswege angefochten werden kann.[3])

II. Die Bergpolizei wird durch die Bergbehörden der Privatregalbesitzer unter der Aufsicht des Oberbergamtes und nach den Vorschriften des Berggesetzes ausgeübt; die Behörden haben die Competenz des Revierbeamten und müssen die ent-

---

1) So Achenbach in der Zeitschr. f. Bergrecht Bd. VIII. S. 388.

2) So Wachler a. a. O. Bd. VI. S. 551.

3) Vergl. den Erlass des Handelsministers vom 17. Juni 1862 (Zeitschr. f. Bergrecht Bd. III. S. 394), welchem die conformen Bestimmungen des früheren Gesetzes vom 10. Juni 1861 über das Verleihungsverfahren zu Grunde liegen.

sprechende Qualification besitzen. In Ermangelung eines qualificirten Beamten tritt die Competenz der Revierbeamten ein.

In Bezug auf die Bergwerksabgaben galt nach dem früheren Rechte die Regel, dass der Regalbesitzer beim eigenen Bergbau von allen Abgaben an den Staat befreit sei. Das Allgem. Landrecht verpflichtete ihn jedoch im §. 108 zur Entrichtung der Quatember- und Rezessgelder, und das Gesetz vom 12. Mai 1851, welches diese Abgaben aufhob und an ihre Stelle die Aufsichtssteuer einführte, unterwarf den Bergbau der Regalbesitzer der letzteren Abgabe ebenfalls.

§. 38 Erwerbung.

Schon in der ältesten Zeit des deutschen Bergrechtes finden sich Beispiele einer Uebertragung des Bergregals an einzelne Grundherren und Geschlechter, welche nicht die Landeshoheit besassen. So wird in einem Rezesse zwischen Balthasar, Landgraf von Thüringen, und Henrich, Grafen von Stolberg, vom Jahre 1392 uber die Ausübung des Bergregals Folgendes bestimmt: „dass wir uns geteidingt und vereint haben umb alle Bergwerk an goltgengen und erzsilbergengen die gelegen sind in der Herrschaft zu Stolberg — also was goltgenge und erzsilbergenge in denselbigen Herrschaften erbulbet wird, wer das bulbet, nymant ausgeschlossen — dass sie auch nymant weren sollen eine Grube — da sollen dieselbien grave Henrich von Stolberg und sine Erbin einen halben Zehnden ewiklichen an haben und uns und unsern Erbin soll der ander halbe Zehnde sein und blieben — und unser Bergmeister soll richten jeden, welcher die Bergwerk bulben uf Goltgenge oder erzsilbergenge in ören Herrschaften nach Bergwerksrechten, als wir zu Friborg Bergwerksrecht haben."

Auf Grund dieses Vergleiches befinden sich noch gegenwärtig die Stolbergischen Grafen im Besitze des Bergregals mit der Beschränkung auf die Hälfte der Zehntabgabe, deren andere Hälfte dem Landesherrn verblieben ist.

Auch die schlesischen Piasten waren von jeher im Besitze des Bergregals, ohne dass sie jemals die Territorialhoheit erreicht hätten. In Folge dessen steht noch gegenwärtig im Fürstenthum Pless dem Standesherrn das Bergregal zu, und von gleichem Ursprunge ist das Regal des Besitzers der Herrschaft Myslowitz, welche in früherer Zeit von dem Fürstenthum Pless mit der Berechtigung des Bergregals unter landesherrlicher Genehmigung abgezeigt ist.

Von neuerem Ursprunge ist das Bergregal der mediatisirten deutschen Reichsfürsten. Dasselbe gründet sich auf die Verordnung vom 21. Juni 1815 (Gesetz-Samml. S. 105), welche im §. 5 bestimmt:

> Soll ihnen die Benutzung der Jagden aller Art, desgleichen der Berg- und Hüttenwerke verbleiben, jedoch dergestalt, dass sie sich den Anordnungen des Staates fügen, und diesem den Vorkauf der erzielten Metalle, Mineralien und Fabrikate nach den Marktpreisen lassen müssen.

Hiermit übereinstimmend heisst es im §. 23. der Instruction vom 30. Mai 1820:

> Den Standesherren bleibt in ihren standesherrlichen Bezirken die Benutzung jeder Art der Jagd- und Fischerei-Gerechtigkeit, der Bergwerke, der Hütten- und Hammerwerke, soweit sie ihnen bereits zusteht, jedoch muss dieselbe nach den Landesgesetzen und den für deren Ausführung ergehenden Anordnungen der oberen Staatsbehörden geschehen, auch darf dem Staate der durch Unser Edict vom 21. Juni 1815 vorbehaltene Vorkauf nicht verweigert werden.

In diesen Bestimmungen ist nur von der Benutzung der Bergwerke die Rede, und sie beziehen sich ihrem Wortlaute nach nur auf solche Bergwerke, welche die mediatisirten Reichsfürsten während der Dauer ihrer früheren Landeshoheit erworben und angelegt haben. Die Praxis hat jedoch die angeführten Gesetze auf das Bergregal bezogen, und dieses geschah bereits unter der früheren Rheinbundacte vom 12. Juli 1806, welche eine fast gleichlautende Bestimmung enthielt, während gleichwohl den mediatisirten Fürsten auf Grund derselben das Bergregal in seinem vollen Umfange eingeräumt wurde. Auch die preussische Regierung erkannte das Bergregal der früher unmittelbaren Reichsstände durch die mit den einzelnen Standesherren abgeschlossenen Rezesse ausdrücklich an.

Es ist zu bemerken, dass nur den im Jahre 1806 und seitdem bis zum Abschlusse der Bundesacte vom 8. Juni 1815 mittelbar gewordenen Reichsständen durch die Verordnung vom 21. Juni 1815 das Bergregal zugestanden wird und nur für die Gebiete, in welchen ihnen bis zum Jahre 1806 die Landeshoheit zustand. Diese Reichsstände und die betreffenden Gebiete sind in der Instruction vom 30. Mai 1820 einzeln namhaft gemacht. Den in früherer Zeit, namentlich durch den Reichsdeputations-Hauptschluss von 1803 mediatisirten Reichsständen steht eine gleiche Berechtigung nicht zu.

Eine ähnliche gesetzliche Verleihung des Bergregales an Privatpersonen gehört dem Provinzialrechte der Oberlausitz an. Durch die mit den Ständen des Königreichs Böhmen vereinbarten sogenannten Bergwerksverträge König Ferdinands I. vom Montag vor Palmarum 1534 und Kaiser Maximilians II. vom 18. September 1575 ist den Gutsherrschaften das gesammte Bergregal mit Vorbehalt des halben Zehnten vom Gold und Silber, und des Vorkaufs an diesen Metallen zugestanden worden. Diese sogenannten Bergwerksverträge sind in der Oberlausitz durch Gewohnheitsrecht recipirt. In einem zur Entscheidung des Ober-Tribunals gekommenen Rechtsfalle war nicht nur diese Reception streitig, sondern es war auch behauptet worden, dass die angeführten Bergwerksverträge die unedlen Metalle für ein Accessorium des Grund und Bodens erklärt und dem Grundeigenthümer zur Benutzung überlassen haben. Das Obertribunal hat jedoch in dem Erkenntnisse vom 19. Februar 1858 [1]) die Reception der beiden Bergwerksverträge in der Oberlausitz durch verschiedene Rechtsfälle und durch gleichförmige Aussprüche der Behörden und der ständischen Organe in den letzten beiden Jahrhunderten belegt. Sodann wird aus den Bestimmungen des Vertrages von 1575 unter Z. X. und XXXVI. und des Vertrages von 1534 unter W. V. und II. nachgewiesen, dass unter dem Grundherrn, welchem die Nutzungen des Regals, sowie die Beleihung der Gewerken, die Bestellung des Bergmeisters und die Obrigkeit über das Volk, so sich an den Grunden niederlässt, zugestanden werden, nur die Gutsherrschaft des Orts verstanden werden

1) Vergl. meine Uebersicht S. 24.

kann. Von welcher Beschaffenheit das hiernach den Gutsherren in der Oberlausitz zustehende Recht auf unedle Metalle sei, ist in dem mitgetheilten Rechtsfalle nicht zur Entscheidung gekommen. Indess lassen die angeführten Bestimmungen der Bergwerksverträge keinen Zweifel darüber, dass dasselbe nicht, wie der Appellationsrichter angenommen hatte, ein Eigenthumsrecht, sondern lediglich das Bergwerksregal ist.

Zu den bisher erwähnten Erwerbungen des Bergregals durch Privatpersonen kommen durch besondere landesherrliche Verleihung noch einige Fälle hinzu, nämlich in der Grafschaft Falkenstein, den Herrschaften Hardenberg, Oefte und Wildenburg-Schönstein.

In den neu erworbenen Landestheilen ist das Bergregal der früher reichsunmittelbaren Standesherren nicht allgemein anerkannt. In Hannover wird dasselbe von dem Herzog von Aremberg für das Amt Meppen beansprucht, in welchem indess nur Raseneisenerze vorkommen. Ferner stehen in der Grafschaft Hohnstein den Grafen zu Stolberg-Wernigerode und zu Stolberg-Rossla besondere Bergregalitätsrechte zu, deren Umfang jedoch noch nicht festgestellt ist.[1])

Als kurhessische Standesherren gelten nach §. 1 des Edictes vom 29. Mai 1833 der Fürst zu Isenburg-Birstein wegen der beiden Aemter Birstein und Langenselbold und des Antheils desselben am Orte Rückingen, der Graf zu Isenburg-Wächtersbach wegen des Amtes Wächtersbach und des Antheiles am Orte Rückingen, der Graf zu Isenburg-Meerholz wegen des Amtes Meerholz und gleichen Antheiles am Orte Rückingen, der Graf zu Isenburg-Büdingen wegen seines Antheiles am Orte Rückingen und endlich der Graf zu Solms-Rödelheim wegen des Antheiles am Orte Praunheim. Das gesammte standesherrliche Gebiet umfasst ungefähr 5 Quadratmeilen. Der §. 24 des oben erwähnten Edictes bestimmt nun wörtlich unter der Ueberschrift „Bergregal“:

„Den Standesherren verbleibt das Eigenthum und das Einkommen der von ihnen bereits eröffneten Bergwerke. Die Anlegung neuer Bergwerke innerhalb der Standes-

1) Motive zur Verordnung vom 8. Mai 1867. — Zeitschr. f. Bergrecht Bd. VIII. S. 161. 172.

herrschaften hinsichtlich der Mineralien und Fossilien, deren Benutzung die Standesherren nicht hergebracht haben, kommt Uns zu und kann solche von den Standesherren nur auf die Concession Unserer Behörden geschehen, welche ihnen indessen vor allen Anderen gegeben werden soll."

Hiernach gebührt den Standesherren nur ein jus excludendi alios, ein Vorzugsrecht zum Muthen, welches thatsächlich aber eine sehr geringe Bedeutung hat, da ausser Thongewinnungen und Steinbruchsbetrieb auf eigenem Grund und Boden nur eine untergeordnete Eisenerzgewinnung in den Territorien Isenburg-Birstein und Isenburg-Wächtersbach stattfindet.[1])

Dasselbe Verhältniss besteht in Nassau, wo den standesherrlichen Besitzern der Herrschaft Schaumburg sowie der Grafschaft Westerburg und der Herrschaft Schadeck nur ein Vorzugsrecht zum Bergbau, nicht das volle Bergregal zusteht.[2])

In einigen Bezirken ist das Privatregal der Standesherren durch Ablösungs-Verträge beseitigt und an den Staat zurückübertragen, nämlich in den Grafschaften Solms-Braunfels, Solms-Lych, Wied und in der Herrschaft Wildenburg-Schönstein.

Die Regulative, welche mit den noch vorhandenen Privatregalbesitzern über die Ausübung des Bergregals abgeschlossen und durch die Regierungs-Amtsblätter veröffentlicht sind, tragen die folgenden Daten:

1) für das Fürstenthum Pless vom 4. und 26. März 1824,
2) für die Herrschaft Myslowitz-Kattowitz vom 31. October 1857,
3) für die Grafschaft Stolberg-Wernigerode vom 1. April 1822,
4) für die Grafschaften Stolberg-Stolberg und Stolberg-Rossla vom 28. März 1836,
5) für die Herrschaft Rheda und die Grafschaft Limburg vom 22. August 1838,
6) für die Grafschaft Recklinghausen vom 28. April 1837,
7) für die Grafschaft Horstmar vom 23. November 1839,
8) für die Grafschaft Steinfurt vom 27. Juni 1861,
9) für die Herrschaft Hardenberg vom 2. December 1831,

1) Zeitschr. f Bergrecht Bd. VIII. S. 217 f.
2) Zeitschr. f. Bergrecht Bd. VII. S. 504.

10) für die Herrschaft Dülmen vom 11. December 1839,
11) für die Grafschaft Rheina-Wolbeck vom 17. Mai 1859,
12) für die Herrlichkeit Oefte vom 1. Februar 1825,
13) für die Grafschaften Wittgenstein und Berleburg vom 25. März, 5. April und 8. Juni 1841.

Die Bestimmungen der einzelnen Regulative weichen in mannigfacher Weise von einander ab. Besonders bemerkenswerth und von der oben entwickelten gesetzlichen Regel abweichend ist das für das Fürstenthum Pless vereinbarte Regulativ, durch welches dem Standesherrn das ausschliessliche Recht zum Bergwerksbetriebe in dem standesherrlichen Gebiete beigelegt ist, ohne dass es der Muthung und der Verleihung bedarf.

§. 39. Das Ausschliessungsrecht.

Neben der Uebertragung des vollen Bergregals kommt im früheren deutschen Bergrechte auch die Uebertragung einzelner in dem Regale enthaltener Befugnisse an Privatpersonen vor. Dahin gehört die Verleihung des Ausschliessungsrechtes durch das sogenannte Specialberglehn und die Verleihung des Zehntrechtes.

Das Ausschliessungsrecht (jus excludendi alios) enhält ein Vorrecht zum Muthen innerhalb eines gewissen Bezirkes und ist aus der im früheren Rechte angenommenen Befugniss des Regalinhabers, mit Ausschliessung des Muthers für sich selbst Bergwerkseigenthum zu erwerben, abgeleitet. Das Ausschliessungsrecht gibt kein Bergwerkseigenthum an den in dem Bezirke vorhandenen verleihbaren Mineralien; der Berechtigte muss vielmehr, um Bergbau treiben zu können, erst Bergwerkseigenthum im Wege der Muthung und Verleihung erwerben und dabei alle gesetzlichen Bedingungen erfüllen. Wenn dagegen von dritten Personen innerhalb des Bezirkes seiner Berechtigung Muthung auf die seinem Rechte unterworfenen Mineralien eingelegt wird, so muss ihm diese zur Erklärung darüber mitgetheilt werden, ob er selbst muthen wolle.

Zur Ausübung des Ausschliessungsrechtes ist eine Frist in der Regel von vier Wochen bestimmt, binnen deren die vorschriftsmässige Muthung von dem Berechtigten eingelegt werden muss. Er kann diese Muthung auf den Fund des concurrirenden Muthers richten. Liegt der gemuthete Fund ausserhalb des Bezirkes seiner Berechtigung, und ist nur das Feld in diesen Bezirk hineingestreckt, so steht ihm ebenfalls das Ausschliessungsrecht in Bezug auf den fraglichen Feldestheil zu. Er muss jedoch, um dasselbe auszuüben, einen neuen Fund innerhalb seines Bezirkes machen, da er den ausserhalb seines Bezirkes liegenden Fund nicht in Anspruch nehmen und ebenso wenig ohne Fund Muthung einlegen kann.

In den älteren Provinzen ist das Ausschliessungsrecht nur dem schlesischen Provinzialrecht bekannt.

Die Schlesische Bergordnung vom 5. Juni 1769, welche zuerst die Steinkohlen dem Bergregal unterwarf, bestimmte im Cap. I. §. 3. zu Gunsten der Grundherren:

> Wenn indessen eine Gewerkschaft ein zu unserm Regali gehöriges Bergwerk muthen will, so soll unser Obergamt dieses dem Grundherrn anzeigen, und bei demselben anfragen, ob er auf dem erschurften Gange Flötze oder Stockwerke selbst bauen wolle, da dann der Grundherr den Vorrang haben soll.

Gleich nach der Emanation dieser Bergordnung erhoben die Besitzer der Güter Altwasser, Neuhaus, Weissstein und Ober-Waldenburg über verschiedene Bestimmungen dieses Gesetzes, insbesondere über die eingeführte Regalität der Steinkohle Beschwerde und beriefen sich auf die über ihre Güter ertheilten Kaiserlichen und Königlichen Lehnbriefe, in welchen ihnen die auf den Gütern befindlichen Kohlengruben als Zubehörungen derselben zu beständigem Eigenthum verliehen waren. Sie protestirten gegen die Zulassung von Schürfern und Muthern, gegen die Verpflichtung, selbst Beleihung nachzusuchen, und gegen die bergpolizeilichen Beschränkungen in der Benutzung ihrer Kohlengruben.

Auf diese Eingabe wurden sie „auf Allerhöchsten Specialbefehl" durch ein Rescript des Bergwerks- und Hütten-Departements vom 30. December 1769 beschieden, dessen entscheidende Stelle wie folgt lautet:

> „Se. Königliche Majestät lassen bemeldeten Dominiis zuvörderst auf ihre eingereichte Specialvorstellungen hierdurch bekannt machen, dass aus denen übergebenen

Lehnbriefen, nach welchen ihnen der Berg- und Kohlengrubenbau verliehen worden, nichts weiter hervorgeht, als dass solcher nur mit einem specialen concedirten Gebrauch und Nutzung derer Steinkohlen privative ihren Gütern verliehen, und also wenn dieselben den Bau selbst betreiben oder betreiben lassen wollen, kein *tertius illis invitis* selbigen auf ihren Dominiis vornehmen kann, und also so lange eine wirkliche Selbstbebauung geschiehet, ein *jus alios excludendi* statt hat. Dahero denn auch Seine Königliche Majestät denen Dominiis die Versicherung allergnädigst ertheilen lassen, dass so lange sie die bereits gangbare und noch ferner zu entdeckende Steinkohlengruben selbst bauen oder bebauen lassen, kein *tertius* damit belehnet werden soll."

Sodann wird den Bittstellern eröffnet, dass sie für ihre Kohlengruben die Belehnung im Wege der bergrechtlichen Muthung nachzusuchen haben und den übrigen Vorschriften der Bergordnung über den Betrieb der Bergwerke unterworfen bleiben. Auch die Zulassung von Schürfern und Muthern auf die in ihren Gütern zu entdeckende Steinkohle wird aufrecht erhalten.

Dieses Rescript liess es zweifelhaft, ob die Bittsteller lediglich auf das im Cap. I, §. 3 der Bergordnung den Grundherren vorbehaltene Vorbaurecht verwiesen seien, oder ob denselben ein besonderes Privilegium in Bezug auf den Steinkohlenbergbau auf ihren Gütern habe gewährt werden sollen. Als daher durch das Rescript des Bergwerks- und Hütten-Departements vom 4. August 1770 — welches durch die Declaration vom 1. Februar 1790 die gesetzliche Sanction erhielt — das Vorbaurecht der Grundherren in ein Mitbaurecht zur Hälfte verwandelt wurde, wandte das Schlesische Oberbergamt — der zuerst gedachten Ansicht folgend — die Bestimmungen dieses Rescripts auch auf die Gutsbezirke Altwasser, Neuhaus, Weissenstein und Oberwaldenburg an. Dies rief neue Beschwerden der Gutsbesitzer hervor, in Folge deren das Bergwerks- und Hütten-Departement unter dem 27. Januar 1773 — abermals auf Allerhöchsten Specialbefehl — rescribirte, dass

„*per rescriptum* vom 30. December 1769 dem Grafen

von H. wegen seiner Beleihung mit Kohlen und Kohlengruben ein *jus excludendi alios* ausdrücklich verstattet worden, hieraus aber von selbst folgt, dass Niemand aus seinem *fundo,* welcher mit solcher Gerechtigkeit beliehen ist, das Recht des ersten Finders in dem Masse wie bei anderen Dominiis exerciren und sich die Hälfte anmassen könnte, sondern wenn der Graf von H. allein bauen will, sich mit Erstattung der Kosten begnügen müsse."

Auf Grund dieses Rescripts, welches durch den späteren Erlass vom 23. April 1773 lediglich bestätigt wurde, haben die Besitzer der vier oben erwähnten Güter ein Ausschliessungsrecht gegenüber den Muthern von Steinkohlen innerhalb ihrer Territorien fortwährend ausgeübt. Es geht jedoch aus dem Inhalte der angeführten Rescripte deutlich hervor, dass durch dieselben nur ein spezielles Privilegium an die Besitzer der vier oben gedachten Güter verliehen, nicht eine allgemeine Rechtsregel für eine gewisse Classe von Gütern begründet worden ist.

Ein gleiches Ausschliessungsrecht wurde dem Besitzer der Standesherrschaft Beuthen-Tarnowitz durch den Rezess vom 14. August 1834 und vom 24. November 1835 eingeräumt.[1])

In Nassau besteht das Ausschliessungsrecht in den standesherrlichen Gebieten der Herrschaft Schaumburg, sowie der Grafschaft Westerburg und der Herrschaft Schadeck anstatt des Bergregals. Es erstreckt sich auf alle verleihbaren Mineralien. In der Grafschaft Schaumburg ist jedoch über den Eisenstein eine besondere Spezialbelehnung an eine Gewerkschaft ertheilt.[2]) In Kurhessen tritt ebenfalls nach den oben angeführten Bestimmungen des Edictes vom 29. Mai 1833 in den Standesherrschaften das Ausschliessungsrecht an die Stelle des Bergregals.[3])

§ 40. Das Zehntrecht.

Den Privatpersonen, welchen das Bergregal in einem gewissen Bezirke zukommt, steht der Zehnte von den in diesem

1) Vergl. Wachler in d. Zeitschrift f. Bergrecht, Bd. VI, S. 415. — Meine Uebersicht S. 28 f.

2) Vergl. Brassert in der Zeitschr. f. Bergr., Bd. VII S. 505. f.

3) Zeitschr. f. Bergrecht, Bd. VIII, S. 217.

Bezirke verliehenen Bergwerken nach Maassgabe der §§. 98 bis 102 des A. L. R. Th. II, Tit. 16. zu, da die Herabsetzung dieser Abgabe durch die spätere Gesetzgebung ausdrücklich auf den an den Staat zu entrichtenden Zehnten beschränkt ist. Ein gleiches Zehntrecht wird auch in anderen Bezirken, in welchen ein Privatregal nicht besteht, auf Grund verschiedener Rechtstitel von Privatpersonen ausgeübt; so z. B. in der vorhin erwähnten Standesherrschaft Beuthen-Tarnowitz, in der Herrschaft Broich in Mülheim a. d. Ruhr und in dem Kirchspiel Wiehl bei Ründeroth. In einigen Bezirken, namentlich in der Herrschaft Beuthen-Tarnowitz und in den Grafschaften Stolberg-Stolberg und Stolberg-Rossla ist die Zehntberechtigung zwischen dem Staate und dem Privatbesitzer getheilt, so dass letzterer den halben Zehnten erhielt. Die dem Staate zustehende Quote des Zehnten ist in diesen Bezirken durch §. 2 des Gesetzes vom 17. Juni 1863 (Gesetz-Samml. S. 462) auf die entsprechende Quote der durch das Gesetz vom 20. October 1862 bestimmten einprocentigen Bergwerksabgabe ermässigt worden.

Auch die Privatregalbesitzer und die sonstigen Zehntberechtigten sind durch die Ermässigung der Staatsabgaben vom Bergbau meistens ebenfalls zu einer Ermässigung gezwungen worden, um den Bergbau in ihren Bezirken nicht zum Erliegen zu bringen. Ausserdem haben sich die sämmtlichen Regalbesitzer in der Provinz Westphalen durch die mit dem Staate geschlossenen Rezesse verpflichtet, keine höheren Abgaben vom Bergbau zu erheben, als der Staat, so dass dort die Ermässigung der Staatsabgaben und die Befreiung des Eisensteinbergbaues auch den in den Standesherrschaften belegenen Bergwerken zu Gute kommt.

Für den Bezug des Zehnten sowohl von Seiten des Privatregalbesitzers als auch des blossen Zehntberechtigten kommen die Vorschriften des A. L. R. Th. II, Tit. 16, §§. 98—102 in Anwendung, welche lauten:

§. 98. Von allen zum Bergwerksregale gehörenden Metallen und Mineralien, welche die Beliehenen gewinnen, gebührt dem Staate der Zehent.

§. 99. Zu den Berggewinnungskosten dieser Metalle und Mineralien trägt der Staat wegen seines Zehenten nicht bei.

§. 100. Es muss also von Bergprodukten, welche so, wie sie aus der Erde gebracht worden, ohne weitere Zurichtung verkauft werden können, der Zehent in Natur, oder das dafür gelösete Geld, ohne Abzug sofort entrichtet werden.

§. 101. Bei metallischen und mineralischen Werken hingegen, deren Produkte durch Feuer oder andere Zurichtung erst verkäuflich gemacht werden mussen, trägt der Staat zu den Poch-, Wasch-, Hütten- und sonstigen Zubereitungskosten, nach Verhältniss seines Zehenten mit bei.

§. 102. In Ermangelung besonderer Provinzialordnungen geniessen die Bergbauenden auf sechs Jahre die Zehentbefreiung; Steinkohlen jedoch ausgenommen, bei welchen diese Befreiung nicht Statt findet.

Ausserdem kommen die Bestimmungen der verschiedenen Provinzialbergordnungen [1]) über das Zehntrecht zur Anwendung, welche jedoch meist nur die Verpflichtung zur Leistung des Zehnten überhaupt aussprechen und uber die zehntfreien Jahre Bestimmung treffen.

Nach den angeführten Vorschriften muss der Zehnt entweder in Natur oder von dem aus dem Verkaufe der Produkte erlösten Gelde entrichtet werden. Da der Zehnt im Privatbesitze eine privatrechtliche Verpflichtung darstellt, so kommt die für alternative Obligationen und Reallasten geltende Regel zur Anwendung, dass die Wahl zwischen der einen und der anderen Leistung dem Verpflichteten zusteht. Der Berechtigte darf daher nicht den Zehnten in Gelde in Anspruch nehmen, wenn der Verpflichtete, wie dies in der Regel der Fall sein wird, die Leistung in Natur anbietet. Der Zehnte in Natur muss in verkäuflicher Gestalt, also bei Stein- und Braunkohlen

---

1) Cleve-Markische BO., Cap. 73. — Schlesische BO , Cap. 75. — Magdeburg-Halberstadtische BO , Cap. 75. — Eisleben-Mannsfeldische BO., Einleitung und Art. I — Kursachsische BO., Art. 10 und 52. — Homburgische BO., Art 46. — Wildenburgische Holz-, Hütten- und Bergordnung, letzter Absatz. — Nassau-Catzenelnbogische BO., Einleitung. — Kurkolnische BO., Th II., Art. 5., XI. 4. und XII. 2. — Kurtrier'sche BO., XVIII. 6. und XXVI. 3. — Jülich-Bergische BO., Art. 46. u. 59, nebst dem Generaledict v. 16. Nov. 1752, betr. die Zehend-Freiheits-Jahre.

sowie bei Erzen, welche keiner Aufbereitung bedürfen, in dem Zustande wie sie zu Tage gefördert werden, bei anderen Erzen dagegen von dem vollständig aufbereiteten Haufwerke entrichtet werden. Die Kurkölnische Bergordnung schrieb im Th. II. Art. 5 die Entrichtung des Metallzehnten vom Silber-, Kupfer-, Blei- und Zinkerz vor; so dass der Bergwerksbesitzer den Zehnten nicht nur aufbereiten, sondern auch verhütten musste. Diese Vorschrift ist jedoch durch die Cabinetsordre vom 24. März 1820 aufgehoben.[1])

Für die Erstattung der Aufbereitungskosten kommen dieselben Regeln zur Anwendung, wie bei der landesherrlichen Bergwerksabgabe.[2]) Der Bergwerksbesitzer ist nicht verpflichtet, den Verkauf der geförderten und aufbereiteten Produkte für den Zehntherrn zu besorgen oder ihm zum Verkaufe und zur Abfuhr den Mitgebrauch seiner Lagerplätze und Abfuhrwege zu gestatten.

Die Ablösung des Bergzehnten im Privatbesitze kann nur durch Uebereinkunft der Betheiligten nicht auf die einseitige Provocation des Berechtigten oder des Verpflichteten erfolgen, da die Bestimmungen des Gesetzes, betreffend die Ablösung der Reallasten, vom 2. März 1850 (G. S. S. 77) §§. 6 ff. sich nur auf die Abgaben und Leistungen von Grundstücken und Gerechtigkeiten, nicht von Bergwerken beziehen.

Die Verjährung durch Nichtgebrauch folgt den allgemeinen Regeln des Civilrechtes. Sie wird durch einen dreissigjährigen Zeitraum vollendet. Sie kann nicht anfangen, so lange das Bergwerk nicht in Förderung steht, wird aber durch die Einstellung der Förderung nicht unterbrochen.

1) Brassert, Bergordnungen S. 540.
2) Vergl. unten §. 48.

Neuntes Buch.

Provinzialrecht.

---

§ 41. Die östlichen Provinzen.

(§§. 210, 211 des Berggesetzes. — Gesetz vom 22. Februar 1869.)

Die provinzialrechtlichen Bestimmungen, welche in den zehnten Titel des allgemeinen Berggesetzes aufgenommen sind, beschränken sich auf einige wenige die Gegenstände des Bergwerkseigenthums betreffende Ausnahmebestimmungen. Neben diesen Ausnahmen, welche auch für künftig zu erwerbendes Bergwerkseigenthum Bedeutung haben, sind jedoch provinzialrechtliche Bestimmungen im grösseren Umfange in Geltung verblieben für die vor dem 1. October 1865 verliehenen Bergwerke. Dahin gehören die Vorschriften über die Feldesgrösse der früher verliehenen Bergwerke (§. 12); über die Kuxeintheilung bei den alten Gewerkschaften (§. 27); über die Freikuxe des Grundbesitzers, der Kirche und der Schule (§. 30); über die Erbstollengerechtigkeit (§. 34) und über die Abgaben an den Privatregalbesitzer (§. 40), welche bereits bei der früheren Darstellung dieser Rechtsmaterien Berücksichtigung gefunden haben. Ausserdem sind die Vorschriften des zehnten Titels durch spätere Gesetze, insbesondere durch die für die neuen Provinzen erlassenen Ausführungsverordnungen. ferner für die östlichen Provinzen durch die Gesetze vom 4. August 1865 und vom 22. Februar 1869 ergänzt worden.

In Bezug auf die oben erwähnten Materien, in welchen die älteren Berggesetze einschliesslich der Provinzialbergordnungen für die früher verliehenen Bergwerke in Kraft verblieben sind, genugt es hier den Gesetzbereich dieser älteren Berggesetze festzustellen. In den östlichen Provinzen galt, mit Ausnahme von Neu-Vorpommern und Rügen, in welchen Landestheilen gar kein Berggesetz Geltung hatte, das Allgemeine Preussische Landrecht, und insbesondere der vom Bergwerksregal handelnde vierte Abschnitt des Titels 16, Th. II. Ferner galten folgende Provinzialbergordnungen:

1) Die revidirte schlesische Bergordnung vom 5. Juni 1869, welche ursprünglich für das Herzogthum Schlesien und die Grafschaft Glatz erlassen und später durch das Patent vom 7. April 1793 (Rabe, Sammlung Bd. II, S. 422) in das Grossherzogthum Posen (Südpreussen) eingeführt wurde. Sie ist jedoch in der Provinz Posen der richtigen Meinung nach bereits durch die Declaration vom 30. April 1797 wieder ausser Kraft gesetzt, da nach dem Patente von 1793 die schlesische Bergordnung nur bis zur Abfassung einer eigenen Bergordnung für Südpreussen Geltung haben sollte, und nach der Declaration von 1797 von der beabsichtigten Codification des Provinzialrechtes Abstand genommen und statt dessen das Allgemeine Landrecht in allen Rechtsmaterien mit Ausnahme einiger speciell bezeichneter Zweige, unter denen das Bergrecht nicht genannt ist, als Prinzipalrecht eingeführt wurde. [1])

   Der Bereich der schlesischen Bergordnung umfasst also die Provinz Schlesien mit Ausnahme der Oberlausitz und den zur Provinz Brandenburg gehörigen Schwiebuser Kreis.

2) Die revidirte Magdeburg-Halberstädtische Bergordnung vom 7. December 1791 wurde erlassen für das Herzogthum Magdeburg, das Fürstenthum Halberstadt, die Grafschaften Mansfeld, Hohenstein und Reinstein. Sie wurde durch das Patent vom 9. April 1803 (Rabe, Bd. VII. S. 439) in die neu erworbenen Entschädigungslande, nämlich das Eichsfeld und die Stadtgebiete Nordhausen, Mühlhausen und Erfurt eingeführt. Durch den Rothenburger Vertrag vom 11./14. Juni 1810 zwischen der westphälischen Regierung und der Mansfeldischen Gewerkschaft wurde in der Grafschaft Mansfeld und im Saalkreise die Bergord-

1) Vergl. W. J. D. Brassert in der Zeitschrift für Berg-, Hütten- und Salinenwesen, Bd. IV, S. 6. — Anderer Meinung ist Graeff, Handbuch des Bergrechts S. 7.

nung von 1772 für den Kupferschieferbergbau ausser Kraft gesetzt und statt ihrer die Eisleben-Mansfeldische Bergordnung von 1673 eingeführt.[1]) Ferner wurde in sämmtlichen zum Königreich Westphalen geschlagenen Landestheilen ein Decret vom 17. Januar 1809 erlassen, welches in den Artikeln 3—8 verschiedene bergrechtliche Fragen entscheidet und nach Artikel 9 die bestehenden Bergordnungen nur soweit in Kraft lässt, als sie nicht mit den Bestimmungen des Decrets in Widerspruch stehen.[2])

3) Die Kursächsische Bergordung vom 12. Juni 1589 galt in den früher zu Kursachsen gehörigen Landestheilen der Provinz Sachsen, nicht aber in den Markgrafschaften Ober- und Niederlausitz, welche erst nach 1589 durch Personalunion mit Kursachsen vereinigt wurden. Neben der Bergordnung und zugleich für die Ober- und Niederlausitz gilt die Stollenordnung vom 12. Juni 1749. Für dieselben Landestheile war auch das Kursächsische Steinkohlenmandat vom 19. August 1743 ergangen, welches indess nebst dem Regulative vom 19. October 1843 durch das Gesetz vom 12. Juni 1869 auch für die älteren Bergwerke gänzlich ausser Kraft gesetzt ist. In die standesherrlichen Gebiete von Stolberg-Stolberg und Stolberg-Rossla ist die Kursächsische Bergordung durch Rezess vom Jahre 1638 eingeführt. Sie ist ferner durch Reception eingeführt in die Grafschaft Henneberg an Stelle der dort publicirten Bergordnung vom 18. December 1566 und in die zum Regierungsbezirk Coblenz gehörige Grafschaft Sayn-Altenkirchen[3]).

4) Die Eisleben-Mansfeldische Bergordnung vom 28. October 1673, welche für die Grafschaft Mansfeld und den Saalkreis, jedoch nur für den Bergbau auf Kupferschiefer galt. Die Grafschaft Mansfeld zerfiel früher in einen sächsischen und einen preussischen Antheil. Die Bergordnung von 1673 wurde für den ersteren Theil vom Kurfürst Johann Georg II. erlassen und durch den oben erwähnten Rothenburger Vertrag vom 11.—14. Juni 1810

1) Brassert Bergordnungen S. 707.
2) Meine Uebersicht S. 218.
3) Vergl. Brassert Bergordnungen S. XXXII, S. XXXV.

unter der westphälischen Zwischenherrschaft auch in den preussischen Antheil und in den Saalkreis eingeführt.

5) Das westpreussische Provinzialrecht, welches nach dem Publicationspatente vom 19. April 1844 (Gesetz-Sammlung S. 103) für diejenigen, jetzt zur Provinz Preussen gehörenden Landestheile, welche im Jahre 1806 zu Westpreussen gerechnet wurden, mit Einschluss des Thorner Kreises in seiner gegenwärtigen Begrenzung erlassen ist. Ausgenommen sind nach §. 2 die zu dem früheren Marienwerderschen landräthlichen Kreise gehörigen Landestheile, sowie die Stadt Danzig und deren Gebiet, wie solches im Jahre 1793 mit der Monarchie vereinigt worden. (Das ist das sogenannte alte Gebiet, verschieden von dem etwas grösseren sogenannten neuen Gebiet, welches der Stadt Danzig in dem Tilsiter Frieden 1807 beigelegt wurde.)

Die bleibenden Ausnahmen, welche auch für künftig zu erwerbende Bergwerke besondere von den Vorschriften des allgemeinen Berggesetzes abweichende Normen aufrecht erhalten, betreffen theils Westpreussen, theils die vormals sächsischen Landestheile, theils endlich Schlesien, Neuvorpommern und Rügen.

I. In Westpreussen, nämlich in den oben unter 5. beschriebenen Bezirken des westpreussischen Provinzialrechtes gehören nach §. 210 des Berggesetzes nur Steinsalz und Soolquellen zu den Gegenständen des Bergwerkseigenthums. Alle übrigen Mineralien sind der Verfügung des Grundeigenthümers unterworfen.

Auf den Braunkohlenbergbau in diesen Landestheilen sollen jedoch der dritte Abschnitt des dritten Titels (von den Bergleuten), der siebente Titel (von den Knappschaftsvereinen) und der neunte Titel (von der Bergpolizei) Anwendung finden.

Die Bestimmungen des achten Titels (von den Bergbehörden), insbesondere die §§. 191—193, ferner die §§. 66, 67, 69, 71, 72, 73 und 74 aus dem zweiten Abschnitte des dritten Titels finden ebenfalls Anwendung, weil solche in den Bestimmungen des siebenten und des neunten Titels in Bezug genommen werden.

Die Bestimmungen des §. 210 finden nach Art. 3 des Gesetzes vom 4. August 1865 (Gesetz-Sammlung S. 873) auch in folgenden zur Provinz Pommern gehörigen Landestheilen:

1) in den Kreisen Lauenburg und Bütow,
2) den in den Kreisen Belgard, Dramburg und Neustettin belegenen Ortschaften, welche früher zu Westpreussen gehört haben,

Anwendung.

II. Die vormals zum Königreich Sachsen gehörigen Landestheile, in welchen früher das kursächsische Mandat vom 19. August 1743 Geltung hatte, sind auch gegenwärtig in Bezug auf den Stein- und Braunkohlenbergbau nicht den Bestimmungen des allgemeinen Berggesetzes unterworfen. Der §. 213 des letzteren Gesetzes hielt die frühere längst veraltete Gesetzgebung einstweilen noch aufrecht; durch das Gesetz vom 22. Februar 1869[1]) wurden jedoch unter Beibehaltung der leitenden Grundsätze des früheren Rechtes neue, dem heutigen Stande der Verwaltung und des öffentlichen Rechtes entsprechende Normen an deren Stelle gesetzt und die §§. 212 und 213 des Berggesetzes aufgehoben. Der Gesetzbereich des angeführten Gesetzes umfasst nach §. 1 folgende zu den Provinzen Sachsen, Brandenburg und Schlesien gehörige Landestheile:

1) die vormals zum Königreiche Sachsen gehörigen Landestheile der Provinz Sachsen, mit Ausschluss der Grafschaften Mansfeld und Barby und der standesherrlichen Gebiete der Grafen von Stolberg-Stolberg und von Stolberg-Rossla;
2) die vormals zum Königreiche Sachsen gehörigen Landestheile der Provinz Brandenburg, insbesondere in der Standesherrschaft Baruth und den Aemtern Jüterbogk, Dahme, Belzig und Rabenstein nebst enclavirten ritterschaftlichen Orten, sowie in den vormals zum Kreise Wittenberg gehörigen Ortschaften Blankensee und Stangenhagen;
3) des Markgrafenthum Oberlausitz;
4) des Markgrafenthum Niederlausitz, mit Einschluss der Herrschaft Sonnenwalde, sowie der Aemter Dobrilugk, Finsterwalde und Senftenberg.

Nach dem bisherigen Rechte zerfielen diese Bezirke in

---

1) Vergl. die Erläuterungen zu diesem Gesetze von v. Rynsch. Zeitschrift für Bergrecht Bd. X. S. 132 f.

zwei engere Rechtsgebiete. In den unter 2 bis 4 aufgeführten Gebieten galt nämlich nur das Mandat vom 19. August 1743; in den unter 1) bezeichneten Gebieten der Provinz Sachsen dagegen das Mandat von 1743 nebst dem Regulative vom 19. October und 13 .November 1843. Für beide Rechtsgebiete gemeinsam war dann neuerdings das Gesetz wegen Anlegung von Hypothekenfolien für Gerechtigkeiten zur Gewinnung von Braun- und Steinkohlen vom 1. Juni 1861 erlassen. Das Gesetz vom 22. Februar 1869 hebt alle drei erwähnten Gesetze auf und gilt gleichmässig in den unter 1—4 aufgeführten Gebieten.

In diesen Landestheilen unterliegen Stein- und Braunkohlen lediglich dem Verfügungsrechte des Grundeigenthümers (§. 1). Das Recht zum Stein- oder Braunkohlenbergbau kann jedoch von dem Grundeigenthume abgetrennt werden und als eine selbstständige Gerechtigkeit sowohl dem Grundeigenthümer selbst als auch dritten Personen zustehen. Hierzu wird die gerichtliche oder notarielle Erklärung des Abbaurechtes oder die in gleicher Form bewirkte gesonderte Veräusserung des Abbaurechtes erfordert. Diesen Acten muss ein Situationsriss beigefügt sein, auf welchen §. 17 des Berggesetzes mit Ausschluss der Bestimmung über die Angabe des Fundpunktes Anwendung findet (§. 2).

Nach dem bis 1861 geltenden Rechte war die willkürliche Trennung des Abbaurechtes von dem Grundstücke nicht gestattet. Sie trat kraft gesetzlicher Vorschrift ein:

1) wenn im Falle der Weigerung des Grundbesitzers, den Kohlenbergbau aufzunehmen, einem Dritten die Concession zum Bergbau auf seinem Grundstücke ertheilt ward (Mandat vom 19. August 1843 §. 1. Regulativ vom 19. October 1843 §. 11);
2) in den zur Provinz Sachsen gehörigen Landestheilen, wenn auf die Provocation eines benachbarten Eigenthümers das Oberbergamt die Zusammenlegung mehrerer Grundstücke zu einem Kohlenfelde beschlossen hatte. (Regulativ vom 19. October 1843 §§. 8 ff.)

Das Gesetz vom 1. Juni 1861 gestattete dann in den §§. 1—5 auch die willkürliche Abzweigung wenn der Grundbesitzer die Gerechtigkeit zum Kohlenabbau für sich oder einen Andern auf einem besondern Hypothekenfolium eintragen liess. Es hielt jedoch die staatliche Concession zum Kohlenbergbau auf fremden Grundstücken und die zwangsweise Zusammenlegung aufrecht, ebenso die Verpflichtung des Grundbesitzers nach den Vorschriften des Regulativs von 1843 einen Bauerlaubnissschein einzuholen und sich einer weitgehenden Einwirkung der Bergbehörde in Bezug auf die Betriebsführung zu unterwerfen. Erst das Gesetz vom 22. Februar 1869 hat alle diese Vorschriften beseitigt und nur die freiwillige Abzweigung und Zusammenlegung der Kohlenabbaugerechtigkeiten übrig gelassen.

Die Kohlenabbaugerechtigkeiten haben die Eigenschaft unbeweglicher Sachen und können in das Hypothekenbuch eingetragen werden (§. 3). Bei der Abschreibung werden die auf dem Grundstücke befindlichen hypothekarischen Eintragungen auf das neue Folium unverändert übernommen, wenn nicht die Kohlenabbaugerechtigkeit von den Realinteressenten aus der Haftbarkeit entlassen wird, oder der Besitzer ein Unschädlichkeitsattest nach Massgabe des Gesetzes vom 3. März 1850 (Gesetz-Sammlung S. 145) beibringt. Ein solches Unschädlichkeitsattest wird bei landschaftlich beliehenen Gütern durch die Creditdirection, bei anderen durch die Auseinandersetzungsbehörde ertheilt. Es kann nach §. 6 ertheilt werden, wenn die vorhandenen Eintragungen nach Abtrennung der Kohlenabbaugerechtigkeit noch innerhalb der ersten Zweidrittel des Werthes bei ländlichen und innerhalb der ersten Hälfte des Werthes bei städtischen Grundstücken versichert sind. Sind auf dem Grundstücke gerichtliche Depositalgelder eingetragen, so ist die Zustimmung des zuständigen Gerichtes erforderlich, weil die Vorschriften über die Ausleihung der gerichtlichen Depositalgelder eine grössere Sicherheit verlangen, als §. 6 Absatz 4 zur Ausstellung des Unschädlichkeitsattestes erfordert [1]).

Die Kohlenabbaugerechtigkeit ist ihrem Inhalte nach mit dem verliehenen Bergwerkseigenthum vollkommen gleichartig. Sie unterscheidet sich von demselben dadurch, dass sie nicht kraft des Gesetzes von dem Grundeigenthum getrennt werden

---

1) Zeitschrift f. Bergrecht Bd. X. S. 134.

kann, sondern nur durch die Verfügung des Grundeigenthümers und dass sie nicht durch Muthung und Verleihung erworben wird, sondern nur von dem Grundeigenthümer übertragen werden kann. Sie collidirt mit dem Grundeigenthume in denselben Raumgrenzen nicht als ein selbstständiges sondern als ein abgeleitetes Recht. Deshalb kommt dem Inhaber der Kohlenabbaugerechtigkeit das Recht der Grundabtretung nicht für die eigentlichen Bergwerksanlagen innerhalb des Feldes sondern nur für die Nebenanlagen zu (vergl. unten). Bei der Collision mit verliehenem Bergwerkseigenthum finden die Vorschriften der §§. 53 und 54 des Berggesetzes über die Mitgewinnung der fremden Mineralien nicht Anwendung.

Auf die Kohlenabbaugerechtigkeiten finden hinsichtlich der Veräusserung, der Verpfändung und des Arrestes sowie in Bezug auf Subhastation und Concurs die gesetzlichen Bestimmungen Anwendung, welche für verliehenes Bergwerkseigenthum gelten. Aneinandergrenzende und zu einem einheitlichen Bau zusammengefasste Kohlenabbaugerechtigkeiten können nach §. 7 vereinigt werden, wozu es einer gerichtlichen oder notariellen Erklärung der Berechtigten bedarf. Ausserdem ist für den Fall der Belastung eine mit den Realberechtigten vereinbarte Bestimmung erforderlich, in welcher Rangordnung deren Rechte auf die vereinigte Gerechtigkeit übergehen sollen.

Ist das Kohlenfeld vollständig abgebaut, und sind auf demselben keine zur Grube gehörigen Gebäude oder sonstige unbewegliche Pertinenzien mehr vorhanden, so kann auf Antrag eines betheiligten Grundeigenthümers oder Realinteressenten und auf Grund eines von der Bergbehörde nach vorgängiger Vernehmung der betheiligten Realinteressenten ertheilten Attestes die Gerechtigkeit im Hypothekenbuche gelöscht werden (§. 8).

Auf den Betrieb des Stein- und Braunkohlenbergbaues in den oben erwähnten Landestheilen kommen die Vorschriften des Berggesetzes:

a) Titel III, §§. 58—63, betreffend die Aufbereitungsanstalten, Triebwerke und Hülfsbaue — letztere jedoch nur sofern der Hülfsbau im Felde eines anderen Abbauberechtigten angelegt wird; ferner §§. 66—79 vom Betriebe und der Verwaltung und §§. 80—93 von den Bergleuten;

b) Titel V Abschnitt 1 von der Grundabtretung nebst der der Uebergangsbestimmung des §. 341 mit der Massgabe, dass die Grundabtretung nur insoweit gefordert werden kann, als die Benutzung eines fremden Grundstücks zur Anlage von Wegen, Eisenbahnen, Kanälen, Wasserläufen, und Hülfsbauen zum Zwecke des Grubenbetriebes und des Absatzes der Kohlen nothwendig ist;

c) Titel V Abschnitt 2 vom Schadensersatze für Beschädigungen des Grundeigenthumes mit Ausnahme des §. 152, soweit daselbst von „Arbeiten der Muther" die Rede ist, und Abschnitt 3 von dem Verhältnisse des Bergbaues zu den öffentlichen Verkehrsanstalten; ferner

d) Titel VII von den Knappschaftsvereinen, Titel VIII von den Bergbehörden, Titel IX von der Bergpolizei und die §§. 242 und 244 des Titels XII (Schlussbestimmungen)

zur Anwendung.

Ausserdem gelten für den Fall, dass der Bergbau von mehreren Personen betrieben wird, oder der Alleineigenthümer im Auslande wohnt, dieselben Vorschriften über die Verpflichtung zur Bestellung eines Repräsentanten und dessen interimistische Bestellung durch die Bergbehörde, welche in den §§. 117, 124, 128 und 134 des Berggesetzes für die verliehenen Bergwerke gegeben sind.

Die unter der früheren Gesetzgebung entstandenen Kohlenabbaugerechtigkeiten bleiben nach §§. 1 und 3 bestehen; sofern sie jedoch auf eine staatliche Concession zum Bergbau auf fremdem Grund und Boden gegründet sind, kommen die Vorschriften der §§. 65 und 156—164 hinsichtlich des Zwangs zum Betriebe und der Aufhebung der Gerechtigkeit auf sie zur Anwendung.

III. Im Herzogthum Schlesien und der Grafschaft Glatz, sowie in Neuvorpommern und Rügen sind nach §. 311 des Berggesetzes die Eisenerze von den Gegenständen des Bergwerkseigenthums ausgenommen und der Verfügung des Grundeigenthümers überlassen. Diese Ausnahme gründet sich für Schlesien und Glatz auf die Bestimmung der revidirten Bergordnung von 1769 Cap. 1 §. 1; für Neuvorpommern und Rügen auf früheres Gewohnheitsrecht. Der Eisenerzbergbau in den bezeichneten Landestheilen steht nicht unter der Aufsicht der Bergbehörden; es finden daher auf denselben auch nicht die polizeilichen Vorschriften des Berggesetzes (Tit. III und IX) Anwendung. Vielmehr wird der Betrieb der Eisenerzgruben durch die von den Regierungen erlassenen polizeilichen Verordnungen geregelt. Auch die Arbeiter sind nicht an den nach Titel VII des Berggesetzes organisirten Knappschaftskassen betheiligt, sondern zu besonderen Kranken- und Unterstützungskassen nach Vorschrift der Gewerbegesetze vereinigt.

§. 42. Rheinland und Westphalen.

Die Provinzen Rheinland und Westphalen, welche mit den Hohenzollernschen Landen und einigen neu erworbenen Landestheilen die Bezirke der Oberbergämter zu Bonn und Dortmund bilden, sind aus einer Anzahl früher selbstständiger Territorien zusammengefügt, in welchen acht verschiedene Provinzial-Bergordnungen ausser den französischen Berggesetzen Geltung hatten.

1) Die Nassau-Catzenelnbogensche-Bergordnung vom 1. September 1559 galt in dem Fürstenthum Siegen und dem Hickengrunde, im Kreise Siegen, Regierungsbezirk Arnsberg, ferner in der Grafschaft Sayn-Hachenburg und in einem Theile der Standesherrschaft Wied, nämlich in der oberen und niederen Grafschaft Wied, im Regierungsbezirke Coblenz.
2) Die Kurtriersche Bergordnung vom 22. Juli 1564 galt in den auf dem rechten Rheinufer gelegenen Theilen des ehemaligen Kurfürstenthums Trier im Regierungsbezirke Coblenz.
3) Die Homburgische Bergordnung vom 25. Januar 1570 galt in den Herrschaften Homburg und Gimborn-Neustadt im Regierungsbezirk Cöln.
4) Die Kursächsische Bergordnung vom 12. Juni 1589 galt in Folge der im vorigen Jahrhundert erfolgten Reception in der Grafschaft Sayn-Altenkirchen im Regierungsbezirk Coblenz.
5) Die Wildenburgische Bergordnung von 1607 galt in der Standesherrschaft Wildenburg im Regierungsbezirk Coblenz.

6) Die Kurkölnische Bergordnung vom 4. Januar 1669 fand Anwendung in den rechtsrheinischen Landestheilen des früheren Kurfürstenthums Cöln, nämlich in einzelnen Theilen der Regierungsbezirke Cöln und Coblenz insbesondere in den zur Standesherrschaft Wied gehörenden Aemtern Altenwied und Neuerburg, ferner im Herzogthum Westphalen und im Vest Recklinghausen (Regierungsbezirk Arnsberg).
7) Die Jülich-Bergische Bergordnung vom 21. März 1719 galt im Herzogthum Berg und in den bergischen Unterherrschaften Broich bei Mülheim a. d. Ruhr und Hardenberg.
8) Die revidirte Cleve-Märkische Bergordnung vom 29. April 1766 wurde ursprünglich für das Herzogthum Cleve und die Grafschaft Mark erlassen und demnächst durch Patent vom 12. Mai 1803 (Rabe Bd. VII S. 439) in die Stifter Essen und Werden, und durch Patent vom 16. Mai 1803 (Rabe l. c. S. 464) in das Bisthum Paderborn eingeführt.

In den übrigen Theilen von Westphalen: Münster, Minden und Ravensberg und in dem Grunde Seel und Burbach im Kreise Siegen kam das Bergrecht des allgemeinen Preussischen Landrechts Theil II, Tit. 16 §. 69 ff. ohne Provinzialbergordnung zur Anwendung.

Das Nähere über den Geltungsbereich der angeführten Bergordnungen findet sich bei Brassert Bergordnungen der deutschen Lande Einleitung S. XXX—XXXXI.

In den Hohenzollern'schen Landen galt früher kein Berggesetz, sondern nur gemeines Bergrecht; doch war auch hier durch ältere Gewohnheit das Eisenerz von den Gegenständen der Verleihung ausgenommen und der Verfügung des Grundbesitzers unterworfen. Diese Ausnahme ist durch §. 211 Nr. 3 des Berggesetzes auch für die Zukunft beibehalten.

Die französischen Berggesetze vom 28. Juli 1791 und vom 21. April 1810 hatten in dem linksrheinischen Theile der Rheinprovinz und in dem Oberamte Meisenheim Geltung. Die französischen Berggesetze erstreckten ihre Geltung nicht blos über die eigentlichen Bergwerke sondern auch über die unterirdisch betriebenen Steinbrüche [1]), welche der Aufsicht der

1) Gesetz vom 21. April 1810. Art. 81. 82.

Bergbehörde unterworfen waren. Letztere wurde in der preussischen Rheinprovinz demnächst auch auf die Dachschieferbrüche und die Trassbrüche ausgedehnt ohne Unterschied, ob sie unterirdisch oder durch Tagebau betrieben wurden, während andererseits von den übrigen Steinbrüchen nur die unterirdisch betriebenen Mühlsteinbrüche bei Niedermendig, Mayen und Cottenheim der bergpolizeilichen Aufsicht unterworfen blieben. Als dann durch das Gesetz vom 10. April 1854 (Ges.-Samml. S. 139) die Einrichtung der Knappschaftsvereine für alle unter Aufsicht der Bergbehörde stehenden Werke angeordnet wurde, wurden auch die Arbeiter dieser Steinbrüche zur Bildung solcher Knappschaftsvereine herangezogen. Das Berggesetz hat diesen Rechtszustand im §. 214 aufrecht erhalten, indem es die Dachschieferbrüche, die Trassbrüche und die unterirdisch betriebenen Mühlsteinbrüche auch fernerhin der polizeilichen Beaufsichtigung der Bergbehörden unterwirft, und die Vorschriften des Berggesetzes über die Knappschaftsvereine (Tit. VII), und die Bergpolizei (Tit. IX) auf dieselbe anwendet.

Die übrigen in der Rheinprovinz und Westphalen früher geltenden provinzialrechtlichen Vorschriften haben nur so weit Bedeutung behalten, als sie für die Rechtsverhältnisse älterer vor dem 1. October 1865 erworbener Bergwerke bestimmend geblieben sind.

§. 43. Die neuen Provinzen.

Die Einführung des Berggesetzes in die im Jahre 1866 erworbenen Landestheile geschah durch die Verordnung vom 22. Februar 1867 (Gesetz-Sammlung S. 237) in Nassau; durch die Verordnung vom gleichen Tage (Ges.-Samml. S. 242) in Oberhessen und Hessen-Homburg; durch die Verordnung vom 8. Mai 1867 (Ges.-Samml. S. 601) in Hannover; durch die Verordnung vom 1. Juni 1867 (Ges.-Samml. S. 770) in Kurhessen, Frankfurt und die vormals bairischen Landestheile, endlich durch das Gesetz vom 12. März 1869 (Ges.-Samml. S. 453) in Schleswig-Holstein. (Vergl. oben S. 44.)

Durch den Vertrag von Gastein war ausserdem das Herzogthum Lauenburg in ein Verhältniss der Personal-Union zu Preussen getreten; ebenso waren die Fürstenthümer Waldeck und Pyrmont durch den Accessionsvertrag vom 24. Juni 1865 unter die Verwaltung Preussens gekommen. In beiden Ländern erfolgte die Einführung des preussischen Berggesetzes und zwar in Lauenburg durch das Gesetz vom 6. Mai 1868 vom 1. Juli 1868 ab, in Waldeck und Pyrmont durch das Gesetz vom 1. Januar 1869 von dem Tage des Gesetzes an.

Die bisherigen Landes- und Provinzialgesetze, welchen der Bergbau in den neuen Provinzen bis zur Einführung des allgemeinen Berggesetzes vom 24. Juni 1865 unterworfen waren, sind hauptsächlich folgende:

1) Die Nassau-Catzenelnbogen'sche Bergordnung vom 1. September 1559 für die Nassau-Oranischen Stammlande Dillenburg, Dietz und Hadamar; in den übrigen südlich der Lahn gelegenen Aemtern Wiesbaden, Idstein, Usingen, Weilburg etc. galt lediglich gemeines deutsches Bergrecht.[1])
2) Die Kurhessische Bergordnung und Bergfreiheit vom 26. März 1616[2]), welche für die althessischen Gebiete allgemein und in den Bezirken Schmalkalden, Hanau, Fulda etc. in Folge des Gesetzes vom 6. April 1843 für den Stein- und Braunkohlenbergbau Geltung hatte.
3) Die Zellerfelder Bergordnung vom 1. Januar 1550 und
4) Die Braunschweig-Lüneburger (Clausthaler) Bergordnung vom 2. April 1554, welche neben einigen minder bedeutenden Lokalgesetzen im Hannövrischen Oberharz Geltung hatten.[3])
5) Die Bergordnung für den Eisenerzbergbau im Amte Elbingerode vom 21. März 1847 und 8. Juni 1848. (Hannöverische Gesetz-Samml. 1847, Abtheilung III, S. 259, 1848 Abth. III, S. 29.)
6) Die Braunschweig-Lüneburgische Bergordnung vom 18. September 1593[4]), welche für die Bergwerke am Andreasberg und das Fürstenthum Grubenhagen erlassen war.
7) Die Markgräflich Brandenburgische Bergordnung vom

---

1) Vergl. Zeitschr. f. Bergr. Bd. III, S. 291.
2) Wagner Corpus juris metallici, S. 623.
3) Wagner a. a. O. S. 1042—1066.
4) Wagner a. a. O. S. 202.

1. December 1619 [1]) in der früher baierischen Enclave Kaulsdorf.

8) Die baierische Bergordnung vom 6. Mai 1784 [2]) in dem früher baierischen Amte Gersfeld.

9) Der Executionsrezess vom 12. December 1747 in der Kurhessischen Grafschaft Schaumburg.

In den übrigen Gebieten des früheren Königreichs Hannover und des Kurfürstenthums Hessen, ferner in Schleswig-Holstein, Lauenburg, Waldeck und Pyrmont galt ausschliesslich das gemeine Bergrecht. [3])

Die provinzialrechtlichen Normen, welche durch die oben aufgeführten Einführungsverordnungen aufrecht erhalten werden, sind folgende:

1) Zu den im §. 1 des Berggesetzes aufgeführten verleihbaren Mineralien tritt in Nassau und in Waldeck-Pyrmont nach Art. II der Einführungsverordnungen vom 22. Februar 1867 und vom 1. Januar 1869 der Dachschiefer hinzu; in Schmalkalden nach Art. XV der Einführungsverordnung vom 1. Juni 1867 der Schwerspath. Dagegen werden in Hannover nach Art. II der Einführungsverordnung vom 8. Mai 1867 Steinsalz und Soolquellen und ebenso im Fürstenthum Pyrmont nach Art. II des Gesetzes vom 1. Januar 1869 die Soolquellen, endlich in dem hannöverschen Fürstenthum Calenberg einschliesslich der Grafschaft Spiegelberg nach Art. XII der Verordnung vom 8. Mai 1867 die Stein- und Braunkohlen, von den verleihbaren Mineralien ausgenommen und der Verfügung des Grundeigenthümers überwiesen.

2) Dem Fiscus steht ein ausschliessliches Gewinnungsrecht in Bezug auf alle verleihbaren Mineralien im Oberharze innerhalb des im Art. XVI vom 8. Mai 1867 beschriebenen Feldes und in Bezug auf Steinkohlen in der Grafschaft Schaumburg zu. [4])

1) Wagner a. a. O. S. 431.

2) Wagner a. a. O. S. 342.

3) Vergl. Zeitschr. f. Bergr. B. VIII, S. 75 f., S. 158 f., S. 205 f., S. 402 f., Bd. IX. S. 94 f.

4) Nach dem Executionsrezesse vom 12. December 1647 besteht eine vertragsmässige Gemeinschaft des Steinkohlenbergbaues in der

3) Innerhalb des Amtes Elbingerode steht nach Art. XV, §. 4, Verordnung vom 8. Mai 1867 und nach §. 7 der Elbingeroder Bergordnung von 1847 und 1848 nur den hausbesitzenden Bürgern von Elbingerode, welche selbst Grubenarbeit treiben, das Recht zu, Muthung auf Eisenstein einzulegen. Dagegen findet eine Beschränkung in der freien Befugniss, erworbene Muthungsrechte oder verliehene Bergwerke an dritte Personen zu veräussern, nicht statt. Die angeführte Bestimmung der Elbingeroder Bergordnung beruht auf uralten Gewohnheitsrechten des Amtes[1]) welche mit den ältesten überlieferten Aufzeichnungen des deutschen Bergrechtes übereinstimmen; denn auch nach dem Tridentiner, dem Iglauer und dem Freiberger Bergrechte waren nur die Bürger der Gemeinde zum Bergbau innerhalb der Gemarkung berechtigt.[2])

4) Die Feldesgrösse ist in den hannöverschen Aemtern Zellerfeld und Elbingerode für den Eisensteinbergbau nach Art. XV. §. 1. l. c. auf 25,000 Quadratlachter, in allen übrigen Landestheilen gemäss der Vorschrift des §. 27 unter 2 des Berggesetzes auf 500,000 Quadratlachter bestimmt.

5) In Hannover sind die vor dem 1. Juni 1867 ertheilten Schürfscheine mit ausschliesslicher Schürfberechtigung nach Art. IV der Einführungsverordnung bis zum 1. Juli 1868 in Kraft verblieben. In Schleswig-Holstein treten zu den nach §. 4 des Berggesetzes für Schürfarbeiten geschlossenen Räumen die See- und Flussdeiche nebst dem angrenzenden Raume bis zu einer Entfernung von 200 Lachtern hinzu. Durch Entscheidung der Bergbehörde kann das Schürfen auch in einer grösseren Entfernung so wie auf den Binnendeichen verboten werden.

6) In Nassau besteht für alle im §. 165 des Berggesetzes genannte Arbeiter nach Art. V der Einführungsverordnung ein allgemeiner Knappschaftsverein, welcher seinen Mit-

---

früher Kurhessischen Grafschaft Schaumburg und in dem Fürstenthum Schaumburg-Lippe zwischen den beiden Landesherrschaften. — Vergl. Zeitschr. f. Bergr. Bd. VIII, S. 212.

1) Vergl. Zeitschr. f. Bergr. Bd. VIII, S. 160.

2) Vergl. meinen Commentar, Einleitung S. 25, 27 u. 31.

gliedern die Invalidenpension und die Wittwen- und Waisenunterstützung gewährt. Für die Bestreitung der freien Kur und Arznei des Krankenlohns und der Begräbnisskosten sind besondere Krankenkassen auf den einzelnen Werken oder für Gruppen von Werken errichtet. Doch sind nach dem letzten Absatze des Art. V cit. diejenigen früher bestandenen Knappschaftsvereine, welche ihren Mitgliedern bei Einführung des allgemeinen Berggesetzes alle im §. 171 unter 1—6 genannten Leistungen gewährten, von der Verschmelzung mit dem allgemeinen Knappschaftsvereine ausgenommen, und sie bestehen neben demselben als selbstständige Knappschaftsvereine.

Zehntes Buch.

Verwaltung und Polizei.

§. 44. Bergbehörden.

(§§. 187—195 des Berggesetzes.)

Die Verwaltung der Bergwerksangelegenheiten erfolgt durch besondere Bergbehörden, welche in drei Instanzen durch die Revierbeamten, Oberbergämter und den Handelsminister gebildet werden.

Der Organismus der Bergbehörden war schon nach der ältern rechtsrheinischen Gesetzgebung aus den drei Abstufungen der Revierbeamten, Bergämter und der Ministerialinstanz zusammengesetzt. Das Bergamt führte nach der Schlesischen und Magdeburg-Halberstädtischen Bergordnung den Namen Oberbergamt, während die Kleve-Märkische Bergordnung und das Allg. Landrecht die Bezeichnung: Bergamt gebrauchten. Wenn nun auch der Sprachgebrauch in der Bezeichnung der Provinzial-Bergbehörde in den verschiedenen Provinzen ein verschiedener war, so war doch die sachliche Einrichtung überall dieselbe und es bestanden ursprünglich weder in Schlesien und Magdeburg dem Oberbergamte untergeordnete Bergämter, noch in Westphalen über dem Bergamte ein Oberbergamt. Zu Ende des vorigen Jahrhunderts wurde indess zuerst in Schlesien, dann auch im Magdeburgischen eine solche Zwischenstufe eingeschoben, indem unter den Oberbergämtern mehrere Bergämter für die Localverwaltung errichtet wurden, welchen die Revierbeamten als unselbstständige Gehülfen beigegeben blieben. Später wurde auch in Westphalen ein Oberbergamt den bis dahin selbstständigen Bergämtern vorgesetzt. Da alles dies ohne ein Gesetz durch blosse Ministerialverfügungen geschah, so entstand eine bemerkenswerthe Ungewissheit über die Zuständigkeit der Behörden, da Niemand zu sagen wusste, ob in einem bestimmten Falle das Bergamt oder das Oberbergamt competent sei. Dazu kam eine starke Neigung zur Centralisation der Verwaltung, in Folge deren die Ministerialinstanz alle wichtigen Geschäfte an sich zog und in erster und letzter Instanz entschied, so z. B. die Ertheilung der Verleihungen, welche nach dem Allg. Landrechte und den Provinzial-Bergordnungen dem Bergamte resp. dem Oberbergamte übertragen war.

Auf der linken Rheinseite war seit dem Jahre 1816 ebenfalls die viergliedrige Organisation, bestehend aus dem Ministerium, dem Oberbergamte, den Bergämtern und den Revierbeamten an die Stelle der durch das Decret vom 18. November 1810 vorgesehenen dreifachen Abstufung der Bergbehörden, bestehend aus dem Minister mit dem General-Bergwerksingenieur, dem Präfecten mit dem Oberingenieur und den Unteringenieuren, getreten. Die Mängel jener an sich unzweckmässigen und mit den gesetzlichen Vorschriften nicht im Einklange stehenden viergliedrigen Organisation wurden beseitigt durch das Gesetz vom 10. Juni 1861 (G. S. S. 425), welches die Bergämter aufhob und nur eine Art collegialischer Bergbehörden als Provinzialinstanz zwischen den Revierbeamten und dem Minister bestehen liess, nämlich die Oberbergämter.

Das Allg. Berggesetz schliesst sich im Tit. 8 der durch jenes Gesetz geschaffenen Einrichtung an. Nach §. 189 bilden die Revierbeamten die erste Instanz in allen Geschäften, welche nach dem Berggesetze der Bergbehörde obliegen und nicht ausdrücklich den Oberbergämtern übertragen sind. Dies gilt namentlich von den Geschäften der lokalen Bergpolizei. Dagegen ist in dem Verleihungsverfahren, bei der Grundabtretung, der Aufsicht über die Knappschaftsvereine nach den bezüglichen Bestimmungen des Berggesetzes das Oberbergamt die erste Verwaltungsinstanz. Den Revierbeamten steht in diesen Angelegenheiten eine selbstständige Competenz nicht zu, und sie können nur im Auftrage des Oberbergamtes als dessen Commissarien in diesen Geschäften thätig werden. Dies gilt im Verleihungsverfahren auch dann, wenn dem Revierbeamten nach §. 12 die Annahme der Muthungen delegirt ist, da eine Entscheidung über den

Muthungsantrag ihnen auch in diesem Falle nicht zusteht. Die Revierbeamten werden aus der Zahl der Assessoren durch den Handelsminister ernannt. [1])

Die Bezirke der Revierbeamten werden nach §. 188 durch den Handelsminister festgestellt. Für die Revierbeamten der Oberbergamtsbezirke Bonn, Dortmund, Halle und Breslau sind Dienstinstructionen erlassen, nämlich für die Bezirke:

1) Bonn vom 29. September 1865;
2) Dortmund vom 1. März 1866;
3) Halle vom 2. September 1866;
4) Breslau vom 6. Januar 1867.

Die drei ersteren sind in der Zeitschrift für das Berg-, Hütten- und Salinenwesen Bd. XIII, S. 250 f. Bd. XIV, S. 69 und S. 313 vollständig abgedruckt.

Zur Hülfeleistung bei den Revierbeamten sind in der Mehrzahl der Reviere sogenannte Revier-Diätarien angestellt, welchen die Besorgung des Schreibwerks und andere mechanische Dienstgeschäfte obliegen. Ausserdem können dem Revierbeamten sowohl Bergassessoren zur Aushülfe zugetheilt, als auch Bergeleven und Bergreferendarien zur Beschäftigung und Ausbildung überwiesen werden. Letzteren kann von dem Revierbeamten die selbstständige Besorgung einzelner Dienstgeschäfte übertragen werden. Die Annahme der Muthungen, sofern sie dem Revierbeamten überwiesen ist, darf jedoch nur durch den Revierbeamten persönlich erfolgen. [2])

Den Revierbeamten steht nach der Cabinets-Ordre vom 18. Mai 1867 der Rang der fünften Klasse der Beamten und bei Dienstreisen der entsprechende Diätensatz von $2^1/_2$ Thlr. und die Reisekosten von 1 Thlr. auf Landwegen und 10 Sgr. auf Eisenbahnen und Dampfschiffen zu. [3])

Die Revierbeamten stehen nach §. 190 unter der Aufsicht der Oberbergämter, welche sowohl die Recursinstanz für

---

1) Vorschriften über die Befähigung zu den technischen Aemtern der Berg-, Hütten- und Salinenverwaltung vom 21. December 1863. Zeitschrift für das Berg-, Hütten- und Salinenwesen, Bd. XI, S. 297.

2) Dienstinstruction für Dortmund und Halle §. 1. Ministerial-Rescript vom 20. Juli 1866. Zeitschr. f. Bergrecht Bd. VII, S. 536.

3) Vergl. den Allerhöchsten Erlass vom 10. Juli 1848. Gesetz-Samml. S. 151.

die Beschwerden gegen Verfügungen der Revierbeamten, als auch die vorgesetzte Behörde der Letzteren im Sinne des Disciplinargesetzes vom 21. Juli 1852 bilden. Auch die Entscheidung im Disciplinarverfahren gegen die Revierbeamten steht in erster Instanz nach dem Staatsministerialbeschlusse vom 23. August 1853 [1]) den Oberbergämtern zu.

Die Oberbergämter haben die Geschäfte der Bergbehörden in erster Instanz nach den Bestimmungen des Berggesetzes in folgenden Fällen wahrzunehmen: die amtliche Schurfermächtigung (§. 8); die Annahme und Instruction der Muthungen (§§. 12 ff., 28 ff.); die Verleihung (§§. 32 ff.); die Bestätigung der Consolidationsurkunden (§§. 41—49); die Bestätigung der Feldestheilung (§. 51); die Entscheidung über die Mitgewinnung (§§. 55, 56); die polizeiliche Genehmigung zu den gewerblichen Anlagen und Triebwerken (§. 59); zur Anlage von Hülfsbauen (§. 61); die Aufforderung zur Inbetriebsetzung (§. 65); die Abänderung des Betriebsplanes (§. 68); die Bestätigung des Statuts der Gewerkschaft (§. 94); das Grundabtretungsverfahren in Gemeinschaft mit der Regierung (§§. 142 ff.); die Festsetzung der Entschädigung für Vorkehrungen zum Schutze der Verkehrsanstalten (§. 152); das Verfahren zur Aufhebung des Bergwerkseigenthumes (§§. 156—162); die Aufsicht über die Verwaltung der Knappschaftsvereine (§§. 167—186); der Erlass allgemeiner und besonderer Polizeivorschriften in den nicht dringlichen Fällen (§§. 197, 198); endlich alle Anordnungen, welche den ganzen Bezirk betreffen (§§. 17, 72, 78).

Sie bilden die zweite Instanz in Bezug auf alle Verfügungen der Revierbeamten und haben innerhalb ihres Geschäftskreises nach §. 190 die gesetzlichen Befugnisse der Regierungen. Sie haben daher gegenüber den ihnen untergebenen Beamten die Disciplinargewalt der Regierungen und sind insbesondere befugt, zur Entscheidung im Disciplinarverfahren gegen alle bei ihnen angestellten und ihnen untergeordneten Beamten mit Ausnahme der vom Könige ernannten Beamten, der Betriebsdirectoren der grösseren Staatswerke und der Hauptrendanten der Oberbergamtskassen, welche vor den Disciplinarhof gehören (Ges. vom 21. Juli 1852 §§. 24—26; Staatministerialbeschluss vom 23. August 1853 zu V).

1) Ministerialblatt für die innere Verwaltung S. 327.

Sie sind ferner befugt, in allen gerichtlichen Prozessen gemäss §. 3 des Gezetzes vom 8. April 1847 den Competenzconflict zu erheben und ebenso in dem Untersuchungsverfahren gegen Bergbeamten wegen einer aus Anlass ihres Amtes vorgenommenen Handlung den Conflict nach Massgabe des Gesetzes vom 13. Februar 1854 zu erheben. Sie haben endlich die Executivgewalt der Regierungen in Bezug auf die innerhalb ihres Geschäftskreises getroffenen Verfügungen nach Massgabe der §§. 42 und 48 der Verordnung vom 26. December 1808 (Ges.-Samml. 1806—1810, S. 164).

Die Bestimmungen der angeführten preussischen Gesetze sind auch in die neu erworbenen Provinzen durch die Verordnungen vom 16., 22., 23. September 1867 (Ges.-Samml. S. 1515 und 1613) eingeführt worden.

Die Oberbergämter sind collegialische Behörden, deren Mitglieder vom Könige ernannt werden. Die Bezirke der Oberbergämter werden durch Königliche Verordnung festgestellt. Dieselben wurden durch die Allerhöchste Verordnung vom 29. Juli 1861 (G. S. S. 429) wie folgt, bestimmt:

1) für das Oberbergamt zu Breslau die Provinzen Schlesien, Posen und Preussen;
2) für das Oberbergamt zu Halle die Provinzen Sachsen, Brandenburg und Pommern;
3) für das Oberbergamt zu Dortmund:
   a) die Provinz Westfalen, mit Ausnahme des Herzogthums Westfalen, der Grafschaften Wittgenstein-Wittgenstein und Wittgenstein-Berleburg, des Fürstenthums Siegen und der Aemter Burbach und Neunkirchen;
   b) von der Rheinprovinz die Kreise Rees, Duisburg und Essen, sowie die nördlich der Düsseldorf-Schwelmer Staatsstrasse belegenen Theile der Kreise Düsseldorf und Elberfeld;
4) für das Oberbergamt zu Bonn:
   a) die Rheinprovinz mit Ausschluss der unter 3. b. bezeichneten Landestheile;
   b) von der Provinz Westfalen die unter 3. a. genannten, von dem Wirkungskreise des Oberbergamts zu Dortmund ausgeschlossenen Landestheile;
   c) die Hohenzollernschen Lande.

Von den im Jahre 1866 neu erworbenen Landestheilen sind:

1) dem Bezirke des Oberbergamtes zu Bonn: das vormalige Herzogthum Nassau, die abgetretenen Theile der Grossherzoglich Hessischen Provinz Oberhessen, die vormalige Landgrafschaft Hessen-Homburg, einschliesslich des Oberamtes Meisenheim und das Gebiet der vormaligen freien Stadt Frankfurt. — Verordnungen vom 6. März 1867 (G. S. S. 351) und vom 24. Juni 1867 (G. S. S. 884);
2) dem Bezirke des Oberbergamtes zu Dortmund: die Landdrosteibezirke Osnabrück und Aurich der Provinz Hannover. — Verordnung vom 25. Mai 1867 (G. S. S. 735);
3) dem Bezirke des Oberbergamtes zu Halle: die vormals Bayerische Enclave Kaulsdorf. — Verordnung vom 24. Juni 1867 (G. S. S. 884)

zugetheilt worden.

Alle übrigen neu erworbenen Gebiete sind zu einem fünften Oberbergamtsbezirke vereinigt worden. Der Bezirk dieses Oberbergamtes, welches seinen Sitz in Clausthal hat, umfasst 1. die Provinz Hannover mit Ausnahme der Landdrosteibezirke Osnabrück und Aurich, 2. das vormalige Kurfürstenthum Hessen und die vormals Königlich Baierischen Landestheile mit Ausnahme der Enclave Kaulsdorf, 3. die Provinz Schleswig-Holstein.[1])

Die Oberbergämter stehen unter der Aufsicht des Handelsministers, welcher zugleich nach §. 191 die Recursinstanz in Bezug auf die Beschwerden gegen Verfügungen und Beschlüsse des Oberbergamtes bildet, insofern das Gesetz den Recurs nicht ausdrücklich ausschliesst, wie z. B. im Grundabtretungsverfahren in den Fällen des §. 145, Alinea 1.

---

1) Verordnung vom 3. Februar 1868 (Gesetz-Samml. S. 69). Bis zum 1. März 1868 bestanden für die unter 1 und 2 aufgeführten Landestheile getrennte Behörden mit den Befugnissen des Oberbergamtes, nämlich für Hannover das Berg- und Forstamt zu Clausthal. (Verordnung vom 9. Mai 1867 G. S. S. 735), welches durch die Verordnung vom 9. November 1867 G. S. S. 1873) zum Oberbergamte erhoben wurde und für Kurhessen nebst den vormals Bayerischen Landestheilen die Oberberg- und Salzwerksdirection in Kassel (Verordnung vom 24. Juni 1867 G. S. S. 884), welche durch die Verordnung vom 3. Februar 1868 aufgehoben ist.

Der Handelsminister ist der oberste Chef der Bergverwaltung, welche in dem Ministerium für Handel, Gewerbe und öffentliche Arbeiten die erste (früher die fünfte) Abtheilung bildet. Das Handelsministerium wurde zuerst durch die Verordnung vom 27. October 1810 (Gesetz-Samml. S. 12) als eine besondere Abtheilung von dem Ministerium des Innern abgezweigt, und derselben das gesammte Salz-, Berg- und Hüttenwesen überwiesen. Durch die Cabinets-Ordre vom 13. December 1813 (Ges.-Samml. S. 3) wurde die Bergwerksabtheilung mit dem Finanzministerium vereinigt; durch die Verordnung vom 3. November 1817 (Ges. Samml. S. 290) aber von Neuem dem Ministerium des Innern untergeordnet. Durch die Cabinetsordre vom 11. September 1830 wurde ein eigenes Ministerium des Innern für Handels- und Gewerbe-Angelegenheiten neben dem Ministerium des Innern und der Polizei errichtet. Durch die Cabinets-Ordre vom 28. April 1834 wurde jenes Ministerium wieder aufgelöst, und die Verwaltung des Handels sowohl als auch des Bergwesens mit dem Finanzministerium verbunden, bei welchem die Leitung des Bergwesens verblieb, bis durch den Allerhöchsten Erlass vom 17. April 1848 (Ges.-Samml. S. 109) das gegenwärtige Handelsministerium gebildet und demselben die Abtheilung für Berg-, Hütten- und Salinenwesen zugetheilt wurde. Diese Abtheilung steht unter einem Director, dem Oberberghauptmann, als Stellvertreter des Ministers. Die Ministerial-Erlasse sind bis zum Jahre 1834 vielfach unter der Firma der Oberberghauptmannschaft ergangen; im Uebrigen aber nach der wechselnden Ressorteintheilung theils von dem Finanzminister, theils von dem Minister des Innern, und seit 1848 von dem Handelsminister vollzogen.

Für den dreifachen Instanzenzug der Bergbehörden ist in den §§. 191—193 ein Recursverfahren vorgeschrieben, in welchem die Verfügungen des Revierbeamten bei dem Oberbergamte, und die Verfügungen und Beschlüsse des Oberbergamtes bei dem Handelsminister angefochten werden können.

Der Recurs muss binnen vier Wochen vom Ablaufe des Tages, an welchem die Verfügung oder oder Beschluss zugestellt oder sonst bekannt gemacht worden ist, eingelegt werden, widrigenfalls das Recursrecht erlischt (§. 192).

Für die Wahrung der Recursfrist ist lediglich die Zeit

des Eingangs der Recursschrift bei der Behörde massgebend, auch in dem Falle wenn die Recursschrift mittelst recommandirten Briefes abgesandt und zwar der Empfangschein rechtzeitig bei der Behörde eingegangen, der Brief selbst aber erst am folgenden Tage nach Ablauf der Recursfrist ausgehändigt worden ist.[1])

In den Fällen, wo ein Beschluss des Oberbergamtes erforderlich ist, desgleichen gegen Verfügungen, welche eine Entscheidung zwischen streitenden Parteien enthalten, muss der Recurs innerhalb der im §. 192 bestimmten Frist bei derjenigen Behörde eingelegt werden, von welcher die beschwerende Entscheidung getroffen worden ist. Durch Einlegung bei einer anderen Behörde wird das Recursrecht nicht gewahrt. Das Recursrecht ist jedoch gewahrt, wenn die Behörde, bei welcher irrthümlich Recurs eingelegt ist, die Recursschrift dem Oberbergamte übersendet und dieselbe hier vor Ablauf der Frist präsentirt wird.

In den Fällen, wo eine Gegenpartei vorhanden ist, wird derselben die Recursschrift zur Beantwortung binnen einer vierwöchentlichen, vom Ablaufe des Tages der Behändigung beginnenden Frist mitgetheilt. Geht innerhalb dieser Frist die Beantwortung nicht ein, so werden die Verhandlungen ohne Weiteres zur Recursentscheidung eingesendet (§. 193).

Verspätete Beantwortungen ebenso wie nachträgliche Ausführungen des Recurrenten, welche nach Ablauf der Frist eingehen, sind zurückzugeben.

Allen Bergbehörden steht das Recht zu, die von ihnen getroffenen Verfügungen zu vollstrecken und zwar nach den Grundsätzen der Verordnung vom 26. December 1808 (Ges.-Samml. S. 464), §. 48, indem sie entweder die verlangte Verpflichtung nach fruchtloser Aufforderung des Verpflichteten für dessen Rechnung durch einen Dritten bewirken lassen oder Strafbefehle im Wege des executorischen Verfahrens bis zur Summe von hundert Thalern oder vierwöchentlichem Gefängniss erlassen und vollstrecken.

Diese Befugniss, welche durch die angeführte Verordnung

---

1) Recursbescheid vom 12. April 1866. — Zeitschr. f. Bergrecht Bd. VII, S. 266.

den Regierungen beigelegt ist, steht nach §. 20 des Gesetzes über die Polizeiverwaltung vom 11. März 1850 (Ges.-Samml. S. 265) jeder Polizeibehörde zu. Sie kann daher sowohl von den Oberbergämtern ausgeübt werden, als auch von den Revierbeamten, welche nach §. 189 die Bergpolizei handhaben. Unter der früheren Gesetzgebung, welche den Revierbeamten eine selbstständige Stellung überhaupt nicht einräumte, wurde denselben der Erlass von Strafbefehlen durch den Ministerial-Erlass vom 15. Januar 1862 (Zeitschrift für Bergrecht Bd. III, S. 125) untersagt. Gegenwärtig gilt jedoch diese Vorschrift nicht mehr und nach §. 20 des Gesetzes vom 11. März 1850 ist die Executionsbefugniss der Revierbeamten in denjenigen Angelegenheiten, in welchen ihnen eine selbstständige Entscheidung zusteht, nicht in Zweifel zu ziehen.[1])

Die Kosten, welche bei den Bergbehörden in Bergbauangelegenheiten entstehen, können nach §. 194 von den zur Erstattung verpflichteten Personen im Wege der Verwaltungsexecution eingezogen werden. Unter diesen Kosten sind lediglich baare Auslagen und Stempelkosten begriffen, da die von den Bergämtern früher erhobenen Sporteln bereits durch das Gesetz vom 21. Mai 1860 aufgehoben worden sind. Die Verwaltungsexecution wird nach den Vorschriften der Executionsordnungen vom 24. November 1843 für die Rheinprovinz, vom 30. Juni 1845 für Westphalen, vom 30. Juli 1853 für die östlichen Provinzen, vom 1. Februar 1858 für Neuvorpommern und Rügen und vom 22. September 1867 für die neuen Provinzen vollstreckt.

Ausser den im §. 187 namhaft gemachten Revierbeamten, Oberbergämtern und dem Handelsminister gehören zu den Bergbehörden im weiteren Sinne noch die Berghypothekencommissionen und die Verwaltungen der Staatswerke.

Die Berghypothekencommissionen wurden durch das Gesetz vom 10. Juni 1861 (Ges.-Samml. S. 425) errichtet, um an Stelle der aufgehobenen Bergämter nach Massgabe des Gesetzes vom 18. April 1855 (Ges.-Samml. S. 221) die Hypothekenbücher über die Bergwerke zu führen und Handlungen der

---

1) Anderer Meinung sind Huyssen, Commentar S. 108, und Oppenhoff, Commentar Nr. 1003.

freiwilligen Gerichtsbarkeit über Gegenstände der Bergwerkseigenthums aufzunehmen. Sie bleiben nach §. 246 des Berggesetzes bis zu ihrer Auflösung durch Königliche Verordnung bestehen. Nach dieser Auflösung geht die Führung der Berghypothekenbücher an die Gerichte über.

Von den vier Berghypothekencommissionen zu Siegen, Dortmund, Halle und Breslau, welche auf Grund des Gesetzes vom 10. Juni 1861 errichtet waren, ist nur noch diejenige in Dortmund für den Bezirk des dortigen Oberbergamtes bestehen geblieben; die drei übrigen sind durch die Königlichen Verordnungen vom 9. August 1867, 22. Juli 1868 und 24. März 1869 aufgelöst.

Die Verwaltungen der Staatswerke sind unter verschiedenen Benennungen (Berginspectionen, Hüttenämter, Salzämter etc.) organisirt. Die Berginspectionen der Saarbrücker Steinkohlenwerke stehen unter der Leitung der Bergwerks-Direction zu Saarbrücken. Alle Staatswerksverwaltungen ressortiren unmittelbar von dem Handelsminister, soweit es die ökonomische und technische Seite des Betriebes betrifft. In den Angelegenheiten der Bergpolizei dagegen und in Bezug auf die Disciplin der Beamten sind die Staatswerksverwaltungen zunächst demjenigen Oberbergamte untergeordnet, in dessen Bezirk sie ihren Sitz haben. Die locale Bergpolizei in Bezug auf die Staatswerke wird entweder von dem zuständigen Revierbeamten oder von dem Inspector, sofern letzterem die Competenz der Revierbeamten durch den Handelsminister beigelegt ist, wahrgenommen.

Die Markscheider, welche im §. 190, Absatz 2, des Berggesetzes erwähnt werden, sind nicht Staatsbeamte, sondern Gewerbtreibende, auf welche die Vorschriften der Gewerbeordnung vom 21. Juni 1869 Anwendung finden. Das auf Grund der früheren Gewerbeordnung erlassene allgemeine Markscheider-Reglement vom 25. Februar 1856 (Vergl. meinen Commentar S. 319 f.) ist zwar zur Zeit noch in Kraft, jedoch durch die Vorschriften der neuen Gewerbeordnung vielfach abgeändert, so dass eine Revision in Aussicht steht.[1])

Die Markscheider bedürfen einer Concession, welche nach vorheriger Prüfung durch das Oberbergamt ertheilt wird. Dieselbe

1) Vergl. Brassert in d. Zeitschr. f. Bergr. Bd. XI, S. 250.

gilt nach dem Erlasse vom 29. Juni 1870 gegenwärtig für das ganze Staatsgebiet. Der Markscheider muss nach §. 14 der Gewerbeordnung seinen jedesmaligen Wohnort dem Oberbergamte des Bezirkes zur Anzeige bringen und steht unter der Aufsicht desselben. Die Entziehung der Concession kann in dem durch die §§. 29—36 der Gewerbeordnung vorgesehenen Verfahren durch jedes Oberbergamt ausgesprochen werden, in dessen Bezirke der Markscheider sich solcher Handlungen oder Unterlassungen schuldig gemacht hat, welche die Concessionsentziehung rechtfertigen. Das Verfahren bei der Concessionsentziehung ist durch die angeführten Bestimmungen der Gewerbeordnung und die §§. 60—66 der ministeriellen Anweisung vom 4. September 1869 geregelt, welche die mündliche Verhandlung vor dem Oberbergamte vorschreiben und gegen die Entscheidung den Recurs an den Handelsminister mit vierzehntägiger Frist gestatten.

Für die Beamten der Bergverwaltung gelten in Bezug auf Anstellung Disciplin und vermögensrechtliche Ansprüche, die allgemeinen Staatsdienergesetze, nämlich Tit. 10, Theil II des Allg. Landrechts und das Gesetz vom 21. Juli 1852 (G. S. S. 465).

Die Qualification der technischen Bergbeamten wird durch eine besondere Vorbereitung erworben.

Nach den Vorschriften über die Befähigung zu den technischen Aemtern der Berg-, Hütten- und Salinenverwaltung vom 21. December 1863 (Zeitschr. f. das Berg-, Hütten- und Salinenwesen Bd. XI, S. 297 ff.) finden drei Prüfungen statt: die Eleven-, die Referendariats- und die Assessorprüfung — von denen erst die dritte die Qualification zur Anstellung als Revierbeamter oder als technisches Mitglied eines Oberbergamtes giebt (§. 2). Zum Eintritt in die Vorbereitung zum Staatsdienste wird das Zeugniss der Reife für die Universität oder das Abgangszeugniss von einer Realschule erster Ordnung erfordert (§. 3). Die Meldung erfolgt bei dem Oberbergamte (§. 4). Die Ausbildung zerfällt in 1. die einjährige Erlernung der praktischen Handarbeiten, 2. ein dreijähriges Universitätsstudium, auf dessen Dauer der Besuch der Bergakademie zu Berlin und für die Dauer eines Jahres auch der Besuch der Bergakademien zu Freiburg und Clausthal angerechnet wird,

3. nach zurückgelegter Elevenprüfung die technische und geschäftliche Ausbildung als Eleve (1 Jahr), sodann nach zurückgelegter Referendariatsprüfung als Referendar (2 Jahre) und endlich die dritte (Assessor-) Prüfung.

Die Anstellung der Revierbeamten und der Beamten der Werksverwaltungen erfolgt durch den Handelsminister, die Ernennung der Mitglieder des Oberbergamtes durch den König.

Die Bergbeamten des Staates, deren Frauen und unter väterlicher Gewalt stehenden Kinder können nach §. 195 des Berggesetzes im Verwaltungsbezirke der Ersteren durch Muthung keine Bergwerke oder Kuxe erwerben. Zu solchen Erwerbungen — d. h. also zur Erwerbung von Bergwerken und Kuxen im Verwaltungsbezirke des Beamten — durch andere Rechtsgeschäfte ist die Genehmigung des Handelsministers erforderlich. Erwerbungen von Todeswegen sind keiner Beschränkung unterworfen.[1])

In Sachsen Gotha und Sachsen Meiningen ist die durch das Preussische Berggesetz geschaffene Organisation der Bergbehörden nur mit der Veränderung angenommen, dass die Stelle des Oberbergamtes durch das Bergamt vertreten wird und dass in Sachsen Meiningen die Functionendes Revierbeamten nach Art. 146 des Berggesetzes von dazu beauftragten Mitgliedern des Bergamtes wahrgenommen werden können.

In Braunschweig besteht nur eine Bergbehörde: die herzogliche Kammerdirection der Bergwerke.

In Bayern wird nach der Verordnung vom 16. Juni 1869[2]) die erste Instanz durch die drei Bezirksbergämter zu München, Bayreuth und Zweibrücken, die zweite und letzte Instanz durch das Oberbergamt zu München gebildet, welches dem Handelsministerium untergeordnet ist.

---

1) Ueber die weiter gehenden Beschränkungen des früheren Rechtes vergl. meine Uebersicht S. 214 f. — Die daselbst S. 247 mitgetheilte Entscheidung des Obertribunals vom 23. September 1859, wonach auch den nicht im Staatsdienste stehenden Privatbergwerksbeamten (Steigern etc.) die Erwerbung von Bergwerkseigenthum untersagt sein sollte, kann für das heutige Recht jedenfalls keine Geltung mehr beanspruchen.

2) Zeitschr. f. Bergr. Bd. X. S. 320.

In Sachsen bestehen nach §. 174 des Berggesetzes Bergämter mit beigegebenen technischen Localbeamten als erste Instanz, während die obere Instanz durch das Finanzministerium gebildet wird.

In Oesterreich wird nach §. 225 des Berggesetzes die erste Instanz durch die Berghauptmannschaften entweder unmittelbar oder mittelbar durch exponirte Bergcommissare gebildet. Als Oberbergbehörde fungiren nach der Verordnung vom 11. März 1854 für jedes Kronland die politischen Landesbehörden (Statthaltereien, Landesregierungen etc.). Die dritte Instanz bildet des Finanzministerium.

§. 45. Betriebspolizei.

(§§. 66--79, §§. 196—202 des Berggesetzes.)

Die polizeiliche Aufsicht über den Bergwerksbetrieb liegt nach §§. 189 und 196 des Berggesetzes den Revierbeamten ob.

Der Bergwerksbesitzer ist verpflichtet, dem Revierbeamten von der beabsichtigten Inbetriebsetzung des Bergwerks mindestens vier Wochen vorher Anzeige zu machen (§. 66).

Er muss ferner vor der Eröffnung des Betriebes einen Betriebsplan vorlegen, welcher von dem Revierbeamten geprüft wird. Diese Prüfung erstreckt sich nach §§. 67 und 196 auf:

die Sicherheit der Baue,

die Sicherheit des Lebens und der Gesundheit der Arbeiter, den Schutz der Oberfläche, im Interesse der persönlichen Sicherheit und des öffentlichen Verkehrs,

den Schutz gegen gemeinschädliche Einwirkungen des Bergbaues.[1])

Unter den im §. 196 genannten Bauen sind nur die Grubenbaue verstanden. Die Bauten über Tage unterliegen der Aufsicht der Baupolizeibehörden. Zu dergleichen Bauten ist daher der Bauconsens der Ortspolizeibehörde einzuholen.

---

1) Die Ausführung des Betriebsplanes ist von der Bergbehörde auch dann zu untersagen, wenn sich ergiebt, dass der projectirte Betrieb die Grenzen des verliehenen Feldes überschreitet. — Gesetz vom 26. März 1856 §. 3 (oben S. 90) — Recursbescheid des Handelsministers vom 18. November 1865. (Zeitschr. f. Bergr. Bd. VI, S. 592) — Recursbescheid vom 11. Februar 1866 (a. a. O. Bd. VII, S. 126).

Gegen blosse Beschädigungen des Grundeigenthumes und seiner Zubehörungen, mit denen eine Gefahr für die persönliche Sicherheit oder den öffentlichen Verkehr und eine gemeinschädliche Einwirkung nicht verbunden ist (Tagebrüche, Wasserentziehung u. dgl.), wird ein polizeilicher Schutz nicht gewährt, weil der Bergwerksbesitzer zu einer solchen Einwirkung auf den Grund und Boden berechtigt und nur zum Ersatze des angerichteten Schadens verpflichtet ist (§. 148).

Wenn der Bergbau ein bewohntes Gebäude gefährdet, welches dem §. 150 zuwider zu einer Zeit errichtet ist, wo die durch den Bergbau drohende Gefahr der Zerstörung vorausgesehen werden musste, so darf die Bergbehörde den Abbau der unter dem Gebäude anstehenden Mineralien nicht auf Grund des §. 196 untersagen, weil sie dadurch die Rechte des Bergwerksbesitzers kränken würde. Die persönliche Sicherheit der Bewohner muss vielmehr in diesem Falle dadurch gewahrt werden, dass durch Vermittelung der Ortspolizeibehörde die Räumung des an gefährlicher Stelle erbauten Hauses bewirkt wird.[1])

Der Fall einer gemeinschädlichen Einwirkung des Bergbaues ist vorhanden, wenn der Schaden sich an solchen Gegenständen ereignet, die abgesehen von ihrem etwaigen Vermögenswerthe vom Gesichtspunkte des öffentlichen Interesses einen nicht in Gelde zu schätzenden Werth besitzen (Gesundbrunnen, Friedhöfe, Denkmäler u. dgl.), ferner wenn die drohende Beschädigung so ausgedehnt ist, dass ihr Ersatz ausser Verhältniss zu den Mitteln des Bergwerksbesitzers steht, oder wenn die schädliche Einwirkung in ihren Folgen die öffentliche Sicherheit oder den Nationalwohlstand gefährdet, z. B. wenn einer ganzen Stadt oder einem Dorfe das Wasser entzogen wird.

Die Einreichung des Betriebsplanes muss wiederholt werden, sobald der Zeitraum abgelaufen ist, für welchen derselbe aufgestellt worden war. Das Gesetz trifft keine Bestimmung darüber, für welchen Zeitraum der Betriebsplan Geltung haben soll, und ob derselbe für eine beliebige Zeitdauer vorgelegt

---

1) Erlass d. Handelsministers an das Oberbergamt zu Breslau vom 7. Juli 1858.

werden darf, oder ob der Revierbeamte die Erneuerung in bestimmten Zeitfristen fordern kann. Die Praxis der Bergbehörden ist verschieden. Die Dienstinstruction für die Revierbeamten des Oberbergamtsbezirk Bonn vom 29. September 1865 bestimmt im §. 32:

> „die Aufstellung des Betriebsplanes und die Bestimmung des Zeitraumes, für welchen derselbe Geltung haben soll, ist lediglich Sache des Bergwerksbesitzers oder dessen Vertreters."

Die Dienstinstruction für die Revierbeamten des Oberbergamtsbezirks Halle vom 2. September 1866 bestimmt dagegen im §. 31, dass der Bergwerksbesitzer bestimmt erklären muss, für welchen Zeitraum der Betriebsplan gelten soll, und dass diese Zeitbestimmung der Prüfung durch die Bergbehörde aus denselben Gesichtspunkten unterliegt, wie der übrige Plan. Diese Ansicht verdient den Vorzug, da die Prüfung eines auf beliebige Zeit vorausbestimmten Betriebsplanes oft genug unmöglich oder doch illusorisch sein würde.

Erhebt der Revierbeamte nicht binnen vierzehn Tagen nach Vorlegung des Betriebsplanes Einspruch gegen denselben, so ist der Bergwerksbesitzer zur Ausführung befugt.

Wird dagegen innerhalb dieser Frist Einspruch von dem Revierbeamten erhoben, so ist der Bergwerksbesitzer gleichzeitig zur Erörterung der beanstandeten Betriebsbestimmungen zu einem Termine vorzuladen.

Insoweit auf diesem Wege keine Verständigung erzielt wird, hat das Oberbergamt diejenigen Abänderungen des Betriebsplanes, ohne welche derselbe nicht zur Ausführung gebracht werden darf, durch einen Beschluss festzusetzen (§. 68).

Gegen diesen Beschluss findet der Recurs an den Handelsminister statt, welcher nach §§. 191—193 binnen vier Wochen bei dem Oberbergamte eingelegt werden muss. Der Recurs hat keinen Suspensiveffect. Der beanstandete Betrieb muss folglich bis zur Entscheidung des Ministers ruhen, oder er darf doch nur mit den im Beschlusse des Oberbergamtes angeordneten Abänderungen geführt werden, weil bis zur Entscheidung des Ministers die stillschweigende oder ausdrückliche Genehmigung der Behörde fehlt, welche das Gesetz (§§. 67, 68) zur Ausführung des Betriebsplanes erheischt.

Ergibt die Prüfung des Betriebsplanes eine sicherheitsgefährliche Collision mit den Bauen eines benachbarten Bergwerks, so erfolgt die Erörterung zweckmässig unter Zuziehung beider Theile, und die nothwendigen Abänderungen werden nach Vernehmung der beiderseitigen Anträge durch contradictorische Entscheidung festgestellt.

Für Abänderungen des Betriebsplanes ist im §. 69 dasselbe Verfahren vorgeschrieben, wie für die ursprüngliche Aufstellung desselben. Werden jedoch infolge unvorhergesehener Ereignisse sofortige Abänderungen eines Betriebsplanes erforderlich, so genügt es, wenn dieselben binnen den nächsten vierzehn Tagen der Bergbehörde durch den Betriebsführer angezeigt werden.

Die Vorlegung des Betriebsplanes und der nachträglichen Abänderungen desselben muss der Regel nach von dem Bergwerksbesitzer, bei Gewerkschaften von dem Repräsentanten oder Grubenvorstande ausgehen. Im Falle des §. 69 ist dem Betriebsführer die Verantwortlichkeit für die Anzeige auferlegt weil das Gesetz mit Recht annimmt, dass nicht in jedem Falle der Bergwerksbesitzer in der Lage sei den Betrieb seiner Grube so speziell zu überwachen, dass er von jeder Veränderung des Betriebsplanes innerhalb 14 Tagen Kenntniss erhielte. [1])

Wird ein Betrieb den Vorschriften der §§. 67—69 zuwider geführt, so ist die Bergbehörde befugt, nöthigenfalls einen solchen **Betrieb einzustellen** (§. 70).

Die Betriebseinstellung erfolgt durch den Revierbeamten. Muss dieselbe erzwungen werden, so kann der Revierbeamte entweder seine Anordnung selbst zur Ausführung bringen, indem er den Zugang zu der Grube verschliesst, den Gang der Maschinen hemmt und zugleich die zur Sicherstellung der Baue erforderlichen Vorkehrungen trifft, oder er kann seiner Verfügnng durch executivische Zwangsmittel Folge geben, indem er einen Strafbefehl bis zur Summe von 100 Thalern oder vierwöchentlichem Gefängniss an den Bergwerksbesitzer oder an den Betriebsführer erlässt und vollstreckt. [2])

1) Commissionsbericht des Herrenhauses S. 31.

2) Verordnung v. 28. December 1808, §. 48, Nr. 2. Gesetz über die Polizeiverwaltung v. 11. März 1850, §. 20.

Gegen die Betriebseinstellung findet nicht der Rechtsweg, sondern nur der Recurs an das Oberbergamt und an den Handelsminister statt. Wird die Betriebseinstellung im Wege der Beschwerde als gesetzwidrig oder unzulässig aufgehoben, so bleiben dem Bergwerksbesitzer seine Gerechtsame nach den allgemeinen gesetzlichen Bestimmungen über die Vertretungsverbindlichkeit der Beamten vorbehalten.[1])

Will der Bergwerksbesitzer den Betrieb des Bergwerkes einstellen, so hat derselbe der Bergbehörde hiervon mindestens vier Wochen vorher Anzeige zu machen.

Muss der Betrieb infolge unvorhergesehener Ereignisse schon in kürzerer Frist oder sofort eingestellt werden, so ist die Anzeige binnen längstens vierzehn Tagen nach erfolgter Betriebseinstellung nachzuholen (§. 41).

Ein Zwang zur Inbetriebsetzung des Bergwerks oder zur Fortsetzung des unterbrochenen Betriebes findet nach §. 65 statt, wenn der Einstellung des Betriebes nach der Entscheidung des Oberbergamtes überwiegende Gründe des öffentlichen Interesses entgegenstehen. Der Bergwerksbesitzer wird in diesem Falle mit sechsmonatlicher Frist zur Inbetriebsetzung aufgefordert, und wenn er dieser Aufforderung nicht Folge leistet, so wird das Verfahren zur Entziehung des Bergwerkseigenthums nach den Vorschriften des 16. Titels gegen ihn eingeleitet. (Vergl. oben §. 19.)

Als Hülfsmittel für die polizeiliche Ueberwachung des Betriebes im Interesse der Sicherheit der Baue und der Oberfläche dient das Grubenbild, auf welchem sowohl die vollständige Situation der Oberfläche, namentlich alle Tagegebäude Wasserbehälter, Strassen und Eisenbahnen, als auch die ausgeführten Grubenbaue verzeichnet sein müssen. Der Bergwerksbesitzer hat nach §. 72 das Grubenbild in zwei Exemplaren durch einen concessionirten Markscheider auf seine Kosten anfertigen und regelmässig in den von dem Oberbergamte vorgeschriebenen Zeitabschnitten nachtragen zu lassen. Diese Zeitabschnitte sind durch die Verordnungen der Oberbergämter zu Halle, Breslau, Bonn, Dortmund und Clausthal

1) Gesetz über die Zulässigkeit des Rechtsweges in Beziehung auf polizeiliche Verfügungen v. 11. Mai 1842, §§. 1, 6.

vom 11. September 1865, 20. October 1866, 8. November 1867, 31. Juli 1868 und 5. Juni 1869[1]) bestimmt und zwar so, dass die Nachtragung je nach den verschiedenen Gattungen des Bergbaues (Tagebaue und unterirdischer Betrieb, Steinkohlen- und Erzgruben etc.) theils jährlich, theils halbjährlich, theils in jedem Quartale erfolgen muss.

Das eine Exemplar des Grubenbildes ist an die Bergbehörde zum Gebrauche derselben abzuliefern, das andere auf dem Bergwerke oder, falls es daselbst an einem geeigneten Orte fehlt, bei dem Betriebsführer aufzubewahren.

Der Betrieb muss unter der Leitung eines verantwortlichen Betriebsführers geführt werden, und die Befähigung desselben, sowie der übrigen zur Betriebsleitung und Aufsicht angestellten Personen (Steiger, technischer Aufseher etc.) muss nach §. 73 von dem Revierbeamten anerkannt werden. Der Bergwerksbesitzer muss zu diesem Zwecke dem Revierbeamten die angenommenen Personen namhaft machen, letztere müssen ihre Befähigung zu den ihnen übertragenen Geschäften nachweisen und sich erforderlichen Falls einer Prüfung unterwerfen. Erst wenn der Revierbeamte diese Befähigung anerkannt hat, dürfen sie die ihnen übertragenen Geschäfte übernehmen (§. 74).

Der Nachweis der Befähigung muss für jede einzelne Anstellung geführt werden. Allgemeine Qualificationsatteste für Stellen einer gewissen Art werden nicht ertheilt. Der Revierbeamte hat vielmehr die Fähigkeit des Betriebsbeamten in jedem Falle nach Massgabe der ihm übertragenen Functionen, der grösseren oder geringeren Ausdehnung und Gefährlichkeit des seiner Leitung übertragenen Bergbaues und nach Massgabe der ihm vorgelegten oder bekannten Qualificationsbeweise zu beurtheilen und nöthigenfalls den Beamten einer Prüfung zu unterwerfen.

Die Bergbehörde ist befugt, dem Betriebsbeamten die Anerkennung seiner Befähigung wieder zu entziehen, wenn derselbe Verstösse gegen die Regeln der Technik oder gegen

---

1) Vergl. meinen Commentar, Anmerkung 171 zu §. 72 und Zeitschr. f. Bergrecht Bd. VII, S. 331, S. 541. Bd. VIII, S. 443. Bd. X, S. 293 und 295.

sicherheitspolizeiliche Vorschriften begangen hat, welche die zur Erfüllung seiner Functionen erforderliche Fähigkeit oder Zuverlässigkeit in Frage stellen. Die Verfügung des Revierbeamten, durch welche die Entfernung eines mit seiner Genehmigung angestellten Grubenbeamten verlangt wird, kann im Wege des Recurses mit suspensiver Wirkung angefochten werden, weil der Verlust der Befähigung erst durch die endgültige Entscheidung des Oberbergamtes oder des Handelsministers eintritt. Eine gerichtliche Verurtheilung, derzufolge der Grubenbeamte zu einer Beschäftigung beim Grubenbetriebe unfähig erklärt würde — wie dies in Bezug auf Eisenbahn- und Telegraphenbeamte im Strafgesetzbuche §. 319 vorgesehen ist — findet nicht statt. Uebrigens kann der Revierbeamte die sofortige Entfernung eines mit seiner Genehmigung angestellten Grubenbeamten auch vor der endgültigen Entscheidung über den Verlust seiner Qualification verlangen, wenn dies zur Vermeidung einer dringenden Gefahr nothwendig ist (§. 199).

Der Revierbeamte und die sonstigen Bergbeamten, welche mit dem polizeilichen Dienste befasst sind, können das Bergwerk zu jeder Zeit befahren; der Betriebsführer und die übrigen Grubenbeamten sind nach §. 77 verpflichtet, sie zu begleiten und ihnen auf Erfordern Auskunft über den Betrieb zu geben. Auch den zu ihrer Ausbildung beschäftigten Candidaten des Bergfaches, welche mit Fahrscheinen des Oberbergamtes versehen sind, muss die Befahrung und Besichtigung des Werkes gestattet werden.

Ausser der fortlaufenden Controle der Betriebspläne, der bestellten Betriebsführer und Aufseher, der Grubenbilder und der ausgeführten Grubenbauten selbst durch den Revierbeamten sind für die Zwecke der Betriebspolizei auch directe polizeiliche Anordnungen nothwendig und diese sind entweder allgemeine, insofern sie für alle Bergwerke eines bestimmten Bezirks oder einer bestimmten Gattung erlassen werden, oder spezielle, insofern sie für ein einzelnes Bergwerk getroffen werden.

Die allgemeinen Polizeiverordnungen werden nach §. 197 von den Oberbergämtern erlassen, denen in Bezug auf die Gegenstände der Bergpolizei (§. 196) die gleiche Befugniss zusteht, wie solche den Regierungen für Zwecke der Landes-

und Ortspolizei durch das Gesetz vom 11. März 1830 (Ges.-Samml. S. 265) beigelegt ist. Die Verordnungen der Oberbergämter enthalten jedoch keine Strafandrohung, weil solche in der allgemeinen Strafvorschrift des §. 208 des Berggesetzes enthalten ist. Sie werden durch das Amtsblatt der Regierungen bekannt gemacht, in deren Bezirk dieselben Gültigkeit erlangen sollen.

Die Gültigkeit tritt nach §. 4 der Verordnung vom 28. März 1811 (G.S. S. 165) mit dem Anfange des achten Tages vom Datum der Nummer des Amtsblattes ein, dieses Datum mit eingezählt.

Die speziellen polizeilichen Anordnungen haben nach §. 198 zur Voraussetzung, dass auf dem Bergwerke eine Gefahr für die Sicherheit der Baue oder der Arbeiter eintritt, oder eine Beschädigung der Oberfläche zu befürchten ist, welche die persönliche Sicherheit oder die Sicherheit des Verkehrs oder das Gemeinwohl gefährdet. Die geeigneten polizeilichen Anordnungen werden in diesem Falle nach Vernehmung des Bergwerksbesitzers oder Repräsentanten durch einen Beschluss des Oberbergamtes getroffen.

Ist die Gefahr eine dringende, so hat der Revierbeamte sofort und selbst ohne vorgängige Vernehmung des Bergwerksbesitzers oder des Repräsentanten die zur Beseitigung der Gefahr erforderlichen polizeilichen Anordnungen zu treffen, gleichzeitig aber dem Oberbergamte davon Anzeige zu machen.

Das Oberbergamt hat die getroffenen Anordnungen durch einen Beschluss zu bestätigen oder wieder aufzuheben. Vorher ist die Vernehmung der genannten Personen nachzuholen (§. 199).

Die Ausführung dieser Anordnungen wird durch Einlegung des Recurses nicht aufgehalten.

Mit der Ausführung der polizeilichen Anordnungen des Revierbeamten muss ohne Rücksicht auf die vorbehaltene oberbergamtliche Bestätigung oder Wiederaufhebung sofort begonnen werden (§. 201).

Die Bekanntmachung der auf Grund der §§. 198 und 199 getroffenen polizeilichen Anordnungen an den Bergwerksbesitzer oder den Repräsentanten erfolgt nach §. 200 durch Zustellung des Beschlusses des Oberbergamts, beziehungsweise der Verfügung des Revierbeamten.

Die Zustellung muss gegen Insinuationsschein erfolgen, damit in dem Strafverfahren die erfolgte Bekanntmachung nachgewiesen werden kann.

Es hängt von der Bestimmung des Oberbergamts oder des Revierbeamten ab, ob ausser der Zustellung an den Bergwerksbesitzer noch eine Bekanntmachung an den Betriebsführer und die Grubenbeamten und an die Arbeiter des Bergwerks erfolgen soll. Die Bekanntmachung an den Betriebsführer und die Grubenbeamten geschieht durch das Zechenbuch, welches zu diesem Zwecke auf jedem Bergwerk gehalten werden muss. Das Zechenbuch wird von dem Bergwerksbesitzer oder dessen Stellvertreter geführt und kann von demselben auch zu anderen, den Grubenbetrieb betreffenden Eintragungen benutzt werden. Die Eintragung der polizeilichen Anordnungen erfolgt entweder durch den Revierbeamten persönlich oder durch den Bergwerksbesitzer auf Grund der in dem Beschlusse des Oberbergamtes enthaltenen oder von dem Revierbeamten ertheilten Anweisung. Unterlässt der Bergwerksbesitzer die Eintragung dieser ausdrücklichen Anweisung zuwider, so tritt die Strafe des §. 207 ein.

Die Verbindlichkeit der getroffenen Anordnung für die Betriebsführer und Grubenbeamten und die Strafbarkeit der Uebertretung hängt von der Thatsache der Eintragung in das Zechenbuch allein ab. Es ist nicht der Nachweis erforderlich, dass der angeschuldigte Beamte den Vermerk gelesen hat.

Soweit eine Bekanntmachung an die Arbeiter erforderlich ist, geschieht dieselbe auf Anweisung des Revierbeamten durch Verlesen und durch Aushang auf dem Werke.

Beide Arten der Publication müssen neben einander stattfinden. Dagegen bedarf es zur strafrechtlichen Verfolgung der von einem Arbeiter begangenen Uebertretung nicht des Nachweises, dass er der Verlesung beigewohnt oder den Aushang gelesen hat. Die Verlesung geschieht vor der versammelten Belegschaft bei der Einfahrt oder der Löhnung. Der Aushang muss an einem der Belegschaft zugänglichen Orte (in der Kaue oder Zechenstube) erfolgen.

Die Nichtbefolgung der speziellen polizeilichen Anordnungen des Oberbergamtes und des Revierbeamten ist ebenso wie die Zuwiderhandlung gegen die allgemeinen bergpolizeilichen Verordnungen durch §§. 207 und 208 unter Strafe gestellt (s. u.). Ausserdem ist die Bergbehörde kraft ihrer Executionsbefugniss (Oben S. 437) befugt, die Befolgung ihrer Verfügungen, da wo die öffentliche Sicherheit dieses nothwendig macht, unmittelbar zu erzwingen. Dies kann nach §. 48 der Verordnung vom 26. December 1808 entweder durch Executivstrafen oder so geschehen, dass die Ausführung durch den Revierbeamten auf Kosten des Bergwerksbesitzers bewirkt wird. Die Ausführung auf Kosten des verpflichteten Bergwerksbesitzers ist im §. 202 des Berggesetzes besonders erwähnt, doch wird hierdurch die Anwendung der übrigen Executionsmittel keineswegs ausgeschlossen.

§. 46. Arbeiterpolizei.

(§§. 85—93 des Berggesetzes; §§. 128—133, §§. 149, 150, 154 der Gewerbeordnung.)

Die Annahme der Bergleute ist weder durch eine besondere polizeiliche Anmeldung noch durch sonstige Vorschriften beschränkt; doch dürfen nach §. 85 die Bergwerksbesitzer solche Arbeiter, von denen ihnen bekannt ist, dass sie schon früher beim Bergbau beschäftigt waren, nicht eher annehmen, bis ihnen von denselben das Zeugniss des Bergwerksbesitzers oder Stellvertreters, bei dem sie zuletzt in Arbeit gestanden, beziehungsweise das Zeugniss der Ortspolizeibehörde vorgelegt ist.

Diese Vorschrift hat hauptsächlich den Zweck, das Interesse der Knappschaftsvereine zu wahren. Die Uebertretung derselben wird nach §. 207 bestraft. Die Geldbusse fliesst nach §. 92 zur Knappschaftskasse.

Ausserdem ist nach §. 93 auf jedem Bergwerke über die daselbst beschäftigten Arbeiter eine Liste zu führen, welche die Vor- und Zunamen, das Geburtsjahr, den Wohnort, den Tag des Dienstantritts und der Entlassung, sowie das Datum des letzten Arbeitszeugnisses enthält. Diese Arbeiterliste muss der Bergbehörde auf Verlangen vorgelegt werden. Sie ist dazu bestimmt, um die Befolgung der Vorschriften über die Beschäftigung der jugendlichen Arbeiter zu überwachen, um bei eintretenden grösseren Unglücksfällen die Zahl und die Personen der vermissten Arbeiter zu ermitteln und um den

Knappschaftsvorständen die Controle über die vorschriftsmässige Anmeldung der Arbeiter zu ermöglichen.

Ueber die Beschäftigung von Frauen bei der Grubenarbeit enthält das allgemeine Berggesetz keine Bestimmung. Es ist indess eine durch die Sitte allgemein festgestellte Regel, dass Frauen beim Bergbau nur über Tage beschäftigt werden dürfen, und dies ist für die Oberbergamtsbezirke Bonn durch §. 55 der allgemeinen Bergpolizeiverordnung vom 8. November 1867, und Breslau durch die Bergpolizeiverordnung vom 26. October 1868 ausdrücklich verordnet. [1])

Die Bestimmung der Gewerbeordnung vom 21. Juni 1869 §. 11, wonach das Geschlecht in Bezug auf die Befugniss zum selbstständigen Gewerbebetriebe keinen Unterschied begründet, hat nach §. 6 diese bergpolizeilichen Vorschriften nicht aufgehoben[2]).

Auch die Beschäftigung der jugendlichen Arbeiter ist nicht durch das Berggesetz sondern durch die Gewerbegesetze geregelt. An die Stelle des früheren Regulativs vom 9. März 1839 und des Gesetzes vom 16. Mai 1853 sind gegenwärtig die Vorschriften der §§. 128—133 der Gewerbeordnung vom 21. Juni 1869 getreten, welche sich zunächst auf Fabriken beziehen, nach §. 154 aber auch auf Bergwerke, Aufbereitungsanstalten und unterirdisch betriebene Gruben und Brüche Anwendung finden.

Nach denselben dürfen Kinder unter 12 Jahren auf Bergwerken zu einer regelmässigen Beschäftigung nicht angenommen werden. Vor vollendetem vierzehnten Lebensjahre dürfen Kinder in Bergwerken und Aufbereitungsanstalten nur dann beschäftigt werden, wenn sie täglich einen mindestens dreistündigen Schulunterricht in einer von der höheren Verwaltungsbehörde genehmigten Schule erhalten. Ihre Beschäftigung darf sechs Stunden täglich nicht übersteigen.

---

1) Vergl. Zeitschrift f. Bergrecht Bd. VIII. S. 443, Bd. X, S. 292 und die Verhandlungen über die zuletzt angeführte Polizeiverordnung im Hause der Abgeordneten, insbesondere den Commissionsbericht vom 18. Februar 1869, Drucksachen des Hauses der Abgeordneten 10. Legislaturperiode 2. Session 1868 Nr. 376.

2) Vergl. Brassert in der Zeitschrift f. Bergrecht Bd. XI. S. 256 — Oppenhoff Commentar Nr. 484.

Junge Leute, welche das vierzehnte Lebensjahr zurückgelegt haben, dürfen vor vollendetem sechszehnten Lebensjahre an Bergwerken und Aufbereitungsanstalten nicht über zehn Stunden täglich beschäftigt werden. Auch für diese jugendlichen Arbeiter kann durch die Centralbehörde die zulässige Arbeitsdauer bis auf sechs Stunden täglich für den Fall eingeschränkt werden, dass dieselben nach den besonderen in einzelnen Theilen des Bundesgebietes bestehenden Schuleinrichtungen noch im schulpflichtigen Alter sich befinden (§. 128). Der Revierbeamte [1]) ist befugt, eine Verlängerung dieser Arbeitszeiten um höchstens eine Stunde und auf höchstens vier Wochen dann zu gestatten, wenn Naturereignisse oder Unglücksfälle den regelmässigen Betrieb in dem Bergwerke unterbrochen und ein vermehrtes Arbeitsbedürfniss herbeigeführt haben.

Zwischen den Arbeitsstunden muss den jugendlichen Arbeitern (§. 128) Vor- und Nachmittags eine Pause von einer halben Stunde und Mittags eine ganze Freistunde, und zwar jedesmal auch Bewegung in der freien Luft gewährt werden [2]).

Die Arbeitsstunden dürfen nicht vor $5^1/_2$ Uhr Morgens beginnen und nicht über $8^1/_2$ Uhr Abends dauern.

An Sonn- und Feiertagen, sowie während der von dem ordentlichen Seelsorger für den Katechumenen- und Konfir-

---

1) Nach §. 23. der ministeriellen Anweisung zur Ausführung der Gewerbeordnung vom 4. September 1869 soll die Aufsicht über die Beschäftigung der jugendlichen Arbeiter auf Bergwerken und Aufbereitungsanstalten überall von den Bergbehörden geführt werden, und insbesondere sollen die durch das Gesetz den Ortspolizeibehörden zugewiesenen Obliegenheiten durch die Revierbeamten wahrgenommen werden, und letzteren stehen nach §. 132 der Gewerbeordnung bei Ausübung dieser Aufsicht alle Amtsbefugnisse der Ortspolizeibehörden zu.

2) Es genügt nicht, dass den jugendlichen Arbeitern freigestellt wird, das Bergwerk während der Dauer der Pause zu verlassen, sondern der Bergwerksbesitzer muss dafür Sorge tragen, dass denselben während der vorgeschriebenen Zeit wirklich Gelegenheit zur Bewegung in freier Luft gewährt wird und falls sie unter Tage beschäftigt sind, dass sie zu diesem Zwecke aus der Grube ausfahren. (Ministerial-Erlass vom 8. Juli 1870, I 3942.) Die Richtigkeit dieser Auslegung des §. 129 der Gewerbeordnung ist unter anderen durch Erkenntniss des Zuchtpolizeigerichts zu Eschweiler vom 6. Decbr. 1870 anerkannt.

manden-Unterricht bestimmten Stunden dürfen jugendliche Arbeiter nicht beschäftigt werden (§. 129).

Wer jugendliche Arbeiter zu einer regelmässigen Beschäftigung annehmen will, hat davon dem Revierbeamten zuvor Anzeige zu machen.

Der Arbeitgeber hat über die von ihm beschäftigten jugendlichen Arbeiter eine Liste zu führen, welche deren Namen, Alter, Wohnung, Eltern, Eintritt in die Bergarbeit und Entlassung aus demselben enthält, in dem Zechenhause oder in dem Arbeitslokal der Aufbereitungsanstalt auszuhängen und den Polizei- und Schulbehörden auf Verlangen in Abschrift vorzulegen ist. Die Anzahl dieser Arbeiter hat er halbjährlich dem Revierbeamten anzuzeigen (§. 130).

Die Annahme jugendlicher Arbeiter zu einer regelmässigen Beschäftigung darf nicht erfolgen. bevor der Vater oder Vormund derselben dem Arbeitgeber ein Arbeitsbuch eingehändigt hat.

Dieses Arbeitsbuch, welchem die §§. 128—133 der Gewerbeordnung vorzudrucken sind, wird auf den Antrag des Vaters oder Vormundes des jugendlichen Arbeiters von dem Revierbeamten ertheilt und enthält:

1) Namen, Tag und Jahr der Geburt, Religion des Arbeiters.
2) Namen, Stand und Wohnort des Vaters oder Vormundes,
3) ein Zeugniss über den bisherigen Schulbesuch,
4) eine Rubrik für die bestehenden Schulverhältnisse,
5) eine Rubrik für die Bezeichnung des Eintrittes in die Bergarbeit,
6) eine Rubrik für den Austritt aus derselben,
7) eine Rubrik für die Revisionen.

Der Arbeitgeber hat dieses Arbeitsbuch zu verwahren, der Behörde auf Verlangen jederzeit vorzulegen und bei Beendigung des Arbeitsverhältnisses dem Vater oder Vormunde des Arbeiters wieder auszuhändigen (§. 131).

Die Revision der Bergwerke und Aufbereitungsanstalten zur Controle über die Beschäftigung der jugendlichen Arbeiter muss zu jeder Zeit namentlich auch in der Nacht, während dss Werk im Betriebe ist, gestattet werden (§. 132).

Sofern durch die Ausführung der Bestimmungen über die Beschäftigung jugendlicher Arbeiter bereits bestehenden Bergwerken und Aufbereitungsanstalten die nöthige Arbeitskraft entzogen werden würde, ist die Centralbehörde, also der Handelsminister, befugt, Ausnahmevorschriften höchstens für die Dauer eines Jahres zu erlassen (§. 133).

Die Unterlassung der in dem §. 130 vorgeschriebenen Anzeige, sowie die unterbliebene Führung der daselbst vorgeschriebenen Liste wird nach §. 149 mit Geldbusse bis zu zehn Thalern und im Falle des Unvermögens mit Gefängniss bis zu acht Tagen bestraft. Die Zuwiderhandlung gegen die materiellen Vorschriften der §§. 128, 129 und 131[1]) wird im §. 150 mit Geldbusse bis zu fünf Thalern und im Falle des Unvermögens mit Gefängnissstrafe bis zu drei Tagen für jeden vorschriftswidrig angenommenen oder beschäftigten Arbeiter bedroht. War der Bergwerksbesitzer innerhalb der letzten fünf Jahre bereits drei verschiedene Male nach §. 150 bestraft, so kann ihm die Befugniss zur Beschäftigung jugendlicher Arbeiter für eine bestimmte Zeit oder für immer entzogen werden. War er bereits sechs Mal in dieser Zeit bestraft, so muss auf diese Entziehung für mindestens drei Monate erkannt werden.

Nach dem Ministerialerlasse vom 12. August 1854 durften früher jugendliche Arbeiter vor dem vollendeten sechszehnten Lebensjahre nicht unter Tage in den Bergwerken beschäftigt werden. Diese Vorschrift stützte sich auf die im §. 10 des Regulativs vom 9. März 1839 dem Minister beigelegte Befugniss zum Erlasse besonderer polizeilicher Anordnungen für die Beschäftigung jugendlicher Arbeiter. Sie ist mit dem Regulative von 1839 für aufgehoben zu erachten, und die Beschäftigung jugendlicher Arbeiter in den Bergwerken unter oder über Tage unterliegt keinen anderen als den in den §§. 128—131 der Gewerbeordnung enthaltenen Beschränkungen; doch wird die Beschäftigung jugendlicher Arbeiter unter Tage, welche allerdings der körperlichen Entwickelung der Arbeiter in den meisten Fällen gefährlich ist, durch die stricte Ausführung der Vorschrift des §. 129, wonach denselben dreimal zwischen den täglichen Arbeitsstunden Bewegung in freier Luft gewährt werden muss, in den meisten Fällen ohnehin unmöglich gemacht.

---

1) Im §. 150 der Gewerbeordnung ist durch einen Druckfehler §. 130 genannt. Vergleiche die Berichtigung im Bundesgesetzblatt von 1870 S. 512.

§. 47. Unglücksfälle und Uebertretungen.
§§. 203—209 des Berggesetzes.

Von jeder Gefahr, welche auf einem Bergwerke in Bezug auf die Sicherheit der Baue oder der Arbeiter eintritt, sowie von jeder drohenden Beschädigung der Oberfläche, welche die persönliche Sicherheit oder den öffentlichen Verkehr gefährdet, oder eine gemeinschädliche Einwirkung befürchten lässt, muss der Betriebsführer oder dessen Stellvertreter gemäss §. 203 dem Revierbeamten Anzeige machen. Ereignet sich auf einem Bergwerke unter oder über Tage ein Unglücksfall, welche den Tod oder die schwere Verletzung[1]) einer oder mehrerer Personen herbeigeführt hat, so muss die Anzeige an den Revierbeamten und die nächste Polizeibehörde gemacht werden (§. 204).

Der Revierbeamte ordnet die zur Rettung der verunglückten Personen oder zur Abwendung weiterer Gefahr erforderlichen Massregeln an. Die zur Ausführung dieser Massregel nothwendigen Arbeiter und Hülfsmittel hat der Besitzer des Bergwerks zur Verfügung zu stellen. Die Besitzer benachbarter Bergwerke sind zur Hilfeleistung verpflichtet (§. 205).

Sämmtliche Kosten für die Ausführung der im §. 205 bezeichneten Massregeln trägt der Besitzer des betreffenden Bergwerks, vorbehaltlich des Regressanspruchs gegen Dritte, welche den Unglücksfall verschuldet haben (§. 206).

Auch die Ortspolizei ist, wenn der Revierbeamte nicht zur Stelle ist, befugt, die Hülfe benachbarter Bergwerksbesitzer sowie auch der Arbeiter und anderer Personen zu den Rettungsarbeiten in Anspruch zu nehmen[2]). Wer dieser polizeilichen Aufforderung keine Folge leistet, obgleich er dies ohne erhebliche eigene Gefahr thun konnte, wird nach §. 360 No. 10 des Strafgesetzbuches mit Geldbusse bis zu fünfzig Thalern oder mit Haft bestraft. Eine Geldbusse von fünfzig Thalern trifft nach §. 207 den Bergwerksbesitzer, welcher der Aufforderung des Revierbeamten zu Hülfeleistung nicht entspricht.

Die Strafandrohungen gegen die Uebertretungen

1) Unter schweren Verletzungen sind solche Beschädigungen zu verstehen, welche eine Gefahr für das Leben des Verletzten oder einen bleibenden Nachtheil für seine Gesundheit oder seine Gliedmassen besorgen lassen. Vergl. §. 224 des Strafgesetzbuches.

2) Huyssen Commentar S. 61.

bergpolizeilicher Vorschriften sind in den §§. 207, 208 enthalten. Im §. 207 werden zunächst folgende Uebertretungen der Vorschriften des Berggesetzes mit Strafe bedroht:

1) das Schürfen auf öffentlichen Plätzen, Strassen, Eisenbahnen und Friedhöfen, ferner ohne ausdrückliche Einwilligung des Grundeigenthümers unter Gebäuden und in einem Umkreise um dieselben bis zu 200 Fuss, in Gärten und eingefriedigten Hofräumen (§. 4);
2) die Fortsetzung der von der Bergbehörde untersagten Schürfarbeiten in den Feldern fremder Bergwerke (§. 10);
3) die Betriebsführung ohne vorherige Anzeige (§. 66), ohne genehmigten Betriebsplan (§. 67), oder die Abänderung des Betriebsplans ohne Genehmigung (§. 69);
4) die Betriebseinstellung ohne vorherige, oder bei plötzlicher Einstellung ohne nachträgliche Anzeige (§. 71);
5) die versäumte Anfertigung oder regelmässige Nachtragung des Grubenbildes (§. 72);
6) der Betrieb ohne die Aufsicht eines anerkannten verantwortlichen Betriebsführers, sowie die Annahme von Betriebsführern, Steigern und technischen Aufsehern, ohne dass diese der Bergbehörde namhaft gemacht sind, und ihre Befähigung von letzterer anerkannt ist (§. 73, §. 74);
7) die Uebernahme der Betriebsleitung oder Aufsicht durch die vorgenannten Personen ohne dass zuvor ihre Befähigung von der Bergbehörde anerkannt ist (§. 74);
8) der Erlass von Arbeitsordnungen, welche nicht gleichzeitig mit der Bekanntmachung auf dem Bergwerke zur Kenntniss der Bergbehörde gebracht werden (§. 80);
9) die Annahme von Arbeitern, welche bekanntermassen schon früher beim Bergbau beschäftigt waren, ohne Abkehrzeugniss (§. 85);
10) die unterlassene Führung der Arbeiterliste (§. 93);
11) die Wegnahme der Zimmerung und Mauerung aus einem verlassenen Grubengebäude gegen die polizeiliche Anweisung der Bergbehörde (§. 163);
12) die unterlassene Bekanntmachung einer polizeilichen Anordnung nach Anweisung des Revierbeamten durch Eintragung in das Zechenbuch oder durch Verlesen und Aushang (§. 200);

13) die unterlassene Anzeige von dem Eintritt einer Gefahr oder eines Unglücksfalles auf dem Bergwerke (§§. 203, 204);

14) die verweigerte Hülfeleistung bei den von dem Revierbeamten angeordneten Rettungsarbeiten (§. 205).

Das Strafmass beträgt in allen vorgenannten Fällen nach §. 207 eine Geldbusse bis zu 50 Thaler Der Mindestbetrag der Geldbusse ist nach §. 27 des Strafgesetzbuches $^1/_3$ Thaler.

Für die Umwandlung dieser Geldbusse im Falle des Unvermögens bestimmt §. 29 des Strafgesetzbuches, dass der Betrag von $^1/_3$ Thaler bis zu 5 Thaler einer eintägigen Freiheitsstrafe gleich erachtet werden soll; der Mindestbetrag der Haft ist ein Tag, der Höchstbetrag sechs Wochen.

Zu diesen Strafandrohungen treten ferner die Vorschriften des Gesetzes über die Bestrafung unbefugter Gewinnung oder Aneignung von Mineralien vom 26. März 1856 (Ges.-Samml. S. 293),[1]) welches durch die (oben S. 425) erwähnten Einführungsverordnungen auch in den neuen Provinzen Geltung erhalten hat. Sie betreffen

15) die unbefugte Herstellung bergbaulicher Anlagen zur Gewinnung von Mineralien, welche der Staat sich vorbehalten hat, oder zu deren Gewinnung es einer Verleihung, einer Concession oder einer Erlaubniss der Behörde bedarf. Die Strafe ist Geldbusse bis zu 200 Thalern oder Gefängniss bis zu 3 Monaten, und wenn die gewonnenen Mineralien fortgenommen sind, Geldbusse bis zu 500 Thalern oder Gefängniss bis zu 6 Monaten (§. 1).

16) die Wegnahme der vorbezeichneten Mineralien in der Absicht der Aneignung, jedoch ohne bergbauliche Anlagen. Die Strafe ist Geldbusse bis zu 50 Thaler oder Gefängniss bis zu 6 Wochen. Der Versuch, die Theilnahme, die Hehlerei und die Begünstigung wird mit gleichen Strafen belegt (§. 2).

17) die fahrlässige Ueberschreitung der Grenzen des Grubenfeldes, welche mit Geldbusse bis zu 50 Thalern oder Gefängniss bis zu 6 Wochen bestraft wird (§. 3). Die vorsätzliche Grenzüberschreitung fällt unter die Strafbestimmung des §. 1.

1) Vergl. Wachler: Das Strafgesetz im Gebiete des Bergrechts. Zeitschrift für Bergrecht Bd. XI, S. 265.

Die Terminologie des Gesetzes vom 26. März 1856 schliesst sich an das damals geltende Bergrecht an, indem der Gesetzgeber unter den Mineralien, welche der Staat sich vorbehalten hat, und zu deren Gewinnung es einer Verleihung bedarf, die Gegenstände des rechtsrheinischen Bergregales, unter den Mineralien, zu denen es einer Concession oder Erlaubniss der Behörde bedarf, die linksrheinischen Bergwerke und Gräbereien verstand. An die Stelle dieser Mineralien treten die im §. 1 des Allgemeinen Berggesetzes bezeichneten. Für die unerlaubte Gewinnung der nicht unter das Berggesetz fallenden Mineralien kommt §. 370 No. 2 des Strafgesetzbuches zur Anwendung, welches Geldbusse bis zu 50 Thaler oder Haft bis zu sechs Wochen androht. Diese Strafvorschrift gilt auch in Bezug auf die unbefugte Gewinnung von Stein- und Braunkohlen in den vormals sächsischen Landestheilen, da es gegenwärtig nach dem Gesetze vom 22. Februar 1869 einer Erlaubniss der Bergbehörde zu dieser Gewinnung nicht mehr bedarf[1]). Der Umstand, dass der Gewinnungsberechtigte, in dessen Feld die unbefugte Gewinnung stattfindet, nach dem ältern Rechte eine Concession oder einen Bauerlaubnissschein von der Bergbehörde erhalten hat, kann die Anwendung der höheren Strafen des Gesetzes vom 26. März 1856 nicht rechtfertigen. Für die fahrlässige Ueberschreitung des Grubenfeldes beim Betriebe einer Kohlenabbaugerechtigkeit, welche nicht auf Grund einer Concession oder Erlaubnissurkunde des älteren Rechtes betrieben wird, fehlt die Strafvorschrift.

Endlich treten die folgenden Strafbestimmungen der Gewerbeordnung hinzu:

18) Die Zuwiderhandlungen gegen die §§. 134—136, betreffend die baare Auslohnung der Arbeiter. Die Strafe ist Geldbusse bis zu 500 Thalern und im Falle des Unvermögens verhältnissmässige Gefängnissstrafe bis zu 6 Monaten. Im Wiederholungsfalle wird die Strafe verdoppelt. Die Geldbussen fliessen der Knappschaftskasse zu, die Verurtheilung wird öffentlich bekannt gemacht (§. 146).

19) Die Anlage von Dampfkesseln und von Stauvorrichtungen für Wassertriebwerke ohne Genehmigung; ferner die Verlegung und Veränderung dieser Anlagen und die Nicht-

1) Vergl. Wachler a. a. O. S. 266.

befolgung der Bedingungen der Genehmigung. Die Strafe beträgt Geldbusse bis zu 100 Thalern und im Unvermögensfalle verhältnissmässige Gefängnissstrafe bis zu sechs Wochen (§. 147).

20) Die vorschriftswidrige Annahme und Beschäftigung von jugendlichen Arbeitern, welche mit Geldbusse bis zu 5 Thalern und im Falle des Unvermögens mit Gefängniss bis zu 3 Tagen für jeden Arbeiter bestraft wird. Beim dritten Rückfalle innerhalb der letzten fünf Jahre kann auf Verlust der Befugniss zur Beschäftigung jugendlicher Arbeiter auf bestimmte Zeit oder für immer gegen den Bergwerksbesitzer erkannt werden. Beim siebenten Rückfalle innerhalb fünf Jahren muss auf diesen Verlust und zwar für mindestens 3 Monate erkannt werden (§. 150).

21) Die unterlassene Anmeldung der jugendlichen Arbeiter und die versäumte Führung der im §. 130 vorgeschriebenen Liste, welche mit Geldbusse bis zu 10 Thalern und im Unvermögensfalle mit Gefängniss bis zu 8 Tagen bestraft wird (§. 149).

Ausser diesen gesetzlichen Strafvorschriften unterliegen nach §. 208 Uebertretungen der von den competenten Bergbehörden, jetzt von den Oberbergämtern, erlassenen allgemeinen Polizeiverordnungen der im §. 207 angedrohten Geldbusse von 50 Thalern.

Die gesetzliche Gültigkeit der allgemeinen Polizeiverordnungen ist nach den zur Zeit ihres Erlasses gültigen Regeln zu beurtheilen. Die Gesetzgebung hat in Bezug auf die Competenz zum Erlasse allgemeiner Strafvorschriften im Gebiete der Bergpolizei bis zum Erlasse des Allg. Berggesetzes mehrfach gewechselt:

1) Bis zum Erlasse des Gesetzes über die Polizeiverwaltung vom 11. März 1850 stand die Ausübung des im §. 6, Tit. 13, Th. II Allg. Landrechts gedachten Majestätsrechtes, allgemeine Polizeiverordnungen zu erlassen, verfassungsmässig den Verwaltungsministerien zu, welche ermächtigt waren, polizeiliche Anordnungen und Strafbestimmungen innerhalb der Grenzen der polizeilichen Strafgewalt (Geldbusse bis zu 100 Thlr., Gefängnissstrafe bis zu 4 Wochen. — Verordnung vom 28. December 1808 §. 48) zu erlassen

und deren Erlass von Seiten der Provinzialbehörden zu genehmigen (Staatsministerialbeschluss vom 7. Januar 1845, Justiz-Min.-Bl. S. 34). Die Gültigkeit der in dieser Periode erlassenen Strafvorschriften hängt also davon ab, dass sie von dem Verwaltungsminister oder unter Bezugnahme auf dessen Genehmigung erlassen sind. Die Publication erfolgte durch das Regierungsamtsblatt (Verordn. v. 28. März 1811, G. S. S. 165).

2) Vom 11. März 1850 bis zum Erlasse des Gesetzes über die Competenz der Oberbergämter vom 10. Juni 1861 (G. S. S. 425) war der Erlass allgemeiner Strafvorschriften ausser den Ortspolizeibehörden den Regierungen vorbehalten. Das Maximum der anzudrohenden Strafe betrug 10 Thlr. Geldbusse. Die Publication erfolgte durch das Regierungsamtsblatt (Gesetz vom 11. März 1850, §§. 5, 6, 11, 12). Nach dem Erlasse des Ministers des Innern vom 19. März 1856 sollten die Polizeiverordnungen über bergpolizeiliche Gegenstände von den Oberbergämtern gemeinschaftlich mit den betreffenden Regierungen erlassen werden.

3) Das Gesetz vom 10. Juni 1861, §§. 8—11 übertrug den Oberbergämtern die Befugniss zum Erlasse von allgemeinen Strafvorschriften in dem durch §. 9 bestimmten Gebiete der Bergpolizei in demselben Umfange, in welchem die Regierungen dasselbe nach dem Gesetze vom 11. März 1850 besitzen. Die Publication erfolgte durch das Regierungsamtsblatt.

Für die Verbindlichkeit aller vor dem Allg. Berggesetze erlassenen bergpolizeilichen Vorschriften ist wesentlich, dass in denselben eine Strafandrohung enthalten ist, weil dieselbe nach der bisherigen Gesetzgebung zur strafrechtlichen Gültigkeit der Polizeiverordnungen nothwendig gehörte. Ist dies Requisit auch für die künftigen Bergpolizeiverordnungen weggefallen und tritt die allgemeine Strafandrohung des §. 207 an die Stelle der früher speciell angedrohten Strafen, so haben doch gleichwohl die früher ohne Strafandrohung von den Ministern und den Oberbergämtern erlassenen Instructionen und allgemeinen Vorschriften dadurch nicht den Charakter von Strafvorschriften erlangt, der ihnen bei ihrem Erlasse nicht beiwohnte.

Die Strafe des §. 207 tritt an die Stelle der in den früheren Polizeiverordnungen angedrohten Strafen, gleichviel ob dieselben höher oder niedriger bemessen waren. Lässt die ältere Polizeiverordnung zwischen Geldbusse und Freiheitsstrafe die Wahl, so kann jetzt gleichwohl nach §. 207 nur noch auf Geldbusse und subsidiarische Gefängnissstrafe erkannt werden.

Die Uebertretungen der speziellen polizeilichen Anordnungen der Oberbergämter (§. 198) und im Falle einer dringenden Gefahr des Revierbeamten unterliegen nach §. 208 ebenfalls der im §. 207 angedrohten Geldbusse bis zu 50 Thalern.

Wenn die Befolgung der Anordnung durch executivische Strafbefehle erzwungen ist, so findet wegen des Uebertretungsfalles, wegen dessen eine executivische Geldbusse oder Gefängnissstrafe festgesetzt ist, eine gerichtliche Verfolgung auf Grund des §. 208 nach dem Grundsatze: ne bis in idem, nicht mehr statt.

In den Fällen der §§. 67 und 69 (Betriebsführung ohne Betriebsplan etc.), sowie 73 und 74 (Betriebsführung ohne approbirten Betriebsführer) tritt diese Strafe auch dann ein, wenn auf Grund der §§. 70 und 75 der Betrieb von der Bergbehörde eingestellt wird.

Die auf Grund von §. 199 erlassene dringliche Anordnung des Revierbeamten behält nach §. 201 und §. 207 bis zur erfolgten Bestätigung oder Wiederaufhebung durch das Oberbergamt verbindliche Kraft; die Uebertretung wird daher gemäss §. 207 bestraft, auch wenn nachträglich die Aufhebung durch das Oberbergamt erfolgt ist.

Der Rechtsweg ist in Beziehung auf die polizeilichen Verfügungen der Oberbergämter und der Revierbeamten nur dann zulässig, wenn die Verletzung eines zum Privateigenthum gehörenden Rechtes behauptet wird und nur unter den nachfolgenden näheren Bestimmungen des Gesetzes vom 11. Mai 1842 (G. S. S. 192):

1) auf Grund eines speziellen Rechtstitels, welcher eine Befreiung von der polizeilich auferlegten Verpflichtung involvirt, mit voller jedoch nicht suspensiver Wirkung (§§. 2, 3),
2) ohne solche Befreiung nur über die zu leistende Entschädigung für den erfolgten Eingriff in das Privatrecht des Klägers (§. 4),

3) wegen gesetzwidriger oder unzulässiger Anordnungen findet die Regressklage gegen den Beamten statt, sofern zuvor die Verfügung im Beschwerdewege von der vorgesetzten Verwaltungsbehörde aufgehoben ist (§. 6).

Das Verfahren bei der Verfolgung bergpolizeilicher Uebertretungen richtet sich nach den in den verschiedenen Landestheilen geltenden Strafprozessgesetzen.

Die Entscheidung steht nach §. 209 den ordentlichen Gerichten zu. Dieselben haben hierbei nicht die Nothwendigkeit oder Zweckmässigkeit, sondern nur die gesetzliche Gültigkeit der von den Bergbehörden erlassenen polizeilichen Vorschriften zu prüfen.

Die vorläufige Straffestsetzung, welche den Revierbeamten als Polizeiverwaltern auf Grund des Gesetzes vom 14. Mai 1852 in den rechtsrheinischen Provinzen bisher zustand, findet nicht mehr statt. Die Revierbeamten haben vielmehr über die Uebertretungen bergpolizeilicher Vorschriften Protokolle aufzunehmen, welche der Staatsanwaltschaft zur Verfolgung übergeben werden.

Das aufzunehmende Protokoll muss nach §. 128 der Allg. Gerichtsordnung Th. I, Tit. 10:

1) das Datum und den Ort der Aufnahme, die Benennung sämmtlicher anwesenden Interessenten nebst einer deutlichen und vollständigen Erzählung der Verhandlung selbst enthalten;
2) muss erhellen, dass das Protokoll den Interessenten vorgelesen und von ihnen genehmigt worden ist;
3) muss dasselbe von den Parteien eigenhändig unterzeichnet oder mit den in ähnlichen Fällen statt der Unterschrift zugelassenen Zeichen (Kreuzen u. dgl.) bemerkt sein. Wenn die Unterschrift des Protokolles von einem der anwesenden Interessenten verweigert wird, so soll er über die Gründe der Weigerung vernommen und diese in das Protokoll aufgenommen werden;
4) muss der Revierbeamte bei seiner Unterschrift den Amtscharakter beifügen.

Elftes Buch.

Die Besteuerung.

§. 18. Geschichtliche Entwickelung.

Die Besteuerung der Bergwerke richtet sich nach den vor dem Erlasse des Allgemeinen Berggesetzes ergangenen Vorschriften, an welchen nach §. 345 durch letzteres Gesetz nichts geändert ist. Die Gesetze über die Bergwerksbesteuerung haben jedoch unmittelbar vor dem Erlasse des Berggesetzes eine durchgreifende Umgestaltung erfahren, in Folge deren nicht nur der Betrag der Steuer erheblich herabgesetzt, sondern auch eine grosse Zahl von Abgaben ganz abgeschafft, und die Besteuerung auf einfache Grundsätze zurückgeführt ist. Gegenwärtig besteht in allen Theilen der Monarchie eine Abgabe von zwei Procent des Bruttoertrages der Bergwerke, welche von dem Erlöse oder von dem abgeschätzten Werthe der Producte erhoben wird. Allein die Gesetze, durch welche diese Reform in den Jahren 1851—1862 durchgeführt ist, enthalten nicht vollständige und in sich abgeschlossene Bestimmungen über die Bergwerksbesteuerung, sondern sie schliessen an die älteren Gesetze an. Es bestehen daher auch noch geringe Verschiedenheiten in der Bezeichnung der Steuern für die rechtsrheinischen und die linksrheinischen Landestheile, welche auf jener älteren nicht vollständig aufgehobenen Gesetzgebung beruhen. Ausserdem sind die älteren Gesetze für die Abgaben an den Privatregalbesitzer massgebend geblieben. Der bestehende Zustand der Bergwerkssteuergesetzgebung lässt sich daher nur so darstellen, dass zunächst das ältere Recht und dann die in demselben eingetretenen Veränderungen dargestellt werden.

Nach dem rechtsrheinischen Bergrechte wurde von allen Bergwerksproducten der Zehnte erhoben und zwar entweder in Natur oder von dem beim Verkauf gelösten Gelde. Die Gewinnungskosten wurden dabei nicht in Abzug gebracht; wenn aber die Produkte erst durch Aufbereitung verkäuflich gemacht werden mussten, so trug der Staat zu den Aufbereitungskosten nach Verhältniss seines Zehnten mit bei (A. L. R. II. 16. §§. 98—101). Die Berggesetze räumten dem Bergwerksbesitzer für die ersten Betriebsjahre meist eine Zehntbefreiung ein, welche verschieden auf zwei bis sechs Jahre bestimmt war, nach einigen Bergordnungen aber bis zur Erstattung des ersten Verlages dauerte. Der Anfangspunkt der zehntfreien Jahre war ebenfalls in den verschiedenen Gesetzen verschieden bestimmt, in einigen vom Tage der Verleihung, in anderen von der ersten Förderung und in den meisten Bergordnungen vom ersten Probeschmelzen an.[1]) Auf Steinkohlenbergwerke fand die Zehntbefreiung nach preussischem Rechte keine Anwendung (§. 102 l. c.). Bleierzbergwerke und Eisenerzbergwerke waren nach den Cabinets-Ordres vom 31. August 1832 und vom 12. Januar 1833 vom Zehnten befreit, so lange dieselben nicht mit Ueberschuss bauten und diese Befreiung wurde nach der Einführung des Zwanzigsten durch §. 14 des Gesetzes vom 12. Mai 1851 aufrecht erhalten.

Ausser dem Zehnten mussten ferner die Quatember- und Rezessgelder entrichtet werden, beide sowohl von den betriebenen als auch von den fristenden Gruben. Nach gemeinem Bergrecht und nach den älteren Bergordnungen wird unter beiden Bezeichnungen dieselbe Abgabe verstanden, welche bald Quatembergeld bald Rezessgeld genannt wird.[2]) Nach den preussischen revidirten Bergordnungen und nach dem Allgem. Landrecht §§. 103—105 l. c. wurde das Quatembergeld zur Unterhaltung des Bergamtes, das Rezessgeld dagegen als eine Recognitionsgebühr, deren Nichtzahlung den Verlust des Berg-

1) Nassau-Catzenelnbog. Bergfreiheit vom 1. Mai 1559. — Kurtrier. B. O. Art. XXVI. 4. — Kurköln. B. O. Th. I. Art. 3. — Bergisches Generaledict vom 16. November 1752. — Cleve-Märk. B. O. Cap. 73, §. 3. — Schlesische u. Magdburg-Halberst. B. O. Cap. 74, §. 3.

2) Kurtriersche B. O. Art. IX, 2; Kursächsische B. O. Art. 13 u. 24; Kurköln. B. O. Th. 4, Art. 7. Th. 6, Art. 19.

werkseigenthums zur Folge hatte, entrichtet. Ausserdem gab es noch eine grössere Zahl von provinziellen Abgaben, welche sich in dem von ihrer Aufhebung handelnden §. 6 des Gesetzes vom 12. Mai 1851 (Gesetz-Samml. S. 261) aufgezählt finden.

Durch das zuletzt erwähnte Gesetz wurde der Zehnte auf den Zwanzigsten ermässigt, und alle sonstigen bisherigen Bergwerksabgaben mit Ausnahme der Rezessgelder aufgehoben; dagegen eine neue Abgabe von einem Procent des Werthes oder des Erlöses der Bergwerksprodukte unter dem Namen der Aufsichtssteuer eingeführt, bei deren Berechnung nach §. 8. l. c. die Aufbereitungskosten, ebenso wie bei dem Zehnten, von dem Werthe oder Erlöse der Produkte in Abzug gebracht werden. Die neu eingeführte Aufsichtssteuer unterscheidet sich von dem Zehnten dadurch, dass sie von allen Bergwerken an den Staat entrichtet wird, auch da wo der Zehnte an den Privatregalbesitzer abgeführt wird, dass sie stets in Geld, nicht in Natur zu leisten ist, und dass sie von dem etwa in Natur entrichteten Zehnten ebenfalls entrichtet werden muss.

Durch das Gesetz, betreffend die Ermässigung der Bergwerksabgaben, vom 22. Mai 1861 (Gesetz-Sammlung S. 225), wurde der Zwanzigste abermals um ein Fünftel herabgesetzt und sodann bestimmt, dass jedesmal, wenn im Vorjahre diese Abgabe mit Hinzurechnung der Aufsichtssteuer die Summe von einer Million Thaler erreicht habe, dann eine weitere Ermässigung um ein Fünftel eintreten solle, bis der Zwanzigste auf Zwei von Hundert des Ertrages der Bergwerke herabgesetzt sei. Allein ehe noch von dieser Contingentirung der Abgabe Anwendung gemacht werden konnte, erging das fernere Gesetz, die Bergwerksabgaben betreffend, vom 20. October 1862, durch welche die vierprocentige Bergwerksabgabe des Gesetzes vom 22. Mai 1861 mit dem 1. Januar 1863 auf drei Procent, mit dem 1. Januar 1864 auf zwei Procent und mit dem 1. Januar 1865 auf ein Procent herabgesetzt wurde (§. 4). Die Eisenerzbergwerke wurden vom 1. Januar 1863 ab von jeder Abgabe an den Staat befreit (§. 1); dagegen wurden alle bisherigen Befreiungen vom Zehnten und von der Aufsichtssteuer, soweit sie nicht auf privatrechtlichen Titeln beruhten, also namentlich auch die in den verschiedenen Bergordnungen bewilligten zehntfreien Jahre und die im §. 14 des Gesetzes vom 12. Mai 1851 ausgesprochene Befreiung der Bleierzbergwerke aufgehoben (§. 5). Von den sonstigen Bergwerksabgaben wurde nur die einprocentige Aufsichtssteuer beibehalten; das Rezessgeld wurde vom 1. Januar 1865 an, alle sonstigen nicht schon durch das Gesetz vom 12. Mai 1851 aufgehobenen Abgaben vom 1. Januar 1863 an beseitigt (§§. 2—4).

Durch das Gesetz vom 20. October 1862 wurde auch in den linksrheinischen Landestheilen eine Bergwerkssteuer von zwei Procent von dem Werthe der Produkte der Bergwerke ausschliesslich der Eisenerzbergwerke an Stelle der früher nach den französischen Gesetzen erhobenen Bergwerkssteuern eingeführt (§. 6).

Das französische Bergwerksgesetz vom 21. April 1810 verpflichtete die Bergwerkseigenthümer zu einer festen und einer verhältnissmässigen Abgabe. Die feste Abgabe sollte jährlich 10 Francs vom Quadrat-Kilometer des concessionirten Feldes betragen (Art. 34). Die verhältnissmässige Steuer sollte jedes Jahr durch den Staatshaushalt festgestellt werden, niemals aber fünf Procent vom Reinertrage übersteigen (Art. 35). Ein Zuschlag von einem Zehntel sollte zur Bildung eines Dispositionsfonds erhoben werden, aus welchem der Minister des Innern solchen Bergwerksbesitzern, welche Unfälle oder sonstige Verluste erlitten hatten, Steuerbefreiungen bewilligen konnte.

Durch das Dekret vom 6. Mai 1811, Art. 39, wurde die verhältnissmässige Bergwerkssteuer ein für alle Mal auf fünf Procent vom Reinertrage festgesetzt. Der Reinertrag sollte nach Art. 18 f. nicht auf Grund von Rechnungen, sondern durch Einschätzung von einer besonderen Commission ermittelt werden. Eine Anweisung des General-Bergwerksdirectors Laumond vom 20. Mai 1815 schrieb vor, dass bei dieser Einschätzung nur solche Ausgaben berücksichtigt werden dürften, welche im Laufe des Jahres für den Betrieb gemacht seien. Diesen sogenannten Gewinnungskosten wurden die sonstigen Ausgaben als Anlagekosten gegenübergestellt und von der Ermittelung des steuerbaren Reinertrages ausgeschlossen.

Für den linksrheinischen Theil der preussischen Rheinlande

erfuhren die französischen Gesetze über die Bergwerkssteuern eine Abänderung durch die Cabinets-Order vom 30. August 1820 (Gesetz-Samml. S. 167), welche vorschrieb, dass der steuerbare Reinertrag der Bergwerke nicht nach einer Abschätzung, sondern nach den Rechnungen des abgelaufenen Jahres festgesetzt werden solle. Die Ermittelung der Festsetzung sollte durch eine Commission erfolgen, welche unter dem Vorsitze des Berghauptmanns aus Bergbeamten und zwei von den Bergwerksbesitzern gewählten Vertretern bestehen sollte. Zu dieser Cabinets-Order erging am 21. Januar 1857 eine Ausführungsverordnung (Gesetz-Samml. S. 85), welche die Art der Buchführung über Förderung, Absatz und Verkaufspreise sowie über die gezahlten Arbeitslöhne, die angeschafften und verbrauchten Materialien regelte.

Alle diese Gesetze und Verordnungen sind mit Ausnahme der zuletzt erwähnten Verordnung über die Buchführung durch §. 6 des Gesetzes vom 20. October 1862 aufgehoben; [1]) an die Stelle der festen und verhältnissmässigen Bergwerkssteuer und des Zusatzzehntels ist die Brutto-Besteuerung getreten, und es ist vom 1. Januar 1865 für die ganze Monarchie eine gleichmässige Bergwerkssteuer von zwei Procent des Werthes der abgesetzten Bergwerksproducte eingeführt, welche auch in den neuen Provinzen durch die oben namhaft gemachten Einführungsverordnungen, [2]) und für Nassau, Oberhessen und Hessen-Homburg durch die besondere Verordnung vom 1. Juni 1867 (Gesetz-Samml. S. 802) eingeführt ist.

---

1) Die Ministerialinstruction vom 23. November 1864 betrachtet auch die Verordnung vom 21. Januar 1857 als aufgehoben, allein sie ist weder in dem Gesetze vom 20. October 1862 als aufgehoben bezeichnet, noch enthält dieses Gesetz Bestimmungen über die Vermessung, Verwiegung und Buchung der Bergwerksproducte, welche an die Stelle jener älteren Verordnung treten.

2) Vergl. für Hannover Art. XXI der Verordnung vom 8. Mai 1867; für Kurhessen, Frankfurt und die Bairischen Landestheile Art. XVII der Verordnung vom 1. Juni 1867; für Schleswig-Holstein Art. IX der Verordnung vom 12. März 1869. Dieselben Vorschriften gelten auch in Lauenburg nach Art. VII des Gesetzes vom 6. Mai 1868 und in Waldeck und Pyrmont nach dem Gesetze vom 30. December 1864 und nach Art. XVI des Gesetzes vom 1. Januar 1869.

§. 49. Bergwerksabgabe und Aufsichtssteuer.

(§§. 98—102 A. L. R. II. 16.; Gesetz vom 12. Mai 1851; Gesetz vom 20. October 1862.)

Die Bergwerksabgabe und die Aufsichtssteuer werden nach §§. 2 u. 8 des Gesetzes vom 12. Mai 1851 und nach §. 4 des Gesetzes vom 20. October 1862 mit je einem Procent von dem Brutto-Ertrage der verliehenen Bergwerke erhoben. In den linksrheinischen Landestheilen und in den neuen Provinzen tritt an die Stelle beider Abgaben eine zweiprocentige Steuer von dem Brutto-Ertrage der Bergwerke. Die Aufsichtssteuer und die Bergwerksabgabe sind auch in den alten Provinzen ihrem Inhalte nach durchaus gleichartig, denn für beide Abgaben sind nach §. 2 und §. 8 des Gesetzes vom 12. Mai 1851 die für den früheren Zehnten bestehenden Regeln massgebend. Die Unterscheidung beider Abgaben hat nur für diejenigen Gebiete Bedeutung, in welchen der Zehnte einer Privatperson zusteht und deshalb nicht die Bergwerksabgabe, sondern nur die Aufsichtssteuer mit einem Procent von den Bergwerken an den Staat entrichtet wird. Ueber die Erhebung der Bergwerksabgaben ist von dem Handelsminister für die rechtsrheinischen Landestheile eine Instruction vom 29. Januar 1866 und für die linksrheinischen Landestheile eine fast gleichlautende Instruction vom 23. November 1864 erlassen [1]), durch welche nicht blos die Formen des Erhebungsverfahrens, sondern auch verschiedene dem materiellen Rechte angehörige Punkte geregelt werden.

Da indess die gesetzlichen Bestimmungen der §§. 98—102 Allg. Landrecht Th. II, Tit. 16 und der Provinzial-Bergordnungen (vergl. oben S. 411 f.) ebensowenig über die Fälligkeit des Zehnten, über die Werthsermittelung und über die Feststellung des Betrages der steuerpflichtigen Produkte Vorschriften enthalten, als die bereits angeführten Bestimmungen der Gesetze vom 12. Mai 1851 und vom 20. October 1862, so muss zur Ergänzung der lückenhaften gesetzlichen Vorschriften auf die oben angeführten Verwaltungs-Instructionen mehrfach zurückgegangen werden.

Gegenstand der Besteuerung sind nach §§. 98—100 A. L. R. II. 16, ferner nach §. 8 des Gesetzes vom 12. Mai 1851

1) Zeitschrift für Bergrecht Bd. VII, S. 6. Bd. V, S. 446.

und nach §. 6 des Gesetzes vom 20. October 1862 die verkäuflichen Bergwerksprodukte oder deren Werth zur Zeit des Absatzes.

Als abgesetzt werden behandelt die verkauften, so wie die zum eigenen Gebrauche der Werke oder der Werksbesitzer abgegebenen und eben so die in Verkaufsmagazine abgefahrenen Bergwerksprodukte. Werden bei Erzbergwerken die Produkte für eigene Rechnung des Bergwerks aufbereitet, so ist der Absatz der aufbereiteten Bergwerksprodukte massgebend.

Die auf Stein- und Braunkohlenbergwerken zum eigenen Verbrauche für die Betriebseinrichtungen des Bergwerks abgegebenen Kohlen unterliegen der Versteuerung nicht. Hierzu werden jedoch diejenigen Kohlen, welche als Theil des Lohns an Bergarbeiter oder Grubenbeamte, oder im Bezirk des Oberbergamts zu Dortmund an die zur Tradde berechtigten Grundeigenthümer als Traddekohlen abgegeben werden, nicht gerechnet.[1])

Auch die Produkte solcher Bergwerke, welche vor dem Erlasse des Berggesetzes auf Mineralien verliehen sind, deren Gewinnung nach §. 1 des Berggesetzes nicht mehr Gegenstand der Verleihung ist, sind nach §. 221 und §. 245 der Bergwerksbesteuerung unterworfen.

Die Fälligkeitstermine der Bergwerkssteuern sind durch die ältern Bergordnungen meist ganz unbestimmt gelassen und auch durch die neueren Gesetze nicht festgestellt. Die Instructionen vom 29. Januar 1866 und vom 23. November 1864, §. 1, schreiben die vierteljährliche Erhebung vor. Nach §. 100 A. L. R. II. 16 sollte der Zehnt von den Bergwerksprodukten in Natur oder das dafür gelöste Geld verwerthet werden, und diese Vorschrift wurde in der Praxis so angewendet, dass nicht den Verpflichteten, sondern dem Staate die Wahl zwischen dem Naturalzehnten und dem Geldzehnten gelassen wurde.[2]) Nach §. 21 der Instruction vom 29. Januar 1866 findet die Erhebung der Bergwerksabgabe in Natur nur noch bei den Galmeibergwerken in Oberschlesien statt. Für die Aufsichtssteuer ist durch

1) §. 2 der Instruction vom 29. Januar 1866.

2) Vergl. Zusammenstellung der im Bergamtsbezirk Siegen gültigen Vorschriften über den Bergwerkszehnten und Zwanzigsten. Bonn 1855, S. 50.

§. 8 des Gesetzes vom 12. Mai 1851 die Entrichtung in Geld ausschliesslich vorgeschrieben.

Die Steuerermittelung umfasst die Feststellung der steuerbaren Produktenquantitäten, des Werthes der Produkte und der in Anrechnung zu bringenden Aufbereitungs-, Hütten- und Transportkosten.

1. Die Feststellung der steuerbaren Produktenquantitäten erfolgt nach Mass, Gewicht oder Stückzahl auf Grund von Absatzregistern, welche durch hierzu bestellte und vereidigte Produktenaufseher zu führen und dem Revierbeamten zu jeder Zeit auf Erfordern zur Einsicht vorzulegen sind.

Die Bergwerksbesitzer und deren Repräsentanten sind nach §. 3 der Instruction vom 29. Januar 1866 verpflichtet, diejenigen Personen, welche sie mit dem Vermessen, Verwiegen oder Abzählen der Produkte und mit der Führung der Absatzregister beauftragten, dem Revierbeamten namhaft zu machen. Diese Personen werden, wenn gegen deren Zuverlässigkeit begründete Ausstellungen nicht zu machen sind, in der Regel durch den Revierbeamten dahin vereidigt:

> dass sie alle ihnen vermöge ihres Amtes als Produktenaufseher auferlegten Pflichten nach ihrem besten Wissen und Gewissen genau erfüllen wollen.

Die Vereidigungsprotokolle sind von dem Revierbeamten dem Oberbergamte einzureichen. Von den auf Grund der seitherigen Vorschriften bereits bestellten und vereidigten Personen können die Geschäfte der Produktenaufseher fortgeführt werden, ohne dass es einer wiederholten Vereidigung bedarf.

Das Vermessen, Verwiegen und Abzählen der Produkte der Bergwerke, beziehungsweise der Aufbereitungsanstalten, mögen dieselben zum Verkaufe oder zum eigenen Gebrauche der Werke oder der Werksbesitzer bestimmt sein, darf nur durch die zu diesen Geschäften bestellten und vereidigten Produktenaufseher geschehen. Es ist untersagt, Produkte von den Bergwerken, beziehungsweise von den Aufbereitungsanstalten abzufahren, bevor dieselben von den vorbezeichneten Personen vermessen, verwogen oder abgezählt sind (§. 5 a. a. O.).

Bergwerksbesitzer, welche den Vorschriften der §§. 3 und 5 cit. zuwiderhandeln, können durch executivische Strafbefehle von dem Oberbergamte zur Erfüllung ihrer Verpflichtungen angehalten werden. Die unrichtige Führung oder die Fälschung der Absatzregister in betrügerischer Absicht unterliegt den in den allgemeinen Strafgesetzen angedrohten Strafen.[1])

2. Die Feststellung des der Besteuerung zu Grunde zu legenden Werths der Produkte erfolgt nach §. 7 der Instruction vom 29. Januar 1866 auf Grund amtlicher Ermittelung.

Finden öffentliche Verkäufe der Produkte statt, so sind die bei diesen Verkäufen erzielten Preise, abzüglich der von den Bergwerksbesitzern aufgewendeten Verkaufskosten, der Besteuerung zu Grunde zu legen.

In den übrigen Fällen wird der Werth der Produkte der Regel nach durch ein Taxregulirungsverfahren (§§. 9 und 10) festgestellt. Hierbei sind die durchschnittlich am Haldenplatze zu erzielenden Preise zum Anhalte zu nehmen und bei Erzen der Gehalt derselben und die marktgängigen Metallpreise zu berücksichtigen.

Hält das Oberbergamt das Probiren der Erze zur Ermittelung des Werthes derselben für erforderlich, so sind die Proben von dem Revierbeamten auf dem Bergwerke im Beisein der Produktenaufseher oder der Bergwerksbesitzer oder deren Repräsentanten zu nehmen und an das Oberbergamt einzusenden, welches den Gehalt der Erze feststellen lässt.

3. Die anzurechnenden Auslagen des Bergwerksbesitzers zerfallen in die Transportkosten für das Verbringen der Produkte von dem Förderpunkte nach einem zum Verkaufe geeigneten Punkte und in die Aufbereitungskosten. Zu letzteren werden im §. 102 A. L. R. II. 16 und ebenso im §. 2 des Gesetzes vom 12. Mai 1851, sowie in den späteren Gesetzen die Poch-, Wasch-, Hütten- und sonstigen Zubereitungskosten gerechnet. Darunter sind alle von der Förderung bis zur Darstellung des käuflichen Produktes aufgewendeten Bereitungskosten zu verstehen, auch die Kosten der Handscheidung, welche dem Pochen und Waschen der Erze vorhergeht und meist auf den Gruben selbst bewirkt wird.[2]) Dagegen sind alle Arbeiten, welche der Förderung vorhergehen, also namentlich auch die unter Tage vorgenommenen Scheidungsarbeiten

1) §. 368 ff. des Strafgesetzbuches vom 31. Mai 1870.

2) Ministerial-Erlass vom 15. November 1867.

zu den Gewinnungskosten zu rechnen, zu welchen der Staat nach §. 99 A. L. R. II. 16 nicht beiträgt. Werden Aufbereitungsanstalten erbaut und Maschinen errichtet, deren Kosten nicht füglich auf die Förderung eines Jahres angerechnet werden kann, so wird das so angelegte Capital binnen einer bestimmten Zahl von Jahren amortisirt und die jährliche Amortisationsquote nebst den Zinsen bei der Steuerermittelung in Anrechnung gebracht.

§. 50. Verfahren.

Die Veranlagung der Bergwerksabgaben erfolgt entweder im Wege des Abonnements oder durch das Taxregulirungsverfahren.

I. Ein Steuerabonnement kann sowohl für die Bergwerksabgabe als für die Aufsichtssteuer oder für beide zugleich nach §. 11 des Gesetzes vom 12. Mai 1851 (Ges.-Sammlung S. 261) von dem Handelsminister bewilligt werden und zwar entweder in festen Vierteljahrsbeträgen, oder nach Sätzen, welche für die Mass-, Gewicht- und Stückeinheit der Produkte festzustellen und nach dem wirklichen Absatze vierteljährlich zu entrichten sind.

Solche Abonnements sind jedoch nur auf höchstens drei Jahre einzugehen.

Die Abonnements der ersteren Art sind nach §. 12 der Instruction vom 29. Januar 1866 nur bei solchen Bergwerken anzunehmen, bei denen die Produktion überhaupt gering und eine erhebliche Vermehrung derselben, sowie eine erhebliche Steigerung des Werthes der Produkte während der Abonnementszeit nicht wahrscheinlich ist.

Die Abonnements der zweiten Art können bei allen denjenigen Bergwerken eintreten, wo zwar eine stärkere Förderung, aber keine rasche Steigerung des Werthes der Produkte zu erwarten ist, namentlich bei Stein- und Braunkohlenbergwerken.

Sind bei einem nach der Mass-, Gewicht- oder Stückeinheit zu normirenden Abonnementssatze Pfennigbruchtheile nicht zu vermeiden, so dürfen keine anderen als Zehntheile angenommen werden. Bei Berechnung des Satzes nach dem durchschnittlichen Werthe wird ein halbes Zehntel und mehr als ein volles hinzugerechnet, dagegen ein kleinerer Theil fallen gelassen, wonach der Satz nur aus einer ganzen Zahl mit nicht mehr als einer Decimalbruchstelle bestehen kann.

Bei Abschliessung, beziehungsweise Erneuerung von Abonnements, ist darauf zu sehen, dass die dem Abonnement zu Grunde liegenden Preissätze dem wirklichen Werthe entsprechen. Die in Anrechnung kommenden Transport- und Zubereitungskosten sind bei den Abonnements mit zu berücksichtigen. Ueber die Transport- und Zubereitungskosten können jedoch auch unabhängig von den Abonnements für die gesammte Steuer Abonnementsverträge nach der Mass- oder Gewichtseinheit der Produkte auf mindestens ein Jahr und auf höchstens drei Jahre abgeschlossen werden.

Anträge auf Abschliessung oder Erneuerung von Abonnements sind von den Bergwerksbesitzern oder deren Repräsentanten vor dem Beginn des Steuerquartals, mit welchem das Abonnement eintreten soll, durchlaufend bei dem Revierbeamten an das Oberbergamt zu richten. Der Revierbeamte hat dem Antrage sein Gutachten beizufügen.

Findet das Oberbergamt einen Antrag auf Abonnement nicht annehmbar, so weist es denselben mit motivirtem Bescheide zurück. Gegen diesen Bescheid steht den Steuerpflichtigen der Weg der Beschwerde an den Handelsminister offen. Auf Besteuerung nach dem Abonnement hat indess der Steuerpflichtige im Beschwerdefalle, wenn der Anfangstermin des beantragten Abonnements inzwischen eingetreten ist, keinen Anspruch.

Glaubt das Oberbergamt, auf ein beantragtes Abonnement eingehen zu können, so tritt dasselbe mit dem Antragsteller in Unterhandlung und stellt die Punkte des Abonnements in einem schriftlichen Vertrage fest, welcher dem Handelsminister zur Genehmigung einzureichen ist.

Die betreffenden Verhandlungen zwischen dem Oberbergamte und dem Antragsteller werden in der Regel durch den Revierbeamten geführt.

Die Abonnementsverträge unterliegen der Stempelsteuer nach Massgabe des Gesetzes vom 7. März 1822 (G. S. S. 57. §. 14 l. c.).

II. Das Taxregulirungsverfahren findet jährlich im Laufe des ersten Quartals revierweise unter Leitung eines oberbergamtlichen Commissars statt. Dabei wird ein von dem Oberbergamte aufgestellter Taxentwurf zu Grunde gelegt, über welchen die Betheiligten vernommen werden. Auf Grund der Terminsverhandlung wird die Taxe, durch welche der Werth der von den einzelnen Bergwerken zu versteuernden Produkte für das laufende Jahr festgestellt wird, von dem Oberbergamte festgesetzt. Nimmt das Oberbergamt eine Abänderung der in Uebereinstimmung mit den Betheiligten von dem Commissar vorgeschlagenen Taxen vor, oder ist ein Einverständniss über die Taxen nicht erreicht worden, so erfolgt die Festsetzung mittelst motivirten Bescheides, gegen welchen dem Bergwerksbesitzer der Recurs an den Handelsminister offen steht. Ausserdem steht dem Bergwerksbesitzer frei, bei Einreichung der vierteljährlichen Gefällenachweisung an den Revierbeamten in glaubwürdiger Weise, nämlich durch Vorlegung der Verkaufsbücher, der abgeschlossenen Lieferungsverträge oder ähnlicher Beweismittel, den wirklichen Erlös aus dem Verkaufe ihrer Bergwerksprodukte nachzuweisen, damit dieser, statt der festgesetzten Taxen, der Besteuerung zu Grunde gelegt werde. Wird ein solcher Nachweis nicht erbracht, so hat die Besteuerung lediglich nach den festgesetzten Taxen zu erfolgen.

Wenn erst im Laufe des Jahres eine Feststellung des Produktenwerthes zum Zwecke der Besteuerung erforderlich wird, z. B. bei neu in Betrieb gesetzten Bergwerken, so erfolgt dieselbe ebenfalls nach den vorstehenden Grundsätzen.

Die in Anrechnung zu bringenden Transport- und Aufbereitungskosten werden bei dem Taxregulirungsverfahren ebenfalls veranschlagt und für die Mass-, Gewicht- oder Stückeinheit der Produkte besonders festgesetzt. Auch dieser Festsetzung gegenüber bleibt den Bergwerksbesitzern der Nachweis der wirklich aufgewendeten Kosten offen, welcher am Schlusse jeden Quartals bei Einreichung der Gefällenachweisung geführt werden muss.

III. Die Erhebung der Bergwerksabgaben erfolgt, wenn nicht ein Abonnement in festen Vierteljahrsbeträgen bewilligt ist, auf Grund der vierteljährlich von dem Bergwerksbesitzer einzureichenden Gefällenachweisungen. Dieselben müssen binnen 14 Tagen nach dem Quartalsschluss in zwei Exemplaren nach den von dem Oberbergamte vorgeschriebenen Formularen aufgestellt und mit den Absatzregistern an den Revierbeamten eingereicht werden. In diesen Nachweisungen werden die Quantitäten der abgesetzten Produkte nach den Absatzregistern aufgenommen, und der steuerbare Werth entweder nach dem bewilligten Abonnement oder nach der von dem Oberbergamte festgesetzten Taxe angesetzt. Dasselbe gilt von den anzurechnenden Transport- und Aufbereitungskosten. Soll gegenüber der festgesetzten Taxe der wirkliche Erlös der Produkte oder der wirkliche Aufwand an Transport- und Aufbereitungskosten nachgewiesen werden, so müssen die Beläge mit der Gefällenachweisung vorgelegt werden. Dem Oberbergamte bleibt überlassen, die betreffenden Bücher und Papiere auf den Werken selbst durch einen Commissar prüfen zu lassen.

Die Gefällenachweisungen werden von dem Revierbeamten nach den Absatzregistern in Bezug auf die Richtigkeit der angesetzten Quantitäten geprüft und in Bezug auf die sonstigen Ansätze begutachtet. Das Oberbergamt setzt nach etwaiger Berichtigung der Ansätze den Gesammtbetrag der zu entrichtenden Steuer fest und erklärt denselben für executorisch. Die festgesetzte Nachweisung wird durch den Revierbeamten dem Bergwerksbesitzer mit der Aufforderung zugestellt, den festgestellten Steuerbetrag binnen 14 Tagen an die bezeichnete Empfangskasse abzuführen (§§. 15—17 l. c.). Der Termin der Abführung soll so festgesetzt werden, dass er in das auf das betreffende Steuerquartal folgende Quartal fällt.

Reclamationen gegen die von dem Oberbergamte festgesetzte Bergwerkssteuer müssen gemäss §. 1 des Gesetzes vom 18. Juni 1840 über die Verjährungsfristen bei öffentlichen Abgaben (Gesetz-Samml. S. 140) binnen drei Monaten, vom Tage der Zurückstellung des einen Exemplars der Abgabennachweisung an die Bergwerksbesitzer oder deren Repräsentanten an gerechnet, bei dem Handelsminister angebracht werden, widrigenfalls der Anspruch auf Rückerstattung erlischt.

Die Zahlung des von dem Oberbergamte festgestellten Steuerbetrages darf durch die Reclamation nicht aufgehalten werden.

Gehen die Steuern nicht zu der bestimmten Zeit (§. 17)

ein, so erfolgt die Mahnung und executivische Beitreibung nach den massgebenden Executionsvorschriften (vergl. oben S. 438).

IV. Ueber die Zulässigkeit des Rechtsweges in Bezug auf die Bergwerksabgaben besteht eine Meinungsverschiedenheit, soweit die Frage die dem früheren Zehnten entsprechende einprocentige Bergwerksabgabe betrifft. Nach der oben aufgestellten Ansicht war auch der frühere Zehnte ein Ausfluss der Steuerhoheit und gehörte zu den allgemeinen Anlagen, in Bezug auf welche nach §. 78 A. L. R. Th. II, Tit. 14 und nach §. 36 der Verordnung vom 26. December 1808 der Rechtsweg ausgeschlossen ist. Dies ist auch von den Verwaltungsbehörden sowohl als von den Gerichtshöfen bis in die jüngste Zeit angenommen, und es ist seit dem Erlasse des Allgemeinen Landrechts bis auf die jüngste Zeit kein Fall bekannt geworden, in welchem der Rechtsweg über die Entrichtung des Zehnten und der an dessen Stelle getretenen Bergwerksabgabe zugelassen worden wäre. Das Obertribunal insbesondere hat in verschiedenen Entscheidungen die Natur des Zehnten als einer aus der Steuerhoheit fliessenden allgemeinen Abgabe anerkannt. Dies ist zunächst geschehen durch das Präjudiz 2024 vom 6. Juni 1848 [1]), welches den folgenden Satz aufstellt:

> Der Bergzehnt ist eine allgemeine Last, welche auf allen im Betriebe von Privatpersonen befindlichen Bergwerken haftet, und daher beim Mangel ausdrücklicher entgegenstehender Verabredungen auch auf die Erwerber einer Grube übergeht, welche der Fiscus früher selbst gebaut, nachher aber veräussert hat.

Ferner ist in dem Erkenntnisse vom 28. Juni 1861 [2]) die 44jährige Verjährung in Bezug auf den Zehnten aus folgenden Gründen für unzulässig erklärt:

> Der Bergzehnte resp. Zwanzigste und die Aufsichtssteuer müssen als allgemeine Lasten und Abgaben angesehen werden, welche von allen Bergwerken, deren Besitzer nicht

1) Meine Uebersicht 1860—1863 S. 7 f. — Zeitschr. f. Bergrecht, Bd. II. S. 507.

2) Meine Uebersicht S. 11. — Entscheidungen Bd. XVII. S. 381.

einen besonderen Grund der Befreiung darthun können, an den Staat zu entrichten sind (Cap. 73 der Cleve-Märkischen Bergordnung vom 29. April 1766, §. 98, Th. II, Tit. 16. A. L. R. §§. 1 und 8 des Gesetzes vom 12. Mai 1851 und Entscheidungen Bd. 17, S. 381). Mit Recht hat daher der Appellationsrichter den §. 656, Th. I, Tit. 9 A. L. R. zur Anwendung gebracht, wonach eine Verjährung solcher Lasten und Abgaben nur dann stattfindet, wenn der dazu Verpflichtete zu deren Entrichtung aufgefordert worden, sich aber der Leistung geweigert hat, und seit dieser Zeit 50 Jahre lang frei geblieben ist.

Zur Ergänzung dieser Motive ist anzuführen, dass unter den in den §§. 655, 656 cit. erwähnten öffentlichen Abgaben nach einem früheren Plenarbeschlusse des Obertribunals vom 20. März 1846 (Entscheidungen Bd. III, S. 42 ff. 52) „nur die aus dem Besteuerungsrechte des Staates, als einem Hoheitsrechte desselben fliessenden Abgaben, die eigentlichen landesherrlichen Steuern“ begriffen sind, nicht die niederen Regalien, in Ansehung deren vielmehr nach §. 35 A. L. R., Th. II, Tit. 14 und nach §. 629, A. L. R. Th. I, Tit. 9 die 44jährige Präscription stattfindet.

Das Obertribunal würde also unzweifelhaft im gegebenen Falle auch den Rechtsweg über den Zehnten und die an dessen Stelle getretene Bergwerksabgabe als eine eigentliche landesherrliche Steuer nach §. 78 A. L. R. II, 14 für unzulässig erklärt haben.

Auch der Gerichtshof zur Entscheidung der Competenzconflicte hatte in einer Entscheidung vom 14. Januar 1860 [1]) den Rechtsweg über die Frage, ob ein Bleierz- oder Eisensteinbergwerk nach §. 14 des Gesetzes vom 12. Mai 1851 den Zwanzigsten entrichten müsse oder nicht, für unzulässig erklärt, freilich aus dem besonderen Grunde, dass nach §. 300 A. L. R. II, 16 die Entscheidung über den Ausbeutezustand, von welchem §. 14 cit. die Steuerpflichtigkeit der Eisenerz- u. Bleierzbergwerke abhängig macht, lediglich der Beurtheilung des Bergamts überlassen sei.

In einer späteren Entscheidung vom 4. Juli 1863 [1]), welche

---

1) Zeitschr. f. Bergrecht Bd. I, S. 304.

die Zulässigkeit des Rechtsweges in Bezug auf Terminskosten und Auslagen des Oberbergamts betrifft, hat sich der Gerichtshof zur Entscheidung der Competenzconflicte jedoch ganz unzweideutig gegen die Zulässigkeit des Rechtsweges über den Zehnten und Zwanzigsten ausgesprochen, indem er sagt:

> Aus dieser Aufzählung geht von selbst die Unrichtigkeit der Behauptung des Conflictbeschlusses hervor, dass es sich von Abgaben oder allgemeinen Anlagen des Staates handele, denen sämmtliche Einwohner des Staates oder alle Mitglieder einer gewissen Klasse unterworfen sind, in Bezug auf welche der §. 36 der Verordnung vom 26. December 1808 den Rechtsweg ausschliesst. Denn Abgaben und Anlagen (conf. Erkenntnisse vom 10. März und 22. September 1855, Justiz-Min.-Blatt 1856 S. 11 u. 13) im Sinne dieses Paragraphen sind, wie §. 78 und die darin allegirten §§. 2 u. 3 Th. II. Tit. 14, A. L. R. ergeben, nur Anforderungen, die aus dem Besteuerungsrechte des Staates hervorgehen, wie bei Bergwerken der Zehnte, der Zwanzigste, das Recessgeld, die sogen. proportionelle und fixe Bergwerkssteuer und die künftige 2pCtige Bergwerkssteuer am linken Rheinufer und ähnliche (Gesetze vom 12. Mai 1851, 22. Mai 1861 und 20. October 1862).

Derselbe Gerichtshof hat jedoch in einer späteren Entscheidung vom 13. Februar 1864, welche speciell die hier vorliegende Frage zum Gegenstande hat, seine Ansicht geändert und den Rechtsweg über die Frage, in welchem Umfange der Staat bei Erhebung des Zwanzigsten zur Erstattung der Aufbereitungskosten verpflichtet ist, für zulässig erklärt[2]). In den Gründen dieser Entscheidung wird das Hauptgewicht darauf gelegt, dass der Zehnte ein Nutzungsrecht aus dem niederen Bergwerksregale sei, nicht eine aus dem Besteuerungsrechte des Staates fliessende Abgabe, und diese Ansicht wird, wie folgt, begründet:

---

1) Meine Uebersicht 1860—1863 S. 16. — Zeitschrift f. Bergr. Bd. IV. S. 535.

2) Meine Uebersicht 1860—1863 S. 10. — Zeitschrift für Bergr. Bd. V. S. 253.

Wenn das Zehntrecht als ein Bestandtheil des Bergwerksregals einer Privatperson als ein aus diesem Regal fliessendes Nutzungsrecht aufgefasst werden muss, so ist nicht abzusehen, aus welchem Grunde das nämliche Zehntrecht, soweit Fiscus das Bergwerksregal besitzt, diesen rechtlichen Charakter verlieren und als Ausfluss des Besteuerungsrechts des Staats behandelt werden soll. Das positive Recht steht einer so verschiedenartigen, von der Person des Inhabers des Bergwerksregals abhängig gemachten rechtlichen Auffassung des Zehntrechts nicht zur Seite. Vielmehr ergibt sich das Gegentheil aus dem oben angeführten §. 107. Th. II. Tit. 16. A. L. R., insofern darin dem Privatinhaber des Bergwerksregals alle, nicht ausdrücklich ausgenommene, unter dem Bergwerksregal begriffene Rechte des Staats zugeschrieben werden. Denn, da dem Privatinhaber des Bergwerksregals das ihm unbestritten zustehende Zehntrecht durch keine andere gesetzliche Bestimmung beigelegt ist, so kann es nicht zweifelhaft sein, dass der Gesetzgeber zu den im §. 107, erwähnten, unter dem Bergwerksregal begriffenen Rechten des Staats auch das Zehntrecht gezählt, dasselbe mithin, auch wenn es dem Staate zusteht, als einen Ausfluss des Bergwerksregals und nicht als ein auf dem Besteuerungsrechte des Staates beruhendes Recht angesehen hat.

Allein auch in dieser Ausführung setzt sich der Competenzgerichtshof mit seiner eigenen früheren Rechtsprechung in Widerspruch, da er den §. 78 A. L. R. Th. II, Tit. 14, in einer Anzahl von Entscheidungen auch auf andere Abgaben angewendet, die, sofern sie einer Privatperson zustehen, nach §§. 21—23 A. L. R. Th. II, Tit. 14 unzweifelhaft zu den Nutzungen aus niederen Regalien zu rechnen sind. Es sei nur gestattet, auf die Erkenntnisse vom 30. October 1852 (Justiz-Min.-Blatt 1853 S. 27), vom 8. April 1854 (Justiz-Min.-Blatt S. 201) und vom 2. October 1858 (Justiz-Min.-Blatt 1859 S. 53) hinzuweisen, welche den Rechtsweg in Bezug auf Chausseegelder und in Bezug auf Zölle für unzulässig erklären, obgleich doch nach §. 8 und §§. 88 ff. A. L. R. Th. II, Tit. 15 auch die Nutzungen der Heerstrassen und die Zollgerechtigkeit zu den niederen Regalien gehören; obgleich auch diese Abgaben nur insoweit an den Staat zu entrichten sind, als die Zollgerechtigkeit des Staates reicht; soweit dieselbe einer Privatperson zusteht, aber dieser letzteren gebühren. Es unterliegt nach der ganz conformen Rechtsprechung des Gerichtshofes zur Entscheidung der Competenzconflicte keinem Zweifel, dass solche Chausseegelder und Zölle, wenn sie von Privaten erhoben werden, einen Gegenstand des Rechtsstreites bilden, dass aber nach §. 78 cit. kein Prozess über dieselben stattfindet, wenn sie an den Staat zu entrichten sind. Wenn also in diesen Fällen das positive Recht einer verschiedenartigen, von der Person des Inhabers der Zollgerechtigkeit abhängig gemachten rechtlichen Auffassung des Rechtes der Zollerhebung zur Seite steht, so ist nicht ersichtlich, warum in Bezug auf den Bergzehnten dies nicht der Fall sein soll. Es muss vielmehr behauptet werden, dass sowohl in den unter dem Bergregal begriffenen Rechten des Staates, wie in den anderen niederen Regalien allgemeine auf dem Besteuerungsrechte beruhende Abgaben begriffen sein können, bei welchen nicht die Vorschrift des §. 76 A. L. R. Th. II, Tit. 14 Anwendung findet, dass dem Staate bei der Verwaltung der Regalien der Regel nach nur eben die Rechte zukommen, wie jedem Privateigenthümer, sondern die Ausnahme des §. 78 cit., nach welcher über solche allgemeine Anlagen kein Prozess stattfindet.

In Bezug auf die Aufsichtssteuer erkennt auch der Competenzgerichtshof in dem angeführten Urtheil[1]) an, dass sie eine wirkliche Steuer ist, in Bezug auf welche der Rechtsweg nicht stattfindet. Dasselbe gilt unbestritten von der in den linksrheinischen Landestheilen und in den neuen Provinzen eingeführten zweiprocentigen Bergwerkssteuer, zwelche der Bergwerksabgabe und der Aufsichtssteuer in den alten Provinzen entspricht.

§. 51. Die übrigen deutschen Staaten

Die Grundsätze der preussischen Gesetzgebung über die Besteuerurg der Bergwerke sind fast unverändert übernommen im Herzogthum Lauenburg durch Art. IX der Verordnung vom 6. Mai 1868, in den Fürstenthümern Waldeck und Pyrmont

1) Zeitschrift f. Bergrecht Bd. V. S. 258.

durch das Gesetz vom 30. December 1869 und Art. XVI des Gesetzes vom 1. Januar 1869 [1]), in Braunschweig durch das Gesetz vom 15. April 1867, in Schwarzburg-Rudolstadt durch das Gesetz vom 13. März 1868 und in Sachsen-Meiningen durch das Gesetz vom 18. April 1868. Das Braunschweigische Gesetz enthält auch über die Veranlagung und Erhebung der Bergwerkssteuer vollständige Bestimmungen, welche den §§. 2—9 und 15—20 der preussischen Instruction vom 29. Januar 1866 nachgebildet sind. In Sachsen-Meiningen kommt beim Schieferbergbau statt der zweiprocentigen Bergwerkssteuer eine Abgabe von 2 Kreuzern von jedem verkauften Centner Schiefer zur Erhebung. Eisensteinbergwerke sind sowohl hier wie in Braunschweig steuerfrei.

In den übrigen Staaten ist zum Theil der frühere Zehnte unverändert beibehalten, so in Anhalt nach §. 96 der Verordnung vom 20. Juli 1856, in Würtemberg nach der noch in Geltung stehenden Bergordnung von 1597; zum Theil auf den Zwanzigsten ermässigt, so in Oberhessen, während in Rheinhessen die französische Bergwerkssteuer mit fünf Procent vom Reinertrage erhoben wird. [2])

Auch in Sachsen-Weimar findet nach dem Gesetze vom 22. Juni 1857, §§. 169—171, und in Schwarzburg-Sondershausen nach dem Gesetze vom 25. Februar 1860 [3]) eine Besteuerung der Bergwerke nach dem Bruttoertrage und zwar mit fünf Procent desselben statt. Ausserdem wird eine Grubenfelderabgabe von 3—5 Sgr. für die Masseinheit von 1000 Quadratlachtern erhoben.

In Sachsen-Gotha beträgt nach §. 123 des Berggesetzes vom 16. August 1866 [4]) die Bergwerksabgabe von den Braunsteingruben, wenn die Producte in ungereinigtem Zustande verkauft werden, fünf Procent, wenn sie in gereinigtem Zustande verkauft werden, drei Procent, und von allen anderen Gruben vier Procent des Bruttoertrages. Die Veranlagung und Erhebung der

---

1) Zeitschrift f. Bergrecht, Bd. VIII. S. 338, S. 415. Bd. IX S. 289, S. 300, S. 353. Bd. X. S. 143.

2) Zeitschrift f. Bergrecht. Bd. II. S. 11. S. 425. Bd. V. S. 43.

2) Zeitschrift f. Bergrecht. Bd. I. S. 31.

4) Zeitschrift f. Bergrecht. Bd. IX. S. 448.

Steuer ist durch die §§. 124—129 geregelt. Ausserdem wird von den fristenden Gruben nach §. 122 eine feste vierteljährliche Abgabe von einem Thaler entrichtet.

In einigen der wichtigsten deutschen Bergwerksstaaten ist dagegen der Grundsatz der Bruttobesteuerung gänzlich verlassen und statt derselben die Besteuerung des Reinertrages entweder in der Form der Gewerbesteuer oder der Einkommensteuer angenommen.

Im Königreich Sachsen sind die dem Regalbergbau angehörigen Bergwerksunternehmungen der Gewerbesteuer nach Massgabe des Gesetzes vom 10. October 1864 und der Ausführungsverordnung vom 6. December 1864[8]) unterworfen. Die Gewerbesteuer wird nach dem Einkommen bemessen und ist in 36 Klassen für das jährliche Einkommen von 20—5000 Thaler abgestuft, so dass die Steuer der ersten Klasse 6 Ngr. und die Steuer der 36. Klasse 130 Thaler jährlich beträgt. Bei einem jährlichen Einkommen von mehr als 5000 Thaler beträgt die Steuer jährlich 2 Thlr. 20 Ngr. von 100 Thaler. Ausserdem wird eine Grubenfeldsteuer von jedem verliehenen Grubenfelde entrichtet, welche für die Masseinheit von 1000 Quadratlachtern (bei Seifenwerken von 10,000 Quadratlachtern) 2—3 Ngr. beträgt. Endlich muss von jedem Schürffelde eine Schürfsteuer von 1 Ngr. vierteljährlich für je 1000 Quadratlachter Schürffeld entrichtet werden.

Im Königreich Baiern ist die Besteuerung der Bergwerke vom 6. April 1869 und durch die Vollzug-Instruction vom 10. Juli 1869 geregelt[1]). Der Bergbau auf die verliehenen Mineralien einschliesslich der nach älteren Berggesetzen auf Farberden, Porzellanerde, Schiefer, Schmirgel, Schwer- und Flussspath verliehenen Bergwerke unterliegt einer Grubenfeldabgabe, welche bei geviertem Felde von jedem Hectar der Oberfläche und bei Längenfeldern von je 20 Metern Länge 9 Kreuzer jährlich beträgt. Ausserdem unterliegt der Bergbau der Einkommensteuer nach dem Gesetze vom 31. Mai 1856. Das letztere Gesetz beruht auf der Grundlage der Selbsteinschätzung; die nach der Erklärung des Steuerpflichtigen pro-

1) Zeitschrift für Bergrecht. Bd. V. S. 436. Bd. VI. S. 505.

2) Zeitschrift für Bergrecht. Bd. X. S. 229. S. 497.

visorisch berechnete Einkommensteuer wird am Jahresschlusse definitiv durch die Steuerausschüsse festgesetzt, welche in zweifelhaften Fällen sachverständige, mit den Verhältnissen des Bergbaues vertraute Männer zur Berathung zuziehen können.

In Oesterreich gelten für die Besteuerung der Bergwerke die kaiserlichen Verordnungen vom 28. September 1854, vom 29. August 1858, vom 28. April 1862 und vom 29. März 1866[1]). Vom Bergbau wird nach diesen Verordnungen eine dreifache Steuer erhoben:

1) die Freischurfgebühr von 4 Gulden jährlich, welche in besonderen Fällen auf die Hälfte ermässigt werden kann;
2) die Massengebühr, welche für jedes einfache Bergwerksmass von 12,544 Quadratklaftern jährlich 4 Gulden beträgt und ebenso auf die Hälfte ermässigt werden kann;
3) die Einkommensteuer, welche nach den allgemeinen Einkommensteuergesetzen und zwar nach dem Masse der ersten Klasse erhoben wird, nämlich mit 5 Procent des steuerbaren Reinertrages, welcher nach dem Reinertrage des der Versteuerung unmittelbar vorhergehenden Jahres bemessen wird. Für die Eisen- und Bleierzbergwerke ist die Einkommensteuer durch die Verordnung vom 29. März 1866 für die Jahre 1866—1870 von 5 auf 3 Procent ermässigt.

1) Vergl. Zeitschrift f. Bergrecht. Bd. III. S. 280. Bd. VII. S. 150.

Zwölftes Buch.

Gemeinnützige Institute.

---

§. 52. Die Bergbauhülfskassen.

(§. 245 des Berggesetzes; Gesetz vom 5. Juni 1863.)

Unter dem Namen der **Bergbauhülfskassen** (Berggewerkschaftskassen, Schürfgelderkassen) sind in den verschiedenen Bergwerksdistricten aus gewissen Abgaben von der Production der Bergwerke gemeinnützige Fonds begründet worden, welche theils die Unterstützung einzelner Bergwerksunternehmer durch Darlehne, theils die Unterhaltung gemeinnütziger Anlagen (Bergschulen, Bergwerksstrassen u. dgl.) bezwecken. Solcher aus Beiträgen und Gefällen der Bergwerksbesitzer begründeter Bergbauhülfskassen waren sechs vorhanden, nämlich:

1) die Oberschlesische Steinkohlenbergbauhülfskasse,
2) die Niederschlesische Steinkohlenbergbauhülfskasse,
3) die Märkische Berggewerkschaftskasse,
4) die Essen-Werdensche Berggewerkschaftskasse,
5) die gewerkschaftliche Bergbauhülfskasse für den Niedersächsisch-Thüringischen District,
6) die Kamsdorfer Schürfgelderkasse,

von denen die zu 3 und 4 genannten jetzt unter dem Namen der Westfälischen Berggewerkschaftskasse vereinigt sind.

Die frühere Westfälische Bergbauhülfskasse, welche zu denselben gemeinnützigen Zwecken gegründet ist, war nicht aus Beiträgen der Bergwerksbesitzer, sondern theils aus der Märkischen Berggewerkschaftskasse, theils aus der Staatskasse dotirt worden. Sie ist durch das Gesetz vom 5. Juni 1862, §. 10, aufgelöst und das Vermögen zwischen dem Staate und der Märkischen Berggewerkschaftskasse getheilt.

Die Entstehung und die Verfassung der sechs genannten Bergbauhülfskassen beruht auf verschiedenen für jede dieser Kassen besonders ergangenen Gesetzesvorschriften. Auch die weitere geschichtliche Entwickelung ist bei jedem dieser Fonds verschieden gestaltet:

1) Die Oberschlesische und die Niederschlesische Steinkohlenbergbauhülfskasse sind hervorgegangen aus der im Jahre 1779 für die ganze Provinz Schlesien errichteten Steinkohlenbergbauhülfskasse, welche durch die auf Allerhöchsten Spezialbefehl erlassene und in den damaligen gesetzlichen Formen publicirte Verordnung vom 12. November 1779 die gesetzliche Sanction erhalten haben. Diese Verordnung bezeichnet als Zweck der Bergbauhülfskasse die allgemeine Beförderung des Steinkohlenbergbaues, mit dem Zusatze:

   dass nicht sowohl einer einzelnen Gewerkschaft oder Eigenlöhnern damit zu helfen, als vielmehr dergleichen Anstalten zu treffen, von denen alle und mehrere Gewerkschaften Nutzen haben.

   Ueber die Höhe der zu leistenden Beiträge ist in der Verordnung keine Bestimmung getroffen. Sie wurden im Verwaltungswege und zwar nach der Quantität der von jeder Grube abgesetzten Steinkohlen bestimmt. Seit dem 1. April 1861 ist aber die Erhebung von Beiträgen nach dem Antrage der von den Contribuenten gewählten Vertretung ganz eingestellt worden.

   Durch die Cabinetsordre vom 30. April 1841 wurde die schlesische Bergbauhülfskasse in zwei besondere Kassen, für den oberschlesischen und den niederschlesischen Bergamtsbezirk, getrennt.

2) Die Märkische Berggewerkschaftskasse ist für die Bergwerke der Grafschaft Mark gegründet. Ihre Einrichtung lässt sich auf die Cleve-Märkische Bergordnung von 1542 zurückführen, welche im Cap. 41 bestimmte, dass das von den Bergwerken zu entrichtende Quatembergeld zu einer besonderen Kasse fliessen soll, welche zur Besoldung der Geschworenen und zu „anderer gemeines Bergwerks Nothdurft“ verwendet werden soll.

   Auch die Cleve-Märkische Bergordnung vom 29. April

1766 bestimmte im Cap. 74, §. 1, dass an Quatembergeld soviel als zur Unterhaltung des Bergamts und auch sonst zum Behufe der Bergwerke erfordert wird, erhoben werden soll und zwar nach einer deshalb alle Jahre zu machenden Repartition.

Bei den Steinkohlenbergwerken sollte aber an die Stelle des Quatembergeldes ein Messgeld von den verkauften Kohlen entrichtet werden.

Der aus dem Ertrage der Quatember- und Messgelder gebildete Fonds führt nach Cap. 75, §. 4 den Namen der Berggewerkschaftskasse.

3) Die Essen-Werdensche Berggewerkschaftskasse wurde für die Bergwerke der ehemaligen Stifter Essen und Werden auf Grund der durch Patent vom 12. April 1803 in diese Landestheile eingeführten Cleve-Märkischen Bergordnung errichtet. Die Einnahmen dieser Kasse und deren Zwecke waren demnach dieselben, wie bei der Märkischen Berggewerkschaftskasse.

4) Die gewerkschaftliche Bergbauhülfskasse für den Niedersächsisch-Thüringischen Bezirk umfasst die Bergwerke der Provinz Sachsen mit Ausschluss des früheren Kamsdorfer Bergamtsbezirkes und der Werke der Mansfeldischen Kupferschiefer bauenden Gewerkschaft und der fiskalischen Bergwerke. Ihre Einrichtung gründet sich auf das westfälische Decret vom 27. Januar 1809, welches in den Art. 8 und 77 den Bergwerken eine Abgabe von 1 % beziehungsweise $^{2}/_{3}$ % von dem Bruttowerthe ihrer Production und den Salinen eine solche von 10 % der gegen den Voranschlag gemachten Ersparnisse in den Betriebsausgaben auferlegte.

Der aus diesen Abgaben gebildete Reservefonds sollte durch den Bergwerksminister zu Verbesserungen im Betriebe, zu Aufschluss- und Versuchsarbeiten und zur Ausbildung von Bergtechnikern verwendet werden. Nach der Beendigung der Fremdherrschaft wurde dieser Fonds unter dem Namen der Magdeburgisch-Halberstädtischen, später der Niedersächsisch-Thüringischen Bergbauhülfskasse der Verwaltung des Oberbergamtes zu Halle unterstellt. Die Werke des Kamsdorfer Bezirks, für welche eine eigene

Bergbauhülfskasse, die Kamsdorfer Schürfgelderkasse, bereits bestand, blieben ausgeschlossen, ebenso die Werke der Mansfeldischen Gewerkschaft, auf welche das Decret vom 27. Januar 1809 nach dem Rothenburger Vertrage keine Anwendung fand. Der Fiskus zog die von seinen Bergwerken und Salinen geleisteten Beiträge, soweit solche nicht verwendet waren, im Jahre 1839 zur Staatskasse ein und die seitdem nur aus den Beiträgen der Privatbergwerke dotirte Bergbauhülfskasse wurde seitdem als gewerkschaftliche Bergbauhülfskasse bezeichnet.

5) Die Kamsdorfer Schürfgelderkasse ist für den Bezirk des ehemaligen Bergamtes zu Kamsdorf, das früher sogenannte Neustädtische Bergrevier durch ein Rescript des Kurfürstlich Sächsischen Berggemachs vom 4. November 1767 begründet worden, welches den Kupfer-, Kobalt- und Eisenerzbergwerken bestimmte Abgaben vom Centner resp. Fuder der Production zur Gründung einer Gewerkenkasse unter dem Namen der Neustädtischen Schürfgelderkasse auferlegte, deren Zweck in der Gewährung von Vorschüssen an Bergwerksunternehmer und in anderen, dem allgemeinen Bergbau zu Statten kommenden Veranstaltungen bestehen sollte.

Die rechtliche Verfassung der sechs verschiedenen Bergbauhülfskassen stimmte nach dem Vorstehenden darin überein, dass sämmtliche Kassen unter der Verwaltung der Bergbehörde stehende Institute waren, deren Vermögen durch gesetzlich geregelte Beiträge und Abgaben der Bergwerksbesitzer aufgebracht ist und deren Zweck theils in gemeinnützigen Anstalten zur Beförderung des Bergbaues, theils in der Unterstützung einzelner Bergwerksbesitzer durch Darlehne bestand. Die Beiträge und Gefälle, welche von den Bergwerksbesitzern zur Dotirung dieser Kassen entrichtet wurden, sind in den Jahren 1847—1861 theils im Wege der Gesetzgebung, theils durch Verwaltungsverordnungen sämmtlich aufgehoben worden. Nach dem Wegfall dieser Beiträge reducirt sich die Verwaltung der Bergbauhülfskassen auf die Verwaltung des vorhandenen Capitalvermögens und auf Verwendung seiner Erträge zu den stiftungsmässigen Zwecken. Diese Verwaltung ist durch das Gesetz vom 5. Juni 1863 auf die betheiligten Bergwerksbesitzer übertragen worden, welchen für diesen Zweck eine corporative Verfassung gegeben ist.

Die Bergbauhülfskassen haben die Reehte juristischer Personen; sie werden von den Besitzern der betheiligten Bergwerke nach Massgabe des von ihnen festgestellten und vom Handelsminister genehmigten Statuts durch einen von ihnen gewählten Vorstand verwaltet. Das Stimmenverhältniss der Betheiligten ist durch die Statuten nach dem Masse beziehungsweise nach dem Werthe der Förderung des vorhergegangenen Jahres abgestuft.

Die Verwendungen aus den Bergbauhülfskassen erfolgen, nach näherer Bestimmung des Statuts, zur Hebung und Beförderung des Bergbaues, sowie zur Unterstützung solcher Anlagen und Unternehmungen, welche allen oder mehreren Betheiligten zum Vortheil gereichen.

Die Erhebung von Beiträgen kann durch das Statut mit Genehmigung des Handelsministers angeordnet werden. Von dieser Ermächtigung ist jedoch bisher bei keiner der Bergbauhülfskassen Gebrauch gemacht.

Von den sechs Berbauhülfskassen, welche im §. 1 des Gesetzes vom 5. Juni 1863 namhaft gemacht werden, sind zwei, die Essen-Werden'sche und die Märkische Berggewerkschaftskasse, zu der Westphälischen Berggewerkschaftskasse verschmolzen; dagegen ist nach Art. 18 der Einführungsverordnung vom 8. Mai 1867 die Bergbaukasse zu Clausthal hinzugetreten. Die Errichtung dieser Kasse datirt aus dem Jahre 1702. Nach der Bergresolution vom Kurfürsten Georg Ludwig vom 13. April 1703, Artikel 23, sollte die Kasse zur Aufnahme der Bergwerke und aller Derjenigen verwendet werden, welche davon ihre Nahrung und ihren Lebensunterhalt beziehen. Zur Dotirung derselben waren die Gemeinden und die Bergleute einer Bergbauaccise unterworfen, welche jedoch durch die Hannöversche Steuergesetzgebung der Jahre 1834 und 1835 aufgehoben ist. Auch diese Kasse hat daher nur noch die Verwaltung des aufgesammelten Capitalvermögens zu den stiftungsmässigen Zwecken zur Aufgabe.

Die festgestellten Statuten der fünf älteren Bergbauhülfskassen sind durch die Zeitschrift für das Berg-, Hütten- und Salinenwesen Bd. XIII, A. S. 63—94 mitgetheilt. Das Statut der Oberschlesischen Bergbauhülfskasse datirt vom 20. Mai 1864, das Niederschlesische vom 10. December 1863, das Niedersächsich-Thüringische vom 7. December 1863 und das Statut der Westphälischen Berggewerkschaftskasse vom 16. Juni 1864. Das Statut der Clausthaler Bergbaukasse vom 14. December 1868 ist in der Zeitschrift für Bergrecht Bd. X, S. 305 abgedruckt. Da der Fiscus bei dieser Kasse der einzig betheiligte Bergwerksbesitzer ist, so wird dieselbe als ein Institutenfonds von dem Oberbergamte zu Clausthal unter der Oberaufsicht des Handelsministers verwaltet.

§. 53. Die Bergschulen.

Die älteren Berggesetze, insbesondere das Allgemeine Landrecht Th. II, Tit. 16, §. 134 und die drei revidirten Provinzial-Bergordnungen Cap. 30 (Cap. 31), §. 1, ferner die Kurkölnische Bergordnung Th. III, Art. 19 legen dem Bergbau eine Abgabe zur Unterhaltung der Schulen in der Form von Freikuxen auf (vergl. oben §. 30). Nach preussischem Bergrechte werden zwei Freikuxe der Kirche und Schule, nach der Kurkölnischen Bergordnung 3 Freikuxe der Kirche, der Schule und den Armen berechnet. Die letztere Bestimmung bezieht sich jedoch nur auf die Bergstädte, d. h. zum Besten des Bergbaues mit besonderen Privilegien versehenen Städte. Da solche im jetzigen Gebiete der Kurkölnischen Bergordnung nicht mehr vorhanden sind, so hat die fragliche Bestimmung keine praktische Geltung mehr.

In Schlesien wird der Ertrag der beiden Freikuxe für Kirche und Schule nicht an die Kirche und die Schule des Ortes entrichtet, sondern für die ganze Provinz in dem Freikuxgelderfonds gesammelt. Dieser Fonds wurde durch die Allerhöchste Ordre vom 5. März 1830 (Ges. Samml. S. 48) zu einem allgemeinen Zwecke für die Kirchen und Schulen der ganzen Provinz geschaffen; aus welchem insbesondere den Kindern der Knappschaftsgenossen freier Schulunterricht gewährt wird und neue Volksschulen in den Bergwerksdistricten gegründet werden. Das Reglement für die Verwaltung des schlesischen Freikuxgelderfonds vom 24. März 1868 ist in der Zeitschrift für das Berg-, Hütten- und Salinenwesen, Bd. XVI A,

S. 13 abgedruckt. Die Beiträge zu diesem Fonds sind öffentliche Abgaben und können im Wege der Verwaltungsexecution eingezogen werden. [1])

Zur Beförderung des Schulunterrichts ist ferner durch die Statuten vieler Knappschaftsvereine die Fürsorge getroffen, dass den Kindern der Mitglieder unentgeltlicher Schulunterricht gewährt wird.

Ausser diesen provinziellen Einrichtungen zur Förderung des Volksschulunterrichtes bestehen in verschiedenen Bergwerksdistricten Bergschulen zur Ausbildung von Grubenbeamten. Dieselben stehen unter der Aufsicht des Handelsministers und werden nach den für jede Bergschule festgesetzten Statuten verwaltet. Die Kosten werden von den Bergwerksbesitzern unter Betheiligung des Staates und zum Theil von den Bergbauhülfskassen aufgebracht. Solche Bergschulen bestehen mit dem Charakter öffentlicher Lehranstalten gegenwärtig in Tarnowitz, Waldenburg, Eisleben, Clausthal, Bochum, Siegen, Saarbrücken und Dillenburg. Ferner sind zwei höhere bergmännische Lehranstalten vorhanden, die Bergakademie zu Berlin und zu Clausthal, welche sowohl zur technischen Ausbildung der Candidaten für den Staatsdienst in der Bergverwaltung, als auch für die Ausbildung der bergmännischen Privattechniker bestimmt sind. Die gesetzliche Regelung dieses Zweiges des öffentlichen Unterrichtes fehlt noch; der vorläufige Entwurf des Berggesetzes enthielt im 11. Titel bezügliche Bestimmungen, welche indess nicht in das Berggesetz übergegangen sind.

1) Bescheid des Handelsministers v. 30. Januar 1867. Zeitschr. f. Bergrecht Bd. IX, S. 240.

Sachregister.

Berichtigungen und Nachträge.

S. 5, Z. 4, v. u. statt Buch II lies Buch I.
„ 10, „ 4, v. u. „ Kemnitz „ Kremnitz.
„ 19, „ 8, v. o. „ Pasten „ Piasten.
„ 24. „ 16. v. u. „ „das Grossherzoglich Sächsische Berggesetz von 1856“ lies „vom 22. Juni 1857.“
„ 55. Während des Druckes sind ferner erschienen:

„Das Allgemeine Berggesetz für die Preussischen Staaten, unter steter Vergleichung seines Textes mit denjenigen des Braunschweigischen, Meiningenschen, Gothaischen und Baierischen Berggesetzes. erläutert durch Th. F. Oppenhoff.“ Berlin 1870.

„Deutsches Bergwörterbuch. mit Belegen von Heinr. Veith.“ Erste Hälfte, A bis K. Breslau. bei G. W. Korn, 1870.

„ 135 bis 141 im Marginal statt Material lies Mineral.

Druck von Carl Georgi in Bonn.

MIX
Papier | Fördert gute Waldnutzung
FSC® C083411

Kolibri 360 GmbH
Ferdinand-Jühlke-Straße 7
99095 Erfurt, Deutschland
produktsicherheit@kolibri360.de